한국문학의 외연과
인문학적 탐구

한국문학의 외연과
인문학적 탐구

사재동 지음

보고사
BOGOSA

서문

천만다행한 일이었다. 구십 평생, 전공 분야의 논저를 다 간행하고 훈민정음의 창제·실용과정을 실증하는 장편소설《훈민정음》을 출판한 후에 발병하였기 때문이다. 치명적인 뇌신경 질환이 기적적으로 회복되어 독서와 집필에 거의 지장이 없을 때, 이제는 연구와 저술은 정리하는 것이 좋겠다는 생각이 들었다. 그러면서 그동안의 저서들을 되돌아보면서, 이 저서에 들지 못한 논문들과 저서 이후에 쓴 논문들을 떠올리게 되었다. 그사이 여기저기 발표한 소논문이나 학연에 따라 저서나 학술지·문학지 등에 실린 축간사, 신문사설 등까지 챙겨 보게 되었다. 이런 마당에 학계에 남기고 싶은 과제 몇 가지가 생각나서 소논문 형태로 쓴 것이다.

어찌 되었든 이 글들은 내 자식과 같은 작품이니, 그에 대한 책임을 져야 마땅하다. 이제 평생의 학문 활동을 정리하는 마당에 널리 산재한 이 문장들을 체계적으로 묶어 책으로 내고자 한다. 이것이 치열하고 행복했던 내 학문 생활을 정리하는 최선의 길이라 믿었기 때문이다.

이 책의 제1부에서는 우선 학연에 따라 그들의 저서 등에 실은 축간사와 사설 등, 그리고 문제 제기와 방법론을 요약한 소논문을 '한국문학의 인문학적 외연'으로 묶었으며, 제2부에서는 이미 간행한 논저에 실리지 못한 논문을 '한국문학의 인문학적 탐구'의 차원에서 실었으니 참고가 되었으면 좋겠다. 이 책에서는 『한국문학의 외연과 인문학적 탐구』의 이름 아래 나의 마지막 울림과 인문학에 대한 염원을 담고자 했다. 마지막 책이라 부족하지만 내 자신에게는 소중하고 안타깝다.

이제 100세를 바라보며 지난날의 학문 활동을 되돌아보니 감회가 새롭다. 개인적인 우여곡절은 덮어 두고라도, 여러 학자들과 어울려 학회를 조직하여 이 나라의 인문학을 계승·발전시키겠다고 열정을 바치던 시절이 어제 일처럼 떠오른다. 동시에 인문학의 위기에 처하여 우리 전공학자들이 각성하고 인문학의 중흥을 위하여 헌신적으로 앞장서기를 기대하는 마음이 간절하다.

최후로 평생의 은사님들께 보은하고 부모님께 감은하며 함께 정진한 동학·제자들께 감사하고, 내조에 최선을 다한 인해 진실행과 건강을 챙겨 준 자식들에게 고마운 마음을 전한다. 특히 편집을 도와준 김진영 교수에게 감사하고, 아울러 이러한 저서를 발행해준 보고사 사장님께 감사의 말씀을 드린다.

2025년 9월 10일
사 재 동 근지

차례

서문 … 5

▌제1부 한국문학의 인문학적 외연

Ⅰ. 문학 유형의 다양성과 인문학적 외연 … 13

1. 나의 인생, 나의 학문 … 13
2. 불교와 나 … 15
3. 불교문화 전통성 새롭게 인식하자 … 20
4. 이 환란을 불심으로 극복하자 … 22
5. 대청불교신문 지령 100호를 보고 … 24
6. 이제는 그 어려움을 밟고 일어설 때 … 25
7. 대전시 문화재에 대한 새로운 인식 … 27
8. 〈땅설법〉의 발굴과 장르 확인 … 30
9. 『중도문학』의 전통과 전망 … 32
10. 『중도문학』은 불교신앙의 실천적 작품세계 … 34
11. 불교문학의 문화적 확산 … 36
12. 목련전승의 종합적 탐구 … 38
13. 일본 중세 불교 설화의 실상과 가치 … 40
14. 중고제 판소리의 실상과 복원 … 44
15. 학자·문인의 진솔한 삶, 그 무늬 … 45
16. 원숙한 인생의 지혜로운 발자취 … 47
17. 교육과 구도 일념의 세계 … 49

Ⅱ. 문학 연구의 방법론과 인문학적 접근 ······ 52

   1. 불교와 인문학 ······ 52
   2. 불교설화의 실상과 가치 ······ 55
   3. 찬불문학의 흐름 ······ 61
   4. 불교 사경문화의 부활 ······ 67
   5. 《대전십무》, 그 창작과 주체, 공연과 발전 ······ 71
   6. 학문에는 정년이 없다 ······ 80
   7. 인문학의 운명 ······ 86
   8. 훈민정음 보급의 지대한 공헌 ······ 92
   9. 국문문학사의 체계화 ······ 97
   10. 문헌설화의 문학적 실상과 장르 성향 ······ 105
   11. 서포문학의 새로운 탐구 ······ 116

▮제2부 한국문학의 인문학적 탐구

Ⅰ. 서사문학과 인문학 ······ 125

   1. 고전소설 연구의 방향과 문화학적 방법론 ······ 125
   2. 조선시대 대전지방의 국문소설 ······ 152
   3. 경산문고 소장 필사본 국문소설의 현황과 문화적 가치 ······ 195
   4. 한·중 불교고사의 문학적 전개 ······ 230

Ⅱ. 불교문학과 인문학 ······ 263

   1. 불교문화학의 방향과 방법론 ······ 263
   2. 〈서동설화〉의 시대적 배경과 역사적 주인공 ······ 283
   3. 훈민정음 창제·실용과 유교·불교계의 수용양상 ······ 337
   4. 대전지방의 불교문화 ······ 381
   5. 《부모은중경》의 불교문화적 실상 ······ 429

Ⅲ. 공연문화학과 인문학 ·· 480
  1. 불교문학의 문화 예술적 전개 ·· 480
  2. 《월인석보》의 연극적 유통과 희곡적 실상 ························· 493
  3. 중고제 판소리의 문화적 재조명 ·· 523
  4. 〈안락국태자경〉의 연행 전통과 〈땅설법〉의 전개 ····················· 583

제1부

한국문학의 인문학적 외연

I
문학 유형의 다양성과 인문학적 외연

1. 나의 인생, 나의 학문

　모교인 금남초등학교의 교사로 부임한 것이 어릴 때부터 간절히 소망하던 교육자로서의 첫 출발이었다. 그때 나는 이미 충남대학교 국어국문학과의 학생으로서 고전문학을 전공하고 있었다. 당대의 석학으로 은사 지헌영 선생은 나에게 학자로서 민족문화·국학·국문학의 연구에 대한 필생의 사명과 과업을 각인시키고 솔선수범하였다. 나는 깊은 감명을 받고 국학·국문학 연구에 대성하리라는 발원을 하였다.
　나는 충남대학교 대학원에 진학하여 고전문학, 한국문학사와 고전소설사를 중심으로 연구하면서, 그것이 불교문화사를 배경 삼아 불교적 주제·내용을 핵심·주축으로 하여 성립·전개되었음을 확인하게 되었다. 그로부터 나는 행원선사를 비롯한 당대의 고승과 인환 스님 같은 불교학자들을 찾아 배우고 국내의 명찰을 탐방하여 그 문화현장을 체험하면서 불교·불교문화 관계 문헌을 읽고 또 공부하였다. 그리하여 나의 연구영역과 학문적 전망을 '불교문학' 내지 '불교문화'로 확정하게 되었다.
　그 무렵 나는 대전동중과 대전상고의 국어교사로 근무하면서 동학들과 함께 '어문연구회'(현재 어문연구학회)를 창립하여 그 연구 활동을 주도하고 스스로 연구논문을 발표하였다. 마침내 충남대학교 전임교수로 들어가 국문학사와 고전소설을 연구·강의하면서 그 방면의 연구 성과를 내었다. 그러한 연구도정에「불교계 국문소설의 형성과정 연구」로 충남대학교에서 박사학위를 받았다. 바로 이 논문을 중심으로 그간의 여러 논문을 엮어서『불교계 국문소설의 연구』를 최초의 저서로 내었다. 그 후 한때 충남대학교 인문과학연구소장과 인문대학장을 지내면서 인문학의 진흥에 주력하고 앞장서면서 실제로 써 낸 논문을 수합하여『불교계 서사문학의 연구』를 펴내니, 위 연구서의 자매편이었다. 한편 고소설학회의 창립에 동참하고 이어 그 회장을 지내면서 학자들과 더불어 발표한 논문으로써 위 두 저서를 체계적으로 재편성하여『한국고전소설의 실상과 전개』를 출간했다.

실로 한국의 고전문학은 각 장르에 걸쳐 모두 공연을 위한 대본이라는 전제로 내 연구 분야가 희곡문학으로 확대되었을 때, 나는 '한국고전희곡학회'(현 한국공연문화학회)를 창립하여 그 회장을 겸으면서 동학들과 함께 연구한 나머지, 그 성과를 묶어『한국공연예술의 희곡적 전개』를 간행했다. 여기서도 내 논문의 중심 주제는 역시 불교문화·문학이었다.

내가 회갑을 맞이하여 한국의 서사문학사를 통관·체계화하려고 그간의 자료 수집과 논고를 총체적으로 집대성하여『한국서사문학사의 연구』(5권)을 편저한 것이나, 정년을 기념하여 한국의 희곡문학사를 체계적으로 통관하려고 상당한 자료 수집과 논구한 것을 총합하여『한국희곡문학사의 연구』(6권)를 편저한 것 역시 불교적 사관과 불교문화사적 관점에 의한 것이었다. 연이어 대학에서 연구·강의한 것과 논문으로 써낸 것을 체계적으로 편성한『한국문학의 방법론과 장르론』이나『한국문학유통사의 연구』(2권)는 실재로 불교문학론이나 불교문화유통사론이 되고 말았던 것이다. 이것은 나의 불교적 편견에서가 아니라, 한국문학과 그 역사적 전개가 바로 불교적이었기 때문이다.

내 전공영역이 불교문화·불교문학이라는 확신과 발원은 정년 후에 본격적으로 실현되었다. 새로운 문화세기에 호응하여 나는 '한국불교문화학회'를 창립하여 그 회장으로서 각개 연구 분야를 통합·조정하는 가운데 솔선하여 연구한 논고와 대전불교대학, 백제불교문화대학 그리고 중앙불교대학원을 설립하여 운영·강의하면서 얻은 논문을 망라하여 『불교문화학의 새로운 전개』와 『불교문화학의 새로운 과제』의 자매편을 낸 것은 실로 의미가 깊다. 여기서 얻어낸 『《월인석보》의 불교문화학적 연구』나 『백제무령대왕과 불교문화사』 그리고 『사찰탐방과 불교문화』 등도 내 학문적 삶의 분신들이다.

그동안 교육과 학문에 바친 불교적 삶에 후회는 없다. 이내 나는 《심청황후》(3권)를 불교소설로 써냈다. 이제는 논문에 근거하여 《훈민정음》을 쓰고 있고, 또 《무령대왕》 등을 불교소설로 쓸 것이다.

2. 불교와 나

불교란 무엇인가를 되돌아보니 정말 감회가 새롭다. 모태 신앙이라면 80년을 헤아리고, 어머니 손을 잡고 서대산 절에 가서 떡을 얻어먹은 때로부터라면 70여 년이며, 행원 스님에게 오계를 받은 때로부터라도 60년 가까운 세월이다. 이 한평생을 불교와 함께하면서, 새삼스럽게 '불교와 나의 관계'를 따져 보려면, 정말 할 말이 많은 것 같은데, 막상 하려 하니 말문이 쉽게 열리지 않는다. 그래도 몇 가지 측면에서 이 불교를 말하지 않을 수가 없다. 어차피 나의 삶이 불교적 생애와 행적을 이끌어 왔기 때문이다.

불교는 나의 생활이다. 초등학교 시절부터 절을 좋아하였다. 봄·가을로 가는 소풍 때는 으레 근처의 절로 가는 것을 기대하였고, 졸업여행에서 감사를 거쳐 동학사로 넘어온 기억을 잊지 못하였다. 중·고등 시절에도 불교를 뚜렷이 내세우지 않았지만, 강력한 기독교의 권유를 극복하고 불교적 성향을 지켜 온 것은 사실이다. 대학 시절에는 국문학을 전공하여 불교문학이나 불교미술에 나도 모르게 심취하여 수강과목을 중심으로 광범하게 공부하였다. 재학 중에 학보병으로 일선에 배치되어 무진 고생할 때도 불교적 신념으로 무난히 그 고비를 넘기니, 높은 산 병막에서 보이는 명산·괴암을 향하여 기도하던 나날이었다. 복학하여 '불교문학' 강외에서 '일체유심조'의 법와를 듣고 세합·공감하여 눈물까지 흘렸던 세월, 오계를 받은 후 불교서적을 탐독하고 큰스님들을 친견하여 하교를 받으면서, 출가를 생각한 적이 한두 번이 아니었다. '재가승으로서 출가승 이상으로 정진하라'는 법인 스님의 충고를 들은 이후로, 나는 한 가장으로서 서재에 부처님을 모시어 새벽예불을 하였고, 중등 국어교사로서 불교적 관점으로 국어국문학과 한국문학을 가르쳤다. 그것은 신앙적 편견이 아니라 역사적 진실이라는 신념으로 교육하고 수범하였다.

억눌렀던 출가의 열망이 계절병처럼 되살아나면, 동·하계 방학을 이용하여 상당 기간 모의출가를 거듭하였고, 불교학생회를 조직·운영하여 특별·정기 산사수련대회를 솔선·지도하였다. 충남대학교 교수로서 국문학사나 고전소설 등을 불교적 방법론으로 강의하고 대학생불교연합회 지도교수로서 설법하며 수련대회까지 함께하였다. 대학 연구실에는 연등을 달아 법당을 표상하고, 집안 서재는 법당으로 꾸며 '진실암'이라 공언하며 회색 법복을 입고 틈나는 대로 기도·염불하였다.

기회 있는 대로 국내외 명찰을 순례하여 살펴보고 조사하며 사진 찍는 일에 몰두하니, 인도와 미얀마 등의 성지를 순례하며 마음의 출가를 거듭 다짐하였다. 신심이 깊은 안해가 '당신은 스님 같다'고 쓴웃음을 지을 때, 나는 '그래 난 대처승이야' 하고 웃으면서…. 이렇게 나는 지금껏 불교를 생활해 온다.

불교는 나의 학문이다. 이렇게 공부·연구하며 교육·강의하다 보니, 어느새 나의 전공은 불교문학·불교예술·불교문화로 설정되었다. 그동안에 수집·구독하여 온 문헌자료에다 도문 스님의 연구기금으로 불교·불교문화 관계의 국내외 논문·저서·도록·자료들을 거의 다 소장하게 되었고, 한국·중국·일본·인도·미얀마·태국·캄보디아 등의 사찰·불교유적의 현장조사 보고서와 도록까지도 확보하고 있었다. 그동안에 집필한 논문이 거의 다 불교문학·불교예술·불교문화에 관한 것이니, 그 연구 방향과 방법론을 불교문화학으로 잠정하였다. 기실 이 연구영역은 불교문헌학과 불교미술학 내지 불교문화학으로 설정하고, 이에 한국불교문화학회를 결성하여 10여 분야 전공학자들의 연구 활동을 결집하기에 이르렀다. 장곡 스님과 함께 백제불교문화대학을 설립하여 전문학자들의 특강을 듣고 대학원과정을 두어 불교문화학을 심화시켰다. 나아가 건양대학교·충남대학교의 평생교육원과 협력하여 중앙불교연합대학원을 설립하고 불교문화학의 각개 분야 전문학자들의 특강과 학술회의 상의 논문발표를 통하여 그 학문적 체계와 엄정성을 총괄적으로 정리하였다. 이러한 과정을 통하여 『한국문학의 방법론과 장르론』과 『한한문학유통사연구』, 『한국고전소설의 실상과 전개』, 『한국공연예술의 희곡적 전개』, 『백제권 충남지역의 민속과 문화』 등을 불교문화학적 방법론으로 저술·간행한 것이었다. 그리고 『《월인석보》의 불교문화학적 연구』와 『백제 무령대왕과 불교문화사』는 물론 『불교문화학의 새로운 전개』와 자매편『불교문화학의 새로운 과제』, 『훈민정음의 창제와 실용』 등은 불교문화학의 영역과 위상을 새롭게 조명·정립한 성과라 하겠다. 이러한 일련의 노력은 오로지 불교문화가 한국문학·예술·문화의 핵심·주류를 이루어 왔다는 사실을 밝히는 데에 역점을 두어 왔던 것이다. 그래서 그간의 교수생활이나 학문 활동에서 이 불교문화학을 가지고 놀았으니, 불교는 여태껏 나의 학문이 되어 온다.

불교는 나의 예술이다. 이제 불교문화는 단순한 연구대상이 아니다. 그에 대한 접근·탐구가 절실해지고 핍진해질수록 거기에는 학술적 언어나 문장으로 표현할 수 없는 거룩함과 아름다움이 웃고 있기 때문이다. 그로부터 일체의 불교문화는 모두 차원 높은 예술로 마음에 다가왔던 것이다. 석가불의 생애로부터 무수한 불보살의 행적, 내승의 모든 경전과 역대 고승들의 원만한 행적조차 거룩하고 아름답게만 보인다. 국내외의 불교유적지와 사지, 거기에 널리고 묻힌 주춧돌·기왓장, 무너진 석탑조각, 불상의 파편, 벽화 부스러기조차도 상상하면 거룩하고 아름답기만 하다.

현존하는 사찰의 수려한 터전과 석축부터 그 장엄한 건축과 다양한 회화, 불상 조각과 장엄·장식, 불기·공양구 등까지도 거룩하고 아름답게 찾아드는 터다. 실은 그 모조품이나 사진·도록에서도 그 진품과 같은 심감을 자아내니, 이는 운명적인 만남이라 하겠다.

산사에서 울려 나오는 성스러운 울림소리, 각종 음성공양과 기도·염불소리·독경소리, 의식음성·범패소리 등 불교음악은 옛날과 달리 심금을 울리고, 각종 의식과 장엄, 무진장한 불법논리와 수행법의 설법에 너무나 즐겁게 다가선다. 각종 재의·행사에서 벌어지는 법회와 뒤풀이에서 이어지는 불교연극은 가창·가무·강창·대화 등의 형태를 불문하고 그 종합예술적 조화미로 하여 실로 거룩하고 아름답기만 하다. 기실 모든 문학이 종교적 주제·내용의 것일 때 심오·미묘한 예술성을 지니듯이, 바로 불교문학이 진정한 예술적 감동을 끊임없이 불러일으킨다.

향가나 《월인천강지곡》 같은 불교시가, 매거할 수 없는 불교산문 수필, 그리고 〈구운몽〉·〈심청전〉 같은 불교소설, 위 불교연극의 극본이나 《월인석보》 같은 희곡 등 불교문학이 그 예술적 역량을 발휘하여 마지않는다. 여기에 감복하여 내 스스로 불교시도 짓고 『진심암을 찾아서』같은 수필집을 내며 《심청황후》(3권) 같은 장편소설을 지었고, 《무령대왕》·《훈민정음》 같은 불교장편을 집필 중이다. 이처럼 불교는 나에게 거룩하고 아름답기만 한 예술일 따름이다.

불교는 나의 행복이다. 이제 나는 세속의 모든 것을 버리고 출가한 마음이다. 마음의 출가가 진정한 출가라고 확신한다. 학교도 제자들도 열심히 하라며 떠나고, 학회도 회원들도 많이 하라며 멀리 두고, 자식들도 잘 살라고 놓아주고, 평생 모은 전 재산 그 장서도 모교에 기증하고, 남은 것은 안해와 단둘이요 신앙과 희망뿐이다.

후회 없는 외로움, 홀로 우뚝한 경지가 어떠랴. 다만 그 진실암을 새롭게 꾸며 나의 학문적 자취를 한편에 모으고, 국내외 불교유적·사찰의 사진첩과 각종 도록을 진열하여 별전지의 법당을 마련하였다. 이 대승생활공간에서 안해와 신혼부부처럼 지내다가 2층에 오르면 서재·법당에서 기도하고, 진실에 가서 진리를 찾고, 미설에서 아름다움을 맛보고, 선실에서 명상하고 일기·수상을 쓴다. 서재에서 불교문화 논문을 계획·집필하고, 그 별천지를 거닐다가 한편에 놓인 책상에서 그 소설들을 구상·창작할 수가 있다. 지금도 불교문화 관계 수상이나 논문을 청탁하면 써 주고 발표도 하며, 방송에도 출연한다.

이제는 아무 걱정도 없이, 무심하고 자연스럽게 살자니, 삼독을 벗어나 편안하게 청산과 허공을 사랑하게 된다. 그저 그렇게 조용하고 평범할 따름이다. 그러면서 신앙과 희망을 가지고 일하며 정진하니 매사가 작으나마 즐겁고 행복하다.

뭐 그다지 중뿔나게 그 생활이 학문이냐 예술이냐 하지 않아도 모든 게 무르녹아 청정한 샘물처럼 솟아오르는 즐거움과 행복뿐이다. 그래서 불교는 나에게 행복일 수밖에 없다.

3. 불교문화 전통성 새롭게 인식하자

불교문화가 한국문화의 핵심이라는 것은 우리 사회의 통념이요 하나의 상식이었다. 실제로 불교는 1600여 년 동안 한국문화사에서 주류를 이루어 왔던 게 사실이다. 따라서 이것이 우리 민족의 문화 의식 속에 용해되고 육화됨으로써 불교문화가 바로 한국문화라는 것이 체질적으로 상식화되어 왔었다.

어른이나 아이 할 것 없이 석굴암·다보탑·팔만대장경판·직지심경 등이나 국보·보물·지방문화재로 지정된 수많은 불교문화재, 전국 박물관 소장품의 대부분을 차지하고 있는 불교문화유산이 한국문화라는 것을 모르는 사람은 없다. 이것은 오랫동안 불교가 우리 민족과 함께 호흡했기에 당연한 결과다. 그런데 21세기 문화시대를 맞으면서 불교문화를 넘어 한국 전통문화가 위기를 맞고 있다.

거대한 특정 종교의 일부 독선으로 위장해 우리의 문화상식을 송두리째 무너뜨리려고 이른바 선교 전투를 벌이고 있다. 서양 종교로 인해 겪고 있는 우리 문화의 위기는 생각보다 심각한 수준이다. 이처럼 심각한 위기는 두 갈래로 나타나고 있는 것 같다.

첫째는 불교계나 유관 인사들 중에서 위와 같은 위기에 자극받아 불교문화·문화재를 불교의 전유물로 간주하면서 그 불교적 특성을 지나치게 부각시키는 것이다. 그렇게 불교적 독자성을 강조한다는 것이 오히려 그 문화적 보편성과 한국문화와의 융합을 부인하는 결과를 내고 있는 실정이다. 이것은 불교문화나 문화재에 대한 지나친 옹호와 집착으로 상대 세력에 대응하기보다는 그들의 분쇄작전에 말려들 우려마저 자아낸다.

둘째로는 이른바 특정 종교의 극단적 신봉자들이 중심이 되어 불교문화·문화재의 문화적 보편성과 한국 문화적 가치와 위상을 근본적으로 부정·훼손시키는 언동을 하는 것이다. 그들은 역사적으로 공인된 국보·보물급 불교문화재에 대해 불교적 요소와 특징을 희석시키거나 말살시키려 혈안이 되고 있다. 엄연히 존재해 온 유명한 불교문화재에서 불교적 색채를 빼내 버리려고 노력하는 것은 물론, 새로 발굴된 초국보급 유물인 무령왕릉문물이나 백제금동대향로 등에서 불교적 성격을 의도적으로 배제하는 조직적 작업을 감행하고 있는 게 사실이다. 그렇게 특성과 계보가 없는 문화로 묶으려는 경향을 보이고 있다.

다음으로는 유명하지 않은 불교문화와 문화재는 처음부터 불교만의 특수한 우상숭배자료라 취급하고 이단시·미신시하여 아예 문화적 보편성과 한국문화상의 가치와 위상을 묵살하고 있다. 일부 광신자들은 보호시설이 미비한 불교문화재를 훼손·매몰시키는 사건까지 일으키고, 심지어 공공기관에 파고든 그 세력의 일부는 국민 모두가 사용하는 관광·교통지도에서 사찰을 고의로 누락시키는 사고를 저지르기도 하였다.

이와 같이 불교문화는 이리저리 훼손되고 변질되면서 그 문화적 특수성과 보편성을 잃고 한국문화사에서의 가치와 위상까지도 말살될 위기를 맞고 있다. 새로운 문화세기의 광명천지에서 이러한 현상은 용납될 수 없다.

이제 모든 것을 초월해 불교문화·문화재가 창조성을 갖춘 한국문화라는 것을 재삼 인식하여 상실 위기에 놓인 불교문화 인식을 적극적으로 회복할 때다. 이것만이 불교문화의 실상을 중도적으로 밝혀 한국문화상의 진가와 좌표를 올바로 정립하는 길이며 나아가 한국 전통문화 보존의 첩경이기 때문이다.

4. 이 환란을 불심으로 극복하자

아직껏 전 세계는 코로나의 환란에 허덕이고 있다. 우리의 현실도 그렇다. 너무도 심각하다. 기실 장기간 이와 같은 고난이 계속되나 보니, 크게 생각하는 이들은, 이것이 일상생활에 싫증을 느끼며 스스로 불행하다고 자탄하면서 쾌락으로 탈선하는 인류에게 내린 시련이라고 한다. 그런 것 같기도 하다. 아니 그렇게 보아진다. 그동안 인류는 현대 문명 속에서 누가 봐도 잘 살고 행복하다고 할 판인데, 그들이 실제로 현장 생활에 싫증을 느끼고 더 잘 살겠다며, 기발한 행복을 찾아서 얼마나 다투고 미워하며 독을 품어 왔던가. 그것이 바로 탐욕·진애·치암, 이 삼독의 사바세계 그 자체가 아니었던가. 그러기에 자연의 이치, 하늘의 뜻은 여기에 시련을 주고 심판하여, 이 평상 생활 그 행복한 삶으로 되돌리려는 것이 아닌가.

깊이 통찰하면 모든 병환은 마음으로부터 와서 심각하게 머물다 마음으로 치유한다. 그 당시의 의약은 다만 보조역할만 할 따름이다. 이번 질병 재난도 꼭 그런 모양새다. 그러기에 인류의 탐욕·진애·치암 삼독으로 오염되고 타락·탈선하여 내려받은 이 환난은 개인적으로나 전체적으로 되돌려, 평상의 궤도에로 복귀하는 것이 최상의 해결책이다.

지금 세계는 그 질환을 첨단적 의약으로 방어·치유하려고 최선을 다하고 있다. 그것이 의약의 국제적 경쟁, 정치·경제적 대결로까지 번지고 있는 실정이다. 여기에는 한계가 있고 부작용이 상당하다. 그러기에 이 불심으로 그 방어·치유하는 희망의 길을 열어야 한다. 그 불심의 위력이 그 몸의 위력으로 나타나 이 질환을 방어하고 치유·회복하는 최선의 방책이기 때문이다.

일찍부터 불교계에서는 이번 환란사태에 대하여 이와 같은 불심의 대방편을 제시·강조하여 왔다. 그 질병에 대하여 방역수칙을 엄수하고 최선 의약의 적극적인 치료를 받으면서, 그 불심의 위력을 십이분 발휘하자는 것이다. 특히 이번 부처님오신날을 기하여 '희망과 치유의 연등'이란 기치 아래, 그 불심의 위력을 천명·발휘하고 있다.

우선 간절한 마음으로 탐·진·치 삼독을 벗어나 계·정·혜 삼학을 실천하여, 그 질환의 원인을 제거해야 된다. 이는 인욕·정진으로 부처님의 위신력을 빌어 적극적으로 생활화하자는 것이다. 그래서 철저한 계행으로 심신을 청정히 하고 주변을 청결히 한다. 그리고 자비심으로 화합·응집하여 사랑의 큰 힘을 발휘한다. 이것이야말로 그 방어와 치유의 원동력이요 집단적 면역력이기 때문이다. 그리하여 이 보시·애호로써 서로를 구제하니, 그것은 재생·회복의 위력으로서 평상 생활로 돌아가는 첩경이다.

이것이 허장성세의 말로만 그쳐서야 되겠는가. 풍전등화와 같은 내 목숨을 부지한다는 절실한 불심으로 여실하고 의연하게 대응할 때, 그런 환란은 족히 방어·극복할 수가 있다.

그리하여 평상심이 도심이라고 그 평상생활이 얼마나 평온하고 행복한가를 절감하게 될 것이다. 이것은 너무도 확실하고 엄연한 사실이다. 여기 대명천지 부처님오신날, 그 위신력에 의지하여 그대로 실천하자는 것이다. 불교는 실천이기 때문이다.

5. 대청불교신문 지령 100호를 보고

　이제《대청불교신문》이 지령 100호를 내다니, 실로 찬탄하고 축하하여 마지않는다. 저의 20년 전, 대전·충청지방 사찰과 불교계의 소통·화합, 그 발전을 위한 작은 길잡이가 되고자 출범했던《대청불교》가 매월 어려운 가운데 그 나름의 알찬 내용을 담아 간행·유포되어 왔으니, 이 지방에서 조용히 닦아온 그 공덕은 실로 크다고 아니할 수 없다.
　돌이켜 보면 당시 인쇄업을 하던 엄향순 사장이 그만한 신심과 발원으로 그 불교신문을 발행하려 할 때에, 기자 출신 불교신도와 몇몇 불교계 문사·학자들은 그 정성에 감복하여 뜻을 모아 집필도 하고 편집도 도와서 창간호를 낸 것이 엊그제 같다. 그런데 그동안 우여 곡절을 겪고 어려움을 감내하면서 그 신문을 계속 발행하여, 이제 그 100호를 헤아리니 참으로 감회가 새롭다. 실제로 이 불교신문은 그만큼 어렵고 힘들게, 신심·서원만으로 지탱하여 왔기에 오히려 그 역할이 그다지 중대하고 그 공덕이 너무나 큰 것이었다.
　적어도 이 불교신문은 그 창간호부터 지금까지 그 지면이 불교신문으로서의 기본체재를 갖추고 중앙불교의 동향과 소식을 바탕 삼아서, 이 지방불교의 동향과 소식을 사찰 중심으로, 일일이 기사화하고 보도해 왔던 것이다. 그 매호에는 불교의 당면과제에 관한 사설이 실리고 때로는 불교시론이 오르기도 하였다. 그리고 그때그때 사찰마다의 대중법회나 다양한 불교행사, 대소 불사를 취재 보도하고 으레 그 법사의 법문을 실으며, 신도들의 신앙 활동이나 신행미담, 보시공덕까지도 빼

놓지 아니하였다. 이렇게 되다 보니 그 주제 이념이나 질적인 면에서는 중앙불교신문들과 크게 다르지 않았다. 이러한 불교신문이 20년에 걸쳐 100호까지 연결되니, 마치 21세기 이 지방 사찰들, 불교계의 신행 활동사 내지 불교문화사를 한눈에 보는 것 같다.

사실 지금 올려다보니, 이 불교신문이 처음부터 내세운 이 지방 사찰, 불교계의 소통과 화합, 그 발전에 알게 모르게 적지 않은 영향을 끼치고 이바지한 게 사실이다. 이것이 비록 빈약할지라도 '빈자 일등'의 정성으로 지금까지 이끌어 온 그 공덕이 너무도 크기 때문이다. 기실 이 지방사찰, 불교계는 원래부터 이런 불교신문이 반드시 있어야 했다. 그 대표적 역할을 이《대청불교》가 해오지 않았던가. 여기서 우리는 이 불교신문을 중시하고 그 공덕을 진심으로 찬탄하고 높이 평가해야 된다. 그리고 성심껏 격려해야 될 것이다.

이 불교신문은 이를 계기로 더욱 발전해야 된다. 그러기 위해서는 그 자체가 그동안의 저력을 바탕으로 최선을 다할 것은 물론, 이제부터라도 우리가 적극 도와야 한다. 이 지방 사찰, 불교계·불교인 모두가 대승적으로 지원해야 된다. 따지고 보면 우리의 신문이 아닌가. 이제 우리는 이 100호를 기념하여 그 공적을 찬탄·격려하는 마음으로 자식을 기르듯이 후원할 수밖에 없다. 그래야만 이 불교신문이 보다 원만한 역량을 발휘하여 이 지방 불교의 발전에 그만큼 기여할 수 있기 때문이다.

6. 이제는 그 어려움을 밟고 일어설 때

지금 우리는 모두가 다 어렵다고만 한다. 국제정세가 불안·살벌하고 국론이 분열·대치된 데다, 사회와 경제가 혼란·침체되며 따라서 국민의 가정과 개인이 괴롭고 어렵다는 것이다. 정말 눈앞의 현실은 총체적 위기, 그 불행의 연속이라고 통탄해 마지않는다. 그래서 일찍이 불타가 직관·설파한 '인생은 고통의 바다'라는 사실이 절감되는 실정이다.

그다지 심각한 운명적이고 구조적인 위기와 고난의 시점이라면 우리는 절박한 선택의 기로에 직면할 수밖에 없다. 실제로 정부나 위정자, 모든 당사자들만을 탓하고 욕하며, 이 어려운 현실에 매몰되어 덩달아 좌절하고 자멸해서는 안 되기 때문이다. 그래서 이러한 현실의 책임이 우리 공동의 자업자득이라는 참회와 각성 아래, 전화위복의 사명감으로 이 난국을 극복하고 다시 일어나 번영의 길로 나아가야 한다. 그러기에 우리는 이 불타의 지도 이념을 따르지 않을 수 없다. 그 위대한 가르침은 시대를 초월하여 어려운 현실을 타개하고 평화롭고 복된 삶으로 전환시키는 대방편이기 때문이다.

먼저 우리는 대승적 차원에서 현실적 난국을 긍정적으로 직시해야 된다. 노상 부정적 안목으로 잘못된 점만을 지적하고 책망하는 데서 벗어나 이를 똑바로 관찰하면, 국가적으로나 개인적으로 잘 한 점이 많고, 그리고 잘 사는 면이 크다는 사실을 깨닫게 될 것이다. 기실 우리나라는 세계적으로 잘 산다고 공인되어 있고 단군 이래 가장 잘 산다고 공언하는 이도 적지 않다. 이렇게 긍정적으로 좌정할 때, 일단 나라와 개인이 평안하고 행복해질 것이다.

그리고 우리는 친족적 차원에서, 그간의 반목과 갈등을 청산하고 무조건 화합해야 된다. 이 치열한 경쟁사회에서 이견과 대립이야 불가피하지만, 모든 일은 화합으로써만 성취되고 그래서 행복하기 때문이다. 따지고 보면, 한 민족, 한 국민, 한 사회인, 한 동인, 한 가족, 한 부부 간에 한 마음으로 화합해야만 번성하고, 행복하다는 것은 만고의 심원한 진리요, 피부로 느끼는 현실이다. 어느 누가 이런 사실을 모르랴.

기실 이번 위기의 근본적 원인이 그 불화에 있었음을 각골명심하고 하심과 양보로써 부디 화합하자는 것이다.

그래서 우리는 타고난 직분대로 자신에게 주어진 일을 천직으로 알고 즐겁게 해 나가야 된다. 기왕에 주어진 일을 괴롭다 말고 보람차게 즐겁게 해야만 성과도 높아지고 행복하기 때문이다. 그 일하는 즐거움은 '직업에는 귀천이 없다'는 진리와 상응한다. 흔히 말하는 높은 자리에서도 불만하고 불행할 수 있고, 낮은 자리에서도 만족하고 행복할 수 있는 게 사실이다. 기실 우리나라에는 일자리가 얼마든지 넘쳐 난다. 그런데 일자리 없는 청년들이 넘쳐난다고 한다. 사실은 그 능력 있는 일꾼들이 거의 모두 좀 더 높은 자리를 노리다가 경쟁에서 밀려도 이른바 낮은 자리에는 결코 가지 않겠다는 데서 벌어진 현상이다. 그리하여 그들은 그 남아도는 일자리를 외국인에게 넘겨주고, 국가에 더 좋은 일자리를 요청하며 실직자의 아픔을 자초한 결과가 되었다. 그러니 국가에서는 좋은 일자리를 많이 만들어야 하거니와, 우리는 이 절박한 위기를 극복한다는 특단의 하심으로 그 낮은 자리에 과감히 나아가야 한다. 거기서 환영받으며 소신껏 즐겁게 최선을 다하면 머지않아 높은 자리로 오르게 될 것이기 때문이다. 그게 바로 자신과 가정을 위한 보람찬 노력이요, 국가 사회에 이바지하는 큰 길이다. 이렇게 하여 지금 우리는 그 총체적 어려움을 밟고 다시 일어설 때다. 그것은 불타의 영원한 가르침에 따라 족히 성취될 수가 있다. 그 가르침의 권능은 바로 실천이기 때문이다.

7. 대전시 문화재에 대한 새로운 인식

새로운 문화세기는 문화를 통해 행복을 추구하는 시대다. 따라서 지구촌 어느 곳에서나 그 전통문화를 새롭게 인식하고 입체적으로 계승·선양하면서 문화산업·문화공연·문화관광 등의 문화 경쟁시대를 열어가고 있다. 이러한 문화적 경쟁은 국가 간의 국제적 관계에서뿐만 아니라 국내의 지방 자치단체 사이에서도 심각하게 벌어지고 있는 실정이다. 그래서 대전시 당국과 대전시민의 문화재에 대한 새로운 인식과 그 입체적 선양에 따른 현주소를 확인하고 전망해 보자는 것이다.

대전시가 그동안 학계와 문화계·종교계 등에 의해서 대전지역의 문화재를 발굴·조사하고 그 가치를 높이 평가해 문화산업과 관광사업을 통해 시민들의 문화생활에 이바지해 온 것은 참으로 다행한 일이다. 그간에 개발·보고된 대전지방의 문화재는 대강 국가지정 보물 4점, 사적 1점, 대전시 지정 문화재 50점, 기념물 41점, 민속자료 2점, 문화재사료 50점. 문화재청에 등록된 문화재 16점 그리고 비지정문화재 850점 등 1014점을 헤아리게 되었다.(이진오 편저, 한밭의 지정문화재, 비지정문화재, 대전문화역사진흥회, 2009 참조) 나아가 대전시 관광문화재부서에서 대전시관광협회와 제휴해 문화해설사를 두어 7개 권역에 걸쳐 매일 문화재를 해설·선양하고 있다.

그런데 적어도 대전시에서 이런 정도로 문화재를 파악하고 선양하는 데에서 만족하고 자만할 것인가. 지금 문화적 첨단시대에 처해 이웃한 중국이나 일본의 경우는 물론 국내외 다른 시도의 사례와 비교하면 대전시의 문화산업·관광산업은 너무도 저조하고 낙후되어 있음을 부인할 수가 없다. 이것은 새로운 문화시대, 문화를 통해 행복을 추구하는 대전 시민으로서는 아주 심각한 문제라 하겠다. 이것은 대전시 문화 당국뿐만 아니라 문화시민을 자처하는 대전 시민 전체가 책임지고 해결해야 될 시급한 당면과제다.

우선 우리는 대전 지역 향토문화재에 대한 인식을 새롭게 할 때다.

본고향이 어디든지 대전시민이라면 누구나 유구하고 광범한 이 문화재의 가치와 중요성을 새롭게 인식·평가하고 애호·선양하는 사명을 절감·실천해야 된다. 우리의 기층문화, 풀뿌리 문화재는 어느 시도에 비해 조금도 손색이 없다는 게 실증되었기 때문이다.

그러기에 우리 모두는 시내와 인근 산야에 산재한 모든 문화재를 찾아 나서야 한다. 그다지 긍정적이고 합리적인 문화의식을 가지고 이미 지정·정리된 문화재를 재확인하고 새로운 문화재를 발굴·조사하는 데까지 나아가야 된다. 주말이나 어떤 여가에 등산이나 건강운동을 겸해 사진기와 필기도구를 갖고 문화재 발굴·보존과 애호·선양의 역군이 되어 그 현장으로 나서야 한다. 이러한 문화적 풍토와 분위기가 문화를 통한 행복한 생활을 보장하고 우리 문화의 계승·발전에 이바지하는 첩경이기 때문이다.

우리 시민들의 문화생활을 향토문화와 하나로 만들기 위해서는 대전시 문화 당국이 이미 설립되어 활동하고 있는 문화단체나 문화재 전문가들과 협력해 조직적으로 시민들을 이끌어야 한다. 우리 문화시민의 행복한 생활을 보장하는 시정의 중요 시책으로 대전문화를 위한 시민단체를 후원·선도하라는 것이다. 그동안의 새마을 운동보다 선진하고 차원 높은 '우리 문화운동'이 문화복지사업의 일환이면서 자치적 봉사활동으로 전개되어야 하기 때문이다.

전체적으로는 우리 문화시민 모두가 커다란 문화단체로 조직되고 개별적으로는 향토문화를 발굴·공부하는 문화재 전문가요, 문화해설사로서 자처하고 그 권리와 책임을 다해야 한다. 마침내 대전시 문화재는 시민문화로 계승·발전되어 생활화됨으로써 우리 시민들의 진정한 행복을 확보해 줄 것이 분명해진다. 나아가 우리 모두는 문화로써 행복한 시민이 되어 '대전사랑'의 사회적 미덕을 발휘하고 참다운 복지사회를 실현하는 데에 적극 동참하게 될 것이다. 이제 우리는 대전시 문화재에 대한 새로운 인식을 바탕으로 시대적 요청과 사명에 따른 시민문화운동을 전개할 따름이다.

8. 〈땅설법〉의 발굴과 장르 확인

언제 어디서나 한 문화재가 발굴되면 서둘러 이를 학술적으로 조명하여, 그 진가를 확증하고 그 장르와 위상을 파악하는 것이 급선무다. 특히 그것이 전통적인 무형문화재라면, 이러한 작업과정은 더욱 세밀하고 엄정해야 된다. 저서도 이 방면의 전문가들이 동원되어, 그 원선의 채록과 고증은 물론, 이에 대한 종합과학적 분석·평가를 통하여 그 가치와 장르, 문화사적 위상을 구명·규정해야만 되기 때문이다.

잘 알려진 대로 이른바 〈땅설법〉이 발굴되어 무형문화계에 충격을 주었다. 그동안 이 〈땅설법〉은 불교문화계에서 그 명칭만 전설처럼 전해지고 어쩌다 이미 알려진 〈삼회향〉의 속칭·별칭인 것처럼 거론·인식되어 왔던 것이다. 마침내 한국불교민속학회(회장 홍윤식)에서 이를 발굴·주최하여 2018년 10월 27일, 강원도 삼척시 신기면 안의리 안정사에서 전승 보유자 다여 스님이 그 전체를 실연하니, 그 전통과 전모가 드러나게 되었다. 이에 한국불교민속학회 한상길 교수·김용덕 교수·구미래 박사, 한국불교학회 효탄 스님, 한국판소리학회 손태도 회장, 한국공연문화학회 사재동 교수 등 전문학자들이 동참하여 답사·채록하게 되었다.

이에 불교계 언론을 비롯해 일반 언론에서도 이를 확인·보도하였던 것이다. 그 후 동년 12월 8일, 경기도 성남시 위례동 대원사에서 다여 스님이 제2차로 공연해, 그 홍윤식 회장과 이상일 교수·구미래 박사, 한국불교학회 효탄 스님, 한국공연문화학회 윤광봉 교수·사재동 교수, 판소리학회 사은영·노은주 회원 등이 다시 동참해 이를 채록·검증하였던 것이다.

마침내 학계의 공론을 거쳐 한국불교민속학회가 주최하고 한국공연문화학회가 협력하여 2019년 3월 30일, 불교역사기념관 전통문화예술 공연장에서 '땅설법의 계승과 발전 방안'을 주제로 학술대회가 개최되었다. 한상길의 사회로「땅설법으로 화엄세계를 아우르다: 땅설법 현장 참관기」(구미래)에 이어「화엄성중놀이와 땅설법」(홍윤식),「땅설법의 활성화를 위한 시론」(효탄),「땅설법의 전통과 실상, 그 위상」(사재동), 다여 스님의 〈땅설법〉 일부가 실연되었다.

여기에는 한국공연문화학회 심상교 회장과 정병헌 교수·이창식 교수·최혜진 교수, 한국판소리학회 손태도 회장과 김종철 교수, 사은영·박태호·노은주 회원 등이 동참해 그 의미를 더하게 되었다.

그리하여 이 〈땅설법〉의 전통과 실상, 그 위상이 밝혀졌다. 이 〈땅설법〉은 역대 불교계에서 형성·발전·변모되어 온 대중설법의 종합예술적 대방편이었다. 그래서 이 〈땅설법〉은 대승불교를 지상의 중생·대중에 널리 펴기 위해, 승·속의 온갖 예술적 형태를 총동원하고 대중과 더불어 벌리는 축제적 대설법이었다. 따라서 그것은 불교문화의 기반 위에 문학과 미술·음악·무용·연기·의례·민속까지 결집·총화되어 종합예술로서 공연되었다.

실제로 이 〈땅설법〉은 하나의 법사·도창승이 가창과 강설·연기로써 고수 내지 청중과 함께 연출하는 포교적 공연예술, 바로 불교연극, 그중에서도 가창과 강설·연기 중심의 강창극이었다. 그래서 이 〈땅설법〉은 후대적으로 변모·정화되어 이른바 판소리로 전개되었던 것이다. 이렇게 그 실상과 장르가 확인되니, 이 〈땅설법〉이 저 〈삼회향〉과 다르다는 것이 판명되었다. 그러기에 이 〈땅설법〉은 불교문화·공연예술·연극으로서 보배로운 가치를 갖추었고 한국예술사·문화사상의 위치가 그만큼 중시되는 것이다.

이에 대해 유관학계의 긍정적 반응과 함께 논의의 여지도 없지 않은 터에, 각계 언론에서 그 중론을 반영하고 있는 게 사실이다. 조선일보(2019.4.5.)와 현대불교(2019.4.5.) 등 신문, btn불교TV(2019.4.1.), 불광미디어(2019.5.2.), 동해삼척뉴스(2019.5.24.), 이투뉴스(2019.5.24.) 등 방송에서 한결같이 긍정적인 논평·보도를 해 주었던 것이다.

이제 문화재 당국에서 엄정한 검증 절차를 거쳐, 이 〈땅설법〉을 강원·삼척 문화재 내지 국가문화재로 지정·공인해 보호·육성힐 때다.

9. 『중도문학』의 전통과 전망

먼저 우리 중도문인협회 창립 37주년 기념 특집호『중도문학』제29호의 출간을 회원 모두와 함께 진심으로 축하한다.

창립 당시 중도를 이념으로 중도불교문인협회가 출범하여 불교문학만을 창작·논의하고 회지『글탑』을 간행하였다. 이 중도는 불교의 중심이요 핵심이요 그 전부다. 불교는 법성 원융이요 연기 무진이요 중도 광원이다. 중도는 진·선·미·성의 극치라 하겠다. 그렇다고 중도는 불교의 전유물이 아니다. 모든 종교의 중심이요 핵심이다. 그래서 이 중도로 하여 모든 종교는 하나로 융합될 수가 있다. 이런 중도적 이념을 그 문학·예술의 이상으로 삼아, 불교계 작품을 창작·논의하던 순수시대가 있었다. 그때 이 모임은 중도적 화합과 열정적 탐구, 창작의 행복을 지향하여 실천하고 있었다. 얼마만큼 지내 오면서 그 『글탑』을 『글탑문학』으로 바꾸어 내고, 그 저력을 발휘하게 되었다. 이어 종교 없는 문인들을 영입하여 그 영역을 넓히면서, 마침내 그 회지를 『중도문학』으로 내놓았다. 그리하여 이 모든 작품은 불교로부터 자유로울 수가 있었다. 그러면서 시가와 수필, 소설과 평론 등에 걸쳐 좋은 작품이 많이 나왔다. 그런데도 희곡 분야는 부진한 편이었다. 이를 보완하여 고전희곡 분야의 연구, 평론이 실리기 시작하였다.

이런 모임이 거의 다 그렇듯이, 여기서도 그 회지의 출판비가 어려웠다. 그 회비만으로는 부족하여, 회장의 노력으로 문화 당국의 보조를 받는 것이 우선이었다. 그러면서 급선무는 이 모임의 발전을 위하여 문을 활짝 열고 좋은 회원을 배가시키는 일이었다. 회장의 능력과 노력으로 많은 회원이 들어 왔다. 종교에 구애받지 않고 중도적 이념에 찬동하여 그 회원들이 된 것이었다. 그중에 기독교 문인들이 대거 동참하여 그 역할을 다하게 되었다. 여기서부터 문제가 벌어지기 시작하였다. 초창기 불교문학 시대의 회원들이 상대적 박탈감을 가지게 되었고, 그 회원 중의 일부는 이 모임을 떠나기까지 하였다.

그러나 중도적 이념은 위대하였다. 이 모임은 종교를 초월하여 중도적 융합을 이루었다. 그리하여 모두는 중도적 화합과 열정적 탐구, 창작의 행복을 계승하여 더욱 강화하게 되었다. 따라서 이 모임의 명칭을 "중도문인협회"로 내걸었다. 그리하여 철학과 종교가 있는 열정적 문학회로 발전했던 것이다. 그로부터 회원이 더 많아지고 그 작품 활동이 왕성해지면서, 이 『중도문학』이 더욱 풍성하게 되었다.

마침내 이근호 회장이 활동하였다. 그 코로나의 고난과 맞물려 있었다. 그런데도 이 회장은 훌륭한 회원을 더 확충하고, 그 작품 활동을 격려하여 각 장르에 걸쳐 좋은 작품을 거두어 드렸다. 한편 제1회 전국

초·중·고 학생, 일반인 인터넷 신인문학상을 시행하여, 시·시조와 수필 분야의 우수 작품을 평가·수집하고, 그들의 문학 활동을 격려하였다. 그리고 『중도문학』 제27호에 그 특집을 내었다. 이어서 제1회 전국 신인 작품 응모전을 열어, 시와 수필에 걸쳐 우수 작품을 평가·수집하여 그 문운을 일으켰다. 그리고 그 『중도문학』 제28호에 특집으로 실었다.

　이제 우리 모임의 창립 37주년을 기념하여 그 특집으로 『중도문학』 제29호를 출간하니, 각 장르에 걸친 우수하고 풍성한 작품들은 역사적 의미로 빛날 것이다. 이는 이 모임의 뜻깊은 전통과 업적을 집약·조명하고, 현재의 그 발전상을 실증하고 있기 때문이다. 이에 이 중도문인협회의 전통과 업적을 되새기고 앞으로의 무궁한 발전을 기원하면서, 이 기념특집호의 출간을 기업 축하하여 마지않는다.

10. 『중도문학』은 불교신앙의 실천적 작품세계

　결실의 계절을 통하여 우리는 큰 수확을 보았다. 이번 『중도문학』의 출간이 바로 그것이다. 그다지도 고단하였던 농부가 큰 수확의 감격을 가슴으로 껴안듯이, 우리의 감회도 그만큼 새롭다. 그 속에 든 작품이 값진 것은 물론, 그 편집이나 표지·장정에서도 거의 부족함이 없어, 다 같이 흐뭇할 수밖에 없다.

　이제 오랜 전통의 『중도문학』은 시가·수필·소설·희곡·평론 등에 걸쳐 이론적 연구와 실제적 창작을 조화시킨 데에 특장이 있다. 이제 불교문학을 장르별로 창작하여 균형 있는 작품세계를 구축할 뿐만 아니라, 이를 종횡으로 연구하여 그 문학작품들의 진정한 가치와 문학사적 위상을 조명·정립하는 것이 우리의 목적이요 이상이기 때문이다. 그러기에 그만한 연륜에 그러한 작품·논문들의 높은 수준으로 하여, 이러한 전문문학지로서 감히 앞장서서, 그 권능과 역할을 생각할 때가 되었다.

이에 우리는 오늘의 업적을 바탕으로 거듭 새롭게 성장하련다. 불교문학에서 어떤 제약이 있으랴. 경향이 문제인가, 학벌이 장애인가, 경륜이 장벽인가, 이 모든 것을 초월하고 오직 '불교문학'의 순수와 권능을 지향하여 정진할 따름이다. 그 종교적 세계를 가슴으로 체달하고 몸 전체로 실현하면서, 가장 절실하게 그 무엇을 우려내는 진솔한 언어, 그것이 빚어내는 소담한 연꽃이어라. 이런 작품을 꼼꼼히 읽고 비평하는 작업도 진실하고 올바를진대, 그 또한 알찬 열매가 아니겠는가.

이로써 우리『중도문학』의 사명이 절실해 진다. 우리의 절실한 문학세계는 신앙세계와 상통함을 믿는다. 불교문학의 구경이 바로 그 신앙적 열정의 표현으로 이룩되니 그게 큰 실천문학이 아닌가. 그 지고한 신앙적 세계를 체달하여 혈서를 쓰듯이 창조한 문학이 나와 남을 일시에 감동시키는 법이기 때문이다.

우리의 탁월한 문학작품은 포교를 위한 방편의 최고봉을 이룩한다. 하기야 포교를 위하여 쓴 작품이 작위성을 더하여 명품이 될 수 없는 것은 사실이다. 그러나 우리가 지고·지순의 작품을 완결하였을 때, 그것이 읽히고 퍼지는 가운데 자연스러운 공감대를 형성하고 포교적 성과를 극대화하는 것은 당연한 현상이다. 이처럼 원만한 작품들이 집성되어, 백화난만한 화원처럼 큰 아름다움으로 울려 퍼질 때, 그것은 바로 종교적 감화력으로 승화되는 것이 아닌가.

이와 같이 우리의『중도문학』이 불교적 실천문학으로서 종교적 감화력을 점차적으로 축적·확산시켜 나갈 때, 동시대의 문학과 조화·교류하면서 앞장서 나갈 것을 믿어 의심치 않는다. 그래서 우리의 문학작품·연구논문들이 종횡의 계통을 이루어 문학사 상에서도 중요한 위상을 차지하리라 확신하는 바다. 이것이 바로 우리『중도문학』의 좌표요 진로라고 차제에 천명하고 싶다.

11. 불교문학의 문화적 확산

새로운 세기는 문화의 시대라고 한다. 그래서 불교계에서는 바야흐로 불교문화를 제창하고 실현하는 데에 주력하고 있다. 기실 불교문화는 창출한 개념이나 주장이 아니다. 이미 불교계에서는 그 불교의 실상을 문화로써 유지·발전시켜 왔기 때문이다. 그래서 대승적 차원에서는 불교문화가 그대로 불교로 인식되있던 것이나. 나반 우리는 21세기 문화시대에 들어와 이러한 불교문화를 재인식하고 새삼스럽게 깨달아 실현하자는 것뿐이다.

불교문학을 예술적 방편으로 유통·연행시킴으로써, 그 역할·기능을 생동성 있게 극대화하고 문화적으로 확산시킬 수가 있다. 기실 문학은 유통을 전제로 창작되고, 그 예술적 연행을 필수적으로 겪을 수밖에 없다. 그것은 거의 필연적인 운명이요, 불가피한 생리이기 때문이다. 따라서 불교문학은 불교미술과 만나 시화 일여의 경지를 이루고 상보·상생하는 현상을 보인다. 그리고 불교문학은 불교음악을 만나 비로소 제3의 영감으로 생동감을 드러낸다. 또한 불교문학은 불교무용을 만나 역동적인 역량을 실천적으로 발휘한다. 나아가 불교문학은 종합예술, 연극과 만나 본래 지향하는 실체적 원동력을 입체적으로 뿜어낸다. 그래서 불교문학은 고금을 통하여 결코 고정·불변하는 화석이 아니라 끊임없이 변화·발전하는 활화산으로서 영원히 그 찬연한 빛을 쏘아내고 있다.

불교문학의 유통·연행은 문화적으로 확산되는 것이 순리요 당연한 길이다. 우선 이 불교문학은 예술적 방편을 타고 불교언어와 적극적인 관계로 연결·승화된다. 이 불교문학이 기존의 불교언어에 의하여 창작되었다지만, 이제 이 불교문학은 깨끗하고 아름다운 언어를 정화·창출하는 데에 주력해 온 것이 사실이다. 그리고 불교문학은 장르별로 고전 작품이 되어 고금의 불교서적으로 널리 읽히고 행세하여 불교문화에 이바지해 온 것이 확실하다. 이러한 불교문학은 그 속에 함유된 민족적 역사의식을 고취시키고, 그 불교철학을 감동적으로 도출해 내는 게 당연하다. 나아가 이 불교문학은 그 예술적 감동을 통하여 민중적 신앙심을 앙양시키며 미풍양속을 부조·배양하는 게 분명하다. 이로써 우리 불교문학은 예술적 유통·연행을 거쳐, 불교문화를 지향하여 확산 일로를 걸어왔음이 확연해졌다. 그래서 고금을 통한 불교문학은 이와 같은 방향과 사명에서 창출·제작되었고, 또한 그 작품들의 감상·비평에서 그와 같은 제도를 따라갈 수밖에 없었다.

이와 같은 전제와 안목에서, 우리『중도문학』에 실린 각개 장르의 작품들은 모두 든든하고 바람직하다. 공연히 떠들지 않고 안으로 수행·정진하여, 그 진여·불심을 예술적 연행과 문화적 전개를 전망하면서 표출해 냈기 때문이다. 그 시는 시대로 감동적인 주옥편이요, 소설은 소설대로 창조적인 법어라 하겠다. 그 희곡은 희곡대로 희귀하여 더욱 돋보일 터이나 우리의 갈망을 불러일으키고, 비평은 비평대로 날카롭게 타당한 논장에 속하리라. 이러한 작품들이 현대적 활자·제본으로 널리 읽히는 것은 물론이지만, 그것이 예술적으로 연행되기를 기대하고, 문화적으로 확산되기를 간구한다. 그리하여 여기 우리들의 불교문학이 순수문학의 바탕 위에서 마침내 포교문학의 영역을 확보하기를 기원한다. 이것이야말로 불교문학의 전통을 이어, 현대적 열정과 사명으로 미래를 응시하는 우리의 좌표이기 때문이다. 모름지기 고금을 통한 모든 문제 작품들은 당대나 후대에 걸친 역사적 위상을 깊이 아로새기는 데에서 그 진가가 드러나는 법이다. 이번 『중도문학』의 작품들이 이러한 실상과 위상을 지녔기에, 감회가 더욱 새롭고 그 전망이 너무 밝은 터라 하겠다. 실로 그것은 아름다움과 즐거움이 진리로써 흘러넘치는 연화장 세계이기 때문이다.

12. 목련전승의 종합적 탐구

일찍 나왔어야 할 소중한 책이 늦게야 나와서 너 기쁘고 감회가 새롭다. 실은 이 「목련설화신론(目連說話新論)」의 원고를 보고 그 내용이 새롭고 좋아서 그 출판을 주선한 경험이 있기 때문이다. 인문학·동양학이 제대로 대접받는 시절이었다면 이런 저술은 서로 출판하려 다투었으련만, 요즈음에 수지를 계산해 보고 그 간행을 거절했던 현실이 너무도 안타까웠던 터다. 오늘의 이 출간은 각별한 의미가 있다. 오늘날의 인문학은 독립운동하듯이 해야 한다는 말을 확신하는 처지에서, 이 저서의 출간은 새로운 동지를 얻은 든든함과 흐뭇함을 함께 자아낸다.

이 저술은 목련전승(目連傳承) 전체에 관한 종합적이고 입체적인 연구로서 실로 참신한 업적이다. 기실 이 목련존자(目連尊者)의 신통자재한 도력과 희생적인 효행담은 인도에서 발원하여 중국·한국·일본 등 불교국에 걸쳐 총합적인 문화현상으로 생장·유통되었다. 이런 목연전승이 그 시대와 지역에 상응하여 문학·예술·문화의 획기적인 유산으로 생동하고 있기 때문이다. 이러한 단일 인물에 관한 문화적 전승치고 이보다 더 광범하고 다양한 면모와 위상을 갖춘 것은 아마 이 목련전승을 능가할 만한 것이 없을 듯하다. 그러기에 이 목련전승에 대한 연구가 불전(佛典)·변문문학(變文文學)·연극(演劇) 등의 측면에서 다양하게 진행되어 상당한 업적을 내고 있는 것은 사실이다. 그런데 이 목련전승을 개인적으로 다각도에서 새롭게 연구하기는 장춘석(張椿錫) 박사(博士)를 넘어설 학자가 아직은 없는 것 같다. 이 저술이 바로 그 점을 실증하고 있기 때문이다.

이 저술에서는 첫째로, 목련전승의 배경적 고찰로서 불교의 효를 〈우란분경(盂蘭盆經)〉과 관련시켜 실체를 파악하고, 그 효행사상이 이 전승의 주제·내용으로 자리하고 있음을 밝히었다. 둘째로, 이 목련전승이 중국문학상에서 차지하는 위상을 파악하되, 〈우란분강경문(盂蘭盆講經文)〉을 기반으로 목련변문(目連變文)을 세밀히 검토하고, 나아가 이 고사의 원형(原形)을 새롭게 발견·추적하면서 명계(冥界)의 문학적 기능까지 고구하였다. 셋째로, 이 목련전승의 희곡적 전개양상을 폭넓게 고찰하되, 목련희곡(目連戲曲)의 발전과정을 검토하고, 나아가 송·원대의 잡극형태(雜劇形態)가 명·청대의 남희(南戲)·전기(傳奇)로 장편화되는 한편, 각 지방의 목련희(目連戲)로 전개되는 계맥까지 파악하였으며, 그 희곡 속에 나오는 특출한 무대 십왕전(十王殿)과 18대지옥(大地獄) 등을 점검하고, 탁이한 등장인물로 손오공의 원형과 실체를 부각시키는 데까지 나아갔다. 넷째로, 이 목련전승이 이른바 보권(寶卷)으로 전개된 실상을 고찰하되, 그 전형적인 원전으로써 그 구성과 내용을 분석·고증하였고, 그 대표적인 〈승천보권(昇天寶卷)〉과 한국의 〈목련경(目連經)〉의 관계를 비교 검토하여, 그 한·중 간의 유통 양상을 추적하였던 것이다.

이만하면, 이 목련전승을 다각도로 참신하게 연구한 값진 업적이라 해야 마땅하다. 이러한 저술이 나오기까지 장 박사의 각고 정진이 어떠하였는가를 알고 있는 처지에서, 그만한 수고만큼 이 업적이 가치와 무게를 지녔다는 엄연한 사실 앞에 경의를 표하고 싶다. 더구나 지금 한국·중국·일본 등의 학계에서 이런 계통의 불교문학·불교예술·불교문화 등을 연구하는 데에 본격적으로 착수하고 있는 때에, 이런 저술은 그 선도적 일익을 담당하고, 실질적으로 기여하는 바가 지대하리라 전망된다. 그 동안 목련전승을 두고 장 박사와 뜻을 같이하며 교류한 인연을 따라, 부족하지만 참으로 기쁜 마음에서 이 글을 쓴다. 그래서 솔직히 이르노니, 이 방면을 연구하는 학자나 이쪽을 알고 싶은 교양인들은 부디 일독하기를 바란다. 이 저서가 오랜만에 빛을 보았지만, 앞으로 사계에서 더욱 각광을 받으리라 믿기 때문이다.

13. 일본 중세 불교 설화의 실상과 가치

실로 값진 책이 적임자를 만나 번역·출간되는 것은 참으로 뜻깊은 일이다. 일본의 보배로운 불서《발심집(發心集)》이 한국의 정예 학자에 의하여 번역·출간되는 바가 바로 그것이다. 그다지 저명한 이 책이 한국에서는 생소하기에, 그것은 참신한 충격으로 받아들여질 수밖에 없다. 그것은 한국 불교계나 학계에서도 그만큼 소중한 원전이기 때문이다.

이《발심집》은 일본 중세의 유명한 은둔·수행 자료서《방장기》같은 불교수필과《무명초》같은 가론서를 지어 남긴 압장명(鴨長明)이 수집·편찬한 불교설화집이다. 그는 생애의 불운기를 겪으면서 무상을 절감하고 은둔생활을 하는 가운데, 마침내 불법에 귀의할 것을 발심하고, 상당 기간 승려와 신중의 불교설화를 정성껏 모아서 이《발심집》을 편찬한 것이다. 그는 스스로 "나의 어리석은 마음을 반성한즉 일부러 심원한 불법을 찾으려고 하지 않는다. 잠시 눈과 귀로 확인한 것을 써 모아서는 몰래 자신의 가까운 곳에 놓는다."고 그 편집의 동기와 편찬 과정을 겸허하게 고백하고 있다. 그래서 이 책은 그의 발심·정진을 위해서, 즉 남들의 발심·수행을 도우려고 만든 것이라 볼 수도 있었다.

이 책은 편자가 타계하고 세상에 공개되면서, 후대의 불교계나 신중들 그리고 일반대중들 사이에 구비·문헌 등으로 널리 유통되면서, 불교설화나 승·속 간 신행담의 역할을 다하였던 것이다. 나아가 그것은 편자 압장명을 근거로 하여, 그 전후 시대의 불교사를 반영하고 불교신행사 내지 불교문화사를 드러내고 있었던 터다. 그러하여 역대 불교계나 신도들 또는 민중들은 이 책을 발심·신행의 교범으로 삼아 재미있고 감명 깊은 설화로서 수용하였다. 한편 학계에서는 이 책을 불교학·불교사 내지 불교문학, 불교문화사 등의 측면에서 깊이 연구하게 되었다.

실제로 일본학계에서는 이 책에 내함되어 있는 불교사상을 탐구·체계화하고, 그 속에 등장하는 고승들의 행적을 역사적으로 추슬러 승전사·교단사의 단면을 탐색하려고 한다. 여기에 성황을 보이는 것은 이 책을 불교설화집으로 진제하고 일본불교설화를 깊이 있게 연구하는 측면이다. 따라서 이 책은 일본 중세불교설화론의 중심에 자리하고 있다. 이것이 중세불교설화의 핵심·주축을 이루고 있기 때문이다. 기실 이 책에 대한 불교설화적 연구는 설화학적 측면에서 전문화되기도 하지만, 설화문학으로 고찰되는 것이 더욱 중시된다.

그리고 이 불교설화와 문화와의 관계로까지 확대·검토되는 것이 바람직한 방향인 것 같다. 그러하여 이 책은 역대 불교계·신중들의 구원한 불전이요, 고금 학계·문화계의 영원한 보전으로 행세하여 왔다.

이《발심집》은 무심히 바라볼 때, 한국의 불교설화를 읽는 것과 그 감회·상념이 비슷하다. 일본의 시간·공간을 명시하지 않으면, 한국의 어떤 불교설화집이라 착각할 수도 있겠다. 가령《삼국유사》에 실린 불교설화·고승전 등과 대비하면, 그 유사성에 놀라게 될 것이다. 이런 불교설화를 중심으로 보면, 한국 중세불교설화론의 핵심·주류가 바로《삼국유사》라는 추정까지도 가능할 터다. 그렇다면 한국 불교계와 신중들도 가능한 대로 일찍이 이《발심집》같은 불교문헌을 족히 수용할 수도 있었고, 한국 학계에서도 이 원전을 비교 연구할 여지가 얼마든지 있었던 것이다.

일본에서의 한국불교 수용과《삼국유사》같은 문헌의 연구가 고금을 통하여 성행하고 있는 점은 시사하는 바가 크다. 적어도 역대 한·일불교·불교문헌·불교문화의 교류사는 그 연구의 질량과 수준에 따라, 크게 진척되고 높은 성과를 올릴 것이기 때문이다.

놀랍게도 한국에 아직껏 소식이 없던《발심집》이 일본불교문학의 정예 학자 류희승에 의하여 국역되고 발행되기에 이른 것은 이런 점에서 획기적인 일이라 하겠다. 이 류희승 학자는 한국 학부에서 영문학의 기초를 닦고, 부전공으로 하던 일본불교문학을 대학원에서 전공하였다. 나아가 일본에 유학하여 다시 불교문학으로 석사학위를 받고, 이어 박사과정을 역시 불교문학으로 이수하였다. 그 학위 논문 주제로 잡은 것이 바로《발심집》이었다. 그동안 일본 불교설화에 대한 검토와 장명의 다른 작품을 섭렵·연구한 기반 위에서, 그 남다른 연구 역량과 열정을 오로지《발심집》에 집중하여 벌써 몇 편의 독특한 논문을 한·일 학술지에 내어놓았다.

이러한 연구 도정에서 살피고 따지며 이리저리 재어보면서, 이 책의 낱말·문장 등을 올바로 해석하고, 나아가 문단과 전체를 통관하여 빈틈없는 한역을 이룩한 것이다. 그래서 이 번역은 결코 번지르르하고 화려한 것과는 상당히 다르다. 그 각고와 정공으로 하여 원의에 충실하되, 한국어의 묘사를 발휘하여 생동하는 문제를 얻었기 때문이다.

이 번역본은《발심집》의 여러 이본을 대교하면서, 그중의 믿음직한 '경안본(慶安本)'을 원전으로 택하였다. 이것은 역자가 이를 전공하기 때문에 가능한 역서의 신빙성이라 본다. 그리고 역자는 여기에 겸허를 더하여 일본 학계나 독서계에서 공인하고 있는 기존의 주석서를 참고하고 있다. 실제로 이 번역서는 '경안본'의 전부를 그대로 국역한 것이 아니다.

역자가 이《발심집》에 대한 전문가적 안목으로써, '경안본'의 20분야 102화 중에서, 정수만을 뽑아 3부류 56화를 개편·번역하였기 때문이다. 그러면서도 각개의 설화들은 원문에 충실하고 아름답게 한역되어, 한국 독자나 학자들이 부담 없이 접할 수가 있을 것이다. 이러한 불교설화집의 한역·출판은 뜻있는 모든 사람에게 감회가 새로울 수밖에 없다. 오랜 기간 각고면려의 결과로 이 번역서를 내어놓은 역자는 감개가 무량할 것이다.

"백제시대 일본에 전파된 불교는 그곳의 기후와 풍토에 맞게 발달해 왔다. 그럼에도 불구하고 우리나라에서는 아직 일본의 불교설화집이 번역되어 있지 않은 실정이다."

그래서 한·일 문화교류의 현장에서, 양국 불교설화가 널리 읽히기를 역자는 간절히 바란다.

실로 이《발심집》정도의 불교문헌이 지금 번역·소개되는 것은 너무도 늦은 감이 있다. 더구나 그것도 청년 정예 학자에 의하여 시도되었으니, 한편 미안하고 대견할 따름이다. 이렇게 값진 문헌을 계속 발굴·연구하고 번역·소개하기를 격려하고, 기대해 마지않는다. 이에 관심 있는 우리 모두가 이를 즐겨 읽고, 깊이 연구하도록 권장하고 싶다.

14. 중고제 판소리의 실상과 복원

이제 판소리는 한국의 전통적 공연예술로서 세계적인 각광을 받으면서, 그 공연의 증진과 함께 학술적 조명이 심화되고 있다. 여기서 그 판소리의 전통과 실장, 그 위상이 제대로 조명되면서 이 판소리 중고제의 실체가 그 윤곽을 드러내게 되었다. 실제로 이 중고제는 판소리의 형성·전개 과정에서 매우 중요한 역할을 하며 중심적 위치를 점유하여 왔다. 그것은 이 원형적 강창예술의 계통을 잇고 그 형성기의 고재를 이어받아 판소리의 전형을 이루어냈기 때문이다. 그리하여 이 중고제는 기호·충청지역을 기반으로 중고적 예술문화와 함께 유통되면서 호남·전라지역의 예술적 풍토 위에 이른바 동편제와 서편제를 성립·발전시켰던 것이다.

그런데도 이 중고제는 전통성과 보수성으로 하여 그 시대적 조류에 둔감하고 청중의 취향에 영합하지 못한 데다, 저 동편제 내지 서편제의 성세에 밀리어 은퇴의 처지에서 겨우 명맥을 유지하여 왔던 터다. 이에 사계의 일부 학자와 실연자들이 그 중고제의 중요성과 가치를 재인식하고 미력이나마 그 연창을 복원·계승하며 학술적 조명에 최선을 다하게 되었다.

이에 공감한 사계 전공 학자와 실연자들이 그 역량을 결집하여, '중고제 판소리문화진흥회'를 조직하고 이 중고제의 형성·전개 과정과 공연예술적 실상, 그 판소리·예술사상의 위상과 가치 등을 본격적으로 연구하고 그 실기를 복원·연창하게 되었다. 그러기를 5년간, 3차례의 학술발표회를 통하여 상당한 성과를 확보하게 되었다. 그리하여 이 값진 논고를 집성·편집하여 '중고제학술총서1' 『중고제 판소리의 전통과 미학, 그 전승·가치』로 간행하게 되었다.

이제 그 내용을 보면, 제1부 '중고제의 역사적 의미'에서는 이 중고제의 개념과 전통, 중고제의 대본 원전, 그 연창자, 그 연창의 공연예술적 실상, 그 판소리·예술사상의 위상 등을 재론하였고, 중고제를 바라보는 관점과 지향점을 거론하였다.

제2부 '중고제의 미학'에서는 공주의 음악 전통과 중고제 명창을 거론하고 중고제와 박동진 명창, 예인 한성준과 문화적 가치 등을 논의하였으며, 김창룡과 이동백의 음악을 비교 연구하였고, 김창룡 심청가의 음악적 특성을 밝히며, 나아가 심상건 가야금 산조의 미학까지 논구하였다.

제3부 '중고제의 복원과 전승·가치'에서는, 중고제 복원의 과제와 방법을 제시하고, 중고제의 문화사업 접근과 개발방안을 내세우며, 중고제의 전승과 재창조를 강조하고, 중고제의 의의와 음악적 활용방안을 전제하며, 이동백 적벽가의 전승과 현대적 계승을 주장하였다.

이로써 이 연구총서는 판소리 중고제의 그 전통과 실상, 그 위상을 재조명하는 기초 작업으로서 그 의의와 가치가 크게 주목된다고 하겠다. 이를 바탕으로 중고제 판소리의 역사와 실상, 그 위상과 진가를 본격적으로 탐구할 수 있겠기 때문이다. 이를 앞으로 중고제의 진흥을 위한 역량으로 내세우고 싶을 따름이다.

15. 학자·문인의 진솔한 삶, 그 무늬

노태조 교수가 벌써 고희를 맞으며 그동안에 써 온 글들을 모아 수필집 『세월의 무늬』를 간행하니, 실로 감개무량하고 축하하여 마지않는다. 노 교수는 정년퇴임한 이후로 유서 깊은 계룡산 자락 연산 관동리 향교촌에 조촐한 농원을 마련하고 아담한 "느러뫼집"을 지어, 부지런히 일하고 한가하게 공부하며 글 쓰는 선비생활을 즐겨 왔다. 노 교수는 진정한 수행과 공부는 정년 후부터라고 다짐하면서 줄기차게 연찬·노력한 결과가 이렇게 값지고 무게 있는 노작으로 빛을 보았으니 말이다.

실은 나도 노 교수를 따라다니며 함께 일하고 생활하면서 그의 진실성과 성실성을 재확인하며 스스로 반성하고 느끼는 점이 적지 않았다. 삼세의 인연을 실감하며 학연과 혈연으로 무르녹은 그 관계를 의리와 인륜으로 승화시켜 이어가더니, 실로 그는 참 사람이요, 참 학자요, 참 선비로다. 그가 이런 시점에서 그 수행과 공부의 진실하고 지혜로운 생각과 느낌을 원숙한 필치로 표출해 내니, 그 작품이 값지고 무게 있는 것은 당연한 일이다.

기실 노 교수가 그만큼 진실하고 성실하기에, 항상 하심하여 겸허하고 내적으로 온축된 바가 충만하기로, 오히려 그 언행이 순박하여 날렵하지 못하고 그 표현이 영리하게 드날리지 않아서 그 작품은 깊은 감동을 준다. 그것이 진정한 그 문학의 세계이기 때문이다. 이번 노 교수의 제3 수필집이 그 이전의 수필집보다 돋보이는 이유가 여기에 있다. 실제로 노 교수는 이러한 생활로 농사짓고 글 쓰는 데에 정진하면서 여유 있게 자족하며 보람을 찾아 더불어 행복한 생활을 누리고 있다. 그러기에 이러한 생활의 진수가 그 진솔한 필치로 작품화되어 모두에게 여유로운 자족과 보람과 행복을 생생하게 전해 주고 있지 않은가.

이번 수필집의 내용이사 그 범위가 넓다. 그 세월을 날줄로 늘어놓고 생활 속의 체험과 깨달음을 씨줄로 하여 비단 무늬를 짜고 있기 때문이다. 그 자연과의 친화를 비롯하여 인생, 그 삶의 의미를 추구하고, 인간적 서정을 여러모로 살피면서, 인간의 관계를 재확인하며, 세월의 여정을 허심탄회하게 회고하고, 우리의 문화를 재조명하는 데까지 미치고 있다. 이만한 내용이면 그 풍부·다양함에 일단 주목하지 않을 수 없다.

이 작품들의 표현은 제2의 수필집에서도보다 원숙해진 것은 사실이지만, 그 질박·진솔한 바탕에서는 멀리 벗어나지 않았다. 그래서 이 문장 표현이나 어휘 구사에서 촌스럽고 구수한 냄새가 난다. 마치 시골 토담집에서 된장국 보리밥에 막걸리를 곁들이는 향수의 맛이 정겹게 묻어난다. 그 문체는 얄팍한 기교나 세련된 묘사가 없이, 성실한 농부의 대화처럼 소박·담백하고 요약·생략되는 경향을 보인다. 따라서 이 문장은 점잖은 선비의 걸음걸이처럼 느슨한 데도 있지만, 순진한 아이들이 징검다리를 건너뛰는 것같이 경쾌한 데도 있어 완급을 잘 조절하였다.

이처럼 노 교수의 이번 수필집은 문학적으로도 성공하였지만, 무엇보다도 학자·선비로서 진실하고 성실하게 살아가는 자전적 의미가 커서 더욱 값지다. 이제 인생은 70부터라는 다짐으로, 더욱 정진하기를 격려하는 마음으로, 우리 모두가 이 수필집을 통하여 그 삶의 자취를 되돌아보면서, 자성하고 다짐하여 힘을 얻는 데에 거울을 삼았으면 한다. 누군가가 이 작품을 한밤쯤 읽어 보기 바라는 뜻이 간절할 따름이다.

16. 원숙한 인생의 지혜로운 발자취

노태조 교수가 팔순을 넘기고 제8 수필집 『절로 가는 세월』을 출간하니 실로 놀랍고 대단하다. 축하의 여지조차 없다. 그 제7 수필집을 낸 것이 엊그제 같은데, 노익장을 자랑하듯이 새로운 수필집을 내다니 참으로 반갑고 기뻐하여 마지않는다. 우선 90을 바라보는 고령에 그만큼 건강한 것이 축복할 일이고, 그러면서 끊임없는 정진이 돋보여 존경스럽기까지 한 터다.

노 교수가 학자 교수·문인·선비로서 그만한 업적을 남긴 것은 잘 알려져 있거니와, 그 나이에 이르기까지 꾸준하고 줄기차게 노력할 줄은 미처 몰랐다. 그는 중학교 시절부터 지금까지 깊은 인연으로 가까이 지내면서 지켜보니, 학자·교육자, 문인으로서 그 일관성 있고 꾸준한 성장·발전이 일직선으로 뚜렷하여 우리 인생의 귀감이 된다. 그리하여 늙는다는 것은 점차적 원숙함을 이르는 것이고, 학문·문학에는 정년이 없다는 것을 실증하고 있다.

이런 점에서 이번 수필집은 글뫼 노 교수, 그 원숙한 인생의 지혜로운 발자취라 하겠다. 그 제7 수필집에 이어 농부를 자처하는 학사·문인·수필가로 전원생활을 하면서, 오직 수행·정진과 작품 활동을 하고, 남모르게 알찬 보람과 행복을 누리고 있다. 노후·말년의 지혜로운 생활을, 넓은 분야에 걸쳐 작품화하고 있기 때문이다. 지난 생활을 회고·반성하고 현실 생활을 체험적으로 직시하여 '인정과 사랑', '자연과의 조화', '인간관계', '인연관계', '신앙과 마음공부', '우리 말·글', '전통과 선행', '학문과 선비 정신' 등에 걸쳐 지혜로운 의미와 가치를 발견하여 미화하며 권장하고 있다.

이 수필집의 표현은 그 제8집에 이르기까지 전문화되어 글뫼의 일가를 이루었다. 그 소박·진솔한 바탕을 그대로 지키며, 그 문장·표현이나 어휘 구사에서 촌스럽고 구수한 냄새가 난다. 마치 시골 토담집에서 된장국 보리밥에 막걸리를 곁들이는 향수의 맛이 정겹게 묻어난다. 그 문체는 얄팍한 기교나 세련된 묘사보다는 성실한 농부의 대화처럼 질박·담백하고 응축·직설하는 경향을 보인다. 그 문장은 점잖은 선비의 걸음걸이처럼 느슨한 여유도 있지만, 순진한 아이들이 징검다리를 건너뛰는 것처럼 경쾌한 생동감이 있어 완급을 잘 조절하였다. 이것은 글뫼의 수필 전체에 흐르는 특징이라고 나는 본다.

이처럼 글뫼의 이번 수필집은 늦가을의 풍성한 수확처럼 무겁고 값지다. 이제 제1집으로부터 이번 제8집에 이르기까지 그의 수필은 발전적인 하나의 역사를 이룬다. 여기서 그 평생의 업적에 경의와 찬사를 보낸다. 이것이 현대 한밭 수필사 내지 한국 수필사의 한 흐름을 유지하고 있기 때문이다.

같이 늙어 가면서 격려는 할 수가 없다. 글뫼 스스로 이런 수필집을 제10집까지 내겠다고 다짐하니, 노년의 건강과 행운을 빌 뿐이다. 한편 그동안 해로하면서 내조에 힘쓴 부인 최옥순 여사에게 감사와 찬사를 아끼지 않는다.

17. 교육과 구도 일념의 세계

김진옥 교장이 아흔을 겪으며 그만한 저서 『내 마음의 오솔길: 인생의 길, 수행의 길』을 내다니. 우선 반갑고 놀랍다. 그동안 교육의 동지요 신앙의 도반, 아내의 친구로서 이웃에 살면서 죽 지켜본 바로는 교육과 구도 일념의 생애가 존경스러웠고, 나이를 잊은 열정으로 계속 정진하는 모습이 부러웠다. 그래서 김 교장이 이미 『참 나를 찾아서』를 낸 이래로, 그만한 저술을 내리라 기대도 했지만, 막상 이번 그 의미 깊은 저술을 출간하니. 존경과 축하의 뜻이 간절할 수밖에 없다.

김 교장은 영원한 지혜를 타고 난데다 종교적 성향이 탁월한 것 같다. 더구나 그의 7대조 김시습 후신이라고 부모나 친척이 증언 덕담하였기에, 그대로 신념하며 성장 수학하여 왔다. 그가 도인으로서 절의를 지키고 자비도 베풀며, 이적도 보이고 빼어난 문장으로 《금오신화》까지 저술한 그 행적을 롤모델로, 김 교장은 교직활동과 종교생활을 중도적으로 수행하여 왔다.

김 교장이 교직에 뜻을 두고 영어교사로 봉직할 때에 종교적 신념으로 자비롭고 성실하게 가르쳤을 뿐 아니라, 그 교육계획이나 방법론에서 전국적인 선진 모형을 보여 주었다. 이에 중진 교사, 교육연구사, 교감을 거치는 과정에서도 종교적 헌신으로 빛을 냈던 터다. 마침내 교장에 올라서는 교육행정가로서 역시 종교적 이념으로 학교경영을 발전적으로 이끌었기에, 교육 당국의 높은 평가를 받았던 것이다.

기실 김 교장은 기독교와 천주교를 거쳐 불교에 귀의하고부터 가정생활과 학교생활, 사회생활의 심화를 위하여 수행 정신에 매진하였다. 원근 사찰이나 선원의 저명한 선지식을 찾아 배우고 참선하여 일가를 이루고, 비로선원을 세워 인연 따라 신도들을 자비로 구제하였다. 그 남편의 출세를 위하여 희생적으로 기도 정진하였고, 그렇게 자식들을 길러 성취시켰다. 그러면서 교육활동에 더욱 헌신적으로 임하였고, 사회활동에서도 자비 보시를 실천하였다. 이러한 과정에 그 기도 정진이 절실하여 기적 같은 성취를 보이니, 이상하다는 평판까지 들렸던 터다.

김 교장이 영예롭게 퇴임하여 자유천지를 누리게 되었을 때, 그 남편이 중병으로 병원에서 운명의 날을 기다리게 되니 비장한 각오를 하였다. 그 도인 오빠의 권유로 강원도 동해 고찰, 특히 관음성지 홍련암에서 300일 참회기도 관음정진에 목숨을 걸게 되었다. 갖은 고난을 감내하면서 그 기도 정진을 원만히 회향하였다. 그리고 나서 모든 일이 원만 성취되었다. 우선 그 남편이 심장 이식 수술을 받아 살아났고, 대소 가정사가 제대로 되며, 가까운 사람들의 안 된 일이 잘 풀리고, 가는 곳마다 밝고 아름다운 광명이 벌어지고, 따르고 도와주는 사람이 늘어나 행복하기만 하였다.

　이러한 그 인생의 길, 수행의 길, 그 과정의 고비를 김 교장은 소박하고 진솔하게, 그리고 소설적으로 고백하여 놓았다. 모두 10부 39항목. 117편의 단편들이 다 소설과 같다. 말하자면 그《금옥신화》와 같은 작품들이다. 때로는 꿈과 같고 기적과 같은 이야기들이다. 인생은 한 편의 소설이요 연극이라더니, 김 교장이 마지막 길목에서 그 인생을 되새겨, 자신을 재확인하며 참회록처럼 쏟아 놓은 것이 그대로 소설이요 연극인 것 같다. 그대로가 교육과 구도 일념의 세계다. 이제 소설 같고 연극 같은 행적을 따라가다 보면, 크게 느끼고 깊이 깨닫는 바가 있을 것이다.

II
문학 연구의 방법론과 인문학적 접근

1. 불교와 인문학

1) 서언

이제 불교는 인문과학·사회과학·자연과학 등에 걸쳐 관련되지 않는 분야가 없다고들 한다. 그것은 틀림없는 사실이다. 그동안 불교와 인문학의 관계는 물론, 불교와 사회과학 내지 불교와 자연과학의 상관성까지도 여러 학자들에 의하여 점차로 증명되어 왔기 때문이다. 여기서 불교는 불교학 그 자체를 성립시킬 뿐만 아니라, 다른 모든 학문분야의 내용이 되고 나아가 그 방법론이 되기도 한다.

나는 그간에 국문학을 공부하면서 나름대로 한국학 인문학 전반에 관심을 두지 않을 수 없었다. 이 국문학이 인문학의 한 분야로서 상호간에 유기적 관계로서 한 덩어리를 이루고 있기 때문이다. 여기서, 한국학 여러 분야의 공통적인 핵심으로 부각되는 것이 바로 불교였던 것이다. 그것은 나로서는 획기적이고 충격적인 일이었지만, 따지고 보면 누구나가 그렇게 알고 있는 보편적인 사실이었다. 그래서 나는 불교나 국문학 나아가 불교와 인문학의 관계를 보다 적극적으로 추적하게 되었다.

2) 불교와 고전문학

나는 국문학 고전을 공부하다가, 그 작품들이 대부분 불교문학이거나 불교적 성향을 지닌 것임을 확인하게 되었다. 그로부터 국문학 중에서 불교작품을 검토하고 국문학의 불교적 성향을 파악하는 데에 힘써 온 게 사실이다.

그러면서 국문학의 형성·전개과정에서 불교와 불교문학이 핵심·주류를 이루어 왔다는 사실을 확인하게도 되었다. 말하자면, 나는 불교적 관점에서 국문학의 문예적 실상과 문학사적 위상을 검증하는 데 관심을 모으게 되었다.

그 결과로 얻어진 몇 편의 졸고는 사계의 긍정적 수용이 기대되었으나, 예상외로 냉담한 반응과 이에 대한 부정적 비판까지 받게 되었다. 그러나 나는 날이 갈수록 그에 대한 확신과 함께 자신감을 가지고, 그 작업을 계속하였고, 학계에서는 고집스러운 불교 편애의 학자로 지목되기에 이르렀다. 그러나 이 점은 뜻있게도 선학들이 이미 지적했던 바로서 현명한 정예 학자들이 이를 증명하여 발전적으로 계승하고 있는 실정이다.

3) 불교와 예술·문화

나는 이러한 관점과 방법론을 인문학의 다른 분야에도 적용하고 있다. 기실, 국문학과 깊이 관련된 미술·음악·무용·연극은 물론, 국어학·역사학·종교학·철학·민속학 등에 걸쳐 불교는 역시 그 핵심·주류를 이루고 있기 때문이다. 특히 고전 이래 이들 분야의 본질적 실상이나 역사적 전개과정에서 불교는 주축이 되고 중심적 역할을 다하였던 것이다.

우선 한국미술만 하더라도 그 본격적인 형성·전개는 불교미술로부터였으며, 기실, 불교 전래 이래의 불교건축·회화·조각·공예 등이 한국미술의 주축을 이루고 있고 후에 한국미술을 형성·발전시키는 데에 지대한 영향을 끼쳤던 것이다. 그것은 역사가 증언하는 바이며, 현전 미술작품들이 실증하는 사실이다. 더구나 역대 불교음악과 무용·연극은 한국음악 내지 무용·연극의 기반·주류를 이루었고, 그 형성·발전에 기여한 바가 컸던 것이다. 그 점은 사실이 증언하는 것이로되, 현전하는 자료가 빈약하여 이를 실증해 보이는 데에 어려움이 따른다. 다만 현전 자료를 엄밀히 분석하고 그 실상을 탐색·복원한다면, 불교음악과 무용·연극의 실상과 예술사상의 위상이 족히 드러나리라 본다.

한편 국어학은 고금 국어의 상당부분이 불교계 용어 내지 불교적 언어로서 조직되어 있다는 짐만으로도 상호관계가 그만큼 깊다. 지금 고대·중세국어의 연구에 있어, 신라·고려의 불교계 향찰 언어와 조선의 불경계 국문언어가 핵심자료임을 보면, 그 사실이 더욱 확실해진다. 기실 역사학에서 문화사 전반과 사회경제사, 정치제도사 등에 걸쳐 불교와 관련된 사건들이 소중한 사실로 대두·부각되고 있음은 주지된 일이다. 따라서 한국문화사의 본격적인 연구에 있어, 불교문화의 제반 문제와 불교계의 사회·윤리·정치·경제문제 등이 제대로 규명되어야 할 것이다.

그리고 종교학·철학에서도 불교와 그 철학이 주류를 이루고 있는 것은 주지된 사실이다. 한국종교학 내지 철학의 실상과 그 역사적 위상을 밝힘에 있어, 불교와 철학의 그것을 우선적으로 검토해야 될 것은 물론이다. 또한 민속학도 그 연원과 내실을 보면 불교의 신앙·제의 등과 직결되어 있는 것이 대부분이다. 경제사, 정치제도사 등에 걸쳐 불교와 관련된 사건들이 소중한 사실로 대두·부각되고 있음은 주지된 일이다. 따라서 한국문화사의 본격적인 연구에 있어, 불교문화의 제반 문제와 불교계의 사회·윤리·정치·경제문제 등이 제대로 규명되어야 할 것이다.

4) 결어

이와 같이 불교는 문학과 예술을 비롯하여 인문학 전반에 걸쳐 그 연원과 근간이 되어, 그 열매를 맺게 한 것이 분명하다. 이러한 문화적 현상은 인도·중국·일본 등에서도 한국과 같은 형편이다. 다만 그런 현실을 제대로 인식하고 깊이 있게 연구하는 데에 차이가 있을 따름이다. 이웃나라에서 그 인문학을 연구하는 데에 선수학문으로 필수되는 것이 불교 내지 불교문화임을 감안할 때, 한국학 내지 인문학의 본격적인 고구에 있어 불교와 불교문화를 필수학문으로 선수하고 나아가 연구방법론으로 정립해야만 되겠다. 이런 점에서, 최근에 시도되는 불교와 한국학·인문학의 관계를 검토하는 업적이 크게 주목된다.

이러한 연구경향은 사회과학과 자연과학에까지 파급되어, 보다 진지하고 값진 성과를 내고 있는 게 사실이다. 이처럼 불교와 모든 학문분야의 긴밀한 관계를 본격적으로 고구하는 작업은 불교자체나 모든 학문의 발전을 위하여 크게 기여하는 길이다. 이러한 점에서, 교불련회원의 학문적 유대와 유기적 공동연구는 그만큼 소중하고 보람찬 일이 되겠다.

2. 불교설화의 실상과 가치

1) 서언

이 불교설화는 불교에 관한 모든 이야기이다. 실제로 불타 당시부터 그 심오하고 미묘한 불법을 무명 중생, 일체 대중에게 효율적으로 알리기 위하여, 보다 쉽고 재미있고 감명 깊은 이야기로 풀어낸 것이 바로 불교설화이기 때문이다. 그러기에 불타 이래 역대 조사 스님들의 대중적 설법이나 모든 경전·불서 상에서는 이 불교설화가 중심을 이루었고, 나아가 불교계의 포교활동이나 사부대중의 신행생활 상에서도 그 주류가 되었던 것이다. 기실 이러한 불교설화가 그 불교의 전파와 정착·전개에 따라, 그 나라의 실정과 형편에 맞도록 변화·발전하면서, 그 영향 아래 각개 불교국 자체 내에서는 부처와 불법, 승가를 중심으로 사찰과 사부대중의 신행활동, 제반 불사나 포교사업 등에 필수되어, 무수한 불교설화가 형성·전개되었던 터다.

그러하여 한국에서도 삼국시대의 불교 전래와 발전 이래, 통일신라와 고려기, 조선시대를 거쳐 현재에 이르기까지 그 불교사의 흐름에 따라, 수많은 불교설화가 형성·유전되고 적층·전래되어 불교문화의 큰 유산으로 남아 있는 게 사실이다. 실제로 이 불교설화는 그만큼 보배로운 불법, 그 불교적 주제·내용을 신이 절묘한 서사문맥으로 조성·서술하였기에, 그것이 모두 불교계 서사문화로서 자질·요건을 갖추고 널리 유통·행세했던 것이다. 따라서 이 불교설화는 소중한 주제·내용과 수승한 서사문학성, 역동적 기능을 통하여 그 가치가 높다고 보인다. 그러하여 이 불교설화의 주제·내용이나 그 작품적 실상, 그 성격·기능 등에 대하여 살펴볼 필요가 있다.

2) 불교설화의 주제·내용

이 불교설화의 주제·내용은 광범하고 다양하다. 그 주제는 대승을 망라한 불교 사상과 신행의 전체를 포함한다. 그 불타의 팔상 행적과 설법·교화, 모든 경전과 승려·불자들의 신행활동. 그리고 일체 사찰 운영과 제반 불사에 걸치는 이른바 8만4천 법문이 바로 이 불교설화의 주제·내용이기 때문이다. 원래 그 무량한 법문은 각기 중생의 근기에 맞추어 '쉽고 재미있고 감명 깊은 이야기'로 전개되었던 터다. 실제로 이 무량한 불교설화는 그 서사 내용과 서술 방향에 따라 몇 가지 유형으로 나누어진다.

첫째, 신화적 불교설화가 있다. 여기 신화란 신성한 이야기, 성인의 이야기, 신이한 이야기다. 그래서 이 불교설화 가운데는 불교에 대한 신성한 이야기로, 불타의 성스러운 이야기, 신기·미묘한 이야기가 신화형태로 중심을 이루고 있다. 실제로 불타의 전생담이나 그 팔상에 걸치는 강탄과 성장, 서원과 출가, 수도와 성불, 전법과 열반 등에서 빚어진 온갖 성스러운 이야기와 함께, 불타의 거룩한 설법에서 그 언설의 효율적 방편으로 적절한 비유담이나 필연적 인연담 내지 제불보살 성적담과 우화 등이 대두·활용되었다. 이런 것들이 그대로 금구옥설로서의 신화적 불교설화였던 것이다.

둘째, 전설적 불교설화가 있다. 이 불교가 각국에 전파·정착되고 발전·융성하면서, 광범하게 전개되는 일체의 불교 문물에 대하여 그 유래나 내막을 해설하는 기이한 이야기가 무수히 형성·전개되었다. 실제로 그 나라의 불교활동, 사찰 중심의 신행과 모든 불사에서 벌어지는 일체의 문물, 그 사찰의 창건 유래로부터 여기에 봉안된 불보살상과 신중상이나 다양한 건축과 조각, 화화와 각종 공예물, 그리고 여기에 주석했던 역대 승려와 저명한 신도 등에 얽힌 신기한 이야기, 그 교화 신행생활과 사중 의식주의 풍속 등 저명한 사물에 전거하여 탁이한 이야기가 나와서 유통되었다. 그것은 마치 위 신화적 불교설화에서 그 신성성이 약화되면서 역사성·지역성이 가미된 형태로 나타났던 터다. 이런 이야기들이 역사·지역적 특성을 갖춘 전설적 불교설화였던 것이다.

셋째, 민담적 불교설화가 있다. 역대 불교사회에서 그 신화적 불교설화나 전설적 불교설화가 보편화되고 대중화되면서, 민담적 불교설화가 양산·유통되었다. 그것이 바로 불교에 관한 옛날이야기, 민담으로 행세하였다. 실제로 위 신화적 불교설화에서 그 종교적 신성성이 밀려나면서 대중적 흥미 위주의 그 민담으로 변화되고, 위 전설적 불교설화에서 그 역사·지역적 특성이 애매해지면서 민중적 환상 위주의 그 민담으로 전환·행세하였다. 그래서 이 민담적 불교설화는 그만큼 대중적이고 보다 풍성하였던 것이다.

이처럼 불교설화는 그만큼 유형을 통하여 불교계의 오랜 전통 아래, 무수히 형성·전개되었다. 이러한 불교설화는 불교석 수제·내용을 쉽고 재미있고 감명 깊은 이야기로 풀어내었기에, 그것이 신이하고 흥미로운 서사문학으로 행세하였던 터다. 그러기에 이 불교설화의 문학 예술적 성격과 기능이 중시될 수밖에 없는 것이다.

3) 불교설화의 문예적 성격과 기능

이 불교설화는 각 편이 모두 독자적 서사문맥을 갖추어 일단 산문작품으로 전개되었다. 이러한 서사문학적 기반 위에서 그것은 먼저 소설 장르로 나타났다. 여기서는 그 짧고 무거운 주제·내용을 수용하여 그 서사적 구조가 적어도 무대와 등장인물, 사건진행 등 소설적으로 구성되고, 이에 적합한 소설 문체로 표현되어 있기 때문이다. 실제로 그 무대는 천상계로부터 신선세계 지옥계, 사찰과 사바세계 등 각 계층의 환경으로 전개되고, 그 등장인물은 불보살로부터 천인과 신중, 왕후장상이나 서민 대중에 걸쳐 각양각색의 성격을 발휘한다. 그 사건진행은 발단에 이어 예전의 설명을 하고, 유발적 사건이 일어나 바로 상승적 동작으로 치달아 절정에 오르며, 하강적 동작으로 내리막길을 따라 대단원에 이르러 소설적 동선을 완결한다. 그 문체는 설화적 산문체를 바탕으로 소설적 서사 기법에 의하여 지문과 대화를 섞어 설명하고 묘사해 나간다. 그리하여 이 불교설화는 모든 설화들과 같이 소설적 성격을 갖추고 행세했던 것이다.

한편 이 불교설화는 그 소설 형태와 직결되어 희곡 장르로 성립·전개되었다. 원래 희곡 형태는 소설과 동일한 서사 구조 위에서, 그 각색 관계로 부연·미화된 것이다. 동일한 주제·내용을 전제로, 이 희곡은 그 구성에서 소설의 무대를 현실화하고, 그 등장인물을 생동화하며, 그 사건진행을 극적으로 장면화한다. 이에 맞추어 그 문체는 소설적 바탕 위에서 지시문과 대화로 조직된다. 그 지시문은 무대 장치 등장인물의 의상·분장, 행동과 연기 내지 음악과 조명 등을 지시한다. 그 대화는 등장인물이 주고받는 말로서 극적 장면을 조성하고, 그 극성으로써 사건을 이끌어 나간다. 이 대화에서는 적절한 시가를 삽입·가창케 하여 극성을 입체적으로 강화하게 된다. 이로써 불교설화가 희곡적 성격을 갖추고 소설과 함께 유통·행세한 사실이 분명해지는 것이다. 원래 이 희곡 형태는 연행을 위한 극본이다. 따라서 이 불교설화의 희곡 형태가 그 유통과정에서 적절하게 연행되었던 것이다. 실제로 이 불교설화는 당대의 포교나 교화활동을 통하여 그 법화로서 널리 활용·유전되었다. 어떤 형태의 불교활동, 다양한 제의나 법회, 제반 불사와 각종 행사 등에서 이 불교설화가 그 소중하고 효율적인 중계·소통의 기능을 원만히 발휘했기 때문이다. 여기서는 그 법사나 선사·강사, 어떤 지도자가 이 불교설화로써 설법하거나 강설할 때, 이미 그 연행이 시작되는 것이다. 사찰이나 도량 내외의 일정한 법석에서 그들이 신도 대중, 청중을 향하여 이를 구연하는 데서 그 사건진행에 따르는 분위기나 감정을 실감 있게 들어내며 연행하는 게 승인되었었다. 기실 이러한 연행 형태는 더욱 발전하여, 유창한 언설과 명확한 가창을 주류로 이뤄지기도 하고, 여기에 그 춤사위가 곁들여져서 가무 중심으로 이뤄지기도 하며, 그 사건을 강설하고 삽입가요를 가창하는 강창형식을 중심으로 진행되기도 하며, 그 전체의 대화가 즉흥으로 전개되기도 하였다. 그리하여 이 불교설화의 연행은 더욱 발전하여 연극적 공연으로 전문화되었고, 나아가 그 불교연극의 하위 장르 가창극과 가무극, 강창극과 대화극 등으로 분화·전개되었던 것이다.

4) 결어

이상과 같이 이 불교설화는 불교적 주제·내용을 쉽고 재미있고 감명 깊게 풀어낸 이야기로서, 인도 내지 모든 불교국, 한국에 걸쳐 불타의 금구옥설이나 모든 불경, 역대 조사 승려들의 불서, 전체 사찰과 일체의 불교활동을 통하여 양산·유통되고 누적됨으로써, 보배로운 법화, 불교문화유산으로 남아 있다. 이 불교설화는 그 주제·내용과 표현의 성향에 따라 신화유형과 전설유형, 민담유형으로 그 특징을 보인다. 그리고 이 불교설화는 그 서사적 구조 형태와 표현 문제를 통하여 서사문학의 바탕 위에서, 소설 형태와 희곡 형태로 전개되었으니, 그 소설이 구현되는 가운데 그 희곡형태가 연극적으로 공연되어 가창극과 가무극, 강창극과 대화극 등의 형태를 보였던 것이다.

그리하여 이 불교설화는 역대 불교사회에서 홍법·교화의 불경적 변화로 널리 활용·유통됨으로써, 그 홍법사나 교화사업에서 그 역할이 지대할 뿐만 아니라, 그 시대 설화사상에서도 중심을 이루어 왔다. 그리고 이 불교설화는 소설적 성격과 기능으로 인하여 그 시대 불교소설의 주류를 이루었고, 일반 소설사와도 합체·성행하였다. 또한 이 불교설화는 희곡적 성격과 기능을 통하여 그 당시 불교희곡사나 일반 희곡사상에서 주축이 되어 왔고, 나아가 이것이 극본으로 연행되면서 불교연행사와 일반 연극사상에서도 중요한 역할을 다하여 왔다. 이처럼 그 불교설화는 보배로운 법화로서 소설과 희곡, 연극 등의 형태·기능을 통하여 불교문화사 내지 일반문화사를 빛내고 지금까지 계승되고 있는 것이다.

3. 찬불문학의 흐름

1) 서언

실제로 대승불교(大乘佛敎)에 있어 신앙(信仰)과 수행(修行)의 역사는 교주(敎主) 석가모니(釋迦牟尼)를 찬탄(讚歎)하고 숭신(崇信)하는 것으로 일관되어 왔다. 그것이 불교신앙(佛敎信仰) 그 자체요, 자기수행(自己修行)의 대전제이기 때문이다. 그러기에 석가불(釋迦佛) 당신도 금구옥설(金口玉說)을 통하여 '유아독존(唯我獨尊)'으로 찬불(讚佛)의 권능(權能)을 보였거니와, 당시의 출가제자(出家弟子)나 신앙 대중(大衆)이 몸·마음을 바쳐 오직 찬불·숭신하는 것으로 교단의 규범을 이룩하고 포교의 체계를 정립해 왔다고 보인다. 따라서 찬불숭신(讚佛崇信)은 불교의 철학적 기반이요 종교적 내용이 되었고, 교단조직의 구심점이요 포교의 대원리(大原理)가 되었던 것이다. 그리하여 역대 조사(祖師)·고승(高僧)·대덕(大德)들과 국왕(國王)·대신(大臣)들이나 민간·대중에 이르기까지 언행(言行)·문장(文章)이나 온갖 예술적 방법을 다 기울여 찬불에 최선을 다했던 것이 확실하다.

석가불 당시로부터 인도에서 성립된 경전(經典) 내지 모든 성물이 찬불일색(讚佛一色)으로 되어 있다는 것은 너무도 당연한 일이다. 그러하여 모든 경전은 석가불의 '완벽(完璧)한 일생(一生)'을 주축(主軸)으로 하여 웅대한 찬불체계(讚佛體系)를 이루고 있는 실정이다. 여기서 불타(佛陀)의 생애(生涯)는 성격화(聖格化)되어야 실로 찬란하고 영원한 '영웅(英雄)의 일생'으로 승화되면서, 전기적(傳記的) 전형(典型)을 완성(完成)하게 되었다. 이것이 이른바 불전계(佛傳系) 경전으로 정립되어 세기적(世紀的)인 전기문학(傳記文學)으로서 각광을 받게 되었다. 불경(佛經)이 최대·최고의 종교문학·고전문학이라는 전제 아래, 불전계(佛傳系) 경전은 가장 풍성하고 아름다운 찬불문학으로 완성된 것이었다.

2) 인도·중국의 찬불문학

여기 마명(馬鳴)의 《불소행찬(佛所行讚)》을 비롯하여 《수행본기경(修行本起經)》·《태자서응본기경(太子瑞應本起經)》·《이출보살본기경(異出菩薩本起經)》·《보요경(普曜經)》·《과거현재인연경(過去現在因緣經)》·《불본행집경(佛本行集經)》·《방광대장엄경(方廣大莊嚴經)》·《불본행경(佛本行經)》 등이 불전계 경전으로 장엄한 찬불문학의 금자탑을 이루었던 것이다. 이 경전들은 인도문학의 최고봉이라는 《불소행찬》을 중심으로 세계종교문학의 완전한 전범(典範)이요, 동양문학(東洋文學)의 유구한 전형(典型)이 되어 왔던 것이다. 그것은 불타(佛陀)의 일생이란 점에서 세계 최대의 서사시요 서사문학·소설형태로 보이었고, 또한 인류 최초의 대규모 희곡이라고 평가될 수도 있었다. 여기서 이 찬불문학들은 다시 '영웅의 일생'으로 구조화(構造化)되면서, 불타의 생애(生

涯)를 이른바 팔상(八相)으로 유형화(類型化)하고 있다. 그러면서 이것들은 문학형식면(文學形式面)에서 운문계(韻文系)·서사시(敍事詩), 산문계(散文系) 소설형태(小說形態), 그리고 운산문계(韻散文系) 희곡형태(戱曲形態)로 분화(分化)·정립(定立)되어 있음을 보게 된다.

이러한 찬불문학은 중국에 그대로 전래(傳來)·한역(漢譯)되고, 모든 불교문화·예술의 발양·창조와 함께, 중국식(中國式) 찬불문학으로 형성·전개되었다. 그러하여 이 찬불문학이 한·중·일 불교계와 문학계에 안겨 준 충격과 영향은 실로 놀라운 것이었다. 동양 찬불문학의 공동기반 위에서, 그만큼 장엄하고 방대한 서사형태가 숭엄하고 신성한 내용을 환상적으로 허구화함으로써, 그 방면에 낙후되고 보수적이었던 중국 문화계에 커다란 충격을 주었고, 그만큼 엄청난 설득력과 침투력을 발휘할 수 있었기 때문이다.

중국에서 재편·제작된 불전경전(佛傳經典), 찬불문학은 당(唐)나라 왕발(王勃)의 《석가여래성도기(釋迦如來成道記)》와 승우(僧祐)의 《석가보(釋迦譜)》, 도선(道宣)의 《석가씨보(釋迦氏譜)》 그리고 명(明)나라 승고(僧杲)의 《석가여래응화찬(釋迦如來應化讚)》 등으로 대표된다. 《석가여래성도기(釋迦如來成道記)》는 석가불의 방대한 생애를 서사시처럼 응축시켜 산문화(散文化)하여 독특한 문체로써, 찬불문학의 새로운 양식을 개척한 것이다. 그것이 당시 도교(道敎)의 상례한 주기(注記)를 통하여 도로 장편화된 모습을 띰으로써 입체적인 불전문학(佛傳文學)을 이룩하고 있다.

그리고 《석가보》는 인도 불전의 기본체재를 조화롭게 계승·발전시켜 5권(卷) 34품(品)으로 명제기술(命題記述)한 문학으로서, 그 전체 구성과 서술 내용에서 독자성을 유지하고 있는 것이다. 실로 중국 최초의 방대한 불전계 서사문학·소설형태로서 찬불문학의 산문분야(散文分野)

를 개척하였다고 보여진다. 또한 《석가씨보》는 인도 불전의 골격을 지키면서 《석가보》를 계승·발전시켜 석가불의 일생을 팔상관념(八相觀念)으로 대분(大分)하고, 그 하위(下位)에 화제(話題)를 달아나갔다. 이것은 가타(伽陀)와 결미(結尾)를 갖춤으로써, 팔상체재(八相體裁)의 찬불문학의 구조를 정연하고 특색 있게 전개시켰지만, 각 항목을 간요하게 해설함으로써, 서사성이 부족한 게 사실이다. 한편 《석가여래응화찬》은 종래 인(印)·중(中)의 불전문학을 재정리·집대성함으로써, 새로운 체재의 찬불문학을 완성하게 되었던 것이다. 여기서는 불타의 생애를 사언(四言) 일구(一句)의 화제(話題)로써, 일관성 있게 엮어 나갔다. 그 화제는 208항목(項目)을 정연하게 설정해 나감으로써, 그 전체가 족히 불타의 일생을 사언 장시(長詩)로 읊어낸 결과를 내었다. 게다가 각 화제마다 그에 부합하는 독립된 이야기가 유려하게 서술됨으로써, 그것이 전체적으로는 장편소설의 수준에 이르렀고, 개별적으로는 단편소설들을 요약·집성한 형태를 취하고 있는 터라 하겠다.

3) 한국의 찬불문학

이런 맥락에서 볼 때, 한국의 불전문학, 찬불문학은 실로 풍성하고 다양한 배경·기반을 가지고 있는 게 사실이다. 인도의 불전경전과 한역경전(漢譯經典)은 물론, 중국의 불교문학을 함께 수용하고, 그러한 풍토와 자양 아래서 훌륭한 찬불문학을 창출해 낼 수가 있었기 때문이다. 실제로 한국의 찬불문학은 규모와 내용·표현에 있어, 그만큼 독자적으로 정화됨으로써 오히려 찬란한 불교문학의 세계를 개척하였던 것이다.

신라대로부터 벌써 고승·대덕들은 대승불경(大乘佛經)의 논술을 통하여 찬불문학의 기반을 마련하고, 상당 수준의 실제 작품을 찬성하였으리라 추정된다. 그러서 고려시대에 이르면, 찬불문학이 구체적으로 나타난 터라 하겠다. 먼저 무기(無寄) 운묵(雲黙)의《석가여래행적송(釋迦如來行蹟頌)》이 대두되어 찬불문학의 진면목(眞面目)을 과시하고 있었다. 이것은 오언장시(伍言長詩)로써 석가불의 일생을 읊었으며, 전 282수의 장편서사시로 평가된다. 이 작품은 문사 그대로 석가여래(釋迦如來)의 행적(行蹟)을 송(頌)한 시가로서 그 이상이 뚜렷하다. 더구나 이 작품에는 작자 자신의 산문적(散文的) 해설(解說)이 상세하게 붙음으로써, 독특한 형태와 함께 질량면의 우세를 보이고 있다. 여기에 주목되는 것은 그 해설부 자체가 전체적으로 불타의 일생을 일관되게 묘사하여, 하나의 독자적 석가전(釋迦傳)을 이루고 있다는 점이다. 그렇다면 이 작품은 단순한 찬불장시(讚佛長詩)로만 그치는 것이 아니라, 찬불서사(讚佛敍事)로서 소설형태(小說形態)를 지향하고 있으며, 나아가 그 찬시(贊詩)와 산문을 교직(交織)한 강창문학(講唱文學)으로서 서곡양식(敍曲樣式)을 드러내기도 하는 것이다.

또한 소실산인(少室山人)이 서찬(敍撰)한《석가여래십지수행기(釋迦如來十地修行記)》가 등장하여 찬불전기(讚佛傳記)의 독특한 형식을 제시하고 있다. 이것은 본연부(本緣部)에 해당되는 석가불의 전생담(前生譚) 9편을 싣고 마지막 10지(十地)에 그 강탄(降誕) 이후의 일생을 요약하여 놓음으로써, 심층적이고 입체적인 전기문학성(傳記文學性)을 드러낸다. 그 10편의 각 편들은 모두 단편소설의 구조 형태를 구비함으로써, 전체적으로는 하나의 장편소설이라고 볼 수도 있겠다. 이러한 작품 구조는 전체적으로나 개별적으로 상당한 삽입시가를 도입함으로써, 강창·실연되었을 가능성과 함께 그 희곡적 성격까지 지니고 있는 터라 하겠다.

이러한 전통은 조선시대 훈민정음의 반포·실용으로 말미암아 새롭고 장엄한 찬불문학을 창조하는 데까지 이어졌다. 숭유배불(崇儒排佛)에 대하여 외유내불(外儒內佛)의 신앙적(信仰的) 승리를 거둔 불교계에서는 소헌왕후(昭憲王后)의 서거(逝去)를 계기로, 세종의 이름 아래《월인천강지곡》을 창작하게 되었다. 물론 이것은 우리 말·글로써 창제된 최초·최대의 찬불장편시(讚佛長篇詩)다. 전체 600여 곡에 걸쳐 석가불의 완전한 일생을 완벽하게 구송(謳頌)하고 있으니, 한국 찬불문학의 최고 금자탑일 뿐만 아니라, 곧 인도(印度)의《불소행찬》에 조응되는 세계적인 찬불계 서사시임에 틀림이 없겠다.

《월인천강지곡》은 한국의 한문불전(漢文佛傳)《석가보》를 저본으로 하여 창작되었다. 이《석가보》는 규모나 내용에 있어 중국의 그것에 내릉한 특성을 가진 대석가전(大釋迦傳)이였다. 그런데 이것이 다시 증수(增修) 국역(國譯)되어《석보상절(釋譜詳節)》로 찬성되었다. 이것은 곧 우리 말·글로 찬성된 새로운 불전문학으로 전 24권의 찬불계 장편소설에 해당된다. 또한 이것은 수많은 단편소설 형태로 분리·독립될 수도 있는 독특한 구조를 지니고 있다. 여기서 국문소설의 형성·전개되는 구체적인 모습을 발견하게 된다. 따라서 이러한 찬불계 서사구조(敍事構造)와 동양(東洋)·한국 소설사(小說史)와 상관성이 고찰되어야 한다는 것이다. 이《석보상절》은 이후《월인천강지곡》과 합본(合本)·개찬(改撰)되어 운산문계(韻散文系) 찬불문학의 극치를 이룩하게 된다. 그것이 바로《월인석보(月印釋譜)》(25편)로 집대성되었던 터다. 이것은 두 작품의 단순한 결합이 아니라, 보다 발전적이고 분화적(分化的)인 의미를 지니고 있다. 그것은 필요에 따라 운문(韻文)은 가창되고 산문(散文)은 강설하는 실연을 통하여 방대한 강창문학·희곡양식을 스스로 취하고 있는 것이 확실하다.

4) 결어

이렇게 볼 때, 인도로부터 출발한 찬불문학의 전통맥락은 불전문학의 전범(典範)을 이루면서, 중국을 거쳐 한국에 이르러 절정을 이루고 열매를 맺은 것이라 하겠다. 이러한 찬불문학이 바로 대승불교의 실상과 전통을 거울처럼 반영하고 있는 것이다. 그래서 한국불교는 불교문화·사상사와 포교사 상에서 그만큼 알차고 뛰어난 찬불문학으로 하여 그처럼 빛나고 융성했던 것이라 하겠다. 따라서 찬불문학의 역사는 불교와 더불어 찬란하고 영원할 것이라 믿어진다.

4. 불교 사경문화의 부활

1) 사경문화재의 출현

사경문화는 역대 불교신행문화의 핵심·주류를 이루는 보배로운 유산이다. 고금의 신행과정에서 불경을 수지·독송하고 이를 서사·광포하는 것이 가장 핵심적이고 소중한 일이었기 때문이다. 따라서 그 사찰의 승려나 신도가 수행·공덕·발원 등을 위하여 불경을 서사하되, 그 내용을 요약한 변상도를 정밀·미려하게 그리고, 그 경문을 아름답고 우아하게 정성껏, 기량껏 필사하였으니, 이것이 사경문화재, 사경 작품으로 전승되었다. 그리하여 현존하는 역대의 사경 작품은 어떤 형태이든지 거의 다 보배로운 불교문화재로 공인되어 국가문화재로 지정·보존되고 있다. 이러한 사경의 전통이 이어져, 현대적 사경이 희귀하게 발굴·평가되어 국가문화재로 지정되고 있는 실정이다.

이러한 현실에서 21세기 사경문화 그 엄연한 작품이 세종시 장군산

영평사에서 출현하였다. 이 절의 신도, 무량수 보살의 사경 작품이 바로 그것이다. 영평사 주지 환성 스님이 극락구품사리보탑을 조성하면서, 그 복장으로 진신사리와 법신사리(불경) 등 성물을 보시받는 자리에, 무량수 보살이 30여 년의 법연에 따라 10여 년에 걸친 사경 작품 전체를 그 복장 보물로 흔쾌히 보시하였던 터다. 이에 주지 스님은 복장 이전에 신도들에게 널리 이 사경 작품을 친견·관조하도록 배려하여 많은 신도들이 다녀갔다. 이에 인연 따라 불교문화 전문가들이 여기에 이르러, 그 사경 작품을 관찰하고 놀랐다. 그들은 이것이 바로 전통적 사경문화 그 작품이다. 이것이야말로 21세기 불교문화의 기적이라고까지 찬탄했다. 이러한 평가는 결코 즉흥적이거나 감정적 속단이 아니었다. 그렇다면 이 사경의 주인공은 누구며, 사경의 경위, 그 사경 작품의 질량과 가치는 어떤 것인가.

2) 사경의 주체와 사경 경위

사경의 주체, 무량수 보살은 모태신앙으로 50여 년의 신행생활을 이어오는 독실한 신도다. 이 영평사의 인근, 세종시 장군면 산학리에서 생장하여 가정을 이루고 아내로서 어머니로서 살아온 평범한 불자이며, 당년 64세의 화가며 서예가다. 이 제작자는 동국대학교 문화예술대학원에서 불교미술을 전공하고 계속 정진하여, 국내 개인전 7회, 국외 초대전 17회 등에 걸치는 업적을 내었고, 이를 집성하여 〈생활불화집〉까지 출간하였다. 나아가 그는 한서대학교 문화재보존학과 교수로서 역대 불교회화나 사경의 실상 및 전통을 연구하게 되었다. 이어 그는 불교예술의 전공으로부터 벗어나 서양유화를 그리며 방황하는 어려운 고비를 겪게 되었다. 이때에 영평사 주지 환성 스님의 권유로 사경에 전념하기로 작심하였다. 그리하여 그는 사경공덕으로 오로지 삼생업장을 소멸한다는 원력으로, 그 미술가 내지 서예가의 기예를 발휘하여 사경 작업에 용맹정진하였다. 바로 2011년부터 그는 집안에 관음성상을 그려 모신 법당 같은 작업실을 마련하고, 사경에 전념하기를 매일 평균 16시간씩, 우금 10년이 되었다. 이에 그 값진 사경 작품을 대량으로 쌓아 올렸고, 가장 행복한 신행생활이었다면서 지금도, 이 생명 다할 때까지 사경만 하겠다고 다짐한다.

실제로 사경 보살은 그 작업실 널따란 책상 위에 그 모본으로 해인사 팔만대장경 영인본을 펼쳐 놓고, 그 밑에 생 삼베를 종이에 받쳐 깔은 다음에, 그 모본대로 사경한다. 극세필에 최고가의 먹물을 찍어, 먼저 그 경의 권차뿐만 아니라, 자신만의 독자적 창의성을 가미하여 더욱 아름답고 생동하게 그려 놓는다. 이어 그 경문을 그대로 써 나가되, 그는 서예가로서 생동하게 그려 놓는다. 그는 자가류의 독특한 필치로 그 원문을 자연스럽게 필사하니 더욱 미려·고아한 멋을 내는 것이다. 그는 '10년 공부를 하니 이제는 붓만 대면 저절로 돌아간다'고 미소 지었다. 이만하면 이 사경 보살은 역대의 사경승이나 사경장과 다를 바가 없다. 아니 지금 여기 입신지경의 사경 보살은 보다 앞선 사경장이라 해야 마땅할 것이다.

3) 사경 작품의 실상과 범위

이 사경 보살의 사경 작품은 실로 값지고 방대하다. 우선 그 소재부터가 소박하고 원형적이다. 그 깊은 신심과 염원, 생 삼베 위에 필묵, 그 진솔한 기예가 바탕이 되었기 때문이다. 옛날의 감청색 저지 위에 금은니로 그리고 쓴 사경보다 화려하지는 않지만, 이것은 그만큼 원형과 기본형을 현대적으로 지향하고 있는 터다. 이 사경작품을 기본단위로 보면, 그 변상도와 경문 필사로 나타난다. 먼저 이 변상도를 통관해 보면 모본의 그것보다 절묘하고 생동감이 넘친다. 그의 미술가적 창의성이 이룩한 예술적 극치라 하겠다. 다음 이 경문 필사를 보면 모본의 그것도 다 아려하고 원활하다. 이것 역시 그의 서예가적 정성이 이룩한 예술적 절정이라 하겠다. 이렇게 제작된 이 사경 작품은 당대 사경문화, 사경 작품의 걸작이라 보아야 할 것이다.

그리고 이 사경 작품은 그 범위가 상상을 초월한다. 아무리 10년간의 노작이라 하지만, 그것은 실로 방대하다. 우선 그 기본 단위로 규모를 보면, 이 변상도는 그 생 삼베의 바탕 위에 가로 63cm, 세로 55cm, 세필 선회다. 그리고 경문 필사는 가로 63cm, 세로 25cm 세필 종서다. 이러한 단위로 무제한 연결된 그 필사 불경은 다음과 같다.

      정토삼부경(아미타경阿彌陀經, 무량수경無量壽經, 관무량수경觀無量壽經) 전1권
      대방광불화엄경(大方廣佛華嚴經) 전80권
      신력입인법문경(信力入印法門經) 전5권
      불화엄입여래덕지부사의경계경(佛華嚴入如來德智不思議境界經) 전3권
      대승금강계주보살수행분(大乘金剛髻珠菩薩修行分) 전1권
      도제불경계지광엄경(度諸佛境界智光嚴經) 전1권
      대방광여래부사의경계경(大方廣如來不思議境界經) 전1권
      점비일체지덕경(漸備一切智德經) 전5권
      제보살구불본업경(諸菩薩求佛本業經) 전1권
      불설장엄보리심경(佛說莊嚴菩提心經) 전1권
      십주경(十住經) 전9권

불설여래흥현경(佛說如來興顯經) 전4권

등목보살소문삼매경(等目菩薩所問三昧經) 전3권

불설나마가경(佛說羅摩伽經) 전3권

도세품경(度世品經) 전6경

대반열반경(大般涅槃經) 전40권

대반야바라밀다경(大般若波羅蜜多經) 전600권(진행 중)

등 다양한 장편 불경이 이 사경 작품으로 쌓여 있는 터다.

4) 결어

이와 같이 무량수의 사경 작품은 전통 계승의 불교예술 내지 불교문화로 그만큼 보배롭고 방대하다. 실로 그것은 21세기 사경문화재요 불교문화의 기적이라고 할 만하다. 따라서 사경문화의 전통에 입각하여, 이 사경 작품의 실상과 위상이 뚜렷하다고 전망할 수가 있다. 지금 이 사경 작품이 발현된 이상, 그 전모를 불교계와 만방에 전시하여, 사경 공덕을 공유할 뿐만 아니라, 그 불교문화재로서의 실상을 실증·공인해야 될 것이다. 나아가 그 사경의 주체를 전통적 사경사나 사경장으로 높이 평가·찬양해야 되리라고 본다.

5. 《대전십무》, 그 창작과 주체, 공연과 발전

1) 《대전십무》의 공연을 보고

바로 2021년 5월 10일 오후 7시부터 대전연정국악원 대공연장에서 정은혜의 《대전십무》 그 공연을 보았다. 공연예술의 전통을 공부하는 관점에서, 그것은 무용예술의 거작이요, 그 공연은 감동 그 자체였다. 잘 된 무용의 예술적 감동이 이런 것이다. 기실 이 작품은 대전의 자연과 인문, 인물들이 빚어낸 전통문화의 구체적인 10개 분야를 소재로 창작해 낸 무용이다. 그 각각은 독자적 작품이면서 전체적으로 장편을 이룬다. 그 제1무 〈불향〉과 제2무 〈계족산 판타지〉, 제3무 〈갑천, 그리움〉, 제4무 〈유성학춤〉, 제5무 〈대바라춤〉, 제6무 〈한밭 규수춤〉, 제7무 〈대전양반춤〉, 제8무 〈취금헌무〉, 제9무 〈호연재를 그리다〉, 제10무 〈한밭 북춤〉 등이 바로 그것이었다.

실제로 《대전십무》는 각각 작품이 독자적으로, 문학적 서사구조와 연극적 구성, 극적 신명에 따라 착실하게 변신하고, 무용의 의상·분장이 그 유연한 활용에 따라 너울거리며, 그 역농석이고 변화무쌍한 춤사위가 그 서사적 극정을 표출하며, 그 음악과 음향, 휘황찬란한 조명을 타고 서정적으로 생동한다. 이렇게 전통을 이은 첨단적 무용이 공연예술의 극치를 이룬다. 이것은 무용자체를 넘어서 무용극, 가무극의 예술세계를 지향하고 있는 터다.

그래서 《대전십무》는 전통적 현대무용으로서 완벽에 가까운 작품이다. 그러기에 이것은 대전을 바탕으로 창작된 대전의 무용예술이다. 그러면서 한국무용으로서 훌륭하게 자리할 수 있으며, 세계무용으로서 당당히 진출할 수 있겠다. 이만한 믿음이 굳어지면서 그렇다면 이 작품의 작가는 누구이고 그 창작 과정은 어떠하며 그 대본의 실상과 공연의 실제, 그 발전과 성과 내지 위상에 대하여 더 확실히 알아보고 싶다.

2) 작가와 창작과정

무용의 작가 소헌 정은혜는 이 작품의 예술감독이며 그 무용단의 단장이다. 소헌은 1995년 충남대학교 무용학과 교수로 부임하면서 대전과 인연을 맺었다. 소헌은 대전에 오래 살면서 대전과 대전문화를 사랑하고, 그 무용예술을 육성·발전시키겠다는 염원을 가지게 되었다.

소헌은 그만한 학력과 경력, 경험과 업적을 갖추고, 그럴만한 사명감과 열정을 가지고 있었다. 경희대학교에서 무용학·이학박사학위를 받고 대학교수로서 그 무용에 대한 이론과 실기를 겸비한 실력가로 평가받는다. 게다가 인격이 원만하다.

우선 소헌은 무용학자로서 논문·저서가 상당하다.『산조연구』(1982)와『춘앵전 연구』(1983),『정재연구』(1993),『무용원론』(1995),「무용창작의 구성방법에 관한 연구」(1996),『무용창작법』(1999),「궁중무용연구의 성과와 한계」(2003),『수준별 바라춤연구』(2007),『무용감상과 비평』(2014), 등이 무용 이론에 이바지하였다. 그리고 그 창작 작품이 많다. 〈조국의 행로〉(1986)와 〈물의 꿈〉(1991), 〈들풀〉(1996), 〈달춤〉(1998), 〈미얄할천리〉(2001), 〈유영의 혼불〉(2002), 〈서동의 사랑법〉(2004), 〈점진〉(2008), 〈진혼〉(2009), 〈처용〉(2010), 〈한울각지〉(2012), 〈계룡이 날아오르고〉(2013), 〈사의 찬미〉(2014) 등이 그 공연에 기여하였다.

그리고 무용의 공연에도 공헌한 바가 적지 않다. 그 대학 무용학과에서 많은 무용인재들을 배출했을 뿐만 아니라, 정은혜민족무용단을 조직하여 국립극장에서 창단 공연한 것(1986)을 비롯하여 중요무형문화재 제39호 처용무 이수(1999), 국립무용단 초청 객원안무(2005), 2006 PAP 안무상(2005), 중요무형문화재 제97호 살풀이춤 이수(2008), 대한민국 무용대상 대통령상(2011), 대전시립무용단 예술감독상(2011) 등 많은 성과를 내었다.

이와 같이 소헌은 한국무용계에서는 드물게 전통무용과 창작무용을 망라하는 무용가로서 꾸준한 창작활동을 통하여 자신의 작품세계를 확고히 구축해 가는 안무자이자 지금까지도 무대 위에서 춤을 추는 현역 무용수다.

이러한 무용작가가 대전문화를 사랑하며 이를 계발하고, 낙후된 무용문화, 무용예술을 육성·발전시키기 위하여 그 창작에 착수하게 되었다. 이에 그 대전문화의 10개 분야를 선정하고, 이를 기반소재로 하여 그 무용을 창작하였다.

먼저 문화의 분야를 선정하여 이를 각기 탐구·모색하였다. 그 '뿌리공원과 족보박물관', '계족산의 저녁 노을', '갑천에 깃든 전설', '유성온천의 유래', '수운교의 공양의식', '한밭들판에 나돌던 규수들', '대전의 선비들 이야기', '박팽년의 지조와 절의', '호연재의 시편들', '대전 과학도시의 이미지' 등이 바로 그것이나. 여기서 각기 그 수제·내용을 설정하였다.

그리고 그 각각이 소재·주제·내용을 가지고 각기 하나의 작품을 대본으로 제작하였다. 여기서 보면 하나의 극본처럼 구성한 점이 명확하다. 그 가운데에 먼저 그 무대를 설정하고, 그 등장인물의 성격·기능을 창정하며, 그 사건진행을 꾸며야 한다. 이어서 그 실제적 연기까지 부여하게 된다. 이것은 마치 연극의 대본과 같이 문학적으로 창작된 것이다.

이어서 이 대본에 따라 무용, 그 춤사위를 창작·부여해야 된다. 그 주제·내용과 사건진행을 절실하게 표현하는 춤사위는 그 예술적 창작의 필수 요건이기 때문이다. 실제로 이것이 무용 창작으로서 그대로 공연의 실제로 활성화되는 터다. 그리하여 이《대전십무》가 창작무용으로 완결되었다.

  '뿌리공원과 족보박물관'은 〈본향〉으로
  '계족산의 저녁 노을'은 〈계족산 판타지〉로

'갑천에 깃든 전설'은 〈갑천, 그리움〉으로
'유성온천의 유래'는 〈유성학춤〉으로
'수운교의 공양의식'은 〈대바라춤〉으로
'한밭 들판에 나돌던 규수들'은 〈한밭규수춤〉으로
'대전의 선비들 이야기'는 〈대전양반춤〉으로
'박팽년의 지조와 절의'는 〈취금헌무〉로
'호연재의 시편들'은 〈호연재를 그리다〉로
'대전 과학도시의 이미지'는 〈한밭북춤〉으로

창작된 것이다. 기실 이 각각의 작품들은 한꺼번에 창작된 것이 아니다. 그 〈유성학춤〉(2001)으로부터 〈갑천 그리움〉(2013)에 이르기까지, 한 작품을 창작·실험한 뒤에, 시차를 두고 또 창작·실험하는 신중과 정성을 들여 완성된 것이다. 그 10여 년에 걸쳐 완결된 《대전십무》(2014)는 그만큼 완벽하다는 이야기가 된다.

3) 대본의 실상과 공연의 실제

이 《대전십무》의 10편 작품은 그 대본으로 완성되었다. 이 대본대로 공연하면 바로 그 무용으로 펼쳐지기 때문이다. 그 극본·희곡이 그대로 연극으로 공연되는 것과도 같은 일이다. 이 10편의 대본을 통관해 볼 때, 일단 문학적으로 조직되어 큰 효과를 내고 있다.

첫째, 이 각 편에서 그 주제·내용의 설정이 중요하고 값지다. 우리 문화 예술의 이상, 진·선·미의 경지를 내세우고 그 윤리·덕목을 이념으로 실천한 내용이기 때문이다. 이것은 예술작품 전반에서 추구하는 주제·내용과 보편적으로 상응하는 터다.

둘째, 각 편에서 그 구성이 효과적으로 잘 짜여 있다. 우선 그 배경이 사실적으로 배치되었다. 이것은 그 사건진행, 서사적 문맥의 진전에 맞추어 각양각색으로 생동하게 펼쳐진다. 실제로 그것은 영화적 수법에 따라 연출할 수밖에 없다. 다음 그 등장인물의 성격과 기능을 개성적으로 특색 있게 부여하고 있다. 그 배역의 역할에 따라 그 행위·연기의 특징을 제대로 살리게 마련하였다. 그러기에 그 의상이나 분장, 소도구의 지참에 이르기까지 그에 어울리고 더욱 돋보이도록 배려한 게 사실이다. 이어 그 사건 진행을 서사적 문맥의 정도에 따라 극적으로 꾸며 나갔다. 그 서사문학, 서사적 예술의 원칙을 지키면서 보다 특색 있게 조정하여 놓은 것이다. 적어도 그 '발단'에서 '예전의 설명' '유발적 사건' '상승적 동작' '절정' '하강적 동작' '대단원'의 동선을 효율적으로 밟아 나갔던 것이다.

셋째, 각 편에서 그 표현이 사실적이고 섬세하다. 그리고 아름답다. 실은 이 표현이 그 무용예술을 완성하는 게 분명하다. 먼저 그 배경이 움직이는 시각예술의 경지를 이룬다. 그 사건 진행에 따라 순간순간의 장면에 알맞게 그 미술의 세계를 연출하게 되어 그 배경의 표현예술과 그 분위기만 해도 극정이 살아나는 터다. 다음 그 등장인물의 의상이 성격·기능, 그 특성을 십분 살리도록 적절히 설계되어 있다. 그 고전풍의 현대적 디자인과 색깔, 분장도 매 한가지로 이에 부합된다. 마침내 그 춤사위가 변화무쌍하고 역동적이며 섬세한 몸짓으로 잘 표현된다. 여기서 창작무용의 본령·진경이 나타나는 것이다. 이른바 그 각각의 무용예술적 경지가 창조적으로 발휘되는 것이다. 그리하여 춤사위는 그 무용의 특성을 띠기도 하고 특성화되기도 하면서, 서사적 종극과 정서적 감명, 마침내 진·선·미의 융합적 예술세계를 창출하는 것이다.

여기에는 춤사위를 보조하는 음악·음향 효과가 곁들여지고 있다. 기실 이것은 공연예술, 연극 공연에서 필수되는 것이지만, 바로 이 작품에서는 그만큼 적절하게 그 보조예술을 조화시키고 있는 터다.

실제로《대전십무》의 공연은 위와 같은 무용의 대본을 그대로 실현하는 과정이다. 그 탁월한 안무에 의하여 그 대본에 생명을 불어 넣어 약동하게 만든다. 먼저 그 무대의 배경이 현실적으로 벌어지고, 장엄하고 화려·찬란하다. 그 생동하는 배경과 그 분위기만으로도 극정이 솟아난다. 그 무대에 바로 그 인물들이 의상·분장하고 등장하여, 그 서사문맥에 따라 그 사건을 아름답고 절절한 춤사위로 표출하니, 그 음악·음향, 영상·조명과 어울려, 서사적 충격과 서정적 감동을 자아낸다. 그러기에 이렇게 전통을 이은 첨단적 무용이 공연예술의 극치를 이루고, 그 무용 자체를 넘어서 무용극, 가무극의 예술세계를 지향하고 있다는 것이다.

4) 공연의 연속과 발전 양상

《대전심무》는 전체적으로나 개별 작품으로 그 공연을 계속하여 왔다. 적어도 2001년부터 2021년까지 대전과 국내, 외국에 걸쳐 꾸준히 공연되어 왔으니, 여기에 공연예술사적 의미가 있다. 우선 그 공연의 연보를 이 작품별로 보면

〈본향〉은 2010~2019년에 대전 57회, 국내 3회, 외국 4회
〈계족산 판타지〉는 2013~2019년에 대전 33회
〈갑천, 그리움〉은 2013~2019년에 대전 32회
〈유성학춤〉은 2001~2019년에 대전 48회, 국내 2회, 외국 3회
〈대바라춤〉은 2001~2019년에 대전 72회, 국내 17회, 외국 4회
〈한밭규수춤〉은 2004~2019년에 대전 55회, 국내 7회, 외국 1회
〈대전양반춤〉은 2009년에 대전 55회, 국내 3회

〈취금헌무〉는 2011~2019년에 대전 31회, 외국 1회
〈호연제를 그리다〉는 2011~2013년에 대전 24회
〈한밭북춤〉은 2009~2019년에 대전 43회, 국내 11회, 외국 2회

이와 같이 《대전심무》가 거의 20년에 걸쳐 소헌의 예술감독, 안무에 의하여 대전으로부터 국내, 외국에 이르기까지 그만큼 많이 공연되었다는 사실은 실로 무용사 내지 공연예술사적인 의미가 크다. 크게 세 가지다.

첫째, 무용 작가가 그만한 명품·대작을 창작하고, 예술감독으로 안무하여 장기간에 걸쳐 널리 공연해 온 공적이 너무도 크다는 점이다. 한 사람 무용 전문가의 열의과 열정, 그 역량이 그다지 대단한 것인가. 그만한 작품을 창작하여 공연까지 계속하는 작업이 얼마나 값지고 보람찬 일인가. 이에 그 무용에 바친 공적이 실제로 확인되고 공인되기에, 《대전심무》가 완성·공연된 이래, 최우수 예술가상(2014)을 비롯하여, 한밭대상(2014)까지 받게 되었다.

둘째, 작품이 그만큼 공연되면서 이 무용예술을 오래 널리 유통·보급시키고 발전·대중화시켰다는 점이다. 우선 이 대전 문화재, 무용예술이 저조한 현장에서, 이 '대전심무'를 창작하여 그다지 꾸준하고 성실하게 공연하여 이를 보급하고 시민화하였으니, 이 지방 무용예술사 내지 공연문화사 상에 기여한 바가 실로 크다고 하겠다. 이어 이 작품은 국내의 여러 곳에서 성황리에 공연을 계속하여 환영·공인을 받았으니 그것이 한국무용으로서 그 무용예술 내지 공연문화사 상에 이바지한 바가 적지 않은 터다. 나아가 이 작품이 외국에서 공연·공인됨으로써, 세계적 작품으로 진출하는 길을 열게 되었다. 가장 한국적인 것이 가장 세계적이라 하거니와, 그만큼 이 작품이 세계적 수준의 명품, 즉

공연임을 실증하는 바라 하겠다.

셋째, 작품이 그만큼 공연 과정에서 그 작가의 창작의식과 안무정신에 따라 점차 완성도를 높여 왔다는 점이다. 그 작가 소헌이 그 많은 공연에, 그때 그 작품의 공연마다 보다 완벽한 작품, 최선의 공연을 위하여 그 능력과 열정을 다 바쳐 왔기 때문이다. 그러하여 실제로 이 작품들은 발전을 거듭하여 완전에 가까운 '대전십무'로 집대성된 것이 사실이다. 그러기에 이 모든 관중들이 감동·공감하고 저명한 평론가들이 한결같이 이 무용극·가무극, 전형적 무용작품들 가운데 손꼽힐 만한 명작이라 높이 평가하는 터다. 그러하여 이 작품은 한국무용계로부터 작품상(2014년)을 받고, 거듭 2018년에도 받았다. 나아가 이 작품이 대전시의 문화재(2018)로 지정되었고, 대전시 '대전방문의 해' 기념공연 무용(2019)으로 선정되었던 것이다.

5) 《대전십무》의 위상

이상과 같이 정은혜가 대전의 전통에 입각하여 공들여 창작한 《대전심무》는 대전의 무용, 명품으로서, 그 대본과 공연을 통하여 한국의 빼어난 작품으로 행세하였다. 이 작품이 오랜 기간 널리 공연되면서, 완전한 작품·공연을 이루었고, 대전무용과 한국무용의 발전에 기여하고 세계적 진출의 길을 열었다. 그리고 이 작품은 대전 문화, 무용문화재로 정립되었다. 그러기에 대전시 문화 당국과 문화시민들은 이를 높이 평가하고 육성·발전시키는 데에 최선을 다해야 될 것이다. 그리고 한국무용계와 문화재 당국에서는 이 작품과 그 공연을 국가무형문화재로 공인하여, 그 가치를 높이 평가하고 보호·진흥시켜야 될 것이다. 나아가 이 작품이 해외에 진출하여 한국무용의 실상과 위상을 선양하도록 적극 지원해야 될 것이다.

6. 학문에는 정년이 없다

1) 서언

전국 각 대학에서 인문학을 전공하여 교수로 활동하는 것이 참으로 보람차고 존경스럽다. 그 학자 교수는 문학·사학·철학을 중심으로 인문학을 연구하여 학문적 성과를 논문·저서로 내며 이를 인문학도들에게 강의·전수하기 때문이다. 그리하여 우리 인문학의 수준을 높이어 문화 상국으로서 국위를 선양하는 그 공적은 실로 높이 평가해야 될 것이다.

그런데 그 교수가 정년이 되어 65세의 나이로 퇴임하게 되면, 큰 문제가 벌어진다. 대부분의 교수들이 정년과 동시에 그 연구하고 강의하던 인문학을 포기한다는 게 사실이다. 얼핏 보면 강의할 필요가 없기에 연구할 필요가 없다는 것이 당연할지도 모른다. 그러나 인문학의 관점에서 보면, 아주 큰 문제가 아닐 수 없다. 따지고 보면 인문학자가 되어 교수로서 직업을 잡은 것뿐인데, 직업을 그만 두면, 오히려 그 학문에 전념하기에 좋은 기회를 맞은 것이 사실이다. 그러기에 그 학문에는 정년이 있을 수 없다. 이렇게 학문을 포기한다면 그 전공과 인생을 포기하는 일이 되기 때문이다.

기실 인문학은 인간학이요 경험학이기에 65세는 학문적 원숙과 권위가 최고조에 이르고 이제부터 그 학문에 전념하고 확충시킬 단계다. 그런데 그것을 단번에 버리고 그동안에 모은 방대한 자료·도서를 둘 데가 없어 헌 책점에 종이 값으로 팔아넘기거나 폐품으로 버리기까지

한다면 이 어찌 죄가 되지 않으랴. 학문에는 정년이 없다. 제대로의 전공은 이제부터다.

이에 정년한 인문학자들의 계속적인 학문 활동에 대하여 논의해 보려고 한다.

2) 학문 활동의 여건

첫째, 학자로서의 사명감을 재인식해야 한다. 인문학자 자신이 그 학문을 가장 보람차고 가치 있는 평생 사업으로 한국 인문학의 발전에 기여하겠다는 사명감을 되새기고, 정년이 그 학문에 전념할 수 있는 계기가 되었음을 자각해야 한다. 그리고 건강한 65세 이후는 인문학자로서의 전성기라는 신념으로 그만한 각오와 열정을 갖추어야 한다. 인문학자야말로 60대 70대까지가 전성기요, 80대까지가 원숙기라고 말한다. 나아가 90대도 얼마든지 가능하고 100세까지 계속하는 경우도 있다. 실은 나이가 문제가 아니라, 정신적 건강과 학문적 사명감에 그 추진력과 열정이 가장 중요하다.

둘째, 연구자료의 정비와 연구실의 확보가 시급하다. 정년 후 그동안 연구실에 첩첩히 쌓인 자료 도서를 모두 빼내면서 주전공에 논문·저서에 필요한 것만을 골라 재정비해야 된다. 집안에 그만한 연구실을 확보하여 그 자료 도서를 정리해 놓는 것이 제일 좋고, 가까운 시가지에 연구실을 마련하여 자료 도서를 배치하는 것이 차선책이다. 체험자의 말에 따르면, 집 안의 연구실이 제일 좋고 외부의 연구실은 생활상의 불편함이 따른다.

셋째, 연구 성과를 논문으로 발표하거나 저서로 출간하는 길이 확보되어 있다. 전직 대학의 인문과학 논문집이나 유관 학회의 논문집, 인문계 연구소의 논문집 등에서 그 발표를 요망한다. 저서의 출판도 얼마든지 가능하다. 다만 그 원고료나 인쇄 등에서 그 예우가 미약하다.

3) 학문 활동의 현장

옛날 학자들은 백지 하향, 유배지에서도 큰 업적을 내었거니와, 정년학자들도 그 연구실에서 혼자 연구에 몰두할 수는 있다. 그러나 학문하는 현장이 멀리 문을 열고 환영한다. 첫째, 그 전공분야의 학회가 원로 회원으로 환영하고 예우하고 존경하고 따른다. 이 학회에서 젊게, 열정적으로 대화하고 연구하여 논문을 발표하고 학회지에 실려 모범을 보이면 얼마나 좋겠는가. 옛날 92세의 사학계의 태두 이병도 박사가 진단학회의 학술대회에 참석하여 격려사를 하고 앞자리에 앉아 논문 발표를 끝까지 듣는 것을 보았다.

둘째, 전직 대학의 인문연구원에서 연구 과제를 받아, 연구 성과를 논문으로 그 기관 논문집에 실리는 일이다. 그러기 위하여 대학도서관에 퇴임·명예교수의 연구실을 마련하여 두었다. 조금 개량적인 면이 있지만, 인문학의 도서 자료가 다양하게 근접해 있는 데다, 동·하절, 냉·온방이 잘 되어 공부하기에 적당하다. 식당이 멀지 않고, 제1층에 휴게실·다방이 있어 점심·간식이 편리하다.

셋째, 지역 문화단체의 연구 용역을 받을 수가 있다. 대전시청의 『대전문화』 같은 데서는 주제를 주어 연구논문을 청탁하여 수록하고 상당한 원고료까지 준다. 또한 충암 김정기념사업회 같은 데서는 「충암의 불교생활과 문학세계」 같은 연구를 요청하고, 그 논문을 받고 상당한 원고료를 지급한다.

넷째, 전직 대학 소속 학과의 현역 교수와 공동연구로 교육부 학술

연구에 동참할 수가 있다. 대개는 현역 교수의 권유로 대형 연구 주제의 한 분야를 연구하여 논문을 제출하되, 그 과정에 이른바 연구비를 상당액 분배받는다.

다섯째, 이러한 논문을 중심으로 인문계 논저를 작성하여 출간할 수가 있다. 이것은 상당한 연구 업적이 되어 한국 인문학의 발전에 실질적으로 기여하게 된다. 유수한 출판사에서 이 저서를 간행하면서 적어도 그 판매 가격의 10%를 인세로 준다. 이것이 그 학자의 정년 후 업적으로 높이 평가되어 작은 영광이 될 수도 있다. 그래서 인문학은 행복학이니, 죽을 때까지 하자는 말이 나오게 된다.

4) 정년, 노후의 보람찬 생활

실제로 정년 이후 노후 생활 적어도 2·30년간의 생활은 심각하고 소중한 것이다. 우선 정년과 동시에 학문을 포기하면, 그 무거운 짐을 벗은 듯이 가볍고 시원할 것이요 해방감과 함께 자유를 실감할 것이다. 이제는 실컷 쉬면서 내 마음대로 즐기게 되리라. 취미 생활도 하고, 친구와 어울려 즐겁게 놀리라. 등산도 하고 소풍도 가고, 바둑을 두고, 골프도 치고, 수영도 하며 맛집 찾아 입맛을 즐기리라. 그것도 얼마 동안이다. 머지않아 한계에 부딪히고 실증이 난다. 이것저것 차례로 끊고 나면 정말 할 일이 없고 친구도 멀어진다. 가족과 가까이 지내려 해도 마음대로 안 된다. 그러면 혼자서 외롭다. 할 일 없이 외로운 것보다 더 괴롭고 힘든 일은 없다. 겪어 본 사람만이 안다. 게다가 주변 사람, 가까운 사람까지 무시하고, 멀리한다. 저 사람 정년하더니 별 수 없는 백수네. 이 얼마나 추락한 것이냐.

울분하여 크게 결심하고 이상적으로 구상하여 어떤 일을 꾸민다. 그는 자존심이 강한 데다 현실 감각이나 경험이 부족하여 거의 다 실패하기 마련이다. 연금만 축내고 정말 비참한 생활로 떨어질 수도 있다. 후회와 원망으로 발병하니 단명할 수도 있기 때문이다. 그러나 학문을 천직으로 알고 그대로 밀고 나왔으면 여러 가지 좋은 점이 있어 보람찬 삶이 될 것이다.

첫째, 하던 일을 계속하니 달리는 기차처럼 건강하게 살아갈 것이다. 학문을 계속하니 정신력이 강화되어 치매 등 정신계 질환은 물론 신체적 면역력이 높아져 일체의 질환을 물리쳐 건강하게 살 수 있다.

둘째, 노래에 할 일이 있어 밥값을 하며 떳떳이 보람찬 생활을 하게 된다. 그 학자 자신으로도 나이를 잊고 학문하는 것이 보람차고 대견할 뿐만 아니라, 주변의 가까이 있는 동학·후배·제자들이 존경하고 따르고 예우한다. 가족이나 친족은 물론 멀리 있는 사람까지 소문으로 듣고 오히려 찬탄하고 존경한다.

셋째, 인문학은 행복학이라 전공하면서 작은 성과에도 보람과 행복을 누리니 가난해도 어려워도 행복한 삶이 될 수밖에 없다. 당사자로서 당연히 하는 일이라며 행복을 느끼지 못할 수도 있지만, 기실 학문하며 편안하게 사는 것보다 행복한 일은 없을 것이다.

넷째, 그동안의 연구 논문을 총합하여 무게 있는 저서로 출간하면, 그것은 그 자체가 인문학계의 공적이요, 그 학자의 기쁨이요 행복이다. 어쩌다 이 저서들을 모아 출판기념회라도 열어 인문학자, 선학·동학·후배·제자들의 찬탄과 존경을 받을 때는 크나큰 영광이 아닐 수 없다. 정말 인문학의 전공·성취, 값진 삶의 보람과 행복이 죽을 때까지 함께 할 것이다.

5) 결어

학문에는 정년이 없다. 만약 인문학 교수가 정년과 함께 그 학문을 포기한다면 정말 할 일이 없어 노후를 외롭고 어렵게 살 것이다. 그러기에 그 학문을 오히려 여유 있게 전공할 수 있는 계기로 삼아 꾸준히 정진해야 한다. 여기에는 그 학문 인문학에 전념할 수 있는 여건이 완비되어 있다. 60대의 원숙한 학자 그동안의 연구로 능력과 업적을 갖추었다. 이제껏 수집한 도서 자료들을 재정리하여 연구실을 확보한다.

이에 인문학 연구의 사명감을 되새기고 학문적 목적을 다시 세워 전념·전공할 수 있다. 여기에서 학문적 활동의 현장이 벌어진다. 혼자서 연구실에 앉아 집중적으로 연구하는 게 우선이요, 유관 학회를 통하여 동학·후배들과 어울려 연구에 매진하여 원로 학자의 전범을 보일 수도 있다. 기타 전직 대학연구원이나 유관 문화기관에서 연구 용역이나 청탁을 받아서 논문을 작성해낼 수가 있다. 이러한 논문들이 각개 논문집에 게재 발표되고, 이 논문들을 총합하여 저서로 출간할 수가 있다. 이것이 학문 성취의 공적일 뿐만 아니라 한국 인문학의 발전에 기여하는 업적이 될 것이다.

노익장의 능력과 열정으로 학문 활동을 계속하며 보람찬 성과를 낸다면, 그 노후의 삶이 건강하고, 보람차고 행복하고 영광스러울 것이다. 그리하여 죽을 때까지 그 학문에 열정을 바치는 훌륭한 학자로 영원히 기억될 것이다.

7. 인문학의 운명

1) 서언

인문학은 국력이라고 한다. 인문학에 조국의 미래가 달렸다고도 한다. 그것은 사실이다. 세계적으로 문화 민족, 문화 국가를 운위할 때부터 그 정신문화의 수준, 인문학의 역량은 바로 국력이요, 그 수준을 보증하는 것이었다. 우리의 인문학은 조선시대까지도 문약에 흐른다고 할 정도로 숭상되었고, 그 인문학을 통하여 국위를 선양하고 있었다.

일제 강점기에 우리 인문학은 주도권을 빼앗기고 위축·침체되었다. 적어도 인문학이 국력이라는 것을 실증하는 것이었다. 그러기에 일제는 간교하게도 우리의 인문학을 말살하여 재기 독립의 기회를 주지 않았던 터다.

조국이 해방되어 재건의 기치 아래 모든 역량을 기울일 때에, 가장 먼저 착수한 것은 정신문화, 인문학의 부흥이었다. 국립대학을 비롯하여 경향의 각지에 사립대학이 세워지면서 문학·사학·철학 등 인문학과를 설치하여 연구·교육에 최선을 다하였다. 그리하여 교육계와의 관계에서도 인문학 중심의 분위기가 확충되었다. 그만큼 인문학이 중시되고 발전하여 점차 국위를 선양하며 잘 사는 나라로 진입하고 있었다. 이러한 추세는 20세기 말까지 유지되며 한국정신문화연구원의 설치와 인문학의 권장·발전으로 전개되었다. 실로 인문학의 가치와 역할, 그것은 행복이요 영광이었다.

21세기 문화시대를 맞아 우리는 정말 경제적으로 잘 사게 되면서 국민 청년들의 의식이 현실주의, 실용주의로 흘러, '인문학이 밥 먹여주나'라는 식으로 변하기 시작하였다. 그래서 대학에서는 학생들이 향후 직장을 보장하는 실용학과로 몰리고, 인문학과에는 무관심하고 등

한시 하게 되었다. 실제로 인문학이 고차원의 국력임을 망각하고 문화 세기 세계적 사조에 역행하는 일이었다. 잘 사니까 이제는 인문학이 발전해야 되는데 오히려 외면하고 도외시하는 것은 민족적 내지 국가적 퇴행이었다.

이러한 경향에 민감한 웬만한 사립대학에서는 거의 다 국문학과, 사학과, 철학과 등을 폐과하거나 통폐합하여 실리를 꾀하고 있다. 지금껏 대학하면 인문대학이 우선이요 국문학과, 사학과, 철학과가 수위를 점하였는데, 너무도 쉽게 무너져 내렸다. 이로부터 인문학이 위축되고 경시되고 그래서 위기를 맞게 되었다. 지금 전국의 국립대학이나 유수한 몇몇 사립대학에서 겨우 인문학과의 명맥을 유지하고 있는데도, 인문학을 전공하는 대학원에 지망생이 아주 저조하다는 사실이다. 서울의 명문대학 대학원에 그 대학 출신이 진학하지 않으니, 그 자리를 지방대학 출신이 채우다 보니 지방대학의 대학원에는 지망생이 거의 없는 실정이다. 이쯤 되면 위기 정도를 넘어서고 있다는 실감이 든다. 더욱 무서운 사실은 기존의 인문학자들은 그것이 시대적 추세이니 어쩌겠느냐 하고, 대학에서는 당연시하는 데다 정부 교육 당국에서는 대책 없이 방관하고 있는 게 사실이다.

자, 인문학이 고차원의 국력이요, 여기에 조국의 미래가 달려 있다면, 이러한 인문학의 위기, 소멸의 현실을 무관심하고 방치할 것인가. 이대로 두어 인문학이 퇴행·소멸된다면 국운에도 큰 영향을 미칠 것이니, 당대의 인문학자나 대학, 정부 당국의 책임과 질타를 어찌 감당할 것인가.

위기가 기회라 하였다. 그 추락이 바닥을 쳤으니 이제는 올라갈 수밖에 없다. 그래서 이러한 인문학의 부흥, 중흥의 길을 모색·실천하자는 것이다.

2) 인문학자의 각성 정진

인문학의 주체는 인문학자들이다. 그들은 우선 인문학의 가치와 기능을 재인식하고, 민족문화의 발달이 우리 민족 국가의 정신문화적 수준을 높이고, 인문학의 역량을 발휘하여, 문화세기의 국위를 선양하는 최선의 길임을 각성해야 한다. 그리고 인문학의 위기를 확인한 만큼 이를 극복하고 그 중흥을 위하여 일어서야 한다. 교수직에 있는 인문학자들 중심으로 퇴임한 학자들, 인문학에 전념하는 학자들이 모두 힘을 합쳐 궐기해야 한다. 개인적으로 보다 적극적이고 열정적인 정진을 할 뿐만 아니라 그 부흥운동에 앞장서야 한다. 그 연구의 당위성과 그 부흥의 필연성, 민족·국가적 명분과 사명감을 내세워 그 장려·부흥에 솔선수범해야 한다.

3) 전공 학회의 활성화

이 인문학에는 일찍이 전공학회가 설립되어 이제껏 명맥을 유지하고 있다. 국어국문학회·역사학회·철학회, 종합적 인문학회 등이 그것이다. 다시 이 학회들은 전문적으로 분화되어 문학계에는 고전문학회·한문학회·현대문학회로, 나아가 장르별로 시가학회·고소설학회·희곡학회·공연문화학회까지 있다. 사학계에는 고대사학회·근대사학회·현대사학회, 서양사학회·동양사학회·한국사학회까지 있다. 철학계에서도 한국철학회·동양철학회·서양철학회까지 있다. 그동안에 이 인문계 학회들이 활발하게 운영되어 인문학의 발전에 기여한 것이 사실이다.

그런데 지금은 인문학의 위기를 그대로 반영하고 있다. 학회 회원들이 점차 이탈하고 중진 회원들이 정년과 함께 불참하고 젊은 회원들이 입회를 꺼리는 형편이다. 연구·발표할 기회를 줄이고 그나마 의무적으로 형식화되었다. 학회 논문집은 점차 빈곤해지고 새롭고 활기찬 기운을 잃고 있는 실정이다. 말하자면 전반적으로 형식화 고사화되고 있다는 것이다. 이것이 바로 인문학의 위기를 실증하고 있는 터다.

이제 인문학의 중흥을 위하여, 이 학회를 활성화 내지 중흥을 시켜야 한다. 회원을 최대한으로 확보하고 적어도 1년에 4번 정도의 전국학술대회를 열어 논문을 발표하여 활발한 토론을 거쳐 엄정한 평가를 하고, 그 우수 논문을 게재하되 상당액의 원고료를 지급한다. 그 논문집을 연간 4회 정도를 내되 그 출판비를 그 원고료와 함께 정부 보조비로 충당한다. 그리고 그 성과, 논문을 여러 모로 활용할 수 있게 한다. 나아가 이 학회의 활동·성과를 평가하여 그 지원금을 조절·장려한다.

4) 대학 자체의 우선 과제

전국 각 대학에서는 인문학이 국책 과제임을 전제하고, 폐과·통합되었던 문학·사학·철학 등 학과를 복원하고, 정예 학자들을 교수로 공채하여 우수한 학생들을 모아 특별 우대하여 철저하게 가르쳐 그 정예의 졸업생을 대학원에 연결시켜 박사급 인문학자로 양성한다. 여기에는 막대한 장학금을 지급해야 된다. 투자 없이 되는 일은 없기 때문이다.

이 인문학 과목을 교양 필수로 무거운 학점을 배정하여 인문학의 기반을 다져 주면서, 그 강의·교수에 임하는 수많은 인문학자를 임용·활용한다. 여기에서 기본적으로 인문학이 살아나게 될 것이다.

또한 각 대학에 인문학연구원을 중심으로 지역적 특성에 따라 서울문화연구원, 충청문화연구소, 유학연구소, 영남문화연구원, 퇴계연구소, 민속문화연구소, 난계음악연구소, 불교문화연구소 등을 설립하여 학내외 인문학 교수나 전공자들을 규합하여 각기 전공분야를 연구케

하여 그 논문을 평가·수록하고 상당한 연구비·원고료를 지불한다. 그리고 각 대학의 대학원은 이미 그 자체가 연구기관이므로 인문계 학과의 교수와 원생들에 연구 과제를 주어, 그 성과 논문을 대학원 논문집에 평가·수록하고 상당한 연구비와 원고료를 지급한다.

5) 정부 당국의 국책 과제로 육성

여기서 정부 당국이 인문학을 국책 과제로 설정하여, 국가적 명분과 사명감을 내걸고 적극적으로 지원·장려할 때 비로소 그 중흥이 실현가능하다는 것이다. 여기에는 어느 누구도 감당할 수 없는, 국가만이 지원·보조할 수 있는 막대한 예산이 필요하기 때문이다.

우선 인문학자의 개인적인 연구 성과를 보고받아 그에 상응하는 보조비와 직장을 마련하는 일이 가능하다. 그리고 그 다양한 인문계 학회에 조직 운영과 그 성과에 따라 그 원고료와 상금, 연구비, 논문집 간행비 등을 충분히 지원하면, 그 인문학은 점차 성장·발전한다.

한편 정부에서는 각 대학의 인문계 학과의 교수·교육에 운영비·연구비를 대폭 지원하고, 문학·사학·철학 등 인문 과목을 전교생의 우선적 필수 과목으로 교수하도록 감독·장려·후원을 아끼지 않는다. 정예 교수와 우수한 학생을 지원하여 연구 성과를 내고, 그 학생들을 대학원으로 유치하도록 장학금을 지급한다. 그리고 대학원의 인문계에 연구비와 장학금을 충분히 지급한다. 그리하여 박사급 정예학자를 양성한다.

또한 각급 공무원 시험이나 각종 직장인을 뽑을 때에, 인문 과목을 필수로 부과하고, 그 학부 출신을 인문계 공무원으로 채용하고 인문계 대기업의 직원으로 기용한다. 그 박사급 출신 인문학자들은 각 대학 인문학과의 교수·강사로 진출케 한다. 나아가 각 대학의 연구소나 정신문화연구원 인문학연구원 등에 연구 교수로 진출하여 급료와 예우를 받으며 연구에 매진한다. 그 연구 성과를 평가받아 상금이나 지원금을 받는다. 그리하여 인문학, 인문학자의 진로가 당당하게 열리고 인문학의 발전·부흥이 자연히 이룩되는 것이다. 이제 인문학이 값지고 훌륭하다 인문학을 해야 먹고 산다는 인식·신념이 보편화될 것이다.

이런 차원에서 정신문화연구원이나 국어연구원처럼 각시도 단위로 인문학연구원을 설립하여 박사급 인문학자를 채용하여, 교수급 대우를 하며 인문학 연구에 전념케 한다. 우리의 무궁무진한 문화유산, 인문학 유산을 연구 개발케 하고 그 성과에 따라 연구비 상금을 더하여 준다. 세계적 선진국의 인문학 정책이 이러하고, 심지어 사회주의 국가에서도 이런 방책으로 인문학을 발전시키고 있는 실정이다.

그리하여 우리의 인문학이 21세기 문화 강국으로 무장하고, 인문학의 선진국으로 국위를 떨치며, 한류를 타고 전 세계로 퍼져 나갈 것이다. 이것이 인문학의 중흥을 실현하는 최선의 방법임을 천명한다. 다만 그 실천만이 있을 뿐이다.

6) 결어

인문학이 국력이요, 조국의 미래가 인문학에 달려있다면, 당장 이 인문학의 위기를 절감하고 이를 극복하여 그 중흥의 길로 나아가야 한다.

우선 인문학계, 인문학자들의 각성·정진이 절실히 요구된다. 여기서 정부 차원에서 그 중흥을 위하여 인문학을 국책 과제로 내세우는 일이 가장 중요하고 시급하다. 이에 인문학자 개인적으로도 크게 고무되어 보람차고 행복하게 인문학 연구에 매진하게 될 것이다.

이어 그 인문학계 전공학회가 활성화되어 인문학의 붐이 일어나야 될 것이다. 이 학회 활동을 통하여 인문학이 점차 발전하기 때문이다.

나아가 각 대학에서는 인문학을 공통 필수로 중시·강의하며, 인문학과를 우선시하고, 인문계 연구소를 다양하게 설치하여 인문학의 연구 성과를 내는 일이 중요하다. 대학원 인문학 강의가 교수와 학생의 연구 활동으로 연결되어 인문학의 발전에 기여해야 된다.

결국에는 정부에서 인문학을 국책 과제로 확정하고 인문학자·인문학회, 인문대학에 적극 장려하고 충분한 예산 지원을 하면서 평가·격려하는 것이 가장 긴요한 일이다. 그러면서 그동안에 양성·배출한 인문학자들을 인문계 공무원으로 채용하고, 대학의 강사·교수로 임용하며, 폭넓고 다양한 인문연구원을 세워 그 연구원으로 수용하여 인문학 연구에 전념토록 하는 일이 시급한 과제라 하겠다. 착수가 바로 성취라고 확신한다.

8. 훈민정음 보급의 지대한 공헌

1) 서언

낳기보다 기르기가 더 어렵고 그 의미가 크다. 훈민정음은 그 이상이었다. 그 창제보다 그 보급·실용이 더 어렵고 보다 큰 의미를 가진다. 잘 알려진 대로 당시 유교계 신료나 유생들의 집요한 반대·말살 운동과 백성들의 이해 부족으로, 가위 문자 전쟁 같은 어려움을 겪으면서 그 보급·실용에 헌신하였다. 그리하여 훈민정음 이래로 백성들, 상하 민중의 문자 생활이 원활하게 발전하고 오늘날의 한글문화, 문학·예술이 찬연하게 융성하여 세계적으로 영광을 누리게 되었다. 마침내 한강의 노벨문학상까지 나왔다. 그러기에 그 보급·실용 과정에 공헌한 바를 밝혀 보는 것은 너무도 당연하고 중요한 일이다.

그동안 학계에서는 그 창제 과정에 보다 큰 비중을 두고 거듭 논의하였지만, 그나마 애매하거나 올바로 밝히지 못하였거니와, 그 보급·실용 과정에는 구체적인 논의·탐색이 없었던 터다. 그저 그 문자를 창제하면 당연히 보급·실용되는 것으로 안이하게 판단하였기 때문이다.

이제 그 보급·실용과정을 중시하고 탐색하는 마당에, 그 주체는 누구이며, 그 동기 이념은 무엇이며, 그 실천적 방편·방법은 어떤 것이었나. 이런 문제를 탐구해 보는 것은 당연하고 필수적인 과제가 아닐 수 없다.

2) 훈민정음 보급의 주체

훈민정음 창제의 주체가 그 보급의 주체가 되는 것은 당연한 일이다. 성군 세종이 승세자 수양대군과 함께 신미 등 학승들의 전문적 협력을 받아 훈민정음을 창제하였으니, 그 실용·보급의 주체도 세종과 수양대군·세조와 신미 등 학승 내지 당대의 승려들이라 하겠다. 세종이나 세조의 입장에서는 어린 백성들까지 문자생활을 하도록 선정을 통하여 국력을 높이고자 함이요, 신미 등 승려들은 중생·백성들의 눈을 띠워 교화하여 불교를 중흥코자 함이었다.

이런 점에서 세종·세조는 군왕으로서 국책의 어명을 내릴 수는 있었지만, 실제적인 보급에서는 당장 한계에 부딪치게 되었다. 우선 조정의 유신들이나 경향의 관료들이 각지의 유생·양반들과 함께 훈민정음을 반대·철폐하려고 갖은 계략을 쓰고 있었기에, 그 보급을 기대할 수는 전혀 없었기 때문이다. 한때 왕명으로 조정으로부터 경향의 행정문자를 정음으로 통일하고, 언문과시를 통하여 언문관료를 뽑아 임용하기도 하였지만 모두 실패하였던 터다. 그러기에 이 문자로 중생·백성을 교화하여 불교를 일으키려 그 보급에 최선을 다하는 불교계 승려들에게 그 보급을 위임할 수밖에 없었다. 더구나 승왕 세종과 세조는 숭불주로서 중생 교화·백성 구제의 정책 이념을 같이하고 있었다. 그리하여 불교계 승려들이 명실 공히 그 보급의 주체가 되었다.

실제로 불교계에서는 이 훈민정음을 불교문자로 수용하여 범어 문자와 같이 신성시하고 있었다. 그러면서 온갖 방편을 계발하여 경향 각개 사찰을 거점으로 신도 대중에게 그 문자를 익히고, 정음으로 된 불서를 마련하여 교화에 매진할 수 있었던 것이다.

3) 훈민정음 보급의 방편·방법

세종·세조와 신미 등은 우선 그 보급의 교재를 찬성하였다. 그것도 획기적인 교재였다. 세종은 불교학승들의 협력을 얻어 부처님의 찬연한 행적을 장편시가로 찬송하여 《월인천강지곡》을 어제하였다. 이 작품은 3권 600여 곡에 달하는 국문장편시가로 문학성이 뛰어나 인도의 《불소행찬경》과 대비된다. 국문 전용인데 국문으로 크게 쓰고 필요하면 한자를 부기하였다. 실로 국문으로 된 시가로서 문학작품이면서 불서요 불경이었다. 그래서 문자 교육의 교재이면서 불교 교재로 가장 적합한 것이었다.

그리고 수양대군이 주관하여 동일한 부처님의 일대기를 팔상으로 나누어 아름다운 국문 산문으로 서술하였다. 그리하여 수양대군의 서문이 붙은 《석보상절》이라 하니, 그것은 24권에 달하는 국문 산문 작품으로 문학이면서 불서·경전의 면모를 겸유하고 있다. 정음 전용인데 한자어를 쓰되 그 밑에 정음으로 주음하였다. 그 안에는 중·단편 소설

형태나 수필 형식 같은 독자적 작품이 집합되어 있다. 쉽고도 재미있고 유익한 이 산문 작품은 훈민정음 보급 교육의 교재로서 너무도 적합한 것이었다.

나아가 세조와 불교계에서는 그 교재의 효율성을 높이기 위하여 위 두 교재를 증보·합본하여《월인석보》로 간행하였다. 그 국문운문과 국문산문이 교합하여 상호 분절 작용을 일으킴으로써, 다양한 시가 장르와 산문 장르로 분화·전개되었다. 불교사에 그 유례가 없는 국문 운·산문 불경 전 25권에는 자연적으로 단가·사설·별곡·가사 등의 국문시가와 중편소설·단편소설, 중현희곡·단편희곡, 각개 국문수필 등이 수록되어 국문문학의 종합 작품집이 되었던 터다. 그리하여 정음 보급, 불교포교의 가장 효율적인 교재가 되었다.

한편 세조는 국가 기관으로 간경도감을 설치하여 학승과 신불 유산을 모아《법화경》·《금강경》·《유마경》 등 대승경전을 국문으로 번역하여 정음 보급·불교 포교의 교재로 삼았다.

이에 불교계에 선종·교종을 아우르는 도총섭을 두어 전국 사찰과 승려들을 총괄·감독케 하고, 간경도감에 사찰·승려에 대한 감독권을 부여하여 서로 협력케 하였다. 그리하여 위 방대한 교재를 유수한 사찰에 배부하고 모든 승려들이 필수적으로 국문을 익히고, 그 승려가 신도들에게 국문을 가르치고 포교에 힘쓰라고 하명하고, 그 현장과 성과를 평가·격려하였다.

그리하여 전국 각지의 본사·말사에서는 승려들이 국문을 능숙하게 익히고 그 교재 국문불경 내지 불경언해를 전문적으로 연구하여 신도들에게 적극적으로 가르치고 설법하여, 그 국문을 보급하고 포교를 강화하는 데 최선을 다하였다.

여기에는 각 지역의 유생·선비·양반들의 반대·방해가 심상치 않았으니, 이를 극복하는 것이 급선무였다. 이런 와중에 그 승려들은 여기에 목숨을 걸고, 국문 보급이 살길이요, 그 교재를 통한 포교가 불교 중흥의 최선책임을 각성·서원하고 강력하게 추진하였다. 이러한 교재는 본사급 사찰, 유수한 사찰에서 중간하여 신도들에게 보급하고 널리 민간에까지 유통시키니, 이로써 국문 보급이 촉진되었다. 나아가 널리 포교가 이루어진 것은 물론, 그 교재의 문학적 내용에 따라 신도들과 민간에 문학을 교육·전파하는 결과를 내었다.

이러한 불교계의 혁신적 노력이 세종대에 비롯하여 세조대에 절정을 이루었고, 성종대에까지 계속되어 그 정음·국문의 보급이 보편화된 것이었다. 이런 불교계의 노력과 헌신은 하나의 관례·전통이 되어 불교계에 정립되고, 민산화되었던 터나. 그리하여 국문 보급, 불교의 포교, 국문문학의 형성·발전에 크게 기여하였다. 기실 이러한 헌신적 보급 운동이 있었기에, 그 전통을 이은 국문문학, 한글문학이 발전·융성하고, 한국문화가 세계적으로 찬연하게 전파되고 있는 게 사실이다. 그동안 묻혀 있던 이 정음 보급에 이바지한 불교계의 공적은 실로 지대한 것이라 하겠다.

4) 결어

만약에 불교계가 그 훈민정음의 전파·보급에 그만한 공헌이 없었다면, 오늘날 한글문화, 문학·예술이 이만큼 발전·융성할 수 있었을까. 생각하면, 그 공적이 더욱 값지고 중대하다고 보아진다.

먼저 숭왕 세종과 숭불주 세조의 치민 문자 정책 이념과 함께 불교계에서는 백성들·중생들의 교화·구제를 위하여 훈민정음 창제에 주도적으로 협력한 것은 물론, 그 보급에 주체가 되어 노력하였다. 세종과 세조의 높은 정신을 받들어, 그 보급의 국가적 교재로 부처님의 위대한 일대기로《월인천강지곡》3권으로 찬송하고《석보상절》24권으로 서술하며, 아시 이 양대 작품을 증보·유합하여《월인석보》25권으로 찬성하고 나아가 불경언해까지 역출한 것은 불교경전사 상, 불교문학·예술사, 불교문화사에서 전무후무한 업적이 되었다. 나아가 이것은 정음 보급의 기반이요 대방편 그 원력이 되었을 뿐만 아니라, 우리 한글 문학사, 예술·문화사 상의 보배로운 유산이 되었다.

그리고 당시 불교계가 사찰 조직을 통하여 모든 승려들이 정음을 익히고 그 교재를 연구하여 많은 신도들에게 정음을 가르치고, 그 불교 문학적 내용을 강설하여 포교와 함께 불교문학·국문문학의 세계를 열어가게 되었다. 당시 유신과 유생·양반들의 교묘한 반대·방해를 극복하고, 그 보급·교화에 헌신하여 국문문화, 문학·예술의 성취, 그 전통을 이룩하여, 오늘의 한글문화, 문학·예술의 발전·융성을 보게 되었다.

이에 그 불교계의 값진 성취야말로 위대한 공헌이라고 평가되어 마땅할 것이다. 불교계에서도 이를 재평가하여 계승·발전시켜 불교 중흥에 박차를 가해야 되리라고 본다.

9. 국문문학사의 체계화

1) 서언

우리 문학을 연구하는 데에 있어 그 형성·발전·전개 과정을 파악하는 문학사의 연구는 가장 소중한 일이다. 한국인이 창작한 문학은 언어 문자에 관계없이 한국문학이라고 간주한다면, 방대한 한국문학통사가 이룩된다. 조동일의 『한국문학통사』가 이를 입증하고 있다. 그런데 이 문학이 언어 예술이라 할 때, 우리 언어를 중심으로 우리 문자로 창작되었느냐가 중시될 수밖에 없다. 여기서 문자 기준의 문학사를 파악할 수가 있다. 한문문학사와 향찰문학사, 국문문학사 등이 바로 그것이다. 이 한문 문학사는 이가원·문선규 등의 『한국한문학사』로 저술되었고, 향찰문학사는 양주동·지헌영, 황패강 등의 향가 관계 논저에서 대강 제시되었다. 그러나 국문문학사는 아직도 체계화된 바가 없는 실정이다.

기실 우리말과 문자로 창작한 국문문학이 가장 본질적이고 본격적인 우리 문학, 한국문학의 본령이라면 가장 값지고 중요한 것이 국문문학사라 하겠다.

일찍이 필자가 15세기 국문시가와 국문수필·국문소설, 국문희곡, 국문평론 등을 논의하는 과정에 그 국문문학사의 일거리를 세시한 바가 있다. 그러나 이 국문문학사를 본격적으로 체계화한 것은 아니었다. 실제로 이 국문문학사는 그 형성·발전·전개의 계맥이 분명한 데다, 그 전통이 그대로 계승되어 근대문학·현대문학으로 발전·융성하였기에 다시 없이 소중하니, 그 체계화가 시급한 터다.

이에 본고에서는 우리 문학사는 시대별 작품의 해설서가 아니라, 작품의 장르별, 유기적 유통사임을 전제로 한다. 일찍이 『한국문학 유통사』 Ⅰ-Ⅱ를 저술하였거니와, 이를 바탕으로, 첫째 국문 문학의 실상과 장르 성향을 살피고, 둘째로 그 시대별 형성·발전·전개사, 그 거시적 유통사를 파악한다. 셋째로 그 국문 시가·수필·소설·희곡·평론 등 각개 장르의 시대적 형성·발전·전개사, 그 장르별 유통사를 어림해 보겠다.

2) 국문문학의 실상과 장르 성향

국문문학은 훈민정음 창제 실용 이래, 불타의 방대·다양한 행적, 일대기를 장편 시가 형태로 찬탄한《월인천강지곡》3권과 장편 산문 형태로 서술한《석보상절》24권, 위 두 장편을 증보·교합한 운문·산문·강창 형태인《월인석보》25권에 찬성·수록되어 그 원형을 보인다. 여기에는 전체적으로 국문 전용의 문학 작품들이 종합되어 있으며 그 모두가 장르적 성향을 띠고 분화·전개될 경향을 갖추고 있는 게 사실이다. 이 점에 대하여는 일찍이 필자의 〈월인석보의 문학적 실상과 장르적 전개〉를 구명하는 과정에서 다 밝혀진 바가 있다.

이 일련의 거대한 작품들이 불전 문학으로 높은 가치를 지니고 있거니와, 그 안에 국문시가와 국문수필, 국문소설과 국문희곡 내지 국문평론 등이 장르적 성향을 띠고 분화·전개될 수밖에 없었다.

3) 국문 문학의 시대적 전개

이 국문문학의 작품군은 세종·세조대에 걸치는 15세기에 훈민정음 보급과 불교전파의 국문전용 교재로 유통되었다. 세종과 세조, 불교계가 주체가 되어 궁중 왕실을 우선으로, 전국 각지 본사·말사의 조직을 통하여, 사찰을 거점으로 승려들이 교사가 되어 신도들까지 국문을 가르치고 그 교재, 국문 문학을 알리고 유통시켰던 것이다. 그리하여 사찰 주변의 민간에까지 퍼져 나갔던 터다. 이로써 국문문학은 15세기 세종대 훈민정음을 기점으로 형성되어 장르별로 분화·유통된 것이라 하겠다.

이 형성기 국문문학은 16세기에 이르러 국문문화의 전개와 함께 발전의 계기를 만나게 되었다. 먼저 국문소설이 사찰 불교계와 민간에 유통·보급되면서 발전하는 경향을 보였기에 다른 수필이나 희곡 등이 유기적 영향 관계 속에서 발전하게 되었다.

이 발전기 국문문학은 17세기에 이르러 난숙기를 맞이하게 되었다. 우선 국문소설이 난숙되어 〈구운몽〉·〈사씨남정기〉·〈안락국전〉 등이 유통되고 〈춘향전〉·〈흥부전〉·〈토끼전〉·〈금송아지전〉 등이 대중화되어 경향 양반가의 안방, 사랑방에까지 유통·성행하였다. 이에 따라 국문희곡이 성행하여 대중화되었다. 전통적 공연예술 판소리가 등장하여 저명한 소설을 각색하여 그 대본·극본·희곡으로 활용하였다. 그리고 가면극이나 인형극의 구비적 대본이 국문으로 정착되어, 국문희곡으로 행세하였다. 따라서 국문수필이 성행하여 장르별로 대중화됨으로써 경향의 내방 부인들, 사랑방 서민들에게까지 보급·실용되었다. 이러한 대세 속에서 국문시가가 성행하여 대중화·민중화가 이루어졌다. 그리하여 규중 여인들로부터 서민사회·기생사회에 섞여 널리 유통되었다. 이에 경향 지식계급 문인사회에서는 그 평론이 성행하게 되었다.

이러한 국문문학의 흐름은 19세기 이른바 대화기를 맞이하여 신문학시대를 맞이한다. 우선 국문소설이 신소설로 전개되었다. 이 신소설은 국문 고전소설이 국문 현대소설로 전개되는 과도기적인 국문소설이다. 이인직의 〈혈의루〉나 〈은세계〉 등을 보면, 그 주제·내용, 구성·문체 등이 고전소설을 이으면서 현대소설을 지향하고 있는 것이 사실이다. 이러한 신문학·신소설의 성행·유통과정에서 국문희곡이 신소설과 신연극 사이에서 신희곡으로 출현·행세하게 되었다. 그리고 국문수필도 신문학의 풍조에 의하여 신수필의 면모를 띠고 발전하고 대중화되었던 터다. 이에 따라 국문시가도 최남선의 신체시 이래 신시 형태로 변모되고 그 평론도 상당히 개신된 방법과 문체를 개발하게 되었다.

이러한 신문학기의 국문문학은 20세기 전반, 일제강점기에 탄압을 받아 위축되는 경향이 있었지만, 저항적 차원에서 내적으로 성숙되고 현대화되는 역량을 기르고 있었다. 20세기 후반에 광복이 되니, 어문의 자유를 누리며 국문문학이 애국적 차원에서 중흥적 발전을 보게 되었다. 여기서 이광수의 현대소설로서 국문소설은 현대소설로 전개되었다. 이로부터 국문희곡은 유치진의 현대희곡으로써 현대화되고 성행하였다. 그 사이에서 국문수필이 현대화되고 성행한 것은 물론, 국문시가가 현대시의 면모를 갖추게 되었다. 그리하여 21세기 문화시대의 한글문학이 전성기를 맞이하여 세계적으로 각광을 받고 영광을 누리게 되었다.

4) 국문문학의 장르별 시대사

잘 알려진 대로 본격적이고 전문적인 국문문학사는 그 장르별 시대라 하겠다. 그 장르를 국문시가와 국문수필, 국문소설과 국문희곡, 그리고 국문평론으로 전제하고, 지금까지 이 장르사가 어느 정도 정리되었는지 점검하고, 앞으로의 과제를 전망해 보겠다.

첫째, 국문시가사에 대해서다. 그동안 학계에서 한국문학사나 한국시가사를 연구하는 과정에서 국문시가를 한 분야로 논의해 온 것은 사실이다. 그러나 훈민정음 이래의 '국문시가사'를 전적으로 체계화하지는 못하였다. 이제 이 국문시가사는 훈민정음 반포·실용 즉후에 창작된 《월인천강지곡》과 《용비어천가》를 기점으로 궁중 가악의 국문화, 구전되거나 차자로 표기되었던 전래 가요의 국문 정착, 저명 민요의 국문 정착 등을 포괄하여, 그 국문문학의 흐름에 따라 형성·반전되고 난숙·성행하면서 면면하게 계승된 계맥을 파악해야 한다. 그 국문시가의 전통이 신문학기의 신체시류와 어떻게 연결되었는지, 그것이 현대시로 접속되는 변모까지 합리적으로 논의해야 될 것이다. 그리하여 이 국문시가사가 강물의 흐름처럼 15세기 훈민정음, 그 최초 시가로부터 발원하여, 신체시·현대시로 전개된 계맥이 올바로 파악되어야 한다.

둘째, 국문수필사에 대해서다. 그동안 학계에서는 한국문학사나 한국수필문학사를 통하여 국문수필의 일부 작품을 들어 단편적으로 논의해 온 것이 사실이다. 그것도〈계축일기〉나〈의유당일기〉정도를 기점으로 하여 17세기를 더 올라가지 못하였다. 그리하여 17세기 이전에는 국문수필이 공백 상태라는 것을 규정한 결과를 내었다. 더구나 이 전통적 국문 고전수필이 어떻게 신수필 내지 현대수필로 연접되었는지는 논의의 여지조차 없었다. 그러나 국문수필사를 주제로 할 때, 훈민정음 창제·실용 즉후《석보상절》과《월인석보》상절부에 수록된 다양한 국문수필을 기점으로, 그것이 강물의 흐름처럼 형성·발전·난숙·전개되어 신수필 내지 현대 수필로 흘러들었던 터다. 그리하여 국문수필사는 15세기에 형성되고 16세기에 발전하여 그동안의 그 공백기를 채우면서 합리적으로 파악될 수가 있었다. 필자의〈국문수필의 형성·전개〉에서, 이 국문수필사가 시도되었지만, 그것이 신수필과 현대수필로 연결되는 과정에 대해서는 논급하지 못하였다.

셋째, 국문소설사에 대해서다. 그동안 학계에서는 한국문학사와 한국소설사를 통하여 국문소설사를 취급하였지만, 17세기〈홍길동전〉을 최초의 작품으로 규정하고 그 후의 전개사를 비중 있게 다루었다. 그러기에 국문소설이 17세기 이전에는 자취가 없다는 사실을 거듭 확인하여 왔다. 그리고 이 고전소설이 신소설과 현대소설로 연접되는 과정에서도 상식적인 추정만 되풀이하고 있다. 그러나 이 국문소설이 그《석보상절》이나《월인석보》상절부 등에 산대하여 15세기에 형성되어 16세기에 이르러 발전하여 17세기에 난숙되고, 강물이 흐르듯이 전개됨으로써 신소설·현대소설로 흘러들었다고 보아진다. 그리하여 국문소설이 15세기 내지 16세기 그 공백기를 합리적으로 채우고 자연스럽게 전개되어 신소설·현대소설로 연접되었던 것이다. 이에 필자가『불교계 국문소설의 연구』에서 국문소설사의 체계와 계통적 전개를 모색하여, 편저『한국서사문학사의 연구』에서 이를 실증하였던 터다.

넷째, 국문희곡사에 대해서다. 그동안 학계에서는 한국문학사를 통하여 국문희곡은 물론, 희곡 장르 자체를 취급하지 않은 게 사실이다. 희곡·극본은 연극의 한 요소라 하여 그쪽으로 밀어 버렸기 때문이다. 우리 문학의 체계에서 그다지 중요한 희곡 장르를 부정하는 것은 큰 잘못이라 본다. 이 희곡 작품은 국문소설과 함께 국문문학의 대표적 장르라 하겠다. 그러기에 15세기《월인석보》에 강창 단위로 성립된 국문희곡은 불교계의 공연을 통하여 형성·공연되어 국문희곡의 원형·원류가 되었다.《용비어천가》가 그 사화와 함께 극화되어, 〈봉래의〉 같은 극본·희곡, 국문희곡을 궁중이나 불교계에 미루고 취급하지 않았던 것이다. 이제 우리는 연극계에서 그 극본·희곡을 찾아보고, 궁중이나 불교계에서 국문희곡을 찾아내어, 그 형성·전개의 전통·계맥을 체계화해야 될 것이다. 이 문제에 대하여는 필자가 일찍이 〈한국희곡서의 연구〉에서 논의한 바가 있고, 편저『한국희곡문학사의 연구』에서 체계적으로 실증되었던 터다.

다섯째, 국문평론사에 대해서다. 그동안 학계에서는 한국문학사에서는 국문평론사는 물론 평론사 자체를 취급하지 않았다. 평론이 빠지는 문학 체계가 어디 있는가. 문학 작품이 있으면 유통과정에 반드시 평론이 따르게 마련이다. 어떠한 물체에도 그림자가 따르는 격이다. 우리 국문문학에도 평론이 따르고, 국문평론이 있어 면면한 역사를 이끌어 왔다고 본다. 그런데 평론은 문자에 구애 받지 않는다. 그래서 당대의 문신·식자층이 평론의 주체로서 국문을 도외시하였기에 부득이 조선말로 평가·평론하였다 하더라도 그 기록은 국문이 아니라 한문일 수밖에 없었다. 그러기에 국문시가의 평론은 한시의 평론처럼 시화의 형태로 표현·표기되었고, 국문수필이나 국문소설은 권선징악적 윤리관에 의하여 부정적 평가·비판으로 일관되고, 한문으로 기재되었다. 그리고 국문희곡은 관극시 형태로 비교적 자세히 평가되었다. 그 평론은 여전히 한문이었다. 이러한 평론의 한문 표기는 그 의식을 통하여 국문평론으로 재구·추정될 수가 있다. 다만 국문수필과 국문소설에서 그 필사본의 후기에 국문평론의 일면이 들어나고 있다. 그 주제·내용의 윤리적 비평이나 등장인물의 선행과 악행에 대한 평가, 그 감동적인 장면의 호평 등이 소박한 국문평론으로 자리하고 있기 때문이다. 정명기의 〈고전소설 후기의 연구〉에서 그 문제를 다루었던 터다. 그러기에 국문평론사는 그 작품 주변의 여러 평가·논의를 전거로 재구·추정하는 것이 상책이라 하겠나.

5) 결어

이 국문문학사는 국어와 국자로 창작된 정통적이고 본격적인 국문학의 역사로서 그만큼 가치 있고 중요한 것이다. 그리하여 이 국문문학사의 체계적인 파악이 매우 긴요하고 시급한 과제라 하겠다. 이제까지 논의한 바를 요약하면 다음과 같다.

① 국문문학의 실상을 살피고, 그 장르 성향을 검토하였다. 15세기 훈민정음의 반포·실용 즉후 불타의 찬연·신비한 생애를 문학적으로 집대성한 《월인천강지곡》과 《석보상절》, 《월인석보》 등 운·산문 국문 불경 속에 국문문학을 포용하고 있었다. 그 방대한 국문문헌 가운데, 이미 국문문학의 장르, 국문시가와 국문수필, 국문소설과 국문희곡, 그리고 국문평론 등이 형성·정립되어 있었다.

② 이 국문문학의 장르들이 유기적 연관성을 가지고 시대적으로 형

성·전개된 거시적 유통사를 파악하였다. 우선 국문소설이 대표·중심적인 역량으로 15세기에 형성되고 16세기에 발전하고, 17세기에 난숙하고 18세기에 성행하였다. 이에 따라 국문시가와 국문수필, 국문희곡과 국문평론 등이 덩달아 15세기에 형성되고, 16세기에 발전하며 17세기에 난숙하고, 18세기에 성행하였다. 이어 국문소설이 개화기를 맞아 신소설의 단계를 거쳐 일제 강점기 강압 시련기를 거쳐 조국 광복과 함께 부흥의 성세를 몰아 현대소설로 연결·발전하였다. 이에 따라 국문시가와 국문수필, 국문희곡도 그 영향을 받아 거의 동일한 과정을 밟았던 것이다.

③ 이에 국문문학의 장르별로 그 형성·전개사, 유통사를 파악하여 보았다. 이름하여 국문시가사와 국문수필사, 국문희곡사와 국문평론사를 파악하되, 그동안 학계의 연구 성과를 점검하고 앞으로의 과제를 제시하였다.

이와 같이 국문문학사를 시대별로나 장르별로 올바로 파악함으로써 오늘날의 찬연하고 융성한 한글문학, 영광의 국문문학에 선행한 튼실한 전통을 확인하게 되었다. 이러한 전통이 있기에 오늘의 한국문학이 그만큼 위대하게 꽃피고 열매를 맺을 수 있었던 것이다.

10. 문헌설화의 문학적 실상과 장르 성향

1) 서언

이른바 문헌설화는 원래 역대 저명하고 특출한 인물들의 탁이하고 기이한 행적, 재미있고 감동적인 사건들을 당대의 문인 학자들이 재구성·제작한 서사문학 작품군이다. 적어도 당대의 본격적이고 규칙적인 한문학보다 설화적, 대중적 서사문맥이 강화되어 이단시되는 경향까지 있었다. 그리하여 일찍이《삼국유사》나《수이전》같은 작품집을 야사·야담으로 몰아붙이게 되었다. 그리하여 삼국시대로부터 조선 말기까지 면면하게 계승된 방대한 이 문학 유산을 구비설화와 동류로 취급하고 문자화된 것을 전거로 어느 사이 '문헌설화'로 규정하게 되었다.

그로부터 학계에서는 그 명칭에 얽매여 이 찬연한 문학작품류를 크게 구비설화의 동류로 보고, 그것의 문자 정착이라고 간주하여 본격 한문학에서 벗어나는 문장이라고 판단하게 되었다. 그리하여 이러한 문학유산을 문학 이전의 문학, 서사문학의 모반이라는 굴레를 씌워, 자충 자박의 연구를 하게 되었다.

이에 학계에서는 이 문헌설화를 독자적 한 영역으로 실징하고 설화적 차원에서 연구를 거듭하였다.

우선 김기동이 역대 문헌설화의 전집을 내고 소재영·박용식이 다시 문헌설화 전집을 편간한 이래, 정명기가 위 전집을 망라하여 방대한 전집으로 집대성하였다. 이로써 문헌설화의 영역과 작품들이 확정되었다.

이에 문헌설화에 대한 단편적인 연구가 진행되는 가운데, 서대석이 『조선조문헌설화집요』Ⅰ-Ⅱ 편저하여 주목을 받았다. 조선 후기 문헌설화를 중심으로《어우야담》,《계서야담》,《청구야담》,《동야휘집》등 11종의 설화집 중에서, 2,934편의 문헌설화를, 인물판·사건담·잡화 분야로 구분하고 세부주제로 나누어 그 이야기 줄거리를 요약해 놓았다. 이는 문헌설화의 전모를 개관한 큰 업적이라 하겠다.

김현룡은 『한국문헌설화』1-7을 저술하여 학계의 경탄을 받았다. 놀랍게도《삼국유사》로부터 조선 말기《동양휘집》,《금계필담》등에 이르기까지 254종의 자료집에서 3,550편의 문헌설화를 뽑아서, 품성·지혜·입신·처세 등 주제별로 세분하여 해당 원전을 일일이 해설·논평하였다. 매편에 감동적 평의 찬탄을 표하는데, 그것은 문학적인 평가가 아니라 그 내용의 윤리적 찬양이었다. 이것은 문헌설화 전반의 내용 범위와 윤리적·문화적 내면을 거시적으로 고찰한 대단한 업적이라 하겠다. 그런데 이른바 이 문헌설화가 본래 설화가 아니라 당대 문민학자들이 제작한 찬연한 서사문학 작품들이라는 것을 객관적으로 직시해야 한다. 전대나 당대의 저명하고 특출한 인물들의 기이하고 탁이한 행적, 사건들을 전설적 서사문맥을 가미·강화하여 하나의 작품으로 재구·제작하였기 때문이다.

그렇다면 면면한 전통의 찬연한 문학작품군을 전설적 서사성이 강하다고 '문헌설화'로 묶어 버린 것부터 잘못된 것이다. 이것이 문학작품일진대, 문학적으로 연구하는 것이 너무도 당연하기 때문이다. 이런 점에서 위의 두 업적은 이 작품들의 서지적 점검, 내용적 개관에 머물고 말았다는 것이 안타까운 일이다.

이에 방대한 문학 작품들을 문학적으로 연구·탐색하려는 것이다. 첫째 이 작품들의 문학적 실상을 고찰하고, 둘째 이 작품들의 장르적 성향을 탐색하며, 셋째 이들 작품군의 문학사 상의 위상을 추적하여 보겠다.

2) 문헌설화의 문학적 실상

방대한 작품들은 각기 모두가 서사문학의 요건을 갖추고 있다. 그 주제 내용으로부터 그 사건 구성과 문체 표현 등에 걸쳐 완벽한 문학작품을 이루고 있기 때문이다. 이 작품들은 모두 당대의 개방적 문인·학자들에 의하여 재구성·제작되었다는 장점을 가지고 있다.

첫째, 주제 내용에 대해서다. 작품들의 주제 내용은 이미 밝혀진 대로 서사문학에 가장 적합한 실상을 보이고 있다. 당대의 저명인물·특출한 인물들의 기이·특이한 행적·사건이다. 그 주인공은 역사적 실존 인물이고 인간적이고 윤리적 규범 아래, 그들의 행적·사건이 신이·신기하고 탁이하여 그 전설적 서사문맥을 갖추고 있다는 사실이다. 그것은 족히 흥미와 감동을 자아내는 서사적 기능을 다하고 있는 터다.

둘째, 구성에 대해서다. 이 작품들의 구성에 대해서다. 우선 배경이 분명하고 확실하다. 신라 말기 이래 고려시대와 조선시대에 걸쳐, 외침 전란과 무신의 난, 거듭되는 당쟁이나 사화, 부족 간의 불화, 가문 내의 갈등 등이 빈번하여 그 사건의 배경으로 작용하고 있다.

그리고 그 주인공이나 등장인물들이 전대나 당대의 실존 인물로 저 명하고 특출한 성격과 기능을 발휘하고 있다. 군왕으로부터 고관·장군·무인, 문인·학자·승려·도사·기인·역사, 예인·가객, 여중군자, 기녀·무당 등이 영웅처럼 등장하고 있다.

이어서 그 사건 진행이 서사적 문맥을 갖추고 있다. 정도의 차이는 있지만, 이 작품들은 서사문맥이 적어도 서사성 수필이나 소설 내지 희곡의 사건 과정을 그대로 밟고 있는 터다. 그 사건의 발단 – 예견의 설명 – 상승적 동작 – 절정, 하강적 동작 – 대단원을 이루고 있기 때문이다. 그리하여 수필이나 소설 내지 희곡의 구성에 완벽을 기하고 있다.

셋째, 표현 문체에 대해서다 이 작품들의 문체는 한문 산문이다. 중국식의 한문이기보다는 비교적 자유스런 한국식 한문이다. 따라서 그 작가들의 개성적 한문 문장으로 일관되었다. 그 인물의 외모·성격이 사건 진행의 설명 묘사가 생기발랄하고 사실적이다. 대화를 많이 섞어서 생동감을 주고, 극적 분위기를 조성한다. 때로 시가를 삽입하여 운문·산문이 교합하는 강창 문체를 이루는 경우도 있다. 그리하여 작게는 수필문체로도 어울리고, 크게는 소설 문체 내지 희곡 문체, 나아가서는 평론 문체로도 적용될 수 있는 것이다.

이와 같이 서사문학의 오건을 두루 갖추고 있기에, 모두가 찬연한 서사문학이라고 평가하여 마땅할 터다. 그런데 총체적 서사문학이 작가에 따라 작품의 내용·품격과 규모·양식에 따라 다양한 유형을 보이고 있는 게 주목된다.

3) 작품들의 장르적 성향

작품들의 장르 성향이 보인다는 사실이다. 그것은 무성한 숲이지만 그 나무의 종류가 다른 것과 같은 이치라 하겠다. 문학 작품은 그 장르가 규정될 때 완전한 평가를 받을 수 있기 때문이다. 기실 이 작품들은 한국문학·세계문학 장르에 따라 대강 한문·국문 시가와 한문수필, 한문소설과 한문희곡, 나아가 한문평론에 걸치는 장르에 모두 포괄될 수 있다고 보아진다.

첫째, 한문·국문시가에 대해서다. 이 작품 전체를 통관할 때 시인묵객이 등장하여 수작할 때 시를 짓거나 읊으며 찬탄·품평하는 것이 상례로 나타난다. 이런 유형을 조종업은 시화라고 규정하고 『한국시화총편』 10권을 편간하였거니와, 거기에 나오는 한시를 수합하면, 한시의 장르가 성립되는 게 사실이다. 이 작품의 가객조나 기녀조에는 국문시가 시조·가사 등의 가창이 나온다. 이 시가 작품을 수합하면, 족히 하나의 장르가 성립될 수가 있다.

둘째, 한문수필에 대해서다. 이들 작품들 중에 내용과 형태, 규모 조직이 비교적 단순하고 단형인 것은 대부분 수필 유형에 속한다. 그래서 서사적 수필이 상당수를 차지한다. 서대석이 지적한 '잡화'와 '인물담'의 단형은 대부분 이 수필에 속한다고 보아진다. 서사문맥이 살아 있는 다양한 수필은 그 하위 장르를 거느리고 있다. 위로 임금이 내리는 교령과 신민이 올리는 주의, 일반적 논설, 고인을 향한 애제, 그 생애를 입전한 전장, 서간과 일기, 기행, 담설과 잡기 등이 그것이다. 이에 따르면, 여기 작품들의 수필 유형은 모두 이 하위 장르를 충족시키고 있는 터라 하겠다.

셋째, 한문소설에 대해서다. 이 작품들 중에는 소설의 수준에 이른 작품들이 상당히 많다. 오히려 주류를 이루고 있는 게 사실이다. 전술한 대로 이 작품들은 소설적 성향을 갖추었거니와 그 수준 미달의 단형을 제외하고는 대부분이 소설로 평가되어 마땅할 것이다. 일찍이 이우성과 임형택이 《한문단편선》에서 그 소설의 면모를 발굴·규정하였던 터다. 서대석이 지적한 '사건담'의 거의 전무가 소설의 수순을 유시하고 있는 게 사실이다.

넷째, 한문희곡에 대해서다. 위 한문소설 유형 중에서 특출한 작품들이 희곡적 성격을 갖추고 있다. 원래 한문희곡은 문자화·문장화되는 순간에 소설형태를 취할 수밖에 없다. 한문표현의 응축·요약성에 의하여 희곡적 생동성이 음성화되기 때문이다. 이런 점에서 재구적 방법론으로 이 작품들을 점검하면, 희곡적 작품이 드러난다. 그 사건전행의 극적 상황, 등장인물의 극적 언행, 대화 중심의 극적 장면 등으로 종합해 보면 많은 희곡 작품이 유추되는 것이다. 그리고 그 사화류에서 시인 문사들이 연희를 베풀며 시를 읊어, 품평 찬탄하며 서로 즐기고 연행하는 사례는 희곡적 성격을 재구성하여 희곡 작품이라고 보아야 할 것이다. 극적인 이야기와 시의 음영, 그것은 강창의 형태로 불교계의 강창극본과 같기 때문이다. 이런 시화와 작품을 그대로 연행하면 바로 연극이 되겠기 때문이다. 또한 그 가객이나 기녀조에서 국어국문 시가의 가창 장면은 그대로 희곡의 한문화라고 보아진다. 이것은 극화하면 그대로 그 극본·희곡으로 정립될 수가 있기 때문이다. 이처럼 여기에는 많은 희곡 작품이 건재하는 터다.

다섯째, 한문 평론에 대해서다. 우선 한시 비평이 성행하였다. 조종업의 「고려시론 연구」와 「조선시화의 연구」에서 이른바 시화의 시론, 시 비평의 실제와 기능을 발견한다. 그 시화가 시에 대한 이야기, 시비평이라는 것이다. 새롭고 옳은 이론이었다. 그러나 이 방대한 시화가 시론으로만 끝나는 것으로 보는 데에 문제가 있다. 이미 살핀 대로 이 시화도 시론 내지 시비평 이외에 서사문학으로서 그 한문수필이나 한문소설 내지 한문 강창문학, 한문희곡으로 행세할 수 있기 때문이다.

한문수필이나 한문소설·한문희곡의 비평은 그다지 뚜렷하지 않고 전문화되지 않은 게 사실이다. 서대적의 인물담에는 인물평이 있고, 그 말미에 윤리적 평론이 붙어 비평의 역할을 하였다. 그리고 그 사건담에도 말미에 그 사건평이 있어 소설평론이나 희곡비평을 대신하고 있다. 어쨌든 이들 작품, 그 장르별로 반드시 비평·평론이 따르고 있는 것은 분명한 사실이다. 어떤 사물이든지 그림자가 따르는 것과 같은 이치이기 때문이다.

이와 같이 그 많은 작품들은 모두 문학적 자질을 갖추고, 장르별로 분화·전개되었다. 문헌설화로 묶여 있던 그 방대·찬연한 작품들이 찬연·방대한 문학작품으로 평가되고, 각기 한문시가·국문시가, 한문수필, 한문소설과 한문희곡 내지 한문평론으로 분화·규정된 것은 한문문학사 사상에서 획기적인 일이라 하겠다.

4) 작품들의 한문학사상의 위치

이 작품들이 그만한 문학적 가치를 지니고, 시가와 수필, 소설과 희곡, 평론에 이르는 장르상에서 발전·유통·전개되었다면, 그 문학사 상의 위치는 중시될 수밖에 없다. 이미 김현룡에 의하여 《삼국유사》이래 조선 후기 야담집까지 이 작품들이 면면하게 제작·전승되었음이 밝혀졌고, 서대석에 의하여 그것이 조선 후기에 성행하였다는 것이 입증되었다. 기실 이 작품들이 당대의 보수적이고 규식적인 한문학의 틀을 벗어나 파격적인 서사문학으로 대중적 호응을 얻으면서 더불어 유통되었으니, 그 위상이 뚜렷하고 값지다는 것이다. 위 두 학자가 밝혀냈듯이, 이 작품들이 수많은 이본을 거느리고 있다는 것은 그만큼 인기리에, 성황리에 유통되어 그만큼 문학사적 기능을 발휘했다는 증거라 하겠다. 이러한 점에서 이 작품들이 정규적 한문학보다 더욱 큰 문학적 영향을 끼쳤다고 보아야 할 것이다. 나아가 이 작품들은 그 장르별로 문학사적 계맥을 이끌어 왔다.

첫째, 시가사상의 위치에 대해서다. 여기에 등장하는 그 시대의 시인·묵객이 음영·연창하는 시나 즉흥시 등이 실연·유통되는 현장을 보임으로써 그 유통사적 기능을 실증하고 있다. 이러한 한시의 문학사적 위상은 정규 한시의 제한적이고 폐쇄적인 사장보다 훨씬 값지다고 본다. 게다가 가객이나 기녀와 관련하여 국문시가가 유통되었다면, 그것이 유통·보급상의 위치는 보다 뚜렷하다고 보아도 무방하다.

둘째로 수필사상의 위치에 대해서다. 여기 수필 작품들은 소재·내용을 대중적으로 확장하여 파격적이고 흥미로우며 감동적인 것으로 수용하고 서사적 문맥을 전설적으로 강화하여 대중적 호응을 얻어 왔다. 그리하여 다양한 하위 장르를 통하여 정규적 수필보다 큰 영향을 끼쳤던 것이다.

셋째, 소설사상의 위치에 대해서다. 역대 한문소설은 정통적 전형과 그 계맥이 뚜렷하지 못하였다. 그리하여 여기 이 소설 유형이 소설사의 흐름을 이끌어 왔다고 보아진다. 위 수필사와 함께 이 소설 유형은 소재 내용의 확장과 파격적인 구성, 새롭고도 사실적 표현 등으로 대중적 호응을 받게 되었다. 그리하여 이 작품들이 인기리에 유통·성행하여 문학사적 위상을 높이게 되었다. 이것이 소설사의 주류를 이루어 왔던 게 사실이다. 이 소설 유형은 하위 장르로 분화·전개되었으니, 전장의 발전적 소설 형태로 기전소설과 본격적인 한문소설, 전기소설 등이었다. 이 작품들이 대중적으로 유통되어 많은 이본을 내놓았으니, 그것이 이 소설의 유통사, 문학사상의 위상을 실증해 준다. 이러한 유통 과정에 인기가 높은 작품은 어떤 계기에 공연을 위한 극본·희곡으로 각색되기도 하였으니, 그만큼 문학적 영향력이 확장되었던 것이다.

넷째, 희곡사상의 위치에 대해서다. 실제로 정규적, 본격적 한문희곡은 그 계맥이 희미하다. 당시 문신·식자층이 연극을 부정적으로 보았기에, 좋은 한문희곡이 나오기 어려웠다. 이에 여기 이 희곡 유형이 희곡사를 이끌어 왔다고 보아진다. 여기 희곡계 작품들이 그대로 연행되기는 어려웠으므로 읽는 희곡으로 유통되었을 가능성이 크다. 가객이나 기생조에서 공연하는 장면 이야기는 희곡적으로 재구성되어 극본·희극의 역할을 다하고 희곡사 상에 큰 영향을 끼칠 수 있었다고 추정된다. 이렇게나마 이 작품들이 한문희곡사를 거의 전담하여 이끌어 왔다고 보아진다.

다섯째, 평론사상의 위치에 대해서다. 한문학계의 평론은 원래 본격적·전문적으로 정립되지 않았기에, 그 평론사의 흐름이 희미하고, 그림자처럼 음성화되었다. 그런 가운데도 시론시는 그 계맥이 얼마만큼 파악되었다. 지헌영의 향가론은 향가에 따른 이야기, 가화가 평론의 역할을 다한다고 주장하고 이를 체계화 하였다. 실로 탁견이 아닐 수 없다. 그리고 한시론이 조종업의 시화연구에서 체계화되었다. 그의 『고려시론 연구』, 『조선시대 시론 연구』 등이 시론사의 계맥을 찾아내고 있다. 실로 놀라운 일이라 하겠다. 그리고 수필, 평론이나 소설 평론, 희곡 평론 등은 인물평, 사건평 등에 걸쳐 그 작품 자체의 말미에 부기되는 게 상례이므로 주의 깊게 파악해야 된다. 그러나 어떤 형태로든지 그 비평사가 그 작품의 유통사와 함께 그림자처럼 흘려 온 것만은 분명한 터다.

5) 결어

지금까지 이른바 문헌설화의 문학적 실상과 장르성 향을 검토·논의하였다. 그 논의된 내용을 요약하면 다음과 같다.

① 이 문헌설화의 문학적 실상을 고찰하였다. 신라시대부터 년년하게 계승되어 온 그 방대한 작품들은 설화적 차원을 벗어나 찬연한 문학유산이었다. 그 시대의 저명한 인물과 특출한 인물들의 신기·탁이한 행적을 당대의 문인·학자들이 재구성·제작한 서사문학이었다. 그것은 주체·내용이 풍성·당당하고 재미있고 감명 깊은 데다 그 구성에서 역사·환경 등 배경이 분명하고 그 등장인물의 성격이 뚜렷하다. 그 사건·진행이 발단 - 예견의 설명 - 상승적 동작 - 절정 - 하강적 동작 - 대단원으로 완벽하다. 그리하여 서사적 수필이나 소설 내지 희곡 등의 구성으로 적합하였다. 나아가 그 문체·표현이 한국적 한문 산문으로서 배경·인물·사건 등의 설명·묘사 등에서 생동감이 있고 묘사에 능하며, 대화를 중심으로 역동적이고 입체적이어서 서사적 산문체로서 적합하였다. 그리하여 이 작품들이 모두 서사문학으로 완벽하였다.

② 이 작품들의 장르적 성향을 탐색하였다. 이 방대한 서사문학 작품들은 그 주제·내용이나 구성의 규모의 차이와 특성에서 여러 가지 장르 유형을 들어내고 있다. 그리하여 한국문학의 장르론에 입각하여

분류하여 보았다. 첫째 이들 작품 속에 삽입된 모든 한시와 국문시가를 뽑아내어 시가류를 정립할 수 있었다. 둘째 이들 산문 중에서 소설류나 희곡류 등을 제외한 소형·단형의 소품과 소위 잡문들이 수필류로 성립되었다. 나아가 이 수필류는 하위 장르로 전개될 수가 있었다. 셋째, 이 작품들의 인물담의 장형과 사건담의 대부분이 소설의 유형을 보였다. 나아가 그중에서도 극적인 구성과 등장인물들의 연기와 대화를 중심으로 역동적인 면모를 지닌 작품들이 희곡으로 정립될 수 있었다. 한편 이들 작품들에 대하여 비평·논의가 그 그림자처럼 내재되어 있었다. 이른바 그 평론이었다. 그중에 한시를 이야기한 것이 시화요 한시에 대한 논의·담론을 시론으로 정립하였고, 수필이나 소설·희곡의 논의는 그 자체의 논평을 통하여 그 평론으로 유추할 수가 있었다.

③ 그 작품들의 문학사 상의 위치를 확립하였다. 이 작품들은 이미 《삼국유사》 이래 조선 말기의 야담집에 이르기까지 면면하고 풍성한 전통과 문학사적 계맥을 유지하고 있었다. 이 작품들은 이른바 본격적이고 규식적인 한문학 권외에서 상대적인 발전을 유지하면서 실제적으로 한문학의 발전·융성, 그 역사적 전개를 주도하였다. 그 시대마다 대중적 호응과 인기를 유지하면서 많은 이화를 남기고 한문학사에 지대한 영향을 끼쳐 왔던 것이다. 실제 이 작품들은 그 장르 성향에 따라 국·한문 시가사와 한문수필사 그리고 한문소설사와 한문희곡사 내지 한문평론사를 주도하여 왔다고 추정하였다.

이와 같이 이 작품들은 '문헌설화'나 '야담' 등의 틀을 벗어나 본질적인 한문학으로서 장르별로 그 문학사를 주도하였다는 사실이 밝혀졌다. 그만큼 값지고 소중한 이 작품들은 이제부터 작품별로 문집별로, 문학적으로 연구되어야 할 것이다.

11. 서포문학의 새로운 탐구

1) 서언

　서포의 문학은 그만한 가치와 위상으로 국내외 학자에 의하여 그만큼 중시·연구되어 왔다. 그러하여 그 업적들은 무성한 숲을 이루고 하나의 연구사를 형성하기에 이르렀다. 특히 그의 소설 〈구운몽〉과 〈사씨남정기〉는 집중적으로 조명되어 재고의 여지가 없으리만치 많은 논저들이 쌓이게 되었다. 그러하여 서포문학의 연구는 전체적으로 균형을 잃게 마련이었다. 말하자면 그의 소설에 편중하다 보니 그의 시가·수필·희곡·평론 등에 대하여 소홀하였던 게 사실이다. 따라서 그의 문학세계는 올바르고 성상석으로 연구되지 못한 결과를 내었던 것이다. 그 소설에 대한 검토가 지나치게 편중되어 그 작품의 실상과 진면목을 가리고 그대로 경직되어 있는 반면에, 다른 장르 작품에 대한 논의는 소홀하여 거의 황무지와 같기 때문이다. 그러나 그동안의 연구업적 자체가 잘못되었다는 것은 아니다. 그것은 긍정적이든 부정적이든 이 서포의 문학을 연구하는 데에 소중한 참고가 되기 마련이다. 다만 그의 소설에 대한 연구가 그만큼 축적되어 있으니 재고의 여지도 없이 그 업적을 그대로 따르고 믿는 경향이나 다른 장르의 작품에 대한 연구가 그처럼 빈약하니 연구의 가치가 가볍다고 속단하여 묵살해 버리는 경향이 있기에 큰 문제라는 것이다.

　여기서 우리는 서포 문학세계의 진정한 가치와 그 문학사적 위상을 올바로 파악하기 위하여, 그동안의 성실한 연구업적을 바탕으로 그 고식적 편향성과 상식적 답보상태를 과감히 탈피하여 새로운 탐구의 장정을 시작해야 될 것이다. 우선 그의 작가적 행적과 그 업적에 관한 일체의 자료를 보다 광범위하게 수집·정리하고 그 바탕 위에서, 작가론·원전론·작품론·유통론·문화사론 등 여러 분야를 새로운 방법론으로써 재검토해야 되겠다. 이제 위 분야별로 간략한 논의를 통하여 새로운 탐구의 방향과 전망을 어림해 보겠다.

2) 새로운 탐구

첫째로, 작가론의 문제이다. 적어도 작가론은 작자의 연대기적 전기에 중점을 두기보다는 그의 작품과 직결시켜 그 창작 행위에 역점을 두어야 한다. 그 자료로는 모든 공사기록에 실린 서포에 관한 일체의 기사를 망라·검토하는 것이 당연하다. 그런데 그간에는 그의《서포집》이나《서포만필》등을 주로 활용하는 정도에 머물고 있었다. 이제 그 소중한《서포연보》(김병국 등)가 역간되고,《조선왕조실록》이 CD-ROM 화된 마당에, 여기에 실린 기사를 널리 정확하게 활용해야 될 것이다. 이런 자료를 분석·검토하여 그의 생애와 인간, 그의 폭넓은 학문 체계와 융합된 종교·사상, 파란만장한 관직생활과 기탄없는 직언 상소에 따른 진퇴 및 귀양살이 등이 그의 문학과 결부된 내면을 밝혀내야 된다. 나아가 그가 작품을 지을 수 있는 환경과 계기 및 동기를 올바로 파악하는 것이 중요하다. 관직에 있으면서 정쟁 속에 휩쓸려 복잡다단하게 살던 기간에는 실로 문학적 체험으로 머물고 공적인 문장, 당장 필요한 작품 말고는 본격적인 문학작품을 창작하기가 힘들었을 것이다. 그래서 그는 비장한 각오로 모든 세연·잡사를 떨쳐 버리고 벽지·하향에 귀양살이를 할 때에 역설적으로 본격적인 수작을 지어 왔다는 점이 드러난다. 선천 유배지에서〈구운몽〉을 지었다는 설이 유력하지만, 그 현지를 탐방하지 못하여 확신을 갖지 못하고 있다. 그러나 남해 유적지를 답사해 보면, 거기서〈사씨남정기〉를 짓지 않을 수 없는 필연성을 실감하게 된다.

그리고 그가 유복자로 부친의 묘소를 찾아간 것이 여러 번 계속되어 그의 행장(김진규 찬)이나 숙종실록(19년 2월 신축)에도 나타나니, 거기서 효성과 문심이 어울려 작품 제작의 충동을 많이 느꼈으리라 짐작된다. 서포가 지녔던 심오·심각한 사상·감정의 응어리를 극한의 시공에서 그 천재적 문장력으로 표출해 낸 것이 그의 소설이요 시문이라고 보인다. 이러한 체험적 환경 속에서 그 작품의 제작 동기와 계기를 찾는 게 바람직하다.

   둘째로, 원전론의 문제다. 이것은 그 문학작품의 원전을 가지고 논의하는 대목이다. 그의 문집·만필과 소설·어록과 그 편저 등이 원본이나 이본을 통하여 원전으로 행세한다. 그 문집과 만필은 많은 이본을 가지고 있기에 그 원본이나 원본계의 선본 등이 혼효되어 있고 너무나 그 소설 두 작품은 고금을 통하여 널리 유통되었기에, 그 이본이 상당수에 이른다. 그러기에 이 많은 이본들을 통하여 원본이나 선본을 복원·재구할 뿐만 아니라 당시나 후대에 이 작품이 그만큼 성행하였다는 유통의 양상까지 고찰할 수가 있다. 그동안 이와 같은 원전론이 진행되어 온 것은 사실이지만, 그 원전의 성격에 따라 그 선택의 폭이 매우 좁았다는 점이다. 원래 그의 소설 두 편은 선택의 여지도 없이 연구의 대상이 되었지만, 그 문집이나 만필에서는 연구 경향에 따라 필요한 작품·기사만이 선정·고찰되었다는 것이다. 그리고 《조선왕조실록》에 실린 그의 어록은 아예 원전으로 취급되지도 않았던 터다. 여기서 그 문집과 만필은 모두가 문학작품의 집성이라는 점이 상기된다. 원래 문집이라는 것이 그 문학 전집이고 그 만필 역시 독립된 단편들의 합성이라는 데에 유념해야 한다. 그리고 이른바 그의 어록도 문장·문학과 직결되어 매우 소중하고 생동하는 원전이 되는 터라 하겠다. 따라서 그의 작품·저작들은 모두 문학작품으로서 한국문학 장르체계에 들어맞는다는 점이 부각되어야 한다.

셋째로, 작품론의 문제다. 그의 작품은 소설을 중심으로 여러 측면에서 개별적인 논의가 진행되어 왔다. 그리고 그의 한시도 주제별로 효행이나 유배시 등으로 거론되었고, 산문에서는《윤씨행장》말고는 그다지 깊이 있는 논의가 없었던 터다. 그러기에 그 전체 작품들이 각자 균형 있게 고구되어야 할 뿐만 아니라, 나아가 그것들이 장르별로 고찰되어야 한다. 그의 작품들은 한국문학 상하의 장르를 거의 다 충족시키는 장르체계를 유지하고 있기 때문이다.

우선 그의 시가 중에서 한시에서는 5·7언 절구·율시·고시체 등에 걸쳐 실로 수작을 내었지만, 전문적인 논의가 없었다. 그의 민족문학론이나 가사찬양론 등으로 미루어 국문가요를 지었을 것이지만, 현재로는 작품이 없는 실정이다. 다음 수필에서는 교령의 응제를 비롯하여 임금께 올리는 주의와 논설·서발·전장·비지·애제·서간·일기·기행·담화·잡기 등 모든 장르에 걸쳐 많은 수작을 지어냈지만, 장르별로 본격적인 고찰이 없었던 것이다.

나아가 소설에서는 두 작품이 국내외로 서명하여 많은 학자들이 실로 다양한 방법론을 동원하여 연구에 박차를 가하여 왔으니, 보다 새롭고 합리적인 연구방법을 개발·적용하는 과제만이 남았을 뿐이다. 한편 그 희곡에서는 유표한 작품이 현전하지는 않는다. 그러나 그의 관극사나 중국희곡에 대한 이해 수준으로 보아 희곡을 모색·제작하였을 가능성을 배제할 수가 없다. 더구나 그의 소설은 두 편 모두 장회체로서 희곡적 구조·구성과 표현·문체를 갖추고 있어, 그 연행을 전제한다면 희곡으로 전환·연출될 만하였고, 근대·현대에 이르러서는 〈구운몽〉을 중심으로 극화·연행된 사례가 있었던 것이다. 그런데도 이점에 관해서는 이렇다 할 학계의 반응이 없었던 게 사실이다.

끝으로 평론에서는 한시론과 가요론이 민족문학론과 함께 정립되었다. 그리고 수필론도 그의 문장관과 직결되어 그 단초를 보인다. 또한 소설론은 그의 소설작품과 결부되어 긍정적으로 전개되어 있고, 이외 희곡론은 그의 관극사와 관련하여 그 기반을 마련하고 있는 실정이다. 그래서 학계에서도 그의 시가론이나 소설론에 대해서는 관심을 가져온 것이 사실이지만, 그의 평론 전체에 대한 체계적인 검토는 앞으로의 과제로 남아 있는 형편이다.

넷째로, 유통론의 문제다. 그의 작품은 문집이나 만필의 저서 형태 또는 두 소설의 단행본 형태로 오래 널리 유통되어 왔다. 그것은 문헌적 유통에서 그 많은 이본을 형성시켜 온 사례가 실증하고 있다. 이러한 유통은 그 작품의 문예적 우수성이나 대중적 삼화력과 깊은 상관성을 가지는 게 분명하다. 따라서 그 유통의 성향은 바로 이 작품의 고전적 성가를 증언하는 바라 하겠다. 이와 같은 문헌적 유통이 당시나 후대의 구비적 유통과 비례하는 것은 당연한 귀결이다. 그래서 이 작품들의 구비적 유통은 역시 성황을 보였다고 하겠다.

구비적 유통은 기본적으로 강독이나 강담·강창을 중심으로 이루어지는 게 사실이다. 이처럼 다양한 유통은 각계각층의 수용태세와 수요에 의하여 보다 발달된 연행형태로 전개될 수가 있었다. 그의 작품의 장르 성향에 따라 그 연행방식이 각기 특성을 갖추게 되었기 때문이다. 실제로 그의 시가는 음악을 수용하여 가창됨으로써 가창극의 일면을 보여주었고, 나아가 서사문맥의 강설과 결합하여 강창되면서 강창극의 면모를 드러낼 수도 있었다. 더구나 이 시가는 가창되면서 그 내용·분위기에 맞추어 무용과 결합하여 가무됨으로써, 가무극의 일면을 나타내기도 하였다. 그리고 그의 수필은 전술한 대로 강독·강담의 한계를 벗어날 수가 없었다. 그 장르의 성격·기능에 근거하여 음악적으로 읽히고 이야기가 될 수밖에 없었기 때문이다.

한편 그의 소설은 인기리에 상하 민중의 강독·강담·강창을 통하여 보다 발전된 연행으로 전개되었다. 이 두 작품은 전술한 대로 희곡적 성향을 강하게 갖춤으로써, 극화·연행될 운명을 스스로 개척하게 되었을 터다. 이 작품들은 그 극적인 서사문맥 속에 정화된 시가를 삽입함으로써, 이미 강창문학의 요건을 구비하고 강창극으로 연행될 수밖에 없었다. 여기에 여러 가지 음악·무용의 요소가 활성화됨으로써, 이 두 작품은 입체적인 대화극으로 전문화될 수가 있었던 것이다. 이러한 소설의 극화·연행을 보조·강화하고 있는 것이 그 극적 장면의 그림들이다. 지금은 민화로서만 남은 실정이지만, 원래 이러한 장면의 그림은 연극의 무대장치·배경화로 묘사·활용되었던 것이다. 그리하여 그 소설의 극화·연행은 마침내 극본·희곡으로 장착되어 읽는 희곡으로 성립되고, 그것이 소설적 희곡으로 전개되다가 연행의 기반을 잃고 희곡적 소설로 낙착된 것이 아닌가 한다.

이와 같이 서포의 문학작품들은 장르별로 유통·연행되면서 상호 교섭·변화되고 일대 종합예술의 장대한 진모를 보여 주었다. 이러한 문학작품은 유통·연행을 통하여 당시와 후대의 예술형태 즉 음악·미술·무용·연극 등과 직결되어 있었다. 여기서 서포문학과 예술의 관계를 모색·검토할 수가 있겠다. 또한 그의 문학 작품들은 당시나 후대의 언어·문헌, 종교·사상, 신앙·민속 등과 상호 교섭 내지 영향관계를 깊이 맺어 왔던 게 사실이다. 그러므로 서포문학과 문화의 관계를 탐색·고찰할 방향이 잡히는 터다. 여기에는 현재까지 적용된 다양한 방법론을 총화·초극하는 새로운 탐구로서 그 최선의 연구방법이 우선적으로 요구되는 터다.

3) 결어

서포문학은 한국문학사상의 위상이 뚜렷하다. 그 시가의 시가사적 위치가 분명하거니와 그 수필의 수필사상의 위치도 확실하다. 나아가 그 소설의 소설사적 위상은 실로 획기적이라 하겠다. 국문소설이 15세기에 형성되어 16세기에 발전하고 17세기에 난숙되는 과정에서, 이 두 소설은 가장 전형적인 작품으로 그 난숙기를 대표하고 있기 때문이다. 더구나 그의 시가·소설 등의 유통·연행을 통하여 재구된 희곡은 실로 희곡사의 공백기를 보전하는 의미가 적지 않다. 끝으로 그 평론의 평론사적 위상은 그 시론사나 소설론사·희곡론사에서 보충·교량역을 족히 해냈던 것이다.

이런 점에서 이『서포문학의 새로운 탐구』는 시사하는 바가 크다. 여기에 실린 사계 권위자·전공학자들의 옥고는 적어도 상술한바 작가론·원전론·작품론·유통론·문화사론 등에서 각기 새로운 관점으로 새로운 탐구를 해 냈기 때문이다. 그리하여 우선 집필하신 여러 학자들께 사계의 발전에 기여한 공적으로 깊이 감사한다.

제2부

한국문학의 인문학적 탐구

I
서사문학과 인문학

1. 고전소설 연구의 방향과 문화학적 방법론

1) 서론

 이제 고전소설은 한국고전문학의 대표적 장르라고 한정시키기에는 너무도 크고 값지다. 그것은 소설문학이라는 양식 속에 민족문학·민족예술·민족문화 등을 다 포괄·융합하고 있기 때문이다. 그러기에 이 고전소설은 국보급 민족문화재로 지정되어야 한다는 말이 나오고 있다. 하기야 21세기 문화시대에 돈황문서 1조각이 국제학계의 과다한 평가를 받고 한국의 판소리나 왕실제례음악, 아리랑 등이 세계문화유산으로 등재되는 현실에서, 이 고전소설이 그만한 평가를 받아야 마땅하다고 본다. 이러한 고전소설이 국문학 소설분야 연구의 전유물처럼 되어 온 것은 학계로서는 참으로 다행한 일이지만, 고전소설 원전 그 자체로서는 매우 국한·억제된 평가 아래서 불운한 역사를 이끌어 왔던 터다.

 고전소설에 대한 올바른 이해와 총체적 평가도 없이, 그 연구에 착수한 것이 김태준 등 제1세대였다.[1] 그 후로 광복을 맞이하고 제2세대

---

1 김태준, 〈조선소설사〉, 《동아일보》, 동아일보사, 1930.10.31~12.30.

에 의하여 고전소설 연구가 본격화되면서 그 대세는 제3세대와 제4세대로 이어지며, 바야흐로 제5세대의 연구 활동이 성세를 보이기 시작하니, 적어도 80여 년의 연구역정이었다. 그들은 "고소설학회"를 중심으로 다양한 방향에서 첨단적 방법론을 통하여 온갖 논문·저서 등 업적을 쏟아내니, 그동안의 연구사가 마치 장강처럼 흐르고 있는 현실이다. 이럴 때 일수록 학계, 모든 학자들은 다양하게 세분된 연구 활동의 막장에서 자만하거나 안이해질 수 있다. 만에 하나 우리가 이 분야에서 무엇을 어떻게 더 연구할 수 있는가, 또한 더 연구할 필요가 있는가 하는 풍조가 일고 있다면, 이것이야말로 사계의 계속적인 진전에 대한 적신호가 아닐 수 없다.

이런 시점에서 '고전소설 연구의 방향과 방법론'에 대한 거론은 자성적인 의미와 긴요성을 지닐 수밖에 없다. 언제·어디서든지 그 분야의 계속적인 발전은 항상 그 방향을 새롭게 설정하고 그 방법론을 올바로 예각화하여 도전하는 데에서만 가능하기 때문이다. 그렇다고 기상천외한 외래적 방향과 방법론을 기계적으로 적용한다면, 그 연구 성과는 혼란과 손실만을 가져올 뿐이다. 실제로 이 연구는 그 대상 원전을 중심적 기반으로 하여 그에 가장 적합한 방향을 설정하고 제일 효율적인 방법론을 귀납·정립하여 과학적으로 접근해야만, 기대 이상의 성과를 올릴 수가 있는 것이다.

기실 이 연구의 방향과 방법론에는 연역적인 왕도가 없다. 다만 그 원전에 입각하여 귀납적으로 정립될 수 있을 뿐이다. 그러기에 여기서는 아주 새로운 연구방향과 연구방법을 모색·주장하려는 것이 결코 아니다. 그동안 고전소설 연구 상에서 시도하고 경험했던 방향과 방법을 반성·재고하면서, 그 적합한 방향을 설정하고, 효율적 방법론을 조정·강화하여 초심·원점으로 돌아가자고 재강조할 따름이다. 이에 본고에서는 그 방향 설정의 관점에서 첫째 고전소설의 개념과 범위를 확충하고, 둘째 고전소설 원전의 개방적 실상을 입체적으로 조명하며, 셋째 그 귀납적인 연구방법론을 분야별로 적용시켜 볼 것이다. 그리하여 이 고전소설의 문학·예술·문화적 진가와 위상을 재인식하고, 이 연구상의 필수적인 방향 설정과 방법론의 정비에 긍정적인 계기가 되기를 바랄 따름이다.

2) 고전소설의 개념과 범위

(1) 고전소설의 개념

지금 그동안에 논의·정립된 고전소설의 개념을 비판·부정하고 새롭게 규정하려는 것이 아니다. 고금을 통하여 그 시대에 상응하는 작자층과 수용층이 자연스럽게 설정한 고전소설의 개념이 무난하게 통용되어 왔다는 사실을 전제하고, 근·현대의 학자들이 이 고전소설에 대하여 서구식 소설의 전문적 개념을 인위적으로 적용시켜 그 개념을 정수화하고 고급화하여 놓은 그 틀에서 한번 벗어나 보자는 것이다. 이른바 그 권위 있는 개념 규정이 그대로 묵수·준용되는 한 '그 작품다운 작품' 일부만 행세하고 나머지 대부분의 고전소설 작품들은 그 권외에 놓일 수밖에 없기 때문이다.

기실 그 명칭이야 어쨌든, 전문적 논의와 관계없이, 그 당대의 작자층과 수용층이 고전소설이라고 합의하여 공인·통용하였다면, 그것은 모두 고전소설이라고 간주해야 옳다. 그런데도 위와 같은 학설을 이 고전소설에 엄격히 적용하면 그 작품다운 작품의 위치를 중심으로 그 이전의 작품이나 그 주변의 작품들은 모두 부정·제외되어, 위로 고전소설의 유구한 역사가 상당부분 잘려 나가고 옆으로 그 다양한 작품들의 유형이 제대로 성립될 수가 없는 터다.

이런 점에서 장강의 지류도 장강인 것같이, 고산의 저봉도 고산인 것처럼, 이 고전소설도 그 시대와 주변을 망라·집성하고, 그 전체 작품 위에서 그 개념이 귀납적으로 규정되어야 타당하다. 원래 모든 학문분야의 개념은 그 대상 원전으로 돌아가 그 바탕 위에서 검토·고증하고 실험·증명한 뒤에, 그 연구 상의 적합한 방향과 효율적인 방법론에 의하여 규정되는 것이 원칙이요 관례라 하겠다. 그러기에 이 고전소설의 개념도 그 방대·풍성한 원전 자료를 총집·망라하고, 그 바탕 위에서 광범하고 적절한 방향과 개방적이고 효율적인 방법론으로써 정립·규정되어야 마땅할 것이다.

첫째, 고전소설은 고전문학의 한 장르에 속한다. 그러니까 그 봉안의 개념 규정에서 다시 그 원전의 현장으로 돌아가 작품 자체를 통하여 광범하고 합리적으로 확충·귀납시킨다면, 그 개념 규정은 별다른 문제가 되지 않을 터다. 그래서 그 원전으로 돌아가 그 작품들을 실제로 살피면, 그 전체가 너무도 방대하고 풍성한 것이 사실이다. 그 작품들의 질량이 그런데다 그 안에 포용된 주제·내용이 너무도 방대·광범하고, 실로 종합·다양하여 하나의 문학 장르로 규정하기에는 참으로 벅찬 실정이다. 그러기에 혹자는 고전소설이 국문학의 대표적 장르로 종합적인 면모를 갖추었다고 대변하고 있는 것도 사실이다. 그런데 이러한 여유 있는 대변으로도 이 고전소설을 다 포용할 수가 없는 형편이다. 그렇지만 이 고전소설은 소설장르로서 소설작품임에는 틀림이 없다.

둘째, 고전소설은 그 종합적 구조내용과 포괄적 표현·형태로 본다면 종합문학이라고 하겠다. 그러니까 고전소설이 소설의 한 장르라는 것을 시인하고 나아가 그 종합문학성을 직접 확인해 보면, 그 장르 성향이 확대될 수밖에 없다. 이 고전소설은 기본적인 서사구조와 구성 속에 단편적인 소설형태와 더불어 다양한 시가를 삽입하고 또한 독립적인 서간이나 일기·상소문·논설 등을 수용하며, 그 대화체의 발달로 삽화 중심의 희곡적 성향까지 갖추고 있다. 그리하여 이 고전소설은 실제적 유통과정에서 장르별로 전개되어 왔던 것이다. 따라서 이 고전소설은 종합문학 형태로서 문학적 개념으로 확대·파악할 수가 있겠다.

셋째, 고전소설은 그 자체 안에 미술·음악·무용·연기 등 예술적 요소를 내함하고 있어 그 예술적 성향이 주목되는 터다. 게다가 이 고전소설은 유통과정에서 강독·강설·강창 등을 통하여 공연예술의 대본적 성격을 겸유하고 있는 터다. 실제로 이 고전소설의 입체적 예술성은 그 개념을 확대·정립시키는 데에 아무런 손색이 없다. 따라서 이 고전소설은 유통·연행상의 대본형태로서 예술적 개념으로 확대·간주할 수가 있는 터다.

넷째, 고전소설은 그 방대한 구조형태 속에 언어와 문자, 문헌·서체, 종교·사상, 윤리·의례, 사회·민속 등 여러 문화를 포괄·융합하고 있다. 이런 점에서 고전소설은 종합문화의 보고라고 보아진다. 어디까지나 소설·문학의 양식 안에 다양한 문화를 결합시킨 입체적 문화형태로서 이 고전소설은 문화적 개념으로 확대·취급할 수가 있겠다. 하기야 이 고전소설이 문학 중의 한 장르로서 예술의 한 부분이요, 나아가 문화의 한 분야라고 단계적으로 승격·규정될 수 있는 것은 사실이다. 그런데 고전소설이 워낙 방대하고 종합적인 실체를 가지고 군림하고 있기에, 그 연구 상의 개념 규정을 소설·문학으로부터 예술을 거쳐 문화의 개념으로 확대·규정하는 것이 그 원전에 충실한 올바른 방향이라고 본다. 바야흐로 문화세기에 들어서서 문학을 문화의 중심 개념으로 파악·공인하여 연구하고 있는 추세에도 상응하는 결과가 될 것이다.

(2) 고전소설의 범위

위와 같이 이 고전소설의 개념이 확대·규정되고 나니, 그 원전의 범위가 확대·조정될 수밖에 없다. 기실 이른바 신소설시대 이전의 역대 서사문학·소설형태가 모두 고전소설의 범위 안으로 들어서게 되었기 때문이다. 이제 그동안 소설다운 소설, 전형적인 작품만을 중시하고 주로 그런 작품들만 연구하던 불합리한 틀을 과감히 떨쳐 버리고 개방의 문을 활짝 열며, 그간에 소설 이전이라거나 미비된 작품이라고 배제되던 모든 작품들을 다 모아서 태산처럼, 장강같이 집대성해야 된다. 그 원전자료의 결집범위가 바로 고전소설의 범위이기 때문이다. 이미 잘 알려진 그 전형적 작품들을 중심축에 세우고 종적으로는 삼국시대로부터 신라통일기·고려시대·조선왕조·개화기까지의 모든 서사문학·소설형태를 다 포괄하고, 횡적으로는 그 수준의 차이에 따라 유형별로 포함시킴으로써, 마침내 작품들의 태산, 자료들의 장강을 이룰 수가 있는 터다. 이처럼 시간과 공간을 통틀어 서사적 소품류와 서사성 설화, 서사적 실화, 역사적 사건담, 서사적 전기, 경전 상의 법담·일화 등을 합집해야만[2] 작품 자료의 보고·전당을 이룩할 수가 있기 때문이다. 이와 같이 고전소설의 범위를 확대하고 그 영역을 확충함으로써, 그 모든 작품 자료의 전체적 면모와 총체적 역량을 보이고, 그 바탕 위에 올바른 방향과 합리적인 방법론을 설정·수립해야만 비로소 본격적인 연구가 새롭게 출발하리라 보아진다.

2　譚令仰, 『古代經典微型小說-神話·志鬼篇』, 中國人民大學出版社, 1995, pp.1-2.

3) 고전소설 원전의 개방적 실상

(1) 원전에의 회귀

여기서 고전소설의 원전이란 전통적인 필사본을 중심으로 최소한 목판본까지를 말한다. 물론 전제조건과 연구 방향·목적이 명시된다면 신활자 딱지본까지는 이 원전의 범위 안에 들 수가 있다. 잘 알려진 대로, 여기 원전 중의 원전은 아무래도 필사본 고전소설이라고 보아야 하겠다. 이 필사본은 고전소설이 형성·전개되는 과정에서 가장 먼저 제작된 원형적 원전이라고 공인되어 왔기 때문이다. 따라서 이 필사본은 고전소설의 형성적 원형을 추구하고 문학적 전형을 탐구하는 데에 최고·최상의 필수적인 원전일 수밖에 없다. 그러기에 이런 원전에 바탕을 두고 그 연구의 방향과 방법론을 정립할 수가 있다는 것이다.

이런 관점에서 상당부분은 그런 원전에서 너무 멀어져 왔다. 대체로 편의에 따라 근대적 활판본이나 현대적 교주본을 사용하고 때로는 이미 발표된 그 원전들의 해제나 이야기 줄거리를 간접적으로 이용하는 경우가 적지 않았기 때문이다.[3] 그렇다면 이제 그 원전으로 돌아가야 한다. 그 원전에는 고전소설의 모든 것이 황금처럼 자리하고 있다. 누언한 대로 그 연구의 방향과 방법론까지도 비장되어 있는 터다. 바야흐로 이런 원전, 그 필사본의 발굴·정리작업이 전체적으로 진행되어 상당한 성과를 내고 있으니 말이다.

일찍이 앞선 학자들이 이 필사본 원전의 중요성과 가치를 재인식하고 이를 거국적으로 발굴하여 총체적으로 정리·결집하는 작업을 진행하였다. 당시 정신문화연구원에서 조동일 교수가 전국의 유수한 도서

---

3 조희웅, 『고전소설 줄거리 집성(2권)』, 집문당, 2002는 시사하는 바가 크다.

관이나 개인이 소장한 필사본을 모두 모아 마이크로필름화하고 그『한국고소설목록』을 간행하여[4] 연구자들에게 지대한 편의를 제공하였다. 이어 조희웅 교수가 그동안에 알려진 이 필사본의 이본을 집대성하고 『고전소설이본목록』을 편간하여[5] 그 연구의 유용한 길잡이가 되었다. 최근에는 택민국학연구원에서 김광순 교수가『필사본 한국고소설의 현황과 가치』를 주제로 전국학술회의를 열어 그 필사본 원전의 전국적 분포와 현황을 총괄 파악하고, 그 연구의 방향과 방법론까지 모색하면서 그 원전의 가치를 국보급 민족문화재요 세계문화유산이라고까지 평가했던 것이다.[6] 지금 그 원전의 광범·방대한 질량을 재점검해 보면, 그러한 평가는 결코 과장된 것이 아니다. 여기서 당장 이러한 원전으로 돌아가자는 당위성과 시급성이 제기되는 터다.

(2) 원전의 전거

이 원전은 그 전거가 확실하다. 이 작품들의 작자·연대는 거의 다 미상이지만, 그 필사·유전에 관한 한 거의 모두 그 전거가 확실하다. 이 원전의 필사자는 실명은 아니라도 남녀와 계층·지식 고하간에 다 밝혀질 수가 있다. 물론 그 필사자들의 행적·경력을 자세히 알 수는 없지만, 그 필사자라는 것만으로도 매우 중요한 역할을 하고 있는 터다. 기실 작자미상인 이 원전들에서 그 필사자는 제2의 작자로 역할하기

---

[4] 조동일,『한국고소설목록』, 한국정신문화연구원, 1983.
[5] 김동욱,『나손본필사본 고소설자료총서』, 보경문화사, 1991; 박순효,『한글필사본 고소설자료총서』, 월촌문헌연구소, 1986; 김광순,『필사본한국고소설전집』, 경인문화사, 1993.
[6] 김광순,『필사본 한국고소설의 현황과 자료적 가치(논문집, 필사본 총목록)』, 택민국학연구원, 2013.

때문이다. 실제로 그 필사자들은 그 필사의 방법과 능력에 따라 정도의 차이는 있지만, 그 작품의 개변·부연이나 재창작의 역할을 다해 왔던 것이다. 적어도 문필력에 자신이 있는 필사자라면 결코 그 모본을 한 자 한 자 복사하듯이 옮겨 베끼지는 않았다. 그들은 의식적이든 무의식적이든 그 필사에 반드시 다소간의 개변을 가져왔고, 나아가 고전소설에 능숙한 필사자라면, 자신의 의도와 취향대로 부연하면서 정도껏 창작의 방향으로까지 나아갔던 것이다. 그들의 필사에는 자유천지와 무법천하가 보장되었고, 자신의 기호와 창작의욕을 마음껏 누릴 수 있는 재량과 특권이 있었다. 그래서 그 임자 없는 모본에 대한 자신 또는 독자층의 인기 등을 고려하여 개변·부연·축약, 개작·창작, 심지어 장르 전환까지도 자유자재로 해낼 수가 있었다. 게다가 이 필사본의 수요가 증가함에 따라 세책본 같은 전문적 필사자들은 상업성에 맞추어서 독자·수용층의 인기에 영합하여 그 모본을 마음대로 바꾸고 고쳐서 마치 독자적 다른 작품처럼 새로운 이본을 생산하였던 것이다. 따라서 그런 이본에 대한 책임과 영광을 함께 누리는 작자의 대행을 자처해 왔던 터다. 이런 점에서 작자미상인 모본의 모든 필사자들은 그 작품의 작자를 대행하는 사실이 당연시되었던 터다.

또한 이 원전의 작품에는 강독자와 강담사·강창사가 있어, 그 연행과정에서 그 모본의 모든 것을 필사자 이상으로 청중의 인기·환영에 영합하여 재주·재량껏 새로운 이화를 자유로이 생산해 내고, 그 작자를 대신하여 소유권·연행권을 함께 누렸던 것이다. 그러다가 그 구비적 연행물이 문자로 정착되어 소설 내지 극본·희곡으로 정립되면, 그 작자의 대역까지 맡았던 터다. 그러니까 이 필사본의 거의 모든 작품들은 원작자를 잃었지만, 필사자 또는 구연자라는 작자 대행에 의하여 성장·발전을 보장받았다고 본다. 이런 점에서 이 원전의 성장·발전과정에서 그 작품의 인기·평판을 통하여 동참했던 수용층·민중의 작자적 협력을 주목할 필요가 있다. 따라서 이 원전들이 민중적으로 토착화되어 성장한 이른바 민중문학·성장문학으로서의 면모를 인정할 수밖에 없다. 이렇게 볼 때 그 필사자 내지 연행자 등의 계층과 유형을 추정할 수가 있는 터다.

그리고 이 원전의 작품은 거의 다 제작연대가 미상하지만, 그 필사연대는 거의 다 밝혀지고 있는 터다. 이 필사연대는 어쩌다 한·중 연호로 정확히 기록되었지만, 대부분 간지로 표기되어 어려운 점이 있는 것은 사실이다. 그러기에 그 필사본 장정·형태나 지질·묵색·어휘·어법 등을 고려하고 그 60년을 기준으로 신중히 살피면, 적어도 그 상대연대까지는 추정할 수가 있다. 여기서는 그 산지의 설대연대를 설불리 올려 잡지 말고 최근의 해당연대로 잠정하여, 이를 하한연대로 지정할 필요가 있다. 실제로 상당수의 필사본은 갑오경장을 기준으로 19세기 말부터 20세기 초에 걸쳐 그 하한선을 이루고 있는 실정이다. 비록 이 원전의 필사연대가 후대성을 보인다 하더라도, 그것은 매우 중요한 의미를 가지는 터라 하겠다. 우선 이 원전의 전통과 유통이 근대까지 이어졌다는 사실을 실증해 준 다음, 이 하한연대를 바탕으로 그 필사본의 모본을 계속 추적하면, 마침내 그 상한연대를 상당히 소급해 볼 수가 있다는 것이다.

실제적으로 이 원전의 상한연대는 예상 밖으로 상당히 올라가는 것이 분명하다. 역대 문헌이 대부분 필사에 의존했던 사실과 이른바 '패관소설'이 판본 이전에 필사될 수밖에 없었다는 사정을 고려한다면, 적어도 국문소설의 경우 불교계 국문소설의 필사연대는 15세기 말까지는 소급될 것이요, 한문소설의 경우 전기소설의 그것은 9세기 말기를 상회하리라 추정된다. 그렇다면 이 원전의 필사연대는 그 하한선

20세기 초로부터 그 상한선 9세기 말까지 소급되어, 국문소설의 경우 400여 년, 한문소설의 경우 1000여 년의 형성·전개사가 추정·복원될 수 있는 터다. 그래서 중시되는 것은 이 필사연대가 그 연대미상인 작품의 형성·전개사를 포괄적으로 대신하여 왔다는 점이다. 그러기에 이 필사연대의 대신과 그 필사자의 대역이 조응되어 그 원전의 전거와 위상을 보증하여 왔던 것이다.

그리고 그 수집·조사과정에 유념한다면, 이 원전의 원소장자와 전소장자, 그리고 현소장처까지 확인할 수가 있다. 이것은 그 작품의 유통과정에서 그 계층과 교류·전승, 그 소유권과 지역적 거점, 입수경위 등까지 추적하는 데에 중요한 단서가 되기 때문이다. 만약 이러한 사항이 묵살·망실되면, 그 필사본은 근거와 소종래가 없는 고아적 문서로 취급될 수밖에 없는 것이다.

한편 이 원전은 거의 다 지역적 근거를 가지고 있다. 이것은 그 작품의 주소로서 그 유통·수용의 거점을 확인하는 데에 근거가 된다. 이 근거는 작자의 주소로부터 역대 필사자·소유자 등의 거주지를 통하여 찾아볼 수 있는 터다. 하기야 그들의 구체적 주소가 중심이지만, '충청'이나 '김제'·'화미정사'·'고약국댁' 등으로 막연하게 표기되어 있어도, 그것은 유통·전승의 지역적 근거로 매우 중시되어야 한다. 만약 그 필사본에 기재된 바가 없으면 수집과정에 그 제공자를 통하여 조사·기록해 두어야 하고, 그렇지 못하면 그 본문에 쓰인 각 지역 방언까지 검토할 필요가 있다. 그리하여 이 원전의 전국적 거점에 따라 그 분포도까지 작성할 수가 있는 것이다.

그리하여 이런 분포도는 바로 그 작품의 유통지역과 토착화·민중화 등을 유추하는 중요한전거가 되는 것이다. 이와 같이 그 원전의 지역적 분포도를 바탕으로, 전술한 그 형성·전개의 시대상, 수용계층까지 결부시키면 거기서 그 시공적 유통망이 재구될 수가 있다. 이 유통망이야 말로 이 원전의 작품들이 그 생동하는 진가를 발휘하며 수용되어 온 진정한 유통사를 여실히 보여 주고 있는 터다.

(3) 유통·성장의 이본

이 원전은 그 작품들이 유통의 현장에서 자유롭게 성장하고 문자화된 이본으로 분화·존재하여 왔다. 여기서 이본이란 하나의 원본에서 변모되어 색다르게 성장한 개별적 원전을 말한다. 기실 이 원전은 이본으로서 더욱 소중하고 값진 것이다. 물론 그 작품의 원본이야 제일 중요하지만, 이 이본들이 성장·분화되면서 그 자취를 감추었기 때문이다. 따라서 현전하는 필사본은 거의 다 이본형태를 취하고 있는 것이 당연한 현상이다. 여기에 그 원본을 찾는 데에 투자하기보다는 그 이본을 중시·연구하는 데에 주력하자는 이유가 있었던 터다.

이러한 이본은 일부 단 1종 유일본도 있지만, 한 작품에 2종 이상을 갖추고 있는 게 보통이다. 원래 이른바 인기있는 작품에 많은 이본이 따르는 경향을 보이거니와, 〈춘향전〉이나 〈심청전〉, 〈유충렬전〉 등 저명한 작품들에는 수십 종이 매달려 하나의 이본군을 이루고 있는 실정이다. 이에 그 유일한 이본은 일단 그 원본일 가능성을 배제하지 말고 신중히 검토하되, 그 원본을 유일하게 계승한 것이라 판단하는 것이 무난할 것이다. 따라서 이러한 유일본은 그 원본에 준하는 새로운 가치를 갖추었다고 우선적으로 취급하는 것이 당연하다. 그러나 이 이본의 소재를 완벽하게 밝혀 내지 못한 이상, 그것이 '미발표 신자료'라고 속단, 과대평가하는 일은 삼가야만 되겠다. 언제·어디서 그 작품의 이본이 발견·출현할지 모르기 때문이다.

나아가 한 작품에서 돋아난 여러 종류의 이본을 유일본처럼 중시하고 그 연구에 주력해야 된다는 것이다. 전술한 대로 그 필사자군이 대리 작자로 그 원본이나 모본을 자유자재로 부연·개작하여 새로운 개별 작품으로 이본화하였기 때문이다. 기실 이 이본들은 그 원작·모본의 명칭·별칭을 내세우고 그 서사구조의 기본만을 계승하며, 나머지는 환골탈태하여 창작품으로까지 승화되고 있어, 그 모두는 독립된 신자료로 간주·인정하고 본격적으로 연구하는 것이 마땅한 일이다. 그런데도 그동안 학계에서는 이러한 다종의 이본들을 이른바 '이본고'를 통하여 그 작품의 원본적 이본이나 연구 상의 최선본을 가려내는 데에 활용하고, 그 개별이본 자체에 대한 독자적이고 심화된 연구를 게을리한 것이 아닌가 한다.

실제로 이런 다종이본을 연구하는 의미는 몇 가지로 나타난다. 우선 그 이본군을 일단 개별적으로 고구한 다음, 상호 비교해서 그 실상과 시대적 편차를 추적하여 그 이본군 상의 위상을 결정해 주는 일이다. 그리고 그 원본·모본을 전제하고 그 위에 돋아난 제1세대·제2세대·제3세대식의 이본들을 유기적으로 연결시켜 이른바 그 작품의 계통수를 발굴·체계화하는 일이다. 그리하여 그 개별이본 각각의 독자적 창작성을 확인해 주는 것은 물론, 그 계통수적 체계를 통관하여 그 작품의 발전사를 부각시키고, 그 광범한 가치와 강력한 유통·영향력을 입증하는 일이다.[7]

(4) 원전의 개방적 종합성

위에서 고전소설의 개념과 범위를 논의한 대로, 이 원전은 전체적으

---

7   사재동, 「사재동 소장 필사본 한국고전소설의 현황과 자료적 가치」, 『필사본 한국고소설의 현황과 자료적 가치(논문집, 필사본 총목록)』, pp.20-22.

로 그 질량이 방대·광범할 뿐만 아니라, 개별작품만으로도 장편대하소설에 이르러서는 그 광대한 구조·내용에 감탄치 않을 수 없고, 비록 단행본이라도 그 한 작품에 수많은 이본이 돋아나 거대한 계통수를 이루고 있는 점에 놀라지 않을 수 없다. 원래 고전소설은 그 주제·내용과 형상화 방식 등에서 개방적이고 종합적이었다. 따라서 그런 구조·구성 속에 주제·사상면의 모든 분야를 다 수용하고, 그 소재·내용면의 모든 문화현상을 다 망라·포용하였다. 그러기에 문학·예술·문화의 전체 영역이 조직적으로 배치되어 있는 터다. 그리고 그 형상화 방식에 있어서도 그 자체의 거대한 서사화 방식을 넉넉히 준비하고 각종 문학양식·예술양식, 문화양식을 그대로 살려 균형 있게 융합하였다. 그 표현·문체는 자유로운 산문체에 운문체를 삽입·교직시키고, 그 대화제를 상화하여 크게 서사·소설양식으로 미화·포장하고 있는 것이었다. 따라서 이 원전은 전체적으로 개방과 포용을 아울러 대형의 종합문학·종합예술·종합문화의 전형을 갖추고 있다.

따라서 이 원전은 문학의 보고요 예술의 보장이요 문화의 전당이라고 하여 무방할 것이다. 그러기에 이 원전에서 문학과 예술, 문화의 모든 것을 체계적으로 연역해 낼 수가 있고, 거기서 문학·예술·문화의 각 장르를 귀납해 낼 수도 있는 터다. 이에 이 원전은 소설·문학의 연구에서뿐만 아니라, 그 예술학적 연구나 문화학적 연구 등에서도 완벽한 자료로서 자리 잡았다고 보아진다. 따라서 이러한 원전은 국보급 민족문화재나 세계문화유산으로 지정해도 무방할 것이다.[8]

---

8 김광순, 「김광순 소장 필사본 한국고소설의 현황과 자료적 가치」, 『필사본 한국고소설의 현황과 자료적 가치(논문집, 필사본 총목록)』, p.101.

4) 고전소설의 연구방법론

이 연구방법에는 왕도가 없다. 항상 새로운 방법론을 모색한다고 대외적으로만 집착하는 것도 따지고 보면 문제가 적지 않다. 그래서 이 작품의 원전을 성실하게 연구·검토한 체험과 능력으로만 정립될 수 있는 그 효율적이고 합리적인 방법론을 재정립·재강조하자는 것이다. 그동안에 제기·활용된 수많은 방법론이 방법론사를 이룰 지경이거니와, 이를 비판적으로 수용하여 보편적인 방법론을 재확인하는 일이 절실히 요망되기 때문이다.

(1) 원전론적 연구

원전론은 원래 인문학의 고전적 방법론이었다. 이 방법이 국문학 고전에 적용된 이래, 고전소설의 연구에서도 제일의 방법론으로 각광을 받았다. 그것은 고전소설의 기초·기본적 연구에 필수적 역할을 해왔기 때문이다. 따라서 원전론은 오랜 세월이 흘러도 퇴화되지 않고 여전히 유효한 고전적 방법으로 작용할 수밖에 없었다. 그렇다면 새삼스럽게 재론할 필요가 어디에 있는가.

그동안 서구의 문학방법론이 수용되어 이 원전론을 마치 '예비적 연구'나 '비본질적 연구'로서 2·3류 학자들의 우직한 연구 분야라고 저조한 경향을 보여 왔던 터다. 그리하여 상당수의 정예학자들은 다른 학자들의 원전론적 연구 성과를 마음대로 활용하면서, 스스로 그러한 작업을 회피하는 이기적 성향까지 보였던 터다. 비록 그 원전론에 의한 연구 작업이 지난하고, 그 노력에 비하여 그 성과가 적다고는 하지만, 누군가는 해내야 하는 필수적인 기본·기초 작업으로 학계에 크게 기여하는 일이다. 따라서 이 원전의 서지적 연구와[9] 이본고[10] 그 계통수의 재구 등에[11] 새로이 주력해야 될 것이다. 이러한 원전 연구는 결코 위와 같은 예비적 연구나 비본질적 연구가 아니라, 그 자체로서 본격적이고 본질적 연구이기 때문이다.

(2) 문예론적 연구

고전소설이 문학작품이니, 그 문예론적 연구는 당연한 일이다. 그래서 학계는 일찍부터 이 고전소설의 문학적 탐구에 주력하여 왔다. 그리하여 그 성과는 산적하여 더 이상 개척해 나갈 여지가 없을 지경에 이르렀다. 그런데 왜 새삼스럽게 상식적인 그 방법론을 재론하자는 것인가. 바로 여기에 문제가 있기 때문이다. 그동안 고전소설은 서구식 문학론이나 현대적 소설론에 의거하여 그 문학성이 재단·분석되어 왔다. 따라서 그 진솔하고 원형적인 문학성을 올바로 발견하거나 제내도 선져 낼 수가 없었던 것이다. 그리하여 고전소설은 문학성이 부족하다거나 천편일률적이라는 평판과 함께 문학 이상이라거나 문학 이하라고 속단하는 경우가 많았다. 그래서 권선징악을 주제로 하는 윤리적·대중적 서사물로 취급되어 애초부터 문학성을 기대할 수 없이 뻔하다는 식이었다. 간혹 고전소설의 주제론이나 구조론·구성론·문체론 운운하며 그 문학성을 탐색하는 진지한 논의가 나오면, 마치 과장되거나 조작된 것처럼 여기고 자가발전적 견해라는 조소까지 받아 왔던 것이 사실이다. 알고 보면 고전소설의 문학성에 대한 탐구는 그만큼 무력한 자만 속에 표류하고 있었던 것이다.

---

9 유탁일, 『완판 방각본소설의 문헌학적 연구』, 학문사, 1981 참조.
10 정규복, 『구운몽원전의 연구』, 일지사, 1977; 임철호, 『임진록 이본 연구』, 전주대학교 출판부, 1996; 김영수, 『필사본 심청전 연구』, 민속원, 2001 등 참조.
11 김동욱, 「춘향전의 비교적 연구」, 『동방학지』 20집, 연세대 국학연구원, 1978; 설성경, 『춘향전의 형성과 계통』, 정음사, 1986 등 참조.

고전소설 작품 자체로 돌아가 보면, 그 문학성은 고전소설답게 완벽한 것이다. 기실 동양예술이 그 자체의 예술성을 완비하고, 동양문학이 그 자체의 문학성을 구족하고 있듯이, 고전소설이 그 문학성을 제대로 갖춘 것은 너무도 당연한 일이기 때문이다. 그렇다면 이 작품의 원전에 입각하여 그 연구의 효과적 방향을 모색하고 효율적 방법론을 귀납·적용하여 그 비장·미묘한 문학성, 문학적 가치를 탐색·고증해 내야만 한다. 그러기에 동서·한중을 관류하는 예술미학·문예미학·소설미학의 원리와 관점에서, 이 고전소설의 주제론·구조론·구성론·문체론 등을 문학적으로 전문화하여야 한다. 그것이 바로 고전소설의 본질적인 연구이기 때문이다.

한편 이 고전소설은 상술한바 그 방대한 종합문학이기에 그 장르론을 적용하여 연구할 필요가 있다. 우선 그 종합문학적 복합상태를 유기적 관계로 파악한 다음, 그것이 유통과정에서 발전적으로 분화된다는 필연적 현상을 전제해야 된다. 그리하여 그 안의 단편적 서사단위를 단편소설론으로 검토하고, 그 삽입시가들을 취합·연결시켜 시가론으로 검증하며, 서간·제문·상소 등 삽입산문들을 유형화하여 수필론으로 고찰할 수가 있다.[12] 그리고 이 고전소설의 연행을 전제로 그 극적 구조·구성과 대화 중심의 문체를 조직화하여 희곡론으로 논의해 보자는 것이다.

(3) 예술론적 연구

전술한 대로 이 고전소설이 예술작품이라는 차원에서, 그 예술론적 연구는 당연하고 필수적인 작업이다. 원래 고전소설이 문학작품으로

---

12 경일남, 『고전소설과 삽입문예양식』, 역락, 2002, pp.11-13.

예술범주에 드는 것은 사실이지만, 그 자체 안에 미술·음악·무용·연기 등 예술적 요소를 유기적으로 조화시키고 있는 터다. 게다가 이 고전소설은 그 유통과정에서 강독·강담·강창 등을 통하여 구비적으로 연행될 뿐 아니라, 시각적 미술로 입체화되는 경우까지 생기게 되었다. 따라서 이 고전소설에는 반드시 예술론적 논의가 중요한 방법으로 부상할 수밖에 없는 터다.

그동안 일부 학자가 고전소설 속의 예술적 요소를 중심으로 그 예술론적 연구를 시도하여 주목되고 있다.[13] 그 밖에는 이런 예술론적 연구업적이 뚜렷하게 보이지 않는 실정이다. 가까운 중국의 학계만 하더라도 이미 소설예술론이 상당한 성과를 올리며 호응을 받고 있다.[14] 심지어 그 고전소설 개별작품의 예술론까지 시도되고 있는 실정이다.[15]

이제 고전소설의 예술론적 연구가 본격적으로 진행되어야 한다. 그리하여 고전소설의 예술세계를 밝혀내는 데에 주력해야 된다. 따라서 고전소설 속의 미술이 건축·회화·서예·조각·공예·장식·의상·장신구·소지품 등으로 다양하게 조직·연결되어 그 작품의 형상화에 어떻게 기능하고 있는가, 여기까지 파고들어야 한다. 이와 같은 차원에서 그 음악이 성악과 기악, 타악·현악·관악 등으로 나누어 독창이나 합창, 독주·합주, 그리고 성악·기악의 합연을 통해서 무용과 함께 공연예술로 결합·조화되어 그 작품의 형상화에 기여하고 있는 점까지 탐색해야 된다. 나아가 고전소설에 자리한 연기가 가창으로부터 시작하여 가무와 강창, 대화와 대창 등의 연극형태로 조직되어, 그 작품의 형상

---

13 김진영, 「고전소설에 나타난 예술적 요소의 연구」, 『고전소설과 예술』, 박이정, 1999, pp.24-28.
14 馬振方, 『小說藝術論』, 北京大學出版社, 1999, pp.109-110.
15 顧俊, 『聊齋誌異的藝術』, 木鐸出版社, 1983, pp.1-5.

화에 입체적이고 역동적인 역할을 다하고 있는 현장까지 확인해야 된다.[16] 이러한 작업은 고전소설 전체나 유형별로 진행할 수가 있고, 개별 작품으로 수행할 수도 있는 터다.

한편 전술한 대로 고전소설이 유통과정에서 강독되고 강담되면서 때로 강창되는 것도 공연예술 차원에서 논의될 수밖에 없다. 나아가 그 이본이 시가형태로 전환되어 가창되거나 판소리 창본으로 개작·연창되는 것도 주목하여 예술적으로 검토해야 된다. 이어서 그 이본들이 그 시대에 상응하여 극화·상영되는 경우에는, 그 연극형태에 기준하여 예술적 논의를 심화한 후에 그 극본·희곡적 실상까지 논급할 필요가 있다.

(4) 문화론적 연구

전술한 대로 고전소설이 문화적으로 확대·정립되었으면, 그 문화론적 연구는 필수적인 작업이다. 이 고전소설이 종합적으로 포용하고 있는 제반 문화는 물리적인 집적이 아니라, 각기 계통·유형을 지키며 유기적으로 조화되어 있다. 그러기에 그 각개의 문화현상을 계통적으로 유형화하여 그것이 이 작품의 형상화에 기능하고 있는 정황을 파악해 내는 일이 그만큼 중요한 터다. 이 고전소설의 필사본을 중심으로 거기에 수용된 언어·문자, 문헌·서체, 종교·사상, 윤리·의례, 사회·민속 등을 각개 분야의 이론으로 연구하는 것이 상책이라는 이야기다.

우선 언어·문자론적 검토다. 이 고전소설의 원전에는 그 시대에 상응하는 국어가 그 유통범위의 생동하는 대중언어로 가득 차 있다. 그 고전소설의 유통과 조류를 같이하는 이 국어는 국어학의 자료요 국어

---

16 김진영, 「고전소설의 연행양상」, 『한국서사문학의 연행양상』, 이회, 1999, pp.167-169.

사의 전거라 하겠다. 그래서 고전소설의 국어와 국어사는 음운론·형태론·문장론·문체론과 함께 국어사론까지 정립할 수가 있다. 게다가 고전소설은 필사본의 경우 거의 다 국문전용으로 되어 있다. 이 국문표기는 그 시대에 상응하는 표기체계와 철자법, 그 활용양상과 대중적 문장의 실상을 증언하고 있다. 그 국문전용의 문체는 당시 대중문학의 문장체계를 보여 줄 뿐만 아니라, 국어문자의 국민적 보급사, 국문전용의 전통, 그 대중적 발전사를 극명하게 보여 주기에, 족히 그 문자론적 접근이 얼마든지 가능한 터다.

다음 문헌·서체론적 접근이다. 이 고전소설은 필사본을 중심으로 대중적 문헌의 커다란 산맥을 이루고 있다. 그래서 고전소설의 문헌사를 그대로 보여 주는 터다.[17] 따라서 그 문헌의 십대성을 통하여 문헌학을 정립할 수가 있다. 그 필사본의 문헌사, 국문문헌사의 생동하는 전거가 여기서 밝혀지기 때문이다.[18] 이것은 고전소설의 유통과정과 직결되어 대중·성장소설과 그 문헌적 방편의 불가분한 상관성을 입증해 준다. 그리고 이 문헌 속에 그 서체가 찬연히 빛나고 있으니, 그 필사본의 서체론을 정립할 수가 있다. 그 문헌의 국문서체는 당시 고전소설 유통층의 다양한 필체를 반영하면서, 남·녀필체, 궁체·정서체·흘림체 등의 유형을 이루고 있어 대중필체사·국문서체사를 족히 파악하게 된다.[19]

또한 종교·사상론적 논의다. 이 고전소설은 그 주제의 배경으로 동양 종교와 사상의 모든 것을 포용하고 있다.[20] 기실 이 고전소설 속에 불교와 유교는 물론 도교와 무교·민간신앙 등[21] 모든 종교가 합류되어

---

17 이수건 외, 『16세기 고문서』, 아카넷, 2004, pp.73-74.
18 유탁일, 『사본의 가치, 한국문헌학 연구』, 아세아문화사, 1960, pp.11-12.
19 한국한글서예연구회, 『대전십무』 문인들과 한글서예』, 다운샘, 2006 참조.
20 박성의, 『한국문학배경연구』, 선명문화사, pp.10-11.

있다. 그 각개 작품의 성향에 따라 그 종교 간의 비중·세력이 차이는 있지만, 이러한 종교들이 자연스럽게 습합되어 있는 점이 중시된다. 대개는 유불습합을 비롯하여 도불습합이나 무불습합이 잘 이루어진 것을 보면, 역시 불교의 포용력과 개방성을 중심으로 융합되어 있는 실상이 돋보이는 터다.[22] 여기서 고전소설의 종교세계를 체계적으로 논의할 수가 있다. 이 고전소설의 종교적 배경과 고차원의 중량감은 그 작품 자체의 정신적 수준을 승화시키고 영원한 가치를 고양시키는 터라 하겠다. 이어 이 고전소설은 이 종교들의 사상체계를 은연중에 제시하고 실천적으로 용해시키고 있다. 따라서 고전소설은 대체로 유교사상이나 불교사상, 도교사상 등으로 유별되거니와, 그것이 종교와 함께 이론적으로 체계화될 수가 있는 터다. 이러한 사상 체계는 고전소설의 정신적 교화권능을 고양하고 있는 점이 실증된다.

한편 윤리·의례론적 탐구다. 이 고전소설은 그 종교·사상을 배경으로 하여 윤리덕목의 실천적 교본이 되어 왔다.[23] 이른바 권선징악이 바로 고전소설의 주제적 주류를 이루고 있기 때문이다. 이러한 윤리적 전통과 계맥을 찾아 체계적으로 파악함으로써, 고전소설이 지향하는 윤리·도덕의 이상세계를 입증하게 될 것이다. 기실 문학의 지향점이 교훈성과 쾌락성이라 하지만, 고전소설은 분명히 쾌락성을 버리지 않은 채 교훈성을 추구하고 있는 터다. 따라서 쾌락 위주로 흐르는 현대적 문예사조로서 이 고전소설의 윤리적 가치체계를 재단하거나 묵살해서는 결코 아니 될 것이다. 이에 맞물려 고전소설에는 각종 의례가 설

---

21 박대복,『고전소설과 민간신앙』, 계명문화사, 1995 참조.
22 조현설 외,『한국서사문학과 불교적 시각』, 역락, 2005, pp.39-40; 김진영,『불교담론과 고전서사』, 보고사, 2012, pp.139-140.
23 김현룡 외,『한국문학과 윤리의식』, 소설문학, 박이정, 2000, pp.387-388.

정·시행되어 그 주제적 입체성을 강화하고 있다. 그 윤리적 주제의 실천과정에서 줄줄이 이어지는 의례는 개인의례를 비롯하여 가정의례, 집단의례, 공공의례, 국가의례 등으로 전개된다. 기실 그 모든 의례는 신화적인 대본에 의하여 연극적으로 연행됨으로써 입체적인 서사문맥을 창출한다. 그리하여 고전소설의 사건진행에 근엄성과 역동성을 증진하는 데에 큰 역할을 다하고 있는 터다. 따라서 그 제의적 측면과 계맥을 탐색·논의하는 것은 필수적인 작업이라 하겠다.

그리고 사회·민속론적 고찰이다. 이 고전소설은 주인공을 중심으로 등장인물의 사회생활상을 그 시간·공간에 맞추어 사실적으로 재현한 것이라고 보아진다. 그 주인공의 영웅적 일생이 개인생활로부터 가정생활, 외지생활, 공공생활을 거쳐 국가생활 등 사회생활로 일관되어 있기 때문이다.[24] 따라서 이런 고전소설의 사회상을 유형적으로 파악하여 그 계통적 실상을 귀납·정리함으로써, 그 작품의 구조·구성에 직접 기여한 사실이 올바로 밝혀질 것이다.[25] 나아가 이 사회생활에 직결되어 제반 민속이 형성·전개되고 있다. 그 등장인물들이 의·식·주에 관한 생활민속을 비롯하여[26] 신앙민속, 윤리민속, 의례민속 그리고 연중 월령민속, 일생간 통과의례 등이 체계적으로 조직되어, 고전소설의 구성·전개에서 하나의 축을 이루고 있다.[27] 따라서 이러한 민속을 집성·파악하여 그 존재양상과 기능실태를 구명해 낼 필요가 있는 터다. 이러한 민속계열이 실로 고전소설을 민중문학·민중예술·민중문화로 성장·유통시키

---

24 권순긍 외, 『한국문학과 사회상』, 소명출판사, 2009, pp.96-99.
25 조동일, 『소설의 사회사 비교론』, 지식산업사, 2001, pp.4-6
26 홍일식, 『일상생활·의식주, 한국민속대관』, 고려대 민족문화연구소, 1982, pp.29-35.
27 오출세, 『한국서사문학과 통과의례』, 집문당, 1995, pp.182-189.

는 원동력이 되었다는 사실이 확연히 밝혀질 것이기 때문이다.

이와 같이 이 문화론적 연구는 이른바 보조과학적 연구나 인접과학적 연구와 같아서, 오래된 종합과학적 연구방법을 재생시킨 점이 있다. 이러한 연구방법은 그 고전소설 자체의 종합문학성·종합예술성 내지 종합문화적 실상을 다양한 방향에서 접근하여 가장 효율적인 방법으로 탐구하고, 마침내 그 성과를 유기적이고 복합적으로 융합해 내자는 것이다. 이것은 첨단적이라거나 선도적이라는 시사성보다는 보편적인 합리성을 갖춘 인문학 연구법이라는 데에 큰 의미가 있다고 하겠다.

(5) 유통론적 연구

이미 논의된 대로 고전소설의 모든 원전, 실제적 이본들은 다 유통의 산물이다. 그 이본들은 유통으로써 형성·변화·성장·발전하며 그 역량·기능을 발휘하다가 어느 단계에서 문자로 정착되었다. 그러기에 이 이본들은 상하 민중, 수용층에서 역동적으로 유통망을 조성하여 만다라같이 생동하는 문학세계·예술세계·문화세계를 이룩하여, 오랜 세월 그 세계를 그대로 이끌어 왔다. 그것이 고대소설의 유통양상과 유통사로 남아 있는 터다.[28]

그러기에 이 원전 그 이본들을 제대로 연구하는 데에 유통론적 방법이 포괄적으로 대두되는 것은 너무도 당연한 일이다. 흔히들 유통이라면 경제·금융이나 물류의 그것을 떠올리지만, 원래 그것은 문학·예술·문화 역량의 생동하는 교류현상을 전형화한 것이다.[29] 따라서 그

---

28 김진영,「고소설의 낭송과 유통에 대하여」,『고소설연구』I, 한국고소설학회, 1995, pp.90-92.
29 모든 불경은 '流通分'을 가장 중시하여 그 홍보·보급을 강조하였고, 세종의 훈민정음 서에서도 '流通'을 가장 주목하여 문자를 창제한다고 밝혀놓았다.

모든 원전은 유통의 관점에서 접근하고 유통의 원리와 실제를 방법론으로 연구될 수밖에 없다.[30]

우선 그 원전의 이본들이 문자적 유통에 의하여 필사본이나 판본으로 다양하게 형성되었다는 사실이 입증되어야 한다. 그리고 그 이본의 작품들이 그 유통에 의하여 변화·성장·발전하여 왔다는 점을 확인해야 된다. 나아가 그 작품들의 문학적 역량과 가치도 그 유통에 의하여 평가·정립된다는 사실도 탐색되어야 한다. 기실 어떤 작품이든지 그 유통과정에서 이본의 종류가 많을수록 그 문학적 역량과 가치가 높다는 사실이 입증된다. 그 문학적 역량과 가치가 독자·수용층의 감동과 인기로 작용하여 많은 이본의 생산을 촉진시켰기 때문이다. 이어 그 고전소설의 종합문학 형태가 유통에 의하여 문학 장르의 성향을 띠고 분화·전개되는 현상도 필수적으로 검증되어야 할 것이다.

또한 이 원전의 이본들이 구비적 유통에 의하여 수많은 이화로 형성되었다는 사실이 입증되어야 한다. 그리고 이 이화들이 자유로이 변화·성장·발전하여 오면서 문자로 정착되어 이본으로 행세하고 또는 강독·강담·강창 형태로 연행되기도 했다는 사실이 확증되는 터다. 이처럼 생동하는 유통에 의하여 이 작품의 이본·이화들이 문학 장르를 확충·변화시켜 예술형태를 지향하게 되었던 터다. 마침내 이 작품들이 그 유통의 발전적 역량으로 인하여 공연예술로 전개되고 그 대본으로 승화될 수도 있었던 것이다.

한편 이 원전의 이본들이 유통에 의하여 확대·연변되어 문화형태로 전개되었던 것이다. 그 방대한 열린 구조 속에 제반 문화현상을 포용하여 행세해 온 사실이 바로 유통에 의한 결과이기 때문이다. 이러한 이본

---

30 사재동, 「고소설의 유통배경」, 『한국고소설론』, 아세아문화사, 1991, pp.158-159.

들이 소설·문학으로부터 예술형태를 거쳐 문화체재로 전개되는 중심축에, 유통의 원동력이 자리하였다는 사실을 확증할 수가 있는 터다.

따라서 위와 같은 유통의 실체와 위상을 귀납하여 유통론적 방법으로 정립하고, 그 원전에 대한 제반 연구에 적용시킬 수가 있었던 것이다. 그러기에 이 이본들에 대한 서지·문헌적 연구나 문학적 연구, 예술적 연구 내지 문화적 연구, 그 내용과 가치·기능에 대한 탐구에도 유통론이 적용될 수밖에 없는 터다. 실제로 그 작품의 이본·이화를 전거로 하여 그 시간·공간·계층적 유통범위로써 입체적인 유통망을 재구·설정하여, 그 문학·예술·문화로서의 생동하는 실상을 파악하는 일이 중요하다. 그리고 그 문학·예술·문화가 상호간에 작용·변화하거나 중앙과 지방간에 수용되고, 국제간에 교류하는 것까지도 유통론에 의하여 거론되는 것이 당연하다.[31] 따라서 그 소설사나 문학사, 예술사·문화사 상의 위상도 유통사로 파악되는 것이 필연적이라 본다.[32] 그리고 가령 이 고전소설을 중심으로 하는 지방문학사·지방예술사·지방문화사가 정립될 수 있다면,[33] 그 유통론에 따라 체계화되어야 마땅할 터다. 나아가 이 고전소설의 국내외적 비교연구에서도 그 유통론에 근거를 두는 것이 합리적이라 하겠다.

---

31 유통론에 의하면 그 유명한 돈황문서도 1,000년 가까이 막고굴 장경동에 비장되어 그 기능적 역할을 전혀 못했던 것이다. 사재동, 「실크로드 상의 불교미술과 불교문학」, 『실크로드를 통한 신라와 세계의 만남』, 한국문명교류연구소, 2012, p.131.
32 사재동, 「한국문학유통사의 기술방향과 방법」, 『한국문학유통사의 연구』I, 중앙인문사, 2006, pp.70-72.
33 조동일, 『지방문학사』, 서울대학교 출판부, 2004, pp.201-209.

5) 결론

이상 고전소설을 연구하는 데 있어, 그 원전을 중심으로 개념과 범위를 확충하고 그 원전의 개방적 실상을 기반으로 다양한 방향을 모색하며, 그에 적합한 방법론을 재고·강조하였다. 지금까지 논의해 온 것을 요약하면 다음과 같다

① 고전소설의 개념을 재검토하였다. 그동안에 논의·성립된 그 개념을 기본으로 하여 그 시대에 상응하여 공인·통용된 사실과 그 작품 자체의 종합문학성에 근거하여, 그것이 일단 소설·문학이라 규정되고, 나아가 예술적 개념을 거쳐 문화적 개념으로 확대·정립되어야 합리적이다. 따라서 고전소설은 국문학의 한 장르이면서 그 전체요, 예술양식이며 문화형태라고 공인하는 것이 당연한 일이었다.

② 이 고전소설의 범위를 추적하였다. 이 고전소설의 개념이 확대·규정됨에 따라서 그 범위도 확대·적용될 수밖에 없다. 그동안에 서구식 '소설다운 소설'만을 중시하는 고정관념을 벗어나 적어도 삼국시대 이래의 모든 서사형태와 그 시대 소설 권외에 내 몰린 서사형태까지도 다 고전소설의 범주 속에 포함시켜야 옳다. 그리해야 고전소설은 시공에 구애되지 않고 장강의 흐름처럼 태산의 연봉같이 풍성하고 다양하게 집대성될 수가 있었다.

③ 고전소설 원전의 개방적 실상에 대하여 파악하였다. 먼저 그 원전으로 방향을 돌려 직접 파고들어야 한다. 그 원전만이 고전소설의 모든 것을 보장하고 있기 때문이다. 기실 이 원전 중에서 중심·주축을 이루는 전형적인 것이 바로 그 방대하고 다양한 질량을 갖춘 필사본이다. 이 필사본은 고전소설이 형성·전개된 이래, 면면하게 유통·성장하면서 작자를 대신하는 각계각층의 필사자들과 수용층에 의하여 창작성을 구비하고 독자적인 작품, 이본으로 행세하며 원소장자·전소장사·현소장처

까지 알려져 있다. 이런 필사본은 그 제작연대를 대신하는 필사연대가 상대적으로 많이 알려져 19세기 말에서 20세기 초를 하한선으로 하고 고전소설의 형성기까지 소급하여 면면한 전통을 이어 왔다. 나아가 이 필사본은 그 필사·소장지역이 밝혀져 공간적 분포가 명시되어, 그 시간적 전통과 어울려 그 확실한 전거를 실증하고 있다. 이러한 필사본 원전은 개별적으로는 독자적 창작품으로 행세하고 나아가 계통수적 이본군으로 그 작품들의 성장범위와 역사까지 보증하며 시공을 망라한 유통망을 이룩하였다. 이러한 원전들은 그 자체의 개방적인 구조에다 종합적인 내용을 갖추어 소설·문학형태를 기본으로 예술형태를 거쳐 문화형태로까지 승화될 수 있었다. 따라서 이 필사본은 소설·문예학의 원전일 뿐만 아니라 예술학 내지 문화학의 원전으로도 족히 통용되어야 한다. 따라서 이 원전을 국보적 민족문화유산이라 할 것이다.

④ 연구방법론을 거론하였다. 이 방법론에는 왕도가 없고 외래적 방법론의 기계적 적용을 거부하며, 그 원전에 입각하여 가장 효율적 방법을 체험적으로 귀납하는 것이 가장 합리적이다. 그리하여 여기 방법론에서는 먼저 원전론적 연구로서 서지·문헌적 검토와 이본고의 다양한 강화가 필요하고, 다음 문예론적 연구로서 구조론·구성론·문체론·장르론 내지 문학사론까지 본질적으로 심화시켜야 한다. 이어 그 예술론적 연구에서는 그 작품 속의 미술·음악·무용·연기 등 예술적 요소와 그 작품상의 기능을 예의 분석할 뿐만 아니라, 그 작품 자체가 유통·연행되면서 보여주는 예술적 실상과 역할까지 확대 고찰해야 된다.

한편 문화론적 연구에서는 먼저 언어·문자론적 검토와 문헌·서체론적 접근, 종교·사상적 논의, 윤리 의례론적 탐구, 사회·민속론적 고찰 등을 새롭게 심화하여 그것이 작품상에 기능·기여하는 실상까지 규명해 내야 한다. 이것은 이미 알려져 적용되어 온 보조과학적 방법으로 이른바 종합과학적 방법론과 상통하는 터다. 또한 이 유통론적 연구에서는 모든 원전, 필사본 이본들이 모두 유통·성장의 결과물임을 전제하고, 위 원전론·문예론·예술론·문화론을 적용한 모든 연구에 통용되어야 함은 물론, 이 원전들의 소설·문학·예술·문화로서의 시대적 실상과 기능을 유추·복원하는 데에 그 유통망을 활용하고, 나아가 그 각개의 역사적 전개과정을 유통사로 파악해야 될 것이다.

이와 같이 고전소설 연구의 방향과 방법론을 개관하고 나니, 이미 알려지고 활용되던 그것을 이 원전 중심으로 재론·강조한 것에 불과하다. 참으로 기상천외의 만능적 방법론이 원전을 떠나 별세계처럼 성립될 수 없는 것은 자명하다. 앞으로의 원전 연구를 통하여 체험적으로 가장 효율적인 방향 설정과 함께 그 방법론이 말선석으로 성립되기를 기대할 따름이다.

2. 조선시대 대전지방의 국문소설

1) 서론

21세기 문화시대는 문화로 행복한 세상이다. 그래서 한반도의 중심도시 대전은 문화로 행복을 누리는 게 너무도 당연하다. 따라서 대전 시민이 모두 문화로써 행복해야 될 의무와 권리를 가졌다고 본다. 실제로 시민 모두가 대전문화를 통하여 족히 행복할 수가 있고 반드시 행복해야 될 것이기 때문이다. 그래서 고금을 통한 복합적인 대전문화에 대하여 시민의 긍정적인 인식과 참된 이해, 행복한 수용이 가장 긴요한 일이다. 이것은 시민이 문화를 통하여 행복을 추구하는 첩경이기 때문이다.

그중에서도 중심적인 것이 전통문화에 대한 인식과 이해·수용의 문제다. 기실 이 전통문화는 대전문화의 뿌리로 작용하고 있기 때문이다. 그런데 이 전통문화가 가장 중요하면서도, 시민의 인식에서 멀어지고, 시민의 오해를 받으며, 시민의 수용에서 벗어나고 있는 실정이다. 이런 점에서 삼남에서 모인 대전시민이 대전문화, 그 전통문화에 대한 인식·이해·수용이 가장 부족하다는 게 중론이요 타도시의 관점이다. 그러기에 우리 시민은 대전의 전통문화에 대하여 새로운 인식과 값진 이해, 보람찬 수용이 그만큼 절실하다.

실제로 대전의 전통문화는 면면하고 찬연하였다. 저 계룡산에 상응하여 계족산·식장산·보문산·금명산 등으로 들러리하고 여러 줄기 하천이 흐르는 천연의 옥토, 그 광활한 터전에서 유구한 역사를 통하여 한반도의 문화적 중심·주류를 이루어 왔다. 이 고장 골골이 맺혀진 풀뿌리문화, 농경문화로부터 종교문화·윤리문화, 학술문화·예술문화·민속문화에 이르기까지 그 전통을 면면하고 뚜렷하게 지켜 오고 있는 터다. 그중에서도 전통문화의 꽃이라 할 예술분야 그 가운데서도 문학분야가 중시된다. 그러면서 그 전통문학을 대표하는 대중적 국문소설이 가장 주목되는 터다. 이 국문소설은 그 시대에 상응하여 이 대전지역 민중의 문학·예술이요 윤리 교과서요, 생활의 규범으로 역할을 담당해 왔기 때문이다.

그리하여 이 국문소설이 조선 시대, 대전지역에서 형성·유통되어, 주민들의 문학·문화생활에 끼친 영향 관계를 파악해 보려는 것이다. 그동안 대전의 국문소설이 그 고전문학의 일환으로 거론된 것은 사실이지만, 이에 대한 적극적이고 집중적인 논의가 없었던 터다. 따라서 시민들의 국문소설에 대한 인식과 이해가 부족하고 이를 생활문화로 수용하는 데는 상당한 거리가 있는 것 같다.

이에 본고에서는 전통문화의 중심·주류를 이루어 온 조선시대 국문소설이 대전지역에서 형성·유통되고 민중생활에 수용된 사실을 밝혀 보려고 한다. 첫째 대전지방 문학의 기반과 전통을 개관하고 둘째, 이 국문소설이 대전지방을 중심으로 형성·전개된 계통을 추적하겠으며 셋째, 이 국문소설이 대전지방에서 유통·전승된 양상을 검증하겠고, 넷째 이 국문소설이 대전지방의 문학·문화사상에 끼친 영향관계를 파악하여 보겠다.

2) 대전 지방 문학의 기반·전통

이 대전지방은 일찍부터 문물이 열려 문화의 고장으로 알려져 왔다. 소선소에 들어와 많은 문인·학자들이 연이어 출현·활동을 벌임으로써, 문학·문화의 기반이 닦이고 그 전통이 이어졌던 것이다. 그것은 자연 유교·불교적 문물을 바탕으로 하여 이 고장과 깊은 인연이나 연고를 가진 대표적인 문인·학자들만을 들어 그 문학작품들을 살펴보더라도, 그 문학적 기반과 전통을 어림할 수가 있겠다. 적어도 다음 문인·학자들의 작품집을 보면

      취금헌 박팽년(1417~1456, 대전 출생)의 취금헌집
      충암 김정(1486~1521, 세거 대전)의 충암집
      구봉 송익필(1534~1599, 기성 출생)의 구봉집
      송애 김경여(1599~1653, 회덕 출생)의 송애집
      동춘 송준길(1606~1672, 회덕 출생)의 동춘집
      우암 송시열(1607~1689 세거 대전)의 송자대전
      창주 김익희(1610~1656, 묘지 구즉)의 창주집
      서포 김만중(1637~1692, 연고 회덕)의 서포집과 서포만필
      봉곡 송주석(1650~1692, 세거 대전)의 봉곡집

옥오재 송상기(1657~1723, 세거 대전)의 옥오재집
유회당 권이지(1688~1734, 세거 대전)의 유회당집
설악 지광한(1695~1766, 세거 대전)의 설악유고
도천 조명리(1679~1756, 세거 진잠)의 도천집, 도천만록
연암 박지원(1737~1805, 세거 동면)의 연암집과 열하일기

등만으로도 족히 이 지방의 문학적 기반과 전통이 찬연하였음을 확인하게 된다. 여기에 이 문인·학자들과 교류한 수많은 문인·학자들의 작품들을 가산한다면, 그 성황을 족히 짐작할 수가 있겠다. 더구나 그러한 문인·학자들의 가문과 함께 어울리는 문한가의 문학 작품들을 추적해 보면, 이 지방 문원의 성세를 어림할 수가 있다. 이 지방의 문학이 주로 한문학이라 하겠거니와, 동시에 그 문한가의 부녀들을 중심으로 국문문학이 병행·발전하고 있었던 것은 당연한 일이다.

여기 한문학 작품들이 시가와 수필·소설·평론 등 각개 장르에 걸쳐 유통 전승되었거니와, 국문문학이 함께 그 장르에 따라 성행하였던 것이다.

우선 시가문학이 한시와 함께 제작·유전되었다. 지금껏 전해지는 것만 해도 단가(시조)에 박팽년의 〈가마귀 눈비 맞아〉와 〈금생여수라 한들〉 2수가 있고, 송시열의 〈임이 헤오시매〉와 〈청산도 절로절로〉 2수가 있으며, 조명리의 〈설악산 가는 길에〉와 〈청려장 홋덧지퍼〉·〈성진에 밤이 깊고〉·〈기럭기 다 나라가고〉 등 4수가 있다. 그리고 가사에는 양반가사로 회덕 송주석의 〈북광곡〉이 있고, 내방가사로는 서경석(가수원)이 소장했던 〈남양홍씨계녀사〉와 회덕에 세거한 송기정의 장녀 송씨부인이 지은 〈금행일기〉·〈육양가〉, 진잠에서 생장한 조귀임의 〈아녀별회〉 등이 전한다.

다음 수필문학은 수많은 한문수필과 함께 국문수필이 제작·유통되었다. 그중에 서발로서 박팽년의 〈명황계잠언해서〉가 유명하고, 논설로서 송시열의 〈계녀서〉가 훈교문학으로 널리 펴져 나갔다. 그리고 기행으로는 송준길 가문 송국노의 부인 광산김씨가 지은 〈계룡산유산록〉이 〈온양온수노정기〉와 함께 오재정의 〈유계룡산록〉 내지 송상기의 〈유계룡산기〉와 쌍벽을 이루었다.

그리고 희곡문학은 이 지방에 구비·문서로 전승되던 〈가면극본〉과 〈인형극본〉이 잘 알려져 있다. 대덕·대전에 세거하던 인간문화재 양도일이 보유하고 있는 〈덧뵈기〉(가면극)와 〈덜미〉(인형극)의 대본이 바로 그것이다. 양도일은 1906년 12월 29일 대덕군 구즉면 문지리에서 태어나 19세 때부터 남사당에 들어가 70세가 넘은 그날까지 그 기능을 보유하고 있었다. 1977년 당시 그는 무형문화재 제3호로 지정되어 국가의 보호·우대를 받고 후진 양성에 전념하였다. 따라서 그의 가면극과 인형극은 대전에 전래되는 전통적 연극 형태로서 그 극본이 희곡으로 행세·유통되었던 것이다.

3) 국문소설의 형성·전개

한국의 소설문학계에는 한문소설이 먼저 자리하였다. 그 전통적 한문소설이 훈민정음의 실용과정에서 번역·번안의 형태로 출발하여 점차 창작의 경지로 발전했던 것이다. 이 대전지방의 소설계에서도 그 한문소설이 먼저 제작·유통되고 있었다. 전게한 학자·문인들이나 그 주변에서 그 〈전(傳)〉의 형태로 한문소설을 지어 내고 있었던 것이다. 대개 그런 명인들의 문집에는 으레 '~傳'이 수록되어 있거니와, 그중의 상당수가 그 행장의 수준을 벗어나 소설 형태를 유지하고 있기 때문이다.

실제로 김경여의 아들 김진수가 '가장'의 이름으로《김경여전》을 지어 낸 것을 비롯하여 지광한이《홍효자전》과《박효자전》을 지어 유전된 것을 보게 되었다. 그리고 김정의 아내 은진 송씨의 열행을 두고 그 주변의 문사가《송씨부인열행록》을 지어 가전되고 있는 터다. 그리고 박지원의 직손으로 대전에 세거하던 박공서가 보전해 온 연암전서에는 잘 알려진 한문소설 〈마장전〉과 〈예덕선생전〉·〈광문자전〉·〈민옹전〉· 〈양반전〉·〈김신선전〉·〈우상전〉·〈역학대도전〉·〈봉산학사전〉·〈허생〉·〈열녀함양박씨전〉 등이 전하여 이 지방의 문원을 빛내고 있었다. 이러한 한문소설들은 그대로 국문소설의 형성·유통상에서 그 기반이 되고 원동력이 되었던 것이다.

일찍이 이 국문소설은 15세기《석보상절》·《월인석보》를 중심으로 형성의 계기를 맞았다. 대체로 고려시대 이후의 불전계 한문서사문학을 의역·창출한 〈안락국태자전〉이나 〈인욕태자전〉·〈선우태자전〉·〈목련전〉·〈아육왕전〉,《석가여래십지수행록》계열의 〈금우태자전〉·〈실달태자전〉 등이 형성되어 불교계를 중심으로 널리 유통되었다. 이에 민감한 기호지방, 대전지역에 그 국문소설이 유입된 것은 자연스러운 일이었다.

이어 이 국문소설이 16세기에 이르러 발전의 면모를 보였으니, 실제로 〈안락국전〉이나 〈적성의전〉·〈금송아지전〉·〈나복전〉 그리고 채수의 〈설공찬전〉 등이 대두되어 널리 행세하였던 터다. 따라서 이에 민감한 기호지방, 대전지역에 이들 작품들이 유입되어 읽혔을 것은 당연한 일이었다.

이 국문소설은 17세기에 이르러 난숙기를 맞이하니, 그 무렵에 허균이 지었다는 〈홍길동전〉이 등장하고 김만중의 〈구운몽〉과 〈사씨남정기〉 등이 창작되었던 것이다. 이에 감응한 대전지방에서는 바야흐로 명실공히 국문소설의 전성시대를 만나게 되었다. 이미 위 〈김경여전〉 등이 국문화되어 국문소설로 행세하는 데다, 그 〈홍길동전〉이 대전지방과 깊은 인연을 가졌다는 중론이 일어났다. 나아가 그 〈구운몽〉과 〈사씨남정기〉를 지은 김만중이 대전지방의 인물이었던 터다. 그리하여 대전지방의 국문소설은 국문소설 난숙기의 중심에 자리하게 되었다.

마침내 이 국문소설은 18세기 이래 전국적으로 성황을 이루었으니 그 〈홍길동전〉과 〈구운몽〉·〈사씨남정기〉를 비롯하여 〈심청전〉·〈춘향전〉·〈흥부전〉·〈토끼전〉·〈장끼전〉·〈유충렬전〉·〈조웅전〉·〈박씨전〉·〈적벽대전〉·〈임진록〉·〈강태공전〉·〈권용선전〉·〈김용주전〉·〈김희경전〉·〈이대봉전〉·〈소대성전〉·〈숙영낭자전〉·〈숙향전〉·〈창선감의록〉 등이 대전지방에 정착·유전되었던 것이다. 그래서 이 대전지방의 국문소설은 그 성행의 중심·주류를 이루었던 터다.

4) 국문소설의 유통 양상

국문소설의 유통·전승은 문학작품으로서 가장 중요하고 값진 부분이다. 그 모든 작품들이 그만한 가치와 역량을 독자·수용층에게 얼마큼 어떻게 발휘했느냐가 실증되는 과정이기 때문이다. 기실 독자·수용층의 입장에서는 그 작품들을 얼마나 어떻게 받아들이고, 활용하며 누렸느냐와 직결되어 있는 게 사실이다. 나아가 이 유통·전승의 실제적 양상은 그 작품들의 문학적 가치와 기능을 실증하면서, 수용층과 함께 유통망·전승망을 이룩하여 그 문학·예술사상의 위상까지 부각시키게 될 것이다. 이로 하여 역대 대전 주민들이 그 국문소설을 수용하고 누리는 문학·예술적 행복지수를 어림하게 되리라 본다. 여기 유통 전승의 실태는 크게 보아 문헌적 방편과 구비적 방편으로 나타났던 것이다.

(1) 문헌적 방편

　원래 국문소설은 문장·책으로 성립되어 읽혔다. 그래서 소설책이요 얘기책으로 유통·행세하였다. 기실 이 얘기책은 1인 1책으로 읽히므로 그 책을 돌려가며 읽기가 아니면, 그 책을 1권 이상 더 만들어야 한다. 당시 그 얘기책의 다량 인쇄가 어려우므로, 필요에 의하여 그 책을 그대로 필사하여 다른 1권을 만들어야 했다. 이렇게 하나의 얘기책을 널리 돌려 보는 경우 그 유통이 절실하지만, 단선적이어서 그 성과가 부진한 게 사실이다. 그래서 한 얘기책을 다시 필사해 내는 방편이 주목된다. 그것이 바로 국문소설의 이본이 형성되는 현장이기 때문이다. 그 주민들 중에 국문소설을 이해하고 그 책을 갈구하면서, 적어도 지필묵을 갖출 수 있는 형편이 되고, 국문과 글씨를 어느 정도 익힌 사람이 중시된다. 그래서 당시 양반·중인층에서 집안 부녀들을 가르치고 자신도 즐기기 위하여 마음에 드는 얘기책을 필사하는 사례가 상당하였다. 그리고 그만한 집안의 부녀들이 자녀나 자부들을 가르치고 자신도 공부하기 위하여 적당한 얘기책을 필사하는 사례가 많았다. 그중에는 양가집 규수도 상당히 끼어 있어, 'ㅇ소자 필서'라고 한 것도 적지 않다. 그러한 가운데 그 동네나 근동에서 남녀 간 그 얘기책의 필사에 능숙한 사람이 나타나, 이웃의 요청에 따라 상당수의 얘기책을 적지 아니 필사하게 되었다. 이러한 필사의 관행이 더욱 보편화되면서 마침내 그 동네·근동에서 이른바 전문적 필사자가 등장하여 주민의 요청에 의하여 그 얘기책을 필사·장책하여 주고 일정한 보답을 받기도 하고, 이 필사자가 먼저 저명한 얘기책을 여러 벌 필사·장책해 놓고는 수요자에게 적당한 가격을 받고 파는 경우까지 있었던 터다. 이러한 문헌적 방편에 의하여 이 지방에는 그 얘기책의 많은 필사본 내지 이본들이 유통되고 있었다. 나아가 전문 필사자들이 경향으로 연락·제휴하여 그 저명 작품들의 다양한 이본을 양산하여 거점을 마련하고 세책점을 운영하게 되었다. 말하자면 그 많은 얘기책의 다양한 이본을 제작하여 책방처럼 진열을 하고 소문을 내어, 수요자들이 몰려가 원하는 책을 빌려다가 읽는데, 일정한 대금을 내는 식이었다. 그래서 각 지방에는 지사처럼 상점을 내어 영업을 하였다. 또한 등짐서적상을 파견하여 각 지방, 각 지역을 돌며 그 이본을 세책으로 내어 주거나 판매하기도 하였다. 이런 점에서 대전지방에 그 세책의 지점이 운영되었을 것이고, 그 등짐서적의 방문·유행을 받았으리라 보아진다. 이러한 과정에서 주목되는 것은 그 국문소설 얘기책의 이본들이 그만큼 양산되어 문헌적 유통성황을 보였다는 점이다. 그만큼 이 지방에 국문소설이 문헌적 방편으로 유통된 성황을 실증하고 있기 때문이다.

이러한 얘기책의 이본은 당시 그 작품의 인기도에 의하여 그 질량에 차이가 적지 않았다. 그러는 가운데 이 능숙한 필사자나 필사 전문가에 의하여 중요한 필사작업이 벌어지고 있었다. 각개 얘기책을 여러 벌 필사하는 과정에 그 작품의 서사문맥이나 문장·표현을 효율적으로 개작하여 새로운 이본을 제작하여 냈기 때문이다. 이러한 개신작업이 제대로 통하여 한 작품의 새로운 이본이 상당수 생기게 되었다. 가령 〈춘향전〉이나 〈심청전〉 같은 작품은 그러한 이본군이 이른바 계통수를 이루었던 것이다. 그래서 이런 작품들이 정도의 차이는 있지만 거의 다 이본군·계통수를 이루어 그 성장문학의 면모를 보였던 터다. 이것이 문헌적 유통의 커다란 특장이라고 보아진다.

이러한 문헌적 유통에서 그 각개 이본이 개인적으로 읽히는 게 원칙이다. 그러면서 가까운 사이에 함께 읽거나 가족단위로 읽어 주는 게 상책이었다. 이러한 과정에 그 당시 이 지방의 국문소설 얘기책은 모두가 필사본으로 수많이 유통되었던 것이다. 그러나 어려운 과정을 겪으면서 현전하는 이본은 희귀한 편이다. 이 대전지방을 중심으로 유통되면서, 대전에서 수집된 그 이본의 일부는 대략 다음과 같다. 그것은 필자가 수집하여 충남대학교 도서관에 소장되고 일람표로 작성되었다.

No.	등록번호	서명	필사자 및 원소장자	필사연대	청구기호	비고
1	1257459	갑진녹		정미정월염육일	고서경산 集 小說類 3230	
2	1257101	강남홍전		경오이월십오일	고서경산 集 小說類 3307	
3	1257102	강능츄월옥쇼젼		癸亥花月念三日	고서경산 集 小說類 2935	
4	1257103	강태공젼. 상		丁未十月旬七日上澣	고서경산 集 小說類 2936	
5	1257106	강태공젼. 상	윤쇼겨등서		고서경산 集 小說類 2937	
6	1257105	강태공젼. 하			고서경산 集 小說類 2937	
7	1257104	강태공젼. 하		己酉元月 日	고서경산 集 小說類 2936	
8	1257107	개과천선록		무신지월재망일	고서경산 集 小說類 2938	
9	1257234	곡도처자젼		병진십이월일	고서경산 集 小說類 3040	
10	1257110	괴똥전			고서경산 集 小說類 2942	
11	1257476	九雲夢			고서경산 集 小說類 3245	
12	1257119	九雲夢			고서경산 集 小說類 2950	한문본
13	1257118	九雲夢			고서경산 集 小說類 2949	
14	1257475	九雲夢 (楊尙書傳)		乙巳年	고서경산 集 小說類 3244	
15	1257121	九雲夢. 地		丁巳八月望日	고서경산 集 小說類 2951	한문본

No.	등록번호	서명	필사자 및 원소장자	필사연대	청구기호	비고
16	1257120	九雲夢. 天			고서경산 集 小說類 2951	한문본
17	1257111	구래공졍츙직졀긔			고서경산 集 小說類 2941	
18	1257115	구운몽			고서경산 集 小說類 2946	
19	1257122	구운몽			고서경산 集 小說類 2952	
20	1257117	구운몽		光武十年丙午三月日	고서경산 集 小說類 2948	
21	1257113	구운몽		계츅원월팔일	고서경산 集 小說類 2944	
22	1257114	구운몽	권쇼졔필서	병인정월이십육일	고서경산 集 小說類 2945	
23	1257112	구운몽	京城府峯萊町 成周泰		고시경신 集 小說類 2943	
24	1257116	구운몽. 상	백암월곡 니승관 등셔	남인사월십구일	고서경산 集 小說類 2947	
25	1257366	권용션젼			고서경산 集 小說類 3154	
26	1257124	金山寺夢遊錄			고서경산 史 記錄類 2284	한문본
27	1257129	金龍珠傳		庚戌年十一月十三日	고서경산 集 小說類 2958	
28	1257127	금송아지젼			고서경산 集 小說類 2956	
29	1257125	금송아치젼			고서경산 集 小說類 2954	
30	1257126	금향뎡긔			고서경산 集 小說類 2955	
31	1257123	금향젼		庚戌正月 日	고서경산 集 小說類 2953	
32	1257128	금행록			고서경산 集 小說類 2957	
33	1257226	김씨부인행실록			고서경산 集 小說類 3032	
34	1257130	김진옥젼		戊申三月二十九日	고서경산 集 小說類 2959	

35	1257131	김희경젼. 상			고서경산 集 小說類 2960
36	1257132	김희경젼. 하		계사구월이십일	고서경산 集 小說類 2960
37	1257134	남강긔우			고서경산 集 小說類 2962
38	1257162	녀와낭낭셩회연		병인시월초구일	고서경산 集 小說類 2972
39	1257473	념불왕생젼			고서경산 集 小說類 3240
40	1257483	뉴시삼대록		丁未元月日	고서경산 集 小說類 3251
41	1257154	뉴씨삼대녹			고서경산 集 小說類 2969
42	1257155	뉴씨삼대녹 (산중화)			고서경산 集 小說類 2970
43	1257145	뉴씨삼대록. 권1			고서경산 集 小說類 2968
44	1257150	뉴씨삼대록. 권2			고서경산 集 小說類 2968
45	1257143	뉴씨삼대록. 권3			고서경산 集 小說類 2968
46	1257144	뉴씨삼대록. 권4			고서경산 集 小說類 2968
47	1257142	뉴씨삼대록. 권5		졍사지월일	고서경산 集 小說類 2968
48	1257153	뉴씨삼대록. 권7			고서경산 集 小說類 2968
49	1257148	뉴씨삼대록. 권9			고서경산 集 小說類 2968
50	1257146	뉴씨삼대록. 권11			고서경산 集 小說類 2968
51	1257151	뉴씨삼대록. 권13			고서경산 集 小說類 2968
52	1257152	뉴씨삼대록. 권16			고서경산 集 小說類 2968
53	1257149	뉴씨삼대록. 권17			고서경산 集 小說類 2968
54	1257159	뉴씨삼대록. 권2	碍山精舍	丁巳臘月 日	고서경산 集 小說類 2971

No.	등록번호	서명	필사자 및 원소장자	필사연대	청구기호	비고
55	1257156	뉴씨삼대록. 권3		丁巳二月六日	고서경산 集 小說類 2971	
56	1257161	뉴씨삼대록. 권4		丁巳陰七月 日	고서경산 集 小說類 2971	
57	1257158	뉴씨삼대록. 권5	花美精舍	丁巳陰七月 日	고서경산 集 小說類 2971	
58	1257157	뉴씨삼대록. 권7	碪山精舍	丁巳臘月 日	고서경산 集 小說類 2971	
59	1257160	뉴씨삼대록. 권17	花美精舍	丁巳二月六日	고서경산 集 小說類 2971	
60	1257298	뉴효공션행녹. 일		병진납월이십사일	고서경산 集 小說類 3091	
61	1257296	뉴효공션행녹. 이		丁巳陽月 日	고서경산 集 小說類 3091	
62	1257294	뉴효공션행녹. 삼		정사십월염사일	고서경산 集 小說類 3091	
63	1257295	뉴효공션행녹. 사	花美精舍 치산정사	정사지월이십삼일	고서경산 集 小說類 3091	
64	1257297	뉴효공션행녹. 오			고서경산 集 小說類 3091	
65	1257133	뉴효공션횡녹			고서경산 集 小說類 2961	
66	1257302	니대봉젼	册主鄭正淑	대정칠연무오젼 월십칠일	고서경산 集 小說類 3095	
67	1257301	니대봉젼			고서경산 集 小說類 3094	
68	1257310	니형경젼			고서경산 集 小說類 3102	
69	1257311	니형경젼			고서경산 集 小說類 3103	
70	1257308	니형경젼. 상		긔츅칠월쵸이일	고서경산 集 小說類 3101	
71	1257309	니형경젼. 하			고서경산 集 小說類 3101	
72	1257312	니형츈효행녹		甲戌正月望日	고서경산 集 小說類 3104	
73	1257173	님장군젼			고서경산 集 小說類 2983	

74	1257321	당학사젼		경자이월염사일	고서경산 集 小說類 3113	
75	1257335	뎡을션젼		계사십일월~십이월삼십일	고서경산 集 小說類 3127	
76	1257337	뎡후비젼	鶴下 姜鎬錫	을묘삼월 일	고서경산 集 小說類 3129	
77	1257163	도앵행			고서경산 集 小說類 2973	
78	1257346	됴웅젼			고서경산 集 小說類 3135	
79	1257356	됴웅젼		긔해이월십칠일	고서경산 集 小說類 3144	
80	1257345	됴웅젼		무슐시월십오일	고서경산 集 小說類 3134	
81	1257350	됴웅젼			고서경산 集 小說類 3139	
82	1257347	됴웅젼			고서경산 集 小說類 3136	
83	1257348	됴웅젼		壬子年十二月 日	고서경산 集 小說類 3137	
84	1257349	됴웅젼			고서경산 集 小說類 3138	
85	1257164	둑겁젼		丙申十二月下澣	고서경산 集 小說類 2974	
86	1257179	류백노젼			고서경산 集 小說類 2989	
87	1257299	리대봉젼		대경칠년팔월이십일.무오구월십오일	고서경산 集 小說類 3092	
88	1257364	리운구젼		丙寅臘月旣望	고서경산 集 小說類 3152	
89	1257419	만고열여 춘향젼이라		긔츅양월길일	고서경산 集 小說類 3199	
90	1257166	무량공주본젼 취시삼연록		大正五年二月二十七日	고서경산 集 小說類 2976	
91	1257167	무일문창양진군 황룡묘요일탕평리		光武十一年丁未六月日	고서경산 集 小說類 2977	
92	1257165	목시룡젼		庚子年正月日	고서경산 集 小說類 2975	
93	1257170	朴氏傳			고서경산 集 小說類 2980	

No.	등록번호	서명	필사자 및 원소장자	필사연대	청구기호	비고
94	1257168	박부인전		甲子九月十九日	고서경산 集 小說類 2978	
95	1257172	박씨전		己丑正月初五日	고서경산 集 小說類 2982	
96	1257174	박씨전	洪碩士 入納	壬寅八月二十日	고서경산 集 小說類 2984	
97	1257171	박씨전	성복츈책	경오이월십사일	고서경산 集 小說類 2981	
98	1257169	박씨전			고서경산 集 小說類 2979	
99	1257479	박씨전	回岩延豊宅 報恩郡山外面 月大里 李並基 忠北淸州郡加 德面首谷里 九十七:尹昌求	丁巳正月二十五日	고서경산 集 小說類 3248	
100	1257173	박씨젼이라			고서경산 集 小說類 2983	
101	1257176	朴泰輔傳		甲戌十一月念八日	고서경산 集 小說類 2986	한문본
102	1257175	박태보전	남곡산인 필셔	을묘이월쵸팔일	고서경산 集 小說類 2985	
103	1257177	본국츙신 박태부젼이라			고서경산 集 小說類 2987	
104	1257181	백인창례록	老樵少石	癸丑夢春七日	고서경산 集 小說類 2991	
105	1257178	백학션전			고서경산 集 小說類 2988	
106	1257180	백학션전			고서경산 集 小說類 2990	
107	1257182	벽허당지언녹		갑자사월 일	고서경산 集 小說類 2992	
108	1257184	鳳凰臺		癸丑秋七月旬日	고서경산 集 小說類 2994	
109	1257318	사명전 단			고서경산 集 小說類 3110	
110	1257194	謝氏南亭記		계사이월이십륙일	고서경산 集 小說類 3003	

111	1257465	사씨남뎡기 건	柏峰精舍	己丑二年十三日	고서경산 集 小說類 3236
112	1257466	사씨남뎡기 곤		己丑二年十三日	고서경산 集 小說類 3236
113	1257195	사씨남졍긔	책주최씨	명치사십사년 신해	고서경산 集 小說類 3004
114	1257193	사씨남졍긔			고서경산 集 小說類 3002
115	1257196	사씨남졍기	책주는신용 신생원명	계축이월초칠일	고서경산 集 小說類 3005
116	1257191	사씨남졍기라. 상			고서경산 集 小說類 3001
117	1257192	사씨남졍기라. 하			고서경산 集 小說類 3001
118	1257137	남뎡긔. 일			고서경산 集 小說類 2963
119	1257136	남뎡긔. 이			고서경산 集 小說類 2963
120	1257135	남뎡긔. 삼	隨廳 高鎭國	己卯三月 日	고서경산 集 小說類 2963
121	1257190	남졍긔			고서경산 集 小說類 3000
122	1257140	南征記		戊戌正月 日	고서경산 集 小說類 2966
123	1257138	南征記		긔축육월염삼일	고서경산 集 小說類 2964
124	1257141	남졍긔		己丑五月二十一日	고서경산 集 小說類 2967
125	1257139	남졍긔			고서경산 集 小說類 2965
126	1257188	삼국지			고서경산 集 小說類 2998
127	1257187	삼국지			고서경산 集 小說類 2997
128	1257197	서유기			고서경산 集 小說類 3006
129	1257198	셔부인젼		긔사맹츈	고서경산 集 小說類 3007
130	1257200	셜홍젼		癸亥三月十二日	고서경산 集 小說類 3009

No.	등록번호	서명	필사자 및 원소장자	필사연대	청구기호	비고
131	1257201	소강졀실긔		임오납월망일	고서경산 集 小說類 3010	
132	1257206	소무츙졀록	십이세 소애필셔	임인년오월 일	고서경산 集 小說類 3015	
133	1257203	蘇大成傳		乙卯年八月 日	고서경산 集 小說類 3012	
134	1257244	쇼듕화역대셜 일			고서경산 集 小說類 3047	
135	1257243	쇼듕화역대셜 이			고서경산 集 小說類 3047	
136	1257241	쇼듕화역대셜 삼		을묘오월쵸일 일	고서경산 集 小說類 3047	
137	1257242	쇼듕화역대셜 사			고서경산 集 小說類 3047	
138	1257204	쇼대셩젼		大正三年十一月 日	고서경산 集 小說類 3013	
139	1257205	쇼대셩젼		甲寅元月 日	고서경산 集 小說類 3014	
140	1257202	쇼대셩젼이라		丙辰十二月初四日	고서경산 集 小說類 3011	
141	1257207	쇼양졍			고서경산 集 小說類 3016	
142	1257208	쇼현쇽녹	주인은 부인이라	긔묘유월이십칠일	고서경산 集 小說類 3017	
143	1257212	수경낭자젼	報恩郡		고서경산 集 小說類 3021	
144	1257209	수경낭자젼		무신三月二十六日	고서경산 集 小說類 3018	
145	1257211	수경낭자젼		대졍칠년육월 일	고서경산 集 小說類 3020	
146	1257210	수경낭자젼		병오O월 일	고서경산 集 小說類 3019	
147	1257214	숙영낭자젼			고서경산 集 小說類 3023	
148	1257213	슈매쳥심녹	대전 김현중책주	庚戌年	고서경산 集 小說類 3022	
149	1257180	신가낭젼			고서경산 集 小說類 2990	

150	1257215	신계후젼			고서경산 集	小說類 3024
151	1257216	신조기우록		님자년칠월	고서경산 集	小說類 3025
152	1257217	신조기우록		신해오월십일	고서경산 集	小說類 3026
153	1257234	심참판젼		병진십이월 일	고서경산 集	小說類 3040
154	1257228	심쳥가	鳳岩私塾 金東隱書	火龍土豕上弦	고서경산 集	小說類 3034
155	1257468	심쳥가			고서경산 集	小說類 3238
156	1257218	심쳥젼			고서경산 集	小說類 3027
157	1257226	심쳥젼			고서경산 集	小說類 3032
158	1257229	심쳥젼			고서경산 集	小說類 3035
159	1257221	심쳥젼			고서경산 集	小說類 3028
160	1257225	심쳥젼			고서경산 集	小說類 3031
161	1257233	심쳥젼		乙卯至月二十八日	고서경산 集	小說類 3039
162	1257230	심쳥젼			고서경산 集	小說類 3036
163	1257224	심쳥젼	이참봉난사	긔유쇼춘신쇼	고서경산 集	小說類 3030
164	1257227	심쳥젼		庚戌仲春	고서경산 集	小說類 3033
165	1257223	심쳥젼	沃川郡		고서경산 集	小說類 3028
166	1257219	심쳥젼	忠北報恩懷北 李相益 필서		고서경산 集	小說類 3028
167	1257231	심쳥젼			고서경산 集	小說類 3037
168	1257220	심쳥젼		목판	고서경산 集	小說類 3028
169	1257232	심쳥젼권지단이라		大正捨壹年壬戌 四月念七日	고서경산 集	小說類 3038

No.	등록번호	서명	필사자 및 원소장자	필사연대	청구기호	비고
170	1257222	심천가라		壬子陰四月 日	고서경산 集 小說類 3029	
171	1257235	양시소열녹이라			고서경산 集 小說類 3041	
172	1257236	양풍운전			고서경산 集 小說類 3042	
173	1257237	어룡젼		甲寅陰十一月十日	고서경산 集 小說類 3043	
174	1257231	魚龍傳單			고서경산 集 小說類 3037	
175	1257240	어용젼		大正九年庚申正月初三日 光武十年(표지)	고서경산 集 小說類 3046	
176	1257238	어용젼		甲寅十一月 日	고서경산 集 小說類 3044	
177	1257239	어룡션		계측사월니십구일	고서경산 集 小說類 3045	
178	1257502	여행록이라		경자월월이십일일	고서경산 集 小說類 3269	
179	1257481	영평공쥬본젼 1		정미육월 일	고서경산 集 小說類 3249	
180	1257481	영평공쥬본젼 2	염쇼져책		고서경산 集 小說類 3249	
181	1257246	옥낭자전			고서경산 集 小說類 3049	
182	1257246	옥단춘젼			고서경산 集 小說類 3049	
183	1257260	玉麟夢			고서경산 集 小說類 3062	
184	1257250	옥연몽			고서경산 集 小說類 3051	
185	1257249	옥연몽			고서경산 集 小說類 3051	
186	1257247	옥연몽 권지십이			고서경산 集 小說類 3050	
187	1257251	옥연몽 권지십일		壬申秋七月旣望	고서경산 集 小說類 3053	
188	1257248	옥연몽 권지일	報恩郡懷南面새별 文在成	乙卯十二月二十四日	고서경산 集 小說類 3052	

189	1257262	玉麟夢		丙辰正月念五日	고서경산 集 小說類 3062
190	1257263	玉麟夢		丙辰正月念五日	고서경산 集 小說類 3063
191	1257264	玉麟夢		丙辰正月念五日	고서경산 集 小說類 3063
192	1257261	玉麟夢			고서경산 集 小說類 3062
193	1257252	옥환긔봉		신튝모츈일	고서경산 集 小說類 3054
194	1257253	옹고집전		대한융희이년 일월십육일	고서경산 集 小說類 3055
195	1257474	王郞返魂傳		大正拾四年 八月拾壹日	고서경산 集 小說類 3243
196	1257245	왕조열전	대전자양 김석교		고서경산 集 小說類 3048
197	1257255	월봉긔		甲午湯月念五日	고서경산 集 小說類 3057
198	1257256	월봉긔	册主增岩 伊院宅	主鼠仲冬上澣	고서경산 集 小說類 3058
199	1257254	월봉긔전	홍노초소 홍대천책	융희이년무신사월 일	고서경산 集 小說類 3056
200	1257458	월션전		丙辰正月初三日	고서경산 集 小說類 3231
201	1257257	월하선전		융희삼년 긔유즁츈니십일일	고서경산 集 小說類 3059
202	1257258	위봉월전		대졍삼년갑인츈 이월 일	고서경산 集 小說類 3060
203	1257259	위현전		계사뎡월	고서경산 集 小說類 3061
204	1257266	유백노전		별술원월	고서경산 集 小說類 3065
205	1257265	유봉션젼			고서경산 集 小說類 3064
206	1257268	유씨젼		임자이월 일	고서경산 集 小說類 3067
207	1257246	유씨젼			고서경산 集 小說類 3049
208	1257267	유씨젼니라		을사년슷달십팔일	고서경산 集 小說類 3066

No.	등록번호	서명	필사자 및 원소장자	필사연대	청구기호	비고
209	1257169	유씨젼권지단이라			고서경산 集 小說類 2979	
210	1257514	유씨젼이라			고서경산 集 小說類 3023	
211	1257277	兪忠烈傳			고서경산 集 小說類 3076	
212	1257275	柳忠烈傳		丙辰年正月 日	고서경산 集 小說類 3074	
213	1257288	유충렬젼		신해오월망간	고서경산 集 小說類 3085	
214	1257276	유충열젼	韓昌壽冊	壬子十一月十七日	고서경산 集 小說類 3075	
215	1257286	유충열젼	冊主首谷尹昌求	己未臘月初二日	고서경산 集 小說類 3083	
216	1257283	유충열젼	츙남 논산 노성 윤석용		고서경산 集 小說類 3080	
217	1257287	유충열젼			고서경산 集 小說類 3084	定價金四十五錢
218	1257486	유충열젼			고서경산 集 小說類 3254	
219	1257282	유충열젼	冊主呂壽英	갑오유월쵸삼일	고서경산 集 小說類 3079	
220	1257285	유충열젼		乙卯二月九日	고서경산 集 小說類 3082	
221	1257362	유충열젼			고서경산 集 小說類 3150	
222	1257284	유충열젼이라		壬子十二月二十五日 癸丑元月二十五日	고서경산 集 小說類 3081	
223	1257271	유츙열젼		壬子十月十九日 十一月八日	고서경산 集 小說類 3070	
224	1257273	유츙열젼		己未正月 日	고서경산 集 小說類 3072	
225	1257274	유츙열젼	忠淸南道牙山郡二東面新鴨洞居李生書	大韓光武二年戊戌十一月二十三日	고서경산 集 小說類 3073	
226	1257278	유츙열젼		을사사월초삼일	고서경산 集 小說類 3077	

227	1257270	유츙열젼		丁酉十二月十八日	고서경산 集 小說類 3069	
228	1257467	유츙열젼			고서경산 集 小說類 3237	
229	1257280	유츙열젼. 천		광무십년맹하상한	고서경산 集 小說類 3078	
230	1257281	유츙열젼. 지		광무십년맹하상한	고서경산 集 小說類 3078	
231	1257279	유츙열젼. 인		병오윤사월이십팔일	고서경산 集 小說類 3078	
232	1257272	뉴츙열젼		壬子三月二十七日	고서경산 集 小說類 3071	
233	1257269	뉴츙열젼			고서경산 集 小說類 3068	
234	1257293	유한당사씨언행록	충남 당진 초락도 김씨	경유모츈	고서경산 集 小說類 3090	
235	1257292	유한당사씨언행록			고서경산 集 小說類 3089	
236	1257291	유한당사씨언행록			고서경산 集 小說類 3088	
237	1257290	유한당사씨언행록			고서경산 集 小說類 3087	
238	1257303	이수문젼		경슐경월이십팔일	고서경산 集 小說類 3096	
239	1257304	이운션젼		병오칠월십일	고서경산 集 小說類 3097	
240	1257306	이진사젼		병오경월 일	고서경산 集 小說類 3099	
241	1257307	이진사젼		경미정월 일	고서경산 集 小說類 3100	
242	1257305	이진사젼	下鳳村 金主事宅	임인맹하사월십오일	고서경산 集 小說類 3098	
243	1257482	이춘매젼		신묘삼월십오일	고서경산 集 小說類 3250	
244	1257365	인향젼			고서경산 集 小說類 3153	
245	1257313	인현셩후 민씨덕행녹		을묘츄팔월	고서경산 集 小說類 3105	
246	1257315	임경업젼이라	충남 연기 동면 사기동	임인납월염일	고서경산 集 小說類 3107	

No.	등록번호	서명	필사자 및 원소장자	필사연대	청구기호	비고
247	1257316	남장군전이라		乙卯十一月日	고서경산 集 小說類 3108	
248	1257314	林慶業傳		黃龍暮春下澣	고서경산 集 小說類 3106	한문본
249	1257317	林將軍傳			고서경산 集 小說類 3109	한문본
250	1257318	임진녹	책주 吳澤鎭 燕岐郡南面芳策里		고서경산 集 小說類 3110	
251	1257319	임진녹니다	대전 중구 선화 강관현		고서경산 集 小說類 3111	
252	1257300	장끼젼	송학성필, 책주	경신십일월이십사일	고서경산 集 小說類 3093	
253	1257320	장닉성전		壬戌年二月十九日	고서경산 集 小說類 3112	
254	1257695	蔣O傳			고서경산 集 小說類 3338	한문본
255	1257326	적벽대전	대덕군 구즉면 밤골 안운선	丁未元月 日	고서경산 集 小說類 3118	
256	1257322	적벽대전단이라	冊主公州邑內 班竹李聖天	光武元年戊戌 四月二十五日	고서경산 集 小說類 3114	
257	1257324	적성의전			고서경산 集 小說類 3116	
258	1257325	적성의전			고서경산 集 小說類 3117	
259	1257323	적성희전		갑인십일월 일	고서경산 集 小說類 3115	
260	1257329	전운치전		乙巳年二月二十九日	고서경산 集 小說類 3121	
261	1257338	정을션전			고서경산 集 小說類 3130	
262	1257330	제마무전			고서경산 集 小說類 3122	
263	1257330	졍비전			고서경산 集 小說類 3122	
264	1257333	졍슈경전		庚申正月三日	고서경산 集 小說類 3125	

265	1257332	졍슈경젼		뎡미이월이십일	고서경산 集 小說類 3124	
266	1257331	졍슈경젼		긔축이월쵸구일	고서경산 集 小說類 3123	
267	1257336	졍향젼	大興邑 上王家書	甲辰七月初九日	고서경산 集 小說類 3128	
268	1257353	조웅젼			고서경산 集 小說類 3141	
269	1257354	조웅젼. 상			고서경산 集 小說類 3142	
270	1257355	조웅젼. 하		임자삼월십삼일	고서경산 集 小說類 3142	
271	1257344	조웅젼			고서경산 集 小說類 3133	
272	1257357	조웅젼			고서경산 集 小說類 3145	
273	1257352	조웅젼	忠淸道禮山郡 德山面卜唐, 朴昌圭		고서경산 集 小說類 3140	
274	1257358	조웅젼	책주는오근슈		고서경산 集 小說類 3146	
275	1257341	조웅젼. 상		을미이월십일일	고서경산 集 小說類 3131	
276	1257339	조웅젼. 상		갑진십이월이십삼일	고서경산 集 小說類 3132	
277	1257340	조웅젼. 중			고서경산 集 小說類 3131	
278	1257342	조웅젼. 하			고서경산 集 小說類 3131	
279	1257343	조웅젼. 하			고서경산 集 小說類 3132	
280	1257359	죵경긔젼		을사이월염일	고서경산 集 小說類 3147	
281	1257472	鍾玉傳		갑진이월	고서경산 集 小說類 3242	
282	1257361	죠생원젼		병인년이월이십일	고서경산 集 小說類 3149	
283	1257351	죠웅젼		병오삼월 일	고서경산 集 小說類 3143	

Ⅰ. 서사문학과 인문학　175

No.	등록번호	서명	필사자 및 원소장자	필사연대	청구기호	비고
284	1257360	죵경긔젼		을사이월염일	고서경산 集小說類 3148	
285	1257369	주봉젼			고서경산 集小說類 3157	
286	1257370	周封傳		大正六年己巳初十日	고서경산 集小說類 3158	
287	1257426	중산퇴션생젼		戊戌元月	고서경산 集小說類 3206	
288	1257367	증슈경젼	충청북도 문의군읍내면 하동	임자십니월팔일	고서경산 集小說類 3155	
289	1257368	쥬봉젼	책쥬는전라북 도진산면 묵산리 이광보	긔유년경월이십육일	고서경산 集小說類 3156	
290	1257371	쥬봉젼		졍묘년츄구일	고서경산 集小說類 3159	
291	1257334	증을션젼			고서경산 集小說類 3126	
292	1257374	진대방젼		大正元年元月 日	고서경산 集小說類 3162	
293	1257372	진대방젼		갑오이월괴음츌	고서경산 集小說類 3160	
294	1257373	진대방젼		辛亥四月十三日	고서경산 集小說類 3161	
295	1257375	창난호연녹			고서경산 集小說類 3163	
296	1257376	창난호연록		님신납월쵸삼일	고서경산 集小說類 3164	
297	1257377	창난호연녹			고서경산 集小說類 3165	
298	1257381	창션감의록			고서경산 集小說類 3169	
299	1257386	창션감의록			고서경산 集小說類 3172	
300	1257392	창션감의록			고서경산 集小說類 3178	
301	1257390	창션감의록			고서경산 集小說類 3176	

302	1257389	창선감의록			고서경산 集	
					小說類 3175	
303	1257403	창선감의록			고서경산 集 小說類 3187	
304	1257394	창선감의록		隆熙元年丁未臘月 日	고서경산 集 小說類 3180	
305	1257387	창선감의록		갑인오월염육일	고서경산 集 小說類 3173	
306	1257405	창선감의록		병자십이월쵸뉵일	고서경산 集 小說類 3189	
307	1257398	창선감의록	화미정사	을묘십이월 일	고서경산 集 小說類 3183	
308	1257395	창선감의록		무신오월십구일	고서경산 集 小說類 3181	
309	1257388	창선감의록		계축칠월이십오일	고서경산 集 小說類 3174	
310	1257400	창선감의록			고서경산 集 小說類 3186	
311	1257379	창선감의록			고서경산 集 小說類 3167	
312	1257432	창선감의록			고서경산 集 小說類 3212	
313	1257378	창선감의록. 하		을사오월 일	고서경산 集 小說類 3166	
314	1257397	창선감의록. 하			고서경산 集 小說類 3166	
315	1257399	창선감의록		경묘오월이십오일	고서경산 集 小說類 3185	
316	1257402	창선감의록. 상		乙卯陰十二月 日	고서경산 集 小說類 3184	
317	1257401	창선감의록. 하			고서경산 集 小說類 3184	
318	1257380	창슨감의록		己酉正月 日	고서경산 集 小說類 3168	
319	1257404	창슨감의록		긔미정월십구일	고서경산 集 小說類 3188	
320	1257396	昌善感義錄		계축삼월망간	고서경산 集 小說類 3182	
321	1257382	昌善感義錄.건			고서경산 集 小說類 3170	

Ⅰ. 서사문학과 인문학

No.	등록번호	서명	필사자 및 원소장자	필사연대	청구기호	비고
322	1257383	昌善感義錄.곤			고서경산 集 小說類 3170	
323	1257385	昌善感義錄.상			고서경산 集 小說類 3171	
324	1257384	昌善感義錄.하		丙辰十二月 日	고서경산 集 小說類 3171	
325	1257393	챵션감의록			고서경산 集 小說類 3179	
326	1257391	창선감의록		뎡튝원월십칠일	고서경산 集 小說類 3177	
327	1257406	청구야사			고서경산 集 小說類 3190	
328	1257407	청암녹		갑인년십일월쵸사일	고서경산 集 小說類 3191	
329	1257409	聽月堂.일		성츅원월이십삼일	고서경산 集 小說類 3192	
330	1257408	聽月堂.이		경츅경월십사일	고서경산 集 小說類 3192	
331	1257411	聽月堂.삼		경츅원월십구일	고서경산 集 小說類 3192	
332	1257410	聽月堂.사			고서경산 集 小說類 3192	
333	1257412	聽月堂.오			고서경산 集 小說類 3192	v 5
334	1257469	천생셕		긔해오월쵸하루	고서경산 集 小說類 3239	
335	1257413	초한젼			고서경산 集 小說類 3193	
336	1257414	최현젼			고서경산 集 小說類 3194	
337	1257415	최호츔신일기라			고서경산 集 小說類 3195	
338	1257417	별춘향젼		대정원년임자 납월초삼일	고서경산 集 小說類 3197	
339	1257424	춘행가			고서경산 集 小說類 3204	
340	1257423	춘향젼	충남 연기 금남 장영기		고서경산 集 小說類 3203	

341	1257422	춘향전		명치사십사년 신해십이월 일	고서경산 集 小說類 3202	
342	1257418	춘향전	충남 연기 금남 김영남		고서경산 集 小說類 3198	
343	1257424	춘향전		기유납월이십이일	고서경산 集 小說類 3204	
344	1257416	춘향전		己酉宗月	고서경산 集 小說類 3196	
345	1257420	츈향전			고서경산 集 小說類 3200	
346	1257484	충열효행록			고서경산 集 小說類 3252	
347	1257425	토끼전		丁巳至月小晦	고서경산 集 小說類 3205	
348	1257183	별쥬부젼	만경셧편 박셔방네책	甲寅正月 日	고서경산 集 小說類 2993	
349	1257473	팔상록 단			고서경산 集 小說類 3240	추가 등록
350	1257473	팔상록. 일			고서경산 集 小說類 3240	추가 등록
351	1257473	팔상록. 이			고서경산 集 小說類 3240	추가 등록
352	1257473	팔상록. 삼			고서경산 集 小說類 3240	추가 등록
353	1257473	팔상록. 사			고서경산 集 小說類 3240	추가 등록
354	1257473	팔상명행록. 일			고서경산 集 小說類 3240	추가 등록
355	1257473	팔상명행록. 이			고서경산 集 小說類 3240	추가 등록
356	1257473	팔상명행록. 삼			고서경산 集 小說類 3240	추가 등록
357	1257473	팔상명행록. 사			고서경산 集 小說類 3240	추가 등록
358	1257473	팔상명행록. 오			고서경산 集 小說類 3240	추가 등록
359	1257473	팔상명행록. 육			고서경산 集 小說類 3240	추가 등록
360	1257473	팔상명행록. 칠	옥동서종	임자십일월십오일	고서경산 集 小說類 3240	추가 등록

No.	등록번호	서명	필사자 및 원소장자	필사연대	청구기호	비고
361	1257434	현봉쌍의록		긔유윤삼월	고서경산 集 小說類 3214	
362	1257435	현슈문젼			고서경산 集 小說類 3215	
363	1257436	현씨양웅쌍인기 1		신튝윤삼월 일	고서경산 集 小說類 3216	
364	1257441	현씨양웅쌍인기 2		병오년정월 일	고서경산 集 小說類 3216	
365	1257440	현씨양웅쌍인기 3		병오년정월하한	고서경산 集 小說類 3216	
366	1257437	현씨양웅쌍인기 4		병자년원월상한	고서경산 集 小說類 3216	
367	1257439	현씨양웅쌍인기 5		신해동십이월쵸삼일	고서경산 集 小說類 3216	
368	1257438	현씨양웅쌍인기 6		신해동지달염육일	고서경산 集 小說類 3216	
369	1257442	현씨양웅쌍인기 7			고서경산 集 小說類 3216	
370	1257109	홍桂月傳		을사팔월쵸일일	고서경산 集 小說類 2940	
371	1257108	홍桂月傳		丙午正月二十三日	고서경산 集 小說類 2939	
372	1257443	홍계월전			고서경산 集 小說類 3217	
373	1257444	洪吉東傳			고서경산 集 小說類 3218	
374	1257445	홍길동젼이라	이소져필서	무오졍월십구일	고서경산 集 小說類 3219	
375	1257446	홍랑젼			고서경산 集 小說類 3220	
376	1257448	홍평국전	책주최난이	계묘정월이십삼일	고서경산 集 小說類 3222	
377	1257447	홍영선전		무슐이월이십칠일	고서경산 集 小說類 3221	
378	1257452	화룡도		丁未孟春	고서경산 集 小說類 3226	
379	1257451	화룡도			고서경산 集 小說類 3225	

380	1257449	화룡도전			고서경산 集 小說類 3223	
381	1257450	화룡도전이라		己酉潤二月中春	고서경산 集 小說類 3224	
382	1257430	화씨창선감의록		을사경월이십육일	고서경산 集 小說類 3210	
383	1257431	화씨츙효록			고서경산 集 小說類 3211	
384	1257431	화씨츙효록		을사납월초일일	고서경산 集 小說類 3212	
385	1257428	화씨츙효록		을해경월염일	고서경산 集 小說類 3208	
386	1257427	화씨츙효록		癸亥三月十二日	고서경산 集 小說類 3207	
387	1257433	화씨튱효록		경인월을염사일	고서경산 集 小說類 3213	
388	1257429	화진전			고서경산 集 小說類 3209	
389	1257457	황운설연전		大正六年丁巳 正月十一日	고서경산 集 小說類 3229	
390	1257455	황운전. 일		긔유이월삼십일	고서경산 集 小說類 3228	
391	1257454	황운전. 이		긔유사월쵸구일	고서경산 集 小說類 3227	
392	1257456	황운전. 일			고서경산 集 小說類 3228	
393	1257453	황운전. 이		壬辰十二月初四日	고서경산 集 小說類 3227	
394	1257460	황월선전		융희사년정월이십일	고서경산 集 小說類 3232	
395	1257459	황월선전			고서경산 集 小說類 3230	
396	1257459	황월선전		정미정월염육일	고서경산 集 小說類 3230	
397	1257461	황화룡전		긔축지월염칠일	고서경산 集 小說類 3233	
398	1257463	홍보전			고서경산 集 小說類 3234	
399	1257464	홍부전	대적군 구즉면 밤골 안운선		고서경산 集 小說類 3235	

No.	등록번호	서명	필사자 및 원소장자	필사연대	청구기호	비고
400	1256186	삼국지(三國誌)			고서경산 集 小說類 3235	목판본
401	1256189	삼국지(三國誌)			고서경산 集 小說類 3235	목판본
402	1257363	유충렬전			고서경산 集 小說類 3235	목판본
403	1257289	유충렬전			고서경산 集 小說類 3235	목판본

이상 대전지방을 중심으로 유통되었던 국문소설의 이본들은 400여 건에 불과하지만, 이것은 이 지방 주민들이 고전소설을 향유한 문화생활과 행복지수를 실증하는 보배로운 전거라 하겠다. 그래서 이 국문소설 이본들은 국문학상에서 소중할 뿐만 아니라, 매우 값진 우리의 문화유산이라고 보아진다. 이를 거국적인 국문소설 필사본들과 총망라 집성하면, 세계문화유산으로 공인될 수도 있기 때문이다.

이어서 이 지방의 국문소설은 그 필사본과 함께 목판본을 방편으로 유통되었다. 이러한 필사본이 성행하는 가운데서도 그 수요가 늘어나면서, 그 얘기책들을 다량 생산하는 일이 긴요하게 되었다. 그리하여 소설계에서 당시의 목판인쇄소와 손을 잡고, 널리 알려지고 인기 있는 국문소설 얘기책을 다량 출판하였다. 그게 이른바 방각본이라 하여 여러 지방에서 그런 출판사업이 벌어졌다. 먼저 서울 지방에서 경판본이 나왔는가 하면, 안성 지방에서 안성판본이 나오고, 전주 지방에서 완판본이 나온 게 사실이다. 그러면서 이 출판사에서는 그 판매·보급을 위하여 서점식·세책본식 거점을 마련하고 영업에 힘쓰며 나아가 등짐책장사를 풀어 각 지방에 유통시켰던 것이다. 그러기에 이 대전지방은 그 목판본의 판매·보급에서 우선 지역이 될 수밖에 없었다. 그 지역적으로 서울·안성과 가깝고 전주와도 근접한 데다 교통이 편리하고 그 문화·문학적 수용 기반과 여건이 성숙되었기 때문이다. 그래서 이 대전지방은 그 목판본 얘기책의 유통에서 그 중심에 자리하였던 것이다. 이러한 목판본의 성행은 이 지방 주민의 고전소설 수용·전승 양상을 실증하고 있는 터다. 이러한 가운데 그 목판본들은 그 판매·보급을 강화하기 위하여 동일 작품을 가지고도 보다 새롭고 재미있는 이본으로 개편·출판하는 경향이 뚜렷하였다. 그리하여 이러한 이본들이 이 지방 국문소설의 수용·유통에 은근한 활력을 불어넣었던 것이다. 이 대전지방을 중심으로 유통·전승된 목판본 이본들이 〈춘향전〉·〈심청전〉·〈흥부전〉·〈토끼전〉·〈적벽대전〉·〈조웅전〉·〈유충렬전〉·〈이대봉전〉 등 상당히 현전하고 있는 터다. 이에 김동욱이 이를 수집하여 『고소설판각본전집』(5권)으로 편간하였던 것이다.

이어 활판인쇄가 도입되면서, 이 국문소설이 활판본으로 인행되기에 이르렀다. 서울을 중심으로 많은 활판사들이 다투어 인기 있고 편리한 국문소설 얘기책을 발행하여 전국적으로 판매·보급하였다. 이때 그 얘기책은 표지에 그 작품의 핵심 대목을 그림으로 그려 놓아 울긋불긋하니 '붉은 딱지본'이라 이르고, 그 1책 당 가격이 당시 6전이기에 '육전본'이라 불리기도 하였다. 이 활판본 얘기책 역시 대전지방에서 우선적으로 수용되고, 그 국문소설의 문헌적 유통상에서 전통을 이어 왔던 것이다.

(2) 구비적 방편

이 대전지방에서 국문소설의 유통은 그 문헌적 유통을 기본으로 하여 구비적 방편에 의하여 보다 친근하게 실질적으로 이루어졌다. 실제로 이 국문소설 얘기책이 소리 내어 낭독되고, 이야기되며, 말하면서 노래하는 식으로 그 유통·전승이 절실하게 심화되었기 때문이다. 그것이 바로 국문소설의 강독이요, 강담이요, 강창으로서, 생동하는 역량을 발휘하며 전문화되었던 터다.

먼저 이 국문소설의 강독이다. 이 얘기책의 강독은 혼자서 낭독하는 데서 출발하였다. 그리고 강독자가 가족이나 가까운 사람들에게 그 얘기책을 낭독해주는 데서 본격화되었다. 그 가족 간에 누가 낭독을 하거나 친척·이웃이 모인 자리에서 낭독을 하는 데서 그 강독은 그 범위가 점차 넓어지고, 따라서 그 낭독의 기술이 점점 발달하게 되었다. 그래서 그 집안, 그 동네, 인근에서 남녀·노소간에 초성이 좋고 신명나고 감명 깊게 읽는 인물이 나오게 되었다. 그가 선독자로서 점차 인기를 얻고 공인을 받으면, 집단적인 청중의 요청을 받고 그 자리에서 그 얘기책을 맛시게 잘 낭독하여 청중의 감농을 자아냈던 것이다. 대개 한가한 틈을 타서 동네 대갓집의 안방에 부녀자들이 모여서 여성선독자를 불러 〈춘향전〉이나 〈심청전〉·〈사씨남정기〉 같은 여성소설을 읽게 하고는 그 절실한 대목에서 눈물까지 흘리며 즐겼던 것이다. 한편 대갓집의 사랑방에 남정네들이 모여 남성선독자를 불러서 〈홍길동전〉이나 〈구운몽〉·〈유충렬전〉 등 남성소설을 읽히고는 절정의 대목에서는 감동·격분하면서 재미를 보았던 것이다. 이와 같이 소박하게, 그 재미있고 유익한 국문소설의 강독을 통하여 그 문학세계를 누리게 되었던 것이다.

그러면서 이 국문소설의 강독과 유통은 점차 발달하여 그 청중의 수준과 감상안이 높아졌을 뿐만 아니라, 그 전문적 낭독자, 이른바 강독사가 등장하여 가관을 보이게 되었다. 이 지역 주민이 동호인격인 청중으로서 그 강독의 자리를 마련하고, 그 인근의 강독사나 직업적인 강독사를 초청하여 그 얘기책을 능력껏 낭독케 하고 최대한의 감상을 하면서 그 강독사에게 상당한 사례를 하였던 터다. 실제로 양반 대가의 내방에 그만한 부녀자들이 그 감상의 자리를 마련하고 저명한 남성 강창사를 여장시켜 들이고 그 작품을 능숙하게 강독시키고는 그 감동에 빠져, 그 강독사에게 사랑을 고백하는 사건까지 벌어졌던 터다. 한편 그런 대갓집 사랑방에 그만한 남정네들이 모여 그 전문적 강독사를 불러 마땅한 작품을 능력껏 강독시키고는 그 감동에 빠져 격분하여 현장에서 감정풀이를 하는 사례까지 있었던 것이다.

여기서는 그 작품의 강독을 감상하는 주민 청중들의 수준·안목이 상당한 수준으로 발전하고, 그에 상응하여 그 강독술이 그만큼 발전하고 있었다. 이것은 그 강창사의 초성과 언변, 그 음조·기교가 독창적이고 아름다워서 예술적인 경지와 전형을 이루고 있었기 때문이다. 그리하여 이러한 강독사는 경향의 시장이나 그 주변에 무대를 마련하고 일정한 청중이 모이면 인기 있는 작품을 능숙하게 강독하고는 일정한 사례를 받는 사례가 나타났던 터다. 이러한 과정을 통하여 국문소설은 그 진가를 발휘하면서, 그 강독사의 능력에 따라 점차 새로운 이본을 지향하게 되었던 터다. 이러한 강독사의 역할은 오랜 전통을 이어 최근까지도 정규헌 같은 강독사가 무형문화재로 행세하였던 것이다.

다음 이 국문소설의 강담이다. 이 얘기책의 강독을 바탕으로 그 작품의 내용을 시종 고담식으로 이야기하는 것이 바로 강담이다. 기실 이 국문소설의 옛날 이야기식 구연은 지극히 자연스럽고 실감을 자아낸다. 그래서 이 국문소설을 일명 고담책이라고 하는 게 어울린다. 이런 점에서 그 주민들이 모두가 재미있고 유익한 삶의 이야기를 좋아한 것은 당연한 일이다. 그래서 누구나 그 작품의 이야기를 구연하는 것을 좋아하고, 또한 듣기를 좋아하였다. 따라서 그 이야기하기를 좋아하는 사람은 구연자가 되고 듣기를 좋아하는 사람은 청중이 되어 그 강담적 유통 관계를 조성하게 되었다. 먼저 구연자는 기본적으로 가족이나 친척, 가까운 이웃들에게 자연스럽게 그 이야기를 구연하고, 그들은 잘 듣고

서로 감동하고 즐기는 것이다. 그러면서 동네나 근동에서 남녀·노소간에 그 구연에 능한 강담자가 떠오르고 공인을 받았다. 그 구연에서 입담이 좋고 신명이 나서 그 작품의 이야기를 보다 재미있고 감명 깊게 풀어가고 있기 때문이었다. 그리하여 동네나 인근에서 부녀들이 인연 따라 안방에 모여서 자리를 마련하고 그 유능한 여성 강담자를 불러 그 이야기를 능력껏 풀어내게 하여 감동과 재미를 만끽하였던 것이다. 한편 그 남정네들이 동호인격으로 사랑방에 모여서 유능한 남성 강담자를 청하여 그 이야기를 소신껏 풀어내게 하여 감동과 재미를 마음껏 누렸던 터다.

이러는 과정에서 원근 간에 직업적인 강담사가 등장하여 경향을 돌면서 부녀층의 청중이나 남정네의 청중을 만나 저명한 국문소설을 재미있고 감명 깊게 이야기하여, 감격과 행복을 자아냈고 상당한 보수를 받았던 것이다. 나아가 이런 강담사는 그 전문적인 강담연기를 강화하여 시정이나 그 주변에 자리 잡고 청중이 모이면 최상의 강담을 펼쳐, 감격과 행복을 선물하고 그 대가를 받았던 터다. 이로써 그 강담사와 청중 사이에서 국문소설을 널리·깊이 유포·보급시키고, 그 작품들을 보다 효율적으로 개신시켜 나갔던 것이다. 그로 하여 대전지방 주민들은 당시 그 소설의 내용을 모르는 이가 없었고, 그런 이야기가 고담식으로 널리 유전되었던 것이다. 그러면서 그 강담사의 후예들이 최근까지 노인정이나 도시 공원의 휴식처 등에서 그런 이야기의 잔영을 보였던 것이다.

그리고 이 국문소설의 강창이다. 위와 같이 그 국문소설의 강독과 강담의 유통 방편이 점차 발전하면서, 이곳 주민 청중의 감상·수용의 안목이 점점 높아진 것이 사실이다. 여기서 그 구비적 유통 방편이 보다 재미있고 감동적인 연예의 방향으로 전문화되었던 터다. 어느새 경향의 각 지역에 그 연예적 구연의 전문가가 등장하였다. 그들은 이 국문소설을 강독하거나 강담하는 데서 나아가 이를 대본으로 설명·강설하고 가창하는 것이 마치 연극하는 식으로 구연되었다. 이런 것이 바로 국문소설의 강창이요, 그 전문가 곧 강창사였던 터다. 여기서 그 국문소설의 연극적 공연현장이 벌어지고 그 유통의 예술적 방편이 정립되었던 것이다. 이러한 국문소설의 구비적 연행은 개별적으로 자연스럽게 벌어지기는 어렵고, 의도적이고 집단적인 자리에서 주로 펼쳐졌던 터다.

그래서 이 지방 양반·중류층의 경사·잔치 마당에서 그 강창사가 초청되어 인기 있는 국문소설의 중요한 대목을 연극적으로 연창하였고, 그 동네나 인근의 동제·행사 등에서 그 강창사를 불러 그러한 작품을 연창하여 청중 모두의 재미와 감동을 불러일으키고 그만한 대접을 해주었던 것이다. 나아가 그 강창사들은 경향 각 지방의 시장에 가서 그 주변에 자리를 마련하고, 청중이 모이는 대로 그 작품을 대본으로 멋진 강창을 연극적으로 실연하여 그 모두에게 감동과 재미를 안겨주고 그 보답을 받았던 것이다.

마침내 이러한 강창적 연행은 당시의 연극적 공연과 직결되었다. 그 당시의 공연예술로서 강창극이라 할 판소리가 출현하여 국문소설을 대본으로 강창적 공연을 펼쳤기 때문이다. 이 판소리는 한 사람의 강창사, 광대가 적어도 〈춘향전〉·〈심청전〉·〈흥부전〉·〈토끼전〉·〈적벽대전〉 같은 저명한 국문소설을 대본으로 각색하여 가창연기와 강설연기, 행동연기로써 복합적이고 역동적인 공연을 펼쳐 나갔던 것이다. 이러한 판소리는 서울·기호지방, 대전지방을 중심으로 유통되어 왕실이나 양반·대가의 경사, 동제나 지방 행사 등에서 판을 벌리고, 청중의 집단적 요청으로 어떤 광장이나 희대·극장에서도 그 연창을 제대로 펼치고 대단한 인기리에 예우와 경탄을 받았던 터다. 그리하여 이 국문소설의 유통·

전승 과정에서 최상의 경지를 성취했던 것이다. 그리하여 이 국문소설은 대중적인 방향으로 인기 위주의 통속화를 지향하면서 크게 발전·성행하게 되었던 터다.

5) 국문소설의 문화사적 위상

조선시대 대전지방의 국문소설은 그 형성·발전·난숙·성행·흥행을 계속하면서 장구한 세월에 걸쳐 이 지방의 문화사상에서 지대한 영향을 끼치며 중요한 위치를 점유하여 왔다. 원래 이 국문소설은 방대하고 중요한 문학 유형으로서 종합예술 내지 종합문화적 가치와 역량을 발휘하여 이 지방 일반문화와 합류·전승되어 왔기 때문이다. 여기서는 대강 그 문학사상의 위치와 국문문화사상의 위치, 윤리·생활사상의 위치 등을 주목하고 개관하여 보겠다.

첫째, 이 문학사상의 위치에 대해서다. 이 국문소설은 당시 국문학의 대표적 장르로서 이 지방의 소설사를 주도하였다. 그리하여 이 지역의 한문소설 내지 설화문학과 교류하면서 그 서사문학사를 이끌어 왔던 것이다. 기실 이 국문소설은 국자·국문의 보급과 함께 널리 강독되고, 강담과 함께 강창되면서 그 주민·청중에 지대한 영향을 끼쳤던 터다. 그리하여 그들에게 재미있고 유익한 소설문학에 대한 인식과 식견·교양을 심어주고, 그 대표적 작품들의 주제·내용을 각인시키는 데까지 나아갔다. 고금을 통하여 적어도 〈춘향전〉·〈심청전〉·〈흥부전〉 등 대표적 작품에 대하여 모르는 사람이 없는 실정이었다.

그리고 이 국문소설은 당시 한시나 국문시가와 교류하면서 상당한 영향을 끼쳤다. 이 국문소설은 강독을 통하여 그 작품 속의 한시나 국문시가를 분화·전개시켰고, 그 강담 내지 강창을 통하여 일반시가계의 작품을 인용하거나 새로운 시가 형태를 제작·유통시켰던 것이다. 이처럼 국문소설의 시가 형태는 당시 시가류의 작품들과 교류·상장하면서 이 지방 시가사의 주류를 이루어 왔다고 본다.

이어 이 국문소설은 당시 한문수필이나 국문수필과 소통하면서 대단한 영향을 끼쳤다. 이 국문소설은 그 강독을 통하여 그 작품 속 등장인물, 왕의 교령이나 신하·백성의 주의·논설, 그들의 전장과 기원문·애도문·제문이나, 서신·기행·담화 등이 분화·유통되었고, 그 강담 내지 강창 과정을 통하여 당시 수필계의 작품을 수용하거나 새로운 작품을 제작해 내기도 하였다. 이처럼 그 국문소설은 당시의 국문수필과 연결·합류되면서 상호 발전의 계기를 마련하였다. 그리하여 이 국문소설은 국문수필과 함께 이 지방 수필문학사를 주동적으로 이끌어 왔다고 보아진다.

그리고 이 국문소설은 당시 한문희곡 내지 국문희곡과 소통·교류하면서 지대한 영향을 끼쳤던 것이다. 이 국문소설이 널리 강독되고 인기리에 유전되면서 당대의 문인들이 그 작품들을 희곡 형태로 각색하게 되었다. 적어도 그 〈춘향전〉이나 〈심청전〉 등이 한문희곡으로 탈바꿈하여 널리 읽혔던 것이다. 그리고 이 국문소설이 강담사 강창으로 성행하면서 판소리계에서는 이 대표적 작품들을 그 대본, 극본·희곡으로 각색·공연하게 되었다. 그 유명한 〈춘향가〉·〈심청가〉·〈흥부가〉·〈토별가〉·〈적벽가〉 등 5대 판소리 대본이 바로 그것이다. 그리하여 이 국문소설이 한문희곡의 형성·전개의 주맥을 이루고 나아가 국문대본, 극본·희곡의 주류를 이루어 온 것이 사실이다. 따라서 이 국문소설이 당시 희곡문학의 두 주류를 통하여 유통·전승됨으로써 대전지방의 희곡사, 한국희곡사를 주도하여 왔다고 보아진다.

둘째, 이 국문문화사상의 위치에 대해서다. 이 국문소설이 문헌적 방편을 통하여 유통될 때, 그 국자·국문의 보급·실용사에 직접적인 영향을 끼쳤던 것이다. 당시 한자·한문 이외의 문맹사회에 그 국자·국문의 보급·활용은 대중문화의 새로운 장을 여는 쾌사였다. 이 지방 대부분이 국문소설의 대중적 유통에 의하여 문자·문장을 활용하는 문화생활을 하게 되었기 때문이다. 실제로 한자·한문을 벗어난 서민층이나 부녀층에서는 이 국문소설을 읽기 위하여 국자·국문을 익히고, 이 국문소설을 필사·유통시켜 그 보급·활용을 강화해 왔던 것이다. 그리하여 이 국문소설이 국자·국문의 보급·전파사에 기여한 바가 매우 크다고 보아진다.

다음 이 국문소설의 필사본들은 그 제작·유통 과정에서 이 지방 문헌사의 일환으로서 중요한 위치를 차지하여 왔다. 이 문헌사는 그 속의 제반 문화적 내용과 함께 문화사의 주류를 이룬다고 하겠다. 대개 이 문헌은 상류층의 전형적인 한자·한문 문헌으로서 전문적인 필사나 인쇄본으로 조성·유통되었던 터다. 그런데 이 국문소설은 남녀·노유 각개 각층이 자유롭게 써 낸 국문문헌으로서 그 특성과 가치가 있는 터다. 그리하여 이 지방 문헌사에서 이 국문소설의 필사본들은 독특하고 중요한 위치에 자리했던 것이다.

이러한 국문소설의 필사본들은 그 제작 유통 과정에서 국문필사의 서예사를 형성하여 왔다. 이 지방의 한문서예사는 전문가들의 그 작품들로서 상당한 수준을 유지하였던 터다. 그런데 이 국문소설의 필사본은 남녀·노소 각개 각층의 자유로운 필치로서 다양한 특징을 보인다. 실제로 그것은 유치하고 소박한 필체와 고졸하고 진솔한 필체, 자연스럽고 자유스러운 원형적 필체를 거쳐 그 나름의 달필에 이르기까지 천연적 필체의 화원을 이루어 왔던 것이다. 그것은 인위적인 화원 옆에 피어난 야생화처럼 주민·서민들의 서예로서 그것대로의 아름다움을 발휘하며 실용적인 전통을 지켜왔던 것이다.

셋째, 이 윤리·생활사상의 위치에 대해서다. 우선 이 국문소설이 유통·전승되면서 이 지방의 윤리사에 지대한 영향을 끼쳤던 것이다. 그 대표적인 작품들이 한결같이 이른바 종말의 행운과 함께 권선징악의 주제의식을 심어 주고 권장하여 왔기 때문이다. 그래서 보편적인 윤리의식으로 유충렬전류의 충성, 심청전류의 효행, 춘향전류의 정열, 홍부전류의 우애 등이 주류를 이루어 주민·청중의 실천적 윤리사를 이끌어 왔던 것이다. 그리하여 고금을 통하여 이 지방의 주민들은 그 고전소설의 윤리적 전통을 실천적으로 지켜 왔던 것이다. 따라서 그 시대의 주민들은 대체로 '충렬이'나 '심청이', '춘향이'와 '홍부'를 되새기며 따르고자 했던 게 사실이다.

그리고 이 국문소설이 널리 유통되면서 그 작품상의 가족생활이 그 주민 청중의 가정생활에서 그 전범이 되어 왔던 것이다. 그 가족 간의 관계, 생활방식이나 관습 등이 역대 주민들의 가정생활에 거의 그대로 반영·계승되어 왔기 때문이다. 이것이 바로 국문소설에 의한 주민들의 가족생활사로 이어져 왔던 것이다. 나아가 이 국문소설에 보이는 상하 민중의 신앙·풍습·민속 등이 그 시대 이 지방의 민중생활상에서 거의 그대로 반영·전승되었다는 사실이다. 유구한 민간신앙이나 조상숭배, 각종 통과의례, 월령 행사, 제반 산업 풍습, 의상·식사·주거 민속에 이르기까지 상통·전승의 전통을 이끌어 왔기 때문이다.

6) 결론

이상 조선시대 대전지방의 국문소설이 전통문화의 중심·주류로서 형성·유통되고 주민생활에 수용된 사실을 밝혀 보았다. 지금까지 논의된 것을 요약하면 다음과 같다.

① 대전지방 문학의 기반과 전통을 개관하였다. 이 대전지방은 기호문화의 중심지역으로서 일찍이 인문이 열리고 역대 학자·문인들이 한문학, 한시·한산문 등을 많이 저술·유전시킨 기반 위에, 상당한 국문시가와 국문수필 등이 제작·유통됨으로써 그 문학적 전통을 지켜 왔던 것이다.

② 이 국문소설이 대전지방을 중심으로 형성·전개된 계통을 추적하였다. 이 대전지방에는 이미 한문소설이 제작·유통되어 국문소설의 기반이 잡히고 전통이 정립되어 있었다. 그래서 기 국문소설이 15세기 정음시대에 《석보상절》·《월인석보》·《석가여래십지수행기》 등을 통하여, 불교계 한문소설을 번안하는 형태로 〈안락국태자전〉이나 〈인욕태자전〉·〈선우태자전〉·〈목련전〉·〈아육왕전〉·〈금우태자전〉 등이 형성·유전되면서, 대전지방에서는 이를 민감하게 수용했을 것이다. 이 국문소설이 16세기에 이르러 발전의 면모를 보여 〈안락국전〉이나 〈적성의전〉·〈금송아지전〉·〈나복전〉 등이 유통될 때, 대전지방에서는 이를 족히 수용하게 되었고, 이 국문소설이 17세기에 이르러 난숙할 때 허균의 〈홍길동전〉이 등장하고 김만중의 〈구운몽〉과 〈사씨남정기〉 등이 제작·유통되면서, 대전지방에서는 김진수의 〈김경여전〉이 국역·번안되어 국문소설로 행세하는 데다, 〈홍길동전〉이 이 지역과 깊은 인연을 가졌다는 중론과 함께 김만중의 소설이 이 지방의 소설로서 확인되면서 명실공히 국문소설의 전성시대를 이루었다. 마침내 이 국문소설은 18세기 이래 전국적으로 성행하였으니, 〈홍길동전〉·〈구운몽〉·〈사씨남정기〉를 비롯하여 〈심청전〉·〈춘향전〉·〈흥부전〉·〈토끼전〉·〈유충렬전〉 등 수많은 작품들이 성황리에 유통되었던 것이다.

③ 이 국문소설이 대전지방에서 유통·전승된 양상을 검증하였다.

우선 문헌적 방편으로 국문소설, 얘기책을 그 수요에 의하여 개인적으로 필사·제본하여 읽었다. 그 필사는 식견 있는 남녀·노소가 자유로운 필체로 써 내는 가운데 그 작품마다에 상당한 이본을 산출하였고, 그리고 그 얘기책의 전문적 필사자가 등장하여, 독자의 수요에 따라 그 작품을 필사·제책하여 주고는 일정한 대가를 받는 가운데 독특한 이본을 양산하였다. 나아가 그 전문적 필사자들이 제휴하여 인기 있는 얘기책을 많이 색다르게 필사·저장해 놓고, 독자에게 일정기간 빌려 주고 대금을 받는 가운데 세책본이 성행하였다. 그리하여 대전지방에서는 이런 필사본이 많이 유통되었고 인근 지방과 교류하여 더욱 성세를 보였다. 그리하여 대전지방에 일부나마 유존하는 필사본이나 인근지방에서 유입·유통된 필사본이 그 이본을 포함하여 400여 건이나 수집되었다. 이것은 민족문학 유산으로서 높은 가치를 지니고 있는 터다. 이어 국문소설은 증대되는 수요에 상응하여 목판·방각본을 양산하니, 경판본·안성판본·완판본 등으로 유통되고 마침내 활판본이 딱지본·육전본으로 유통되었다.

한편 이 국문소설은 구비적 방편으로 유통되었으니, 우선 그 얘기책을 낭독, 강독하여 즐기는 일이었다. 그 책을 한 사람이 강독을 하고 여러 사람들이 함께 경청하며 즐기는데, 가정 단위를 기본으로 하여 동내 대가의 내방이나 사랑방에 모여, 그 능독자의 강독을 경청하였고, 나아가 직업적인 강독사가 대등장하여 동내·인근 내지 시장 등 공회소에 남녀·노소가 모인 자리에서, 능숙한 강독을 벌려 그 모두를 울리고 웃기고는 대가를 받았다. 다음 그 얘기책을 제쳐 놓고 그 내용을 기옥하여 여러 사람에서 능숙한 이야기로 들려주어 울고 웃으면서 즐기는 일이었다. 처음에 가정 단위나 동내 단위로 대가의 내방·사랑방 등에 여럿이 모여 능숙한 이야기꾼의 그 이야기를 듣고 즐기었고, 나아가 그 직업적인 강담사가 등장하여 동내·인근의 공회소나 시장 통에 자리를 잡고, 모여든 청중에게 재미있고 유익한 이야기를 실감나게 이야기하여 감동케 하고는 대가를 받았다. 마침내 그 얘기책의 내용을 강설하고 가창하는 직업적 강창사가 경향으로 등장하여 여러 청중에게 재미있게 강설하고 능숙하게 가창하여 모두를 감동케 하고 보시를 받았던 것이다.

④ 이 국문소설이 대전지방의 문학·문화사상에 끼친 영향관계를 개관하였다. 먼저 이 국문소설은 대전지방 문학사상에서 중요한 역할을 다하였으니, 이 지방의 소설사를 주도하면서 한문소설이나 설화문학과 함께 그 서사문학사를 이끌어 오면서, 당시의 시가문학사나 수필문학사 그리고 희곡문학사와 교류·상장하고 그 문학사의 주류를 이루어 왔다. 그리고 이 국문소설은 이 지방 국문보급사와 함께 그 필사본을 중심으로 그 국문문헌사를 이루며 이 지방 문헌사를 주도하였고, 그 국문서예사를 이루어 그 서예문화사의 일환으로 공헌하였다. 또한 이 국문소설은 그 주제·사상을 통하여 이 지방의 윤리사 내지 생활사에 지대한 영향을 끼쳤으니, 그 권선징악의 주제의식이 충·효·열·우애·의리 등의 윤리적 실천으로 투사되어 이 지방의 윤리사를 주도하여 왔다. 그리하여 그 가정생활의 전범과 가문의 전통을 이어가는 이 지방의 생활사 내지 민속사를 그대로 이끌어 왔던 것이다.

이로써 대전지방 국문소설의 형성·전개와 그 실상, 그리고 그 유통·유전의 전모를 제 조명하게 되었다. 이를 통하여 대전의 전통문화에 대하여 한 새로운 인식과 애호로써 그 문화생활이 행복하기를 기대할 수가 있다. 이런 점에서 대전지방 문학관과 함께, '국문소설 박물관'을 설립하여 그 역사적 현장을 지현하고, 그 현장 체험을 통하여 문화적 행복을 누리기 바랄 따름이다.

3. 경산문고 소장 필사본 국문소설의 현황과 문화적 가치

1) 서론

고전소설이 한국 고전문학의 중심·주류를 이루어 왔다는 점은 그 문학적 자질과 자료적 방대함에서 이미 확증된 사실이다. 이러한 고전소설 자체로서나 그 연구 상에서 가장 중대한 것은 바로 그 원전 작품들이다. 이 원전만이 고전소설의 문학적 실상과 문학사적 위상을 보장하고 있기 때문이다. 이러한 원전은 고금을 통하여 다양한 형태로 유통·전승되어 왔거니와, 그중에서도 필사본이 가장 중요하고 값지다고 평가되는 것은 너무도 당연한 일이다. 이 필사본만이 그 작품의 형성·유통 과정에서 기본적 원형과 보편적 전형을 보존하여 왔기 때문이다. 따라서 이 필사본은 고전소설의 형성적 원형을 추구하고 문학적 전형을 탐구하는 데에 최고·최상의 필수적 원전이 될 수밖에 없다.

지금 이 고전소설은 한국고소설학회를 중심으로 다각도로 연구되고 그 방법론을 첨단적으로 예각화하여 새로운 업적을 많이 내고 있는 현실이다.[34] 이처럼 연구영역이 확대·심화되는 과정에서 그 작품 원전의 수요가 급격히 늘자 주변의 손쉬운 자료를 마구잡이로 물색하는 경향이 뚜렷이 나타나게 되었다. 그 원전의 목판본이야 무난하다지만, 그 활판본이나 교주본, 나아가 현대적 증연본까지도 안이하게 취택하여 편리하게 연구하고 있는 경향이다. 이처럼 동일 작품의 후대적 원전, 현대적 이본을 가지고 그 작품의 본질적이고 핵심적인 실상과 중추적 위상을 고찰한다면, 그 성과야말로 분명 사상누각이요 허구가설이 될 수밖에

---
34 한국고소설학회가 발족하여 『고소설연구』 제1집(1995)을 창간한 이래 지금까지 지속되고 있다.

없다. 기실 이 필사본 원전이 구득하기도 어렵고 독파·고찰하기조차 힘든 것은 사실이다. 그렇다고 지금처럼 편의를 따라 편리한 대로, 그 나름의 방법론을 내세워 후대적이거나 현대적인 원전에 의존하여 그 연구의 원칙·정도에서 벗어나 방황할 수는 없다. 지금이야말로 길 잃은 자가 출발점으로 돌아가야 하듯이, 무릇 모든 본격적인 연구는 반드시 그 필사본 원전으로 다시 돌아가야 마땅하다. 이런 점에서 여기 필사본 원전을 새삼스럽게 거론할 필요가 절실한 터다. 그리하여 필자가 수집·소장했던 고전소설 필사본 일체를 총체적으로 고찰하게 되었다.

그동안 고전소설 연구는 초장기로부터 이 필사본 원전을 중시하고 저명한 작품들의 이른바 이본고를 해내거나 개별 작품의 원본적 원전을 추적하는 이본 내교의 작업을 거쳐 상당한 성과를 내어 온 것이 사실이다.[35] 이런 데에 촉발되어 앞선 학자들이 이 필사본 원전의 중요한 가치를 새롭게 인식하고 이를 거국적으로 발굴하여 총체적으로 정리·검토하는 작업을 추진하였다. 당시 한국정신문화연구원 도서관을 맡고 있던 조동일 교수가 전국의 유수한 도서관이나 개인이 소장한 그 필사본을 모두 마이크로필름화하고 그 총목록을 출간하여 사계에 크게 기여하였다.[36] 그 여세를 몰아 출판계에서는 저명한 소장자의 필사본을 전체적으로 영인해 내니, 김동욱 소장본이나 박순호 소장본, 김광순 소장본 등이 영인본으로 출간·보급됨으로써[37] 연구자들에게 지대한 편의를 제공하

---

35 김동욱, 「춘향전의 비교적 연구」, 『동방학지』 20집, 연세대학교 국학연구원, 1978; 임철호, 『임진록이본 연구』, 전주대학교출판부, 1996 등 참조.
36 『한국고소설목록』, 한국정신문화연구원, 1983.
37 김동욱, 『나손본필사본고소설자료총서』, 보경문화사, 1991; 박순호, 『한글필사본고소설자료총서』, 월촌문헌연구소, 1986; 김광순, 『필사본한국고소설전집』, 경인문화사, 1993.

였다. 최근에 조희웅 교수가 그간에 거명·거론된 모든 이본을 필사본 중심으로 집대성하여 『고전소설이본목록(古典小說異本目錄)』[38]을 『고소설줄거리집성』[39]과 함께 출간하여 아주 유용한 원전 연구의 길잡이가 되었다.

이제 필자가 소장했던 그 필사본은 충남대학교 도서관 경산문고로 이양되었거니와, 그 전체가 135종 400책에 불과하지만, 그 나름의 특성과 가치를 가지고 있는 것만은 분명하다. 그동안에 이 필사본은 위 한국정신문화연구원의 마이크로필름에 들어 있지만[40], 그 후반의 작업에 속하여 그 총목록집에는 아직 수록되지 않았다. 다만 위 조희웅 교수의 그 이본 목록에만 그 제목이 가나다순으로 배열되어 있을 따름이다. 따라서 이 필사본이 영인·출판된 바가 없는 게 사실이다. 이런 점에서 이 필사본의 거론·소개가 늦어진 것은 불가피하였지만, 오히려 현시점에서 해제·공개할 당위성과 함께 희귀성이 돋보일 수도 있겠다. 이 필사본들은 대전 중심의 기호권에서 주로 수집된 것이라, 대구 중심의 영남권 김광순 소장본이나 전주 중심의 호남권 박순호 소장본과 더불어 얼마큼의 독자성을 갖추었으리라 추정되는 터다. 그나마 김광순 교수의 주선에 의하여, 지금 경산문고에 소장된 이 필사본을 총체적이고 개괄적으로 고찰하게 된 것은 의의 있는 일이라 하겠다.

이에 본고에서는 먼저 총목록을 제시하고 첫째 이 필사본의 전통적 지역성과 그 유통범위를 추적하겠고, 둘째 이 필사본의 이본 현황과 자료적 가치를 검토하되, 그 이본의 전체적 상황을 서지적으로 개관하

---

38 조희웅, 『고전소설이본목록』, 집문당, 1999.
39 조희웅, 『고전소설줄거리집성(2권)』, 집문당, 2002.
40 한국학중앙연구원, 고서도서관 고소설 마이크로필름 목록 참조.

고 이를 미발표 단독이본과 이미 공개된 복합이본으로 나누어 거론하며 그 유통양상을 추적하겠으며, 셋째 이 필사본의 문화사적 위상을 핵심적 유관문화와 연관시켜 파악하여 보겠다.

여기서는 고전소설의 유통과정과 그 양상을 중시하는 유통론적 관점과[41] 문화학적 방법론으로써, 이 필사본이 그 전통적 지역화와 계층적 수용력에 의한 문화적 산물임을 전제하고, 별첨 〈경산문고 고전소설 필사본 목록〉에 근거하여 접근할 것이다. 그리하여 고전문학 중심의 국문학계나 유관 문화학계에서 이 필사본의 원전·자료적 중요성을 재인식하고 족히 활용·연구하는 계기를 마련코자 한다.

2) 필사본의 전통적 지역성과 유전 범위

전술한 대로 이 필사본은 그 작품이 전국적으로 유통되면서 그 나름의 전통을 유지하고 지역적으로 토착화되게 마련이었다. 기실 이 필사본은 목판본이나 활판본처럼 어떤 출판사의 대량생산이 아니고, 어디에 사는 누구의 개인적 필사이기 때문이다. 그리하여 이 필사본은 그 지역에 따라 그 필사자·필사연대, 그리고 계층에 의하여 저마다 독자적 실상과 전통적 위상을 갖추고 있는 터다.

그러기에 본래 이 필사본들은 원칙적으로 그 필사 모본과 함께 그 주소와 필사자·필사연대 등이 분명했던 것이다. 따라서 이 필사본들의 모본을 통하여 그 작품들의 전통과 유통계보를 확인할 수가 있고, 그 주소를 전거로 하여 지역별 분포도를 그려 낼 수도 있는 터다. 그리고 이 필사본들의 필사자와 함께 원소장자와 전소장자·현소장자까지 추적

---

41 사재동, 「고전문학의 유통양상」, 『학문생활의 도정』, 중앙인문사, 2006, p.443.

해 낼 수가 있고, 그들의 문화적 계층까지 유추할 수가 있다. 나아가 그 필사연대를 통하여 그 모본과 필사본들의 유통사를 추정·파악하게 된다. 기실 작자·연대 미상의 고전소설이라면, 그 필사본들의 필사자와 그 연대는 유일 원본의 경우에 그대로 그 작품의 작자·연대가 되고, 어떤 이본의 경우에도 그 작자·연대를 대신하기 때문이다. 이런 점에서 그 필사본들은 그 작품들의 유통양상과 대중적 수용실태, 문학사적 영향관계를 파악하는 데에 가장 직접적인 전거가 되는 게 확실하다.

여기서 문제되는 것은 그 현전 필사본들의 거의 전부가 위와 같은 조건과 관련사항을 제대로 갖추지 못하고, 나아가 그 수집과정에서조차 이런 사실을 배려·조사하지 않았다는 점이다. 원래 그 필사본들 자체가 그런 여건이 미비된 경우가 대부분이고, 그나마 이 필사본들이 유통되는 현장이나 수집되는 과정에서 망실·묵살되었기 때문이다. 이런 현상은 어느 모로 보나 안타까운 자료적 흠결이라고 하지 않을 수 없다.

이러한 관점에서, 이 경산문고 필사본도 위와 같은 사례에서 결코 벗어날 수가 없다. 그래서 일찍이 그 수집을 시작할 때부터 개인 소장이나 고서상을 통하여 그 모본의 출처·원소장자·전소장자·구매일시·장소 등이라도 일일이 가능한 한 추적·기록하지 못한 것이 못내 아쉬운 터다. 그런데도 경산문고 필사본 400책, 그 자체를 통하여 위와 같은 미비·허점을 어느 정도 보완·극복할 방법이 없는 것도 아니다. 실제로 이 필사본의 모든 것이 위와 같은 조건·관련사항을 직·간접으로 증언하고 있기 때문이다.

첫째로, 이 필사본의 모본을 유추할 수 있다. 어떤 필사본이든지 유일한 단독필사본 말고는 모두 이미 유통·전승되던 모본을 보고 필사한 것이 분명하기 때문이다. 여기서 주목할 것은 그 필사의 정도와 수준의 문제라 하겠다. 우선 그 필사자가 모본을 모사하듯이 한 자 한 구씩

베끼는 경우요, 다음은 그 필사자가 모본의 한 문장이나 한 장면을 읽고 기억나는 대로 써 가는 경우요, 그리고 그 필사자가 그 모본을 다 읽거나 이야기로 듣고 그 줄거리를 기억나는 대로 보태고 빼서 써 내려가는 경우요, 끝으로 이 필사자가 모본의 이야기 내용을 의도적으로 축약하거나 부연하여 써 내는 경우이다. 따라서 전반 두 경우도 그 필사본이 모본에서 어느 정도 달라질 수도 있지만, 후반 두 경우는 그 필사본이 그 모본과 상당히 달라져서 거의 다른 작품처럼 기본적 서사구조만 상통하는 새로운 작품으로 변모된 것이라 하겠다. 여기서 이 필사본과 모본의 상관성을 통하여 그 이본이 형성·전개되는 전통성과 함께 그 각개 이본의 창작적 독자성을 확인하게 된다.

둘째로, 이 필사본의 시역성을 나름대로 추정할 수가 있다. 전술한 대로 경산문고의 필사본은 대전을 중심으로 하는 기호권에 자리한다고 일단 어림할 수가 있다. 기실 오랜 기간에 걸친 수집과정에서 그 지역적 근거를 방치한 결과로 구체적인 거점을 거의 망실하고, 개인 소장에 속했던바 '대전 중구 선화'·'충남 연기 금남'·'연기 동면'·'논산 노성'·'당진 초락도' 등 10건 가량만 확인할 수 있을 정도다. 그리고는 이들 필사본의 표지나 속표지 또는 본문의 말미 등에 그 주소를 기록한 사례는 '京城府蓬萊町'·'忠北淸州郡加德面首谷里'·'報恩郡懷南面새별'·'문의군읍내면하동'·'忠淸道禮山郡德山面卜唐'·'忠淸南道牙山郡二東面新鶴里'·'公州邑內班竹'·'燕岐郡芳築里'·'전라북도진산면묵산리' 등 30건에 불과한 터다. 한편 이 필사본에 나타난 방언을 통하여 그 지역을 추적해 볼 수 있는 경우가 상당하여 주목된다. 그래서 이 필사본을 구득한 대전과 서울의 고서점, 그리고 대전 중심의 충청권과 전북 등지를 넘나드는 고서상을 거점으로 기억을 더듬어 볼 수가 있다. 이러한 바탕 위에서 이 필사본의 지역적 윤곽을 유추할 수가 있을 따름이다. 이 필사본의 거의 전부가 대전 중심의 기호지방 어느 지소에서 제작·유통되었다는 점만은 분명하기 때문이다. 따라서 이 필사본의 주소적 분포도는 완성하기 어렵지만, 그 지역적 범위만은 거시적으로 설정할 수가 있겠다.

셋째로, 이 필사본의 필사자와 필사연대를 추정할 수가 있다. 이 필사자는 그 작품의 작자처럼 거의 다 미상이다. 이 미상이란 그 작자나 필사자가 없다는 말이 아니라, 상세히 기록되거나 전하지 않는다는 뜻이다. 어떤 작품에도 작자가 있었듯이, 본래 이 필사본에도 반드시 필사자가 있었던 것이다. 다만 그 이름을 명기할 수 없거나 밝히기 싫은 여러 가지 이유·사연 등으로 하여 그 필사자가 미상으로 떨어졌을 뿐이다. 가끔 '윤쇼져등셔'·'권쇼제필서'·'이쇼져필서'나 '니승관등셔'·'金東隱書'·'李相益筆書'·'송학성필'·'남곡산인필셔'·'李生書'·'십이세소애필셔' 등이 필사자로 기록되거나 구전되는 경우가 있지만, 그 대세가 미상으로 흐른 것은 단점이라기보다 하나의 특징이라고 보아진다. 그래서 이 필사본 자체를 통하여 그 필사자를 계층·유형별로 유추할 수가 있고, 꼭 그리 해야만 되겠다. 이 필사자군이 그 작자를 대신하기도 하고 또한 유통·향유의 주체가 되기도 하기 때문이다. 이러한 실질적 필사자는 이 지역의 부녀자들이 주축을 이루고 있었던 터다. 궁중·대가의 부녀들의 관례를 따라 이 기호지방 향반·중인·부농들의 부녀들이 국문을 해독하고 고전소설을 읽고 누리는 가운데에, 이 책을 필사해 냈던 것이라 하겠다. 이 필사본의 장정·지질이나 필체 등을 검토할 때 그런 사실이 추정된다. 거기에 이 지역 선비나 국문 해독 남성의 일부가 스스로의 감상이나 부녀들을 위하여 이를 필사해 낸 사례가 있고, 간혹 삯을 받고 써 주는 전문가의 필체가 보이는 터다.

그리고 이 필사본의 필사연대는 비교적 많이 기록·유전되어 참고가 된다. 이 필사본의 표지·속표지의 우편 상단이나 그 본문의 말미에 부언·잡기와 함께 그 필사연대를 기록한 사례가 50%를 상회하기 때문이다. 이 필사연대야말로 그 작품의 제작·유통시기를 추정하면서, 이 필사본의 생성·활용시대를 추적하는 근거가 되기에 그만큼 중시될 수밖에 없다. 기실 이 필사연대는 절대연대로 표기된 것은 아주 드물고[42], 대개 간지로 기록되어, 60년 단위의 상하 이동을 종잡기 어려우니, 그 시기를 확증하기 힘들다. 다만 그 장정이나 외형, 지질·묵색, 서체와 문체·어법 등을 비교·상고하여 그 상대연대를 추정할 수 있을 따름이다. 이렇게 볼 때, 이 필사연대는 〈쳥월당영화록〉(졍츅:하한 1877)을 비롯하여 〈유한당사씨언힝녹〉(졍유:하한 1897), 〈영평공쥬본젼〉(졍미:하한 1907), 〈김용주젼〉(경슐:하한 1910), 〈쳥암녹〉(갑인:하한 1914), 〈소늉화역딕셜〉(을묘:하한 1915), 〈심참판젼〉(병진:하한 1916), 〈셔부인젼〉(긔ᄉ:하한 1929), 〈니영츈효힝녹〉(갑슐:하한 1934), 〈소강졀실긔〉(임오:하한 1942) 등으로 미루어 대강 19세기 말기로부터 20세기 초반까지 오르내리고 있는 터다. 여기서 이 필사본이 적어도 20세기 초반을 하한선으로 하여 19세기 후반 그 이전까지 성행·유통되었음을 어림할 수가 있겠다.

넷째로, 이 필사본의 소장자에 대하여 탐색할 필요가 있다. 이 필사본의 경우 그 수집과정에서 이 사실을 소홀히 했다고 이미 밝혔거니와, 그런대로 이 필사본의 유전 경로와 자료적 근거를 분명히 하기 위하여 가능한 한 추적해 보아야 한다. 이 소장자는 필사자를 비롯하여 원소장자·전소장자 또는 전소유자, 현소유자 등으로 나누어 검토할 수 있다. 그 필사자는 일차적 소유·소장자라 간주되거니와, 원소장자는 필사본의 표지나 본문 말미에 '冊主鄭正淑'·'冊主尹昌求'·'冊主呂壽英'·'冊

---

42 가끔 '융희'·'광무'가 나오고 간혹 '명치'·'대정'으로 표기되는 경우가 있을 뿐이다.

主李聖天'이라거나 '셩복츈칙'·'韓昌壽册'·'홍대쳔책' 또는 '책주최씨'·'염쇼져책'·'박셔방네책' 등으로 기재되어, 그 사례가 그리 흔하지 않다. 그리고 필사가 직접 당시의 소장자를 찾아가 구득한바, 〈젹벽딕젼〉(충남 연기, 안운선), 〈츈향젼〉(충남 연기, 김영남), 〈유츙렬젼〉(충남 논산, 윤석용), 〈임경업젼〉(충남 연기, 사기동), 〈왕조열젼〉(대전 자양, 김석교), 〈임진녹〉(대전 선화, 강관현) 등에서 그 원소장자를 확인할 수가 있을 뿐이다. 그리고 원소장자 또는 전소장자로부터 이를 매입하여 소유했던 대전의 고려당 등 고서점 및 고서상, 서울 인사동의 통문관 등 고서점을 전소유자로 하여 필자가 구입한 것이 대부분이다. 따라서 필자는 얼마 전까지만 해도 이 필사본의 현소장자였다가 지금은 충남대학교 중앙도서관 경산문고로 그 소유·소장처를 옮긴 것이다.

이러한 전제 아래서, 이 필사본의 유통범위를 점검할 필요가 있다. 이것이 필사본의 유통을 실증하는 시간과 공간을 규정하고, 그 기반·여건이 되기 때문이다. 우선 이 필사본은 시간적으로 그 유통범위를 확장·유지하여 왔다. 상술한바, 19세기 말기 20세기 초반을 하한적 기반으로 하여, 그 유통범위가 시간적으로 상당히 소급될 수가 있는 터다. 이 현존하는 필사본을 전거로 하여 그 모본을 추적하고 다시 그 모본을 재구해 올라가면, 그 원본적 고전소설이 성행하던 19세기 전반 18세기로까지 상회하여 그 유통의 영역이 그만큼 확대되는 게 당연하다. 그리고 이 필사본은 공간적으로 유통범위를 다양하게 확보하여 왔다. 말하자면 이 필사본은 가정에서 읽히고 친연에 따라 동내의 이웃에 돌려가며 읽히는데, 사랑방이나 안방에 모여 집단적으로 감상·수용하게도 되었다. 그리고 이 필사본은 특별한 경우에 그 인근 지역으로 이동·전승되는 사례도 없지 않았다. 나아가 이 필사본은 그 소장자·수용층의 수준에 따라 계층별로 유통되었던 터다.

3) 필사본의 이본적 현황과 자료적 가치

(1) 이 필사본의 이본적 현황

이 필사본의 이본이란 그 작품의 원본을 전제하고 그로부터 벌어져 나온 필사본을 가리킨다. 따라서 이 필사본은 원본이 아닌 이상, 모두가 이본의 성격과 자질을 갖추고 있다.

이 필사본은 대체적으로 1권 1책 단권이 주류를 이루니, 대강 전체의 66%를 차지하고, 2권 2책 이상으로 된 것이 34%에 이른다. 그리고 이 필사본의 장정은 거의 다 5정침 한 장의 한국적 전형을 따르고 있다. 다만 전체에서 10책 이내만이 4정침 한 장 또는 6정침 한 장을 보이는 것은 민간에 유통되면서 편의에 따른 것이라 하겠다. 게다가 이 필사본은 크기가 나양하여 편의상 대형·중형·소형으로 나누어 보는데, 대형보다는 중형이 주축을 이루고 소형 역시 상당수를 이룬다. 여기서 그 대형은 장정이나 지질·묵색·필체 등으로 보아 상류층에서 제작·유통되고, 중형은 중류층에서, 소형은 하류층에서 형성·유전된 것으로 짐작될 뿐이다. 언제·어디서든지 그 책의 크기는 필사·제본의 편의에 따라 상당한 자유가 있어 왔기 때문이다.

그리고 이 필사본은 그 제목과 본문 모두가 거의 다 국문전용이다. 극소수의 한문소설이나 일부 제목에서 한자·한문을 사용하고 있는 것은 예외라 하겠다. 이러한 국문전용의 전통적 관례는 거의 당연시되고 있지만, 따지고 보면 매우 중시해야 될 것이다. 고금을 통하여 국문문학이 한국문학의 본형·주류를 이루어 왔다면, 이 필사본의 국문전용이야말로 상통·하달의 소중한 매개 역을 해왔을 뿐만 아니라, 민중·서민문학의 대중적 문자·와 문장의 실태를 그대로 보여 주고 있기 때문이다.

또한 이 필사본의 필체는 매우 다양하여 주목되는 터다. 그 국문서체는 여필 중심으로 남필이 섞여 있는 데다, 정자체·흘림체나 궁체·내간체 등이 분명히 대비되고, 게다가 달필·졸필의 구별이 뚜렷이 보인다. 여기서 그 필사본이 생성·유통되는 과정에 동참·연관된 인원·계층의 다양·다기한 면모를 유추할 수가 있다. 더구나 이 필체는 그 시대적 국문문체와 더불어 대중적 필체의 보편성과 특이성까지 짐작케 하는 전거가 되는 터다.

한편 이 필사본의 지질·묵색이 그 서지적 시기와 수준을 추측하는 상대적 근거가 되는 것은 사실이다. 그러나 그것이 연대기적 근거나 그 외형적 보존상태 등과 연결될 때만 상당한 참고가 되는 점을 유념할 필요가 있다. 여기서 이 필사본의 외부적 형태에만 집착하여 그 고태 운운하고 연대의 선행성을 속단하는 것은 위험한 일이 아닐 수 없다. 이른바 그러한 고태는 그 필사본이 유통·전전하는 과정에서 불의로 입은 부정적 피해의 결과라고도 볼 수 있기 때문이다. 그런데도 이 필사본의 그 고태와 함께 내부적 마모나 낙장, 외부적 손상·변모 등은 그 결함으로만 간주하여 묵살할 것이 아니다. 이 점이야말로 이 필사본이 유통의 현장에서 해낸 파란만장한 역할을 실증하고 있는 터다. 그러기에 유통론의 관점에서는 서당의 선비와 같이 단정하고 청결한 필사본보다 전선의 용사처럼 만신창이가 된 필사본을 더욱 높이 평가하는 것이 당연한 일이다.

일반적으로 어떠한 작품이든지 여러 종류의 이본을 거느리고 있다는 것은 그 유통양상이 그만큼 활발했다는 점을 실증해 주는 터라 하겠다. 이런 점에서 이 필사본의 이본 현황이 주목된다. 이 현황은 그 자료일람을 기준하여 크게 두 부류로 나누어진다. 이 필사본의 단독이본과 복합이본이 바로 그것이다. 이에 그 대체적인 경향을 보면, 단독이본이 전체의 22% 정도이고, 복합이본이 78% 가량으로 우세하다. 여기서도 이미 이 필사본의 유통 상황이 어림되는 터다. 기실 유통 상에서는 이 두

경향의 이본 모두가 창작적 독자성을 갖추었다고 전제할 수밖에 없다.[43]

(2) 미발표 단독이본의 자료적 가치

이 고전문학·고전소설의 연구 상에서 미발표 이본은 일단 새롭고 귀중한 자료라고 간주할 수가 있다. 그러나 이런 미발표 자료라고 하여 반드시 문학적 수준이나 그 가치가 높다고 평가될 수는 없다. 그러기에 새로운 자료·원전이 새로운 이론을 가능케 한다는 보편적 관점에서, 그 창작적 독자성을 갖춘 이 이본 하나하나를 주목할 필요가 있는 터다. 위 단독이본 가운데서 미발표 원전은 12개 작품에 불과하다. 그런데 여기 미발표 작품이라는 것은 절대적으로 확증되었다고 장담할 수가 없다. 이 경산문고 소장의 필사본을 중심으로 필사가 선계한 여러 녹톡들을 통하여 조사한 상대적 결과이기 때문이다. 따라서 이 미발표 이본은 유일본이라는 의미보다는 학계나 문화계에 아직 공개·발표되지 않았다는 뜻이 더 강하다는 것이다. 이런 관점에서 이 필사본 중의 미발표 단독이본을 서지적으로 간략히 열거해 보겠다.

① 김용주전(金龍珠傳) 고서경산 集. 小說類 제2958호

이 이본은 1권 1책으로 5정침 한장본이다. 크기는 가로 21cm·세로 34cm이고 국문전용, 남필로 비교적 달필이며, 지질(문종이)·묵색·외형으로 보아 고태가 난다. 작품의 길이는 모두 39장 78면, 1면에 11행, 1행 평균 30자 정도다. 작자·연대는 물론 필사자도 미상이지만, 필사 연대는 '庚戌年十一月十三日 始作'이라 하여 1910년을 하한으로 한

---

43 이상 고전소설의 문헌학적 검토는 유탁일, 『완판 방각소설의 문헌학적 연구』(학문사, 1981)를 참고하였다.

다. 이 작품의 내용은 김용주의 문무겸전한 영웅적 면모와 그의 가연에 겹친 역경을 고승의 계시로 극복하고 출장·입상하여 부귀영화를 누리는 이야기다.[44]

② 갑진녹, 고서경산 集. 小說類 제3230호
이 이본은 1권 1책으로 5정침 한 장본으로 〈황월선전〉과 합본되어 있다. 크기는 가로 24cm·세로 28cm이고, 국문전용, 남필로 달필이며, 지질·묵색·외형으로 보아 고태가 난다. 작품의 길이는 전체 10장 20면, 1면에 13행, 1행 평균 20자로 짧은 편이다. 표지가 없고 본문 초두에 '갑진녹'이라 기재되었다. 작자·연대, 필사자는 미상이지만, 필사연대는 '정미정월염육일'이라 하여 1907년을 하한으로 한다. 그 내용은 사명당이 갑진왜변을 예상하고 왜국 사신으로 건너가 왜왕의 시험을 받고 신통력을 발휘하여 그들을 항복시킨 이야기다.

③ 념불왕생전(가칭) 고서경산 集. 小說類 제3240호
이 이본은 1권 1책 6정침 한장본이다. 크기는 가로 21cm·세로 31cm이고, 국문전용, 여필(2인 필체) 일부 궁체이며 지질·묵색·외형으로 보아 고태가 난다. 작품의 길이는 모두 22면 43면, 1면 11행, 1행 평균 22자 정도다. 표지도 없고, 초두 1부가 낙장인데 그 내용을 통하여 가칭한 것이다. 작자와 번역자 연대는 물론 필사자와 그 연대까지 미상하다. 그 내용은 역대 승려·신도들이 일심염불하여 극락세계에 왕생하는 영험담이다.

---

44 이 작품은 김진영 교수가 「〈김용주전〉의 형상화 방식과 그 의미」로 택민국학연구원의 고소설학술회의(2013.4.20. 경북대학교 대학원동)에서 발표한다.

④ 남강긔우, 고서경산 集. 小說類 제2962호

　이 이본은 1권 1책 낙질로 7정침 한장 변형본이다. 크기는 가로 21cm·세로 32.5cm이고, 국문전용, 여필(2인 필체) 일부 궁체이며, 지질·묵색·외형으로 보아 고태가 난다. 작품의 길이는 모두 39장 78면, 1면 10행, 1행 평균 20자 가량이다. 표지에는 제목이 없고, 본문 초두에 '남강긔우'라 기재되어 있다. 작자와 연대, 필사자·연대가 다 미상하다. 그 내용은 명문대가의 기남자가 가연을 맺고 분산되어 역경을 겪다가 기이하게 만나서 부귀영화를 누리는 이야기다.

⑤ 왕조열전, 고서경산 集. 小說類 제3048호

　이 이본은 1권 1책(초두 결실), 5정침 한장본이다. 크기는 가로 23cm·세로 27cm로, 국문전용, 남필 정서체이며, 지질·묵색·외형으로 보아 고태가 난다. 이미 필사연대가 검증된 이본과 대비해 보면 그 연대가 상당히 올라가리라 추정된다. 이 작품의 길이는 잔권 48장 95면, 1면 13행, 1행 평균 22자 정도다. 표지와 본문 초두가 결실되고, 내용을 통하여 〈왕조열전〉이라 가칭하였다. 작자·연대와 필사자·연대가 모두 미상하다. 그 내용은 조선조 역대 왕(태조~숙종)과 왕비·왕자·공주들의 행적을 서사적으로 기술한 것이다.

⑥ 쇼듕화역ᄃᆡ셜(小中華歷代說) 고서경산 集. 小說類 제3047호

　이 이본은 6권 4책(완질), 5정침 한장본이다. 크기는 모두 세로 21cm·가로 31cm로, 국문전용, 남필(3인 필체) 정자체이고 지질·묵색·외형으로 보아 고태가 난다. 그 본문의 중요한 어휘 요목에 붉은 점이나 선을 그어 놓았다. 이 작품의 길이는 각권이 다르니 제1책은 76장 152면, 1면 13행, 1행 평균 22자, 제2책은 71장 141면, 1면 11행, 1행 평균

18자, 제3책은 66장 132면, 1면 12행, 1행 평균 21자, 제4책은 100장 200면, 1면 12행, 1행 평균 19자 정도로 모두 313장 625면의 장편이다. 제1책 표지에 '東國略史', 본문 초두에 '쇼듕화역듸셜 권지일'이라 하고, 제2책 표지에 '역듸셜', 본문 초두에 '쇼듕화역듸셜 권지삼', 제3책 표지에 '東國略史', 본문 초두에 '역듸셜', 제4책 표지에 '歷代記', 내표지에 '小中華歷代記'라 기재되어 있다. 작자·연대와 필사자는 미상하지만, 필사연대는 제1책 말미에 '을묘오월초일필셔'라 하고 제4책 말미에 '병진오월슌일죵'이라 하니, 1915~1916년을 하한으로 한다. 그 내용은 조선왕조 중심의 동국약사를 왕과 저명인물의 행적·사건을 주축으로 서사적으로 설화한 것이다.

⑦ 소강졀실긔, 고서경산 集. 小說類 제3010호

이 이본은 1권 1책 5정침 한장본이다. 크기는 가로 21cm·세로 31cm로, 국문전용, 여필 정서체이며, 지질·묵색·외형으로 보아 고태가 난다. 이 작품의 길이는 모두 31장 62면, 1면 14행, 1행 평균 25자 정도다. 표지에는 무제, 본문 초두에 '소강졀실긔'라고 기재되어 있다. 작자·연대와 필사자는 미상하나, 필사연대는 본문 말미에 '임오납월망일 총총이필셔ᄒ로라'라 기재되니 대강 1942년을 하한으로 한다. 그 내용은 송대 명인 소강절의 학문·도덕과 도술을 서사적으로 이야기하고 있다.

⑧ 니영츈효힝녹(李英春孝行錄) 고서경산 集. 小說類 제3104호

이 이본은 1권 1책, 5정침 한장본이다. 크기는 가로 16cm·세로 27cm로, 국문전용, 남필 달필이며 지질·묵색·외형으로 보아 고태가 난다. 이 작품의 길이는 모두 14장 27면, 1면 8행, 1행 평균 18자 정도로

비교적 단편이다. 표지에 '李英春孝行錄', 본문 초두에 '니영츈효힝녹'이라 기재되어 있다. 작자·연대와 필사자는 미상하나 필사연대는 표지 우편 상단에 '甲戌正月望日'이라 기재되니, 대강 1934년을 하한으로 한다. 그 내용은 선비 이영준의 탁이한 효행 사적을 찬탄한 이야기다.

⑨ 심참판전(沈參判傳), 고서경산 集. 小說類 제3040호

이 이본은 1권 1책, 6정침 한장본으로 〈곡도쳐자전〉과 합본되어 있다. 크기는 가로 18.5cm·세로 28.5cm로, 국문전용, 여필 정자체이며, 지질·묵색·외형으로 보아 고태가 난다. 이 작품의 길이는 모두 7장 14면, 1면 10행, 1행 평균 29자 가량이니 아주 짧다. 표지에 '심참판전'·'沈參判傳'을 병기하고, 속표지에도 동일한 제목을 써 놓았다. 작자·연대와 필사자는 미상하나, 필사연대는 속표지에 '병진십이월 일 필서'라 하니 대강 1916년을 하한으로 한다. 그 내용은 경성의 심참판이 강원도 홍천의 노처녀와 재혼하여 역경을 거쳐 여법하고 영화롭게 가통을 이었다는 이야기다.

⑩ 셔부인젼, 고서경산 集. 小說類 제3007호

이 이본은 1권 1책, 5정침 한장본이다. 크기는 가로 19.5cm·세로 30cm로, 국문전용, 여필 흘림체이며, 지질·묵색·외형으로 보아 고태가 난다. 이 작품의 길이는 모두 35장 70면, 1면 11행, 1행 평균 22자 정도다. 표지에 '셔부인젼'이라 기재되어 있다. 작자·연대와 필사자는 미상하다. 필사연대는 표지 우편 상단에 '긔사밍츈의등셔ᄒ오라'하고 본문 말미에 '긔ᄉ이월초삼일긔초'라 하니 대강 1929년을 하한으로 한다. 그 내용은 광주의 서부인이 경성의 조진사와 가연을 맺어 다복하게 살다가 난리통에 유리되어 갖은 고액을 겪고 기이하게 상봉하여 부귀

영화를 누리는 이야기다.

⑪ 청암녹(淸岩錄), 고서경산 集. 小說類 제3191호

이 이본은 1권 1책, 5정침 한장본이다. 크기는 가로 19cm·세로 29cm로 국문전용, 여필 정자체이며, 지질·묵색·외형으로 보아 고태가 난다. 이 작품의 길이는 전체 79매 158면, 1면 8행, 1행 평균 20자 정도다. 붉은 표지에 '淸岩錄', 속표지에 '청암록 권지일'이라 기재되었다. 작자·연대와 필사자는 미상하나 필사연대는 속표지 우편 상단에 '갑인연십일월쵸사일시쵸라' 기재되니, 대강 1914년을 하한으로 한다. 그 내용은 청암의 아들 유공자의 혼사장애, 첫날밤에 적장에게 부인을 빼앗겨, 천신만고 끝에 부처의 은덕으로 기이하게 만나서 부귀영화를 누리는 이야기다.

⑫ 청월당영화록(聽月堂榮華錄), 고서경산 集. 小說類 제3192호

이 이본은 9권 5책(완질), 5정침 한장본이다. 크기는 모두 가로 20cm·세로 32.5cm로 국문전용, 남녀필(3인 필체) 궁체이며, 지질·묵색·외형으로 보아 고태가 난다. 이 작품의 길이는 제1책은 79장 158면, 제2책은 73장 145면, 제3책은 66장 132면, 제4책은 82장 164면, 제5책은 90장 180면. 모두 390장 779면인데, 전체적으로 1면 10행, 1행 평균 19자이니 장편에 속한다. 표지에는 7책 공히 '聽月堂', 속표지 또는 본문 초두에 예외 없이 '쳥월당 권지일~구'라 기재되어 있으나, 그 내용을 통하여 〈쳥월당영화록〉으로 가칭한 것이다. 작자·연대와 필사자는 미상하지만, 필사연대는 제1책 말미에 '졍축원월십구일등하필셔', 제3책 말미에 '졍츅졍월십사일필', 제5책 말미에 '졍츅원월이십삼일○○'라고 기재하였으니, 대강 1877년을 하한으로 보아야 할 것이

다. 그 내용은 명나라 명환 이홍위가 3남 1녀의 영준·수재를 두어, 당대 명문과 가연을 맺고 입신양명하여 부귀영화를 누리는 파란만장한 이야기다.

이상과 같이 미발표 이본들은 일단 원본에 가까운 유일본이라 볼 수밖에 없다. 이런 점에서 이 이본들은 모두 희귀본으로 인정되며, 따라서 그 자료적 가치가 비교적 높다고 하겠다. 이들 이본의 문학적 진가는 구체적인 연구를 통하여 밝혀지겠지만, 새로운 자료의 출현을 고대하는 학계에 이를 소개하는 데에 의미를 두고자 한다.

위 단독이본의 나머지 원전도 이미 알려진 각종 목록에 그 같은 제목이 실려 있을 뿐이지, 학계에 공식적으로 연구·보고되지 않았다는 점에서는 상술한 미발표 단독이본과 다를 바가 없는 터다. 따라서 그 나머지 단독이본도 미발표 자료로서 그 가치를 인정해야 될 것이다. 그렇다면 경산문고본 필사본의 22%를 차지하는 단독이본의 자료적 가치는 결코 가볍게 취급될 수 없겠다.

(3) 복합이본의 자료적 가치

이 필사본의 복합이본은 적어도 전체의 78%를 점유하여 대세를 이루고 있다. 그동안 이런 이본들은 그 한 작품의 원본적 선본을 추적·재구하는 작업에만 활용되어 왔지만, 본래 그것은 복합적인 자료적 가치를 확보하고 있음이 분명한 터다. 이 이본은 생성·유통과정을 통하여 그 작품의 문학적 가치와 영향력을 실증하고, 그것이 민중적 호응과 인기를 얻어 창작적으로 분화·생성되면서 그 자체로서 작품군을 조성하고 계통적 작품사를 조직함으로써 국문소설사·고전문학사에 기여하여 왔기 때문이다.

원래 고전문학이 다 그렇듯이 고전소설의 문학적 가치와 영향력은 오랜 세월, 널리 민중들의 평가·수용에 의하여 실증되는 게 정칙이다. 그러기에 고금을 통한 민중사회에서 인구에 회자되어 유명한 작품으로 정립·행세하고 그것이 자유롭게 필사·유전되어 다양한 이본으로서 그 입체적 전거를 남겼던 것이다. 이런 점에서는 다양한 이본을 거느린 작품일수록 문학적 가치가 높고 그 영향력이 크다고 보는 게 당연한 일이다. 이러한 현상은 현전하는 전국적 이본 현황이 확증하고 있거니와, 경산문고본의 복합이본에서도 분명히 나타나 있는 터다. 여기서는 실제로 〈창선감의록〉이 37종의 이본을 갖춘 것은 의외인데다, 〈유충렬전〉이 25종, 〈조웅전〉이 19종, 〈심청전〉이 18종, 〈사씨남정기〉가 17종, 〈춘향전〉·〈구운몽〉이 10종, 〈박씨전〉이 7종의 이본을 거느린 점은 얼마든지 수긍이 간다. 기실 이러한 통계는 상대적인 것이어서 보편적 경향을 증언하는 데는 한계가 있는 터다.

이러한 복합이본의 생성경위를 통하여 그들의 유기적 관계와 각개의 창작적 독자성을 추적할 수가 있다. 전술한 대로 한 작품의 이본이 형성되는 과정은 그 성격과 기능을 좌우하는 실제적 역할을 다하여 왔다. 첫째, 그 모본을 한 자씩이나 한 단어씩 보고 베끼는 식이라면, 가장 근사하고 충실한 이본이 나타난다. 이때에는 자칫 실수로 오자 낙서 이외에는 그 이본이 내용상 다른 점은 없겠지만, 그 필체나 지질·묵색·외형·크기 등에서 각기 다른 이본으로 성립되는 게 사실이다. 그런데도 실제로는 이런 모사적 이본은 그 실례가 거의 없으리라고 본다. 국문을 익히는 초보자가 아니고는 어떠한 필사자도 이런 비능률적 필사를 할 수가 없을 것이기 때문이다.

둘째, 이 모본의 1문장이나 1장면을 읽어 기억한 다음 자의로 기술하는 식이라면, 상당히 다르고 새로운 이본이 생겨난다. 그 필사자 누구라도 기억에는 한계가 있는 데다 망각된 부분을 나름대로 보충하는 재주와 능력이 있기 때문이다. 여기에는 그 필사자의 문장력과 철자법까지 임의로 작용하여 필사 문장의 특색을 이루기도 한다. 더구나 필사자가 그 모본에 능통하고 서사문맥에 대하여 식상한 면을 느끼고 있었다면, 의도적으로 색다른 문맥이나 새로운 장면을 삽입·필사할 수도 있는 터다. 그것은 필사자의 자유에 속하는 일이기 때문이다. 이러한 필사의 경향은 그 이본이 모본으로부터 상당한 특색을 갖추고 창의적으로 변화·발전하는 계기를 마련했던 것이다. 실제로 경산문고본의 이본 중에서 절반 이상이 이러한 현상을 보이고 있는 실정이다. 나아가 현전하는 모든 이본들이 주로 이런 면모를 띠고 있는 게 사실이다.

셋째, 이 보본을 통녹하여 그 내용을 숙지·통달한 다음, 그 대부분이나 전체를 기억에 의존하고 간혹 그 모본을 대조하며 임의로 필사해내는 경우가 있다. 이때 그 필사자는 고전소설을 많이 읽고 기억하여 이야기로나 문장으로 표현할 수 있는 전문가에 가까운 인물로서, 그 필사과정에 기억나지 않는 부분을 재치 있게 보충하거나 상당한 문장이나 장면·삽화까지도 환치·증보할 수 있었던 터다. 여기서 그 필사자는 자가류의 문장·문맥을 개발하고 문법·문체·철자법, 내지 방언까지도 반영하여 상당수준의 창작적 작업을 자연스럽게 진행하게 된다. 따라서 이렇게 형성된 이본은 원본·모본과는 상당히 다른 창작적 독자성을 갖추고 있는 터다. 이러한 이본에서 그 필사자가 실제적으로 작자를 대신하는 것은 당연한 일이다. 나아가 그 모본의 내용이 기억에만 의존하여 능소·능대하게 이야기로 유통될 때, 국문문장에 능통한 필사자가 그 이야기에 준거하여 임의로 기술·필사하는 경우가 얼마든지 있었다.[45] 여기서 이 이본은 그 필사자의 필사력·문장력이나 창의력에 의하여 그 사건전개나 삽화의 증감·변화, 문체의 변이·개선 등을 거쳐 거의 새로운 면모로 필사·정착되었던 터다. 이런 이본은 위의 경우보다 그 창작적 독자성이 강화되는 것은 물론 그 필사자의 작가적 역할도 상승되는 터라 하겠다. 이러한 사례는 상술한바 〈김용주전〉이나 〈소강절실긔〉·〈셔부인전〉·〈청암녹〉 등에서 그대로 나타나 있다.

넷째, 이 모본의 내용, 그 서사구조에 준거하여 필사자가 그 작품을 필요와 취향에 따라 그 서사내용을 자의로 축약·부연하거나 아예 다른 장르로 개작하는 경우가 얼마든지 있었다. 이러한 이본은 그 원본·모본과는 매우 다른 별개의 창작적 작품이라고 할 수도 있겠다. 따라서 이러한 필사자는 그 작자의 역할을 다하고 있는 터다. 먼저 그 모본의 서사내용을 축약·부연하는 사례는 상게한바 이본의 종류가 많은 필사본에서 으레 나타나니, 매거할 필요가 없다. 그리고 다른 장르로 개작한 사례는 〈춘향가〉나 〈심청가〉·〈적벽가〉·〈흥부가〉·〈토별가〉 등 판소리 창본에서 보이고, 나아가 아예 가사로 전환된 사례로 〈심청가〉나 〈츈힝가〉 그리고 〈괴똥전〉이나 〈금힝녹〉 등이 남아 있는 터다.

이런 점에서 모든 이본들은 정도의 차이는 있지만, 원작·모본과 많이 달라진 창작적 독자성을 갖추고 있는 것이 분명하다. 따라서 모든 이본들은 그 원본·모본을 기반으로 하여 유기적 관계를 지닌 독립적 작품으로 간주해도 무방할 것이다. 나아가 이 이본들은 각기 독립된 작품으로 그 가치를 규명·평가받아야 마땅하다는 이야기다. 이 이본들이야말로 각양각색의 민중적 필사자·수용층에 의하여 이상적으로 창작되고 발전한 대중적 성장문학이기 때문이다. 이렇게 볼 때, 경산문고

---

45 고금을 통하여, 1950년대까지도 고담책 대신에 목침을 책처럼 들고 〈심청전〉·〈옥단춘전〉 등을 기억으로 낭독하는 사례가 있었다. 1970년대, 대전시 선화동 125번지 장암 지헌영선생 증언.

필사본뿐만 아니라, 모든 필사본들은 각기 개별 작품으로 연구되어야 한다. 따라서 아직 학계에서 본격적으로 거론·공개되지 않은 한, 그 이본들은 모두 미발표 자료로서 희귀성과 함께 가치 있는 원전으로 중시해야 될 것이다.

한편 이러한 복합이본은 그 원본·모본을 근간으로 유기적 관계를 가지고, 뿌리·줄기에 가지를 뻗어 잎과 꽃을 피우듯이, 계통적으로 하나의 작품군을 조성한다. 이러한 작품군을 이른바 '계통수'라 하여 일찍부터 중시하여 왔다.[46] 상술한바 여러 이본을 확보하고 있는 저명한 작품들은 거의 모두 그 계통수의 형태로 형성·유통되고 성장·발전하면서 문학적 역량·영향을 발휘해 온 것이었다. 어떠한 이본군이든지 그 실상·내면을 검토해 보면, 그 원본·모본을 제1세대로 하여 제2세대가 갈라져 나가고, 그 제2세대에서 각기 제3세대가 벌어져 나가는 식으로 생장·성행함으로써, 마침내 다세대적인 여러 이본을 잎과 꽃으로 피워내는 형국을 보이는 게 사실이다. 그리하여 적어도 〈춘향전〉을 비롯하여 〈심청전〉·〈흥부전〉·〈구운몽〉·〈사씨남정기〉 등은 그 이본의 계통수가 이미 밝혀진 적이 있고[47] 전게한 〈창선감의록〉이나 〈유충렬전〉·〈조웅전〉 등도 족히 그렇게 고구할 가능성이 얼마든지 있는 터다.

이러한 복합이본의 계통수적 전개는 각개 이본의 문학적 실상과 그 위치를 확정해 줄 뿐만 아니라, 그 작품의 총체적 문학성과 그 역량·영향

46　김동욱,「춘향전의 비교적 연구」,『아세아연구』3(1), 아세아문제연구원, 1960, pp.81-128; 설성경,『춘향전의 형성과 계통』, 정음사, 1986, pp.178-181.

47　김동욱,『춘향전의 비교연구』, 삼영사, 1979; 김영수,『필사본 심청전연구』, 민속원, 2001; 인권환,「흥부전의 이본연구」,『흥부전 연구』, 집문당, 1991; 정규복,『구운몽 원전의 연구』, 일지사, 1977; 이금희,「〈사씨남정기〉의 이본」,『사씨남정기 연구』, 반도출판사, 1991 등 참조.

의 유통영역을 물증으로 확인시키는 터다. 나아가 그것은 그 작품이 원본·모본으로부터 출발하여 성장·발전하면서 최후·첨단의 이본에까지 이르는 그 유통의 장구한 역사를 실물로 증명하고 있다. 따라서 이러한 필사본의 복합이본, 그 계통수의 유통적 실상과 전승적 위상을 모든 작품의 그것에 적용하여 통합시킨다면, 고전소설 전체의 문학적 유통양상과 그 역사적 전개과정을 총체적으로 추적할 수 있을 것이다. 여기서 고전소설이 다른 장르와 더불어 형성·유전되면서 시간과 공간을 망라하여 성장·발전해 온 입체적 유통망을 근거 있게 재구할 수가 있다. 이런 유통망이야말로 고전소설·고전문학의 유통적 실상과 그 역사 자체라 하겠다. 그 유통양상이 곧 생동하는 고전소설의 역량이요, 그 유통사가 바로 생동하는 그 소설사이기 때문이다. 따라서 이 필사본의 복합이본이야말로 그런 유통망을 근거 있게 재구하여, 잃어버린 고전소설의 문학적 역량·영향과 계통적 역사를 재생시키는 보전이라 본다.

(4) 필사본의 유통양상

이미 거론된 바와 같이, 이 필사본의 유통은 그 작품의 생동하는 문학적 실상·역량이요, 그 유통사는 소설사·문학사 상의 현장적 영향력이다. 따라서 전술한 그 시공적 유통망은 고금을 통하여 이 필사본의 작품들이 생동하는 현장을 입체적으로 실증하여 왔다. 기실 그 유통양상은 문학작품의 예술적 본성과 민중적 갈망에 의하여 연행·공연의 형태로 전개되는 것이 자연스러운 추세였다. 대강 그 유통의 유형을 따라 개관해 보겠다.

첫째, 이 필사본은 낭독에 의하여 유통되어 왔다.[48] 이 이본들은 책주

---

48 김진영, 「고소설의 낭송과 유통에 대하여」, 『고소설연구』 1집, 한국고소설학회, 1995,

로부터 인연 따라 이웃과 동내, 인근 동리의 각개 각층의 가정을 돌면서 개인적으로 낭독되는 것이 기본이었다. 따라서 비록 혼자서라도 소리 내어 음악적으로 낭독하는 것이 원칙이요 정도였다. 그래야만 그 소설적 내용과 더불어 음악적 흥취가 입체적 즐거움을 자아냈기 때문이다. 이 낭독의 음성·곡조는 독특하게 발전·정립되어, 그 내용 말고 이 음곡만으로도 낭독의 효과를 족히 올릴 수가 있었다.[49] 나아가 이 낭독은 집단적으로 연행되어 주목을 받았다. 실제로 동내나 근동에서 그 낭독에 능통한 사람이 내방에서 부녀들을 모으거나 사랑방에서 남정네를 모아 놓고 능숙하게 낭독하여 청중의 감동을 일으키는 경우가 얼마든지 있었다.[50] 나아가 고금을 통하여 이러한 낭독이 발전·성행하면서 자연 전문가가 생기어 이른바 강독사로서 청중이 요청하는 대로 지정된 소설책을 가지고 능숙한 낭독을 해 주고는 사례를 받는 일까지 있었다. 잘 알려진 대로 고전시대에는 경향을 막론하고 시장이나 적절한 장소에서 강독사가 전기수라 하여 대중을 상대로 고전소설을 낭독해 주고 값을 받는 풍습까지 일어났다. 여기서는 그 강독사가 특기를 자랑하여 그 소설책 대신에 목판조각이나 목침 등을 들고 보면서, 그 내용을 기억하여 능숙히 낭독함으로써 청중의 감동과 인기를 모으는 연행방식까지 등장·전승되었던 터다.[51]

---

pp.90-92.

49 이러한 고전소설의 낭독법은 지금까지 유지되어, 충남도문화당국에서 무형문화재로 지정된 바가 있다. 무형문화재 고담소설강독사 충청남도 제39호 정규헌, 충남계룡시 엄사면 엄사리 성원아파트 4동 701호, 016-846-0810.

50 필자가 견문한 바로는 1950년대 충남연기군 장재리 안운선(경객, 당 65세), 1960년대 같은 주소 김동수(야학선생, 당 50세), 1970년대 같은 동네 손수현(농업, 당 30세) 등이 그 낭독의 전통을 이어 왔다.

51 사재동,「고소설의 유통배경」,『한국소설론』, 아세아문화사, 1991, pp.158-159.

둘째, 이 필사본은 강담에 의하여 유통되었다. 기실 이 이본은 일차적으로 읽힌 다음부터는 주로 이야기로 전파·유통되었다. 그러기에 이 이본들은 그 이야기의 대본이라 하겠다. 실제로 한 작품이 대중적으로 유통되는 데에는 이야기로 연행되는 것보다 더 효율적인 방법이 없다. 누구든지 국문을 해독해서 그 이본을 읽고 그 서사내용을 파악하여 서민·대중에게 이야기할 수 있다는 보편적 지평 위에, 그에 능통한 전문가, 이야기꾼이 나와서 강담사로 예우받으며 그 유통의 주역을 해왔던 터다.[52] 어느 동네건 그 내방이나 사랑방 그리고 어느 광장에서 많은 사람을 모아 그 소설의 이야기를 구연하여 청중의 감동을 일으키는 경우가 얼마든지 있었다. 이러한 소설의 구연이 성행하고 그 강담사가 전문화되어 가창이나 연기까지 곁들여 연행의 효과가 높아질 때에는, 그 구연에 사례까지도 받았던 터다. 이럴 때에 동일 작품의 수많은 구연에는 반드시 그 나름의 대본이 형성되니, 그 종류가 다양할 수밖에 없다. 이렇게 다양한 종류의 이야기가 그 작품의 구전적 이화로서, 자유롭게 필사되면 바로 새로운 필사본으로 제작·전개되었던 것이다.

셋째, 이 필사본은 강창에 의하여 유통되었다. 실제로 삽입가요를 갖춘 고전소설을 낭독하거나 강담할 때에는 그 서사적 산문을 강설하고 삽입가요를 가창하게 마련이므로, 자연 강창적 구연형태가 생성되는 것이 사실이다. 이러한 기반 위에서 이 필사본의 강창적 유통이 생성·발전하여 상술한바 강창적 이본으로 정립·전개되었던 터다. 그리하여 이 필사본의 강창적 이본이 강창적 구연 내지 연행 양식대로 유통되는 것은 너무도 당연한 일이었다. 그런데 이 강창적 연행·유통은 가장 입체적이고 역동적인 형태이기에, 거기에는 전문적인 소리꾼, 강창

---

52 임형택, 「18·19세기 이야기꾼과 소설의 발달」, 『독서생활』, 1976, pp.139-142.

사가 등장하여 그 가창과 연기로 연행을 주도할 수밖에 없었다. 이러한 구연·유통이 성행하고 수준이 높아지면서, 자연 판소리적 성향으로 전개되고 마침내 이를 공연하는 광대와 연결되었던 터다.[53] 이런 현장에서 형성된 여러 이화가 국문으로 필사되어 판소리계 소설이나 판소리 창본으로 변성·정립되었던 것이다.

넷째, 이 필사본은 가창에 의하여 유통되었다. 실제로 능소·능대한 구연자가 그 이본의 이야기를 노래조, 가사체로 엮어 나가 그 효과를 증대시키는 작업은 족히 가능한 일이었다. 상술한바 이 사본의 가사적 이본이 이를 실증하고 있기 때문이다. 이미 그 작품의 서사내용이 민중적으로 보편화된 위에, 지루하고 평면적인 이야기를 극복하되 이를 집약하고 역동적으로 가창하여 무용석 연기까지 곁들인다면, 그것이야말로 가무극적 효능을 발휘하는 첩경이라 하겠다. 여기서는 전문적인 가창인 내지 가무인을 요하게 되므로 결국 남·녀 연기자와 결부되었던 터다. 이러한 소설의 가창적 대본이 정착·필사되면 전술한바 가사계의 색다른 이본으로 정착·행세하게 마련이었다.

4) 필사본의 문화사적 위상

(1) 국문학사상의 위치

상술한 대로 고전소설이 국문문학의 중심·주류를 이루었다는 사실과 그 유통이 문학적 역량과 영향력을 발휘하는 현실이라는 점을 감안한다면, 이 필사본의 유통양상과 그 역사적 전개는 문학사 상에서 중요

---

53 김동욱,「판소리사의 제문제」,『인문과학』 20집, 연세대학교 인문과학연구소, 1978 참조.

한 위치를 차지하는 것이 당연한 일이다. 이러한 유통사가 바로 생동하는 현장적 소설사요[54] 문학사이기 때문이다. 기실 이 필사본들이야말로 국문소설·국문학의 유통사를 그대로 실증하고 있는 현장적 전거로서, 그 이상의 원전은 다시없을 것이다.

이런 점에서 이 필사본들의 역사가 바로 소설사요 문학사라고 보아 무방할 터이다. 기실 국문소설이 형성·발전한 이래, 이 필사본의 수많은 이본들이 계통수적으로 성장·전개되면서 민간·대중 사이에 유통망을 이룩하고 이끌어 왔다는 사실 자체가 생동하는 현장적 소설사·문학사이기 때문이다. 결국 이러한 유통사는 상하민중의 그 수용사로 토착화되고, 나아가 그 영향사를 통하여 고전소설·국문학의 생장·발전사로 귀결되었던 터다.

이처럼 이 필사본들은 그 유통사의 현장적 실연과정에서 고전소설로부터 다른 장르를 파생시켜 왔던 것이다. 전술한 바와 같이 이 고전소설의 이본이 획기적으로 변성되어 설화문학이나 강창대본, 극본 희곡이나 가사계의 시가 등의 형태로 전개되었기 때문이다. 실제로 이 필사본들의 구비적 유통이 새로운 면모의 구비문학, 설화로 변형·유전되다가 다른 이본적 소설로 기술·필사되는 것은 흔한 일이었다. 그리고 전게한 이본 중의 강창대본이 강창극본으로서 희곡의 형태로 변성·행세한 것도 분명한 사실이다. 나아가 이 이본 가운데에는 시가 형태로 전개된 것이 있어 색다른 모습을 보였던 것이다. 한편 이 필사본들의 본문 말미에 흔히 독후감 성향의 필사 후기가 발문이나 부기·부설 형태로 기록되어, 그 작품에 대한 그 나름의 평가·소감을 대신하고 있어 주목된다. 대개 외자 낙서가 많고 졸필이니 눌러 보시라는 정도이지만, 그중에는

---

54 김광순, 「근대전환기 중기소설」, 『고소설사』, 새문사, 2006, pp.466-468.

그 작품이 신기하고 흥미롭다거나 등장인물의 언행을 윤리적으로 비판하면서 권선징악적으로 당부하는 사례가 상당하니, 이를 총합하여 소설평론의 형태로 볼 수가 있겠다.[55] 여기서 이런 설화나 극본·희곡·시가 내지 평론 등이 재차 유통·연행되면서, 크게 소설사를 감싸고, 각기 설화사나 희곡사·시가사, 평론사의 생성·발전에 이바지했다는 것은 매우 중요한 사실로 파악된다. 이것이 바로 이 필사본의 이본들이 소설유통사를 중심으로 국문학유통사 상에 기여한 실상이요 위상이기 때문이다.[56]

(2) 국어·국문사상의 위치

이 필사본은 원래 유식한 작자에 의하여 창작될 때에 문어체를 갖추었던 것이다. 그런데 이런 작품이 필사·유통되는 장구한 세월에 걸쳐 민중적으로 성장·발전하면서, 그 문체상에 상당한 변화를 겪게 되었다. 따라서 이 필사본은 후대적으로 지역과 계층 간에 토착화되고 음운이나 어휘·어법 등에서 민간적 구어체를 구사하기에 이르렀다. 그리하여 국어사적 측면에서 음운과 어휘·어법의 현장적 변화상을 감지할 수가 있는 터다. 그 문장 가운데서 민간적 구어체 내지 대화체의 생동하는 면모와 그 방언의 활용 현황까지 탐색할 전거가 얼마든지 있기 때문이다. 따라서 이 필사본은 국어사적 관점에서 음운사나 어휘사·문법사 내지 방언사까지[57] 고찰할 수 있는 필수적 원전 자료가 되기에

---

55 유탁일, 『한국소설비평자료집성』, 아세아문화사, 1994, pp.213-275.
56 사재동, 「한국문학유통사의 기술방향과 방법」, 『한국문학유통사의 연구』Ⅰ, 중앙인문사, 2006, pp.70-72.
57 최전승, 「19세기 후기 전라 방언의 경어법에 대하여」, 『국어학의 새로운 인식과 전개』, 민음사, 1991, pp.559-560.

충분한 것이다.

  그리고 이 필사본은 훈민정음, 국자의 활용·보급에 지대한 역할을 하여 왔다. 그것은 실제로 재미있게 말하고 듣고 읽고 쓰는 국어교육과 그 실습의 현장적 교재가 되어 왔기 때문이다. 그중에서도 그 소설 작품을 소리 내어 읽고 그대로 필사해 보는 것은 국자·국문을 익히고 실용하는 최선의 방편이었던 것이다. 따라서 이 필사본의 유통망과 그 유통사에 의하여 국자·국문의 실용사 내지 보급사의 실상을 추적해 볼 수가 있다. 그러기에 이 필사본은 국자와 국문의 역사적 보급과 전개양상을 탐색하는 데에 필수적인 원전·자료라고 아니할 수 없다.

  특히 이 필사본은 각개 이본마다 다양한 대중적 문체·어법을 구사하고 있는 점이 주목된다. 이러한 현상은 고전소설의 문체변천사를 고찰하는 데에 우선적으로 중요한 전거가 된다. 그리고 그 실용적 문장의 어법 내지 철자법이 대중적으로 다양·다기하여 그 시대의 문장사, 어법사나 철자법사 등을 현장적으로 파악·정리하는 데에, 이 필사본이 중요한 원전자료가 되는 터다.

(3) 문헌·서체사상의 위치

  이 필사본은 고금을 통하여 문학적 문헌으로 다양하게 성행·유전되어 매우 중시된다. 그 이본들이 권차와 장정·크기·국문체, 지질·묵색·외형의 고태, 내용의 길이, 표지와 제목, 그 작자와 연대, 그리고 필사자와 연대, 소장자와 소장처 등 온갖 형태와 여건을 갖추고 유통·전승되어 왔던 것이다. 이 필사본의 문헌적 실태와 그 용도·역할은 그 문학·문화적 유통 상에서 큰 역할을 해냈던 것이 사실이다. 이런 점에서 이 필사본은 같은 문학류인 시가계 문헌이나 수필계 문헌과 비교하여 질·양 면에서 단연코 우세한 터다. 나아가 이 필사본은 유교계나 불교계·

도교계의 문헌, 그리고 공사 간의 실용문헌과 대비되면서, 그 대중적 실용과 그 역할에서는 높이 평가되지 않을 수 없다. 그러기에 이 필사본은 대중적 민간문헌사를 정리·체계화하는 데에 결정적 전거가 되는 터라 하겠다.[58]

또한 이 필사본은 전술한 대로 다양·다기하여 민간 대중에 유통되면서 하나의 종합적인 필체사를 이루어 왔다. 이러한 필체가 남·여필체로 나뉘고, 정자체·흘림체나 궁체·내간체 등으로 다채롭게 전개되면서 당시 서체의 교본 역할까지 하고 그 전통을 세우게 되었다. 여기서 이 필사본의 서체가 각기 개성적이고 독자적 전형을 이루면서 하나의 종합적인 서체사를 정립하고 있는 터다. 그러기에 이 필체는 상류층 진문가, 서예가·명필들의 예술적 한문서제와는 달리 민간 대중, 부녀 중심의 생동하는 생활서체, 국문서체로서 회화 중의 민화처럼 그 의의가 크다고 하겠다. 따라서 이 필사본은 민간 대중의 실용적 국문서체사를 체계화하는 데에[59] 중요한 원전 자료가 되는 것이다.

(4) 윤리·사상사상의 위치

이 필사본은 널리 오래 유통되면서 민간 대중에 윤리의식을 심어 주었다. 그 이본들의 내용 면에서 적어도 유교·불교계 중심의 제반 윤리를 알게 모르게 가르쳐 왔기 때문이다. 그러기에 고전소설이 '권선징악'을 주제로 하는 윤리교과서라는 대중적 인식이 보편화되었던 것이다. 실제로 그 상하 민중 그 수용층에서는 그 작품들의 사건과 등장인물들의 언행을 사실로 인식하고, 그 윤리적 전범을 자연스럽게 익히며

---

58 유탁일, 「사본의 가치」, 『한국문헌학연구』, 아세아문화사, 1960, pp.11-13.
59 한국한글서예연구회, 『조선시대문인들과 한글서예』, 다운샘, 2006 참조.

순응·실천하게 되었다. 그러기에 어느 시대 누구든지 고전소설을 읽고 공부하는 명분·목적은 그 흥미나 쾌락보다는 그 윤리·도덕에 더 큰 비중을 두었던 터다. 따라서 그 대중적 수용층에서는 유경이나 서당 또는 불경이나 사찰에서보다는 동내·인근의 고전소설을 통하여 삼강오륜이나 삼귀의 오계 정도를 체달·실천하고 있었던 것이다. 그러한 전통은 지금까지도 윤리적 인간형으로 전형화되어 '심청의 효행'이나 '춘향의 절개', '흥부의 우애' 등으로 인구에 회자되고 있는 터다. 이런 점에서 이 필사본은 조선시대의 민중적 윤리사를 정립·체계화하는 데에[60] 실증적 자료가 될 것이 자명해진다.

그리고 이 필사본은 여러 이본의 유전을 통하여 대중적 수용층에 인생철학과 함께 종교·사상을 습득·체달시켜 왔다. 실제로 그 시대에 상응하여 상하 민중에 천명순응이나 인생무상·무위자연 등의 생활철학 내지 행복관을 심어 주고,[61] 적어도 그 윤리적 기반으로서 유교사상이나 불교사상, 도교사상을 자연스럽게 습득시킨 데서는 이 고전소설의 역할이 가장 컸기 때문이다. 잘 알려진 대로 이 고전소설의 배경사상을 유교·불교·도교 등으로 보는 보편적 견해가[62] 이 점을 실증하는 터다. 기실 이러한 철학과 사상이 고전소설의 주제와 윤리를 뒷받침하며 감싸고 있기에, 그 가치와 효능을 영원히 발휘하게 되었던 것이다. 그러기에 이 필사본의 이본들은 조선조의 민중적 생활철학사와 사상사를 계통적으로 체계화하는 데에 현장적 자료가 되리라고 보아진다.

---

60 김태길, 「이조시대 소설에 나타난 한국인의 가치관」, 「가족의 윤리 및 가족 밖의 윤리」, 『소설문학에 나타난 한국인의 가치관』, 일지사, p.67, p.99.
61 서대석, 「고전소설에 나타난 한국인의 행복관」, 『고소설연구논총』, 경인문화사, 1994, pp.157-158.
62 박성의, 『한국문학배경연구』, 선명문화사, 1973, pp.10-11.

(5) 민속·생활사상의 위상

이 필사본의 작품들 속에는 제반 민속이 생동감 있게 기록되어 있다. 그 전형적인 민속만 치더라도 1년 12월에 걸친 세시 월령, 인간 일대의 통과의례, 그리고 다양한 민간신앙에 이르기까지[63] 그 사건 진행의 소재·방편으로 작용하면서 종합적으로 펼쳐져 있기 때문이다. 이 소설작품은 서사 구조상 '영웅의 일생'이거니와, 사건 중심의 민속적 측면에서는 주인공의 통과의례적 일생이 매년의 월령·신앙을 통하여 전개되는 과정이라고 보아진다. 그중에서 모든 작품의 통과의례만 보아도 매우 다양하고 아주 큰 역할을 해 내고 있는 터다. 한 가문의 조상신 신앙과 가통 계승의 신념 아래 기자의례를 정성껏 치른다. 신이한 태몽을 얻고, 잉태하여 수인공이 영웅상을 갖추고 태어난다. 그 출생에 따른 금기신앙과 청정의례를 근행하고 삼칠일 삼신기도, 생후 백일의례, 돌잔치와 돌잡이의례, 매년 생일의례, 입학의식, 졸업의식, 성인의식과 약혼·결혼의식, 과거준비와 급제에 따른 각종 의례·연회, 등관의례와 승진의례, 출장입상의례와 환갑·진갑·칠순·희수·팔순·미수·졸수의례, 치사·퇴임의례, 치병의례, 초종·장례와 각종 제례 등에 이르기까지 그 민속 아님이 없는 실정이다. 그러기에 고전소설은 주인공의 통과의례를 주축으로 엮어나간 서사문학 작품이라고 볼 수도 있다.[64] 이런 점에서 이 필사본은 제반 민속을 포괄하여 유통·전승됨으로써, 그 민속사를 체계적으로 정리하는 데에 필수적인 원전 자료가 될 수밖에 없다.

한편 이 필사본은 그 시대의 생활상을 사실적으로 기술하고 있어

---

63 박대복, 『고소설과 민간신앙』, 계명문화사, 1995 참조.
64 오출세, 「한국서사문학과 통과의례」, 『한국서사문학과 통과의례』, 집문당, 1995, pp.182-189.

주목된다. 이 작품 속에는 의·식·주의 실상이 그 시대에 상응하여 생동하는 모습으로 펼쳐지고 있기 때문이다. 그 의복생활만 해도 남·녀 간의 의복, 왕으로부터 서민에 걸치는 각개 각층의 의류·복식과 장신구, 그것이 계절에 따라 다르고, 의례나 역할에 의하여 달라지는 다양한 양식과 색깔, 착용하는 방법과 옷매무새 등이 파노라마처럼 펼쳐진다. 그리고 식사생활도 식품재배와 조달로부터 상하 각종 음식의 조리와 제공, 그 계층·처지에 따른 식사방법과 예절, 식사 후의 처리와 다과 접대까지 각양각색의 실태를 보이고 있다. 나아가 주거생활에서는 궁궐로부터 경향의 관아나 서원, 영산 대소 사찰과 도관, 양반 대가와 서민·대중의 민가·초옥에 이르기까지 다양 다기하게 대두되고, 그 위치와 처지에 따라 생활방식을 달리하는 터다. 이러한 의·식·주의 생활상이 그물처럼 조화되어 이 작품 전체에 편만해 있으니, 이 필사본의 유통에 의하여 전파·전승됨으로써 하나의 전통과 역사를 이루게 되었다. 따라서 이 필사본은 그 시대 상하 민중의 생활사 내지 생활문화사를 계통적으로 파악하는 최선의 원전·자료가 될 것이다.[65]

5) 결론

이상과 같이 경산문고 고전소설 필사본의 전모를 유통론적 관점과 문화학적 방법론으로 고찰하였다. 이제까지 논의해 온 것을 요약하면 다음과 같다.

① 이 필사본의 전통적 지역성과 그 유통범위를 추적하였다. 이 필

---

[65] 홍일석, 「일상생활·의식주」, 『한국민속대관』, 고려대학교 민족문화연구소, 1982, pp.29-35.

사본은 국문소설이 필사·유전된 이래, 면면한 전통을 이어 대전·충남 중심의 기호지방에서 생성·정착됨으로써, 그 시대를 통관하고 이 지역을 망라하여 각계각층에 유통되었다. 그리하여 이 필사본의 모본을 유추하거나 그 지역성을 분포도의 차원까지 구체화하고, 그 필사자를 부녀 중심으로 유추하며, 그 필사연대를 19세기 말 20세기 초를 하한선으로 파악하여 올리고, 그 소장자까지 탐색함으로써 그 윤곽이 비교적 선명하게 잡히었다. 따라서 이 필사본의 유통범위가 그 분포도에 근거하고 입체적인 분포망을 따라서 확실하게 부각되었다.

② 이 필사본의 이본적 현황과 자료적 가치를 검토하였다. 이 필사본은 모두 1권 1책을 기초로 2권 2책 이상의 권차에 5정침 한장의 전형을 보이고 그기는 다 다른데, 국문전용으로 필체가 남·녀필, 정자체·흘림체, 궁체·내간체 등으로 다양하며, 지질·묵색·외형은 약간씩 다르지만 그 고태는 대체로 동일하게 보이고, 그 훼손도가 높아서 그 유통의 정도와 관련하여 주목된다. 이 필사본의 단독 이본은 그 400책의 22% 정도인데 그중에서 〈김용주전〉이나 〈갑진녹〉·〈왕조열전〉·〈쇼등화역디셜〉·〈소강절실긔〉·〈셔부인전〉·〈쳥암녹〉·〈쳥월당영화록〉 등 10여 개 작품들은 미발표 자료로 가치가 높다.

한편 여러 종류의 복합이본은 그 전체의 78%에 이르는데, 그것은 여러 갈래의 생성과정을 통하여 상호 간의 유기적 관계를 가지면서 각자 창작적 독자성을 갖추었기에, 독립적 작품으로 연구할 가치가 있다. 나아가 복합이본은 그 원본·모본을 기반으로 하나의 작품군, 이른바 계통수를 이룩하여 그 작품의 유통영역과 유통사를 실증하면서, 다른 이본군과 융통·상합하여 고전소설의 문학적 역량과 영향력을 충분히 발휘한 데에서 그 가치가 보증되는 터다. 따라서 이 필사본의 이본들은 그 유통과정에서 강독과 강담, 강창과 가창의 방편을 타고 민간 대중에 연행되면서, 시간과 공간을 아우르는 유통망을 형성하고 이끌어 옴으로써, 그 생산적인 소설유통사와 함께 다른 장르와 관련하여 국문학유통사 상에서 큰 역할을 수행하여 왔던 것이다.

③ 이 필사본의 문화사적 위상을 파악하였다. 먼저 이 필사본은 생성·유통의 역사적 도정에서 국문소설사 그 자체의 역할을 감당하여 왔다. 더구나 이 필사본의 여러 이본들이 위와 같은 유통의 방편으로 연행·교접하는 가운데, 희곡장르나 시가장르 내지 평론장르를 생산함으로써, 당시의 국문희곡사나 국문시가사·국문평론사와 합류되었으니, 그 국문학사 상의 위상이 높이 평가될 수밖에 없다. 나아가 이 필사본은 다양한 기술·표현 가운데 그 시대에 상응하는 문어체와 구어체의 음운·어휘·어법, 그리고 방언 등을 통하여 그 시대의 국어사를 정립·체계화할 수가 있고, 그 국자·국문장을 통하여 훈민정음 교습·보급의 교과서적 원전으로서 국자·국문보급사 내 국문문장사를 계통적으로 파악하는 데에 필수적 원전 자료가 되었다.

또한 이 필사본은 그 시대의 민간·대중에 유전·보급된 국문문헌으로서 보편적인 전형성과 지역·계층적인 특이성을 다양하게 갖추었기에, 그 문헌사를 고찰·정리하는 데에 중요한 원전·자료가 되고, 겸하여 이 필사본은 위와 같이 다양·다기한 국문필체를 구비하였기에, 그 시대 국문필체사를 체계화하는 데에 직접적인 원전·자료가 되었던 터다. 한편 이 필사본은 그 작품의 내용 중에 유교와 불교 중심의 윤리를 권선징악적으로 강조함으로써, 상하 민중의 윤리교과서와 같은 역할을 다하였으니, 그 시대의 민중적 윤리사를 파악하는 데에 소중한 원전·자료가 되었다. 이어 이 작품에는 유교·불교·도교 중심의 생활철학 내지 행복관이 자리하고 각개 사상이 그 주제의 기반·배경을 이루어 왔으니, 민중적 생활철학사나 그 사상사를 유추·탐색하는 데에 필수적인 원전·자료라고 하겠다. 결국 이 필사본의 내용에서 그 당시의 세시 월령이나 통과의례, 민간신앙 등의 민속이 풍부하게 포괄되었기로, 그 시대의 민중적 민속사를 검토·고찰하는 데에 크게 도움을 주는 원전·자료가 되었고, 나아가 이 작품에는 의·식·주 중심의 상하 생활상이 충만·생동하니, 이는 그 시대 생활사를 체계적으로 정립하는 데에 없지 못할 원전·자료가 되었던 것이다.

이와 같이 이 필사본은 고전소설·국문학의 연구 원전으로서 자료적 가치가 높을 뿐만 아니라, 국문소설유통사 내지 국문학유통사의 체계화에 필수되는 그 원전이라고 본다. 더구나 이 필사본은 국문학과 연관된 국어·국문사나 문헌·서체사, 윤리·사상사와 민속·생활사 등 그 시대 문화사의 연구에 매우 소중한 선서가 되니, 실로 그 자료적 가치를 높이 평가해야 마땅할 것이다. 본고에서는 경산문고 필사본을 개괄적으로 소개한 것에 불과하다. 이에 전국에 유전되는 그 모든 필사본의 이본을 총체적으로 집성해 본다면 그것이야말로 값진 민족문화유산으로 높이 평가될 보전이라고 하겠다. 이제 이 필사본들을 새롭게 인식하고 연구에 박차를 가할 때다. 이런 점에서 고전소설 필사본 전용의 도서관이나 박물관을 설립하여 이를 결집·소장하고 그 보존·연구를 전문화하는 것이 학계의 당면과제라 하겠다.

4. 한·중 불교고사의 문학적 전개

1) 서론

한·중 불교고사는 완전한 서사전승으로서 그 자체의 문학적 가치로나 양국 문학사 상의 위치로 보아 매우 소중한 자료라고 하겠다. 이

고사가 불교문학으로서 역대 민중사회에서 문학적 기능을 효율적으로 발휘했을 뿐만 아니라, 양국 문학의 전개과정에서 변문·소설·희곡 등의 문학형태를 형성·발전시키는 주동 역을 담당해 왔기 때문이다.[66] 이와 같은 한·중불교고사의 유변관계를 비교·고찰한다는 것은 양국 문학 자체의 문학적 실상과 문학사의 계통적 발전과정을 올바르게 규명하는 긴요한 작업 중의 하나라고 보아진다. 아직도 한·중불교고사가 제대로 발굴·정리되지 않은 현실에서 이 양자를 비교·검토하는 일은 오히려 상호보완을 통하여 그에 관한 제반 문제를 합리적으로 파악하는 첩경이 될 수가 있겠다.

그동안 한·중문학의 비교·연구가 여러 각도에서 이루어졌고,[67] 불교문학을 중심으로 하는 비교문학적 방법론이 제기되기도 했지만,[68] 한·중 불교고사의 유변관계를 대등한 차원에서 본격적으로 논의한 업적은 아직 나오지 않은 것 같다. 그것은 양국의 불교고사를 각기 불교계의 전유물로 돌리고, 문예과학적 입장이나 문학사적 관점에서 적극적으로 접근하지 않은 결과라고 하겠다. 그러나 어떠한 작품이라도 그것이 지닌 작품외적 특성으로 인하여 소외·묵살될 수 없듯이, 이 불교고사들이 소위 불교적 특색을 지녔다 하여 어느 면으로든지 도외시되거나 방치될 수 없으리라고 본다.

이에 본고에서는 첫째로 한·중 문화·불교문학의 교류관계를 바탕으로 하여, 이 불교고사들이 양국에 공존하면서 변문계 문학형태로 형성·전개된 실태를 점검하고, 둘째로 이 고사들이 성장·부연되어 양국

---

66 林聰明, 『敦煌俗文學硏究』, 東鳴大學, 1984; 印權煥, 「韓國佛敎文學序說」, 『韓國思想』 11輯, 景仁文化社, 1974, pp.84-104.
67 동방문학비교연구회, 『전이와 수용』, 학문사, 1986.
68 정규복, 『한중문학비교의 연구』, 고려대학교 출판부, 1987.

의 소설형태로 개변된 실상을 고찰하겠으며, 셋째로 이 고사들이 그 소설형태와 관련하여 유통되는 과정에서 희곡형태로 연진(演進)된 양상을 파악해 보려고 한다. 그리하여 이 불교고사들이 한·중 양국 내지 동양권에서 유통된 실태와 함께 그 장르적 전개과정을 올바르게 검토함으로써, 이들 고사가 차지하는 한·중문학사 및 동양문학사 상의 위치를 어림할 수가 있을 것이다.

여기서 지금까지 발견·소개된 양국의 불교고사를 대상으로 하는 것이 원칙이나 논의의 편의상 그 대표격인 목련구모고사(目連救母故事)·선우구주고사(善友救珠故事)·수천제충효고사(須闡提忠孝故事) 등을 중심자료로 삼을 수밖에 없다. 이 고사들이 양국에 공존하는 제반 여건이 유사힐 뿐만 아니라, 그 문학성이 특히 뛰어나고 나아가 그 유변관계의 역사적 맥락이 비교적 뚜렷하기 때문이다.

2) 한·중 불교고사의 변문적 유전

한·중 불교문물의 교류는 실로 밀접하고 빈번하였기로,[69] 당·신라 이래 양국의《대전십무》·예술과 문학현상은 거의 동질적인 수준으로 공존하고 있었던 것이 사실이다. 당대로부터 불경고사를 본격적으로 수용·강설하고 자국화하는 마당에, 이른바 속강을 통하여 변문 내지 강창문학이 형성·전개되었던 것은 이미 잘 알려진 터다.[70] 그동안 중·일학자들은 중국문화·문학의 일대 영광으로 돈황문서·변문 등을 세계적으로 내세우고[71] 나아가 그것이 중국문학사 내지 일본문학사에 끼친 지대

---

69 황패강, 「불교구비전승의 원리」, 『신라불교설화연구』, 일지사, 1975.
70 葉德均, 『宋元明講唱文學』, 河洛圖書出版社, 1978.

한 영향관계를 특출하게 논의하면서도,[72] 동일문화권으로 직결되어 있는 한국 고래의 변문계 작품 등에 대해서는 일체 언급이 없었던 것이다. 그러나 한국에서도 신라·고려대에 걸쳐 불경고사를 수용·연설하여 자국화하는 과정에서 속강적 방편을 활용함으로써 변문계 서사형태 및 강창문학을 형성·전개시켰던 사실이 제대로 밝혀지게 되었다.[73]

이러한 한·중불교고사는 불교계와 일반민중의 적극적인 호응을 얻어 상당한 세력으로 유포되면서 시가·소설·희곡 등의 문학장르로 연진·발전하게 되었으니 그 자료의 풍성함은 족히 알 만하다. 그러한 자료들이 그동안의 유전과정에서 많이 산일(散逸)되었지만 현전하는 것도 상당수에 이른다. 그중에서 전게한 목련구모고사·선우구주고사·수천제구모고사 등이 한·중 양국에서 변문계 문학작품으로 형성·전개된 실태를 점검하여 보겠다.

먼저 중국 측의 변문계 작품형태는 다음과 같다.

목련구모고사의 경우: 현전자료가 가장 풍부하다. 〈대목건련명간구모변문(大目乾連冥間救母變文)〉을 비롯하여 〈목련연기(目連緣起)〉·〈목련변문(目連變文)〉 등 현전 이본이 16종이나 된다.[74] 이 변문은 인도불경 중의 목련전기에 근거를 두고 있는 것은 사실이나, 직접적인 소의경전이 없어 중국에서 창조적으로 찬성된 본격 변문 중의 전형적인 작품이다. 잘 알려진 대로 이 작품은 목련존자가 무간지옥에 떨어진 모친을 구제하

---

71 蘇瑩輝, 『敦煌論集』, 學生書局, 1983; 金岡照光, 『敦煌の文學』, 대장출판사, 1971 등 참조.
72 鄭西諦, 『中國俗文學史』, 粹文堂·平平出版社, 1974.
73 史在東, 「佛敎系 敍事文學의 硏究」, 『語文硏究』 제12집, 語文硏究會, 1983; 景一男, 「高麗朝講唱文學硏究」, 忠南大學校 大學院, 1989 등 참조.
74 潘重規, 『敦煌變文集新書(下)』 卷4, 中國文化大學 中文硏究所, 1983, pp.669-737.

여 천복을 누리게 하는 활극적인 내용으로, 서사성이 강하여 그 유전범위가 넓고 따라서 많은 이본이 형성되었던 것이다. 이 작품은 물론 보편적인 변문형태대로 독자성을 유지하고 있는 데다 변문으로서 갖출 만한 사건을 완비하고 있는 셈이다. 그 서사구조가 일관성 있게 전개·완결되고 그 표현문체가 산문과 운문으로 교직되어 있기 때문이다.

그리하여 이 작품은 변문으로서의 특성을 지니고 있는 것은 물론이지만, 장르적 측면에서는 복합적인 면모를 보이고 있다. 이 작품은 서사문맥을 고정시킨 상태에서 산문 중심으로 독파한다면 소설적 면모를 지니고 있는 것이 사실이다. 한편 그 서사문맥을 활용하는 마당에서 창사중심으로 실연한다면, 이 작품은 분명 희곡적 성향을 드러내고 있는 터라 하겠다. 이와 같이 이 변문작품은 녹자석 특성을 유지하면서 적어도 장르적 양면성을 갖추고 있다는 점이 주목된다.

어쨌든 이 작품은 그 극적인 서사문학성과 풍부한 자료상황으로 하여 가장 많이 연구되어 온 변문 중의 하나라고 보아진다.[75] 그런데도 이들 연구경향은 이 작품의 변문적 면모와 관련된 서지·유전·주해 등 기초작업에 주력하였을 뿐, 그 자체의 문학적 분석이나 장르론적 검토에는 아직 미치지 못하고 있는 실정이다.

선우구주고사의 경우: 고사의 변문계 현전 자료는 희귀하다. 지금껏 겨우 〈쌍은기(雙恩記)〉 1편 정도가 소련 학자에 의해 발굴·소개되었기 때문이다.[76] 이 작품은 《불보은경(佛報恩經)》 권4 '악우품(惡友品)'을 대본 삼아 강설한 〈불보은경강창문〉으로 강경계 변문이라 하겠다.[77] 이

---

[75] 岩本裕, 『目連傳說と盂蘭盆』, 法藏館, 1968; 陳芳英, 『目連救母故事之演進及其有關文學之硏究』, 臺灣大學 中文硏究所, 1983 등 참조.
[76] 潘重規, 『敦煌變文集新書(上)』, 권2, pp.57-93.
[77] 潘重規, 「變文雙恩記試論」, 新亞書院 學術年刊 15期, 1973, pp.1-11.

작품은 목련변문과는 좀 다른 체재를 가지고 있다. 말하자면 '악우품'의 경문 1구씩을 송출(誦出)하여 놓고 그것을 갖가지 방편으로 쉽고 재미있게 강설하고는 그 내용을 시가로 응축시켜 가창하는 방식이 끝까지 되풀이되는 것이다. 이런 점에서 '악우품'의 〈쌍은기〉는 변문의 보편적 기본구조에 따라 강창문학의 형태를 갖추고 있다고 보아진다. 이 작품은 선우태자가 고해에서 허덕이는 만백성·중생을 흡족히 구제하기 위하여 해중용왕의 여의주를 구해 오는 파란만장한 이야기로, 그 웅장한 서사적 구조는 최대 걸작이라고 평가하여 마땅할 것이다.[78] 이러한 작품은 자연히 오랜 세월 넓은 영역에 걸쳐 많은 이본을 형성시켰을 것이지만, 현전하는 것은 그만큼 드물다.

어쨌든 이 작품은 강경계 변문으로서 강창적 특성을 지니고 있는 것이 사실이다. 기실 이 작품은 그 장엄하고 신기한 서사문맥에 바탕을 두고 산문 중심으로 고정시켜 보면 소설적 면모를 드러내고 있으며, 한편 그 서사문맥을 주축으로 창사에 역점을 두어 강창형식으로 실연해보면 희곡적 성향을 보인다고 하겠다.

그동안 그 빈곤한 자료형편으로 이 작품은 활발히 연구되지 못하였지만, 최근에 새로운 업적이 나와서 많은 문제를 제기하고 있다.[79] 이 작품은 역시 변문으로서의 독자성을 지니면서도, 최소한 소설과 희곡 장르의 양면성을 지니고 있다는 점에서 검토할 여지를 얼마든지 가지고 있는 터다.

---

78 潘重規, 앞의 논문, p.7에서 '我們讀遍所有的講經文, 感到雙恩記的故事最爲突出, 將生死離合, 善惡悲歡, 描寫得淋漓盡致, 情瀾壯潤, 眞是動天地泣鬼神的傑作'이라고 하였다.
79 李殷權, 「敦煌變文〈雙恩記〉殘卷及其故事研究」, 臺灣師範大學 國文研究所, 1989; 朴光洙, 「善友太子傳承의 系統的 硏究」, 忠南大學校 大學院, 1990.

수천제효행고사의 경우: 고사의 변문계 현전자료가 아직 발견되지 않은 것은 사실이다. 그러나 이 고사의 변문형태가 실재했으리라는 근거는 몇 가지가 있다. 우선 이 고사가《불보은경》'효양품(孝養品)'과 《현우경(賢愚經)》'수천제품(須闡提品)' 등에 수록되어 활발하게 유통되었다는 점이다.[80] 이들 불경은 아주 유명한 대승경전이므로, 일찍부터 중국 대중에서 널리 강설·유통되었을 뿐만 아니라, 특히 이 고사가 희생적 충효를 주제·내용으로 한 감동적 서사문학이기에 중국을 벗어나 동양 불교권에까지 유포되었던 것이다.[81] 그러기에 돈황(敦煌) 막고굴(莫高窟)(제 296굴)과 신강(新疆) 극자이굴(克孜爾窟)(제 69굴)에 수천제충효변상도(須闡提忠孝變相圖)가 그려져 오늘에 이르고 있는 실정이나.[82] 그동안 고증된 바대로 변상과 변문은 동시 병존하는 것으로서 불가분의 관계를 가지고 있다.[83] 말하자면 변문이 있는 곳에 변상이 따르고 변상이 있는 곳에 변문이 따른다는 이야기가 된다. 그렇다면 위 양처의 변상은 수천제충효변문이 실재하여 왔음을 방증하는 바라 하겠다. 더구나 한국 불교계에 수천제충효고사와 유관한 〈수천제태자담〉이《축기별담(逐機別談)》에 편입되어[84] 변문계의 작품으로 현재하고 있다는 사실을 감안할 때, 일찍이 중국에도 이 고사의 변문형태가 실재하여 왔으리라

---

80 《新修大藏經》3卷 本緣部 上, 大方便佛報恩經 卷1, 孝養品 第2 및 同 本緣部 下 賢愚經 卷1, 須闡提品 第7 참조.
81 金維諾,「佛本生圖形式的演變」,『中國美術史論集』(明文書局, 1984, p.389)에서 '以'孝友'爲主題的, 如'須闡提本生', '善友本生', '睒變'等 這類宣傳 '孝友'的故事由來與中國儒家的 倫理觀念符合, 流行的面最廣, 連續的時代最長'이라 하였다.
82 金維諾,『佛本生圖的內容如形式』, 中國美術史論集, p.381.
83 羅宗濤,「變歌·變相與變文」,『中華學苑』7期, 臺灣政治大學 中文研究所, 1971, pp.82-83; 황패강, 앞의 논문, pp.196-200에서 변문과 변상의 한국적 현상을 검토하였다.
84 東國大學校 圖書館藏. 逐機別談(釋迦如來行錄, 筆師本) 8地.

고 추정할 수 있겠다.

다음 한국 측 변문계의 작품형태는 아래와 같다.

목련구모고사의 경우: 한국에서는 중국의 그것처럼, 운·산문이 교용(交用)된 변문 자료가 아직 발견되지 않는다. 그러나 고려 예종원년(1106)에 선왕의 명우(冥祐)를 빌기 위하여 명승이 궁전에서 강설한바 있는 〈목련경〉은[85] 중국의 목련변문과 결코 무관할 수 없다고 추정된다.[86] 명승이 어전에서 베푼 강설에서 창사를 활용했는지는 장담할 수 없지만, 적어도 궁중의 우란분재(盂蘭盆齋)와 관련된 법석에서 사용한 그것이 현전하는 〈목련경〉과 직결되어 있다는 점만은 확실하다. 그렇다면 그 작품의 성향이 중국의 변문과 소식을 함께하고 있었으리라 추정된다. 더구나 고려사부(高麗師傅)가 원(元) 지정(至正) 7·8년에 경수사(慶壽寺)에서 우란분재를 위하여 창설한 〈목련존자구모경〉도 실은 고려의 변문계 〈목련경〉과 깊이 관련된 것이라 보아진다.[87] 이 계통의 현전 〈목련경〉 중에서 전북 김제 승가산 흥복사 만력간본(萬曆刊本) 등은 그 내용의 일부를 요약한 변상도가 삽입되어 있다. 이것은 중국의 변문이 으레 변상도를 함께하고 있는 점과 상통하는 바라고 하겠다.

전술한 바와 같이 고래로 한국에도 속강의 실연에 따라 변문계의 작품들이 유전되었다고 전제할 때, 비록 '속강'이나 '변문'이라는 명칭은 사용하지 않았다 하더라도, 이들 〈목련경〉의 유형을 변문계의 작품이

---

[85] 《高麗史》世系 睿宗元年 7月 甲申條에서 '設盂蘭盆齋于長齡殿 以薦肅宗冥祐 又召名僧講目連經'이라 하였다.
[86] 민영규,「월인석보」제23 잔권」,『동방학지』6집, 연세대학교 국학연구원, 1963, p.9.
[87] 《朴通事諺解》,《影印老·朴諺解合刊本》(聯經出版公司, 1978, pp.274-280)에서 '這七月十伍日是諸佛解夏之日 慶壽寺裏爲諸亡靈 做盂蘭盆齋 我也隨喜去來 那壇主是高麗師傅 靑旋旋圓頂 白淨淨顔面 聰明智慧過人 唱念聲音壓衆 經律論皆通 眞是一個有德行的和尙 說目連尊者救母經 僧尼道俗善男信女 不知其數'라 하였다.

라고 보아 틀림이 없겠다. 더구나 이런 계통을 이어받아 창사를 배제하고 산문만으로 전개된 현전 〈목련경〉들이 널리 유통되어 이 점을 실증해 주고 있기 때문이다. 이들 〈목련경〉은 그 활극적인 서사내용으로 하여 수많은 이본을 남기게 되었으니, 현존하는 것만도 10종에 가깝다.[88] 이 이본들이 한결같이 산문만으로 되었지만, 그것이 실제로 강설·연창되는 마당에서 창사를 즉흥적으로 덧붙인다면 그 변문적 원형을 복원해 볼 수가 있겠다. 기실 중국의 변문에도 창사를 갖추지 않은 것이 있는 터이므로, 창사 없는 〈목련경〉들은 그대로 변문계 작품으로 보아도 무방하겠다. 다만 이 작품의 변문적 원형을 전제하면서, 그것이 실제적인 유통과정에서 소설형태와 희곡양식으로 전개되는 현상을 주목할 필요가 있다. 이 섬에 착안하여 죄근에는 목련구모고사에 관한 연구가 새로운 방향을 모색하기에 이르렀다.

선우구주고사의 경우: 고사가 운·산문 교용의 변문형태로 현전하는 것은 아직껏 발견되지 않는다. 그러나 한국의 변문계 작품집으로 충숙왕 15년(1328)에 초간된 《석가여래십지수행기(釋迦如來十地修行記)》에 〈선우구주담〉이 실려 있어 크게 주목된다.[89] 세종 30년(1448)에 개간된 그 수행기에 실린 〈선우구주담〉은 오직 산문만으로 짜여 있지만, 그 초간본에서는 원래 창사가 풍성하게 삽입되어 있었던 것으로 추정된다.

---

[88] 사재동, 「〈목련경〉의 유통관계」, 『한국언어문학』 22집, 한국언어문학회, 1983, pp.79-85.
[89] 姜銓燮藏本, 《釋迦如來十地修行記》에 '至今戊辰泰定伍年'(忠肅王 15년)이라 하고, 改刊序에 '大明正統戊辰端陽 伊府用梓命工刊行'(세종 30년)이라 하였으며, 현전 重刊本의 刊記에는 '順治十七年更子伍月日 忠淸道忠州月岳山德周寺開板'(顯宗 1년)이라 하였다. 목판 본문에는 〈인욕태자담〉·〈선우구주담〉·〈금우태자담〉 등 10편이 실리고, 필사 부록에는 〈섬효자경〉·〈지림고적〉(안락국태자경)·〈선우입해구주경〉 등 10편이 들어 있다.

위 개간본서(改刊本序)에 '今者小室山人夏暇覽之 芟削繁詞從新校正'이라 한 것을 보면, 그 산문 속에 번성(繁盛)한 창사를 삭제해버린 것이 틀림없기 때문이다.[90] 그렇다면 이 작품은 원형적 변문형태로도 널리 유포되었을 것이고, 그 창사가 배제된 현전형태로도 성행했으리라고 추정된다. 원래 이 작품의 서사문맥이 극적으로 전개되어 민중에 대한 감화력을 족히 발휘했을 터이고, 따라서 〈선우태자입해구주경(善友太子入海求珠經)〉·〈선생태자경(善生太子經)〉 등의 이본까지[91] 남기고 있기 때문이다.

전게한 〈쌍은기〉와의 상관성을 감안하고 같은 수행기에 실린 다른 작품들의 원형적 창사 분포를 기준으로 하여, 이 〈선우구주담〉에 창사를 삽입한다면, 그 원래의 변문적 형태를 충분히 복원해 볼 수가 있겠다. 기실 본래 창사 없는 변문이 얼마든지 있다는[92] 전제 아래서, 이 〈선우구주담〉이 현전 상태로도 족히 변문계의 작품이라고 규정될 수가 있으리라고 본다. 이런 작품이 변문적 원형을 지니고 그 독자성을 유지하면서도 유통과정에서 소설형태나 희곡형식 등으로 다양하게 전개되는 실태를 중시해야 할 것이다. 그동안 한국화된 서우구주고사류를 〈적성의전〉의 근원설화로서 검토한 적이 있지만,[93] 이를 변문계의 작품으로 간주하고 장르론적 차원에서 고찰하지는 못하였던 것이 사실이다.

수천제충효고사의 경우: 고사 역시 원형적 변문형태로는 현전하지 않는다. 그러나 전게한 수행기의 이본이라 할 《축기별담》(석가여래십지

---

90 사재동, 「불교계 서사문학의 연구: 《석가여래십지수행기》를 중심으로」, 『어문연구』, 어문연구학회, 1983, pp.182-189.
91 姜銓爕, 釋迦如來十地修行記 附錄分.
92 潘重規, 『敦煌變文集新書』 上·下 참조.
93 인권환, 「〈적성의전〉 근원설화연구」, 『인문논총』 8집, 고려대학교 문과대학, 1967.

수행록(釋迦如來十地修行錄)) 제8지에 이미 거명된 〈수천제충효담〉이 수록되어 관심거리가 된다. 이 작품은 창사가 배제되고 비록 산문만으로 결구되어 있지만, 그 원형이 변문적 형태를 취하여 왔으리라는 것은 대강 짐작할 수가 있겠다. 이 작품의 결미에 묘하게도 '북량고창국사문(北凉高昌國沙門) 법성담(法盛譚)'이라는 주기가 있어 몇 가지 문제를 제기하여 준다. 이 기록을 그대로 믿기까지는 불교사나 문헌사 쪽의 과학적인 고증이 요구되지만, 그러나 분명한 것은 이 작품이 중국불교 문예와 관련되고 특히 수전제충효변상도와 무관할 수 없다는 점이다. 전술한바 수전제충효변상도가 그려진 돈황 막고굴 등이 북량(北凉) 고창국과 관련되었다면,[94] 그 나라의 승려가 담설했다는 〈수천제충효담〉은 중국 측의 그 변상·변문과 맥락이 닿았다고 볼 수가 있겠다. 말하자면 돈황·신강 지역의 불교예술이 한·중 승려들의 중개로 하여 상호 유통되는 과정에서 저 수천제충효고사의 변상·변문이 한국에 전래될 수 있었으리라는 이야기다. 그것이 적어도 당초의 북경 고창국 사문 법성이 신라시대쯤에 와서 직접 구설한 것인지, 신라 승려나 문사가 그 법성을 찾아 들었든지, 그 후대의 인물이 듣고 전하는 바를 들어 쓴 것인지, 아니면 그것을 읽고 다시 연설하는 것을 들어 재록한 것인지 속단할 수는 없다. 그러나 이 〈수천제충효담〉은 아무래도 한·중 승려들이 연설·강창하는 것을 견문(見聞)한 나머지 그에 의하여 문장화 되었으리라고 추정할 수는 있겠다. 그렇다면 이 작품이 그 원래의 화본으로 통용될 때는 보다 풍성한 이야기와 유창한 가창이 교직되어 있었

---

[94] 呂石明等, 「敦煌與絲路上的石窟寺院」, 『中國宗教藝術大觀』 5(文旺圖書出版社, 1986, p.130)에서, 북조시대 北凉이 불상조성이나 善友·須闌提本生故事의 벽화제 작에 관련되어 있음을 시사하고 있다.

으리라고 추정된다. 그러던 것이 전래·변모되고 문자화되는 과정에서 축소·조정됨으로써, 현전하는 산문 형태로 정립된 것이라 하겠다. 보편적으로 구비 실연되던 서사물이 문자로 정착될 때에는 으레 그런 삭제·축소가 따르기 마련이기 때문이다.

여기서 이 〈수천제충효담〉의 변문적 원형은 운·산문 교용이든 산문 전용이든 간에 족히 복원해 볼 수가 있겠다. 그래서 이 작품은 변문계 작품형태로서 그 특성을 지니고 있으면서, 그 자체가 유통과정에서 소설형태나 희곡양식으로 분화·전개되었으리라는 점이 주목된다. 그런데도 이 작품에 대한 구체적인 논의는 아직 보이지 않는다.

이상과 같이 한·중불교고사가 각기 변문 또는 변문계 작품으로 형성·전개되어 왔음을 추적하여 보았다. 기실 중국에 이런 변문작품이 실존했다는 것은 이미 공인된 바로서, 새로운 이야기가 아니다. 그러나 한국문학계에 변문계 작품이 형성·유통되었다는 것은 실로 중대한 문제를 제기하게 된다. 비록 위에 든 세 가지 고사에 한하여 그 변문적 실존을 추론한 것이지만, 그것들이 한국의 예술문화권에서 차지하는 위치는 획기적인 것이며, 나아가 그것이 변문계 문학, 강창문학으로서 시가·소설·희곡 장르를 포괄하는 종합문학형태로 행세하여 국문학사를 제대로 이끌어왔기 때문이다. 그리하여 이것들은 당대의 문학작품으로 광범하게 그 기능을 발휘했을 뿐만 아니라, 그것이 다른 문학 장르로 연진·전개됨으로써 양국 문학사에 끼친 영향은 지대하였을 터다. 그중에서도 이 작품들이 양국의 소설과 희곡으로 연변·발전하여 온 사실은 특기할 만한 일로서, 여기에 본격적인 논구가 요청된다 하겠다.

3) 한·중 불교고사의 소설적 전개

불교고사(佛敎故事)가 한·중 소설에 끼친 영향을 전반적으로 논의해 온 지는 이미 오래다.[95] 그러나 정작 목련구모고사·선우구주고사·수천제충효고사 등이 소설형태로 변용·전개된 사실에 대해서는 본격적으로 논급된 바가 없었던 것이다. 기실 이 고사들은 그 자체의 서사문학적 생리나 당시 사회 대중의 문예적 욕구, 불교계를 중심으로 하는 교화의 방편, 그 시대의 소설사적 요청에 의하여 소설화될 수밖에 없는 여건을 스스로 지니고 있었다. 그리하여 이 고사들은 한·중 양국에서 보다 쉽고 재미있는 이야기로 변형·발전한다는 순리적인 궤도를 따라, 곧장 소설형태로 전개되었을 것이다. 그리하여 양국 불교고사의 소설형태가 가장 풍성하고 소설답게 행세하면서, 다른 계통의 소설을 형성·발전시키는 계기를 마련하고 산파역을 담당하게 되었다. 그 결과로 이 작품들은 양국 소설사 상에서 핵심·주축이 되어 왔던 것이다.[96]

그런데도 중국에서는 이런 불교계 소설형태가 외래 종교문학이라는 선입견에 휘말리고 후대적으로 무성하던 전기소설·통속소설 등에 밀리면서, 민중에 흥행했던 희곡에 가려져 그리 각광을 받지 못하였던 것이 사실이다. 그리하여 이 소설들은 음성적으로 명맥을 유지하면서, 중국소설의 유구한 역사 위에서 이렇다 할 작품과 실증기록을 제대로 남기지 못하였고, 그나마 남긴 편린적 자료마저도 연구자들의 무관심 속에 방치되어 있는 실정이다. 그러나 이 불교계 소설들의 실체와 중국

---

[95] 胡適, 『佛敎的 飜譯文學』 上·下, 白話文學史, 樂天出版社, 1970; 정주동, 「불교사상과 고대소설」, 『어문논총』 3집, 경북대학교, 1966 등 참조.

[96] 孟瑤, 『中國小說史』(傳記文學出版社, 1977)에서 변문과 그 계통의 소설을 그 소설사의 중심축으로 취급하는 경향을 보였다.
사재동, 『불교계 국문소설의 형성과정 연구』, 아세아문화사, 1977.

소설사 상의 위치는 결코 묵살·소멸되지 않을 것이므로, 뜻있는 학자들의 진지한 방법론과 탐색작업에 따라 어느 정도 그 면모가 드러나리라 믿는다.

한편 한국에서는 이런 불교계 소설형태가 명실 공히 뚜렷한 맥락을 유지해왔던 것이 사실이다. 이 불교계 소설이 신라를 거쳐 고려에 이르러 본격적으로 형성·대두되어 그 말기까지 성세를 유지해온 것으로 보인다.[97] 이렇게 형성·행세한 불교계 소설들은 조선조에 이르러 불교의 탄압과 함께 그것이 자연 음성화될 수밖에 없었다. 그 무렵에 성행한 유가문장·패관소설 등과 통속소설류에 가리어, 불교계 소설들이 크게 빛을 볼 수 없는 실정이었다. 그렇지만 가끔 되풀이된 불교중흥의 기운과 대중포교의 명분을 타고, 같은 처지에 있었던 희곡과의 상관성으로 하여 그런 대로 전통을 이어왔던 것이다. 말하자면 한국소설의 면면한 역사 위에 이 불교계 소설들은 비록 '불경' 내지 '불서' 등으로 擬裝된 모습으로나마 상당한 작품과 방증기록을 남기게 되었다는 이야기다. 다만 그 음성화와 의장화 등으로 하여, 그 소설들이 단순한 불교문헌으로 취급되고 학자들의 관심 밖에 놓였다가 최근에 이르러서야, 그 일부가 소설로서 연구·검토되기 시작했던 것이다.[98]

이제 전게한 불교고사를 중심으로 그것들이 한·중소설로 형성·전개된 실상을 논의할 단계에 이르렀다. 여기서는 그 자료상황과 유전계통이 비교적 분명한 한국 측 불교계 소설을 우선 고찰하고, 나아가 그 결과를 기준으로 삼아 중국 측의 그것을 복원·탐색하여 보겠다.

먼저 한국 측 불교계 소설의 실상은 다음과 같다.

---

97 김태준, 「고려의 패관문학과 불교문예」, 『조선소설사』, 청진서관, 1939.
98 사재동, 『불교계 서사문학의 연구』 및 『불교계 국문소설의 형성과정 연구』 등 참조.

목련구모고사의 경우: 고사가 소설로 전개·유통된 자료는 비교적 많이 발견된다. 위에서 변문계통으로 복원하여 본 고려대의 〈목련경〉·〈목련존자구모경〉은 산문 중심으로 짜여 오히려 소설적 성향이 보다 뚜렷하였으리라 추정된다. 그 계통을 직접 계승한 현전 〈목련경〉이 산문을 전용하여 소설의 면모를 중점적으로 드러내고 있기 때문이다. 이처럼 고려대의 작품에서 그 소설형태의 연원을 찾는다면, 실로 목련구모소설의 전승계맥은 뚜렷한 것이 사실이다.

필자는 일찍이 이 목련경류를 고전소설론에 입각하여 분석하고 이를 한문소설로 규정한 다음, 그 소설사적 맥락을 추적하여 보았다.[99] 여기서 한문 표기의 목련구모소설이 고려시대로부터 본격화되어 조선시대까지 뚜렷이 유통되었음을 확인하게 되었다. 기실 이 소설작품은 희생적 효행소설로서 조선조의 배불정책에도 불구하고 우란분재를 기반으로 비교적 성행했던 것이다. 유·불간에 효행을 표현하는 추선재의(追善齋儀)를 통하여 별다른 제한 없이 대체로 〈불설대목련경(佛說大目連經)〉이라는 위경으로 유통되었기 때문이다. 이 소설의 한문본이 寺庵을 중심으로 필사·목판 등의 많은 이본을 남긴 가운데, 지금껏 알려진 것만도 10종 가까이 된다.

이 한문본은 세종 29년(1447)《석보상절》에 편역되고 세조 4년(1459)《월인석보》에 재편되어 〈목련전〉으로서 조선말까지 전승되었음을 확인할 수 있다. 이 〈목련전〉은 이미 독특한 국문소설로 고증되었거니와,[100] 그 이본이 10여종이나 알려지고 있는 실정이다. 이 소설의 이본은

---

99 사재동, 「한·중목련고사의 유변관계」, 『인문학연구』 14(2), 충남대 인문과학연구소, 1987, p.16, p.21.
100 사재동, 「〈목련전〉 연구」, 『한국언어문학』 3집, 한국언어문학회, 1965, pp.111-122.

역시 필사와 목판으로 다양한 유통을 보이는 한편, 그것이 구비적으로 유포되는 현상도 주목해야 되겠다.

이로써 본다면 목련구모소설은 그 실체가 하나지만 한문본과 국문본의 양면성을 가지고 유전된 게 분명하다. 물론 고려시대나 그 이전에는 한문본이 대종을 이루었지만, 혹 향찰로 표기된 작품도 있었으리라는 추측을 완전히 배제할 수는 없다. 한편 조선시대에는 한문본과 국문본이 양립되어 상하 민중 사이에 유통되는 가운데, 그 튼튼한 전승계맥을 형성하기에 이르렀다고 보아진다. 따라서 이 작품군은 최소한 고려·조선소설사를 통관하는 한 줄기 맥락을 완성함으로써 작으나마 핵심·주류가 되고 있는 실정이다. 그러므로 이 작품군의 계통적 파악은 아직도 불투명한 한국소설사를 합리적으로 체계화하는 데에 하나의 지표가 될 것이다.

선우구주고사의 경우: 고사의 소설자료는 비교적 풍성하고 뿌리가 깊은 편이다. 기실 이러한 소설형태는 상게 '악우품'이 유통·전개되던 신라·고려대에 이미 형성되어 그 원형적 면모를 유지해 왔으리라고 보아진다. 그리하여 이 소설형태는 위 《석가여래십지수행기》가 초간되던 충숙왕 15년 이전에 그 변문계 작품으로 찬성·분립되었을 가능성이 짙다. 이 고사의 변문계 작품은 적어도 고려 중엽을 넘어서 행세하다가 위 수행기에 편입되면서, 벌써 소설적 성격을 드러냈으리라 보아진다. 따라서 그로부터 선우구주소설의 기점을 잡는 것이 순리적이라 하겠다.

이러한 소설형태가 세종 30년, 위 수행기의 개간에 즈음하여 개신·조정됨으로써, 전게한 〈선우구주담〉으로 산문화되었던 것이다. 여기서 이 작품은 많이 축소되었지만, 그 주제·내용 구성·문체 등에서 소설의 면모를 갖추고 있는 것이 사실이다. 그리하여 이 작품은 한문본 선우구주소설, 〈선우태자전〉으로서 복간(復刊)(현종 1년, 1660)을 거듭하며 조선 말기까지 한문 사용층에 유전된 것이다.

한편 이와는 계열을 조금 달리하면서,《보은경》'악우품'에 가까운 선우구주소설이 전계한《석보상절》에 편역되어 〈선우태자전〉으로 전개되었다. 이 작품은 위 〈선우구주담〉의 원본과 의외로 깊은 관계를 가졌으리라 보아지기도 한다. 어쨌든 이 〈선우태자전〉은 역시《월인석보》권22에 재편·수록되었다가 오랜만에 국문소설로 규정되었다.[101] 그 후로 이 작품은《월인석보》의 거듭되는 중간에 따라 불교계와 신불민간에 널리 유통되면서 많은 이본을 남기게 되었다.

그리고 이 작품의 계통을 계승·변용시켜 조선 중·말기에 〈육미당기〉라는 한문 모작(模作)이 출현하고, 그것이 곧 〈김태자전〉으로 국문화된 사실이 있다. 그러는 가운데 선우구주고사의 소실직 세반 전승을 집성하여 창조적으로 형성·전개된 것이 〈적성의전〉이라 하겠다.[102] 이 작품은 본격적이고 전형적인 국문소설로서 그 문학적 실상과 형성과정에 대한 검토가 깊이 있게 이루어져 있는 실정이다. 말하자면 이 〈적성의전〉은 선우구주고사의 한국적 전개사에서 산출된 전형적인 국문소설이라 하여 마땅할 것이다. 이 작품이 그만큼 뛰어난 소설로서 오랜 세월 널리 유통됨으로 하여, 많은 이본이 형성·유통된 것을 확인하게 된다. 이렇게 볼 때 선우구주고사의 소설형태는 풍성하고도 복합적인 상태로 그 토착화 내지 형성·전개의 과정을 계통적으로 명시하고 있는 셈이다. 그러므로 이 작품계열은 한국소설사의 전통적 맥락을 새롭게 실증·부각시키는 확고한 지표가 될 것이다.

수천제충효고사의 경우: 고사의 소설자료로 현전하는 것은 아주 드

---

101 사재동, 「〈선우태자전〉 연구」, 『어문연구』 9집, 어문연구회, 1976, pp.107-108.
102 인권환, 「〈적성의전〉 근원설화연구」, 『인문논집』 8집, 고려대, pp.316-322.

물다. 그 한문본으로 전게한 〈수천제충효담〉과 후대의 국문이본으로 〈수천제태자전〉이 유통되고 있을 뿐이다.[103] 이 작품이 국·한문의 양면 표기로되 산문만으로 이룩되어 있으므로, 그것이 자연 소설로 읽히고 공인될 수가 있었다. 더구나 이 작품은 주제·내용의 절실함과 그 사건 전체의 극적 전개로 하여 소설로서의 제반 요건을 완비하고 있는 것이 확실하다. 그러나 이 소설형태가 언제부터 어떤 양태로 형성·전개되었는지 속단할 수는 없다. 전술한바 '北凉 高昌國 沙門 法盛譚'을 어느 정도 신빙한다면, 이 소설형태가 신라·고려대를 배경으로 하는 원형적 작품으로부터 출발했으리라고 추정할 수는 있겠다. 이런 소설작품은 그 감동적인 내용으로 하여 구비전승이나 문헌유전을 통하여 널리 보급되고 따라서 많은 이본을 남겨 놓았으리라고 추정된다.

그중 한 계통의 이본이 《축기별담》에 편입되어 온 것이라고 보아진다. 이 작품은 일단 한문화되었지만, 기실 '담화'형태의 정착으로 보아진다. 이러한 분위기와 수용층의 간곡한 요청이 전제될 때, 아무래도 국문본이 형성되었을 가능성은 있다고 보아진다. 그 국문소설의 전형적 필사본은 아직 발견되지 않았지만, 그나마 후대적 국문본이 나타난 것만으로도 그 점을 족히 추정할 수가 있겠다.

다음 중국 측 불교계 소설의 실상은 아래와 같다.

목련구모고사의 경우: 고사가 소설형태로 공인된 것은 아직 없다고 하겠다. 다만 〈목련보권(目連寶卷)〉이 현전하여 목련변문의 계통을 이어 소설형태를 보여주고 있을 따름이다.[104] 그러나 전술한 대로 일찍부

---

103 安震湖 編譯, 《釋迦如來十地修行錄》에 〈수천제태자경〉을 清凉山人이 《佛陀의 十地行蹟》〈수천제태자〉(삼미출판사, 1970)로 간행하였다.
104 陳芳英, 앞의 논문, pp.93-111; 『三世因緣目連救母』, 瑞成書局, 1974 등 참조.

터 목련변문이 성행하여 왔다면, 그것의 소설적 성향을 계승한 소설형 태가 족히 분화·행세하였으리라고 추정된다. 기실 중국의 변문 자체가 소설적 측면에서 보면, 이른바 변문소설로 인식되기도 하는 실정이다.[105] 그렇다면 목련변문이 목련구모소설이라 규정될 수가 있었다. 실제로 이들 목련변문이 유통되는 마당에서, 산문 중심으로 읽히거나 이야기되는 현상을 정태적으로 파악한다면, 그것은 소설형태라고 하여 무리가 없겠기 때문이다.

더구나 이 목련변문은 희생적 효행을 주제·내용으로 하여 워낙 기상천외의 사건을 꾸며 나갔다. 따라서 그것은 대중의 문학적 욕구를 충족시키며 교화의 효능을 높이기 위해서도 소설화될 필요성을 스스로 지니고 있었던 것이다. 이러한 변문작품이 인기리에 유통되는 가운데, 어느새 승려나 신불문사들에 의하여 그 창사가 배제되고 산문 전용의 소설로 변용될 수가 있었을 터이다.

이런 소설화 현상이 일찍이 나타났을 것이지만, 북송대에 이르러 그 흔적을 남기게 되었다. 맹원로(孟元老)의 《동경몽화록(東京夢華錄)》에 '七月十伍日中元節 及印賣尊勝目連經'[106]이라 하여 〈목련경〉의 실존을 증언하고 있는 것이 크게 주목된다. 실로 〈목련경〉은 일본에서 유전되고 있는 〈목련구모생천경〉을 매개로 하여,[107] 한국의 〈목련경〉과 불가분의 관계에 있다는 것이 실증되었다. 위에서 한국의 〈목련경〉이 여러 가지 측면으로 보아 소설이라고 규정되었다면, 이를 기준으로 하여 중국의 〈목련경〉이 소설형태로 전개되었으리라고 추정할 수가 있겠다.

---

105 徐訏, 『變文小說』, 『小說彙要』, 正中書局, 1974, p.145.
106 孟元老, 『東京夢華錄』 卷8, 中元節條, 大立出版社, 1980, p.49.
107 陳芳英, 앞의 논문, pp.113-115.

이런 목련구모소설이 중국 불교사회에 성행하면서 많은 이본을 남겼을 것이지만, 그 유전과정에서 산일되는 한편, 그 당시에 성행했던 통속소설이나 희곡 등에 가려 그대로 묻혀버렸던 것이라고 보아진다. 그래서 중국소설사의 합리적인 흐름을 전제하고 한국목련구모소설의 전개양상을 본보기로 하여, 그 소설적 실상과 소설사적 위상을 족히 재구해 볼 수가 있겠다.

선우구주고사의 경우: 고사의 소설자료가 아직 발견되지 않는다. 그러나 이 고사의 소설형태가 실존했으리라고 추정할 만한 근거는 몇 가지가 산견된다. 먼저 전술한바 이 고사의 변문 자료가 상당한 세력으로 유전되었다는 사실이다. 아직은 전게한 〈쌍은기〉만이 발견·검토되었거니와, 이 변문은 실로 장편서사구조로서 소설적 성향을 가장 뚜렷이 구비하고 있는 터다. 전술한바 변문소설의 차원에서, 〈쌍은기〉 정도가 산문 중심으로 낭독되거나 이야기될 때, 그것은 이미 이야기문학으로서 소설형태를 갖추어 행세하였을 터이다.

〈쌍은기〉는 중생제도의 대승적 주제·내용을 파란중첩한 사건으로 엮어놨기에,[108] 민중의 문학적 욕구를 충족시키며 교화의 목적을 달성키 위하여 소설화될 수밖에 없었던 것이다. 기실 이 작품을 소설론에 따라 분석할 때, 그것이 중국의 고전소설임을 고증할 수가 있겠다. 여기서 이 〈쌍은기〉 등을 바탕으로 본격적인 선우구주소설이 형성·전개되었을 가능성이 충분해지는 것이다. 더구나 위 목련구모고사가 소설화된 근거를 추적하는 마당에, 한국의 선우구주고사가 소설로 전개된 다양한 면모를 기준 삼아 엄밀히 검토한다면, 중국의 선우구주소설의 실체와 그 역사를 복원해 볼 수 있으리라 믿는다.

---

108 潘重規, 앞의 논문, pp.4-7.

수천제충효고사의 경우: 고사의 소설자료가 아직 드러나지 않는다. 그러나 이 고사의 소설형태가 실존했을 가능성은 점검해볼 수가 있다. 우선 동류인 목련구모고사와 선우구주고사 등이 공히 소설형태로 변용·전개되었다는 사실이 그 소설화의 상당한 뒷받침이 되겠다. 그리고 이 고사는 2개 이상의 불경에 실리고 내용이 그만큼 강력한 서사성을 구비한 데다 그 변상도가 두 곳에서나 발견되어 훌륭한 변문으로 전개되었다는 점이 그 소설화의 가능성을 간접적으로 증언하고 있다. 실제로 이 고사의 변문이 실존한 이상, 그것 자체가 희곡의 형태와 함께 소설의 면모를 갖추고 있는 게 너무도 당연한 일이기 때문이다.

이런 정도의 변문이라면 그 주제·내용이 희생적 효행으로 심화되고 그 구성이 너무도 처참하고 감동적인 사건으로 점철됨으로써, 그것은 이미 소설화될 수밖에 없는 여건을 두루 갖추고 있었던 터이다. 이에 불교문헌에서는 민중의 문학적 충족과 함께 포교의 효과를 확대하기 위하여, 어느새 이를 소설화하기에 이르렀을 것이다. 이만한 소설형태라면 위에 든 다른 소설류와 함께 오랜 세월 널리 유통됨으로써 많은 이본을 형성시켰을 것이지만, 다만 현전하는 것을 발견하지 못할 따름이다. 이에 이 고사와 동궤인 한·중불교고사의 소설화 과정을 바탕으로 그와 직결된 한국 측 〈수천제충효담〉의 소설화 현상을 준거하여 그 수천제충효소설을 족히 복원해 볼 수가 있겠다.

이상 고찰한 바와 같이 한·중불교고사의 소설 형태는 상호보완 관계를 유지하면서 형성·전개되었다고 하겠다. 그리하여 이 소설형태는 양국 소설사의 발전과정에서 내면적인 주동력을 해 왔던 것이다. 또한 그것들이 양국의 문예사회학적 환경이나 다른 소설 분야 내지 희곡 형태 등과의 상대성으로 인하여 음성적 전통을 고수해왔다는 것도 사실이다. 다만 이들 불교계 소설의 실상이 한국 측에서 비교적 선명하게 부각되는 것은 양국의 자료 보전적 차이이기보다는 다른 문학 장르와 의 상관성에서 빚어진 한·중소설사의 특성이라고 보아질 따름이다.

4) 한·중 불교고사의 희곡적 연진

주지하는바 소설과 희곡의 상관성을 고려할 때[109] 불교고사의 소설형 태가 있는 곳에 반드시 그 고사(故事)의 희곡형태가 깃들기 마련이라고 하겠다. 이들 소설 형태가 유통과정에서 대중적으로 연설되고 대화중심 으로 행동화되면 그대로가 희곡형태로 전환·전개되는 것이기 때문이 다. 그러기에 한·중 양국에서는 불교계를 기반으로 각종 재의와 대중포 교 그리고 민중오락을 위한 종합예술적 방편으로서 일찍부터 연극·희 곡형태가 형성·전개되고 있었던 것이다.[110] 일찍이 양국의 문학예술계 에서 연극·희곡이 개척되지 않았을 때 서역으로부터 그 방법을 도입하 여 불교의 온갖 재의·포교·오락 등에서 연희활동을 벌이게 되었다. 그 중에서도 민중문학의 연예형태로 사원이나 야외법석에서 속강을 여는 것이 중심이었다.[111] 사실 능설능창(能說能唱)한 대승적 승려가 불교고 사를 대본으로 대중에서 쉽고도 재미있게 연설하고 가창하면서 온갖 행동과 표정까지 곁들이는 연예활동이 바로 속강이었다.[112] 그렇다면 이 속강이 비록 일인의 속강승에 의하여 진행·완결된다 하더라도 그것 은 현장적 의미에서 연극임에 틀림없다. 따라서 그 속강의 화본이던

---

109 韓路壇,「戲曲과 小說」,『희곡론』, 정음사, 1973, pp.76-89.
110 사재동,「불교연극서설: 불교연극을 찾아서」,『동학』제6집, 동학사승가대학, 1990, pp.6-8.
111 向達,「唐代俗講考」,『敦煌變文論文錄(上)』, 明文書局, 1985, pp.42-47.
112 孫楷第,「唐代俗講軌範與其本之體裁」,『敦煌變文錄 上冊』, pp.101-112.

그 변문을 강창적 차원에서 원칙적으로 희곡이라고 볼 수가 있겠다. 그래서 변문 그 자체가 소설성과 함께 희곡성을 강화하고 있는 것이라고 규정되었거니와[113] 양국의 희곡적 연원을 이곳에서 찾는 것이 마땅하다고 보아진다.

이러한 바탕 위에서 한·중 불교계에서는 저명한 불교고사를 중심으로 가창극·가무극·강창극·대화극 등의 본격적인 연극을 꾸며내고, 그에 따라 완비된 희곡을 형성·발전시켰던 것이다. 이로 인하여 양국의 연극·희곡이 전반적으로 출범·전개되었으니 여기 불교고사들의 희곡 형태는 실로 양국 희곡사의 산파요 중추 역을 담당해왔다고 하겠다. 결국 이 불교고사의 변문 내지 변문계 작품이 희곡 형태로 전개된 문학적 실상과 그 희곡사적 위상이 그만큼 중시된다는 이야기다. 그런데도 중국에서는 일반 연극이 발전을 거듭하고 그 희곡이 본궤도에 올랐을 때 불교고사의 희곡형태들은 그 세력에 의하여 오히려 뒷전으로 밀리고 음성화되기에 이르렀다. 그러면서도 이 불교계 희곡들은 워낙 뿌리가 깊은 데다 신중·서민의 장구한 호응을 받아왔기로, 영세한 대로 그 전통을 계승할 수가 있었던 것이다. 그리하여 작으나마 그 계통의 작품과 방증 자료들이 현전함으로써 적절한 방법으로 성실하게 탐구만 한다면, 불교계 희곡의 문학적 실상과 중국 희곡사상의 소중한 위치를 제대로 구명해낼 수가 있을 터이다.[114] 오늘날 중·일 학자들이 목련구모고사를 중심으로 이런 작업을 진행하여 상당한 성과를 올리고 있는 점은 고무적인 일이거니와[115] 여타 중요한 불교고사의 그것에 대해서도

---

113 孟瑤,『中國戱曲史』第1冊, 傳記文學出版社, 1964, pp.56-57.
114 澤田瑞穗,「釋敎劇叙錄」,『佛敎と中國文學』, 圖書刊行社, 1975, p.115.
115 정규복,『구운몽원전의 연구』, 일지사, 1977; 임철호,『임진록 이본 연구』, 전주대학교 출판부, 1996; 김영수,『필사본 심청전 연구』, 민속원, 2001 등 참조.

본격적인 검토가 가해져야 될 것이다.

한편 한국에서는 불교고사의 희곡형태들이 그 변문계 작품들과 직결되어 고려대까지는 비교적 성행했으리라 추정된다. 그 희곡형태의 연원을 신라시대로 잡는다 하더라도, 그것이 본격적으로 형성·유통된 것은 역시 고려의 불교사회였으리라 보아지기 때문이다. 대강 문종대를 거치면서《대전십무》가 더욱 성행하여 각종 재의·법회·행사 등에서 연예활동이 벌어지고 그것을 주도하는 희곡이 대두될 수밖에 없었다. 그 불교고사들이 속강형식을 통하여 강창극으로 실연되고 나아가 가창극·가무극 내지 대화극으로 전개되었다면, 그 고사의 변문적 강창극본은 물론 여타 연극의 극본, 희곡형태가 전문적으로 발전했을 가능성이 높다고 하겠다. 그러기에 고려기의 그 극본, 희곡은 변모·축소된 모습으로 남아 현전하는 것이 적지 않고, 그 방증 기록도 희미하게나마 잔존하여 족히 그 윤곽을 잡아볼 수가 있겠다. 더구나 당시에 발달했던 일반 연극과 희곡을 기준으로 하여 상호보완적 차원에서 그 불교계 희곡을 검토할 수도 있을 것이다.

그런데 조선조에 이르면 배불정책과 불교계 희곡이 전반적으로 타격을 받고 제거되거나 위축될 수밖에 없었다. 그 당시 불교계의 제반 연극 활동이 전면 금지·정리되면서 그에 관한 구체적 논의나 긍정적 언동이 제대로 용납될 수 없었기 때문이다.[116] 실제로 조선의 연극은 국가적 의전이나 연희에 필요한 것을 중심으로 재정비되었거니와[117] 그럴 때에 불교적 색채, 통속적 요소를 일체 배제하고 부득이한 것에 한

---

116 장한기,「조선시대의 연극」,『한국연극사』, 동국대학교 출판부, 1986, pp.97-99.
117 成俔 等,〈樂學軌範〉卷2,〈俗樂陳設圖說〉卷3,〈高麗史樂志〈俗樂呈才〉卷5,〈時用鄕樂呈才圖說〉등 참조.

하여 음성적으로 개변시켜 수용했을 뿐이었다. 그리하여 당대 문사들이 불교계 희곡 관계를 공사 간에 제대로 기록할 수 없었고, 따라서 그 자료가 아주 영성한 편이다. 그러나 그 편린·잔영과 개변·의장된 모습이 유존하여 그 연구·복원의 가능성을 던져주고 있다.

이제 전게한 불교고사를 중심으로 그 희곡형태를 구체적으로 논의할 단계에 이르렀다. 여기서는 불교계 희곡의 자료 현황과 계통이 보다 분명한 중국의 그것을 먼저 고찰하고, 그 결과를 표준삼아 한국 작품의 불투명한 계맥을 검토·복원해 보려고 한다.

우선 중국 측 불교계 희곡의 양상은 다음과 같다.

목련구모고사의 경우: 고사의 희곡형태는 그 자료가 거의 완벽하다. 전세한 목련변문이 그 상장구소로 하여 희곡성을 지니고 있을 뿐만 아니라, 송대 이래 목련구모희곡이 본격적으로 형성·전개되었던 게 사실이다. 이와 같은 희곡의 계통이 그동안 상당한 수준으로 연구·고증되어 그 전모가 어느 정도 드러나게 되었다.

그 실례로 제일 먼저 나타나는 것이 북송의 《동경몽화록(東京夢華錄)》에 기록된 〈목련구모잡극〉이다. 그 작품이 현전하지 않아 문학적 실상을 검토할 수는 없지만 그것이 원대의 〈목련구모잡극〉(錄鬼簿續編)으로 정리·발전된 것만은 분명하다. 그 계통은 명대의 〈목련구모잡극〉(顧曲雜言)으로 이어지고 다시 청대의 잡극(揚州畵舫錄)에 이르러 대체로 마무리되었다. 한편 이 잡극의 단편성을 극복하여 목련구모전기가 등장하였으니, 그 연원은 소급되겠지만 현전하는 것은 명대의 〈목련구모권선희문(目連救母勸善戲文)〉이 대표적인 작품이다. 이 계통을 이어 청대의 목련구모전기가 유통되다가 현전하는 〈권선금과(勸善金科)〉로 집성되었던 것이다. 이에 이르러 그 희곡 작품이 질적으로 저하된 것은 사실이지만 양적으로 확대된 바는 실로 비할 데가 없었다. 그 목련희곡의 전통은 근대까지 계승되어 〈피황목연기(皮黃目連記)〉로 실연되고 나아가 그것이 부분적으로 민간화되어 지방목련희로써 명맥을 유지하고 있는 실정이다.[118]

선우구주고사의 경우: 고사의 희곡자료가 현전하지 않는 것은 사실이다. 그렇다고 이 고사가 그 시대에 상응하여 희곡화되어 있었다는 것을 부인할 수는 없다. 그와 동궤의 목련구모고사가 그만한 희곡적 전통을 확보하고 있는 현실에서 선우구주고사 정도가 희곡으로 전개되었으리라는 것은 추측하기에 어렵지 않기 때문이다. 이 고사의 변문 중에서 〈쌍은기〉 정도가 이미 논의되었거니와 그 작품은 강창적 실연만으로도 족히 희곡의 면모를 드러내고 있다. 원래 이 작품이 극적인 서사구조를 가지고 발달된 대화와 적절한 창사를 갖추었으니[119] 포교를 위한 속강에서 그것이 일단 강창극본으로 역할을 담당한 것은 당연한 일이다. 나아가 이런 극본을 바탕으로 강창극본 내지 대화극복이 대두·유통될 가능성은 얼마든지 있는 것이다. 이 작품은 희곡으로 전개될 수 있는 제반 여건을 갖추고 있을 뿐 아니라 민족의 문예적 욕구와 교계의 포교적 요청에 의하여 희곡화될 수밖에 없었던 터다. 그만한 희곡화와 실연에 따라 많은 이본이 나왔을 것이나, 〈쌍은기〉 이외에 이렇다 할 극본·희곡이 아직도 발견되지 않은 점은 그 나름의 이유가 있겠다. 어쨌든 전술한 목련구모고사의 희곡화 과정과 그 전통을 기준으로 하여 선우구주고사의 희곡화 실태와 그 문학적 실상을 재구해 볼 수가 있겠다.

---

118 이상, 陳芳英,「有關目連的戲劇研究」,『中國古典文學論文精選叢刊』, 幼獅文化公司, 1981, p.465; 史在東,「韓·中目連故事의 流變關係」, p.22; 澤田瑞穂,『目連戲』, 法藏館, 1976, pp.141-148.
119 潘重規, 앞의 논문, pp.4-6.

수천제충효고사의 경우: 고사의 희곡형태가 현전하지 않는 것은 물론이다. 여기서 이 고사의 변문 형태가 실존했었다는 추정을 상기할 필요가 있다. 선우구주고사의 경우처럼 이 변문 자체가 소설과 함께 희곡의 면모를 지니고 있거니와 그것이 속강으로 실연될 때 벌써 강창극본의 형태를 취할 수밖에 없었을 터이다. 이 작품은 실로 희생적 충효담으로서 그대로가 장엄한 희비극이며 그 극본임에 틀림이 없다. 이러한 극본이라면 다양한 연극 형식으로 실연되어 그만한 희곡형태를 유통시켰을 것은 자명한 일이다. 그렇다면 현전 자료가 발견되지 않는다 하여 단념할 것은 아니다. 전게한 석굴사원의 변상도를 근거로 탐색 작업을 계속하고[120] 그것의 연극화·희곡화의 결연성과 시대적 요청을 감안하면서 위 고사를 그것을 보형으로 하여 이 작품의 희곡적 전개 양상을 복원해 볼 수 있겠다.

다음 한국 측 불교계 희곡의 양상은 다음과 같다.

목련구모고사의 경우: 고사의 전형적인 희곡형태가 발견되지 않은 것은 사실이다. 그러나 이 고사의 희곡적 형태를 반영한 자료와 그 연극적 활용을 방증하는 기록들은 적잖이 전하고 있다. 이미 논의된 고려대의 〈목련경〉·〈목련존자구모경〉이 변문계 작품으로서 소설성과 함께 희곡적 면모를 갖추었다고 본다. 이러한 작품이 우란분재와 같은 재의·법석·행사 등에서 속강 형식으로 강설·가창되었다면, 그대로가 강창극이 되고, 따라서 그 극본 희곡으로 전개되는 판이었다. 여기서 중국의 목련구모고사가 극본·희곡으로 변용·전개된 뚜렷한 양상에 비추어본다면, 그와 직결된 한국의 그것이 변문계 작품을 거쳐 희곡화되

---

[120] 이런 대형 변상도는 강창극의 배경장치나 강창의 시각적 대상이 되는 것이므로, 이를 통하여 최소한 강창극을 재구해 볼 수가 있다.

었다는 것은 너무도 당연한 현상이다. 이 작품의 서사구조가 활극인데다 그 처참한 지옥의 각 장면이 연극 그 자체를 사실적으로 표현하고 있는 실정이다. 그 현전 〈목련경〉이 비록 산문 일색으로 되어있지만 그 서술상의 대화가 발달하여 희곡적 성향이 보다 뚜렷한 터이므로 그 후대의 국문 이본 〈불설목련경〉을 통하여 그 사실이 입증되었다.

게다가 전게한 《석보상절》·《월인석보》에 수록된 국문본 〈목련전〉에는 그 내용을 요약해서 읊은 산곡적(散曲的) 시가(詩歌), 〈목련구모가〉(가칭)가 결합됨으로써, 그것들은 전체적으로 강창구조를 이루고 있다는 것이 매우 중요한 현상이라 하겠다. 이러한 서사적 가곡류가 《월인천강지곡》의 일부로서 가창되어 가창극본으로 행세했던 것은 이미 밝혀졌거니와, 그것이 또한 불교무용을 곁들여 가무극본으로 전향될 가능성도 없지 않겠다. 여기서 주목되는 것은 위 〈목련전〉과 〈목련구모〉가 합일되어 재의·법석·행사 등의 연극적 현장에서 실연되어 왔다는 사실이다. 기실 그것들이 속강적 법석 등에서 실연되었다면 그대로가 대화극본으로 승화되었을 것은 확실하다. 이로써 미루어 한국의 목련구모희곡은 중국의 목련구모잡극·전기류와 동궤의 것임을 짐작할 수 있겠다.

한편 그간 역대 왕조에 걸쳐 매년의 우란분재에서 재의·법석·행사의 여가에 오락·성극을 겸하여 승속이 출연하는 목련구모극이 실존했을 가능성까지 엿보인다. 《조선왕조실록》(태종~세조)이나 《용재총화》(성현) 등에 나타난 우란분재의 부정적 기록 속에는 그만한 연극적 분위기가 응축되어 있는 것으로 파악된다. 여기에 중국 측 목련구모극의 실태를 감안하고 한국 측 불교연극의 형편을 고려한다면 목련구모극본의 희곡적 실상과 계맥을 족히 추정·재구할 수가 있겠다.[121]

---

121 이상, 사재동, 「한·중목련고사의 유변관계」, pp.26-32.

선우구주고사의 경우: 고사의 본격적인 희곡형태가 현존하지 않는 것은 사실이다. 그러나 이 고사가 희곡형태로 행세하였으리라는 근거는 몇 가지가 있다. 고려대에 이미 전게 〈선우구주담〉의 원형에 해당하는 변문적 작품이 형성·유통하였으리라고 추정되었다. 그것이 적어도 저 〈쌍은기〉와 동계·동류의 것이라면, 그 자체가 희곡적 성향을 띠고 나아가 여러 형태의 극본·희곡으로 변용·전개되었으리라는 것은 재론할 필요가 없다. 그 작품이 대체로 속강법석에서 강창되어 강창극본으로서 기본을 갖추고, 그것이 활용·유통되는 연극적 유형에 따라 가창극본 내지 대화극본의 형태로 전개되었으리라 추정되기 때문이다.

게다가 계통을 조금 달리하는 그것이 《석보상절》에 편입되어 〈선우태사선〉으로 낯바꿈을 함으로써, 그 장엄한 극적 구조를 대화중심의 문체로 엮어나가니, 그 자체가 국문희곡이라 하여 마땅할 것이다. 더구나 이 〈선우태자전〉이 《월인석보》에 이르러 〈선우구주가〉(가칭)라는 산곡적 시가를 동반함으로써, 자연 강창구조를 조성하게 마련이었다. 이런 강창형태가 우선 불탄일 등의 유명 齋日·法席을 통하여 실연되었다면, 그대로가 강창극본으로 정립되는 것이었다. 나아가 이런 강창극본을 바탕으로 연극적 현장의 성격에 따라 가창극본 내지 대화극본이 조성·유통될 수 있다는 점은 목련구모극본과 소식을 같이 한다고 보여진다. 이런 점에서 이 고사의 희곡작품이 중국의 잡극·전기형태와 유사한 것이 될 수도 있겠다.

이러한 희곡형태가 그 주제·내용의 풍성함과 그 성격에 따라 적합한 여러 불교행사에서 생각보다 폭넓게 유통되었을 가능성이 짙다. 이미 논의된 〈목련전〉·〈목련구모가〉의 경우를 전제하고, 중국 측 목련구모·선우구주희곡과의 상관성을 가산한다면, 이 고사의 희곡적 전개양상은 좀 더 뚜렷이 부각되리라고 본다.

수천제충효고사의 경우: 고사의 희곡형태가 발견되지 않은 것은 물론이다. 그런데 무엇보다도 중요한 것은 이 고사의 주제·내용과 사건 구성이 희곡화되기에 가장 적합하다는 점이다. 기술한바 이 작품은 희극적 충효를 일단 장엄한 비극으로 이끌다가 종국에 가서는 종교적 영험으로 승리의 영광을 맞게 되어, 연극적 효능을 극대화시키고 있다. 현전하는 〈수천제충효담〉을 근거로 하여 그 변문적 작품을 추정·재구하였거니와 그 작품이 바로 희곡적 면모를 지닌 수밖에 없었다는 이야기다. 그 작품이 어떤 법석에서 다른 변문계의 그것처럼 강창되었을 때, 그것은 강창극본으로 정립되고, 나아가 가창극본 내지 대화극본으로 전개되었으리라는 추정이 가능하기 때문이다.

실로 이 고사가 〈목련전〉이나 〈선우태자전〉처럼, 《석보상절》·《월인석보》에 〈수천제태자전〉(가칭)으로 편입되어, 〈수천제충효가〉(가칭)를 대동하였다면, 그것은 강창극의 현장에서 극본이 됨은 물론 그것을 바탕으로 가창극본 내지 대화극본이 다시 성립될 수도 있었으리라고 본다. 이런 희곡형태가 그 주제·내용에 알맞는 각종 불교행사에서 단편적으로나마 실연되었을 가능성은 높다고 하겠다. 그래서 이 고사의 희곡형태는 결국 기술한바 한·중불교고사의 희곡형태를 기준·보조축으로 하여 그 실체와 위상을 추정·복원할 수밖에 없겠다.

이상 고찰해 온 바와 같이, 한·중불교고사의 희곡형태는 상보관계를 유지하면서 형성·전개되었고, 따라서 양국 희곡사를 계발·진전시키는 데에 중추 역을 맡아왔던 것이다. 비록 그 작품들이 양국의 문예정책이나 상류 문사들의 연극관에 의하여 배제·위축되고 개변·정리되었다 하더라도, 그 당시의 문예사회적 필연성과 민중들의 행동문학적 열망에 따라 면면한 전통을 이어왔던 것도 사실이다. 다만 이 불교계 희곡들이 중국 측에서 더욱 분명하게 부상되는 것은 양국 문학사의 환경·여건에서 이룩된 작품상의 상대성이라 보아질 따름이다. 한편 한국 측 그 희곡자료의 영세·빈곤을 드러내는 것은 전술한바 조선조의 부정적 연극관과 유관한 기록·보존상의 문제점이라고 보아진다. 그렇다면 그동안 희곡작품과 근거자료를 편계로 방치했던 한국 희곡의 제반 문제는 이제 새로운 방법론에 입각하여 과학적으로 연구·검토될 여지가 충분하고, 나아가 그것이 계통적으로 체계화될 단계에 이르렀다고 하겠다.[122]

5) 결론

이제까지 한·중불교고사가 공존·유전하면서, 양국의 변문·소설·희곡형태로 유변·전개된 제반 실상을 목련구모·선우구주·수천제충효 등 대표적 고사를 중심으로 고찰해 보았다. 지금껏 논의된 바를 요약하면 다음과 같다.

① 한·중불교문물의 교류는 밀접·빈번하였기로, 당·신라 이래 양국의 문예현상은 거의 동질적인 수준으로 공존하고 있었다. 당대로부터 출현한 속강과 변문·강창문학이 신라·고려대에 걸쳐 변문계 작품군으로 형성·유통되었다. 실제로 위 고사들이 중국에서는 〈목련변문〉·〈쌍은기〉·〈수천제충효변문〉 등으로 출현·전개되었는데, 이에 조응하여 한국에서도 〈목련경〉·〈선우구주담〉·〈수천제충효담〉 등을 근거로 한 원형적 변문형태가 형성·유전되고 있었던 것이다. 이 양국의 변문형태는 희생적 충효와 주제·내용으로 하는 감동적 서사구조에다 강창형태를 바탕으로 소설성과 희곡성을 겸유하고 있었다. 이러한 변문형태가 중국과 같이 한국에서도 대두·유통되었다는 사실은 그 문학적 실상이

---

122 이상, 사재동, 「한국희곡사연구 서설」, 『어문연구』 18집, 어문연구회, 1988 참조.

나 문학사적 위상을 밝히는 데에 획기적인 지표가 될 것이다.

② 이들 불교고사는 한·중 양국에서 소설형태로 변용·전개되었다. 먼저 한국에서는 이 고사들의 소설화 계보와 현전 작품이 비교적 선명하니, 목련구모고사는 〈목련경〉·〈목련전〉으로, 선우구주고사는 〈선우구주담〉·〈선우태자전〉·〈적성의전〉 등으로, 수천제고사는 〈수천제충효담〉·〈수천제태자전〉으로 각기 유전되었다. 한편 중국에서는 이 고사들의 소설화 맥락에 따른 현존자료가 불분명하지만, 한국의 경우를 미루어 이 고사들이 중국에서 소설화될 수 있는 제반 여건을 검토함으로써, 그것들이 〈목련경〉이나 〈쌍은기〉계 소설 등으로 변용·전개되었음이 밝혀졌다. 그리하여 한·중불교고사의 소설적 전개는 그 자체의 문학적 기능뿐만 아니라, 양국 소설의 형성·발전과정에서 산파·주동 역을 담당해 왔다는 사실도 추정된 것이다.

③ 이 불교고사들은 한·중 양국에서 희곡형태로 연진·전개되었다. 먼저 중국에서는 이 고사들의 희곡화 전통과 현전 작품이 보다 분명하니, 목련구모고사가 송·원·명·청대의 목련구모잡극과 목련구모전기 내지 〈권선금과〉로 전개되어 〈피황목련기〉·〈지방목련희〉에 이르기까지 면면하게 계승되었고, 이런 맥락에 따라 선우구주고사도 각기 희곡형태로 연진·유전되었다. 한편 한국에서는 이 고사들의 희곡화 계맥과 현전 자료가 불확실하지만, 중국의 사례를 미루어 이 고사들이 한국에서 희곡화될 수 있는 제반 여건을 점검함으로써 그것들은 각기 희곡형태로 연진·전개되었음이 밝혀졌다. 그리하여 한·중불교고사의 희곡적 전개는 그 자체의 문학적 기능뿐만 아니라, 양국 희곡의 형성·발전과정에서 산파·중추 역을 감당해 왔다는 사실도 추정된 것이다.

④ 이상으로써 한·중불교고사가 양국에 공존하면서 상보적 교류를 통하여 변문·소설의 문학형태로 형성·전개된 실상을 역시 상호보완적

인 비교방법으로 탐구·복원해 보았다. 그리하여 그동안 방치되거나 매몰되었던 불교계 변문·소설·희곡 등의 문학적 진면목이나 양국의 소설·희곡사 상에서 차지하는 소중한 위치를 시도적으로 탐색해 본 것이다. 이들 불교계 작품에 대한 선입견이나 자료 난을 극복하고 추정·복원 상의 허점을 보완하는 종합과학적 방법을 동원하여 이를 본격적으로 연구한다면, 이 작품군이 한·중 문학사 내지 동양문학사 상에서 공헌해 온 진상까지도 파악해 볼 수 있으리라고 믿는다.

II
불교문학과 인문학

1. 불교문화학의 방향과 방법론

1) 서론

　불교권에서는 불교문화의 중요성을 새삼스럽게 강조할 필요가 없다. 이 불교문화가 그 민족문화와 문화사의 핵심·주류를 이루어 왔기 때문이다. 그러기에 불교문화의 실상과 전통은 전문학자 내지 일반 대중에까지 값지고 소중한 것이라고 공인되어 있다. 이 불교문화의 역사적 존재양상을 전제하고 현존하는 유물·유적과 각종 문화재를 통하여 충분히 실증됨으로써다. 따라서 한국에서도 문학·예술사 내지 정신·문화사를 전공하는 학자들이나 유관 학문에 종사하고 이에 관심 있는 사람들이 한결같이 불교문화를 연구대상으로 중시하는 것은 당연한 일이다. 여기서 이 불교문화를 체계적으로 정당하게 연구하는 학문이 '불교문화학(佛敎文化學)'의 명분으로 대두되는 것은 필연적인 현상이라 하겠다.

　더구나 흔히 말하는 새로운 문화세기를 맞이하여 서구적인 문화학이 성립·행세하고, 동아시아 차원에서도 동방의 문화현상에 대한 문화학적 접근으로써, 실크로드 문화학이니, 돈황 문화학 등의 학문적 경향이 성숙되는 과정에 있다. 따라서 한국에서도 문화학의 개념과 범위가 예술·문화의 각개 분야에 적용되고 있는 실정이다. 이에 정신문화의 중심·주축이 되어 온 종교문화가 문화학적으로 체계화되는 기반 위에서, 이 불교문화가 문화학적 체계를 갖추어 연구되는 것은 참으로 긴요한 일이 아닐 수 없다. 전게한바 불교문화의 실상과 전통, 그 분야별 연구 성과로 미루어, 불교문화학의 논의·모색은 너무도 늦은 감이 있기 때문이다.

그동안 불교문화의 각개 분야에서는 괄목할 만한 성과를 내어 온 것이 사실이다. 불교학의 바탕 위에서, 불교서지·불교언어·불교문학·불교미술·불교음악·불교무용··불교연극·불교의례·불교민속 등에 걸쳐 훌륭한 연구업적이 많이 축적되어 있기 때문이다.[1] 그런데 이 각개 분야의 성과들이 그 독자성을 유지하면서도 각각 유관분야에 분산·종속되어 있는 실정이다. 따라서 각개의 연구업적들이 불교를 연원·기반으로 하고 불교문화의 영역 내에서 자연스럽고도 합당하게 집성·총합되지 못한 것이 현실이다. 그래서 '한국불교학결집대회'와 취지를 같이하면서, 불교문화 각 분야의 연구업적과 전공학자들의 연구역량을 체계적으로 총화·집결시키는 불교문화학이 정립될 단계에 이르렀다. 이에 전국의 사계 학자들이 용단을 내어, '한국불교문화학회'를 결성·출범한 것은 매우 뜻깊은 일이라 하겠다. 이로부터 한국불교문화가 불교문화학적 방향과 방법론에 의하여 입체적이고 본격적으로 연구될 것이기 때문이다.

이제 본고에서는, 첫째 불교문화학의 실상과 위상을 검토하고, 둘째 불교문화학의 방향을 설정하며, 셋째 불교문화학의 방법론을 모색하여

---

1 한국불교관계 연구논저 총목록.

보겠다. 이로써 한국불교문화학의 윤곽과 좌표를 정립하여, 다른 문화학 분야와 연계하고 외국문화학과의 비교 연구에 작으나마 기여하고자 한다.

2) 불교문화학의 실상과 위상

(1) 불교문화학의 실상

우선 불교문화학의 개념을 논의하겠다. 불교문화학은 불교문화 전반을 체계적으로 연구하는 학문이다. 다시 말하면 각개 분야의 불교문화를 총체적으로 체계화한 학문이라 하겠다. 요컨대 불교문화학은 불교문화의 문화학적 연구체계와 방법론이라 하겠다.

물론 일반적으로 문화에 대한 철학적 성찰로서『문화철학』[2]이 성립되고, 서구식 문화학의 개념이 보편화되어 있음을 상기할 필요가 있다. 그리고 동방권에서 특수문화권에 대한 학문적 성과로서『실크로드 문화학(文化學)』이라거나[3]『돈황속문화학(敦煌俗文化學)』[4] 등과 그 문화학적 대등성을 유념할 이유가 있다. 어떠한 학문체계도 상위적 이론과 공질성을 확보해야 되고, 등위적 이론과 상대성을 고수해야 되기 때문이다.

이제 이 불교문화학은 대내적인 근거를 구비해야 된다. 이것은 불교를 근본적 기반으로 삼을 수밖에 없다. 원칙적으로 불교를 떠나서는

---

2 한국철학회,『문화철학』, 철학과 현실사, 2000.
3 사재동 편,『실크로드와 한국문화의 탐구』, 중앙인문사, 2001; 정수일,『실크로드학』, 창작과 비평사, 2001.
4 高國藩,『敦煌俗文化學』, 上海三聯書店, 1999.

불교문화가 성립될 수 없기 때문이다. 따라서 이 불교문화학은 불교학적 원칙을 수용해야 되겠다. 실제로 불교학이 불교문화학 그 자체는 아니지만, 이 불교문화학이 불교학의 그것을 벗어나서는 그 보편성과 특수성을 동시에 상실하기 때문이다.

여기서 불교문화학의 본질을 탐색·정립하기 위하여 불교문화의 특성을 파악하여 보겠다. 첫째, 교리성이다. 이 불교문화가 불교의 교리를 함축하고 있음으로써다. 바꾸어 말하면 불교문화는 불교의 문화적 표현이라 하겠다. 따라서 이 불교의 교리가 불교문화 속에 알뜰하게 자리할 때, 그것은 보편성에 바탕을 둔 특성을 확보하는 터다. 둘째, 교화성이다. 이것은 불교문화의 형성 동인, 좁게는 그 목적과 직결된 한 특성이다. 만약에 불교문화 가운데, 교리를 표현하여 대중을 설득·감화시킬 만한 요건과 기능이 없다면, 그것은 이미 불교문화가 아니기 때문이다. 어찌 보면 이것은 불교문화의 실용성이라 하겠지만, 실은 이 점이 바로 그 본질적 특성으로 부각되는 터다. 셋째, 신비성이다. 이 불교문화는 불교의 신비성을 확대·심화시키는 역할을 하고 있기 때문이다. 이 신비성은 교화성의 전제와 기반이 된다. 이 신비성은 종교의 필수적 권능의 일면이지만, 불교문화의 민중적 마력과 직결되어 불가피한 특성으로 작용하는 터다. 넷째, 마력성이다. 이것은 불교문화의 감화력과 흡인력에 직결되기 때문이다. 또한 이것은 매력을 신묘하게 확신시킨 기능을 발휘한다. 따라서 이것은 불교문화의 다양한 목적과 기능을 보완·성취시키는 불가사의한 역량이라 하겠다. 다섯째, 대중성이다. 기실 불교문화는 불교를 대중에 알리고 그 자체의 실상을 대중에 펴는 것이 본무이기 때문이다. 그래서 이 불교문화가 대중적 호소력 내지 설득력이 없으면 일단은 실패로 돌아간다. 따라서 이 불교문화는 어떠한 장르든지 대중적 공감과 감동을 고려하여 그 특성의 하나로 내세울 수밖에 없는 것이다.

　이와 같은 불교문화의 특성을 제대로 분석·종합하여 타당하게 체계화하는 것이 불교문화학의 본무요 실상이라 본다. 그렇다면 이 불교문화학이 갖추고 있는바 그 실체적 면모는 어떤 것인가. 우선 종교적 원리의 추구다. 이 불교문화의 주제·정신이 바로 불교교리이기에, 그것을 종교적 원리로 추구하여 불교철학 내지 종교철학의 경지를 실증해야 되기 때문이다. 역시 불교문화의 최고·절정은 정신적 본체에 머물게 마련이다. 따라서 이런 경지의 추구는 불교문화학의 구경처라 하겠다. 다음 문화철학의 탐색이다. 이 불교문화도 문화인 바에는 그 최고 경지인 문화철학을 발굴·체계화해야 되기 때문이다. 이 문화철학은 문화학의 원리요 근본이기에, 바로 불교문화의 철학적 구경처가 되는 것이 당연하다. 그리고 표현미학의 발현이다. 기실 불교문화는 그 예술 장르를 중심으로 표현미학이 그 전체를 감싸 완성하고 있기 때문이다. 모든 불교문화는 내질적 정신세계를 가시적인 미화·조성으로 가히 존재한다. 따라서 제작자와 수용층이 직접 바라보는 불교문화의 주체는 그 표현의 미학이라 하겠다. 실제적으로 이 표현미학이 없다면 일체의 불교문화는 결코 아름답고 원만하게 완결될 수 없기 때문이다. 그러기에 이 표현미학의 추출·부각은 불교문화학의 실체적 면모라 보아진다. 한편 그 가치체계의 정립이다. 모든 불교문화의 존재론적 본질은 그 다양한 가체체계에 나타나 있기 때문이다. 이처럼 보편적이고 독특한 가치체계가 성립되지 않은 불교문화는 이미 존재의 의미를 상실한다. 그 절대적 가치로부터 상대적인 가치에 이르기까지 다층적인 가치체계가 바로 불교문화를 판단하는 기준이 될 수밖에 없다. 따라서 이 가치체계의 정립은 그대로 불교문화학의 실체적 일면이라 하겠다.

　이런 불교문화학의 실제적 분야는 전개한 대로 불교서지학·불교언어학·불교문학·불교미술학·불교음악학·불교무용학·불교연극학·불교의례학·불교민속학 등이다. 이외에도 그 분야가 발굴·정리될 여지가 얼마든지 있다는 사실이다. 이러한 장르적 학문영역은 이미 알려진 것에 관한 재검토와 다른 장르의 개발·확대에 대한 도전이 동시에 상보적으로 이루어져야 한다.

　이상의 각개 분야는 근원적으로 불교학적 기반 위에서 성립·전개된 것이 확실하다. 따라서 이들 각개 분야가 이 불교학적 기반을 떠나 유관 분야에 분할·종속될 때, 그것은 이미 근거를 잃고 만다. 따라서 불교학적 근거가 없는 문화학은 이미 불교문화학이 아니라고 보아진다. 그러기에 각개 분야의 불교문화학, 즉 장르별 불교문화학은 마땅히 본래의 불교학적 기반으로 환원되어야 본래적인 신면모를 유지하게 될 것이다. 그리고 원래 각개의 장르적 분야는 실제적으로 불교문화학의 요람을 통하여 정립·행세한 것이 분명하다. 그러기에 이 각개 분야가 불교문화적 요람을 벗어나 유관 분야로 분화·소속된다면, 벌써 불교문화학의 실상과 기능을 상실하게 된다. 따라서 각개 분야는 불교문화학적 요람으로 복귀되어야 본래적인 실상을 유지하게 될 것이다. 여기서 이 장르적 분야는 불교적 기반과 불교문화적 요람에 근거함으로써, 그 보편성과 특수성을 유기적으로 조정·조화시켜 나갈 수가 있겠다. 이상 논의한 바를 도시하면 다음과 같다.

〈도표 1〉

(2) 불교문화학의 위상

이 불교문화학의 위상은 두 가지 측면에서 검토할 수 있겠다. 종교학적 측면과 문화학적 측면이 바로 그것이다. 먼저 종교학적 측면에서 보면, 그 체계는 종교철학·종교학 아래 불교학이 정립되고, 그 아래에 불교문화학이 위치하는 형국이 된다. 인문학을 정점에 두고 학문 개념의 광협관계와 상하체계에 의거할 때, 이만하면 불교문화학의 위치가 합당하리라 본다. 다음 문화학적 측면에서 보면, 그 계통은 문화철학·문화학 밑에 종교문화학이 성립되고, 그 아래에 불교문화학이 자리하는 게 사실이다. 이 또한 인문학을 정점에 놓을 때, 그만하면 불교문화학의 위치가 합리적이라 생각된다.

그렇다면 이 불교문화학은 위에 든 두 학문계열을 통합·조화시킨 결과를 내었다. 기실 이 불교문화학은 숙명적으로 불교와 문화를 중화시킨바 중도적 실상을 확보하고 있기 때문이다. 그래서 안전하고 당당한 위치를 차지하고, 위에 든 하위 장르를 거느려 어엿한 학문체계를 구비하고 있는 실정이다. 그러기에 상하·좌우의 내외 학문분야와 대등하게 친소관계를 맺고 있는 터라 하겠다. 이상 논의한 불교문화학의 위상을 도시하면 아래와 같다.

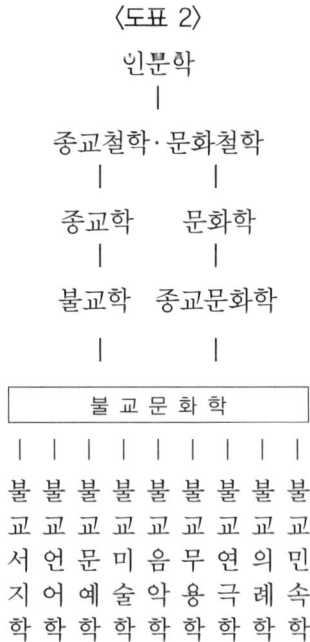

3) 불교문화학의 방향

(1) 불교문화학의 통합적 지향

이 통합적 지향은 실제로 불교문화학의 출발점이요 존재의 근거라고 하겠다. 기실 이 불교문화학은 불교문화를 분야별 분립·종속으로부터 본래의 자리로 환원시켜 연구하자는 데서 출발하였고, 이러한 방향으로 계속 매진할 것이기 때문이다. 이러한 전제 아래서 몇 가지 측면을 검토하겠다. 예술적 통합, 문화적 규합, 역사적 통관, 국제적 연계 등이 바로 그것이다.

첫째, 예술적 통합이다. 우선 불교교리 내지 불교미학 등을 핵심·주축으로 하여 이를 예술적으로 표현한 것이 불교예술이다. 이러한 불교예술이 불교문화의 중심에 자리하여 우선적 기반을 이룬다. 따라서 이 불교예술을 연구하는 불교예술학이 바로 불교문화학의 중심부에 위치하여 불교문예학·불교미술학·불교음악학·불교무용학·불교연극학 등 장르별 연구의 전제와 기반을 이루고 있다. 그러기에 그동안 분화·종속되었던 장르별 각개 분야가 예술학적 기반으로 집결·통합해야 된다는 것이다. 그래서 각개 분야의 연구업적과 연구역량이 불교예술학의 공동기반 위에 통합·집적됨으로써 엄청난 성과를 올릴 것이다.

둘째, 문화적 규합이다. 전술한 불교예술을 중심으로 불교문화의 영역이 형성되어 있는 게 사실이다. 이러한 불교문화 영역을 연구하는 것이 바로 협의의 불교문화학이다. 이 불교문화학이 불교예술학을 둘러리하면서 불교서지학·불교언어학·불교의례학·불교민속학 등 장르별 분야의 연구에서 역시 그 전제와 기반이 되어 준다. 따라서 그간에 유관 분야에 분산·종속되었던 위 장르별 분야가 이러한 문화학적 기반으로 총합·집결함으로써, 가장 효율적인 성과를 낼 수 있다는 것이다.

이처럼 불교예술학 내지 불교문화학의 기반으로 모든 장르별 분야가 총합·결집되어야, 그 연구업적을 제대로 선양하고 그 연구역량을 올바로 발휘할 수가 있는 터다. 이러한 기반을 전제로 할 때, 각개 장르별 연구가 성황리에 합리적으로 발전·전개되리라 본다.

셋째, 역사적 통관이다. 잘 아는 대로 불교문화의 역사는 불교의 형성·전래 이래 유구하고 면면하게 전개되었다. 말하자면 인도에서 중국과 한국을 거쳐 일본에 이르기까지 불교문화사는 장원하고도 완전하게 흘러 온 것이 사실이다. 그러나 이 불교문화사를 그 자체로써 전문적으로 연구·체계화한《불교문화사》는 아직도 완벽하지 못한 실정이다. 그리고 역대 학승이나 신불 학자들이 당대의 불교문화에 대하여 나름대로 논급한 사례가 있어, 말하자면 불교문화연구사가 실제로 형성·전개되었던 것이다. 그런데도 후대 학자들이 이를《불교문화학사》로서 연구·정리하지 못한 현실이다. 따라서 이 불교문화학에서는 고금의 불교문화사를 통관하는 역사적 계통을 파악·확립하는 게 급선무다. 나아가 실재하는 불교문화학사도 선후를 관통하여 체계화하는 방향을 확고히 설정해야 될 것이다.

넷째, 국제적 연계다. 이 불교문화학은 국제적인 공질성을 갖추어 상호간의 연계 내지 비교가 얼마든지 가능하다. 이런 연대성을 유지함으로써, 각개 국가나 민족의 불교문화가 공통적 보편성과 이질적 독자성을 합리적으로 파악되기 때문이다. 실제로 한국의 불교문화학은 인도나 중국 내지 일본 등 불교권의 그것과 긴밀히 연계시켜 비교·검토될 때, 그 보편적 공질성과 독자적 특이성을 동시에 확인할 수가 있는 터다. 따라서 불교문화학의 국제적 연계의 방향은 필수적인 것이라 하겠다.

(2) 불교문화학의 특성화 방향

위에서 논의한 통합적 방향은 그 특성화의 기반이요 회향처라 하겠다. 이 불교문화학의 장르별 분야는 그 통합적 방향을 기반으로 특성화되고 다시 그 특성화의 전문적 성과는 그 통합적 기반으로 환원되는 게 원칙이기 때문이다. 여기서 몇 가지 측면의 논의가 가능하다. 그 각개 분야의 특별화와 독자화 내지 전문화 등이 그것이다.

첫째, 장르별 특별화이다. 위 장르별 분야가 특성화에 충실하여 차별화될 때 그 분야의 성과는 최고조에 달한다. 그것은 높은 산의 여러 봉우리처럼 차별화되어 그 자체의 진가가 제대로 발휘되기 때문이다. 그러기에 이 특별화는 언제나 불교문화학의 공동 기반 위에서만 높이 오를 수 있다는 전제가 필수되어야 한다. 나아가 이 차별화는 각개 장르적 분야와 항상 유기적 상관성을 가지고 진행되는 것이 불가피하다.

둘째, 장르별 독자화이다. 위 장르별 특별화에서 이미 이 독자화가 전제되어 있다. 그래서 이 독자화는 전체적으로 유기적 관계망 속에 있는 것은 사실이지만, 언제 어디서나 그것이 독자적으로 행세할 수 있는 모든 여건과 실상을 구비하고 있는 터다. 그러기에 각개 장르의 개론·통론·상론 그리고 개설사·통사·분류사 등이 저술·간행될 수 있는 것이다.

셋째, 장르별 전문화이다. 위 장르별 특별화와 독자화를 통하여, 이 장르별 전문화는 벌써 예약된 셈이다. 기실 이 장르별 전문화는 일찍부터 당연하게 진행되어 왔으므로, 여기서는 그를 강조·강화하자는 뜻이 보다 강한 편이다. 실제로 이러한 전문화가 이룩되지 않으면 아무리 특별화·독자화되었다 하더라도 그것은 명실상부한 존재의 근거와 가치를 잃게 마련이다. 지금과 내일의 모든 불교문화학은 튼튼한 공동적 기반 위에서 전문화되지 않는 한, 결코 살아남거나 번영할 수가 없기 때문이다.

(3) 불교문화학의 유기적 관계

이 불교문화학은 전술한바 불교예술학적 기반과 각개 장르별 분야의 유기적 관계를 통하여 성장할 수 있다. 나아가 협의의 불교문화학적 기초와 각개 장르별 분야의 긴밀한 관계망 속에서 발전할 수밖에 없다. 실제로 각개 장르별 분야가 성장·발전함으로써, 불교문화학이 성장·발전하고, 그 역순도 가능하기에 그것들은 생명적 유대관계를 필연적으로 유지하고 있는 터다. 여기서 몇 가지 측면의 논의가 필요하다. 불교예술학적 기반과의 상관성, 협의의 불교문화학적 배경과의 유관성, 전체 불교문화학과의 연대성 능 방향 설정이 바로 그것이다.

첫째, 불교예술적 기반과의 상관성이다. 이 불교예술적 기반에 대한 논의가 각개 장르별 분야를 근거로 하여 충분하게 진척되어야 한다. 이것은 관념적 공리공론에 머물지 않고, 구체적인 실상론으로 나아가야 한다. 그리하여 이것은 각개 장르별 연구과정에서 실제로 이론적 전거로 적용되어야 하기 때문이다. 가령 불교문학·불교미술·불교음악·불교무용·불교연극 등을 연구할 경우, 그 장르 자체의 독자적·전문적 고찰이 필수되지만, 그보다 소중한 것은 불교예술학을 통하여 확고한 기반을 마련하고 그 장르 상호간의 혈연적 관계를 입증해 주는 일이다. 그래야만 개별적 장르의 연구나 전체적 불교예술학이 보편적 타당성과 생산적 성과를 올릴 수 있기 때문이다.

둘째, 불교문화학적 배경과의 유관성이다. 이런 불교문화학적 배경은 실제로 불교예술론을 중심체로 한 각개 장르, 불교서지·불교언어·불교의례·불교민속 등을 연구한 결과를 가지고 귀납적으로 입증되어야 한다. 이러한 배경론이 성립되었을 때, 그것은 위 각개 장르의 본격적이고 심오한 연구에 직접적인 전거와 보완책을 마련해 줄 수 있기 때문이다.

셋째, 전체 불교문화학의 연대성이다. 이런 불교문화학의 바탕과 연대 위에서 각개 장르가 생장·발전하는 것은 당연한 현상이다. 여기서 백화난만한 꽃밭에서 그 화려한 꽃만 보지 말고 그 밭을 주목하여, 그 꽃과 밭의 연대성을 밝혀보자는 식의 방향이다. 이것은 농부로서는 당연한 일인데도, 사계 학자들은 오히려 그 꽃만 중시하고 밭을 무관심한 격이 아니었던가 한다. 그래서 이제 그 아름다운 각개 장르와 이를 생장·번성케 한 그 불교문화학을 함께 연구하는 방향을 취하자는 것이다.

4) 불교문화학의 방법론

(1) 불교학적 전거

전술한 대로 불교문화는 불교를 핵심·연원으로 하고 따라서 불교문화학은 불교학을 중심·기본으로 한다. 그러기에 불교문화학의 핵심이요 기본으로서 불교학이 대두되는 것이다. 말하자면 불교문화학의 핵심적 관점과 기본적 방법론이 바로 불교학이라는 것이다. 그래서 불교와 불교학을 수용·체득하지 않고는 불교문화학은 근본부터 흔들리게 된다. 실제로 불교와 불교학을 모르고 불교문화학을 연구하는 학자가 있다면, 소경이 보배 보따리를 지고 바다로 가는 것과 다를 바가 없다.

불교문화학에서는 불교학개론·불교학상론·대승불교론·선학이나 각종 경전론 등에 밝아야 하고, 고금 불교통사·불교시대사·불교분류사 등에 통달해야 된다. 우선 불교문화 전반이나 각개 장르, 개별 원전·현상을 관찰·고구할 때, 이 불교적 안목과 능력이 직접 필요하기 때문이다.

이런 연구자가 반드시 불교학자일 수는 없지만, 적어도 그 수준에 근접해야 되리라 본다.

가능하면 이 연구자는 불교를 신앙하여 불교를 체험하고 불교문화의 창조·형성자의 입장이 되어 볼 필요가 있다. 물론 그 신앙에 집착하여 불교문화 그 장르들을 맹신하거나 무조건 찬탄하는 일은 금물이다. 그것은 자칫 불교문화학을 광신하여 학문으로서는 실패할 수밖에 없기 때문이다. 그러나 사계의 학자들이 객관성을 빙자하여 신앙을 벗어나 불교에 관한 지식만을 갖추거나, 다른 신앙을 평계 삼아 불교 전체에 대한 부정적 관점을 가지는 것은 불교문화 연구의 불교적 방법론에서 크게 빗나간 일이라 하겠다.

(2) 문화학적 기반

전술한 대로 새로운 문화시대에 호응하여 문화철학이 등장하고 마침내 문화학이 정립되었다. 따라서 불교문화학이 이러한 문화철학·문화학을 방법론적 기반으로 삼지 않을 수 없다. 그 문화철학을 이 방법론의 원리로 삼고, 그 문화학을 이 방법론의 거시적 체계로 수용할 수 있기 때문이다. 여기서 더욱 근접하여 있는 방법론적 모델은 이른바 종교문화학이다. 이것은 분명 불교문화학의 상위개념이다. 종교문화학의 하위에 여러 종교문화학과 함께 불교문화학이 자리하고 있기 때문이다. 여기까지는 불교문화학의 보편적 방법론으로 공질성과 일반성에 역점을 둔 논의였다.

이제는 불교문화학의 특수성과 독자성을 중심으로 그 방법론을 모색해야 된다. 여기서 이른바 보편적 방법론이란 불교문화학의 연구에서는 하나의 이론이요 윤곽일 뿐이므로, 실제적이고 실천적인 방안이 될 수가 없다. 따라서 이 불교문화학이 직접 옷을 입고 연장을 갖추고 일을 하듯이, 그 대상 원전·현상에 적합한 구체적인 방법론을 모색해야 된다. 여기에는 방법론적 왕도가 따로 없다. 그 상위적 방법론에 입각하여 그 대상을 정확하게 관찰하고 최선을 다하여 구체적 방법을 체험적으로 적용하는 데서 가장 현실적이고 효율적인 방도가 생겨나는 것이다. 이런 것을 다듬고 보완함으로써, 상위 이론에 벗어나지 않는, 그 대상에 가장 적합한 방법론이 정립되는 것이다. 이런 시도는 먼저 각개 원전·현상에서 비롯되지만, 나아가 그 장르별로 효율적인 방법이 모색·활용되는 터다. 그리하여 그들 방법론적 성과들이 귀납적으로 집성·세련되어 불교문화학의 실질적 방법론으로 정립되는 것이다.

여기서 이 불교문화학의 방법론은 상위적 보편성과 하위적 특수성으로 대비적 존재양상을 띠는 것 같다. 그러나 이것은 다만 외형적인 형태만을 보이는 것뿐이다. 실제로는 위 두 측면의 방법론이 변증법적 조정을 통해서, 상호 조화를 이루고 상보적인 관계로 정립되는 것이다.

(3) 유통론적 유대

모든 문화현상이 다 그러하듯이, 이 불교문화는 유통을 그 생명으로 한다. 이런 문화 현상은 유통을 통하여 생동하는 면모를 보이고 생명의 존속성을 실증하고 있기 때문이다. 나아가 불교문화는 유통을 매개로 개별 장르 간의 교류를 촉진하고, 다른 문화와의 교환도 가능해진다. 이러한 유통은 상호간에 변화를 주고 변종의 생산에 박차를 가하게 된다. 여기서 불교문화의 하위 장르 사이에서 변환 현상이 생기는 것이다.

이러한 현상은 불교문화 중의 예술 장르에서 활발하게 진행된다. 말하자면 불교문학·불교미술·불교음악·불교무용·불교연극 등에서 예술론에 입각한 연행을 통하여 장르적 혼효와 변환이 뚜렷하게 나타나기 때문이다. 실제로 불교문학과 불교미술 사이, 불교문학과 불교음악·무용·연극 사이, 불교음악과 불교무용 사이, 그리고 불교음악·무용과 불교 연극 사이, 나아가 불교연극이 위 모든 예술 장르를 종합예술로서 포괄하는 과정에서 그러한 현상이 두드러지는 게 분명하다.

따라서 이 불교문화의 실상과 생동감을 장르별로나 전체적으로 연구하는 방법론에는 유통론이 가장 효과적이라 하겠다. 여기서 그 유통 과정의 장르적 혼효와 변환·전개를 근거 있게 논의하기 위해서는, 문화장르론이 필수적으로 요구된다. 기실 이 장르론에 의하여 불교문화 각개 장르의 형성·전개, 변화·발전의 실상이 합리적으로 파악되기 때문이다.

이 유통론의 하위 방법론으로서 예술론에 근거한 연행론이 주목된다. 실제로 불교문화의 예술 장르를 중심으로 모든 장르가 연행되는 것으로써 생동하는 실상을 보여 준다. 말하자면 전체적인 유통론에 구체적인 연행론이 불교문화의 생명적 역동성을 파악하는 적합한 방법론이라는 이야기다.

(4) 가치론적 추구

기실 불교문화를 연구하는 구경의 목적은 그 가치 평가라고 본다. 각개 작품·현상의 가치, 그 장르별 가치, 나아가 불교문화 전반의 가치 등을 추구·부각시키는 것이 바로 그 연구의 본령이요 최후의 작업이기 때문이다. 그 불교문화의 가치는 철학적 가치, 종교적 가치, 문화적 가치, 예술적 가치, 미학적 가치[5], 나아가 교화적 가치에 이르기까지 다양하게 내재되어 있는 터다. 이러한 가치를 추구·탐색하여 체계화하는 것이 가치론이다.

5　祁志祥, 『佛敎美學』, 上海人民出版社, 1997.

따라서 이러한 가치론은 인문가치론으로부터 문화가치론, 예술가치론을 거쳐, 문학가치론[6]을 비롯하여 불교문화 각개 장르별 가치론에 이르기까지 하나의 방법론으로 체계화·실용화되어 있는 터다. 이에 불교문화의 전체적 논구나 장르별 연구에서, 이 가치론은 그 안에 자리한 가치체계를 발굴·정리하여 완벽한 빛을 내고 선양하는 최적의 방법론이라 본다.

(5) 비교론적 개방

이 비교론은 모든 학문의 공통적 방법론으로 공인되어 있다. 실제로 이 불교문화는 그 전체로나 장르별로 대내외적인 비교 대상이 너무도 많다. 우선 대내에서는 인문학의 차원에서, 종교문화의 견지에서, 불교 예술·문화의 관점에서, 일반 예술·문화 장르와의 상관성에서, 불교문화 장르간의 처지에서 그 비교 대상은 실로 다양 다기한 게 사실이다. 대외적으로 보더라도 위 대내적 관계와 동일하게 폭넓은 대상이 즐비할 지경이다.

이러한 전제 아래, 이 불교문화는 대외적인 관계가 너무도 직접적이라 보아진다. 인도를 비롯하여 중국과 일본 등지의 불교문화가 한국의 불교문화와 직접 상통하고 있기 때문이다. 기실 불교가 인도에서 발상·발전하여 거대한 불교문화를 이룩하였고, 중국에서도 불교의 전래 이래 엄청난 불교문화가 형성·전개되었다. 한국에서는 불교와 불교문화가 입체적으로 수용·발달하여 그 장관을 이루었고, 일본에서도 불교와 불교문화를 함께 수입·발전하여 성황을 이룩했던 것이다.

그러기에 한국불교문화의 연구는 모두 불교권 국가의 불교문화와

---

6 敏澤 等, 『文學價値論』, 社會科學文獻出版社, 1997.

반드시 비교·고찰되는 게 당연하다. 이러한 비교론적 방법론을 배제하고 불교문화를 단독으로 연구하여 자국의 독창성을 섣불리 주장하면, 자칫 큰 실수를 범할 수가 있기 때문이다. 이러한 불교문화의 연구에서 이른바 자국의 독창성을 값지게 보는 것은 좋으나, 그것이 확실한 비교검토를 통하여 증명되지 않으면 안 될 것이다. 그동안 이 불교문화의 각개 장르나 개별적 원전·현상 등이 다른 불교권의 그것과 공통되거나 유사할 때, 그것을 평가 절하하는 것은 올바른 가치판단이 아니다. 원래 불교나 불교문화의 차원에서 불교권은 모두가 공통성 내지 공질성을 가지고 있기에, 그것은 보편적 가치체계로 공인되어야 마땅하기 때문이다.

이와 같이 필수적인 비교론은 층위가 다양하다. 적어도 인문비교론·문화비교론·예술비교론·장르별비교론 등이 바로 그것이다. 그래서 이 불교문화의 비교론적 방법론은 필수 불가결하다는 것이다. 그러기에 이 비교론적 방법론은 원론적 비교론이나 이론적 비교론에 기반·배경을 두고, 이에 입각하여 그 대상 원전이나 현상에 직접 적용시키고 검증하면서 체험적인 방법론을 합당하게 정립·체계화해야 한다. 그래야만 발에 맞추어 신발을 만드는 현명한 방법론이 창출되겠기 때문이다.

이제까지 논의한 불교문화학의 방법론은 종합과학적 방법론이라고 규정할 수 있다. 말하자면 그 불교문화의 다양한 원전·현상 중에서 대상을 선택하고 여러 가지 적절한 방법론을 동원하여 입체적으로 연구해내는 방법학이라는 것이다. 가령 불교문화의 저명한 원전《월인석보》를 이러한 방법론에 의거하여 연구·검토할 때, 그 성과는 실로 입체적이고 풍성하리라 본다. 실제로 이《월인석보》는 불교문화학적으로 고찰된 바가 있다.[7] 그것은 불교서지·불교언어·불교문학·불교음악·불교무용·불교연극·불교의례·불교민속 등의 다방면에서 그 적절한 방법론에 의해서 입체적으로 연구되었던 터다. 이와 같이 다양한 방법론의 실험적 성과를 전범으로 삼아 종합적 대상을 입체적으로 연구한다면, 그 성과는 대단하리라 본다.[8] 실례로 저명한 고찰을 불교문화의 종합과학적 방법론으로써 입체적 연구를 해낼 수가 있기 때문이다.[9]

5) 결론

이상과 같이 불교문화학의 방향과 방법론에 대하여 몇 가지 측면에서 검토해 보았다. 지금까지 논의된 것을 요약하여 결론으로 삼는다.

① 불교문화학의 실상과 위상을 논의하였다. 우선 불교문화학의 개념은 불교문화와 각개 분야를 체계적으로 연구하는 학문으로서, 불교문화의 문화학적 연구체계와 방법론이라 하였다. 이 불교문화의 특성을 교리성과 교화성, 신비성과 대중성으로 보고, 불교문화학의 실체적 면모를 종교적 원리의 추구, 문화철학의 탐색, 표현미학의 발현, 가치체계의 정립이라고 규정하였다. 그리고 불교문화학의 실제적 분야로 불교서지학·불교언어학·불교문예학·불교미술학·불교음악학·불교무용학·불교연극학·불교의례학·불교민속학 등이 유관분야에 분산·종속된 데서 벗어나 '불교문화학'의 공동 기반으로 통합·결집되는 데에 의의가 있다고 보았다. 나아가 이 불교문화학의 위상은 종교철학·종교학·불교학의 계통과, 문화철학·문화학·종교문화학의 계통을 통합·조화시키고 그 하위 분야를 거느리고 전후·좌우의 상관성을 원활히 유지하는 데서

---

7 사재동 편, 「《월인석보》의 불교문화학적 접근」, 한국불교문화학회, 2002.
8 사재동 편, 『《월인석보》의 문화사적 조명』, 중앙인문연구원, 2001.
9 사재동 편, 『한국사찰과 그 문화』, 중앙인문연구원, 1999; 段玉明, 『中國李朝文化』, 上海人民出版社, 1994.

결정되었다고 하였다.

② 이 불교문화학의 방향을 거론하였다. 우선 불교문화학의 통합적 지향이 그 출발점이요 존재의 근거라 하고, 실제로 예술적 통합과 문화적 규합, 역사적 통관과 국제적 연계 등을 들어 논의하였다. 다음 불교문화학의 특성화 방향을 내세우고, 장르별 특별화와 장르별 독자화, 장르별 전문화를 고찰하였다. 이어 불교문화학의 유기적 관계를 주목하고, 불교예술적 기반과의 상관성과 불교문화학적 배경과의 유관성, 그리고 전체 불교문화학과의 연대성 등을 검토하였다.

③ 불교문화학의 방법론을 제시하였다. 우선 불교학적 근거를 들고, 그것이 불교문화학의 방법론적 중심·기본이라 하였다. 다음 문화학적 기반을 내세우고, 문화철학·문화학을 바탕으로 불교문화학의 특수성과 독자성을 중심으로 실질적인 방법론을 모색해야 된다고 하였다. 이어 유통론적 유대를 거론하여 불교문화의 실상과 생동감을 파악·부각시키는 효과적 방법론이라 하였다. 그리고 가치론적 추구에 착안하여, 불교문화를 연구하는 구경의 목적이 그 가치 평가에 있음을 강조하고, 그 방법론적 우위성을 논의하였다. 한편 비교론적 개방을 앞세우고, 불교문화의 대내외적인 개방성·연대성에 비추어 다양한 대상, 다각적인 층위의 비교 연구가 필수적인 방법론임을 역설하였다.

이상과 같은 논의는 하나의 시론이니, 어설픈 시작에 불과하다. 따라서 본격적인 불교문화학을 개척·발전시키는 도정에서 사계의 공론을 모으는 계기가 되었으면 한다. 다만 이번 논의가 한국불교문화학의 윤곽과 좌표를 설정하는 과정에서, 그 방향과 방법론을 모색·개척하는 작은 실마리가 되기를 바랄 따름이다.

2. 〈서동설화〉의 시대적 배경과 역사적 주인공

1) 서론

〈서동설화(薯童說話)〉는 〈미륵사창건설화(彌勒寺創建說話)〉로서 날이 갈수록 그 복합적인 가치를 드러내고 있다. 최근에 대두된 불교문화학(佛敎文化學)의 관점에서[10] 그것은 참으로 완벽한 원전이 되겠기 때문이다. 이제 〈서동설화〉의 실상과 그 형성·전개과정이 새롭게 조명되어, 그 문화사적 위상을 제대로 유지할 수 있게 되었다. 따라서 〈서동설화〉의 입체적인 조명은 불교문화를 체계화하고 그 문화사의 계통을 정립하는 데에 전범이 되리라 본다. 이러한 〈서동설화〉는 입체적 실상과 복합적 위상이 학제 간 연구와 종합과학적 방법론에 의하여 그 진가를 발휘할 단계에 이르렀다. 그동안 이 〈서동설화〉에 대한 연구 성과를 긍정적으로 재검토하고, 그 연구의 올바른 방향과 합리적인 방법론을 새롭게 수립·적용할 필요성이 절실한 터다.

그간에 이 〈서동설화〉에 대한 연구 성과는 여러 측면에서 다양하게 나타났다. 따라서 그 연구사가 엮어질 수 있고, 그 대소 논문들이 숲을 이루게 되었다. 그리하여 상당수 논문들이 〈서동설화〉의 각개 측면을 합리적으로 밝혀내었던 것은 사실이나, 한편 그 양적인 퇴적이 그 설화의 진면목을 가리고 있는 것도 부인할 수 없다. 그러기에 이 연구 논문의 복잡한 숲을 헤치고 정리하여, 그 면목을 제대로 들추어내며, 나아가 그 실상과 위상을 올바로 찾아내는 일이 시급한 실정이다.

기실 이 〈서동설화〉를 연구하는 데에 있어, 핵심적인 당면과제는

---

10 사재동, 「佛敎文化學의 방향과 방법론」, 『佛敎文化學학술대회 논문집』, 한국佛敎文化學회, 2002, pp.5-6.

'〈서동설화〉의 시대적 배경과 역사적 주인공'이라 본다. 이런 문제가 합리적으로 선결될 때, 그 본질적이고 중심적인 과제가 제대로 해결될 것이기 때문이다. 이런 과제에 대한 논의는 상당히 진행되었지만, 참신하고 합당한 결론에는 이르지 못하고, 막연한 상대론만 되풀이되고 있는 실정이다. 말하자면 이 〈서동설화〉의 시대적 배경은 백제 무왕대(武王代)이고 그 역사적 주인공은 당연히 무왕(武王)이라는 주장이 주류를 이루어 왔기 때문이다.[11] 한때 이병도는 미륵사의 창건이 동성왕대(東城王代)라고[12] 끌어올림으로써, 이 설화의 시대적 배경도 그 만큼 소급하고, 그 주인공도 그렇게 바꾼 적이 있었다. 이어 김선기는 이 설화의 주인공 '서동(薯童)'이 원효라고 추론하여,[13] 그 시대적 배경과 역사적 주인공을 원효로 지성했던 것이다. 그리고 지헌영과 사재동은 그 시대적 배경을 무령왕대(武寧王代)로 올리고, 그 역사적 주인공을 자연히 그 왕으로 대치시켰던 것이다.[14] 그런데도 이런 주장들은 잠시 선을 보이다가 그 武王설에 밀려난 듯이, 도로 무왕(武王)의 천하가 되고 만 감이 없지 않은 터이다.

그런데 최근에 윤무병이 정림사지를 발굴·조사하고 그 보고서《정림사(定林寺)》를 펴내는 데서, 정림사지 석탑이 성왕의 천도와 때를 같이하여 사찰 창건 당시에 건립되었음을 고증하고, 그 미륵사지 석탑 내지 사찰의 양식사적 위상을 재고해야 된다고 문제를 제기하였다.[15] 이제

---

11 일연의《三國遺事》기이 권제2〈武王〉이래, 薯童說話를 논의한 학자들이 모두 武王代를 진신·주장하고 있어, 그 논저를 일일이 거론하지 않겠다.
12 이병도,「薯童說話에 대한 신고찰」,『역사학보』1집, 역사학회, 1952, p.59.
13 김선기,「〈쑈뚱노래〉(薯童謠)」,『현대문학』151호, 현대문학사, 1967, p.302.
14 지헌영,「〈薯童說話〉연구의 평의」,『향가여요의 제문제』, 태학사, 1991. p.282; 사재동,「〈薯童說話〉의 연구」,『불교계 서사문학의 연구』, 중앙문화사, 1996, pp.399-400.

미륵사의 창건 내지 그 석탑의 건축에 직결된 〈서동설화〉의 시대적 배경과 그 역사적 주인공을 재론할 계기가 마련된 것이다. 그래서 〈서동설화〉에 관련된 무왕설이나 동성왕설·원효설에 승복하기 어려웠던 입장에서 무령왕설(武寧王說)을 다시 강조하되, 종전의 논의와는 각도를 달리하여, 〈서동설화〉의 시대적 배경과 역사적 주인공을 주축으로, 여기에 얽힌 바 미진했던 제반 문제를 다시금 풀어 보려고 한다.

이에 본고에서는, 첫째 이 〈서동설화〉의 상한연대를 기점으로 하는 시대적 배경을 관계 문헌과 유물에 의하여 새로운 각도에서 무령왕대로 추론하고, 둘째 따라서 이 〈서동설화〉의 역사적 주인공을 무령왕으로 다시 확인하고, 그 왕의 미륵사 창건 사실, 나아가 그 능침 경영 등을 신화·전설적 배경으로 고찰하겠으며, 셋째 이 〈서동설화〉가 형성·전개되면서 유통·연행된 점을 전제·기반으로 하여, 이 설화의 문화사적 위상을 재론해 보려고 한다. 그리하여 복합적 실상과 가치를 지닌 이 〈서동설화〉, 그와 유관한 문화현상 등을 불교문학학에 입각하여 입체적으로 고구하는 데에 다소나마 도움이 되었으면 한다.

2) 〈서동설화〉의 시대적 배경

이 〈서동설화〉의 시대적 배경은 그 상한연대를 기준하여, 그에 해당되는 왕대를 기점으로 하는 것이 당연하다. 여기서는 우선 각종 사서·문헌을 전거로 그 상한왕대를 고증해 내는 일이 필요하다. 그런데 실제로는 이러한 문헌의 기록·기사들이 그 실증적 전거로서 충분한 요건을 갖추지 못함으로써, 그 확증을 이끌어 내지 못하고, 재론의 여지를 가지

---

15 윤무병,「석탑의 건립 연대」,『정립사』, 충남대학교 박물관, 1981, p.68.

게 되는 터다. 그러기에 이러한 문헌적 한계점을 극복하기 위하여, 그 사실에 결부된 유물·유적을 근거로 여러 가지 측면의 고증·추론을 시도할 수밖에 없는 것이다. 기실 이러한 유물·유적은 적절한 경우에, 웬만한 문헌보다도 증거력이 뛰어나기 때문이다. 이에 그 문헌을 전거로 하거나 그 유물을 근거로 하여, 그 상한왕대를 추정하고 그로부터 이 시대적 범위를 연역해 내는 것이 옳겠다.

(1) 상한왕대의 문헌적 전거

잘 알려진 대로, 이 〈서동설화〉는 《삼국유사(三國遺事)》 기이 권제2 〈무왕(武王)〉조의 기사에 의하여, 무왕대를 상한으로 하고, 그 왕을 역사적 수인공으로 삼아 왔다는 것이 상식적 중론이다. 이러한 중론은 문헌사학적 관점에서 기록된 기사대로 진신하는 것이 원칙일진대, 아무런 하자도 없고, 이렇다 할 문제도 없어 보인다. 그러나 이러한 중론에도 불구하고, 그 사실의 진실 여부를 끝까지 과학적이고 합리적으로 탐구·실증하는 것이 학술적 사명이라는 점에서, 재론의 메스를 가해 온 것은 일단 타당한 일이었다고 본다. 이러한 재론의 단서가 위 〈무왕〉조의 주기 '古本作武康 非也 百濟無武康'이라 한 기사와 그 설화 내용 자체에서 드러났기 때문이다.

이에 이병도는 「〈서동설화〉에 대한 신고찰」에서 종래의 무왕설에 대하여 반론을 제기하였다. 그는 〈서동설화〉의 내용과 무왕 및 무왕대의 역사적 사실을 비교하여, 서로 무관한 것임을 역설한 다음,[16] 《삼국사기(三國史記)》〈백제본기(百濟本紀)〉'東城王 十伍年 春三月'조에

---

16 이병도, 앞의 논문, pp.52-53.

> 王遣使新羅請婚 羅王以伊飡比智女歸之

라 보이는 기록과, 같은 책 〈신라본기(新羅本紀)〉'炤知麻立干 十伍年 春三月'조에

> 百濟王牟大 遣使請婚 王以伊伐飡比知女送之

라고 한 것을 근거로 하여, 동성왕이 신라 귀공녀를 배우자로 맞았으리라는 점에 주목하였다.[17] 나아가 동성왕의 휘 '모대(牟大)'(三國史記·三國遺事·南齊書), '마제(麻帝)'(三國遺事), '모도(牟都)'(牟大의 이칭), '말다(末多)'(百濟新撰·日本書紀) 등이 어음 상 '서동(薯童)'(마동) 및 '말통(末通)'과 매우 근사하다는 점을 강조하면서,

> 薯童은 다른 사람이 아니라 바로 東城王 其人이라고 하지 않으면 아니 되겠다.[18]

라고 새로운 견해를 내세움으로써, 학계에 파문을 던지게 되었다.

이러한 견해에 대하여 김선기는 〈향가의 새로운 풀이〉(쑈뚱노래·薯童謠)에서 '동성왕을 서동요(薯童謠)의 작자로 보기에는 여러 가지 점에서 무리가 간다'고 전제하며, 소위 8개 조항의 이유를 들어, 이병도의 '서동(薯童)' 즉 '동성왕'이란 주장을 강력히 부정하였다.[19] 그리고는 역시 《삼국유사》 제4권 〈원효부기(元曉不羈)〉의 기사를 들어 〈서동설화〉와

---

17 이병도, 위의 논문, pp.53-54.
18 이병도, 위의 논문, p.59.
19 김선기, 앞의 논문, p.297.

비교한 다음, '여덟 가지 점에서 무왕 이야기와 원효의 일화는 일치한다.'[20]고 내세웠던 것이다. 그리하여 김선기는

> 이에서 살펴본 여러 가지 점을 생각하여 볼 적에 이 일화(薯童說話)의 주인공은 원효밖에 될 사람이 없다는 판단이 나서게 된다. 그러므로 나는 薯童謠의 작자를 '원효'로 본다.[21]

라고 결론을 내렸던 것이다. 이상과 같이 종래 학자들이 '서동'을 실제 인물로 보고 각양각색의 의견을 섞어 놓았던 것이다.

여기서 위 견해들을 검토해 볼 필요가 있다. 우선 서동 즉 무왕설을 보면, 그렇게 주장할 만한 근거가 바로 그 〈무왕〉조에 있는 게 사실이다. 그 〈무왕〉조의 머리기사를 진신한다면, 마땅히 '서동' 즉 '무왕'이라는 주장이 나올 수밖에 없기 때문이다. 그런데 전술한 대로, 〈무왕〉조의 주기에서 이 〈서동설화〉는 원래 《고본(古本)》의 〈무강왕전설(武康王傳說)〉이었던 것이 일연(一然)에 의하여 〈무왕전설(武王傳說)〉로 바뀌었다는 사실을 명시하고 있다. 따라서 이 〈서동설화〉는 원래 '무강왕'의 것이지, 결코 '무왕'의 것이 아니라는 점을 확인하게 된다. 아무리 백제에 '무강왕'이 없다 하더라도 그대로가 '무왕'으로 대치될 만한 근거는 전혀 없기 때문이다. 그리하여 이병도가 해박한 논거로써, 이 〈서동설화〉의 전체적 사실과 무왕의 역사적 사실을 일일이 비교한 결과 양자가 아주 무관하다고 주장한 것은 참으로 타당성을 지닌다. 나아가 이러한 고증과정에서 양자 간에 오히려 상이점·상치점까지 발견되

---

20 김선기, 위의 논문, pp.301-302.
21 김선기, 앞의 논문, p.302.

는 터라 하겠다. 따라서 이 〈서동설화〉가 '무왕'과 일체 결연되지 않았다는 것은 재론의 여지가 없다. 어떤 경우든지 한 인물의 사실과 전설 사이에는 유사점 내지 동일성이 존재하기 때문이다. 그러기에 백제에 '무강왕'이 없다고, 그 전설을 '무왕'의 것으로 개찬한 일연의 손쉬운 작업은 후대 많은 학자들을 오도한 대신에, 그 진실을 밝힐 수 있는 단서를 제공하였다는 데에 큰 의미가 있다고 본다.

다음 이병도의 서동 즉 동성왕(東城王)설에도 그대로 수긍할 수 없는 바가 있다. 그가 취하였던 방법 그대로를 따라, 이 〈서동설화〉의 내용과 동성왕대의 사실을 비교·검토할 때, 양자의 관계가 생각보다 멀기 때문이다. 여기서 그가 중점적으로 강조한 동성왕 15년(소지왕 15년) 나·제의 국혼 사실도 그대로 동성왕의 왕비·후궁을 맞은 것이라 단정할 수가 없는 실정이다. 그렇다면 그것이 동성왕의 태자·왕자의 배우자를 맞이하기 위한 국혼이었을 가능성을 배제할 수가 없다. 당시 그 왕의 제2왕자로 무령왕(武寧王)이 오히려 혼기를 넘긴 나이로 엄존하고 있었기 때문이다. 백제의 관례에 따라 그만한 국혼기사라면 마땅히 동성왕의 배우자로 보아야 한다는 당위성이 있다 하더라도, 후대인의 인식이나 전설·설화화의 분위기에서는 으레 무령왕의 배우자로 취급·간주되었을 개연성이 없지 않은 터다. 이런 점에서 김선기가 고증한 대로 서동과 동성왕이 상호 무관하다는 것이 확실해진다. 더구나 '서동'과 '동성왕'의 명칭을 유사·근접하다고 논증한 결과는[22] 고금 언어의 음운론·형태론 어느 쪽에서도 합리적 타당성을 공인받기는 어려운 실정이다.

그리고 김선기의 서동 즉 원효설은 이병도의 그것보다 타당성을 갖추지 못한 게 사실이다. 그는 더욱 두드러지게 사실과 설화를 혼동함으

---

22 이병도, 앞의 논문, pp.58-59.

로써, 이병도의 학설을 부정하기 위한 억설을 내세웠기 때문이다. 그가 서동 즉 원효설을 주장하려고 내걸은 8개 조항의 '일치점'이란 것은 거의 핵심에서 벗어나, 무리한 점을 감추지 못하고 있다. 실제로 그가 취한 방법을 그대로 따른다 하더라도, 그 8개 조항은 양자의 주지 중에서 비슷한 것을 임의로 뽑아 견강부회한 것이지, 전체적 서사문맥을 순차적으로 순리적으로 대비시킨 것이 아니다. 이런 점에서 양자의 전체를 비교·검토할 때, 상호 부합되는 것이 아님을 확인할 수가 있다.

이상과 같이 이론이 분분할 때는 그 원전으로 돌아가는 것이 상책이다. 그 원전은 그 제목의 주기에서 분명한 사실을 제시하고 있기 때문이다. 누언한 대로

古本作武康 非也 百濟無武康

이라 한 것이 크게 주목된다. 여기서 원전으로서 그《고본》을 중시할 때, 거기에 명시된 '무강'을 중시하지 않을 수 없다. 그 '무강왕'이 그 원본의 역사적 주인공이기 때문이다. 그래서 일연의 부정적인 판단은 뒤로 미루고, 그 '무강'의 본체·실체를 탐색하는 데에 주력해야 된다. 기실 '무강왕'은 역사·전설적 인물로 널리 알려져《고려사(高麗史)》〈지리지〉나《세종실록》〈지리지〉에는 '후조선무강왕(後朝鮮武康王)'으로 기록되기도 하여,[23] 역사적 판단에 혼선을 가져오게 되었다. 그러기에 일연이 백제에 무강왕이 없다고 속단하여, 그 기사를 武王의 것으로

---

[23] 高麗史 지리지 금마군 조에 '又有後朝鮮武康王及妃陵 俗稱末通大王 一云百濟武王 小名薯童'이라 하고, 世宗實錄 지리지 익산군 조에 '後朝鮮武康王及妃雙陵 在郡西北伍里許 俗呼武康王爲末通大王'이라 하였다.

고쳐 놓은 것도 있음직한 일이었다.

그러나 고금을 통하여 《삼국사기》나 《삼국유사》 등의 사록에서 왕의 이름이나 시호를 표시하는 데에, 같은 의미의 다른 문자를 사용하는 관례가 있음을 상기하는 게 필요하다.[24] 실제로 《삼국사기》 〈백제본기〉의 '무령왕'을 《삼국유사》 〈연표〉 백제조에서는 '호령왕(虎寧王)'으로 기휘·표기하고 있다. 고전 기록에서 '무(武)' 자는 얼마든지 '호(虎)' 자로 호환·대용될 수가 있기 때문이다. 이런 논리와 실제에 의하면, 여기 '령(寧)' 자를 필요에 따라, '강(康)' 자로 호환·전용하는 것도 얼마든지 가능한 일이었다. 이 두 글자가 같은 의미를 나타내는 다른 표기라는 것은 자명하다. 한·중의 모든 자전·사원에서 '寧 安也'라거나 '康 安也'라 하여 같은 의미를 다른 글자로 쓰는 사례를 실증하고 있기 때문이다. 그러므로 '무령왕'을 형편에 따라 '무강왕'으로 표기하는 것도 당연하다고 본다. 그렇다면 백제에는 '무강왕'이 없는 게 아니라, '무령왕'의 이름으로 엄연히 실존했던 것이라 하겠다.

따라서 이 문제의 '무강왕'을 '무령왕'으로 규정하고, 그 《고본》의 역사적 주인공이 바로 무령왕이라는 것을 거듭 확인하게 된다. 그러기에 이 〈서동설화〉의 상한왕대는 바로 무령왕대라는 것이 확실해졌다. 실제로 이 무령왕은 《삼국사기》 〈백제본기〉 및 〈연표〉, 《삼국유사》 〈연표〉 등에 제25대 군왕으로 명기되어 있는 터다.

---

24 이병도는 앞의 논문(p.67)에서 "여기서 나에게 연상된 것은 '武康王'이란 왕호와 거의 일치한 백제의 '武寧王'이었다. '康' 자와 '寧' 자가 동의인 것은 더 말할 것도 없거니와, 왕호에 있어 이러한 유의자의 통용은 고구려의 '陽原王 一云 陽崗王'·'平原王 一云 平崗王' 등등과 신라의 '孝昭王 一云 孝照大王'이라고도 하는 예에서 볼 수 있다"라 하였다.

武寧王 諱斯麻(或云隆) 牟大王之第二子也 身長八尺 眉目如畵
仁慈寬厚 民心歸附 牟大在位二十三年薨 卽位

라 하고, 재위 23년간의 행적을 분명히 밝혀 주었다. 이 武康王 즉 무령
왕의 역사적 행적은 그 능침이 발굴되고 그중의 지석을 통하여 확증되
었다.[25] 이런 점에서 무령왕의 행적·전기의 사실이 이른바 '무왕기사',
《고본》의 '무강왕전설'의 내용과 상통·근접하고 있다는 게 주목된다.
이에 관한 구체적 논의는 뒤로 미루겠거니와, 그 양자의 상통·근접 사
실만 의거해도 무령왕이 이 〈서동설화〉의 상한왕대를 차지하고, 나아
가 그 역사적 주인공으로 자리한 점이 더욱 명백해지는 터라 하겠다.
이러한 문헌적 근거를 통한 고증에 한계가 있고, 또한 보완의 여지가
있다면, 그것은 이 〈서동설화〉의 상한왕대와 직결된 현존 유물·유적을
근거로 하여 상대적 추론으로 나갈 수밖에 없다.

(2) 상한왕대의 유물적 근거

위와 같이 무령왕이 이 〈서동설화〉의 상한연대를 이루고 그 역사적
주인공이라는 것이 지적된 바에는, 바로 이 설화가 〈미륵사창건설화〉
라는 관점에서, 무령왕과 관련된 그 창건연대를 추정할 필요가 있다.
이 미륵사나 그 유물들이 무령왕대에 창건되었다는 사실이 입증되어야
만, 위 상한연대가 더욱 확고하게 정립되겠기 때문이다. 그리하여 현존
미륵사지 유물의 대표 격으로 그 석탑을 주목할 수밖에 없다.

이른바 '미륵사지석탑'은 일찍이 고유섭에 의하여 양식사적으로 논
의되었다. 그는 미륵사지석탑이 저 정림사지석탑에 선행함을 전제하

---

25 「문화재 관리국, 부장품, 매지권에 대한 고찰」, 『武寧王陵』, 삼화출판사, 1974, p.46.

고, '정림탑은 미륵탑의 가구적 특질을 최대공약수로 간화하려 하여 그에 성공함'으로써,[26] 이들 양탑은 양식사적으로 직결된 선후관계를 유지하고 있는 것이라[27] 하였다. 따라서 고유섭의 탁견이 존중되어 이 양탑 중의 어느 하나라도 그 조성 연대가 확정된다면, 다른 하나의 그것은 자연 추정되기 마련이었다. 그래서 그는 위 〈무왕〉조의 기사를 진신하여 미륵사지석탑을 무왕대의 소성으로 단정하고, 나아가 정림사지석탑을 백제 말기 의자왕대의 소조라고 추정하게 되었다. 역으로 그는 정림사지 석탑이 의자왕대의 조성일 때, '미륵사지석탑이 무왕대에 성립되었을 것에 하등 무리를 느끼지 않게 된다'[28]고 하였다. 이러한 고유섭의 추론이 학계에 통용되고 그의 '양식사적 선후관계'는 불변의 탁견이라 하겠으나, 그 왕대의 추정에는 그대로 찬동할 수 없다.

이에 이병도는 전게한「薯童說話에 대한 신고찰」에서, 이러한 무왕대 성립설을 부정하고 동성왕대 창건설과 함께 무령왕 초년 완성설을 주장하게 되었다.[29] 이 견해는 동성왕을 부각시키는 논증과정에 무리가 있는 게 분명하지만, 그 결론에서는 무령왕설에 근접하고 있는 게 사실이다. 이에 사재동이 그「武康王傳說의 硏究」에서 미륵사의 무령왕대 창건설을 내세운 것에[30] 조응하여, 지헌영은 〈백제와전도보〉(서평)에서 의자왕대에 정림사를 창건하기 어려운 여러 가지 여건을 들고

---

26 고유섭,『한국탑파의 연구』, 을유문화사, 1954, p.42.
27 고유섭은 위의 책(p.41)에서 '즉 미륵탑·정림탑·왕궁평탑 삼자의 양식사적 순위 문제이다. 이때 필자는 양식 발전사적으로 보아 정림탑이 왕궁평탑보다 앞선 것으로, 따라서 이 삼자의 순차를 정한다면, 미륵탑이 제1위, 정림탑이 제2위, 왕궁평탑이 제3위로 나립하게 된다'고 하였다.
28 고유섭, 위의 논문, pp.70-71.
29 이병도, 앞의 논문, p.67.
30 사재동,「武康王傳說의 硏究」,『불교계 서사문학의 연구』, p.453.

이곳에서 우리는 전술한 금성산 사지 출토 평와 '天平'·'大平' 명을 다시 회상하게도 되는데, 국도를 공주에서 부여로 천도시킨 전후인 성왕 말년~위덕왕 초년을 직관·투시해 본다. 정림사는 아무려도 그 위치로 보아 왕궁내의 사관이었거나 혹은 왕궁의 직할에 속했을 것 같음으로써, 정림사의 창건은 부여국도전정기간인 성왕 16년(AD.538) 전후에 있었던 것이 아니겠는가 하는 것이다.[31]

라고 하여, 武寧王代에 미륵사와 그 석탑이 창건되었다는 데에 하등의 무리를 느끼지 않는다는 것이었다.

그 후로 윤무병이 위 정림사지 발굴 보고서《정림사》의 〈석탑의 건립 연대〉에서 실증적인 결론을 내렸다.

정림사지는 도성 내 중앙에 위치하였으며 창건 연대는 천도(AD. 538) 후 얼마 되지 않은 시기에 이루어진 것으로 짐작된다. 이 정림사지의 가람배치는 전형적인 일탑식인데 현재 사지에 잔존한 오층석탑(국보 제9호)은 창건 당시의 유구임이 틀림없으며 또 후대에 재건된 흔적도 찾지 못하였다. 그리고 이 석탑에 선행하여 다른 목조탑파와 같은 것이 건립된 형적도 남아 있지 않았다. 만약 정림사지의 창건 연대를 사비 천도의 전후로 추정할 수 있게 된다면 이 오층석탑에 대한 연대도 따라서 6세기 중엽의 건립으로 간주하지 않을 수 없게 되는 것이다.[32]

라고 탁견을 제시하여, 지헌영의 성왕대건립설을 굳게 뒷받침하고, 나

---

31 지헌영, 「백제와전도보(서평)」, 『백제연구』 3집, 충남대학교 백제연구소, 1972, p.182.
32 윤무병, 앞의 논문, p.68.

아가 미륵사와 그 석탑의 창건연대에도 새로운 문제를 제기하게 되었다. 기실 고유섭의 양식사적 선후관계설을 불변의 탁견으로 수용하고, 지헌영의 순리적인 미륵사지석탑선행설을 그대로 따른다면, 윤무병의 실증적인 결론, 정림사지석탑의 성왕대건립설은 武寧王代에 미륵사와 그 석탑이 창건되었음을 가장 강력하게 증거할 것이었기 때문이다.

그런데 윤무병은 미륵사지석탑의 무왕대(武王代)창건설을 진신함으로써, 다시금 무리한 시도를 하게 되었다. 그는 그 무왕대창건설을 근거로 삼고, 그 정림사지석탑의 성왕대건립설을 내세워, 고유섭의 양식사적 순차설을 근본적으로 시정하려 하였다. 그리하여 이른바 미륵사지석탑선행설을 일체 부정하고, 오히려 정림사지석탑선행설을 주장하게 되었다. 이에 그는 위 논문에서

> 이는 종래의 미술양식사적인 입장에서 정설화되어 있는 익산미륵사석탑 선행설에 대하여 고고학적인 측면에서 문제를 제기하는 것이며 재검토를 필요로 하게 되었다고 생각한다.[33]

라고 하여, 미륵사지석탑의 후행설을 강조하고 있다. 나아가 윤무병은 이 두 사지에서 발굴된 와당의 형식과 금당의 기단을 비교함으로써, 미륵사의 모든 것이 정림사의 그것보다 후행하는 요소·형식을 현저히 나타낸다고 하였다. 그는 위 논문에서

> 사지에서 발견된 백제시대 와당의 형식문제인데, 정림사지 출토의 것은 모두가 8엽단판연화문화당임에 대하여 미륵사지를 대표하

---

33 윤무병, 위의 논문, p.68.

는 와당은 6엽단판의 연화문이며 판엽 내부에 인동문 요소가 새로 등장하고 있다. 이들은 또 자방의 직경이 확대되었을 뿐만 아니라 무엇보다도 현저한 특징으로서는 녹유를 시유한 와당이 적지 않게 발견된다는 사실을 들 수 있는데 이러한 요소들은 모두가 후기적인 소산임이 분명한 것들이다. 다음으로 유적에 대하여 비교가 가능한 것으로는 이미 발굴이 완료된 미륵사 동탑지 후면에 위치한 금당의 기단이 정림사 금당의 그것처럼 2층기단형식을 취하고 있다. 그러나 양자간에 있어서의 큰 차이점은 정림사의 경우 하층기단 상에 초석이 배열되어 있으나 미륵사의 하층기단은 이미 그러한 기능을 상실하였으며 반석재로 된 큰 갑석을 배열하여 마치 통일신라시대의 석탑기단으로 이행하는 과도적인 형식을 성립시키고 있다.[34]

라고 하여, 미륵사의 창건을 마치 백제 말기의 것으로 고증하는 데에, 유물·유적을 통한 실증적인 방법을 동원하고 있다. 그러나 여기에는 수긍하기 어려운 문제점이 없지 않다.

먼저 두 사지 출토 와당의 형식문제를 논의한 데서, 작지 않은 모순이 드러난다. 기실 이런 와당형식의 선후관계를 결정하는 전형적 기준이 있는 것도 아닌데, 미륵사지의 와당이 6엽단판에다 자방의 직경이 확대되고 인동문 요소가 새로 가미되며 유약을 바른 흔적이 있다는 이유로 후기적 소산이라고 판단하는 데에는 아무래도 무리가 따른다. 그래서 정림사지의 와당이 8엽단판이고 자방이 작은 데다 인동문이나 유약의 자취가 없다는 이유만으로 미륵사지의 그것에 선행한다는 논리에는 상당한 비약이 없지 않다. 실제로 백제시대 웅진(熊津)이나 부여지역 사지

---

34 윤무병, 앞의 논문, p.68.

내지 능묘 등지에서 발견·집성된 와당·전·공예물을 통하여 연화문의 형식을 비교·검토해 보면, 시대가 올라갈수록 6엽단판에다 자방의 넓이가 크다는 것을 확인하게 된다. 공주 송산리 고분군, 특히 무령왕릉(武寧王陵) 출토문물의 다양한 연화문은 주로 6엽단판에 8엽단판을 일부 곁들이고 자방은 한결같이 크기 때문이다.[35] 이에 비하여 같은 지역의 후대적 사지 등에서 발견된 여러 모양의 와당은 모두 8엽단판에 자방이 매우 작아지는 방향으로 전형화·보편화되어 있는 게 사실이다.[36] 그렇다면 미륵사지의 와당이 오히려 정림사지의 그것에 선행한다고 보는 것이 순리적이라 하겠다. 그리고 판엽에 인동문 요소가 있다든가 유약을 칠했다는 것이 결코 후대적 요소가 될 수도 없거니와, 그것이 사실이라 하더라도 미륵사지의 전형적인 와당(백제와전도보, 도판 157·158)에는 그런 징후가 전혀 없는 터다. 다만 미륵사지에서 발견되었다는 후대적 와당(도판 159~162)에는 그런 징후가 보이지만, 그것은 미륵사가 유지되던 백제 이후의 어느 시기에 제작되었다고 보는 게 온당하다.

다음 두 사지의 금당 기단의 선후문제를 논의하는 데서도 주관적 선입견이 작용한 것 같다. 양자 간의 금당 기단이 2층기단형식으로 동일하다면, 그것으로 양자의 긴밀한 관계를 확인하는 데까지는 좋겠다. 그러나 그 하층기단에 초석이 배열된 정림사의 것이 그러한 기능을 상실한 미륵사의 것보다 선행한다고 주장하기에는 어려운 점이 있다. 그런데도 윤무병은 미륵사의 이러한 상황·현상을 들어 '통일신라시대의 석탑기단으로 이행하는 과도적인 형식'으로 보아 넘기는 점은 수긍하

---

35 문화재관리국,『武寧王陵』, 도판 10, 목제족좌(왕), 도판 34·35·연도·현실 전 연화문, 도판 51·금제화형 장식 등 참조.
36 성주탁,『백제와전도보』, 충남대학교 백제연구소, 1972, 도판 참조.

기가 어렵다.

　이와 같이 윤무병이 주장하는 논거는 정림사가 미륵사에 선행한다는 사실을 입증하는 데에 결코 큰 힘이 되지 못하는 실정이다. 이 모든 논증을 무리하게 인정한다 하더라도, 그것은 양사 탑파의 양식사적인 선후관계설을 극복하고 정림사와 그 석탑의 선행설을 합리적으로 고증할 수는 없기 때문이다. 전술한바 고유섭의 불변적 탁견은 미륵사지석탑의 선행설을 여전히 견지하고 있거니와, 이것이 부정되고 깨진다면, 한국의 사찰건축사와 탑파형성발전사는 근본적으로 계통·체계를 상실할 터이므로 신중을 기해야 된다.

　그래서 미륵사지의 유물·유적을 통하여 그것이 적어도 정림사지의 그것보다 선행한다는 사실을 입증함으로써, 그 상한왕대가 무령왕대임을 재확인하게 되었다. 이로써 〈서동설화〉의 상한왕대는 문헌적 전거에 의하여 무령왕대로 비정된 것이 다시 유물적 근거에 입각하여 제대로 보완·확증된 터라 하겠다. 그리하여 이 〈서동설화〉는 무령왕대의 미륵사창건을 상한선으로 하여, 그 형성·전개의 시대적 배경을 엮어 나가리라고 본다.

(3) 형성·전개와 시대적 범위

　〈서동설화〉는 〈미륵사창건설화〉로 볼 때, 그 형성(形成)·전개(展開)의 시기는 무령왕대 이후 백제시대일 것이라고 인식되기가 쉽다. 그러나 이 설화는 무령왕대의 미륵사 창건을 상한·기점으로 하여, 생각보다는 장구한 시간에 거쳐 형성·전개되었으리라 보아진다. 이 설화는 결국 백제의 한 군왕, 무령왕을 주인공으로 하여 기원·형성된 것이기에, 그 행적·생애의 신화·전설로 성장·전개되었을 것이다. 그리하여 그것의 시대적 범위는 이 설화가 형성·전개된 단계를 대강 어림하면서, 그에 따른 상대 연대를 추정하는 수밖에 없겠다.

우선 〈서동설화〉의 역사적 단계를 설정할 수 있다. 이 무령왕이 복합적인 목적과 동기에 따라 국가적 차원에서 미륵사를 창건하였다면, 그것은 일대 사건이 아닐 수 없었을 터이다. 당시 불교적 국가 백제가 대규모의 국찰을 건립한 것은 실로 획기적인 일이요, 더구나 불교계 승단 내지 사부대중으로서는 역사적 불사였을 것이기 때문이다. 그러기에 무령왕 당시부터 그 미륵사 창건의 사실이 역사화되기 시작하여, 백제사에 삽입되기보다는 미륵사 창건역사로서 정립·기록되었을 터이다. 기실 창건의 사적은 그 사찰의 낙성·개문과 동시에 작성·기술되는 게 고금의 상례라 하겠다. 그것은 대강 6세기 초반 무령왕의 행적으로 특기되고, 그 공덕으로 널리 찬양되었으리라 본다. 원래 무령왕은 민심을 얻고 추대된 저명한 군왕인 데다, '인자관후'하여 '영왕(寧王)'으로서[37] 태평성대를 이룩하였기 때문이다.

이어 무령왕이 서거한 이래, 그 생애와 행적은 백제사 상의 뚜렷한 사실로 입전되고, 대규모의 찬란한 능침을 경영하여 매년 국행제를 지냈으며, 미륵사에서는 그 왕의 추모재를 올려 그 공덕을 찬양하는 한편 왕생극락을 기원했을 것이다. 이러한 추모재의와 제례·행사가 조정과 사찰에서 거행되고 백성·민중이 공감·호응하는 동안에, 그 군왕의 행적과 사찰의 창건 사실은 점차 유형화 내지 신화·전설화되기 시작했을 터이다. 그리하여 무령왕을 주인공으로 하는 〈미륵사창건전설(彌勒寺創建傳說)〉이 역사적 전설의 차원으로 형성되었으리라 본다. 잘 알려진 대로, 한 역사적 인물의 행적이 유형화·전설화되기까지는 1세기 이상

---

37 丁載臣, 『中文辭源』 2책(남등문화공사, 1987, p.855)에 '寧王安定天下的帝王.書經大誥:寧王遺我大寶龜, 紹天明卽命.指周文王'이라 하였다.

2·3세기까지 걸린다 하거니와,[38] 무령왕의 사실도 서거 후 100년 이상에 걸쳐서 유형화 내지 전설화되어, 상하 민중에 회자되었을 가능성이 짙다. 이러한 현상은 적어도 백제왕국이 유지되던 7세기 후반까지도 계승되었을 것이고, 그리하여 〈미륵사창건전설〉의 틀을 잡았을 터이다. 이와 같은 사찰창건전설의 원형은 곧 '무령왕창사전설(武寧王創寺傳說)'로 굳어져, 거기에는 각종 재의·제례와 관련된 신화적 요소가 끼어들고, 따라서 미화·허구적 성격을 갖추게 되었을 것이다. 이로써 〈서동설화〉는 신화적 단계와 직결된 전설화 단계로 접어든 터라 하겠다.

다음 백제가 멸망한 뒤, 그 유민들은 신라의 통치 아래서도 부흥운동에 공감·호응하면서 호족 중심의 독자적인 생활을 영위하는 한편, 백제 선대의 영명한 군왕을 주모·회고하는 정서와 분위기를 끊임없이 유지하여 왔을 것이다. 그리하여 익산 금마 중심의 유민들은 집단적으로, 이미 천장되어 온 무령왕 즉 무강왕과 왕비의 쌍릉에 제례하고, 나아가 미륵사의 창건주 무령왕 즉 무강왕을 사찰 현장에서 추모 재의하는 데에 뜻을 모았던 게 아닌가 한다. 이러한 재의·제례가 적어도 신라 말까지 계속되면서, 그 제의와 신화의 상관성에 따라 무령왕이 신격화되고 그 '무령왕창사전설'이 신화적 성격을 강화하게 되었으리라 본다. 이러한 설화의 신화적 단계에서 '무령왕창사전설'이 어느새 '무강왕창사전설'로 탈바꿈된 것이라 하겠다. 따라서 동일지역의 무령왕 쌍릉이 무강왕 쌍릉으로 통일·호칭된 것이 아닌가 싶다. 마침내 이 익산지역은 동일한 산업·문화권으로서 자치적 공동운명체라는 의식에서, 여기는 무강왕의 왕국이요 나아가 유민은 그 백성이라는 신념과 신앙을 가

---

38 Mircea Eliade, *The Myth of the Eternal Return or, Cosmos and History*, Princeton University Press, 1971, p.43.

졌을 것이라 보아진다. 이러한 백제 유민들의 신념과 염원이 뭉쳐서 견훤의 후백제가 건립되어, 그 중심지인 금마지역에 왕도를 세우고,[39] 반세기에 가깝도록 백제부흥의 꿈을 이루었던 것이다. 이러한 전통과 분위기 속에서 이 〈서동설화〉는 '무강왕창사전설'로 거의 완벽한 유형을 갖추었을 것이라 본다. 이러한 현상은 대강 후백제 내지 신라가 망하고 견훤의 행적이 전기·전설로 형성되기 이전, 적어도 10세기 초반경에 마무리된 것이 아닌가 한다.

이 〈서동설화〉는 불교계 사부대중이나 유민·대중 사이에 전승·유지되면서, 획기적인 탈바꿈의 기회를 맞이했던 것이라 하겠다. 후백제가 건국되고 불교를 숭신하면서 득세하는 과정에, 이 금마지역에는 호국불교 차원의 사찰, 왕궁사나 제석사 등이 창건되었다. 그 무렵에 유구한 역사를 가진 대찰 미륵사가 노쇠하여 명맥을 겨우 유지하고 있었으니, 이 숭불·성세의 분위기를 타고 그 중흥을 꾀하려 발버둥 쳤을 것은 당연한 일이었다. 그러기에 이때는 미륵사가 역사적 우위를 내세워 들고 일어나, 이 사찰을 정비하고 외관을 일신할 뿐만 아니라, 그 내실을 기하여 법회·재의·행사 등에서 새로운 운영 방침을 모색·실현했을 것이라 본다. 그 무렵에 이 사찰의 '무강왕창사전설'은 위 모든 활동의 전거 내지 대본이 되었을 것이라 하겠다. 그리하여 이 〈서동설화〉는 전래의 창사전설에서부터 감명 깊은 서사문맥으로 창조적 탈바꿈을 하지 않을 수 없었던 것인가 한다. 따라서 이 설화가 이른바 薯童과 선화공주의 결연담까지 갖추게 된 것은 아무래도 신라 말기를 지나서였으리라 추측된다. 이 설화 속의 〈서동요〉가 그 향찰표기에서 신라 말기·고려

---

[39] 사재동은 「武康王傳說의 연구」, 『백제연구』 5집, 충남대학교 백제연구소, 1974, p.463에서 後百濟 甄萱의 '金馬定都'를 거론하였다.

전기의 시대성을 반영하고 있기 때문이다.[40] 나아가 고려 초기《삼국사기》원간본이 찬성되면서, 그 열전이 미화·입전된 후에, 김부식의 개찬본에서 새롭고 감명 깊은 열전이 개편되는 분위기를 타고, 이 〈서동설화〉는 문종대 혁연정의 〈균여전〉처럼 소설적인 서사물을 지향하여 계속 유전되었을 터이다. 그러기에 이 〈서동설화〉는 적어도 11세기를 거쳐 12세기 후반까지 그 서사적 변화·부연단계를 간단없이 이끌어 왔으리라 본다. 그리하여 이 〈서동설화〉는《삼국유사》가 찬성된 13세기 후반 이전에《고본》의 '무강왕창사전설'로 정착·유통되었던 것이 분명하다. 이것이 바로 〈서동설화〉의 실질적 하한 연대라 하겠다.

드디어 이 〈서동설화〉는《삼국유사》에 편입되는 과정에, 일연에 의하여 '무왕창사전설'로 개찬된 것이 현전의 모습으로 기록되었다. 이것이 바로 〈서동설화〉의 역사적 하한선이라 본다. 이로써 이 〈서동설화〉의 하한연대가 13세기 후반으로 확정되고 그 상한연대가 6세기 초반으로 소급되었다. 그리하여 이 설화가 형성·전개된 시대적 범위는 실로 700여 년의 장구한 세월에 걸쳐 있다는 것이 대강 조감되었다. 이 설화의 시대적 배경이 여러 왕조에 걸쳐 그만큼 장구한 시간을 요구하게 된 것은 실로 주목할 만한 일이다. 이 〈서동설화〉가 상식적인 속단과는 달리, 유구한 역사를 통하여 복잡다단한 시대적·민중적 여건에 순응·조화되고, 상호 영향을 주고받으면서 형성·전개됨으로써, 그 설화적 실상과 불교문화사 내지 한국문화사 상에서 값지고 뚜렷한 위상을 차지하여 왔기 때문이다.

---

[40] 송재주는 「〈薯童謠〉의 형성 연대에 대하여」(지헌영선생 화갑기념논총, 1971, p.987)에서 '〈薯童謠〉적 표기형식의 성립연대가 고려시대(광종~충렬왕)였을 것으로 매듭지었다.'고 하였다.

3) 〈서동설화〉의 역사적 주인공

〈서동설화〉의 역사적(歷史的) 주인공(主人公)이 문헌적 전거와 유물적 근거에 의하여 일단 '무강왕' 즉 무령왕으로 지적되었거니와, 그 구체적인 고증은 이제부터 시작되는 터다. 우선 무령왕의 생애·행적이 어떠하며 그것이 이 〈서동설화〉의 전기적 내용과 얼마나 근접·부합되는가를 밝혀야 한다. 이것이 비록 설화적 행적이라 하더라도, 그 내용은 역사적 주인공의 생애·행적과 근접·부합되어야 마땅한 일이기 때문이다. 그래서 무령왕이 여러 가지 여건과 동기에 의하여 미륵사를 창건한 사실과 추모재의가 계속 진행되었으리라는 점이 분명히 입증되어야 한다. 이러한 사실들이 불투명하거나 미약할 때는, 이 무령왕 즉 무강왕의 창사전설이 성립될 수 없는 것이다. 그리고 이 무령왕이 서거한 뒤, 그 능침의 경영이 어찌 되고 그 추념제례가 제대로 진행되었는지 합리적으로 추정되어야 한다. 이런 상황이 올바로 검증되지 않으면, 사후 행적과 추모재의·제례 등이 애매모호하여 무령왕의 행적이나 창사 사실 등과 결부된 그 '무강왕창사전설'이 형성·전개되는 필연적 관계를 해명할 수가 없기 때문이다. 이에 이런 몇 가지 사항을 유기적으로 검토하게 될 것이다.

(1) 무령왕의 행적과 설화화

여기서는 무령왕의 생애와 행적이 어떤 측면에서나 〈서동설화〉 '서동'의 전기적 내용과 근접·부합되는 점을 탐색하는 게 중요하다. 그러기에 이러한 탐색작업에는 본격적인 역사학을 기반으로 삼고, 민속학적 방법론을 적용하여 설화학 내지 민간어원론 등을 널리 활용하게 될 것이다. 따라서 무령왕의 생애와 행적에 대해서는《삼국사기》〈백제본기〉 '무령왕' 조의 기사를 중심으로 하고, '서동'의 전기적 행적은《삼국유사》 권2 기이편의 〈무왕〉 조를 원전으로 삼아, 몇 가지 문제점을 비교·검토하겠다.

첫째, 무령왕의 부왕과 서동의 생부에 대해서다. 무령왕의 부왕 '모대'와 서동의 생부 '지룡(池龍)'의 관계를 밝히자는 것이다. 무령왕의 왕통에 대해서는 아직도 사학계에서 논의되고 있거니와, 전게한바 〈백제본기〉 '무령왕' 조에는 '武寧王 諱斯麻牟大王之第二子也'라 명시하였으므로, 상하 백성·민중은 그렇게 믿을 수밖에 없었다. 이와 같이 무령왕의 부왕 '모대왕'과 서동의 생부 '지룡'은 역사적 사실로서는 아무런 관계가 성립되지 않는다. 그러나 상하 민중의 민간어원설이나 설화적 표현심리로 보아서는 어느 정도 연결 지을 수가 있겠다. 먼저 '모대왕'은 무심코 발음하면, '모내왕'으로서 '모듸왕'·'모의왕'으로 읽혀지며, 그것이 '몬의왕' 내지 '못의 왕'이 되어 '지왕(池王)'을 연상하고, 그 '왕(王)'을 '용(龍)'으로 대치시켜 '지룡(池龍)'이라고 표현했을 가능성이 없지 않다.

더구나 모대왕은 그 말년의 행적으로 보아 '지룡'으로 설화될 측면이 있었던 터다. 그 왕이 막바지에 궁정 동쪽에 임류각을 높이 짓고 연못을 파서 호화로운 풍류를 즐기었다. 그러던 중에 모대왕은 폭군으로서 국인에 의하여 제거되었다고 전해진다. 이러한 국인·민중은 그 폭군이 죽어 구렁이나 용으로 변신하여 '지룡'이 되었으리라 상상·설화할 수도 있었던 터다. 일찍부터 민중 사이에서는 사후에 구렁이나 용이 될 수 있다는 관념이 자리 잡아 왔기 때문이다. 그래서 신라의 영주 문무대왕이 서거 후에 동해의 호국대룡이 되어 '해룡(海龍)'으로 군림하였다는 전설은 크게 주목된다. 이에 영주 문무왕(武王)은 생전에 왜구를 막기 위하여 동해를 지키다 서거하여 '해룡'이 되고, 폭군 동성왕은 환락에 극하여 누각·연못에서 마구 놀다가 서거하여 '지룡'이 되었다는 민간어원적 전설에는 대조적인 당연성이 자리한다고 본다. 다음 '지룡'은 '지(池)'가 '못'을 뜻하고 '룡(龍)'이 왕을 상징하니, 바로 '못왕'이 되고, '못의 왕'·'모듸왕'·'모딍왕'으로 연상되어, '모대왕'을 표상하여 '모대왕(牟大王)'으로 결부될 수도 있었겠다. 그리하여 '모대왕'은 '지룡'이 되고 '지룡'은 '모대왕'이 되어 상즉 동일시될 수 있다는 이야기가 된다.[41] 그렇다고 이러한 민간어원적 내지 설화적 연관성을 역사적 상관성으로 고집하려는 것은 아니다. 적어도 이 양자가 어느 면에서나 배타적 관계에 있지 않다는 것을 강조할 뿐이다.

둘째, 양쪽 주인공의 이름에 대해서다. '무령왕'의 휘 '사마(斯麻)'와 '서동'의 관계를 음훈론으로 풀어 보자는 것이다. 먼저 '무령'은 '무'의 고음이 '무'·'므'·'ᄆ'로서 '마'와 모음변환·음운이화될 수가 있고, '령'의 고훈이 'ᄃᄅ'·'들'이었을 것이니, 결국 '무드ᄅ'~'므드ᄅ'~'ᄆ드ᄅ'~'ᄆ들'~'마들'~'마돌'이 될 수도 있겠다. 그리고 '서동'은 '서'의 고훈이 '마'요 '동'은 '둥'·'돌'이니, 결국 '마둥'~'마돌'이 되는 터라 하겠다. 그러니까 '무령'과 '서동'은 '마돌'이라는 점에서 상통한다고 볼 수가 있겠다. 그리고 이 '사마'는 '사'의 고음이 'ᄉ'·'시'·'서'로도 될 수 있고, '마'의 고음이 'ᄆ'~'마'이었을 것이니, 결국 'ᄉᄆ'·'시마'·'스마'로 되어 '서마'라 할 수 있겠다. 이어 '서동'을 달리 본다면, '서'의 고음이 '셔'로 '서'에 통하고 '동'의 고훈은 남아의 의미로서 '물'·'ᄆᄅ'·'마ᄋ'(ㄹ탈락)로서 '마'가 될 수 있으므로, 결국 '서마'라고 하겠다. 그렇다면, 이 시호 '무령'과 휘 '사마'는 공히 '서동'과 결코 무관하지 않다는 것을 유추하게 된다.

셋째, 양측 주인공의 용모와 성품에 대해서다. 먼저 무령왕은 전게

---

41 이상 사재동, 「薯童說話의 연구」, pp.402-404 요약·조정.

한 바 《삼국사기》의 기사대로, '身長八尺 眉目如畵 仁慈寬厚'라 하였으니, 걸출한 미남아였음을 알 수가 있다. 이러한 무령왕의 용모와 성품은 설화 전반에 보이는 전형적 주인공의 그것과 같은 유형이라 보아진다. 한편 서동은 설화 일반의 영웅적 주인공과 같이 걸출한 미남형이다. 이미 이 설화에서는 서동을 완전무결한 전형적 소년상으로 만들려는 의도가 엿보인다. 그래서 서동은 '미염무쌍(美艷無雙)'한 공주가 처음 만나 누군지도 모르면서 '우이신열(偶爾信悅)'하게 되리만큼 미려·장대하였음을 보여 준다. 나아가 서동은 '기량난측(器量難測)'하여 그 성품이 기발·장쾌한 데다 인자·관후하였음을 밝히고 있는 터다. 이와 같이 무령왕과 서동은 그 용모와 성품에서 상통하고 있음을 추정하게 된다.

넷째, 양자의 국혼 사실에 대해서다. 전술한 대로 무령왕은 40세의 왕자로서 동성왕 15년에 신라와의 국혼을 맞이하게 되었던 것이다. 여기서 국혼으로 맞아 온 신라 '이손(伊飡) 비지여(比知女)'가 동성왕의 후궁으로 되었는지, 그 왕자 사마의 배우로 되었는지는 확인할 길이 없다. 그런데 국혼이 언제나 왕 자신을 위해서만 가능하다는 궁중 풍습이 있다손 치더라도, 그 사실을 전문한 민중 사이에서는 '미염무쌍'한 공주가 폭군으로서 제거된 동성왕의 후궁이었다기보다 '미목여화(眉目如畵)'한 무령왕의 배우로 결연되었으리라 가상하고 설화하였으리라 본다. 잘 알려진 대로 서동은 백제 소년으로서 신라 경사에 들어가 교묘한 계략으로 선화공주와 손쉽게 통하고 아내로 맞아 백제로 돌아온다. 따라서 그것은 어느 모로 보나 백제·신라의 국혼임에 틀림이 없다. 그렇다면 무령왕이 등극 이전에 치른 신라와의 국혼 관계는 서동이 등극 이전에 겪은 그것과 본질적으로 동일한 유형이라 보아진다.

다섯째, 양자가 황금을 소유한 점에 대해서다. 기실 무령왕은 역대 군왕이 거의 그렇듯이 옥좌·금관·곤룡포 옥대 패물 등과 장엄·소도구 각종 용기에 이르기까지 황금 일색이었을 것이다. 실제로 왕실 내부에 무령왕 소유의 황금덩이가 얼마든지 있었을 가능성도 짙다. 실제로 최근에 발굴된 무령왕릉 출토 문물을 보면, 황금 일색이어서 그 방대한 질량에 놀라게 된다.[42] 그 황금붙이가 생전에 가까이 했던 것이거나 서거 후에 덧붙여 넣었던 것이건 간에 그만큼 이면, 무령왕은 '적여구릉(積如丘陵)'의 황금을 희롱하던 만금장자라고 설화될 정도라 하겠다. 한편 서동은 선화공주와 결혼한 후에 그녀의 지시로, 마를 캐던 자리에 지천으로 뒹굴던 금덩이를 모아 '적여구릉'의 황금을 희롱하는 만금장자가 된다. 여기서 무령왕과 서동의 황금이 무엇인가 결연되었으리라는 가능성이 발견되는 터다. 적어도 무령왕이 생사 간에 지녔던 황금붙이의 소문이 퍼져 나간 후대에, 민중들은 서동의 그것과 결부시켜 이야기할 수 있었으리라 상상된다.

여섯째, 양자의 즉위 상황에 대해서다. 무령왕은 전게한 대로 모대왕의 '두 번째 왕자(第二王子)'로서 왕통을 이을 태자가 아니었는데, 실로 '민심귀부(民心歸附)'하여 '즉위(卽位)'하게 되었던 것이다. 그야말로 사마 왕자 시절에 인심을 얻어 민중의 추대로써 왕위에 올랐던 터다. 이 사실은 《일본서기(日本書記)》〈무열기(武烈紀)〉에

百濟末多王無道 暴虐百姓 國人遂除而立嶋 是爲武寧王

이라 하고, 또 그 '주(註)'에 인용한바 《백제신찬(百濟新撰)》에도

---

42 문화재관리국, 『武寧王陵』, 도보 전체 참조.

末多王無道 暴虐百姓 國人共除 武寧王立 諱斯麻

라고 한 것을 보면, 더욱 확실해지는 터이다. 이와 같이 민중이 의거로써 포악한 동성왕을 제거한 다음, 인자·관후한 사마 왕자를 왕으로 세운 것은 인심귀부에 의한 추대라 하여 마땅할 것이다. 따라서 그것은 사마 왕자가 널리 인심을 얻어 왕위에 오른 것과 조금도 다름이 없다고 하겠다. 한편 서동은 산더미 같은 황금을 공주의 편지와 함께 신라 궁중에 보내었더니, 마침내 신라왕이 특별 배려하되

異其神變 尊敬尤甚 常馳書問安否 薯童由此得人心 卽王位

하였다는 것이다. 이처럼 서동은 당시 세습 제도로서는 정상적으로 왕위에 오를 수 없었는데, 널리 민심을 얻어 등극하게 되었다는 사실이다. 이것이야말로 서동이 그 기량 난측한 기남아로서 널리 민심을 모아들여 왕으로 추대된 경우라 하겠다. 그렇다면 무령왕과 서동의 즉위 사실은 그 경위와 방법이 결국 동일한 것이라 할 수밖에 없다.

일곱째, 양자의 창사 사실에 대해서다. 위에서 지적한 대로, 무령왕은 미륵사를 창건할 만한 당위성과 가능성이 농후하다고 보아진다. 물론 이러한 사실이 정사에 나타나지는 않았지만, 그 정치적 배경과 불교문화사적 위상, 불심·제의적 소망, 민중교화의 방편, 왕릉문물의 불교 성향 등으로 미루어, 무령왕이 창사에 관여했으리라는 사실은 부인할 수가 없다. 이 무령왕의 창사 사실에 대해서는 다음에 상론하겠거니와, 이만한 것만 가지고도 서동의 창사 사실과 조응시킬 만하겠다. 한편 서동의 창사 사실은 위 〈무왕〉조의 말미에

> 夫人謂王曰 須創大伽藍於此 固所願也 王許之 詣知命所 問塡池
> 事 以神力一夜頹山 塡池爲平地 乃法像彌勒三會 殿搭 廊廡 各三所
> 創之 額曰彌勒寺

라 하였으니, 실로 분명해진다. 이렇게 볼 때, 무령왕(武寧王)과 서동의 창사 사실은 일맥상통하는 바라 하겠다. 무령왕의 창사 사실이 부인될 수 없다면, 그것은 이처럼 신비롭게 설화될 수 있었겠기 때문이다.[43]

여덟째, 양자의 건사공사에서 신라왕의 도움을 받은 점에 대해서다. 기실 백제 군왕 중에서 국내의 건사 불사에 신라왕의 도움을 받았다면, 아마 무령왕 밖에는 없었으리라 본다. 시종 불화와 적대감으로 대립해 왔던 나·제 관계가 동성왕 15년의 국혼으로 화해되기 시작하여, 무령왕대에 이르러 그 절정에 이르렀기 때문이다. 무령왕대에는 그 시호대로 특히 신라와 화친하고 가장 편안하게 국교를 유지했던 것이다. 그러기에 무령왕이 자비·안녕을 지향하는 대찰불사를 일으켰을 때, 신라왕이 화친·협력의 징표로 백공과 물자를 보내어 도와주었을 가능성은 충분한 터라 하겠다. 한편 서동이 왕위에 올라 창사불사를 일으켰을 때 신라왕이 '遣百工助之'한 것은 당연한 일이었다고 보아진다. 그렇다면 무령왕의 창사에 대한 신라왕의 도움이 그대로 서동의 그것으로 전개된 것이라 할 수도 있겠다.

이상과 같이 무령왕의 생애와 행적을 서동의 그것과 대강 8가지 측면에서 대비·조응시켜 보니, 상당히 접근·상통하는 점이 부각되었다. 그리하여 이 〈서동설화〉의 역사적 주인공은 그동안의 무왕·동성왕·원효 등보다도, 바로 무령왕으로 비정하는 것이 합당하겠다. 그렇다고

---

43 이상 사재동, 「薯童說話의 연구」, pp.405-409 요약·조정.

무령왕과 서동을 동일시하려는 것은 물론 아니다. 실로 무령왕의 역사적 생애와 행적이 위에 밝혀진바 장구한 세월을 타고 민간어원적 개변과 전설·설화적 망각·부연 등에 의하여, 파란만장한 우여곡절을 겪은 나머지, 신화·전설적으로 유형화됨으로써, 〈무강왕전설(武康王傳說)〉이 되고, 나아가 그것이 설화적으로 미화·부연됨으로써, 〈서동설화〉로 정착되어 '미륵사창건설화'의 면모까지 보였던 것이라 하겠다. 따라서 여기서는 저명한 백제국왕 무령왕의 행적이 신화·전설·민담의 단계를 거쳐 설화로 형성·전개되는 과정과 내막을 추적해 본 결과를 내었다.

(2) 무령왕의 창사 사실과 추모재의

위에서 부령왕이 미륵사를 장건하였으리라는 점은 여러 측면에서 이미 지적·추정되었다. 여기서는 그 창사 사실(創寺事實)을, 위에서 제시된바 정치적 배경과 불교문화적 위상, 신앙·제의적 요망, 민중교화의 방편, 왕릉 문물의 불교성향 등 여러 방면에서 재확인하고, 나아가 이 창사의 주인공에게 바친 추모재의(追慕齋儀)에 대하여 살펴보겠다.

먼저 무령왕대의 정치적 배경에 대해서다. 이 왕대에는 그 시호가 말해 주듯이 국제적으로도 평화롭고 국내적으로도 태안하였다. 이처럼 국태민안을 이룩한 제왕을 '영왕(寧王)'이라 부르는 것은 잘 알려진 사실이거니와, 무령왕이야말로 내외적으로 평화와 태안을 구가한 주인공이었다. 저 양 무제와는 우호·교류하고, 신라와는 국혼·수호하여 고구려를 적절히 견제하고 있었기에, 외방·내치에서 국력을 고양하여 가위 태평부국을 이루었던 것이다. 그러기에 무령왕대는 호국불교의 차원에서 국운융창과 왕권번영을 염원하고 국리민복을 기원하는 불교신앙을 숭상하게 되었던 것이다. 그렇다면 웅진 천도 후 국기가 바로 잡히고 국력이 축적된 마당에, 불교선양을 위한 대소 사찰 내지 국찰을 건립·경영할 만한 여건·배경이 족히 준비되어 있었다고 보아진다.

따라서 무령왕대의 불교문화적 위상이 주목된다. 원래 백제가 불교국가였다는 사실과 증거는 잘 알려져 있거니와, 웅진 도읍기의 불교문화는 실로 난숙의 경지에 이르렀던 것이다. 그래서 이 시기에 창건된 사찰로, 도성 내의 대통사와 그 주변의 동혈사·서혈사·남혈사, 그 원근의 갑사와 구룡사·마곡사·수덕사 등이 현존하거나 유물·유적을 보이고 있는 터다. 기실 동성왕대에 외방이 완전해지면서 무령왕대부터는 태평기의 불교신앙 내지 불교문화가 미륵사상·정토사상·관음사상 등을 중심으로 난숙기를 이룩하게 되었다. 이러한 불교문화는 성왕대로 이어져 전성기를 맞아 절정에 이르고, 그 여력은 부여 천도 이후에까지 미치면서, 일본 불교문화에도 지대한 영향을 끼쳤던 것이다. 이와 같이 무령왕대의 불교문화가 백제불교문화사 상에서 찬연한 위상을 차지하였으니, 그 요체가 바로 후술할 바 그 왕릉의 출토 문물에서 확증되는 터다. 이러한 맥락에서 무령왕대에 국찰로 미륵사를 창건했을 가능성은 얼마든지 있는 것이다.

기실 이 창사에서 핵심적이고 본원적인 기반과 원동력이 된 것은 무령왕의 숭불심과 그 발원이었다고 할 수밖에 없다. 실제로 무령왕은 전게한 대로, '身長八尺 眉目如畵 仁慈寬厚 民心歸附'하였다. 이것은 본래 그 군왕으로서의 완벽한 심신을 표현한 것이라 하겠지만, 그 당시의 숭불·신앙의 관점에서는 실로 심상치 않은 면모를 보여 주는 터다. 여기 장엄하게 서 있는 불보살상을 보고 그 원만한 모습을 생생하게 요약·표출한다면, 결국 위와 같은 표현 밖에는 더 할 수가 없겠다. 그 '키가 8척 장신이요 용모는 그림같이 아름답고, 그 마음 인자하고 너그럽기 그지없으니, 모든 중생이 감복하여 귀의하도다'라는 표현은 불보살상을 보고 사실적으로 나타낸 것이라 아니할 수 없기 때문이다. 따라서 그것은 당시의 신하나 백성들이 무령왕의 신심이나 권능에 대하여 불보살이나 그 화신처럼 관념하고 경배한 데서, 그 왕의 모습을 이상적으로 표출해 놓은 결과라고 추상된다. 후대 군왕 중에도 백성들이 불보살로 숭앙·복종하였던 사례가 있기에,[44] 그러한 추상에 뒷받침이 되는 터다. 나아가 무령왕이 서거 후에 신왕(新王)이나 신민(臣民)들이 그 왕을 극락세계 연화대에 안치된 호국보살로 상념하고 그렇게 되기를 염원했으리라 본다. 이 점은 무령왕릉(武寧王陵)의 온갖 문물이 그 구성과 양식, 그 배치를 통하여 실증하고 있기 때문이다.[45] 이러한 왕릉의 문물을 통하여 그 당시와 전후의 불교문화를 어림할 수 있거니와, 이로써 무령왕의 생전 신심과 행적을 족히 짐작할 수 있다고 본다. 왕릉의 유물은 적어도 그 왕의 생전 소행을 그대로 시약·암시하는 관례가 있었기 때문이다.

이러한 무령왕이었기에, 지극한 숭불심과 보살행으로 우선 국운영창을 염원하고 역대 선왕의 명운을 기원하여 국찰로서 미륵사(彌勒寺)를 창건하였을 것이라 본다. 특히 그 선왕 동성왕은 동쪽에 많은 성을 쌓아 외방에 만전을 기하고 국정을 바로 잡았지만, 그 군역의 과도함에 민심을 잃은 데다 말년에 음황하여 원성을 샀다. 드디어 백성이 들고 일어나 그 수장에게 자살되었으니, 그 원한이 너무도 깊었던 것이다. 물론 무령왕은 그 자살한 측근을 목 베어 설원하였지만, 그 선왕의 극

---

44 삼국사기 열전 〈弓裔傳〉에 '善宗自稱彌勒佛 頭戴金幘身被方袍 以長子爲靑光菩薩 季子爲神光菩薩 出則常騎白馬以彩飾其鬃尾 使童男童女奉幡蓋香花前導 又命比 丘二百餘人梵唄隨後'라고 하여, 왕과 왕자들이 미륵불·보살로 동일시되는 미륵신앙상의 한 경향을 보여 준다.
45 사재동, 「武寧王陵 문물의 서사적 구조」, 『백제연구』 12집, 충남대학교 백제문화연구소, 1981, pp.14-15.

락왕생을 빌기 위하여 원찰을 동성의 근처에 크게 일으킬 필요성을 절감했을 것이다. 그러한 대찰을 세워 역대 선왕의 영가를 천도할 뿐만 아니라, 그 모두가 호국보살이 되어 나라를 지켜 달라는 염원과 함께 복합적인 동기가 작용했을 터이기 때문이다.

그러한 동기 중의 하나가, 동성 외방에 국찰을 세워 가끔 나들이하면서, 국위를 선양하고 민심을 수습하여 교화함으로써, 백성을 제도하고 국태민안을 강화하자는 것이었다. 기실 이 미륵사가 자리한 익산 금마지역은 넓은 평야가 곡창지대를 이룩하여 호족 중심으로 생활하여 왔기에, 중앙 정치에 민감하고 순종·기여하는 여건이 충분하지 않았던 게 사실이다. 그래서 이처럼 장엄한 국찰을 지어 행궁처럼 자주 행차하며 군왕의 권위를 발휘하고 불교적 인자·관후를 베풀어야만 되었을 것이다.

이와 같이 미륵사가 창건·운영될 때, 이 사찰에서는 무령왕의 생전·사후에 관련하여 어떠한 재의가 어떻게 진행되었을까 관심이 간다. 그것은 〈서동설화〉의 형성·전개와 사실상 깊은 관계를 가지고 있기 때문이다. 고금을 통하여 사찰은 재의를 위하여 존재·운영된다고 해도 과언이 아니다. 따라서 미륵사에서도 창건주 무령왕의 생전과 그 사후에 걸쳐 의미 있는 재의가 수없이 진행되었을 것이 뻔하다.

먼저 미륵사의 낙성재의가 무령왕 양위의 행차 가운데, 성대히 진행되었을 것이다. 거기서는 경건하고 성스러운 제례와 사찰창건의 내력·경위를 밝히고, 그 왕 양위의 무상공덕을 무한히 찬탄하게 마련이었다. 그 후로 매년 미륵사 창건기념 재의·법회가 열리어 성황을 거듭하였을 것이다. 그때마다 장엄한 재의·법회의 의식은 물론 그 창사연기 공덕담이 승속, 민중에 점차 유전되어 갔을 것이다. 이러한 창건기념 재의·법회 내지 행사 등은 무령왕의 서거 후에도, 그 사세 유지와 그 발전·중흥

등 필요에 따라 계속되면서, 그 창사연기 공덕담은 더욱 변화·부연의 현상을 보이고, 결국 추모재의 성격을 띠게 되었을 것이다.

　이어 무령왕은 생전에 춘추제향처럼 그 사찰에서 국운을 빌고 역대 선왕을 추모하는 재의를 매년 백성·민중들과 함께 베풀었을 것이다. 거기에는 재례와 법회 그리고 행사·연행이 부수되었을 것이라 본다. 고금을 통하여 사찰의 모든 재의·법회·행사 등에는 반드시 불교적 연행이 필수되었기 때문이다. 이러한 국행적 재의는 관례화되어, 무령왕의 서거 후에도 그 추모의 정성을 더하여 성황리에 계속되었을 것이다.

　그리고 무령왕의 탄일을 기념하는 재의가 매년 거행되었을 것이다. 거기에도 기념재례 및 법회·행사와 연행이 필수되었을 터다. 역대 군왕의 탄일에 국찰에서 벌리는 재의는 경사의 성격에 따라 만수무강을 비는 장엄한 재례(齋禮)·법어와 함께 즐거운 행사·연행이 필수되었기 때문이다. 이러한 탄일에 따른 기념재의는 무령왕의 서거 후에 추모재의의 성격을 겸유하게 되었을 터다. 그로부터 오랜 기간 무령왕의 탄일 기념 추모재의는 그 분위기가 경축성을 벗어나 추념적 근엄성을 더했을 뿐으로 여전히 계속되었고, 그때마다 그 왕의 행적과 창사 연기 공덕담이 더욱 아름답고 감동적으로 설화되어 왔을 것이다.

　마침내 무령왕이 서거하였을 때, 이 미륵사에서는 무녕 성주, 창건주의 국상에 적극 동참하였을 것이고, 종묘와 함께 49재류의 추천재의를 올렸을 것은 당연한 일이었다. 그로부터 이 국찰에서는 종묘의 기신제와 같이 기신재의를 매년 여법하게 올렸을 터다. 역대 모든 왕조의 국찰·원찰에서는 국왕 기일에 그만한 기신재의를 올리는 것이 관례적인 일이었기 때문이다. 특히나 무령왕의 경우는 창건주이기에 그 재의가 더욱 풍성하였을 것은 물론, 그 능침전 제례와 함께 오랜 세월 계속되었을 것이다.

위와 같이 미륵사에서 생전·사후의 무령왕에 관련된 모든 재의를 거행한 것은 실로 무령왕의 생애·행적이 오랜 세월에 걸쳐 신화·전설·설화로 형성·전개되는 데에 실질적으로 지대한 영향을 끼쳤던 것이다. 그다지 저명한 성주, 창건주로서 무령왕의 행적이 서거 후에 더욱 추모·부연되고 찬탄·미화되는 가운데, 불교적 추모·존숭을 통하여 신비화·유형화되면서 신화·전설·설화화에 가속이 붙게 되었을 터다. 그래서 미륵사에서 능침 제례와 더불어 입체적인 추모·기념 재의가 신성하게 진행되면서, 그 기발한 행적은 점차 신격화되어, 신화적인 성격을 지니게 마련이었다. 그리하여 그 행적이 갖은 재의를 통하여 변환·승화됨으로써, 무령왕신화의 면모를 갖추게 되었다는 것이다. 따라서 그것은 주지된바 '제의의 구비상관물이 신화'라는 원리를 실증하고, 나아가 〈서동설화〉의 형성·전개 과정에서 과도기적 양상을 보여 주었다고 본다.

(3) 무령왕릉의 경영방편과 추념제례

무령왕이 재위 23년 5월 7일에 서거하여, 성왕 3년 8월 12일 '등관대묘(登冠大墓)'로 안장되었으니, 3년여를 거상으로 가매장(權窆)되어 있었던 것이다. 여기서 당시 궁중의 상장제를 알 수 있거니와, 그 절차와 제례가 주목된다. 그 왕이 서거하자 성왕이 등극하여 상주로서 거상의 주체가 되고, 백관과 백성이 함께 그 제례를 봉행했을 것은 물론이다. 그 제례의 구체적 내용은 확인할 수 없으나, 아직은 그 왕을 생전같이 모시는 1일 3시 공양제례를 올리고, 특별한 계기로 매월·매년 정기 제례를 베풀었으리라 본다. 이런 관례는 고금의 왕실이나 대가에서 전통적으로 지켜 왔기 때문이다. 이때의 제례방식은 궁중의 법도에 따랐을 것이지만, 미륵사나 당시 대찰들이 동참하여 불교식 재의로 진행되었으리라 추정된다. 당시 명실 공히 불교국으로서 숭불심이 높던 무령왕의 각종 상장제례가 불교적으로 실행되었으리라는 것은 족히 짐작되는 터다.

이러한 거상절차를 마치고 대묘에 안장되는 데에서는 '등관(登冠)'의 과정을 거쳤으리라 본다. 그동안 위 '등관'을 고유명사인 지명으로 판단하고 논의를 거듭해 왔다.[46] 그러나 아무래도 그것이 지명이라면, 결코 어울리지 않는 일면이 있음을 감출 길 없다. 이른바 무령왕릉의 당지 '대묘(大墓)'에 안치되는데, 그 당지의 방위나 지명을 명시할 필요가 있었을까 의문이 간다. 그러한 관례도 없고, 사례도 아직은 발견되지 않았기 때문이다. 잘 알려진 지석의 방위표에 서방의 표시가 생략된 것은 기록해 넣을 공간이 없어서가 아니라,[47] 그 낭시가 궁성의 서방이요, 서방정토의 그 자리라 관념하여 굳이 표현할 필요가 없었기 때문일 것이다.[48] 그러한 이치대로라면 능묘 당지에서 그 지명을 거론할 필요가 없었기에, '등관'은 고유한 지명이 아니라, 이런 장례 절차의 소중한 과정을 나타낸 것이 아닌가 한다. 기실 가매장을 했다가 다시 유골을 거두어 완장을 위해서 그 시신을 각종 장식·장엄으로 개장함으로써, 이상적인 극락세계의 군왕으로 승화시키는 종교적 통과의례였다고 보아지기 때문이다. 무령왕은 그 왕릉의 출토문물에서 복원되는 것처럼, 서방정토 극락세계의 대세지보살과 같은 모든 관식·장식을 하고, 그 세계의 주인공격으로 군림했던 것이라 하겠다.[49]

---

46 문화재관리국, 『武寧王陵』, p.57.
47 위의 자료, p.53.
48 사재동, 「武寧王陵 문물의 서사적 구조」, pp.45-46.
49 사재동, 위의 논문, p.47.

한편 왕비는 성왕 4년 11월에 서거하여, 3년을 거상하고 가묘에 수장되었다가, 성왕 7년 2월 12일 '개장(改葬)'하여 '환대묘(還大墓)'하였던 것이다. 여기서 '개장'이라는 것은 무령왕의 '등관'과 같이 가묘시의 유골을 수습하여 그 시신에 극락세계의 보살처럼 이상적 왕비로 장식·장엄하였던 통과의례라고도 보아진다. 여기서 왕비의 장식·장엄이라는 것은 왕의 그것같이 화려·찬란하고 신비했을 터이다. 그것은 저승의 이상세계, 극락세계에서 영구한 복락을 누리라는 최상의 표현이었기 때문이다. 여기서 당시의 신앙과 염원에 따라, 왕과 왕비의 소망스러운 장례를 치르니, 그 합장된 능침의 내부 문물이 극락세계 연화장세계를 이룩하고, 그 양위가 마치 서방정토 아미타세계의 관세음보살이나 대세지보살을 염원·표상하고 있는 것같이 보인다. 이 왕비가 완장되기까지 진행된 모든 제례가 왕의 그것과 같이 실행되었을 터이고, 합장·안치된 이후에는, 양위를 위한 기신제례 내지 특별제례가 대강 불교식으로 전개되었을 것이다.

무령왕 양위의 완장 후에는 정기제례와 특별제례가 이 왕릉에서 거행되고, 그 위상이나 부장품으로 보아 당시 국보 제1호가 되었던 무령왕릉은 상하 백성·승속 대중들에 의하여 존숭되었던 터이다. 그 많은 제례와 감시·수호는 국가 차원에서 엄격히 실행되고 가장 크게 주목되었을 것이다. 그러면 그럴수록 왕이나 조정에서는 그 능침의 감시·수호에 보다 신중을 기하였고, 만약에 닥쳐 올 적국의 외침 내지 약탈, 내외의 도굴 등을 모면·예방키 위하여 묘책을 강구하는 데에 주력하였을 것이다. 이러한 모든 계획과 구상, 실제적인 방법이 모두 불교식으로 진행·실천되었으니, 무령왕릉의 출토문물이 일체 연화장세계·극락정토의 구조와 형태를 유지하고 있기 때문이다.

무령왕릉의 내부 구조와 구체적 형태를 보면, 모두가 불교적인 점을 확인할 수 있다. 전술한 대로 왕릉의 내부가 온통 연화세계를 이루었고, 거기 설시된 모든 문물이 연화문과 함께 불교적 성향을 띠고 유기적으로 연결되어 있기 때문이다. 그래서 일찍이 이 불교적 문물들을 세밀히 검토하여, 그것은 《관무량수경(觀無量壽經)》의 세계를 조형화한 것이고, 따라서 각종 장식·장엄을 하고 안치된 왕은 대세지보살의 형상이며, 그 왕비는 관세음보살의 화신이라고 논의된 바가 있었다.[50] 그러기에 이 극락정토·연화장세계, 그 보궁의 수호·숭신과 거기에 바친 모든 제례가 미륵신앙과 함께 미타신앙에 입각하여, 엄격하고도 여법하게 진행되었을 터이다. 거기서는 이 선왕과 선왕비가 극락정토 보궁에서 양위 보살로서 영락을 누리고 신왕과 유신·유민들을 보우해 달라고 간절히 기원하였을 것이기 때문이다. 그래서 무령왕과 왕비의 행적은 그 보궁의 지보적 문물과 결부되어, 보살의 차원으로 찬연하게 신격화될 수밖에 없었을 것이다.

그런데 성왕이 치국·통치 차원에서 부여로 천도를 계획·예비하면서, 이 무령왕릉의 수호와 제례가 큰 문제로 대두되었던 것이다. 이 무령왕릉이 웅진 왕궁과는 지척에 자리했으나, 부여 궁전과는 상당한 거리가 있었기 때문이다. 그 무상의 보궁이 내외로 저명해진 터에, 먼 거리에서의 수호·제례는 실로 불안하고 위험한 일이 아닐 수 없었다. 그러기에 성왕과 측신들은 그 무령왕릉을 천장할 방책을 모색하였을 터다. 그러나 영구적 보궁으로 설치된 이 장엄·거창한 왕릉을 있는 그대로 부여 궁전 근처로 옮기는 일은 당초부터 불가능하였고, 그래서 염두에도 두지 않았을 것이다. 여기서 본릉은 영구 보전하고, 그 능을 이운하는 효과는 극대화하는 가릉 즉 별릉을 운영하겠다는 묘안이 나왔을 가능성이

---

50 이상 사재동, 위의 논문, pp.15-43 요약·조정.

짙다. 이처럼 본릉의 만대 보전을 위하여 천릉을 가탁하고, 이를 산봉처럼 폐쇄하고는 가릉을 적절한 별처에 거대하게 설치·운영함으로써, 내외 신민의 이목을 그리로 돌려 신빙·숭앙케 하였을 터이다. 이러한 사례는 한·중 고대의 왕릉 경영에서 족히 시사되고 있기 때문이다.[51] 이것은 무령왕릉이 송산리 산봉우리처럼 1500년 가까이 보전되다가, 우연히 발견·발굴된 바가 실증하고 있는 터다. 여기서 무령왕의 가릉을 예상하고, 그 설치과정과 운영실태를 추정해 볼 필요가 있다.

무령왕릉의 이전작업은 그 왕릉의 내막과 보궁의 실상을 잘 알고 있는 성왕이 주체가 되어, 부여 천도 이전 극비·공개리에 추진되었을 것이다. 여기서 가장 주목되는 것은 그 가릉을 설치하는 위치와 웅진의 폐쇄·위장, 그리고 그 이운 절차라고 하겠다. 먼저 그 가릉의 위치는 웅진이나 부여의 주변지역에서 무령왕과 연고가 가장 밀접한 곳이어야 하고, 그 지역 자체가 유서 깊고 수려한 곳이어야 한다. 그렇다면 무령왕이 창건한 원찰 미륵사가 위치하고, 그 생전에 기도·재의나 치민의 방편으로 자주 행차하였던 곳이 제일 후보지가 될 것이니, 익산 금마지역이 바로 그곳이라 하겠다. 이 지역은 그 명칭대로 유서가 깊고 수려하기로 이름난 곳이기에, 왕릉의 위치로 손색이 없었으리라 본다. 그리고 거기에 필수적인 것은 그 왕릉을 수호하고 제례할 만한 거대한 기관이 이미 설립되었어야 한다는 점이다. 그렇다면 이 금마지역에 마침 미륵사가 건재하여 동일지역 내의 왕릉을 족히 수호·제례할 수 있었던

---

51 楊寬, 中國古代陵寢制度史硏究(谷風出版社, 1989, p.44)에서 '馮太后親自和孝文帝一起選定方山, 營建壽陵, 稱爲永固陵, 同時在陵南起永固石室, 將終爲淸廟焉. 接着孝文帝爲了表示孝順, 在永固陵東北營壽陵. 後來孝文帝遷都洛陽, 選定洛陽以北的北邙山區作爲山園之所, 築在這裏的壽陵就成爲"虛宮", 號稱"萬年宮"'이라 하였다.

것이다. 자고로 궁성으로부터 먼 거리의 왕릉에는 능사·원찰이 건립되어, 그 능을 수호하고 제례하는 사례가 많았거니와,[52] 이 무령왕의 가릉에는 미륵사가 자동적으로 능사·원찰로 결부되는 것이 필연적인 일이었다고 보아진다. 그러기에 지금 익산 금마에 이른바 '후조선무강왕급비쌍릉(後朝鮮武康王及妃雙陵)'이 유전되는 것은 결코 우연한 사실이 아니라 하겠다. 여기 '후조선(後朝鮮)'은 그 역사화 과정에서 '무왕'처럼 가탁된 것이요, 그 '무강왕'만이 원형적으로 무령왕과 직결되기 때문이다. 그래서 무령왕의 가릉은 금마에 현전하는 무강왕 쌍릉이라 추정되는 터다.

다음 이 무령왕릉의 본릉을 폐쇄하고 산봉처럼 위장하는 일이었다. 이 점은 일찍이 부령왕릉을 발견·발굴하기 전에 그곳은 하나의 자연스러운 산봉우리였다는 것과, 그 입구를 개봉할 때, 그 완벽한 폐쇄의 원형을 관찰한 것만으로도 구체적으로 확증되었다. 이어 그 이장 절차는 극비로 삼엄·교묘하게 진행되었을 것이다. 일단 그 능침내의 양위 시신과 일체의 장식·장엄을 모두 끌어내어 이운하는 것처럼 철저히 위장하고, 정식절차를 밟아 여법한 제례를 화려하게 펼쳤을 것이다. 기실 가릉도 숭배·제례의 대상인 데다, 그 이운 절차가 장엄하고 진지할수록 본릉의 비밀과 안전이 더욱 보장되는 터이므로, 그 천릉의 법식은 성왕을 중심으로 본릉 앞에서부터 금마의 가릉 현장까지 장엄한 행렬을 이루었을 것이라 본다.

이러한 가릉의 설치도 당대의 왕릉 형태와 동일하게 연도와 현실의

---

52 楊寬, 위의 책(p.45)에서 '在廟院以外的西側建築"有思遠靈圖"(浮屠), 當是一種佛堂建築, 佛堂之西又有齋堂'. '另一方面又採用東漢以來在陵前建築石殿·石闕·石獸·石碑的方式, 再一方面又結合佛教信仰, 使佛堂·齋堂和祠廟結合'이라 하였다.

구조를 만들고, 양위의 가관을 각기 쌍릉에 안치하고, 기타 장식·부장품 등을 거의 비슷하게 공개적으로 설시·매장했을 것이다. 그래야만 이 가능의 권위가 서고 숭앙·추모의 민심이 생겨나는 데다, 저 본릉의 비밀·안전이 보다 강화될 것이기 때문이다. 이 점은 바로 이 무강왕 쌍릉을 발굴한 결과, 그 보고서에서 실증되고 있는 터다. 조선총독부의 『조선고적조사보고(朝鮮古蹟調査報告)』「익산군(益山郡)」'쌍릉(雙陵)' 조에서는 쌍릉 중의 '대왕릉(大王陵)'이 그 내부의 현실 구조나 잔존한 관재·도기 등을 미루어, '부여 능산리 백제 왕릉으로 전하는 그것과 전혀 동일하다'는 것이다.[53] 여기서는 이 왕릉이 일찍이 도굴된 것임을 전제로, 별다른 부장품이 없는 가운데도 위 관재를 복원하여 그것이 백제 말기 왕족의 관제를 족히 증명하는 유일한 유물이라 하였다. 이어 왕비릉을 발굴한 데서도 그 내부구조나 이미 도굴된 잔영 등으로 미루어, 왕릉의 그것과 동일한 형식임을 밝히었다. 그래서 '이 대소 두 능묘는 그 구조상으로 판단컨대, 백제시대 말기의 왕족의 능묘라는 사실에 추호의 의문도 용납할 수 없다'고 결론하였다.[54] 이것은 바로 웅진정도 시대의 능묘와도 상통하는 점으로서, 무령왕 본릉의 묘제형식을 본뜬 것이라 하겠다. 이로써 무령왕릉의 가릉 경영이 성왕대 부여 천도 이전에, 금마지역 무강왕 쌍릉으로 전개되었다는 사실이 모순 없이 추정된 터이다.

이와 같이 가릉이 천릉으로 경영되면서 백제 신민·민중들은 본릉의 모든 것을 잊고, 이 쌍릉으로 이목을 돌려 모든 수호와 제례를 봉행할 수밖에 없었다. 이후의 수호임무와 제례의 책임은 일체 미륵사에서 위

---

53 조선총독부, 『조선고적조사보고』, 민족문화사(영인), 1980, p.652.
54 조선총독부, 위의 책, p.653.

임받아 전담하게 되었을 것이다. 그리하여 부여 천도 이래로, 무령왕 양위의 모든 제례·봉사는 미륵사에서 통합하여 그 사찰과 쌍릉 사이를 오가면서 여일하게 진행하여 왔을 것이다. 그런데도 성왕 당시나 백제 멸망 이전까지는 중요한 기신제례나 특별한 추모행사에 왕이 친행하고 때로 고관이 대행 참석하였으리라 본다. 그러나 백제가 멸망한 뒤부터는 미륵사에서 그 모든 제례를 사찰 중심으로 축소하여 그 신도·유민들과 함께 조국 선왕의 추모제 형태로 이끌게 되었을 터이다. 그러다가 신라 말기 견훤이 백제 부흥의 기치를 들고 이른바 후백제 왕국을 건립하고, 이 금마지역으로 천도한 후에는, 그 무령왕·무강왕의 추모제례가 미륵사를 주축으로 상당히 복원·중흥되었으리라 추정된다. 그러나 후백제가 망하고 고려조정과 불교계가 이 금마지역의 백제적 전통과 후백제의 민중적 기운을 억누르려는 정치·종교적 배려로 하여, 미륵사의 무강왕 추모재의·제례는 위축되고 나아가 존속의 의미를 점차 상실하였던 게 아닌가 한다.

이와 같이 무령왕의 행적은 미륵사와 가릉을 거점으로 계승되어 온 재의·제례와 추모행사 등을 통하여 오랜 세월에 걸쳐 유형화, 신화화·전설화·민담화를 거쳐 〈무강왕전설〉로 정착되고, 마침내 〈미륵사창건설화〉로서 〈서동설화〉로 행세하게 되었던 것이다. 이러한 설화화의 단계는 위에서 이미 추정되었거니와, 기실 이 〈서동설화〉는 무령왕의 행적을 기반으로 하여 서거 후 미륵사나 왕릉 사이에서 펼친 재의·제례와 추모행사를 통하여 점차 유형화가 촉진되어 온 게 사실이다. 추단컨대, 먼저 그 행적은 백제시대의 신성·장엄한 제례와 추모 행사를 통하여 신격화·신화화되었을 것이고, 망국 후에는 그 제례 등이 점차 축소·약화·폐지의 과정을 밟아 그 신성성이 배제되면서, 전설화되기에 이르렀을 것이다. 나아가 신라 말기·후백제시대·고려시대를 거치면서, 그 행적은 신도·민간의 망각·부연 과정을 거쳐 민담화되었을 것이고, 미륵사가 유지될 때까지는 그 창건설화로 역사성과 사실성을 가지고 행세하였을 것이다. 나아가 미륵사의 폐사 이후에는 이 설화가 그 사지와 쌍릉을 전거로 하여 익산 금마지역의 '신기한 이야기'로서 인근지역까지 전파·유전되었던 것이다.

4) 〈서동설화〉의 문화사적 위상

〈서동설화〉가 형성·전개된 시대적 배경이 700여 년에 걸쳐 있다는 사실을 상기할 필요가 있다. 그리고 이 설화는《삼국유사》에 기록·유전된 이래로 오히려 더욱 유명하게 유통되었다는 점을 유념해야 될 것이다. 나아가 이 설화는 무령왕의 행적이 유형화되는 과정에서, 신화화·전설화·민담화의 단계를 거치면서 궁중·민간, 승속·대중 내지 상하 민중 사이에 감동과 흥미의 공감대를 형성하며 널리 유통되었다는 사실이 주목된다. 이와 같이 저명한 전형적 설화는 언제 어디서나 유통·연행되는 것이 기본적 생리요, 실제적 특성이기 때문이다. 기실 이 〈서동설화〉 정도라면, 백제시대 궁중에서도 공연이 가능했을 터이고, 미륵사에서는 포교와 사세확장을 위해서 저명 선왕의 추모와 가피를 겸하여, 적절한 계기에 적극적으로 연행하였을 것이라 본다. 더구나 후대적으로 유서 깊고 풍요·화평한 익산 금마지역이나 그 주변의 불교계와 민간에서, 종교적 전통이나 오락적 요망에 따라, 이런 정도의 설화를 무리 없이 구연·연행했으리라는 점은 족히 짐작되는 터다. 이 〈서동설화〉는 고금을 통하여 생동·연행되었기에, 각 지역에 흔적을 남기고 현재에도 공주·부여의 백제문화제에서, 재구·공연되고 있는 실정이기 때문이다. 기실 이 〈서동설화〉는 현전하는 원전만으로도 문학적 심미감, 예술적 생동감, 문화적 역동감 등 그 종합적 가치가 출중한 터다. 그래서 이 설화의 입체적 실상과 유구한 전통에 입각하여, 문학사·예술사·문화사 이 세 가지 측면에서 개략적인 검토가 이루어질 것이다.

(1) 문학적인 전개와 영향

〈서동설화〉는 우선적으로 문학 작품이라 본다. 이 설화가 생동해 온 과정과 실태를 전제하고, 현전하는 원전을 보면 문학적 생명력이 넘치기 때문이다. 그것은 오래 널리 유통·연행되는 과정에서, 대체로 장르적 성향을 따라 행세하고 그 주변에 영향을 끼쳐 왔던 것이다. 즉 시가·수필·소설·희곡·비평의 차원에서 실세를 보이고, 기능을 발휘한 깃이 바로 그것이다.

먼저 시가의 차원에서 보면, 이 설화 중에 삽입된 〈서동요〉가 주목된다. 이 민요는 그 설화 전체의 빼어난 서사문맥을 그대로 응축시켜 용의 눈처럼 값지고 귀한 작품이다.[55] 그 설화의 문맥대로 라면, 서동이 이 노래를 지어 마을의 어린애들을 꾀어 모두 부르게 한다. 그 노래 부르는 모습이 실제로 현장적 연행에 해당되는 것이다. 그래서 그 노래는 동네와 이웃 동네로 퍼지고 마침내 궁성에까지 가득하여 왕궁 군신에게도 들리게 되었다. 이 노래의 마력과 감동파는 왕과 왕비를 놀라게 하고, 선화공주까지 감동케 하며, 신하들에게 충격을 주었던 것이다. 이것이야말로 이 노래의 문학적 실상이요 마력적 기능이었다.[56] 이것을 듣는 서민·민중들은 다투어 부르고 또 불러서 전국에 유통될 수도 있었던

---

55 한국 역대 학자들이 향가를 보물처럼 중시하면서, 모두 〈薯童謠〉를 연구하여 그 논제를 일일이 들지 않는다.
56 이능우, 「향가의 마력」, 『현대문학』 21호, 현대문학사, 1956, pp.198-199.

것이다. 기실 이 〈서동요〉는 그와 유사한 민요·동요를 생산하고, 함께 어울려 민중의 노래로서, 당대나 후대의 가요에 지대한 영향을 끼쳤던 것이다. 오늘날까지도 이 노래는 전승되어 민요사·시가사의 머리 부분을 이룩하고 있기에, 많은 학자들이 그 실상과 매력, 문학적 가치와 문학사 상의 위치를 성실히 검토하고 있는 중이다.

다음 수필의 차원에서 보면, 이 설화는 민중적인 유통·연행과정에서, 족히 수필로서 인식·감상될 수가 있었다. 그 원전은 수필적 관점에서는 분명히 '담화(譚話)'의 장르에 소속될 수 있기 때문이다. 더구나 이 설화를 바탕으로 그 전체를 요약해서 설명하거나 주관적으로 해설·부각시킬 때는, 짧은 산문으로서 구비 및 문장을 통하여 수필적 실상과 기능을 유지하여 왔던 터이다. 따라서 이 설화는 오랜 세월 자연스러운 유통과정에서 많은 수필과 유기적 관계를 맺고 실제적 작품으로 그 폭을 넓혀 갔기에, 그 수필적 영향력과 함께 수필사상에서 중요한 위상을 지켜 왔다고 본다.

그리고 서사문학·소설의 차원에서 보면, 이 원전은 참으로 훌륭하고 아름다운 설화로 유명한 터다. 이것은 실로 멋지고 감격적인 서사문학임에 틀림이 없다. 그 저명한 무령왕·무강왕이 낭만의 영웅으로 미화·부연되어, 일대 설화문학으로 완성된 터이다. 그래서 이 설화는 당대나 후대, 그 장구한 유통·연행과정에서 가장 인기 있고 감동적인 설화작품으로 행세하였다. 그래서 궁중·민간, 승속·대중, 상하 민중에 널리 퍼지고 많은 이화와 모방설화를 생산하게도 되었다. 실제로 부여지방에 궁남지전설-서동설화의 이화가 있어[57] 그 끈질긴 전통을 보여 준다. 그리고 잘 알려진 민담 〈내 복에 산다〉의 유형은 이 〈서동설화〉와 직결된

---

57 김석기, 「궁남지와 薯童」, 『부여의 전설집』, 화산출판사, 1989, pp.11-13.

것이라 하겠다.⁵⁸ 그리고 익산지역의 용화산이나 그 산성, 마룡지와 쌍릉,⁵⁹ 그리고 후술할 바 오금사에 얽힌 '무강왕전설'은 다 이 〈서동설화〉의 여파라 하겠다. 나아가 이 〈서동설화〉가 일연 이후 〈무왕전설〉로 개찬·행세하였던 것은 유명한 사실이다. 이것은 이 설화의 역사화과정에서 빚어진 착오·개변의 한 사례라 하더라도, 그것이 《삼국유사》와 같은 문헌에 실려, 그로부터 다시 700년 동안이나 유전되며 큰 영향을 끼쳤다는 것이 그만한 의의를 지닌다고 하겠다. 나아가 이 설화는 견훤과 관련되어 〈무광왕전설(武廣王傳說)〉(제석사창건전설)의 형성에도 영향을 미쳤으리라 본다.⁶⁰ 이런 점에서 이 설화는 〈서동전〉이라 규정할 수도 있겠다.⁶¹ 그래서 후대 학자들이 이 〈서동설화〉의 서사문학적 실상과 그 문학사적 위상을 수복할 수밖에 없었던 것이다.

또한 극본·희곡의 차원에서 보면, 이 설화는 참으로 멋지고 역동적인 희곡작품이라 하겠다. 이러한 설화는 궁전이나 대찰, 미륵사 등에서 재의·법회·행사 등에서 으레 공연되는 게 상례로 되어 온 터다. 궁내보다도 미륵사 같은 데서 그 선대 저명 군왕이요 창건주인 무령왕·무강왕을 추모·찬탄하고 영원히 기리기 위하여 이러한 설화를 대본으로 연행을 하는 것이 당연한 관례로 되어 왔기 때문이다. 이 설화는 실제로 극적인 사건 구조와 무대·인물·사건 장면, 대화 중심의 행동화 등에서 희곡적

---

58 김대숙,「여인발복설화의 연구, 〈내복에 산다〉 유형」,『한국설화문학 연구』, 집문당, 1994, pp.17-19.
59 김정호,「익산」,『대동지지』(상), 충남대 백제연구소, 1982, pp.424-425.
60 사재동,「〈武康王傳說〉의 研究」(p.488)에서 '〈무광왕전설〉의 형성과 〈武康王傳說〉의 干涉'을 거론하였다.
61 사재동은「〈薯童說話〉의 연구」(p.430)에서 '〈薯童說話〉는 상하 민중의 꿈을 꽃피운 5개 단원의 설화를 적층적·허구적으로 응축시킨 〈薯童傳〉이라 하여 무방할 것이다'라 하였다.

요건을 거의 다 갖추고 있다.[62] 그래서 이것은 그 시대와 형편, 계기에 따라 다양하게 연행되고, 그 대본으로서 희곡적 실상과 희곡사상의 위치를 지켜 왔다고 보아진다. 따라서 현대 학자들이 이 설화의 연행적 당위성과 희곡적 성격을 규명하는 데에 관심을 모으고 있는 터다.

한편 평론적 차원에서 보면, 이 설화는 〈서동요〉의 문학적 성격 즉 미학적 마력, 주술적 기능 등을 너무도 절실하게 풀어 보이는 가요평론이라고도 하겠다. 기실 향가의 이른바 가요전설들은 그 당해 시가의 평론이라 하겠거니와,[63] 이 〈서동설화〉야말로 〈서동요〉의 실상과 위상을 올바로 제대로 부각·해설하는 평문이라고 규정될 수가 있겠다. 실제로 수준 높은 시가평론은 그 시가와 하나로 조화되어, 그 실체와 진가를 상보적으로 돋보이게 하는 작업이라 본다. 이런 점에서 이 설화의 평론적 기능은 다른 가요전설들과 함께, 그 가요의 문학적 진상과 문학사적 위상을 진솔하게 밝혀 준다고 하겠다.

(2) 예술적인 전개와 영향

〈서동설화〉의 유통·연행을 실제적으로 전제할 때, 그것의 예술적 전개는 필연적인 현상이다. 기실 이 설화의 문학적 진가는 그 예술적 연행에서 발휘되거니와, 이 설화의 정상적 연행이 입체적인 예술형태로 생동·승화되는 것은 획기적인 일이라 하겠다. 이러한 현상은 이 설화의 역사적 주인공 무령왕·무강왕과 그 생전·사후의 환경·무대가 그만큼 화려·찬란하고, 그 행적·내용이 '영웅의 일생'으로서 극적인 낭

---

62 유경숙,「薯童전승의 희곡성 시고」,『한국희곡문학사의 연구』Ⅱ, 중앙인문사, 2000, pp.299-306.
63 사재동,「한국 가요전설의 희곡적 전개, 평론적 면모」,『한국희곡문학사의 연구』, 중앙인문사, pp.278-279.

만성을 확보하였기에, 더욱 풍요롭게 전개되었을 것이다. 그래서 예술적 전개 양상이 사계에 끼친 영향도 지대하였을 터이니, 실로 미술·음악·무용·연극의 차원에서, 그 실세를 보이고 기능을 발휘한 것이 바로 그것이었다.

먼저 미술의 차원에서 보면, 이 설화는 직·간접의 증언을 통하여 미륵사의 환경·규모·건축·회화·조각·공예 등이 생동하는 실상을 보여 준다. 이 설화의 증언과 현전 유물·유적을 통하여 미륵사의 거창한 미술을 재구·복원해 볼 수 있기 때문이다. 나아가 이 사찰미술을 중심으로 다른 불교미술을 비교하여 그 영향관계도 살필 수가 있을 것이다. 그것은 이 건축의 환경과 위치, 그 대지의 형성을 신비롭게 해설하고, 그 규모를 명시한다. 선계한바 '乃法像 彌勒三會 殿塔 廊廡 各三所創之'라고 한 것이 대강 창건 당시의 건축 상황을 알려주는 터다. 지금도 사지에 가서 그 건축의 유구를 보면, 이 설화와 관련하여 당시의 규모가 국찰로서 손색이 없었음을 실감하게 된다. 그중에서도 현존하는 석탑은 목조대탑의 면모를 지니어, 당시 건축의 원형을 실증하고 있다. 그리고 이 설화의 증언을 바탕으로, 그 건축에 직접 그렸거나 별도로 그려 걸은 회화를 상상·재구해 볼 수가 있겠다. 그 화려한 단청은 물론, 각개 전각 외벽에 그린 벽화, 그 내벽에 그렸거나 장엄한 벽화·불화·후불탱화 등이 족히 추상되고, 미륵전에 미륵하생도 같은 서사화까지 그려질 가능성도 배제할 수 없다. 나아가 창건주 무령왕을 위한 별전과 함께, 그 초상화 내지 행적도 정도가 그려지지나 않았을까 상상해 볼 수도 있다. 이어 이 설화의 증언에 따라, 미륵삼존상과 함께 다양한 불상·보살상·신중상 등 성상조각을 추상해 볼 수 있고, 실용과 장엄을 위한 각종 석조물들이 조성·설시되었음을 족히 확인할 수가 있다. 이에 따라 사찰에서 필수되는 각종 공양구·생활용품 등 금석·목재의 수많은 공예품이 제작·활용되었음을 능히 추측할 만한 터다. 이와 같이 이 〈서동설화〉는 미륵사의 미술에 대하여 그 원형과 함께 그 시대적 배경을 증언함으로써, 불교미술사 특히 사찰건축사나 탑파양식사 상에서 중요한 의미를 지닌다고 하겠다.

다음 음악의 차원에서 보면, 이 원전에서 직접 성악이 재생될 수가 있다. 상게한 〈서동요〉가 당시나 후대의 곡조에 의하여 독창 또는 군창으로 불렸기 때문이다. 원래 향가는 노래하기 위하여 지어진 것이거니와[64] 이러한 성악이 여러 모로 상승되어 궁정이나 대찰에서 연행될 때에는, 그에 상응하는 기악이 결부·등장할 수도 있었을 터다. 나아가 이 설화에서 간접적으로 시사하는바 미륵사나 궁정 또는 능침 앞에서 베풀어진 역대의 각종 재의·제례에서는 으레 지정된 음악이 연주되었을 것이다. 여기서는 그 용도에 따라 성악과 기악으로 나누어지고, 그 성격에 따라 사찰 중심의 불교음악과 궁정 위주의 제례음악으로 나타날 수밖에 없었다. 이러한 음악의 실상과 그 연주는 다른 장르의 음악에 영향을 끼치고, 따라서 당대나 후대의 불교음악사 내지 궁중음악사 상에서 중요한 위치를 차지하여 왔으리라 보아진다.

이에 무용의 차원에서 보면, 위와 같은 음악과 관련하여 다양한 형태의 무용이 연출되었을 것이다. 우선 이 원전에서 〈서동요〉를 가창할 때, 그 무용이 자연스럽게 수반되거나 의도적으로 결합되는 사례가 나타났을 것이다. 가상컨대 이 〈서동요〉의 연행과정에서 '서동무'가 형성·유통될 수가 있었기 때문이다. 위에서 지적된 역대의 제반 재의·제례가 사찰이나 궁정을 무대로 진행될 때, 거기서는 해당 음악과 함께 무용이 필수되었던 것이다. 전문적 가창이나 경음악을 제외하고는, 음

---

64 여기현, 「사뇌가의 음악성」, 『신라음악상과 사뇌가』, 월인, 1999, pp.204-217.

악과 무용이 필수적으로 결합·연행되는 것이 당연하기 때문이다. 여기서 미륵사를 중심으로 하는 기악 내지 작법류의 불교무용과 궁정을 주축으로 하는 다양한 궁중무용의 실상을 유추할 수가 있겠다. 따라서 이처럼 다채로운 무용은 상당한 세력을 유지하고 주변 무용에 영향을 끼치며 널리 파급되었을 것이다. 나아가 그것은 불교무용사나 궁중무용사에서 소중한 위치를 차지하였으리라고 추정된다.

한편 연극의 차원에서 보면, 이 원전은 그대로 극화·실현될 수 있는 제반 여건을 갖추고 있는 터이다. 전술한 대로 이 설화는 희곡작품으로서의 모든 요소를 제대로 구비하고 있기 때문이다. 원래 이 〈서동설화〉와 같은 원전은 무령왕·무강왕에 관한 사찰재의나 궁중제례 등에서 그 법석·행사에 이어, 필수적으로 극화·연행되기 마련이었다. 이러한 관점에서 이 설화를 바라보면, 한편의 감동적인 연극이 생동하고 있다는 것을 실감하게 될 것이다. 그리하여 이 설화는 후대의 다양한 계기에 극화·연행될 가능성이 얼마든지 있다고 본다. 따라서 근·현대의 연극계에서는 이 설화를 국극·창극 장르로 극화·공연함으로써, 그 전통을 계승해 온 것이라 하겠다. 한편 이 설화의 직접적인 연행 말고도, 그 군왕에게 바친 사찰재의와 궁중제례는 제의극의 관점에서 모두가 연극적 연행이라고 보아진다. 위에 거론된 모든 재의·제례는 그 장엄·찬란한 시종 절차와, 군왕 중심의 등장인물들이 벌리는 법도 있는 언행, 그에 상응하는 가창·가무 등이 조화되어, 그대로 연극의 양태를 보였기 때문이다. 여기서 이 연극적 공연양상을 적극적으로 검토하면, 그것이 몇 가지 장르로 전개되었음을 대강 어림할 수가 있다. 말하자면 그 〈서동요〉를 중심으로 가창에 역점을 두어 연극적으로 연행하면, 가창극 형태가 되는 것이요, 거기에 〈서동무〉 같은 것이 가세하여 역동적으로 연행되면 가무극의 형태가 되는 것이다. 특히 이 사찰재의나 궁중제례 때에는, 으레 가무가 주축을 이루는 터이므로, 그 가무극 형태는 더욱 풍성해 졌으리라고 보아진다. 그리고 이 설화의 문체는 소설적 서사문맥에 가요가 섞여 있기에, 그 자체가 이미 강창문학 양식을 유지하고 있는 게 사실이다. 그러기에 이 설화를 한 사람의 연행자가 그대로 연창하여도, 바로 강창극 형태가 드러나는 것이다. 위와 같은 연극 형태를 종합하고 입체적으로 조직하여, 무대를 설치·장엄하고, 등장인물이 의상·분장하여 그 사건을 대화와 행동으로 엮어 나가는 것이 전문적이고 본격적인 대화극 형태라 하겠다. 이 설화는 적어도 대찰이나 궁정에서 연극을 크게 벌릴 때, 거의 대화극 형태로 공연되었을 가능성이 짙다. 근·현대에 이르러 이 설화가 대강 〈선화공주〉류의 이름을 띠고, 대화극 형태로 공연된 사실은 그 대화극적 전통을 시사하는 바가 작지 않다. 이러한 연극적 형태는 당시나 후대에 인기리에 공연되면서, 다른 연극에도 지대한 영향을 미쳤을 것이다. 따라서 이것이 차지하는 불교연극사·궁중연극사 상의 위상은 실로 주목할 만하다고 본다.

(3) 신앙·민속적 전개와 영향

〈서동설화〉는 그 원전에서 문화적인 복합성을 보여주는 게 사실이다. 그 자체가 언어·문헌이나 종교·신앙, 민속·전승 등을 실제적으로 함유하고 있기 때문이다. 이 원전이 자연스럽게 유통·연행되는 과정에서, 그러한 문화현상들은 각기 생명력을 가지고 널리 영향을 끼치게 되었던 터다. 기실 이 설화를 불교문화적 관점에서 살피면, 그것이 차지하는 문화사적 위상이 매우 중시될 수밖에 없다. 이에 문학의 연행이 예술로 전개되고, 그 예술의 파급이 문화를 생산하였다는 논리·맥락에서, 그 신앙과 민속의 측면을 살펴보겠다.

먼저 신앙적 측면에서 보면, 이 설화에는 불교신앙의 여러 면모가 나타난다. 이 설화가 〈미륵사창건설화〉라는 점에서, 미륵신앙을 숭앙·전 포하는 데에 크게 이바지하였던 것이다. 실제로 여기서는 '미륵삼존상'이 주불이 되어, 이 도량을 장엄하고 있었으므로, 그 창건 이래 오랜 세월 미륵신앙의 중심지가 되어 왔던 게 사실이다. 이러한 미륵신앙은 백제시대·백제권의 불교신앙에서 주축을 이루고, 후대 금산사 등의 미륵사찰과도 연계되어, 큰 영향을 미치며 면면한 신앙사를 이룩해 왔던 것이다. 그리고 이 설화는 이적이나 신통력을 그대로 신빙하는 타력신앙이 주조를 이루는 사실을 밝히고 있다. 여기서 지명법사는 그 신통력으로 그들이 모은 황금과 공주의 편지를 신라 궁중에 보내고, 나아가 왕과 왕비가 용화산하 대지에서 출현한 미륵삼존불에 감복하여 창사를 발원했을 때도, 그 대지를 하루 밤 사이에 메워 설터로 만들었던 것이다. 이러한 법사와 왕·왕비가 신통력을 발휘·체험한 사실은 그 당시나 후대의 타력신앙에 지대한 영향을 주고 그 역사적 맥락을 지켜 왔던 터이다.

나아가 여기서 중시되는 것은 이 왕과 왕비가 발원사상에 바탕을 두고 미륵사를 창건하였다는 사실이다. 이런 창사의 발원과 그 성취는 불교발전의 원동력이 되고 후대 사찰창건의 전범이 되었던 터이다. 이 사실은 미륵사 주변의 몇 개 사찰이 그 창건과정에서 무강왕과 관련을 가졌다는 점으로 미루어 추측된다. 실제로 익산지역에 있었던 '오금사'의 창건전설은 직접 '서동'이 주인공으로 되었다. 《동국여지승람(東國與地勝覽)》 제33권 〈익산(益山) 불우(佛宇)〉 조에

世傳 薯童事母至孝 掘薯蕷之地 忽得伍金 後爲王創寺 其地因名焉

이라고 한 것은 이러한 현상을 입증하고 있다. 이 창사전설은 그대로가

〈서동설화〉의 이화이기 때문이다. 사실 부여지역의 왕흥사까지 일연 당시는 미륵사로 혼칭되고, 그 무왕전설(武王傳說)(무왕사실)과 혼효되었던 것이다. 이 〈서동설화〉는 위 '무광왕전설'이 형성되면서 왕궁리 제석사의 창건설화에도 영향을 미치게 되었던 터다.

한편 민속의 측면에서 보면, 이 설화에는 다양한 민속적 사실이 드러난다. 먼저 서동의 출생에서 과부와 지룡의 교통을 통하여 '야래자전설'의 민간관념을 보여 준다.[65] 그리고 서동의 작명인연을 통하여 민간에서 속명·애칭을 지어 부르는 풍속이 시사되고 있다. 그리고 서동이 꾸며낸 동요의 가창·전파를 통하여 가요의 주력적 기능과 그 가창유희의 일면이 드러나는 것도 사실이다.[66] 나아가 서동이 선화공주와 야합하고 신라 왕실의 혼사 공인을 받으며, 민심을 얻어 왕위에 오르기까지의 소중한 통과의례가 순차적으로 전개되는 것이다.[67] 이와 관련하여 서동과 공주의 야합이 마(서예)의 풍요제의를 상징적으로 표현하고 있다는 추측까지 가능한 터라 하겠다. 한편 이 설화에 반영된바 모든 사찰재의와 궁중제례 및 능침제도 등은 실로 민속의 중요한 부면이라 하겠다. 그리하여 이러한 민속적 측면의 모든 요건은 다른 상하 민속에 지대한 영향을 끼치고 불교민속사나 궁중풍속사 내지 민중민속사 등에서 중요한 위치를 차지해 온 터라 하겠다.

---

65 장덕순,「야래자전설」,『한국설화문학 연구』, 서울대 출판부, 1970, p.136.
66 김열규,「후대가요의 주술성」,『향가의 어문학적 연구』, 서강대 인문과학연구소, 1972, pp.42-51.
67 김열규,「薯童謠와 산문전승」, 위의 책, p.36.

5) 결론

이상 〈서동설화〉에 대하여, 그 시대적 배경과 역사적 주인공을 중심으로 불교문화학적 방법론을 통해서 재고하게 되었다. 지금까지 논의해 온 것을 요약함으로써, 그 결론을 삼으려 한다.

① 이 〈서동설화〉는 《삼국유사》 권2 〈무왕〉 조의 주기에서 밝힌 대로 〈무강왕전설〉이라 간주하고, 문헌적 전거에 의하여 그 '무강왕'을 '무령왕'이라 고증함으로써, 그 상한연대가 무령왕대라는 점을 추정하였다. 나아가 이 무령왕대가 이 설화의 상한연대라는 논의는 미륵사의 유물·유적, 특히 미륵사지석탑을 근거로 하여 더욱 합리적으로 보증되었다. 한국탑파의 양식사적 정설에 의하여, 목조탑파의 양식을 그대로 계승한 미륵사지석탑이, 이를 집약·정화하여 성왕 16년 이후에 건립된 정림사지석탑에 선행한다는 사실을 입증함으로써, 그 미륵사와 그 석탑이 무령왕대에 세워졌다는 점에 하등의 무리를 느끼지 않았던 것이다. 따라서 이 〈서동설화〉의 시대적 배경은 무령왕대를 기점으로 하여 백제시대와 신라 통일기, 후백제 시기 내지 고려 초·중기를 거쳐 충렬왕대 이전에 《고본》으로 정착되고, 《삼국유사》에 기록되기까지, 무려 700여 년에 걸쳐 자리하고 있었던 터이다. 그러기에 이 설화는 무령왕의 행적과 미륵사 창건 사실이 오랜 세월에 걸쳐 유형화되고, 신화화단계·전설화단계·민담화단계를 드러내면서, 〈무강왕전설〉로 완결·고정된 것이라 추정되었다.

② 이 〈서동설화〉는 그 역사적 주인공이 무령왕이라는 전제 아래, 그 왕의 행적과 미륵사 창건사실, 능침의 경영 등을 통하여, 그 설화화 과정이 구체적으로 검토되었다. 먼저 이 무령왕의 행적과 '서동'의 그 것을 8가지 측면에서 대비·고찰함으로써, 상호 근접·유사한 사실이 입증되었다. 따라서 무령왕이 그 역사적 주인공이라는 사실을 더욱 신

빙하게 되고, 그 왕의 행적이 설화화되는 구체적 양상이 밝혀졌던 것이다. 그리고 무령왕의 창사 사실을 규명함으로써, 그 왕의 생전·사후에 그 미륵사에서 베푼 각종 재의·법회·행사 등을 통하여 그것이 신화화·전설화·민담화 단계를 거쳐 〈미륵사창건설화〉로 정착되는 과정이 합리적으로 추정되었다. 이어 무령왕의 능침이 송산리에 서방정토 연화세계의 보궁으로 경영·제례되다가, 부여 천도에 따른 만대 수호와 추모 제례 등 복합적인 동기로, 성왕대에 익산 금마 미륵사 근처의 명당에 가람, 쌍릉을 설치·운영함으로써, 미륵사가 그 가람의 수호 원찰로 되어 각종 재의·제례·행사 등을 통일적으로 주재하는 가운데, 그 설화화 현상이 보다 분명한 계통을 잡게 되었던 것이다. 이로써 저명한 역사적 인물의 빛나는 행적이 오랜 세월 여러 단계의 우여곡절을 겪어 설화화되는 과정과 맥락을 추적해 볼 수가 있었다.

③ 이 〈서동설화〉는 형성·전개의 시대적 배경이 장구하고, 《삼국유사》에 수록·유통된 기간도 그만큼 오래인 데다가, 그 자체의 생리와 성격에 따라, 각종 재의·제례, 행사·축제 등을 통하여 연행됨으로써, 당대나 후대의 문학·예술·문화와 교류하고 영향을 상호 수수하면서, 문화사적 위상을 정립하여 왔던 것이다. 먼저 문학적 측면에서, 이 설화는 그대로가 문학작품으로서, 그 안에 삽입된 〈서동요〉가 향찰가요의 면모를 가지고 시가문학의 실상과 시가문학사 상의 위상을 차지하게 되었고, 이 설화의 축약·해설·설명으로써 족히 수필문학의 실상과 수필문학사 상의 위상을 유지하게 되었다. 그리고 이 설화는 실로 저명한 낭만적 서사문학으로서 소설처럼 행세하며 서사문학·소설사 상의 위치를 점유하여 왔고, 나아가 이 설화의 연행을 전제로, 그 구조·구성·표현 등이 희곡 형태를 갖추어 연행의 대본으로 역할하면서, 희곡사 상에서 그만한 위치를 유지하였던 것이며, 나아가 이 설화는 그 〈서동요〉를

사실적으로 해설하고 그 서정적 미학세계를 조화롭게 상보·부각시킴으로써, 시가평론의 기능까지 발휘하며 역사적 맥락을 이어 왔던 것이다. 다음 예술적 측면에서, 이 설화가 문학적 실상과 문학사적 전개를 바탕으로 자연스럽게 연행됨으로써, 미륵사를 중심으로 불교미술의 여러 장르를 증언·부각시켜 불교미술사의 일면을 차지하여 왔고, 그〈서동요〉의 가창을 기본으로 각종 재의·제례, 행사·축제에서 연주된 음악을 유추하면서 그 기능과 함께 불교음악사의 일부에 자리하여 왔음을 추정하였다. 이어 이 설화의 음악적 연행과 직결되어〈서동요〉의 역동적 연출에서〈서동무〉정도가 등장하고 각종 재의·제례에 전문적 무용이 공연되었음을 추측하였고, 그 희곡적 대본에 근거하여 여러 계기에 따라 극화·연행되되, 가장극·가무극·상창극·대화극 등의 형태로 선개되었으리라 추론하였다.

한편 신앙·민속 등 문화적 측면에서 이 설화는 미륵신앙을 비롯하여 다양한 불교사상과 재의·행사 등을 일으켜 그 신앙을 고취함으로써, 당대나 후대의 불교계에 영향을 끼치고 인근 지역 사찰의 창건연기설화에도 그 잔영을 남기면서, 역사적 의미를 가졌다고 보았다. 그리고 이 설화에는 신이출생, 작명풍습, 가창유희, 남녀 야합으로부터 혼인공인 내지 즉위까지의 통과의례, 풍요제의 내지 사찰제의·궁중제례 및 능묘제도까지 함유·반영하고 있어, 민속적 실상과 그 영향에 따른 민속사 상의 위치가 비교적 선명하다고 보았던 것이다.

이로써〈서동설화〉에 대한 불교문화학적 접근을 시도하였다. 이는 어디까지나 역사적 인물의 행적이 유명한 설화로 형성·전개되는 과정을 종합과학적 방법, 불교문화학적 방법론으로 조명한 것이지만, 결국 추론적 시도에 그치고 말았다. 그러나 이〈서동설화〉정도의 원전을 생동하는 실체로 보고, 그에 상응하는 방법론을 모색하여 입체적으로 분석·종합하는 것이 상책이라고 본다. 앞으로는 이러한 설화를 설화로만 볼 것이 아니라 그 문학적 면모, 그것이 연행되는 예술적 실상, 그로부터 벌어져 나간 문화적 현상으로 간주하여, 그 무궁무진한 가치체계와 그 역사적 위상을 제대로 파악해 내는 것이 당면과제라 하겠다.

3. 훈민정음 창제·실용과 유교·불교계의 수용양상

1) 서론

훈민정음이 한글로서 21세기 민중문화의 주축을 이루고 세계문자사 상의 위상을 최고도로 높이며 그 국제적 활용의 성세를 더욱 넓히고 있는 현상은 갈수록 새로워지는 민족문화의 영광이 아닐 수 없다. 그러면 그럴수록 이 훈민정음의 창제·발전사를 돌이켜 보아 그 실상과 진실을 사실대로 밝혀내는 일이 무엇보다도 소중한 과업이라 하겠다. 그 중에서도 훈민정음의 창제·실용과정에 대한 올바른 검토는 가장 중요하고 시급한 과제라고 보아진다. 이처럼 근원적이고 핵심적인 문제의 진상이 합리적으로 파악되어야 그 다음의 모든 문제가 다 제대로 해명될 것이기 때문이다.

지금까지 이 훈민정음의 창제·실용에 대해서는 오랜 세월에 걸쳐 광범하게 논의되어 학계와 민중에 보편화되고 오히려 상식화되어 있는 실정이다. 그런데도 그 내막을 상고해 보면, 실로 모순되고 불투명한 문제점이 적잖이 발견되는 터다. 그러기에 종래와는 다른 관점과 방법으로써 이런 문제점을 풀어 나갈 필요가 있다. 여기서 훈민정음의 창제·실용의 과정과 실상을 통관·직시할 때에, 아무래도 불교문화학적 방법론이 바로 그 문제점을 해명하는 데 가장 적합하리라 보아진다. 무릇 모든 연구대상은 그에 합당한 방법론을 요구하는 법이기 때문이다. 이에 훈민정음 창제·실용의 과정과 실상을 불교문화학적으로 고찰하는 것이 실제적으로 타당하고 그만큼 긴요해진다고 하겠다.

그동안 이 방면의 연구는 잘 알려진 대로 그 창제 당시나 후대의 기록, 특히《세종어제훈민정음(世宗御製訓民正音)》(언해본)[68] 등에 의하여 세종의 친제설이 주축을 이루어 학계나 교육계, 문화계 등에 편만해 있다. 어느 누구도 이 친제설에 이의할 사람은 없겠기 때문이다. 그런데도 홍기문은 이 친제설을 더 강조하기 위하여 흔히 말하는 '언문팔유(諺文八儒)', 정인지·최항·박팽년·신숙주·성삼문·강희안·이개·이선로 등은 그 창제에 직접 참여하지 않고, 그 실용을 준비하기 위한 훈민정음해례본이나《동국정운》등의 운서편찬에 그칠 뿐이라고 하였다.[69] 이에 대하여 안병희는 세종 친제설을 인정하면서도 그만한 창제라면 그 언문제유의 협찬이 없지 않았으리라고 전제하며, 이숭녕·강신항 내지 일본·북한 학자들의 동일한 의견을 이끌어 이른바 친제협찬설을 주장하였다.[70] 위 홍기문의 견해는 언문제유를 그 창제에서 제외시킨 것까지는 좋으나, 그렇다고 이 창제가 오직 세종의 자력만으로 진행되었다는 점에서는 아무래도 무리가 따른다고 하겠다. 나아가 안병희 등의 친제협찬설은 일견 무난한 것 같지만, 그 협찬자들을 오직 언문팔유에 국한시킨 점에서는 그 편협함을 면치 못할 것이다. 이는 흔히 말하는 숭유배불의 시대적 상황에 편승하여, 강신항이 제시한바 세종조의 가장 중요한 어문정책, 훈민정음 창제의 위대한 업적도 당시의 사상적·학문적

---

68 세조,『월인석보 제1·2』, 수부에 수록된 언해본 훈민정음.
69 홍기문,『훈민정음발달사(하)』, 서울신문사 출판국, 1946, p.166.
70 안병희,「세종의 훈민정음 창제와 그 협찬자」,『훈민정음연구』, 서울대출판부, 2008, p.122.

배경이었던 유교중심의 언어관에서 나온 것이라는[71] 편견을 벗어나지 못하였기 때문이다.

이에 대하여 필자가 일찍이 월인석보의 문예·문화적 실상과 위상을 검토하는 가운데서 훈민정음의 창제과정을 불교적 관점에서 살피기 시작한 이래[72] 이재형이 「세종의 훈민정음 창제와 신미의 역할」을 통하여 훈민정음 창제의 불교적 연관성과 신미의 훈민정음 창제 참여 가능성을 추적하였다.[73] 일찍이 월성 스님은 속리산 법주사 복천암에 주석하면서, 신미대사가 세종의 명을 받아 훈민정음을 완성하였다고, 오랜 세월에 걸쳐 관심 있는 사람들에게 말로나 글로 끈질기게 주장해 왔었다. 이를 주목한 강상원의 「훈민정음 창제의 중추적인 주역은 혜각존자 신미대사」라는 글을 써 낸 바가 있었다.[74] 역시 이재형이 이 점에 착안하여 현지답사는 물론 유관 논문, 강신항의 「한글 창제의 배경과 불교신앙」, 김봉태의 「훈민정음 창제의 비밀, 한글과 산스크리트 문자」 등을 참고해서[75] 그 신미의 역할을 부각시킨 점은 일부 수긍되는 바가 있다. 그 훈민정음 창제의 전문적 실무자 중의 중심인물이 신미인 것만은 사실이기 때문이다. 그러나 자칫하면 마치 신미 혼자서 훈민정음 창제를 전담한 것처럼 과장 인식될 여지도 없지 않다. 이런 점에서 훈민정음 창제·실용의 역사적인 위업을 밝히는 데서는 위 논문들이 그 부분적인 한계성을 벗어나기 어려울 것이다.

---

71 강신항, 「세종조의 어문정책」, 『훈민정음연구』, 성균관대 출판부, 1994, p.3.
72 사재동, 「국문소설의 형성경위」, 『불교계 국문소설의 연구』, 중앙문화사, 1994, p.19.
73 이재형, 「세종의 훈민정음 창제와 신미의 역할」, 『불교문화연구』 4집, 한국불교문화학회, 2004, p.140, p.147.
74 강상원, 『훈민정음 28자 어원적 신해석』, 한국세종한림원, 2005, pp.1-6.
75 이재형, 위의 논문, pp.152-144.

이에 본고에서는 위 문제를 거시적이고 입체적으로 규명하기 위하여, 불교문화학적 방법론을 적용해서, 다음과 같은 과제를 논의하려고 한다.

첫째, 유교계와 불교계의 문자관을 한자·한문과 훈민정음에 관련시켜 비교해 보고

둘째, 이에 따라 조정·유교계의 훈민정음 수용상태를《용비어천가》나《동국정운》등에 의거하여 검토하고

셋째, 이와 상대하여 왕실·불교계의 훈민정음 수용양상을《월인천강지곡》이나《석보상절》·《월인석보》등에 전거하여 고찰한 다음

넷째, 이러한 실제적 수용양상을 근거로 하여, 이 훈민정음의 창제 경위를 불교적 관점에서 추적하고, 나아가 이 국자의 문화사적 위상을 파악하여 보겠다.

그리하여 훈민정음 창제·실용의 실상과 그 발전과정의 문화사적 위상을 올바로 파악하고, 이 훈민정음의 영광된 좌표를 현대적으로 재확인하는 계기를 마련했으면 좋겠다. 적어도 이 정음문자, 한글의 내실을 기하고, 세계 정상의 문자로서 국제적 보급을 활성화하는 기반이 되기를 바랄 뿐이다.

2) 유교·불교계의 문자관

유교계와 불교계의 문자관은 판이하게 달랐다. 조선시대에 이르러 한자·한문의 사용이 상류층 유학자·양반들과 조정 상하 관료들 사이에 보편화되면서 오랜 전통적 관례를 따라서 그 문자관은 더욱 굳어졌던 것이다. 이와 상대되는 불교계 승려층·지도자나 왕실의 부녀들이 한자·한문의 아성과 그 높은 벽을 점차 실감·대응하게 되었기 때문이

다. 이에 조정·유교계와 왕실·불교계의 문자관을 상대적으로 점검해 볼 필요가 있다.

(1) 조정·유교계의 문자관

여기서는 이 한자·한문을 가장 훌륭하고 완벽한 문자로 절대시하고 나아가 신성시했던 것이다. 사서오경이나 성리서, 역대 사서 기타 소중한 기록들이 모두 한자·한문으로 쓰였기 때문이다. 그리하여 이런 문자를 중국과 함께 사용하고 있는 것이 영광이라고 자부심을 가지게도 되었다. 따라서 이 한자·한문을 조선 자국의 문자로 확신하고 있었다. 고대로부터 삼국시대·신라·고려대에 걸쳐 오직 소중한 문자로서 오랜 역사와 권위를 유지하며 조선시대의 문자로 군림하여 왔기 때문이다. 따라서 이 한자·한문은 적어도 조정·유교계의 전용문자로 행세했던 것이다.

따라서 조정·유교계에서는 이 한자·한문을 그들의 공사 간 생활문자로 활용하였다. 조정과 그 산하 관공서의 모든 서책·문서 기록은 물론 그 가문의 가승 족보, 개인의 일기·서간·비망록 등에까지 그 한자·한문을 전용하였다. 게다가 그들은 문학이나 예술·취미활동, 그리고 학문 연구에는 이 한자·한문만을 사용하여 그 긍지를 높였던 것이다. 그러기에 여기서는 중국 중심의 모든 철학·사상이나 윤리 그리고 학술활동과 그 업적이 한자·한문으로만 이루어져야 한다고 맹신하였던 게 사실이다. 그래서 이 한자·한문 이외의 어떤 문자·문장이 여기에 결코 개입될 수 없고 또한 용납될 수도 없었다.

나아가 이 한자·한문은 중국을 중심으로 외국과의 외교문서에 전용되었다. 당시 조선이 중국과의 외교문서에서 그 한자 시문을 통하여 사대 모화의 정성을 다했던 것은 잘 알려진 사실이다. 그때 조선과 중국은 군신관계나 형제관계와 같이 상하·종속관계가 굳어져서 마치 '사대모화'가 삶의 방편이나 생존의 보호색처럼 관례화되었다. 따라서 조선은 그 건국에서부터 왕권유지, 정치·외교·군사·사회, 문화·예술 기타 풍속에 이르기까지 그 사이에 거미줄처럼 얽힌 모든 문제를 이 한자·한문의 외교문서를 통하여 어렵게 해결하여 왔다. 그때에는 양쪽을 왕래하는 인물과 그 문물거래도 중요했지만, 그 외교문서의 우열이 곧 그 성패를 좌우했던 것이다. 그래서 그 한자·한문을 통한 외교문서를 가장 훌륭하게 작성하는 게 그 외교적 성공의 핵심·관건일 수밖에 없었다. 그러기에 이 한자·한문은 당시 한·중 외교상에서 가장 소중한 성공요인이었고, 사대모화의 직접적인 표현이었다. 그것은 독자적인 문자를 사용하는 주변국 어느 국가보다도 가장 유리한 위치를 선섬하는 상력한 외교역량이 되었다. 따라서 여러 변방국의 자국 문자·문장은 중국과의 외교에서 가장 실질적인 장애가 되었을 뿐만 아니라, 그 한역의 불편까지 수반되었기에, 항상 '오랑캐문자·문장' 내지 '오랑캐국가'라는 멸시를 받는 것이 당연시되었다. 이런 판국에 조선에서 한자·한문으로 중국 당국과 직통하는 것은 가장 큰 이익이요 영광이 아닐 수 없었다. 그러기에 이러한 외교문서나 사대모화의 표현에서 한자·한문을 제외하고 다른 문자·문장을 감히 도입하는 일은 상상할 수도 없는 일이었다.

따라서 조정·유교계에서는 이 한자·한문이 상하 관료나 학자·선비 등 지식인·한문독해층의 전유문자로서 일반 백성이나 여성·서민층의 문자가 아니라는 의식이 뿌리 박혀 있었다. 그런데도 하급관리나 백성·하류층을 상대하는 사람들에게는 이두·향찰의 통용을 허용한 게 사실이다. 조정이나 유교계 인물들이 백성·서민들에게 베풀거나 교류하는 구체적 활동에서 한자·한문이 결코 통하지 않으므로, 여기에 필요한 문자가 절실히 요청되었다. 그러나 별도의 독자적 문자·문장이 불가능했던 당시에, 한자의 음과 훈을 빌려 최소한의 자국어를 표기할 수 있는 전래의 이두·향찰을 부득이 실용해 온 것이었다. 이 이두·향찰의 활용은 모든 백성·서민을 위한 최소한의 하한선으로서, 그 이하의 어떤 새로운 문자도 용납될 수 없다는 선언이기도 했다. 이 이두·향찰은 적어도 한자·한문의 하급적 변형이었기 때문이다. 따라서 조정·유교계에서는 한자·한문 사용의 긍지와 명예로써, 주변국의 모든 독자적 문자를 오랑캐 문자로 취급·공언하여 왔다.

이러한 대세와 인습 속에서 갑자기 훈민정음이 창제·공표되고 실용을 왕명으로 감행할 때, 그것은 기존의 문자관과 문자사용에 대한 혁명적 사건일 수밖에 없었다. 그리하여 조정·유교계에서는 그것이 지엄한 세종의 창제와 실용의 어명임에도 불구하고 목숨을 걸고 일제히 반대·항거하고 그 무용·폐기를 주청하고 나섰던 것이다. 이러한 노도와 같은 대세 가운데서 이른바 최만리 등의 반대상소와 무효화운동이 빙산의 일각으로 나타났던 것이다. 이에 대하여 세종은 단독으로 그러나 백성·서민을 바탕으로 왕실·불교계의 동조·후원을 입어 전쟁을 방불케 하는 그 합리적 당위성과 강력한 처분으로 일단 그 반대·무용론의 세력을 제압한 것은 물론이다. 그러나 조정·유교계에서는 치민·선정의 명분과 불굴의 엄명에 굴복하는 시늉을 했지만, 그들의 문자관과 반대신념은 음성적으로 조직화되어, 그 실용과정에서 그 실태를 보이게 되었다.(후술 참조)

(2) 왕실·불교계의 문자관

여기서는 그 한자·한문을 조정·유교계 등 상류사회의 문자로 인정은 하되, 이를 절대시하거나 신성시하지는 않았다. 이 왕실에서는 왕과 왕자들 이외에 비빈 이하 많은 여성들이 한자·한문을 제대로 익히기 어렵고, 거의가 그 문자와는 먼 거리에서 그 의사를 기술·표현하는 데에 있어 큰 고통을 겪고 있는 형편이었다. 이 불교계에서는 모든 지식인 승려들이 이 한자·한문에 능통했던 것은 사실이지만, 이 문자 이외에 불교계의 범어 문자나 티베트 문자, 몽원대 파스파 문자 등을 오히려 중시·주목하며 배워오고 있었다. 따라서 왕실·불교계에서는 모든 불경·불서가 다 한자·한문으로 표기되었기에 지식인 승려들조차도 그 원전들을 제대로 해독하기 위하여 많은 불편을 겪으며 큰 노력을 기울여야만 했다. 여기서는 역대 왕·왕실의 홍익인간적 이념과 불교의 본연적 요익중생이 맞물려, 모든 백성·대중이 한자·한문을 몰라 그 문맹의 고통을 겪는 것을 연민히 여기면서, 그 문자적 장애에 대하여 오히려 이질적 반감마저 절감하고 있었다. 적어도 여기서는 백성과 평민 대중의 자유로운 문자생활을 이상으로 갈망하면서 범어불전이나 한역불경을 국어문자로 옮겨 대중적으로 널리 펴기를 서원했던 것이다. 그러기에 왕실·불교계의 문맹자나 뜻있는 지도자들은 이 한자·한문을 문자적 장애물로 인식하는 경우가 얼마든지 있었다. 나아가 일반 백성이나 서민·대중들은 그 호한한 한자·한문을 가까이 배우고 익히려 하기보다는 이를 멀리하면서 특수층의 문자로만 취급하게 되었다.

그리하여 왕실·불교계에서는 이 한자·한문이 중국 문자로서 조정·유교계의 문자라 인식하고, 그 사용이 사대모화라는 관념을 가질 필요가 없었다. 여기서도 일부 학승이나 지식인들이 그 학문활동이나 문학·예술 활동에서 부득이 그 한자·한문을 전용해 온 것은 사실이지만, 그것이 유일무이한 문자라고 고집하지는 않았다. 그 주변국의 문자를 그대로 인정하고 필요에 따라 그 외국문자·문장을 배우고 활용하였기 때문이다.

실제로 불교계에서는 많은 승려들과 지식인들이 불경의 원문인 범어 문자나 불경을 자국어로 번역하기 위한 티베트 문자, 몽원대 파스파 문자 등을 직접 배우고 익히어 불학연구와 신행활동에 사용해 왔던 것이다. 역대 수많은 구법승들이 인도에 유학해서 범어 범문을 통달하여 그 불경원문을 해독·번역하고 연구·논고하는 데에 일가를 이루었고, 여타 승려·신도들도 그 다라니의 범문을 그대로 독송하는 데에 익숙해 왔던 터다. 따라서 이 범문이 그 한자·한문보다 친숙하고 성스러운 문자라고 인식·신앙되었던 게 사실이다. 그리고 티베트 문자는 원래 범어불경을 티베트어로 번역하기 위하여 당대의 학승들이 범어를 모방하여 창제한 것이어서, 여기에 관심 있는 학승들이 이 문자를 중시·학습하여 불경을 조선어로 번역할 만한 문자의 창제를 모색하기도 했다. 나아가 몽원대의 파스파 문자 역시 범어·티베트어 불경을 몽고어로 번역하기 위하여 티베트의 파스파 성인이 창제한 것으로 뜻있는 학승들이 이 문자를 주목·연구하여 불경을 자국어로 번역하는 문자적 방편을 설계하기도 했던 것이다. 이처럼 불교계에서는 외국문자를 중시·주목하고 부러워하면서, 외국어 불경을 자국어로 번역·활용하고 광포·보급하기 위한 문자의 창제를 소망·발원하여 왔던 터다.

　이로써 불교계에서는 위 범어 문자가 그 불경을 통하여 인도의 불교를 중흥시켰듯이, 티베트 문자와 몽원 파스파 문자가 그 나라의 불경을 홍포하여 불교중흥을 성취하였다는 관점 아래, 그들 불교계 문자를 신성시하면서, 조선에도 불교중흥을 위하여 조선어 불경을 제작·광포하는 불교계 신성문자를 창제해야 된다는 신념·신앙이 뿌리 깊이 자리하게 되었다. 그리하여 왕실·불교계에서는 조선 초기의 척불·혁파에 대하여 불교중흥을 이루어 불교왕국을 재건하자는 절대 절명의 부흥운동이 극비리에 진행되었던 터다. 이 중흥운동의 이상적이고 상징적인 대방편이 바로 불교계의 새로운 신성문자를 제작·활용하는 일이었다. 그리하여 어리석은 백성, 무명의 중생들에게 국어국문의 불경·불서를 널리 펴서 쉽고 편리하게 배우고 익히도록 하자는 것이었다.

여기서 왕실·불교계는 '어리석은 백성을 지혜롭게 가르치는 올바른 글자'를 쉽고 편리하게 창제하려는 염원을 세우고 이를 실천하기 위한 구체적 방안을 백방으로 모색하게 되었다. 여기에는 이 선행한 불교계 신성문자로 범어 문자와 티베트 문자, 몽원 파스파 문자 등이 여러 측면의 참고·전범이 되었을 것이다. 이러한 불교계의 염원과 모든 준비가 백성을 위한 선정의 성군 세종의 '백성들이 쉽게 익히고 편리하게 쓰는 올바른 글자'를 창제·실용하려는 세기적 문자관과 영단에 합치·공감되어 마침내 역사적인 훈민정음으로 창제되었다. 따라서 그 당시 왕실·불교계의 환영과 영광은 불교중흥으로 내닫고, 그 수용은 그만큼 민첩하고 석극석이었던 것이다.(후술 참조)

3) 조정·유교계의 수용상태

그로부터 세종은 훈민정음 창제의 표면적 명분을 내세워 이를 국가문자·백성문자로 확대·보편화하고, 각계각층에서 균등하게 실용토록 하며, 명나라에 대하여도 문화·외교상의 갈등·압력에 효율적으로 대응하기 위하여, 많은 노력을 아끼지 않았다. 이미 알려진 대로, 세종은 우선 조정·유교계에 훈민정음해례본의 완성과 용비어천가의 찬성, 중국 운서의 언주와 동국정운의 편찬, 삼강행실도와 사서오경의 언해, 심지어 악보의 가사언역, 두시 같은 문학서의 언해, 각종 실용서의 언해 등에 걸쳐 엄중하게 지시·하명하였다. 그러나 이에 대한 조정·유교계의 구조적 장벽은 너무도 높았고, 그 훈민정음에 대한 반대의 대세는 너무도 강력한 것이었다. 따라서 세종의 어명이나 준엄한 강요조차도 그 앞에서는 무력할 수밖에 없었다.

그 구조적 장벽에 바탕으로 한 그 반대의 대세는 잘 알려진 최만리 등의 상소문에서 총체적으로 집약·표현되어 있다. 이 상소문은 조정·유교계의 관점·입장에서는 아주 타당하고 합리적이어서 실로 상소문의 위력을 십분 발휘하고 있었다. 요컨대 훈민정음은 결코 창제될 수도 없는 데다, 그 존재조차 용납될 수도 없고, 더구나 실용될 수도 없다는 주장이었다. 이 상소문의 수준은 잘 알려진 흥천사 사리각 경찬회 때에 올린 5차의 반대상소문보다 더욱 강력하였다. 그때는 불교가 국시에 어긋난다는 근거가 중심이 될 뿐이었는데, 이번에는 그 광범·다양한 전거가 뚜렷하여 날카로운 논리를 이루고 있기 때문이었다.[76] 이 상소문에서는 최만리 등 칠유만 앞장섰을 뿐이지만, 실은 조정·유교계 신료들까지도 한결같이 여기에 동조·동참하고 있었다는 사실이다. 여기서 분명해지는 것은 이 훈민정음 그 문재 창제에 조정·유교계의 어느 누구도 관계하지 않았고, 그 훈민정음 예의 원본이 공포되기 전까지는 그 창제 사실조차 전혀 몰랐다는 점이다.

이에 세종은 군왕의 소신으로 최만리 등을 엄중히 처단·무마하면서, 그 실용을 명분 있게 강력 추진하였다. 그런데도 불구하고 곳곳에서 침묵의 항거에 부딪치며 그 한계를 드러낼 수밖에 없었다. 다만 조정·유교계에서는 나라와 국왕의 권위에 직결된 불가피한 몇몇 사업에서만 그 명분에 따라 지극히 제한적으로 이 훈민정음을 수용·활용했기 때문이다.

---

76 《세종실록》 26년 20일 조, 집현전 부제학 최만리 등 상소문, 《왕조실록》 통권4, pp.542-543; 여증동, 「배달글자 반대 소를 올린 집현전 칠학사」, 앞의 책, pp.71-77.

(1) 훈민정음해례본의 완성

이제 세종은 훈민정음해례본을 완벽하게 만드는 것이 시급한 당면 과제였다. 이 정음이 너무 쉽고 간편하고 정확한 데서 경시·하대받는 현실에서, 이미 작성된 그 훈민정음해례본의 초본에 의거하여 그 예의 원본을 이론적으로 해설하고 완전하게 체계화하여 하나의 책으로 제작하는 것이 그만큼 소중한 일이었다. 이것이야말로 이 훈민정음을 영구불변의 튼튼한 기반 위에 세우고 가장 안전하게 무장하는 작업이요, 국내외 만방에 반포하여 너무도 자랑스럽고 떳떳한 업적이 될 수 있었기 때문이다.

세종이 집현전 학사 정인지·최항·박팽년·신숙주·성삼문·이개·이선로와 강희안 등에게 이 친제의 훈민정음 원본과 훈민정음해례본 조본을 내려 주며, 본격적인 훈민정음해례의 정본을 작성하라 명한 것은 그들의 유학·성리학 등에 대한 학문적 권위와 성운학·문자학 등에 관한 이론적 조예를 깊이 신뢰하고 그 완벽한 성과를 크게 기대하였기 때문이다. 그들은 세종 어제의 훈민정음 예의 원본에 대한 해례를 이론적 체계적으로 완성한다는 사명감과 충성심으로 그 작업에 임하여 신뢰와 기대 이상으로 완벽한 훈민정음해례본을 제진하였다. 실로 그 해례본은 모두에 '훈민정음(訓民正音)'이란 대제 아래, 세종 어제 서문을 올리고, 이어 그 훈민정음 원본으로 예의를 내세운다. 그 다음에 별도로 '훈민정음해례(訓民正音解例)'라는 내제 아래, 제자해와 초성해·중성해·종성해·합자해에다 용자례까지 간요·정통하게, 명확하고 논리정연하게 기술하고는, 이를 망라 요약하여 재천명·찬탄한 정인지의 발문이 명문으로 마무리를 장식한다. 이 해례본이야말로 당시로서는 유례가 없는 완전한 문자이론서였다. 이로써 세종과 그 학사들은 비로소 어제 훈민정음이 완성되었다고 공감·공인하였던 것이다. 이에 세종은 이 영광된 훈민정음해례본을 만천하에 반포하니 그게 그 28년 9월 상한의 일이었다. 그래서 세종실록에서는 '시월훈민정음성(是月訓民正音成)'이라고 기록하고 그 내용을 요약하였다.

　이로써 그 집현전 학사들은 훈민정음해례본을 완성한 보람과 긍지를 가지게 되었고, 조정·유학계에서도 그런 방향으로 인식하게 되었다. 따라서 궁 내외 세인들은 세종 25년의 그 예의 원본 '훈민정음'과 그 28년의 해례본 '훈민정음'을 혼동·동일시한 나머지, 그 불교계 전문적 실무자들의 창제에 값하는 공적을 심연에 묻어 버린 채, '훈민정음은 세종이 집현전 학사들의 협력을 받아 친히 창제하였다'고 믿게 되었다. 이것이 후대 학자들이 혼동·곡해하는 계기를 마련하였거니와, 여기서 분명해지는 것은 그 학사들이 세종의 예의 원본에는 관계없이, 그 훈민정음해례본 초본을 그 한문 정본으로 완성한 데에만 공로가 있다는 사실이다.

　그 무렵 세종은 오히려 그 학사들이 훈민정음을 완성하였다는 조정·유교계의 그런 인식을 다행이라고 여겼을 것이다. 그리하여 이 훈민정음에 대한 저항과 거부감을 잠재우고 조정·유교계의 실용·보급에 실효를 거두려 기대하였기 때문이다. 그러나 거기서는 그 한계점을 직접적으로 보여 주는 사례가 현실화되었다. 그 완성된 훈민정음해례본 자체가 한문문장으로 일관하면서, 정음문자·낱말을 지극히 제한적으로 인용했기 때문이다. 여기서는 그 정음문자 28개와 그 음절 10개, 국어낱말 120개 정도만이 활용되었을 뿐이다. 기실 이 훈민정음을 적극적으로 수용·실용할 태세라면, 그 해례의 한문을 불교계의 그 예의 원본언해처럼 모두 국역했어야 마땅한 일이었다.

　나아가 세종은 이 학사들이 그 해례본의 완성을 통하여 그 제자원리와 그 실용기능을 체달·습득해서 앞으로 《용비어천가》나 운서 주음,

《삼강행실도》와 유교경전의 언해 같은 작업에서 이를 주관하고 전문적 실무를 감당케 하려고 의도했던 것이다. 실제로 그러한 의도와 기대는 어긋났고, 그 후대에 와서야 비로소 부분적으로 실현되었던 터다.

(2) 《용비어천가》의 찬성

잘 알려진 대로《용비어천가》는 조선 건국의 역사적 필연성과 정체성을 들어 찬양하고 국운 융창과 왕권의 무궁함을 기원하기 위하여 찬성된 것이다. 그 목적·동기와 그 실상은 정인지의 용비어천가 서문과 안지의 진용비어천가전, 그리고 최항의 용비어천가 발문에 잘 나타나 있다.[77] 여기서는 이《용비어천가》와 훈민정음의 관계에 대하여 살피는 것이 우선이다. 일찍부터 이《용비어천가》는 훈민정음을 창제하고 이를 실험하기 위하여 지었다는 말이 있었고, 국문으로《용비어천가》125장을 지었다는 사실이 상식화되어 있었다. 그러나 이《용비어천가》는 전10권에 달하는 규모·내용의 한문으로 집성되어 있는데, 그것이 모두 국문가사 125장, 250행에 대한 주석과 해설사화에 해당된다는 사실을 상기·주목할 필요가 있다. 이제 그《용비어천가》의 찬자·주해자·언해자와 관련하여 그 국문가사, 정음 실용의 비중과 위상을 살피면 매우 놀라운 사실이 드러난다.

그동안에는 정인지와 안지의 글을 통해서《용비어천가》의 국문가사가 권제·정인지·안지 등에 의하여 세종 27년 4월에 제진된 것으로 알려져 왔지만, 실은 그 '가시(歌詩)'라는 것이 한시였으리라는 점이다.[78]

---

77 정인지 등, 용비어천가 전10권(영인), 아세아문화사, 1972, 용비어천가 서문 및 진용비어천가전(pp.1-19), 용비어천가발(pp.1051-1054), 세종실록 27년 4월 5일 조, 용비어천가 기사.
78 박병채, 「월인천강지곡의 편찬 경위에 대하여」, 『논주 월인천강지곡』, 정음사, 1974,

위 최항의 그 발문에 의하면 세종이 권제 등의 제진을 어람하고, 각별히 집현전 학사 중 최항·박팽년·신숙주·성삼문·이개와 강희안·이현로·신영손 등에게 그 주해를 명하여 완결함으로써 세종 29년 2월에 간포한 것이 된다. 그렇다면 그 핵심이 되는 국문가사는 훈민정음에 익숙한 집현전 그 학사들에 의하여, 이미 정형을 이룬《월인천강지곡》의 형식에 따라서 번역·교정되었으리라고 본다. 이 점은 이미 세종이 훈민정음 해례본을 완성시킬 때 의도했던 그 인재의 활용을 그대로 실현시킨 결과였기 때문이다.

이 소중한 국문가사는 전술한 대로《용비어천가》전10권의 전체 속에 너무도 작고 하찮은 모습으로 끼어 있는 실정이다. 그 국문가사조차도 국·한문 혼용으로 일체 정음의 주음조차 없는 게 사실이다. 이것은 그 찬성의 주체자나 주해자들이 그 정음을 거부·배제하려는 대세에 따라 세종의 어의·본지에 적극 호응하지 않고, 겨우 체면과 명분만 세운 결과가 되고 말았다. 실제로 그들이 그 어의대로 정음을 수용·활용할 의도를 가졌더라면, 불교계의《월인석보》처럼《용비어천가》의 한시 이외에 그 주해·해설사화까지도 모두 언해하고는 그 한문저본을 버렸어야 옳을 일이었다. 기실《용비어천가》는 상대적으로 규모는 작지만, 그 기본구조와 내부 형태가《월인석보》와 동궤의 것이기 때문이다. 실로 훈민정음 창제의 동기를 무색케 하고도 남음이 있는 일이었다. 이러한 경향은 세종대 악보의 국문가사에서도 나타났던 것이다.

(3) 한·중 운서의 주음

세종은 훈민정음 예의 원본을 공포할 때나 훈민정음해례본을 반포할

p.48.

때, 그 동기로서 공언한 대로 우선 중국운서들의 언역에 착수하였다. 《고금운회거요언역》과 《홍무정운역훈》이 바로 그것이다. 이것은 잘 알려진 대로 《동국정운》 편찬을 위한 선행작업이라고도 하겠지만, 실은 중국 저명운서의 원음을 정음으로 주음하여 올바로 가르치겠다는 명분을 명나라에 보여주자는 것이었다. 적어도 명나라의 관점이나 사대자들의 입장에서 결코 용납되지 않고 공박의 대상이 될 훈민정음 창제·실용의 동기를 합리화하고, 그 문제점을 원만히 해결하자는 데에 목적이 있었기 때문이다.

먼저 그 《고금운회거요》의 언역은 예정대로 세종 26년 2월에 집현전 학사 중 최항·박팽년·신숙주·이개·이선로와 강희안 등에 명하여 추진하였다. 거기에다 수양대군과 안평대군을 파견하여 그 작업을 감독·관장케 하니, 이 언역작업은 명나라를 향하여, 그 운서보급을 위한 거창한 사대사업으로 알려졌던 것이다.[79]

다음 세종은 《홍무정운》을 음역하여 《홍무정훈역훈》을 편찬하는 데 역점을 두었다. 그것은 《동국정운》을 편찬하는 데에 더욱 중요한 전초작업이 될 뿐만 아니라 정음 창제에 따르는 대명 명분에 보다 유효한 방편·방패가 되었기 때문이다.[80] 여기서는 집현전 학사 중 신숙주와 성삼문만을 내세우고 나머지는 손수산·조변환·김증 등을 시켜 전문적 실무작업을 진행하였다. 거기다가 이 음역사업의 중대성을 보여주기 위하여 수양대군과 계양군을 시켜 그 업무를 감독·관장케 한 것이 주목된다. 따라서 그 작업이 신숙주와 성삼문을 주축으로 추진되었을 것

---

[79] 세종실록 26년 2월 16일 조.
강신항, 「세종조의 어문정책」, 앞의 책, pp.46-47.
[80] 강신항, 위의 논문, p.49.

은 물론, 그 중국음운과 정음 주음에 대한 전문가적 책임을 지고 남달리 연구하고, 중국의 음운전문가에게 묻기도 했을 것이다.[81] 그동안 신숙주와 성삼문이 훈민정음 창제를 위하여 요동에 귀양 온 성운학자 황찬 등을 13번이나 찾아가 그 음운에 대하여 물어 왔다는 것이[82] 실은 이런 운서의 음역 즉 정음 주음을 위한 헌신적 노력이었던 것이라 보아진다.

실로 세종은 이《동국정운》을 여러 모로 중시하고 그 편찬에 주력하였다. 그것은 중국운서를 언역·주음하여 표준중국한자음을 제시하고, 이에 준하여 표준조선한자음을 설정하는 중대한 일이었기 때문이다. 그 당시 세종으로서는 이러한 개신한자음을 찬정·집성하고 그 정확한 한자음으로 만백성을 가르쳐 교화하는 것이 그만큼 소중한 일이었다. 그러기에 당시나 후대에 흔히들 훈민정음은《동국정운》을 만들기 위하여 창제된 것처럼 인식되었고, 따라서《동국정운》은 대단한 정음문헌이나 언해서 정도로 인정하게 되었던 게 사실이다.

이런 분위기와 기세로 세종은 역시 집현전 학사 신숙주·최항·성삼문·박팽년·이개와 강희안·이현로·조변안·김증 등에게 명하여 그 편찬사업을 추진케 하였다. 그들은 모든 면에서 실력·권위를 지닌 적격자로 최선을 다하여 그 사업을 성공적으로 마무리하고 신숙주의 서문까지 달았다. 이에 세종은 이 책을 당당하고 자랑스럽게 국내외에 반포·보급하였다. 그것이 전6권의 규모로 공간되기는 세종 29년 9월 하한의 일이었다.

---

81 신숙주,「훈홍무정운역훈서」, 강신항, 위의 논문, pp.49-51.
82 성주탁,「매죽헌 성삼문 선생의 정음 찬제」,『제8회 문충공 성삼문선생 문화축제 발표논문』, 매죽헌 성삼문선생기념사업회, 2007, pp.11-12.

그것은 분명 조선한자음·음운학의 국보적 문헌이지만, 훈민정음의 수용·활용이라는 점에서는 실로 너무도 허황한 것이 아닐 수 없다. 기실 이《동국정운》은 훈민정음에서 활용한 표준한자음을 그대로 기준하여, 조선표준한자음을 정음 음절로 표제한 아래, 그에 해당되는 한자들을 사성에 따라 모두 배열하는 형식을 취하였다. 이렇게 단순한 음절표제와 한자배열이 전6권 500면에 걸쳐 되풀이 되고 있다. 결국 이《동국정운》은 정음 표기의 한자음사전이라 하겠다.[83] 고금의 한자·한자어사전의 부록에 붙은 한자음 색인과 같은 모양과 기능을 갖춘 것이었다. 그리하여 그것은 동국정운식 한자음사전의 이름을 얻었지만, 바로 그 정음 음절을 1,100자(중복음 제외) 정도만 수용·활용했을 뿐이니, 그 비중과 역할이 너무도 빈약한 것을 면할 수 없다. 거기에는 그 정음어휘나 정음 문장이 일체 배제되어 있기 때문이다.

더욱 놀라운 것은 전술한 대로 이 동국정운식 한자음이 조정·유교계의 어떠한 문헌에서도 결코 사용되지 않았다는 사실이다. 그것은 정음 창제의 일부 동기나《동국정운》의 편찬 목적이 완전히 빗나간 것을 의미한다. 기실 세종으로서는 조정·유교계의 모든 문헌에서 그 동국정운식 한자음을 적극 활용해 주기를 크게 기대하고 그리 되리라 믿었을 것이니, 그 실망과 충격이 작지 않았으리라 본다. 실로 그 조정·유교계에서는 이 개신한자음, 그 정음 주음에 대하여 그만큼 경직되고 거부반응을 일으키고 있었던 것이다.

그러나 한편 왕실·불교계에서는 이 동국정운식 한자음, 그 정음 주음을 적극 수용하여 엄격히 활용하여 기적 같은 성공을 거두고 있었다.

---

83 김동소, 「육조법보단경언해 하권의 국어학적 연구」, 『육조법보단경언해(하)』, 홍문각, 2000, pp.1-2.

적어도 그 정음의 예의 원본언해로부터 15세기 말까지에 찬성된 정음불경과 일체의 불경언해, 심지어 왕실 내의 교훈서 언해조차도 모두 동국정운식 한자음의 정음 주음을 예외 없이 엄수하고 있었기 때문이다. 그러기에 이 동국정운식 한자음 내지《동국정운》을 사이하여 왕실·불교계와 조정·유교계가 대립·경쟁하는 양상을 빚어내고 있는 것 같이 보인다. 따라서 이《동국정운》이 결과적으로 정음불경의 찬성이나 대승경전의 언해를 위하여 만들어진 형국이 되었다. 전술한 것처럼 이 동국정운식 한자음은 한역불경의 범어음역 부분을 보다 원음에 가깝도록 음역하기 위하여 필수적이었기 때문이다. 이런 점에서 훈민정음 창제·실용의 전문적 실무자들이 세종·수양대군과 은밀히 협의하여, 대외적 명분도 세우고 대내적 실리도 추구하기 위하여, 이《동국정운》의 편찬을 도운 것이 아닌가 보아질 정도였다.

(4)《삼강행실도》등의 언역 지연

전술한 대로 훈민정음 창제의 중요한 동기가 어리석은 백성을 교화하는 데에 있었으니, 세종으로서는 이《삼강행실도》를 언해하는 것이 급선무였던 것이다. 그러기에 세종은 25년 훈민정음 예의 원본이 공포된 직후부터 이 작업을 추진하라고 관계자에게 하명하였고,[84] 이에 대하여 유신들의 부정적 반응이 심상치 않았다.[85] 그런 정황이 세종 26년 2월 최만리 등의 상소문에 나타나는바, 세종은 그들을 '심무용지속유(甚無用之俗儒)'라고[86] 매우 꾸짖어 하옥시키며 그 추진에 강력한 의지를

---

84 세종실록 26년 2월 경자 조에 '上敎昌孫曰予若以諺文譯三綱行實 頒諸民間 則愚夫愚婦 皆得而曉 忠臣孝子烈女必輩出矣'라 하였다.
85 위와 같은 글에 '鄭昌孫曰頒布三綱行實之後 未見有忠臣孝子烈女輩出 人之行不行 只在人之資質如何耳 何必以諺文譯之而後人皆効之'라고 하였다.

표명하게 되었다.

그러기에 강렬한 반대에도 불구하고 그 작업이 일부나마 추진되었을 가능성이 있다. 그러나 세종·세조대까지는 그런 작업의 흔적이 보이지 않고 성종대에 와서 비로소 그 언해본이 간행된 게 사실이다. 따라서 이《삼강행실도언해》는 세종대에 시작되어 성종 초에 완성된 듯하다는 의견까지 나오게 되었다.[87] 기실 조정·유교계에서 가장 중시되는《삼강행실도》가 광포되는 것은 당연하고도 바람직한 일이겠으나, 적어도 그 언해에 관한 한 그만큼 보수적이고 배타적이었던 터다. 그래서 세종대나 세조대에 이《삼강행실도》가 언해되었다 하더라도, 겨우 체면과 명분을 세우는 차원에서, 그 정음의 수용·활용은 지극히 제한적이었을 것이다. 성종 초에 간행된《국역삼강행실도》를 통하여 그 사실을 족히 추적·확인할 수 있기 때문이다.

전술한 바와 같이 이《국역삼강행실도》의 기본 단위를 살피면 그 정음문장이 너무 축소·한정되어 있다는 게 사실이다. 그 기본 단위는 해당 인물 1인당 1장으로 되었는데, 그 전면에 한 인물의 행적도를 그리고 그 후면에 그 인물의 한문전기가 나오며 이어 한시와 찬이 따른다. 바로 그 정음문장은 전술한 대로 위 한문전기만을 축약·의역하여 그 양면의 천변 두란, 즉 난외 상단에 기재하여 놓았다.[88] 이런 현상은 그 정음문장을 권외로 취급하여 부득이 제한적으로 수용·활용했음을 실증하는 터라 하겠다.

나머지 위에서 제기했던 세종의 정음화사업 중에서 사서오경의 언

---

86 위와 같은 글에서 '此等之言 豈儒者識理之言乎 甚無用之俗儒也'라 하였다.
87 강신항, 앞의 논문, p.54.
88 노태조, 「국역삼강행실도에 대하여」, 『국문전기연구』, 중앙문화사, 1991, p.97.

해나 두시 같은 문학서의 국역, 각종 실용서적의 번역 등은 실로 불투명한 상태를 면치 못하였다. 기실 이들 문헌들의 언해·국역 사업에 대해서는 구체적인 기사나 실제적인 전거가 나타나지 않아 오리무중의 상태에 있기 때문이다.

그중에서도 방대한 질량을 갖추고 조정·유교계에 중대한 의미를 지니는 사서오경언해는 세종이 예정했던 우선적 사업이었기에, 일찍이 집현전 학사들에게 어명이 내려졌던 게 사실이다. 세종은 이미 최항·김문·김구 등에게 소학·사서오경에 구결을 정하도록 명한 바 있었고,[89] 그 30년 4월에는 당시에 집현전에서 사서오경을 언해하라는 교지를 받들어 김문이 주관하도록 조치했다는 것이다.[90] 그러나 이러한 노력에도 불구하고 조정·유교계에서는 이런 성전만은 언문으로 번역할 수 없다는 관념과 소신으로 그 사업을 추진하는 모양새만 내고, 어명을 어길 수 없어 유보·지연의 방편을 썼던 게 아닌가 한다.[91]

이어 그 저명한 두시에 대해서도 세종은 그 언해를 전제로 집현전으로 하여금 두시주석을 참고하여 하나로 회집하도록 명하였다.[92] 이러한 세종의 입장이나 당시의 정황으로 볼 때, 이미 집현전 학사들에게 두시를 언해하라는 어명은 내려졌던 것으로 보인다. 그런데도 성종대의 이

---

89 서거정, 최항비문(태허정집 소수)에는 '英陵命臣金汶金鉤及公等 定小學四書伍經口訣'이라 하였다.
90 세종실록 30년 4월의 기사에 '時集賢殿奉敎 以諺文譯四書 直提學金汶主之'라고 하였다.
91 그 집현전의 쟁쟁한 학사들을 제쳐 놓고 김문에게 그 중대한 사업을 주관토록 한 것도 그렇고, 김문이 죽자 또 상주목사로 있는 김구를 불러 김문의 일을 맡긴 것 등이 심상치 않은 터다. 강신항, 앞의 논문, p.55.
92 세종실록 25년 4월 병오 조에 '命購杜詩諸家註于中外 時令集賢殿 參校杜詩註釋會粹爲一'이라고 하였다.

두시언해 초간본 이전에는 그 언해 작업이 본격적으로 추진되었다는 어떤 기록이나 전거가 나타나지 않는다. 따라서 이 두시언해도 위 서사오경과 같이 그 원본의 진미와 가치를 고수·보전하기 위하여 그 언문번역만은 피하겠다는 신념으로, 그 주석에는 주력하되 직접적인 언해에는 교묘한 유보·지연작전을 펴 왔던 것이라 하겠다.

4) 왕실·불교계의 수용 양상

훈민정음은 당대의 문자관이나 그 실용 등으로 보아 명실 공히 불교적 문자, 불교계의 문자로 확정된 것이다. 다만 어느 단계까지는 그 사실을 극비에 붙이고 모든 영광을 세종에게 돌렸을 뿐이다. 그럴수록 더욱 소중하고 값진 이 훈민정음이 세종의 확정과 공포를 보았을 때, 왕실·불교계 그 전문적 실무자들은 유관 사찰 복천사 같은 데서 이를 기념하는 경찬법회를 봉행했을 가능성이 짙다. 불가에서는 이만큼 소중하고 뜻깊은 경사를 맞이하여 경찬법회를 여는 것이 그 문자의 현재적 보전과 미래적 발전을 위하여 너무도 당연한 일이었기 때문이다. 적어도 훈민정음의 창제·확정·공포 이후 15세기에 걸쳐 왕실·불교계에서는 이 문자를 우선적으로 수용하여 가장 적극적으로 실용하였던 것이다.

먼저 왕실·불교계에서는 그 훈민정음의 예의 원본을 정음으로 번역하여 그 문자를 익히고 활용하는 데에 전범·교재로 삼았다. 그때부터이미 동국정음식 한자음을 그대로 수용하여 실용하였으니, 실제로 왕실·불교계에서 그 개신한자음을 정리·활용하는 데에 직접 간여한 것처럼 인식될 수도 있었다.[93] 이어 왕실·불교계에서는 전게한 정음불경

---

93 불교계의 수양대군·안평대군이 古今韻會擧要를 정음으로 주음할 때나, 수양대군과

의 신찬이나 대승경전을 언해하는 일에 주력하게 되었다. 전술한 대로 훈민정음을 불교적 문자로 창제한 내면적이고 직접적인 목적·동기가 바로 이것이었기 때문이다. 한편 왕실 내부에서는 고승들의 주관으로 궁중 비빈이나 궁녀들을 위한 훈서,《내훈》같은 것을 편찬·언역하는 일도 있었다.

(1) 훈민정음 예의 원본의 언해

이 훈민정음의 예의 원본은 가장 먼저 언해되었을 것이다. 전술한 대로 그 언해본은 정음을 습득·활용하는 데나 정음불경의 찬성과 불경을 언해하는 데에 전범·표준이 되었기 때문이다. 이 예의 원본언해는 위 정음 창제의 전문적 실무자들이 맡아서 그 예의의 규정·원칙대로 엄정하게 해냈던 것이다. 그 예의 원본언해는 실로 시급을 요하는 것이라, 그것이 세종의 이름으로 확정·공포된 즉시 착수·완성되었으리라 본다. 그렇다면 이 언해본은 훈민정음해례본보다 먼저 완성될 수밖에 없었다. 여기서 문제되는 것이 바로 세종의 서문이다. 이 서문이 이 훈민정음을 국내외 만방에 공포·선언하는 역사적 문장이거니와, 그것은 그 예의의 초본이 검증되는 단계에서 수양대군과 신미에 의하여 기초되었으리라고 본다. 적어도 수양대군이 숭불세자의 차원에서 부왕을 대신하여 그 어제 서문을 신미의 보조로 족히 작성해 올릴 수가 있었기 때문이다. 기실 이 서문은 세종의 친필로 지을 바가 아닌 데다 수양대군이 지은 석보상절 서문과 일맥상통하는 바가 있어, 그 점을 뒷받침해 주는 터다. 바로 이 응제 서문이 그 훈민정음 예의 원본의 머리에 붙어 세종의

계양군이 洪武正韻譯訓을 정음으로 주음할 때, 이를 감독·관장한 사실은 주목할 일이다.

확정단계에서 어제로 결정된 것이라 하겠다. 그러기에 그 서문이 불교계에서 서둘러 언역한 정음 예의의 머리에 자리할 수 있었고, 그 뒤에 훈민정음해례본의 예의 앞 어제 한문서문으로 올라앉게 되었던 터다.

이런 훈민정음 예의 원본언해는 그 후로 찬성·간행된 정음불경의 머리에 얹히어 그 경전을 읽는데 지침을 주고 길잡이가 되었다. 따라서 위《월인천강지곡》에도 그 서두에 이 예의언해가 붙었어야 마땅하나 현전하지 않는다. 그래서《석보상절》이나《월인석보》의 제1권 첫머리에 그 예의언해가 자리하고 있는 것은 너무도 당연한 일이다.[94] 이 예의언해는 그 후에 불경언해의 서두마다 자리했을 것이지만 현전하는 바가 없다. 나아가 이 예의언해는 단행본처럼 필사되거나 인행되어 왕실이나 불교계에 정음 습득의 교재로 유통되었던 것이라 본다.

(2) 정음불경의 찬성

잘 알려진 정음불경《월인천강지곡》이나《석보상절》·《월인석보》는 흔히 말하듯이 단순한 불경언해가 아니다. 적어도 세종·수양대군과 신미를 정점으로 하는 왕실·불교계에서 큰 뜻을 품고 국외 역대 숭불주의 업적보다도 특출한 조선어문불경을 새롭게 찬성해 내었기 때문이다. 그러한 신찬 정음불경이 그 어떤 불경언해보다도 공덕이 크고 거룩하여 불교중흥·불교왕국의 재건에 따른 최선의 방편이라는 신념과 서원을 성취했던 것이다. 이러한 일련의 작업은 당시 극비리에 진행되었거니와, 그 규모·실상과 찬성·간행의 시기를 고려하면, 상당히 일찍부터 착수·진행되었음을 알 수가 있다.[95] 그 신찬 정음불경은 불타의 일

---

94 위의《월인석보》제1·2, pp.1-8.
95 강신항, 「한글 창제의 배경과 불교와의 관계」(『불교문화연구』 3집, 한국불교문화학

대기에 기준하여 대장경을 요약·총괄하는 규모·내용의 운문불경과 산문불경 그리고 운·산문불경으로 집대성하려는 설계·계획에 의한 것이었다. 그러기에 그 운문불경으로《월인천강지곡》이, 그 산문불경으로《석보상절》이, 그 운·산문불경으로《월인석보》가 찬성되었던 터다. 이처럼 방대한 작업은 이미 수양대군 실세의 언문청을 중심으로 복천사나 흥천사·대자암 등 경향 사암과 함께 궁중의 책방(인쇄소)이나 묵방(인쇄용 자료)·조각방(판각소) 등을 거느리고 유기적 입체적으로 진행되었던 것이다.

처음 이《월인천강지곡》은 대장경 중의《불소행찬경》과 대응되는 장편찬불서사시로 정음운문불경이다. 저《불소행찬경》은 마명이 지은 인도의 찬불서사시 범어운문불경으로서 이《월인천강지곡》와 대등하기 때문이다. 저《불소행찬경》이 마명과 같은 고승·학승에 의하여 지어진 것처럼, 이《월인천강지곡》은 전술한 대로 신미와 같은 고승·학승이 그 전문적 실무자들과 함께 제작·집성하고, 수양대군의 검증을 거쳐 세종에게 제진된 것이 사실이다. 그때 세종이 그 명칭을 '월인천강지곡'이라고 지어 내림으로써, 이《월인천강지곡》이 세종어제로 확정된 것은 당연한 일이라 하겠다. 다만 그 전문적 실무자들이 진행시킨 그 실제적 제작과정이 일단 밝혀지지 않았다는 것뿐이다. 여기서는 세종이 총체적 책임자이고, 수양대군이 총괄적 주관자이며, 신미 등이 전문적 실무자가 되었다.

회, 1993, p.176)에서 '석보상절은 한글이 정식으로 반포도 되기 전부터 한문본이 편찬되고 이어서 번역까지 1년도 안 되는 사이에 완료된 셈인 것이다. 이것은 이러한 사업을 위하여 한글반포 이전부터 불교에 정통하고 있으면서, 또 한편으로는 새로 창제된 훈민정음의 운용법과 표기법에 통달하고 있던 인사들이 있어서 이 사업을 추진했다는 증거인 것이다'라고 하였다.

먼저 김수온이 주동이 되어 한역대장경이나 한·중 한문불서를 망라하고 발췌·요약해서 석가불의 장편일대기, 《석가보(釋迦譜)》를 대강 20권 이상으로 편성하게 되었다. 이어 그 총괄적 주관자가 그《석가보》를 그 전문적 실무자들에게 권차별로 나누어 주고, 그 해당부분을 저본 삼아 서사적인 시가형태로 제진토록 주문하였을 터다. 각자의 그 작업이 끝나니, 이 제작된 운문을 수합하여 그 저본의 권차순으로 수합하고, 전체적으로 윤문·교정하여 수미일관 통일된 장편서사시, 정음운문불경《월인천강지곡》으로 완성하는 작업과정이 진행되고 있었다.

그 무렵 세종 28년 3월에 놀랍게도 숭불왕비 소헌왕후가 돌아가니, 그 대작불사는 난관에 부딪혔지만, 지혜롭게도 이를 전화위복의 기회로 삼은 것이었다. 기실 그 동안에 비밀리에 진행되던 이 정음운문불경의 찬성사업이 소헌왕후의 추천불사라는 명분을 내세워 공개적으로 진행된 것은 결코 우연한 일이 아니었다. 이 사업의 내막이 밝혀지자 조정 유신들은 일제히 일어나 반대상소를 올려 마치 전술한바 흥천사 사리각 경찬회나 훈민정음 창제에 반대할 때를 방불케 하였다. 다만 세종과 수양대군 등이 그 왕후의 명복을 빌고 효성을 다한다는 절실한 명분을 방패로 그 유신들을 강압·설득하는 데에 유리했을 뿐이었다. 그런 가운데 이 불경신찬사업은 배전의 박차를 가하였으니, 《세종실록》에서는 이런 과정을 '신조불경(新造佛經)'의 사건으로 기록하게 되었다.

마침내 이 《월인천강지곡》은 완성되어 소헌왕후의 추천불사에 봉헌되고 조선 최초의 정음운문불경으로 그 28년 10월 이후에 간행되었다. 따라서 이 정음불경은 《용비어천가》의 국문가사를 앞서는 한국 최초의 국문서사시로 전3권 600곡에 달하는 규모를 갖추게 되었다.[96] 그것은

---

[96] 이상은 사재동, 「월인천강지곡의 실상과 유통, 그 불경적 성격과 찬성경위」를 요약한

전형적인 운문 시가체로서 후대 국문서사시의 전범이 되었고, 정음 전용이되 한자어를 동국정운식으로 주음 표기하고 그 한자음 밑에 해당 한자를 주기하는 국문전용의 특징을 보여 주었다. 여기에 활용된 동국정운식 한자음은《동국정운》이 편간되기 이전 그 작업과정에 동참한 불교계 전문가에 의하여 공공연히 입수·활용되었을 것이다. 이렇게 처음부터 동국정운식 한자음은 정음불경이나 불경언해와 긴밀히 연관되어 있었던 게 분명해지는 터다.

《월인천강지곡》은《불소행찬경》과 같은 조선어문불경으로서 세종 어제라는 권위를 지니고, 어제 훈민정음 예의언해와 어제 서문을 두 날개로 삼아서 널리 간행·유통되었다. 이로써 정음불경을 방편 주력으로 하는 불교중흥의 장엄한 문이 열리게 되었다. 이러한 대세 속에서 각종 불사가 적극적으로 전개되고 따라서 왕실·불교계와 상하 민중 사이에 숭불의 기운이 다시 돌기 시작하였기 때문이다. 이는 계속되는 정음산문불경의 찬간·유통과 함께 궁중 내불당의 복원 창건에 따른 거창한 경찬회가 집약적으로 실증해 주었다.

다음 왕실·불교계에서는 정음산문불경으로《석보상절》을 찬성해 내었다. 역시 세종의 총체적 책임과 수양대군의 총괄적 주관, 신미 등의 전문적 실무 아래서 그 찬경사업이 진행되었다. 잘 알려진 대로《월인천강지곡》이 완성·간포된 뒤에, 세종은 그 28년 12월에 김수온에게 그 저본이 되었던《석가보》를 중수하라는 의미 깊은 어명을 내린다.[97] 그것은 실제로《석보상절》의 착수·진행을 충분히 시사하고 있기 때문이다. 이에 김수온은 그 저본을 전24권의 질량으로 확장·보완해 놓았

것이다.
97 세종실록 28년 12월 2일조에 '命副司直金守溫 增修釋迦譜'라 하였다.

던 것이다. 이 증수본《석가보》는 총괄적 주관자에 의하여 그 전문적 실무자들에게 권차별로 나뉘어 배정되고, 각기 정음산문으로 전환되었다. 이 문장은 단순한 언해가 아니라 원문의 대역을 벗어나 창조적 정음산문체를 이루었기 때문이다. 이렇게 정음화된 각권을 총괄적 주관자가 전체적으로 수렴하여 그 권차순으로 배열하고 윤문·수정함으로써, 수미일관 통일된 일대 정음산문불경이 찬성될 수 있었던 것이다. 이로써 조선 최초의 정음산문불경이 전24권의 대규모로 완성되었던 터다. 이것은 그런 산문불경이면서 국문대석가전으로서 향후 국문산문문학·소설문학의 전범이 되었다.

여기서는 불경언해와 달리 그 한문원문을 완전히 배제하고 정음과 한자어를 혼용하였지만, 그 일체의 한자에 농국성운식 한사음을 달았기에, 실제로는 국문전용문체로 빼어난 것이었다. 이와 같은《석보상절》의 마지막 권에 그 유명한〈아육왕전〉이 자리하여 수양대군의 대망과 그 성취를 예견하게 되었다. 이러한《석보상절》의 초본이 완결되어, 총괄적 주관자 수양대군에게 올라가 검증·찬탄을 받고, 세종에게 헌상되었던 것이다. 이때 세종은 이를 어람·찬양하고 그 찬술자의 영광을 수양대군에게 돌렸다. 그것은 숭불세자 수양대군의 왕실·불교계 상의 위상과 실세, 정음불경의 찬성에 따르는 공적 등을 고려할 때 마땅한 처분이라고 하겠다. 따라서 수양대군은 그 서문을 지어 그 목적·취지와 교화적 권능을 천명하였다. 그리고 그 모두에 훈민정음 예의언해를 실은 것은 당연한 일이었다. 그리하여 이《석보상절》은 그 위엄과 권능의 날개를 달고《월인천강지곡》과 쌍벽이 되어 간행·유통되니, 그게 바로 세종 29년 7월의 일이었다. 이런 정음산문불경이 쉽고 재미있고 감명 깊은 성전으로 광포되어 왕실·불교계와 상·하 민중을 교화·구제하니, 이로써 바로 불교중흥의 불법세계가 활짝 열리게 되었다.

드디어 《월인석보》가 정음운·산문불경으로서 집대성되었다. 이미 수양대군이 불교계의 발원대로 그 대망을 이루어 세조로 등극하였다. 이러한 숭불주 아래 바야흐로 불교천하가 전개되니, 그게 바로 불교왕국의 재건이었다. 이를 기념하고 명실 공히 그 조선의 불교왕국임을 선포·천명하기 위하여 파천황의 불사를 감행하며, 특별히 이 《월인석보》를 재편·완성하게 되었다. 이 《월인석보》는 《월인천강지곡》과 《석보상절》의 단순한 합편이 아니다. 이 두 편의 정음불경이 각기 최대한으로 증보·확충되는 차원에서, 서로가 한계점을 극복·초월하여 결합·정화된 제삼의 완벽한 불경으로 거듭난 것이 바로 《월인석보》 전25권이기 때문이다.

이러한 《월인석보》의 찬간에서는 세조가 절대적 권능으로 총체적 책임자와 총괄적 주관자를 겸하고 그 전문적 실무에까지 적극 가담하였다. 그러기에 신미 등 전문적 실무자들은 승왕이라 할 숭불주 세조에게 '크게 천명을 받아 동녘 나라를 다시 만든' 성상이라[98] 감복하고, 그 정음불경의 집성·완성에 정성을 다하였다. 마침내 그 《월인석보》는 대장경을 요약·망라한 대규모의 조선어문불경으로서 운문과 산문을 교합·조화시킨바 전무후무한 독창적 불경으로 불교의 모든 것, 불교문화의 모든 것을 다 함축하게 되었다. 더구나 그 정음문체가 아름답고 섬세하여 문학·예술로서도 완벽하기 이를 데 없다. 게다가 그 문체에는 한자어가 섞였으되 한자마다 동국정운식으로 주음하여 국문전용의 특징을 보여주고 있다.[99] 이로부터 이른바 한글전용의 전범과 전통이

---

98 신미, 《오대산상원사중창권선문》, 월정사 소장본.
99 이상은 사재동, 「월인석보의 문학적 실상」, 「월인석보의 찬성경위」(위의 책, pp.87-90)을 요약한 것이다.

완성되어 후대로 이어졌던 것이다.

　이《월인석보》제1권의 모두에는 훈민정음 예의언해가 놓이고, 이어 수양대군의 석보상절 서문과 세조의 그 서문이 겹치어 자리하였다. 이 서문은 신미 등 전문적 실무자의 제진에 의한 것일지라도, 너무도 원만하고 권능에 찬 천하의 명문이다. 그 속에 불법의 진수·요체를 갈무리하고 이 불경의 찬성경위를 밝히며, 바야흐로 불교중흥·불교천하가 열림으로써 요익중생의 대원으로 국태민안을 보증하고 중생제도를 발원하니, 만백성·일체중생은 그 진리의 세계로 나아가라는 권장·다짐이 충만하여 있다. 그리하여 세조는 지금이 명실 공히 불교왕국인 것을 재천명하고, 그 이상세계를 위한 대방편으로 이 불경을 광포한다고 선언하여 그 유통에 날개를 달아 주었다. 바로 이 서문의 주해에서 위 일련의 정음불경을 찬성해 낸 전문적 실무자들이 신미·수미·설준·홍준·효운·지해·해초·사지·학열·학조와 김수온 등 10승 1속이라고 명시한 것은 주목할 만하다.

(3) 대승경전의 언해

　이미 세조의 불교왕국이 되니 왕실·왕족들은 물론 조정의 대소 신료들까지 숭불의 대세로 흐르게 되었다. 이에 세조는 불교계 주체들과 함께 국가기관으로 간경도감을 설치하여 막강한 조정 신료들의 겸직·보조를 받아가며, 자유자재로 대승경전을 언해하게 되었다. 그것은 세조가 국외 역대 숭불주의 불사행적과 대등한 자긍심과 사명감을 가지고 오랜 숙원을 이루는 역사적 실천이었다. 역시 그 막중한 불경언해 사업은 세조의 총체적 책임과 총괄적 주관 내지 전문적 실무에 힘입고, 그 신미 등 전문적 실무자들이 경문번역을 전담하고 나머지 모든 판각·인행 절차는 전계한 대소 신료들이 감당했던 것이다. 이 불경언해는 그 경문

일부를 떼다 놓고 정음으로 현토하여 그 뜻을 직역하는데 국문·한문 혼용이되 한자에는 반드시 동국정운식 주음을 하여 국문전용의 성과를 내었다. 그 문체는 어법·문법에 맞아 그 묘리를 옳게 뚫어 내어 훌륭한 번역문의 전형을 이루었다. 이러한 전형적인 불경언해는 당대에 유통되던 대승경전을 거의 다 망라했는데, 현전하는 것은 다음과 같다.[100]

① 능엄경언해(10권): 세조 구결언역
② 묘법연화경언해(7권): 세조 구결언역
③ 선종영가집언해(2권): 세조 구결, 효령대군·신미·해초·홍일·효운 등역
④ 금강경육조해언해(1권): 세조 구결, 김수온·한계희·노사신 등역
⑤ 반야바라밀다심경언해(1권): 효령대군·해초·사지 등역
⑥ 아미타경언해(1권): 세조 어역
⑦ 원각경언해(12권): 세조 구결, 신미·효령대군·한계희 등역
⑧ 목우자수심결언해(1권): 신미 언역
⑨ 사법어언해(1권): 신미 언역
⑩ 몽산화상법어언해(1권): 신미 언역
⑪ 지장경언해(3권): 학조 언역

이와 같이 그 대승경전들이 정확하고 원만하게 언해되니, 이것은 불교왕국의 국가적 사업이 아니고는 도저히 불가능한 보배로운 업적이라 하겠다. 이러한 불경언해들이 국가의 공인과 국왕의 옹호 속에 전국 사찰을 중심으로 유통·보급되니, 그 포교·교화와 불교중흥의 대방편

---

100 이봉춘, 「조선전기 불전언해와 그 사상」, 『한국불교학』 5권, 한국불교학회, p.47.

으로 그 위력을 충분히 발휘하게 되었다.

이에 세조가 서거하고 성종이 즉위하자 불교왕국은 기울기 시작하고, 마침내 간경도감이 폐지되면서 그 종언을 고하게 되었다. 다시 유교국가의 면모를 복구하면서 가장 타격을 받는 것은 물론 불경언해·불서간행이었다. 불교계는 다시 위축되고, 그 정음 창제와 정음불경 찬성 내지 불경언해 등에서 전문적 실무를 전담함으로써 마침내 승왕이 등극하여 불교중흥, 불교왕국의 영광을 누리던 그 불교계 주체들은 다시금 서리를 맞고 은둔·유랑하게 되었다. 그러나 세조의 크고 간절한 유지와 그 고승들의 전통적 감화는 면면히 유지되어, 세조비 자성대비와 세조 자부 인수대비 등의 발원과 학조 등 소수 학승에 의해서 불경언해가 왕실 중심으로 속간되었다. 그것은 그 간경도감 불경언해의 연장선상에서 그 모든 것을 그대로 답습하였던 것이다.

5) 훈민정음 창제경위와 문화사적 위상

(1) 훈민정음의 창제경위

첫째, 훈민정음 창제의 불교적 배경에 대하여 몇 가지 측면에서 접근하여 보겠다. 조선 초기 척불 혁파의 혹독한 시련 속에서 불교계가 살아남고 앞날을 기약하기 위하여 목숨을 걸고 불교중흥을 염원하게 되었다. 이어 이 불교중흥의 최후 목표는 불교왕국을 재건하는 일이라 서원하고, 인도의 아쇼카왕과 티베트의 송찬강포왕, 양나라 무제, 원나라 세조, 그리고 명나라 성조와 같은 숭불주를 전범으로 조선 초기의 숭불주를 옹립하게 되었다. 이에 세종이 그 20년 이후에 숭불로 기울고 점차 숭불주가 되어 불교중흥을 기하게 되었고, 왕실·불교계에서는 그 왕자 중에 수양대군을 지목하여 숭불세자로 추대하고 장차 명실상부한 숭불주 이른바 승왕으로 등극시켜 불교왕국을 재건하자고 서원하였다. 당시 불교계 승단에서는 '승왕입국내태평(僧王立國乃太平)'이라는[101] 염원이 간절했고, 이를 실현하려는 대세가 꿈틀거리고 있었다. 이런 대사를 성취시키는 대방편은 조선어에 맞는 불교적 문자를 창제하여 그 불경을 조선어문불전으로 제작하여 광포하는 일이라 발원하였으니, 그런 새로운 문자를 창제할 만한 불교적 전통과 제반 여건이 성숙되어 있었다.

둘째, 이 훈민정음 창제의 주체를 확인하여 보겠다. 세종은 그 창제의 총체적 책임자이니 그만한 능력과 권능에다 그 문자 창제의 사명감이 확고하였음이요, 수양대군은 그 총괄적 주관자이니 그만한 실력과 대망에다 강력한 추진력과 과단성 있는 지도역량이 충분하였다. 이 창제 작업의 전문적 실무자들은 당대 불교계의 주체로서 그 정음불서와 불경언해 등을 모두 전문적으로 이룩했던 학승·문사 위 신미와 수미·설준·홍준·효운·지해·해초·사지·학열·학조·김수온 등이니, 그만한 역량과 전문지식을 충분히 갖추어 그 업무 추진에 부족함이 없었다. 그러기에 그 수장 신미에 대하여 세종은 '禪敎都摠攝 密傳正法 悲智雙運 祐國利世 圓融無碍 慧覺尊者'라는[102] 역대 최고의 법호를 내렸던 것이다.

이어 그 훈민정음 창제의 동기는 위 그 창제의 배경과 직결되어 내면적 동기와 표면적 동기로 나뉘어져 있었다. 내면적 동기는 이 훈민정음을 창제하여 정음불경을 찬성하거나 불경들을 언해하여 눈 어둔 중생들에게 쉽게 읽히고 교화하여 불교중흥과 함께 불교왕국을 재건하는 데에 있었고, 표면적 동기는 나라의 문자를 창제하여 어리석은 백성들

---

101 태종실록 6년 6월 19일 조.
102 문종실록 원년 7월 17일 조.

이 쉽게 익혀 날마다 편안하게 문자 생활을 하게 함이요, 중국한자음에 준하여 조선한자음을 개신하면서 조정·유교계의 한문문헌을 언역·언해하는 데에 두었던 것이다.

셋째, 훈민정음 창제의 실제적 진행과정은 몇 단계에 걸쳐 제진의 절차대로 극비리에 진행되었으리라 본다. 그 착수단계에서는 정음청을 예비하는 궁중의 공간중궁전의 밀실 같은 데서 총체적 책임자 세종과 총괄적 주관자 수양대군, 전문적 실무자 신미 등이 어전회의를 열어 정음 창제의 결의와 모든 계획·방안을 전지하고 확인하였다. 그 작성단계에서는 세종 20년을 넘긴 적절한 시기에 속리산 복천사 같은 별천지에서 전문적 실무자 신미 등이 어의에 따라 엄중한 통제 아래, 모든 자료와 이론·실제를 통하여 가장 쉽고 간편하고 정확하면서 그 운용이 자유·무궁한 훈민정음 예의 원본의 초본을 작성하였다. 그 검증단계에서는 신미 등이 그 예의 원본의 초본과 해례본 초본에 제진문까지 붙여 수양대군에게 보고하고 세종과 함께 그 초본들을 일일이 검증하였다. 확정단계에서는 수양대군과 신미 등이 그 어전에서 위 두 초본을 바치며 제진 상소를 올리니 세종이 어람하고 그때에 교시한 그 계획·방안에 부합하는 그 초본들에 만족·칭탄하고 이 예의 원본을 어제로 확정하였다. 이어 세종은 신중을 기하여 대군들과 공주·왕비와 주변의 궁인들을 통하여 다각도의 실험단계를 거친 다음, 그 25년 마지막 날에 중신들이 불참하고 집현전 학사들과 호의적 신료들이 동참한 편전에서, 그 훈민정음 예의 원본을 친제로 공포하였다. 이어 세종은 그 해례본 초본에 의거하여 정본 훈민정음해례를 제진케 하니, 그 집현전 학사들이 모두 훈민정음은 반대하나 그 문자적 실상·기능의 신묘함에 비로소 경탄하여 그 해례 작업에 임할 수밖에 없었다.

(2) 훈민정음의 문화사적 위상

가. 훈민정음의 보급·유통

이 훈민정음은 세종·세조대를 지나 성종대에 이르면 놀라운 보급· 유통을 통하여 장족의 발전을 거듭하게 된다. 그것은 왕실·불교계에서 실증된 훈민정음의 문자적 기능과 역량이 크게 작용하고, 훈민정음 자체의 신묘·신기한 작용과 마력이 그만큼 신장·선양되었기 때문이다. 한편 그것은 조정·유교계의 거부반응과 각박한 풍토 속에 뿌려진 훈민정음의 씨앗이 뿌리를 내리고 성장하여 의외의 역량을 발휘하고 실질적인 성과를 올리는 데서 큰 도움을 받았던 것이다. 그리하여 훈민정음은 성종 이래 파란만장한 우여곡절을 겪으면서도 명실 공히 백성의 문자, 중생·대중의 문자로서 그 범위를 넓히고 그 위치를 확보해 나갔던 것이다.[103] 이로써 훈민정음은 그 자체의 발달사를 이끌면서 정음학 내지 정음학사를 형성하여 왔고, 한국의 국문문예시대, 국문문화시대를 세계문자시대로 화려하게 열어갔던 것이다.

나. 국어사에 미친 영향

따지고 보면 이 훈민정음의 발달사가 그대로 국어의 발전사를 이끌어 온 것이라고 하겠다. 기실 훈민정음이 15세기 이래 한국어의 생태·실상을 그대로 보전·유지하여 왔기 때문이다. 그 국어의 시·공간적 한계점을 극복하고 생동하는 모습으로 고정시켜 전승·유통시킴으로써, 그 면면한 역사를 널리 오래 지켜 왔던 게 사실이다.

기실 역대의 모든 정음문헌들은 그 안에 국어의 실체·실상과 그 변

---

103 홍기문, 「일상사용의 실적」, 『정음발달사』, pp.221-223.

모·역사를 고스란히 보존·전달하고 있다. 거기에는 우선 국어의 음운실상과 음운사 그리고 그 형태실상과 형태사가 엄연히 자리하여 왔다. 다음 여기에는 국어의 통사·문법·문장의 실상과 그 구문사·문법사·문장사가 도사리고 있는 것이다. 더불어 여기에는 국어의 문체 실상과 문체사가 그대로 생동하고 있는 터다.[104]

그리하여 이 국어현상과 국어사를 연구하는 국어학과 국어학사가 튼튼한 기반을 닦고 장족의 발전을 거듭하게 되었다. 우선 국어 음운론과 음운사 연구, 이어 국어 형태론과 형태사의 연구, 국어 통사론과 문장사의 연구, 국어 문법론과 문법사의 연구, 국어 문체론과 문체사의 연구 등이 유기적으로 큰 성과를 올렸기 때문이다.[105]

다. 종교·사상사에 끼친 영향

이 훈민정음은 우선 불교계에서 세종·세조대는 물론 성종 이후까지 계속하여 국문불경과 불경언해를 중간하여 대중 포교와 불교의 대중화에 크게 기여하였다. 위 국문불경 중 《월인석보》가 복각·중간되었고, 수많은 불경언해와 고승들의 불서언해 등이 연이어 간행되어 장관을 이루었다.[106] 특히 조선 후기에는 순국문표기경전과 불전에 근거한 팔상록류의 국문불서가 기술·유통되어 대중포교에 큰 영향을 주었다.[107] 이와 같은 국문불전들은 불교계나 일반대중의 불교적 신앙·사상·윤리

---

104 유창돈, 『이조국어사연구』, 선명문화사, 1973, pp.1-3.
105 유창균, 『신고국어학사』, 형설출판사, 1969, pp.11-12.
106 권기종, 「조선후기의 불전간행 경향」, 『불교사상사 연구(상)』, 한국불교연구원, 2004, pp.389-390.
107 사재동, 「국문불서의 문학적 연구」, 『불교계 서사문학의 연구』, 중앙문화사, 1996, pp.193-195.

등에 지대한 영향을 끼쳤을 뿐만 아니라, 불교국문문헌사·불교예술사상사 내지 불교문화사에도 직·간접적으로 이바지했던 것이다.

다음 이 훈민정음에 의하여 성종 이후 유교계 경전의 언해와 각종 국문교훈서의 찬간이 성행하고 그 성세를 보이게 되었다. 그 유경 사서오경의 번역은 성종 이후 선조 이전에 도산본 사서삼경언해나 율곡사서언해 등으로 틀을 잡았고, 계속하여 여러 판종의 유경언해가 꾸준히 맥을 이었다.

한편 전술한 《국역삼강행실도》는 성종대의 초간본에 이어서 여러 판본의 중간을 보았고, 마침내 속삼강행실도언해가 편간되기에 이르렀다. 이에 상응하여 마침내 이륜행실도언역본이 출현해서 위 삼강행실도언역본과 함께 오륜행실도언역본을 이루어 놓았다.[108] 이에 호응하여 백인창례록·효행록 같은 유교윤리계 국문산문이 나돌고 오륜가와 같은 국문시가적 교훈서가 제작·유포되었다. 특히 상계한 내훈에 이어 여사서언해나 열녀전언해와 같은 여성교육서, 순국문으로 표기된 규합총서·여범·설씨내범·계녀서 등 여훈서가 꼬리를 물고 제작·유통되었다.[109] 나아가 사친가·규중행실가·계녀가와 같은 내방가사형 교훈서가 보급·유전되어 유교적 교화와 유교사상의 주입에 많이 기여하였다.

또한 조정의 시책과 충효를 강조하는 윤음언해를 비롯하여《명황계감언해》나《천의소감언해》등이 편찬·간행되어 유교국의 이념과 유교사상을 선양하는 데에 큰 도움이 되었다. 그리고 왕비나 왕대비 등이 언문전교를 내리거나《김대비훈문가》와 같이 백성교화를 위하여 국문시문을 지어 펴는 일이 국문보급이나 유교적 교화에 의외의 성과를 내

---

108 이만수서, 『오륜행실도(영인)』, 민속원, 1988, pp.15-18.
109 강전섭, 「〈설씨내범〉에 대하여」, 『설씨내범(영인)』, 오성사, 1983, pp.1-9.

었던 것이다.

이 밖에도 불교계 신흥종교나 여타 신흥 종교의 국문경전이 유포되어 적지 않은 효과를 내는 경우도 있었다. 동학계의 천도교·시천교에서 통용되는 동경대전·포덕문이나 용담유사 등은 그 국문종교문서의 전형을 이루었다. 나아가 증산교의 경전이나 포교문건들이 모두 국문화되어 그 기능·역할을 다하고 있는 실정이다.[110]

라. 문학·예술사에 미친 영향

잘 알려진 대로 조선문학사의 본격적인 출발은 훈민정음 창제·실용 이후부터라 하겠다. 이는 국문문학이 조선문학의 정통을 계승하여 그 핵심·주류를 이룬다는 사실을 실증하는 것이라 본다. 조선시가는 국문으로 표현되어 그 진가와 생동감을 드러내었다. 시조·단가를 비롯하여 사설·별곡·가사·잡가에 이르기까지 국문시가로서 그 본격적인 자질과 차원 높은 예술미를 자아내게 되었다. 각종 국문시가집이 이를 증명하고 있는 터다. 우리 시가의 보고인 고려시대 시가도 훈민정음을 통하여 복원·재생되고 그 진면목을 보여 주게 되었다. 그 고려 시가가 한역되어 전하든가 이두·향찰로 표기되었더라면, 그 시가로서의 참 모습을 찾아볼 수가 없었을 터다. 그래서《악학궤범》이나《악장가사》등의 국문가집이 집성되어 그 찬연한 모습을 보전·전승시킨 것이었다.[111]

한국수필은 국문으로 표현되어 그 본령에 들 수가 있다. 그동안에 국문수필은 마치 조선 후기에 출발한 것처럼 논의되어 온 것이 사실이다. 그러나 국문수필은 훈민정음 반포 직후부터 형성·전개되었다. 그

---

110 정진홍, 『한국종교문화의 전개』, 집문당, 1986, pp.3-4.
111 사재동, 『한국문학유통사의 연구 I』, 중앙문화사, 2006, pp.20-21.

것이 비록 한문수필의 번역이라 하더라도, 국문수필은 15세기 불교계 국문산문으로부터 출발한 것이 분명한 터다. 그것이 성종대를 지나면서 여러 장르로 분화되고 작품들의 질량도 높아져서 본격적으로 전개되었다. 왕이 내리는 교령, 신민이 왕에게 바치는 주의, 제반 현안을 논의하는 논설, 주로 책의 서문·발문, 어떤 인물의 행장·전기, 애도문이나 제문, 묘지·비문, 공사간의 서간, 일기와 기행, 이야기체의 담화, 기타 잡문에 이르기까지, 이것들이 국문으로 표현되어 그 진면목을 갖추어 민중문학·생활문학으로서 행세·유통되며 그 풍성하고 면면한 국문수필사를 이끌어 왔던 것이다.[112]

여기 국문소설도 국문수필과 같이 훈민정음 창제·실용 직후부터 형성·전개되었다. 흔히들 국문소설이 〈홍길동전〉이나 〈설공찬전〉을 통하여 16·17세기에 창작되었다고 해 왔지만, 그것은 한문작품의 번역이라 하더라도 벌써 15세기에 형성되어 정음불경, 국문불서 속에 자리 잡고 있었던 것이다.[113] 이 국문소설은 장족의 발전을 이루어 번역 서사문학 야담언해나 중국소설언해 등과 함께 조선 후기 풍성한 문원을 이룩하고 국문문학사의 주축이 되었던 것이다.

이에 조응하여 국문희곡이 《월인석보》를 바탕으로 형성·전개되고 있었다. 그동안 조선시대의 국문희곡은 존재조차 확인되지 않은 채 방치되어 왔거니와, 실은 이 《월인석보》 자체가 불교계의 연극·연행의 대본이었던 것이다. 이 《월인석보》를 문학적으로 분석·고찰하면, 그것이 강창단위로 분화되고, 그 강창단위가 연행 대본으로서의 희곡으로

---

112 사재동, 「국문수필 형성·전개」, 『한국문학의 방법론과 장르론』, 중앙인문사, 2006, pp.620-621.
113 사재동, 『한국문학유통사의 연구Ⅱ』, 중앙인문사, 2006, pp.117-118.

성립될 수 있었다. 가령 〈목련구모〉나 〈아육왕불사〉 등은 그 극화·연행의 대본으로서 그대로가 희곡이었기 때문이다.[114]

한편 그다지 보수적이던 악보·가무보가 성종 이래 국문가사를 적극 수용·활용함으로써 연행예술을 활성화하고 놀라운 발전을 선도하였다. 잘 알려진《악학궤범》이나《시용향악보》·《악장가사》등은 서로 조화되어 연행·공연될 수 있는 공연대본집이라 하겠다. 특히《악학궤범》에는 음악·무용의 공연이론과 실연사례를 바탕으로, 고려사 악지 당악정재·속악정재, 그리고 시용당악정재 등과 함께 시용향악정재가 국문가사를 활용한 가무극 공연대본으로 성립·수록되어 있는 것이다. 실제로 '保大平·定大業·鳳來儀·牙拍·舞鼓·鶴蓮華台處容舞合設·文德曲' 등은 그대로 공연될 수 있는 완벽한 대본이라 하겠다. 이러한 공연대본들이 실제로 연행·유통되면서 성종 이래 한국공연예술사를 이끌어 왔던 것이다.[115]

여기서 주목되는 것은 중국문학의 언해이다. 이것은 정음 실용 이후에 대두된 국어국문 번역문학의 시발과 전개과정을 그대로 실증하고 있다. 이미 알려진 대로 번역문학도 한국어문의 문학이기에 국문학의 영역 내에 들어 와야 된다는 당위성을 제시·증명한 게 사실이다. 일찍이 중국의 유명한 시를 언해하거나 중국소설·희곡을 번역·번안한 사실은 국문문학의 창작에 상당한 영향을 끼쳤을 뿐만 아니라, 실제로 조선 번역문학사를 이끌어 오면서, 전반적인 국문문학사의 다양한 전개에 크게 기여하였던 것이다.

---

114 사재동, 위의 책, pp.574-576.
115 사재동, 「한국희곡사 연구의 방법론적 전망」, 『한국공연예술의 희곡적 전개』, 중앙인문사, 2006, pp.137-138.

마. 한국문화사에 끼친 영향

이 훈민정음은 각 분야의 다양한 실용서를 언해함으로써, 국문문헌의 역사를 이끌어 왔고, 나아가 그 분야에 정음문화를 심어 주었다. 따라서 그것이 조선의 실용문화를 일으켜 발전시키게 되었다. 이러한 실용서 언해사업을 몇 가지 분야로 나누어 보겠다. 이것은 성종대로부터 조선 말기까지를 통관하고 있는 터다.

먼저 법률분야는 남아 있는 자료가 아주 빈약하다. 그 조선조 법률관계의 특수성에 말미암은 것인지, 그 자료가 없어졌음인지 속단키 어려운 바 무원록언해가 현전할 뿐이다. 다음 의례분야는 세자친영의주언해를 비롯하여 책빈의주언해와 가례언해·정속언해·여씨향약언해 등이 현전하여 그 특성을 드러낸다.

유아와 청소년의 교재분야에는 천자문언해·훈몽자회·동몽선습언해·십구사략언해 등이 나오는데, 실제로 청소년의 유교 교육의 교재로는 사서오경언해가 보편화되어 있었던 것이다.

농업분야에는 농서언해·농사집성언해·잠서언해 등이 있어 활용되었다. 구황분야에는 구황촬요언해와 신편구황촬요언해가 있었고, 의약분야에는 벽온방언해·우마양저염역병치료방언해·마경언해·두창집요언해·태산집요언해·구급방언해·침자경험방언해·잡방집성언해·제중신편 등 많은 문헌이 전하여 당시의 의약치료에 관한 관심을 보여 주고 있다.

끝으로 군사 분야에서 연병지남언해·병학지남언해·화포식언해·화약합제식언해 등이 마련되어 당시의 군사·국방의지를 보여 주는 터다. 그리고 생활 실용으로 재물보언해·물명고언해와 한자어옥편·자전류에 이르기까지 이 훈민정음이 미치지 않은 곳이 없었다.[116]

이와 같이 훈민정음이 백성들·대중들의 실용 생활에까지 파고들어

날로 씀에 편안케 하였으니, 이로써 세종의 훈민정음 정신과 그 백년대계가 완전히 실현된 것이라 하겠다. 이것이 바로 조선시대 정음문화의 실상이요 그 전망이기 때문이다.

6) 결론

이상 훈민정음의 창제·실용과 그 수용양상에 대한 전반적 문제를 불교문화학적 방법론으로 고찰하여 보았다. 지금까지 논의해 온 것을 요약하면 다음과 같다.

① 조정·유교계와 왕실·불교계의 문자관을 비교해 보았다. 그 조정·유교계에서는 이 한자·한문을 가장 훌륭하고 완벽한 문자로 절대시·신성시하면서 자국적인 정규문자라 공인하고 공사간의 학문·생활상에 널리 사용하였다. 여기서는 그 한자·한문을 중국 중심의 외교문서로 사용하면서 사대모화의 표상으로 삼는 한편, 저 변방 각국의 문자를 오랑캐 문자로 하시하고 결코 수용하거나 용납하지 않았다. 따라서 세종 어제의 훈민정음이 공포되었을 때 조정·유교계에서는 이 문자를 오랑캐 문자와 동일시하면서 그 사용을 결사반대하고 그 폐기를 강력 주청하여 세종의 엄중한 처분을 받아 음성화되었다.

이에 반하여 왕실·불교계에서는 그 한자·한문을 조정·유교계의 전용문자로 인식하되, 백성·대중이 그 문자를 몰라 문맹의 고통을 겪으면서 오히려 이질적 반감이나 문자적 장애를 절감하게 되었다. 따라서 왕실·불교계에서는 불경원전의 범어문자나 불경을 자국어로 번역하여 백성들에게 전파·교화해 온 티베트 문자, 몽원대 파스파 문자 등을 매

---

116 최현배, 「한문의 역해-연해류」, 『한글갈』, 정음사, p.119.

우 중시하고, 이 문자들을 학습·연구하며 이에 준하는 조선어 문자의 창제를 염원하여 그 준비·설계까지 시도하게 되었다. 이러한 왕실·불교계의 문자적 소망이 세종의 위민적 문자정책과 합일·호응하여 어린 백성, 무명 중생들을 올바로 교화하는 쉽고도 편리한 민족의 상용문자요 불교의 홍법문자 훈민정음으로 창제되면서, 그 적극적인 수용의 길을 크게 열었다.

② 조정·유교계의 훈민정음 수용상태를 검토하였다. 여기서는 훈민정음에 대한 반대·불용의 신념·의지가 음성화되면서, 그 수용상태가 내면적으로 더욱 경직되고 실질적으로 저조할 수밖에 없었다. 그러기에 여기서는 어명과 명분에 못 이기어 훈민정음해례본을 한문으로 만들고,《용비어천가》125장을 국한문으로 지어 전10권의 한문해설사화 속에 끼워 넣는 한편, 당시 궁중음악의 가사를 국한문으로 표기하는 데에 머물렀다. 그리고《동국정운》을 비롯한 운서에서 정음문자로 표준 한자음을 표시하고 그에 해당되는 한자를 나열하는 한자음사전류를 편찬하는 데에 그치고, 세종이 하명한《삼강행실도》나 사서오경·두시, 실용서 등의 언해를 정면으로 반대하거나 어명을 받드는 형식으로 그 언해사업을 유보·연기하는 전략을 썼다. 그리하여 조정·유교계에서는 훈민정음을 근본적으로나 실제적으로 천시·거부하면서, 모든 정음문서나 한문서책 언해를 용납하지 않았다.

③ 왕실·불교계에서는 불교중흥을 위하여 불경·불서를 홍포·선양하는 불교계의 문자로 훈민정음이 창제·공포되면서, 감격과 영광 속에서 즉각 수용하여 적극적으로 활용하였다. 먼저 훈민정음의 예의 원본을 언해하여 이 문자를 익히고 쓰는 교범·교재로 사용하면서, 중요한 정음불경·불서의 서두에 실었다. 그러면서 석가불의 생애를 정음 전용으로 기술한 장편서시요 운문불경인《월인천강지곡》을 간행하고, 바로

그 석가불의 일대기를 정음전용으로 서술한 장편 전기요 산문불경인 《석보상절》을 편간하며, 위 두 정음불경을 합본·정화시킨 대장편운·산문불경인 《월인석보》를 찬간하였다. 세종에 이은 세조대에 불교왕국이 재건되면서 조정에 간경도감을 설치하여 수많은 대승경전을 언해하여 광포하니, 마침내 왕실과 불교계 내지 백성·민중에 불교중흥과 함께 훈민정음의 전성시대를 활짝 열었다.

④ 이상 문자관과 그 수용양상을 바탕으로 훈민정음을 왕실·불교계 중심의 새로운 문자로 전제하고, 그 창제 경위를 고찰하였다. 왕실·불교계에서는 불교중흥을 통한 불교왕국의 재건을 위하여 인도나 티베트, 몽원대 등 불교왕국과 같이 새로운 불교문자를 창제하겠다는 필연적 배경과 절실한 염원을 가지고, 백성을 위한 문자정책에 골몰하던 세종이 총체적 책임자가 되어, 불교왕국의 왕위를 대망하던 수양대군을 총괄적 주관자로 삼고, 당대 최고 학승·지도자로 불교문자를 갈망·모색하던 신미·수미·설준·홍준·효운·지해·해초·사지·학열·학조와 김수온 등을 전문적 실무자로 위촉하여, 이 훈민정음을 정식으로 창제하였다. 이 창제의 내면적 동기는 불교계의 문자로써 불법을 홍포하여 중생을 교화·구재하려는 데에 있었지만, 표면적 동기가 백성·민중의 일용 문자로서 그 치민적 명분·사명을 갖추었기에, 그 창제의 실제적 과정이 어명의 모든 사업과 같이 응제의 정식절차를 올바로 거쳤다. 따라서 훈민정음은 세종의 어명에 의한 창제의 착수단계를 따라, 전문적 실무자들의 작성단계를 통하여 제작된 그 예의 원본의 초본이 총체적 책임자와 총괄적 주관자의 검증단계, 확정단계·실험단계를 거쳐 마침내 그 예의 원본으로 세종 25년에 공포되었다.

⑤ 이 훈민정음의 한국문화사 상의 위상을 파악하였다. 세종·세조대까지 왕실·불교계의 전용문자와 같이 사용되던 훈민정음이 성종대

로 접어들면서 왕실·불교계를 벗어나서 일반 백성, 대중의 문자로서 그 위력을 발휘하게 되었다. 그리하여 훈민정음의 보급·유통의 역사, 정음발달사를 이끌면서, 국어사의 큰 흐름을 유지하여 왔고, 국문문학의 형성·발전을 주도하면서 각종 공연예술 내지 정음문헌사에도 지대한 영향을 끼쳤다. 이러한 훈민정음의 문화사가 한국문화사의 핵심 주류를 이룩하여 오늘에 이르고 있다.

이로써 훈민정음이 창제·실용에 관한 피상적 인식과 관례에서 벗어나 그 진상을 올바로 파악할 필요가 있다. 적어도 이 훈민정음이 세종 단독의 창제라든가 그 예의 원본의 창제에 집현전 유학자들의 협찬이 컸다는 등의 고정관념은 재고해야 되겠다. 이 훈민정음 문화의 꽃이 고금을 통한 국내외의 "한글전용"이라면 그 전범·전통이 《월인천강지곡》 이하의 국문불경과 불경언해 등에서 비롯되었다는 점을 재인식해야 될 것이다. 실로 이 훈민정음은 민족문화의 정화요 새로운 문화세기의 문자·문화적 영광이 아닐 수 없다.

4. 대전지방의 불교문화

1) 서론

대전지방은 그 명산을 들러리한 분지로서 여러 하천이 흘러 일찍부터 인문이 열리고 적어도 백제시대부터 왕도 웅진과 동일한 문화권에서 정신문화가 형성·발전하여 그 전통을 이어 왔던 것이다. 그중에서도 이 지방의 불교문화는 이미 백제시대 웅진 중심의 불교문물이 유입·정착되면서 형성·전개되고, 그 전통이 우여곡절을 겪으면서 신라통일기와 고려시대, 조선시대를 거쳐 현대까지 계승되고 있는 게 사실이다.

기실 이 불교문화는 사찰문화다. 그래서 이 지방에서는 왕도의 주변 외호의 특수한 사명을 띠고 나제 국경, 계족산·식장산·보문산·구봉산·금병산 등의 불교문화를 형성·전개시켰던 터다. 실로 고금을 통하여 사찰은 불교문화의 요람이요 원형이요 현장이다. 따라서 이 사찰문화, 불교문화는 그만큼 보배롭고 소중하다는 것이다. 그것은 이 지방 역대 문화사, 정신문화사의 중심을 이루면서 그다지 큰 영향을 끼쳐 왔기 때문이다.

실제로 이 지방의 사찰문화, 불교문화의 실상은 상당히 다양하고 그만큼 소중하고 값진 것이다. 여기에는 그 불교 미술과 불교제의·불교윤리, 불교언어·문자, 불교문학·불교연행, 불교문헌과 불교풍속 등이 다 포괄되어 있기 때문이다. 여기서 주목되는 것은 이러한 불교문화가 이 지방 일반문화의 각 분야로 알게 모르게 용해·전개되었다는 사실이다. 그렇다면 이 불교문화가 이 지방문화·문화사의 중심·주류를 이루어 왔다는 사실이 입증되는 터다.

그런데 조선시대의 숭유배불 정책이 실현되면서, 이 지방의 불교세가 쇠퇴를 면치 못하고, 특히 조선 후기에 이르러 실세의 위기를 맞으면서, 그 불교문화가 침체·음성화될 수밖에 없었다. 더구나 근세 후기에 이르러 이 지방의 유교문화가 성세를 보이면서 상대적으로 이 불교문화가 더욱 위축되면서 은폐되는 지경에 이르렀던 터다. 게다가 조선 말기·일제강점기에 걸쳐 이른바 신흥종교의 발흥과 기독교의 전래·전파에 시달려, 이 불교문화는 그 전통을 이어 명맥을 유지하기가 어려웠던 것이다.

그러기에 학자·문화인이나 상하 민중은 이 지방 불교문화에 대한 인식이 피상적으로 흘러 부정적이거나 평가 절하하는 경향이 없지 않았다. 따라서 지금껏 불교학계나 문화사학계에는 이 지방 불교문화사에 대하여 경시·방치하고 본격적으로 탐구·논의한 바가 없는 형편이다. 그나마 역대 지지서, 《동국여지승람》이나 《조선환여승람》·《여지도서》·《회덕현읍지》 등에서[117] 사찰명 중심으로 수록해 놓았고 근래의 『대전시지』나 『대전시사』[118] 그리고 『문화유적총람(사찰편)』 등에서[119] 사찰 충심의 유형문화적 기술을 남기고 있는 것은 다행한 일이다. 그래도 최근에 인문학계 일우에서 「대전불교의 전통」을[120] 되새겨 보고, 이어 「대전불교의 전통과 민중생활」을[121] 탐구해 본 것은 그 기초 작업이 될 것이요, 나아가 『비래사 문물의 불교문화적 재조명』은[122] 이 지방 불교문화의 본격적 연구에서 그 출발점이 될 것이다.

어쨌든 진실은 사라지지 않는다. 이 지방 불교문화, 그 문화사적 위상은 엄연하고 찬연하다. 다만 그 유형적인 것은 빙산의 일각으로 잔존하고 그 무형적인 것은 보이지 않게 흐를 뿐이다. 게다가 조선 말기 이래 지금까지 위 저명한 산문에 수많은 전통사찰이 고지에 중창되고 승지에 창건되어 그 불교문화의 면면한 전통을 계승·발전시키고 있기 때문이다. 그러기에 여기 문화사적 이론과 복원론적 방법에 따라, 이 지방 불교문화의 실상과 문화사적 위상을 추적 탐구하려는 터다.

첫째, 대전불교의 전통을 백제시대로부터 시대별로 검토하겠고,

둘째, 대전지방 불교문화의 현장을 역대 산문의 고찰과 현전 전통사

---

117 대전시사편찬위, 『대전시사』 4권, 대전직할시청, 1992, 부록 고읍지, pp.1-132.
118 대전시지편찬회, 『대전시지』, 대전시청, 1984, pp.138-139; 위의 『대전시사』 4권, pp.129-131.
119 문화예술과, 『문화유적총람』, 충청남도, 1990, pp.815-827, 부록 p.834.
120 사재동, 「대전불교의 전통」, 『불교문화학의 새로운 전개』, 중앙인문사, 2006, pp.551-579.
121 사재동, 「대전불교의 전통과 민중생활」, 위의 책, pp.581-612.
122 사재동, 『비래사 문물의 전통적 재조명』, 한국불교문화학회, 2011.

찰에 근거하여 입증하겠으며,

셋째, 대전 불교문화의 유형을 유형문화와 무형문화로 대별하여 파악하겠다.

그리하여 이 대전지방 불교문화의 실상과 문화사적 위상을 올바로 밝히고 그 실상·진가와 당시 후대의 영향력을 평가·선양하며 현대적으로 계승·발전시키는 계기를 마련하려는 것이다.

2) 대전지방 불교의 전통

대전지방에 불교가 본격적으로 전래된 것은 백제의 웅진시대부터라고 하겠다. 백제에 불교가 들어온 것은 침류왕 원년 호승 바라난타가 동진으로부터 도래하면서 비롯되었다. 당시 왕은 그를 궁중에 영입·예우하면서 이듬해 신도 한산주에 불사를 창건하고 승려 10인과 머물게 하였다.[123] 이것이 백제불교의 시원으로 그 전래·정착 과정을 짐작케 하지만 그 정황을 파악하기 어렵다.

그러기에 백제불교는 웅진시대에 들어와서 비로소 그 참된 모습을 드러내게 되었다. 문주왕 원년에 웅진으로 천도하면서 불교신앙과 그 문물을 옮겨 온 것은 사실이지만, 외세에 밀려 남천한 왕조가 약세와 불안으로 국방에 급급하면서 불교를 전적으로 진흥시키기는 어려웠을 것이다. 그것도 문주왕이 즉위 2년 만에 시해되고 삼근왕대로 이어지니, 그러한 혼란기에 불교신앙이 제대로 유포·정착되기는 힘들었을 터다. 그래서 동성왕대에 이르러 국기가 바로 잡히고 외교를 열며 축성·외방이 굳건해지면서 내치와 문화·문물이 일어날 계기를 마련했던 것이다.

---

123 김부식,《삼국사기》, 본기 권 24, 백제불기, 침류왕 원년조.

여기서 불교가 왕실의 홍복과 국태민안을 기원하기 위하여 보급·발전하게 되었던 터다.

마침내 무령왕이 등극하면서 불교발전의 신천지가 열리게 되었다. 일찍이 그는 등극하기 전에 불교에 능통하고 권능이 높은 고승으로서 민심을 크게 얻고 민중의 추대를 받아 '왕불일여(王佛一如)'의 승왕이 된 것이었다. 그러기에 인도의 아쇼카왕이 불교적 방편으로 통일제국을 건설한 사실을 본받고 양나라 무제가 불교적 권능과 방법으로 대제국을 일으켜 발전시킨 치적을 공유하면서 불교적 이념을 통하여 불교적 이상국가를 세우게 되었다. 그 실체적인 방책을 통하여 궁성지역을 중심으로 국방·치국에 중요한 지역에 적합한 대소 사찰을 창건하여 치민·교화의 본거지로 삼았던 것이다. 그리하여 이 승왕은 국가적 권능으로 궁성 내에 원찰을 세우고 도성의 사방에 호위 사찰을 일으키는 한편, 그 국방·행정의 중요 지역의 호족들을 통하여 그들의 자치적 행정·복지의 중심기지로 최대의 사찰을 건설·운영케 하였던 터다.[124] 그러기에 왕도 궁성 내에 대통사나 수원사 등을 짓고, 그 주위 사방에 동혈사, 서혈사 등을 건설하면서 북혈사를 겸하여 운주산 연기지역 주류성에 비암사를 세웠던[125] 것이다. 이어 덕순산 예산지역의 수덕사와 용화산 금마지역의 미륵사,[126] 가야산 내포지역의 가야사나 보원사 등이 개창되었으리라 보아진다.[127]

---

124 사재동, 「무령왕 행적의 불교문화적 실상」, 『무령대왕과 백제불교문화사』, 역락, 2015, pp.73-75.
125 사재동, 「비암사 문물의 불교문화적 전개」, 『불교문화학의 새로운 과제』, 중앙인문사, 2010, p.234.
126 사재동, 「미륵사지 문물의 불교문화적 고찰」, 위의 책, pp.115-118.
127 사재동, 「내포 가야산 불교문화의 위상」, 『충청학과 충청문화』, 충남역사문화연구원, 2019, pp.12-13.

이 무렵에 대전지방은 왕도의 주변지역으로서 동일한 문화권이 되고, 더구나 나제의 접경지대가 되어 특수한 역사·지리적 위치에 있었다. 따라서 이 대권의 외곽을 둘러싼 계족산이나 식장산·보문산 등을 주축으로 하는 연장선상의 산상에 국경 외방의 산성이 자리하여, 후방 웅진 도성과 주민들의 안전을 보장하고 있었다. 여기에는 그 성채와 군병들의 사기·전력을 고조·격려하기 위하여 국가적인 지원·혜택이 주어진 것은 물론이지만, 그 백제 군사들의 호국정신과 승전사명을 고취하고, 그들의 심신건강과 무문장구를 빌며, 사상 장병들을 구료·추천하는 불교적 위력이 절실히 요망되는 게 당연하였다. 이에 왕성중심의 호국불교가 그 역할 다하였던 터다. 그리하여 이 지방 국경지대 주저항선의 성채 뒤 전략 요충지대에 호국 원찰을 건립·운영했던 것이다. 그리하여 전게한 운주산 주류성 배후의 비암사와 연결선 상에서 이 대전의 외곽 그 산성의 원찰로, 계족산의 법천사·봉주사·비래사, 식장산의 법장사·고산사·봉서사, 보문산의 보문사 등이 창건되어 불교활동을 개시하였으리라 본다. 이것이 대전지방에 불교가 전래·정착된 정황이었다. 그로부터 이 지방에서는 왕도지역의 불교가 발전하는 추세에 따라 점차 전파·보급되었던 터다.

그 무렵에 이 지방 불교는 웅진 수도권의 불교와 민감하게 교류하여 발전하는 게 당연하였다. 당시 조정에서는 왕실의 융창과 호국·안민을 위하여 정책적 차원에서 호국불교를 숭상·전파하게 되었고, 따라서 국적의 여파가 직접 미쳤던 대전지방에는 수도권 신앙문화의 직접적 영향으로, 그 불교신앙이 그대로 유입될 수밖에 없었다. 그러기에 이 지방에서는 그 수도권의 불교와 대찰들을 공유하면서 위와 같은 산지를 중심으로 사찰들을 창건하면서 점차 발전할 수가 있었다.

이어 대전지방의 불교는 부여천도 이후에도 수도권의 영향 아래 계속 발전하였을 것이다. 비록 그 수도권이 그만큼 멀어졌다 하더라도, 역시 왕권의 불교정책은 그 거리를 초월하여 강력하게 실현되었기 때문이다. 그 성왕이 그 16년대 부여로 천도하여 불교세를 증진시키고 이어 위덕왕이 법왕 등에 걸쳐 더욱 숭상되었던 게 사실이다. 따라서 이 대전지방의 불교는 웅진 구도권의 불교여세를 이어받고 부여 신도권의 불교역량에 새로운 영향을 받아서 점차 확장·심화되어 나갔을 것이다. 흔히 백제의 불교사상을 미륵사상·미타사상·계율사상 등이라 하거니와, 이러한 사상이 웅진·부여의 수도권을 중심으로 그 외곽인 대전지방에까지도 공통적으로 유통 되었으리라 본다. 당시 조정에서 그 불교사상을 통하여 민심을 안정·순화시키고 호국적 역량을 고취시키는 것이 급선무였기 때문이다.[128]

이어 이 지방의 불교는 신라통일기에 이르러 더욱 발전했던 것이다. 원래 신라는 불교왕국으로 삼국을 통일하고 이 백제 구강지역을 신라식 불교로 통합·관할하기 위하여, 전국토의 중앙지대이면서 나제 국경의 충돌·상충지점, 이미 그 호국원찰이 설치된 그 계족산이나 식장산·보문산 등에 불교중심의 산문을 열었던 것이다. 그리하여 중상지역의 산문으로 계족산문이나 식장산문, 보문산문 등을 지정·설치하여 그 산의 명당에 상당한 사찰을 창건·운영하여 이 지방 불교의 총화·발전을 주도했던 것인가 한다.

기실 이 계속산문은 원래의 명칭이 아니라, 신라 측에서 이 산문을 불교성지로 설정하면서 명명한 것이라 하겠다. 기실 이 '계족산'은 당시 중국에서 유명한 '계족산문(鷄足山門)'에서 연유된 것이 분명한 터다. 그러면서 중국의 그것이 인도의 저명한 '계족산문·가엽성지(迦葉聖地)'

---

[128] 사재동, 「대전불교의 전통과 민중생활」, 『불교문화학의 새로운 전개』, pp.584-586.

에서 유래된 점은 잘 알려진 사실이다. 저 중국의《계족산지(鷄足山志)》에[129] 의하면, 이 산문은 인도의 그것을 본받아 미륵성지로 조성되었고, 따라서 그 불교문물이 성행하여 그 산의 요지마다 사찰이 건립·운영되었기에, 여기 신라에도 영향을 미쳤던 것이다. 이렇게 유서 깊은 법연으로 조성된 계족산문에는 백제시대 호국 원찰을 비롯해서 골골의 적지에 마땅한 사찰을 건립하여 그 위용을 보였을 것이다.[130] 그리고 식장산문이 열렸을 것이다. 이 산문은 계족산문과 연접되어 원래는 법장산문으로 출발했을 가능성이 있다. 민간어원적 추정에 의하면, 본래 식장산은 불교적 진의를 나타내는 '법장산(法藏山)'이었다는 것이다. 이 '법장산'이 민간에서 흔히 '밥장산'으로 불려오다가 그것이 한자로 표기되는 과정에 그 '밥장'이 '식장'으로 변모되었다는 것이다. 그것이 불교적 성산으로 문을 여는 마당에, '법장(法藏)'으로 명명되는 것이 당연하다. 게다가 이 산중에 고찰로 법장사·법장암이 세워졌다는 사실과 결부시킨다면, 그 법장산문의 출발이 그만한 타당성을 지니는 터다. 그래서 이 식장산문에는 역시 백제 때의 호국원찰에 이어 산중 요지에 적절한 사찰이 상당 수 법장처럼 자리했을 터이다. 아니 사찰들이 그 법장 자체로서 안정되어 있었을 것이다.[131] 또한 그 보문산문(普門山門)이 그만한 규모로 열리게 되었을 터다. 원래 그것은 '보문산문'이었으리라고 본다. 여기는 관음성산으로 '보문시현(普門示現)'의 자비·권능으로 충만하였으리니, 법화세계 연화세계가 열리었던 터다. 그러기에 이 상중의 명조에 백제시대의 호국원찰을 비롯하여 보문사와 같은 사찰들이 상당 수 개

---

129 杜潔祥,『鷄足山志』, 丹靑圖書公司, 1985.
130 사재동,「비래사 문물의 불교문화학적 고찰」,『비래사 문물의 전통적 재조명』, 한국불교문화학회, 2011, pp.15-167.
131 사재동,「대전불교의 전통」,『불교문화학의 새로운 전개』, p.563.

창·운영되었을 것이다. 한편 이들 산문의 지맥이 계룡산문의 지류를 영입하는 산지에, 그만한 법맥을 따라 점차 상당한 사찰들이 건립되었으리라 본다.[132] 그 무렵 이 내전비장의 산문들은 전국적 산문, 경남·가야산문이나 영축산문·백월산문, 내포 가야산문·덕숭산문과 조응하여 당시 불교사상을 수용·유통시키고 있었다.

드디어 신라가 정치·경제·군사적으로 백제의 강역을 완전히 병합·동화시켰을 때, 이런 대전지방의 불교는 일단 신라불교의 외모를 갖추게 되었을 것이다. 그러면서도 여기서는 오랜 전통의 백제 불교적 특징을 벗어날 수가 없었다. 그리하여 백제 구강지역의 불교문물이 다 그러하듯이 이 지방의 불교도 신라적 주조 위에 백제적 특징을 되살리고 있었던 것이다. 실제로 이 대전지역의 불교사상은 백제의 그것을 기저로 하여 신라의 그것을 복합적으로 수용하여 왔다고 본다. 기실 신라불교에서는 그 백제의 불교사상을 그대로 공인하고, 신라적 특색을 가미·강조할 수밖에 없는 실정이었기 때문이다. 그래서 이 대전지방의 불교사상은 신라불교의 특성에 우선적으로 접촉하여 적극적으로 수용·정착시켰으리라 추정된다.

이럴 무렵에 웅진지역 내지 부여지역의 불교문물이 점차 신라화되고 모든 사찰이 신라식으로 개축·개편되어, 그 여파가 대전지방의 불교계에 직·간접으로 상당한 영향을 끼쳤던 것이다. 그리하여 이 지방의 주변에 마곡사나 갑사·청량사·법주사 같은 신라식 사찰이 창건·중창되고 성세를 보이면서, 이 대전지방의 그 사찰들도 신라식으로 통일·전개되었으리라 본다.[133]

---

132 사재동, 위의 책, pp.563-564.
133 사재동, 「대전불교의 전통과 민중생활」, 위의 책, pp.584-587.

이어 대전지방에 불교의 전통이 그런대로 정립된 것은 고려대에 이르러서부터였으리라고 본다. 이 지방 불교의 독자적 전통은 고려대에 와서 주변 지역의 불교세와 더불어 이룩되었기 때문이다. 고려는 태조 이래 불교를 가장 숭상하여 치민·교화의 방편으로 내세웠던 것이다. 그러기에 신라나 후백제의 불교가 성행하였던 곳에는 고려불교의 권위를 보이는 불교문물을 시설·강화하였던 게 사실이다. 그리하여 고려에서는 공주·부여지역을 중심으로 충청·전라지방의 기존 사찰을 고려식으로 통어·개편하고 고려불교의 특성을 살리는 새로운 사찰을 중요 지점에 창건·경영하기에 이르렀다. 가까운 연산의 개태사나 계룡산문의 여러 사찰, 익산의 제석사 등이 개설되어 대세를 이루었던 것이다. 따라서 대전지방에서도 신라 이래의 계족산분이나 식장산분·보문산분을 중심으로 상당한 사찰들이 고려식으로 개편하고 나아가 고려불교의 특성에 따라 일부 사찰이 창건·운영된 것은 당연한 추세였다.

이 고려 때 대전지방의 불교사상은 공주·부여지역 내지 신흥 개태사 지역의 그것과 보편적으로 공통되어 폭넓게 전개되어 왔다고 본다. 전술한 대로 이 불교사상은 백제시대와 신라통일기를 거치면서 대중화된 미륵사상이나 미타사상·계율사상에다 불국토신앙과 제석신앙 등이 복합·수용됨으로써, 종합적인 융화 현상을 보일 수밖에 없었던 터다. 이러한 종합적 융화사상이 주변의 대찰을 중심으로 발전·유통되면서, 대전지방의 사암을 바탕으로 자연스럽게 보급·유전되었던 것은 당연한 일이었다.

이러한 불교사상과 불교문물이 조선시대에 이르러 크게 요동을 치고 마침내 쇠퇴 일로를 면치 못한 게 사실이다. 태조의 숭유적 개국에 이어 태종의 숭유배불정책에 따라 불교가 혁파되어 큰 타격을 입은 이래, 세종대의 외유내불정책으로 불교가 되살아났다. 마침내 세조대의 숭불정책에 의하여 불교가 중흥의 대세를 이루었고, 성종대에 이르러 다시 외유내불정책으로 돌아가 불교세가 그 전통을 유지했던 것이다. 이에 따라 대전지방의 불교는 충청지역 불교세와 함께 불교정책을 그대로 수용하고 그 대세를 따라 우여곡절을 겪으면서 현상을 유지할 수 밖에 없었던 터다. 그러던 것이 연산군·중종대를 지나 선조대를 거치면서, 숭유정책이 강화되고 불교세가 점차 무너질 수 밖에 없었다. 이러한 대세는 조선 후기에 이르면서 더욱 확연하여졌던 터다. 이에 따라 대전지방의 불교가 쇠퇴하여 상당한 사찰이 그 명맥을 잇기조차 어려웠던 게 사실이다. 이는 전국적 대세와 충청권의 그 추세를 그대로 받을 수밖에 없었기 때문이다. 게다가 이 지방에서는 충암 김정과 동춘당 송준길, 우암 송시열로 이어지는 유학사상이 성세를 보며 상대적으로 불교사상이나 그 신앙이 약세를 보이는 현실이었다.

이와 같은 악조건 속에서도 이 지방의 불교와 그 사암은 민중의 뿌리 깊은 신앙심과 승려들의 법력·사명감에 의하여 겨우 명맥을 유지할 수가 있었다. 여기서는 뜻있는 선배들의 음성적 보조와 부녀자들의 골똘한 신심·보시만이 그 불교·사암을 유지 연명하는 기반이었던 것이다. 따라서 이때의 불교는 그 본연의 사상과 그 사명을 음성화한 채 지엽적인 기능을 발휘하는 경향으로 흘러가게 되었다. 우선 부녀 중심으로 그 가족의 건강이나 행운을 비는 기복신앙이 성행하고, 그 가족들의 통과의례를 축원하는 데에 집중하면서, 불탄재나 우란분재 등 불교명절이나 매월의 관음재일이나 지장재일 같은 명일 불공이 주류를 이루었던 것이다.

그러면서도 이 지방 불교의 전통은 면면히 이어지고 있었다. 그 이름 없는 선승에 의하여 선맥이 이어지고, 숨어있는 학승에 따라 불교사상, 교맥이 전래되었다. 그리고 이 지방 저조한 사암을 중심으로 승려와 신도의 신행활동을 통하여 각종 불교문화가 계승되었던 것이다. 그러면서 이러한 불교무화가 이 지방 주민, 신도 대중이나 일반 민중에 알게 모르게 보급·유전되면서 조선 말기까지 유지되었던 터다.

이런 대전불교의 전통은 근대초기로 면면하게 이어졌다. 이것은 불교의 진리가 그만큼 보편적이고 절실한 권능을 발휘하고 불교계의 부단한 정진과 정성으로 그 법맥이 줄기차게 뻗어 나왔기 때문이다. 그러면서도 이 정통불교는 일제시대를 맞아 일본불교의 영향으로 변질·저조의 길을 걷게 되었다. 우리의 전통 법맥을 말살하려 조선사찰령을 제정하고 전통적 승가제도와 법도를 개신·개악하여 대처와 다름없게 허락하면서 청정법통을 파기하는 일체의 책동이 있었기 때문이다. 실제로 그 일본불교는 전국 중요도시 요지에 일본식 사찰을 건립·운영하면서 한국불교의 일본화를 위하여 적극적인 불교활동을 벌였던 것이다. 그리하여 교단하였던 승려들 중 상당수가 사원과 함께 자신을 팔아 그 왜색불교의 함정에 빠져들게 되었다. 이런 추세에 따라 대전지방 불교계에서도 적지 않은 승려와 사찰이 그런 와중에서 헤매게 되었다. 그러기에 이 전통사찰은 쇠퇴를 면치 못하고, 대전시내 원동이나 중동 내지 소제동 등 요지에 일본식 사찰이 건립·발전하였던 것이다.[134] 그러나 불·보살의 가호와 경허·반공·용성 등 선지식의 법력으로 고찰·법맥을 수호하여, 그 면면한 전통이 이어졌던 터다. 그리하여 이 전통불교의 향화·법등은 험난한 도정에서도 꺼지지 않고 마침내 민족 해방을 맞아 그 광복·부흥의 계기를 맞이하였던 것이다.

오랜 갈등 속에서 이 전통불교는 드디어 정통불교로 국가적 공인과 보호를 받게 되었다. 그 후로 불교의 정통이 확연히 빛나고 그 법맥이

---

134 사재동, 「대전불교의 전통」, 위의 책, p.575.

재활하여 그 권능을 발휘하게 되었다. 따라서 경향각지의 사찰이 개수·정화되고, 승단이 청정하여 정법을 수호·선양하니 불교중흥의 기틀이 잡히기 시작하였다. 이러한 불교의 재활·중흥이 대전지방에서도 이루어져, 실로 오랜만에 활기를 띠게 되었던 터다. 여기서는 그동안의 승단, 조계종과 태고종 등이 화합·상응하여 사암을 정비·중창·창건하면서 각계·각층의 신도·시민을 선도·교화하는 데에 전력하였기 때문이다. 나아가 6·25를 겪고 나서는 대전불교가 더욱 각성하고 그 전통을 계승·발전시키기 위하여, 위 계족산문과 식장산문·보문산문을 중심으로 대소 사찰을 증수·창건하고, 조직적인 포교활동을 벌리면서 시내 한복판에 원근 대찰의 포교당을 건립·운영하는 데까지 나아갔던 것이다. 이어 5·16을 겪으면서 그 불교세가 전국적으로 확장되고 불탄일이 공휴일로 제정되면서, 대전불교계에서도 크게 고무되어 적지 않은 영향을 받게 되었다. 그것은 불법의 재휘요 부처님의 재활이며, 이른바 20세기 말기의 불교중흥이었기 때문이다.

이에 대전지방에서는 이로부터 그 승단을 강화하고 그 사찰을 중심으로 승려들이 수행·정진에 매진하는 한편, 신도 대중·시민들을 모아 조직적으로 교화시키는 데에 진력하였다. 그것은 결국 상구보리·하화중생의 이념에 따라 '민중의 불교화', '불교의 민중화'로 시민 대중의 불교생활을 올바로 활성하기 위한 대방편이었던 터다. 지금 대전불교에서는 그 많은 사찰을 거점으로 승려들의 화단체로 대전승려연합회로 대전비구연합회나 비구니 청림회 등이 조직·활동하고 각 사찰마다 신도회가 구성되고, 대전신도단체연합회를 결성하여 불교활동을 벌리고 있다. 더구나 대전불교사암연합회가 조성되어 거시적 불교행사를 주관하고 있으며, 나아가 각 대학마다 불교학생회가 생겨서 대학생불교연합회로 결합하여 불교활동에 임하고 있는 것이다.[135] 이것이 대전불교

전통의 현대적 계승·발전이라 하겠다.

3) 대전지방 불교문화의 현장

이 대전지방 불교의 전통은 그대로 이 불교사이고 그 사찰사이며 불교문화사다. 실제로 사찰은 불교의 전당이요 본거지며 심장부인데다, 승려와 신도 대중이 불교활동을 수행한 성과가 바로 불교문화로 전개되었기 때문이다. 그래서 언제 어디서나 이 사찰은 불교문화의 요람이요 그 원형이며 바로 그 현장이다. 그러기에 대전지방의 불교문화는 그 유구한 전통 아래 건립·운영되었던 사찰들을 그 전거와 현장으로 하여 형성·선개되었던 게 사실이다. 그래서 불교문화는 실제로 사찰문화라는 것이었다. 따라서 이 지방 불교문화의 실상을 검토·파악하는 우선적 과업은 그 고금의 전통 사찰을 확인·검증하는 일이다. 그러기에 여기서는 이 지방 역대 사찰의 사지문물을 점검하고, 이어 현존 사찰의 실태를 파악하며, 그 고금 사찰의 불교활동을 추적하는 일이 급선무라 하겠다.

(1) 역대 사찰의 사지문물

실제로 이 사지문물은 그 시대 그 사찰의 역사적 실체와 불교문화사적 위상을 실증하고 있다. 현존 고찰을 전거로 하여 그 사찰의 실상과 불교적 활동을 족히 추적·고증할 수 있기 때문이다. 그러기에 이들 사지문물은 현존 고찰에 선행하는 한 사찰로서 동일한 가치와 위치를 갖추고 있는 게 사실이다. 이 사찰문화, 불교문화의 실상과 위상을 고구

---
135 이상 사재동, 「대전불교의 전통과 민중생활」, pp.590-597 참조.

하는 데에서 그 사지를 주목·중시하는 이유가 여기에 있다. 따라서 이 지방 사지문물은 대체로 위 사찰 산문을 중심으로 추적·탐색하는 사지문물에 대해서다. 전술한 대로 이 계족산문에는 백제시대부터 그 나제 국경의 각축지대 그 산성의 배후 호국원찰이 여러 군데 설치·운영되었던 것이지만, 그 사지를 확인하기는 어렵다. 다만 그 법천사나 비래사의 원찰이 그 명맥을 유지하였으리라 추정된다. 그리고 신라통일기에 이르러 이 산문이 본격적으로 전개되고 불교전성기인 고려시대를 거치면서 산지요소에 상당한 사찰이 건립·운영되었지만, 겨우 법천사와 봉주사·봉은암 정도가 사명만 전할 뿐이다.[136] 그 지맥을 타고 대덕군 동면 내탑리에 신라양식의 고려대의 석탑이 남아 있어, 신라·고려대의 사지문물을 대변하는 터다.[137] 이에 이 산지와 그 주변지역에 조선시대 이래 폐사된 그 사지문물 탐지·발굴한 필요가 있다.

둘째, 식장문물의 사지문물에 대해서다. 이 식장산문은 원래 법장산문으로서 계족산문과 연계되어 역대의 사찰들이 건립되었던 터다. 백제시대로부터 그 국경·산성의 요충지에 호국원찰이 설립되어 왔을 것이지만, 그 전가가 확실치 않다. 다만 법장사나 고산사 등의 원찰이 그 자리를 지켰으리라 추정될 뿐이다. 이어 신라통일기에 이 산문이 본격적으로 열리고 그 고려시대 불교전성기를 거치면서 이 산지 요소에 상당수의 사찰이 건립·운영되었지만, 다만 선량사와 법장사·봉서사 등이 그 이름을 전하고 있을 따름이다.[138] 그 조선시대에 걸쳐 폐사된 사찰의 사지문물이 이 산문 요소에 적잖이 유전하고 있는 게 사실이니,

---

136 신증동국여지승람 회덕현 불우조, 『문화유적총람(사찰편)』, 충청남도, 1990, p.834.
137 위의 책, p.817, 이 석탑은 지금 충남대학교 야외박물관에 옮겨져 있다.
138 신증여지승람 회덕현 불우조, 『충청남도 문화유적총람(사찰판)』, p.834.

이를 탐문·발굴하는 일이 중요한 터다.

셋째, 보문산문의 사지문물에 대해서다. 이 보문산문은 식장산문과 연결되어 계룡산문과 조우·상응하는 소중한 역할을 하여 왔다. 그러기에 백제시대부터 그 산성 배후의 호국원찰이 개창·역할을 담당하였지만 역시 현전하는 전거는 없다. 다만 보문사 같은 것의 원찰이 그런 역할을 했으리라고 본다. 이어 신라통일기에 이 산문이 본격적으로 열리고 그 고려대를 거치면서 이 산문에 상당수의 사찰이 설립·운영되었지만, 다만 몇몇의 사지가 확인될 뿐이다. 우선 보문사지가 남아 있다. 이 보문산 정상인 시루봉의 남록에 자리하며 산지 가람의 3단식 대지로 조성되었다. 이에 보문산문과 결부시켜 볼 때, 백제시대 산사 양식의 원형을 보이는 게 사실이다. 이 사찰이 백제의 호국원찰로 개척되어 신라통일·고려기를 거쳐 조선 말기까지 유지되었던 터다. 그 3단에 걸쳐 건물 초석이 남아 있고 제3단에 최상단에 금당이 세워졌던 것으로 추정된다. 그 바로 앞에 석조 당간지주 한 쌍이 서 있고 그 부근에 장대석 등이 널려 있기 때문이다. 그 이 사지의 좌측에 상당한 크기의 석조가 누워 있고, 사지 내에서 고려 말·조선 말기에 해당되는 와편·도자편이 발견되었다. 그리고 주변의 전언에 따르면, 일제 강점기 일인들이 여기서 철불을 반출해 갔다는 것이다. 그리고 지금 보문산성의 남쪽 기슭 남향한 암벽에 마애불이 자리하고 있다. 이 마애불은 제반 양식·형태로 보아 고려말기에 조성된 것으로 추정된다. 따라서 그 주변에 이 마애불을 조성·신봉·관리하던 사찰, 그 사지가 남았을 가능성이 크다.

한편 이 보문산문이 계룡산문 쪽으로 전개되면서 그 천비산 자락에 몇 군데 사지문물이 남았다. 우선 그 묘각사지가 확인되었다. 그 천비산 골짜기 묘악골에 이 묘각사의 대지가 조성되어 그 기대석이 잔존하고 있다. 이 사지의 중심부 뒤편 평평한 암반 밑에 정지가 남아 지금도 사용할 수가 있는 터다. 이 묘각사지의 고갯마루에 중암사(현존)가 위치하고, 또 그 윗부분에는 상암사 사지로 추정되는 절터가 자리하였다. 여기에 석축으로 기대를 조성하였고 건물지가 남아 있는데, 여기서 조선시대 와편들이 발견되었다. 적어도 이 사찰이 고려대에 건립되어 조선 말기까지 유지되었음을 추정할 수 있겠다. 그렇다면 대체로 중암사 아래 적지에 하암사가 건립·운영되다가 그 사지를 남겼으리라 본다. 여기서 더 나아가 진잠 지역에 이르러 계룡산문과 상접·상응하는 산지에 봉소사 사지가 자리하여 건물지가 분명한데 거기에 근래의 건물(봉덕사)이 들어섰다. 그 옆에 석조보살입상이 조성되어 있는데 제반 양식·형태로 보아, 고려 말·조선 초기의 작품으로 추정된다. 따라서 이 사찰은 적어도 고려대에 조영되어 조선시대까지 유지되었던 것이라 보아진다.[139] 그리고 그 주변 계룡산문의 지맥을 타고, 정각사나 회견사·현수사·학운사 등이 그 이름만을 남기고 있는 터다.[140] 이러한 산문에는 조선 말기에 폐사된 사지가 상당수 방치되어 있는 실정이니, 그 탐사·발굴이 요망된다.

 이상 대전지방 역대 고찰 사지문물을 대강 점검해 보았다. 이들 사지문물을 거점으로 하여 불교적 전통과 사찰사를 감안한다면, 이 지방에 적층되어 온 사찰 현장을 재구·복원할 수가 있겠다. 그 사찰들이 불교문화의 요람·산실이요 현장임을 감안하여, 그 실상과 위상의 가치와 중요성을 추적할 수가 있겠다. 나아가 이러한 사지문물이 현존 사찰들의 원류요 전통이며 그 역사라는 점이 확인되었다고 본다.

---

139 『충청남도 문화유적총람(사찰편)』, pp.816-824 참조.
140 위의 책, p.834.

(2) 현존 사찰의 실태와 위치

대전지방의 현존 사찰은 전통양식의 전각과 불교문물을 갖추고 전통적 불교활동을 전개하는 것이 원칙이다. 이 사찰들은 지금까지의 대전 불교를 대표하는 도량으로서 전통적 불교문화를 계승·발전시키고 있는 생동하는 현장이다. 이런 점에서 이 사찰들은 정통적 권능·역량을 갖추고 그 불교문화적 사명과 의무, 역할에서는 역대의 사찰들과 본질적으로 동일하다. 여기 현존 사찰들은 그 창건 시기나 계기가 다르고 그 규모와 내용면에서 차이가 있는 것은 사실이지만, 그 불교문화적 전통을 계승·발전시키고 창출·전개시키는 현장이라는 점에서는 모두가 동일한 가치와 위치를 점유하고 있는 터다. 그러기에 이 사찰들의 실태와 위치를 확인하는 것이 중요한 일이다. 따라서 이 사찰들의 현상을 현장에서 확인하기 위하여 그 지리적 위치를 살피는 게 상책이겠다. 그동안 이 지방 역대 사찰의 위치는 전게한 산문별로 파악하였지만, 이제는 그 산문을 중심으로 시중에까지 전개·분포되었기로, 행정구역별로 확인하는 것이 편리하겠다. 그리하여 2016년도 대전사암연합회 4·8봉축위원회에서 파악·작성한 대전지방 사찰의 현주소에 근거하여[141] 동구와 중구·서구·유성구·대덕구 등의 단위로 나누어 확인·명시하겠다.

첫째, 동구의 사찰에 대해서다. 여기서는 계족산문의 일부와 식장산문에 기반을 두고 구내 전역에 걸쳐 상당수의 사찰이 전개되어 있다. 그 사찰명과 현주소에 주지명은 다음과 같다.

개심사(판암로 128-269, 범일), 고산사(대전로 316길 205, 선일), 관음사1(판암로 87-1, 일묵), 관음사2(계족로 236, 정민), 관음사3

---

[141] 대전시민문화, 『연등축제』, 대전불교사암연합회 4·8 봉축위원회, 2016.

(신기로 53-11, 정안), 관음사4(중앙로 194번길 4, 청원), 광제사(성동로 14번길 10, 경원), 금선사(대별로 85, 백령), 금당사(옥천로 96번길 96-64, 탄오), 대문사(옥천로 605번길 4, 대운), 덕운사(대전로 286-36, 덕운), 도안사(우암로 326번길 55, 성정), 동엄사(옥천로 653번길 256, 은호), 만덕사(동대전로 144번길 79, 보광), 무량사(옥천로 587, 보은), 미륵사(상소동 342, 초암), 백련사1(상소동 309-13, 명진), 백련사2(대2동 405-26, 정도), 법성사(대전로 630, 자성), 보광사(가오동 283-1, 동화), 보도사(대성동 291-1, 보연), 보림사(동대전로 114번길 29, 장류), 보문사1(대사동 190-4, 현광), 보문사2(대전로 797번길 42, 혜옹), 보문암(과례로 79-22, 은해), 보현사1(비룡동 산 17, 보현), 보현사2(자양동 110-8, 진범), 석왕사(학고개로 70, 보정), 성불사(대별동 210-1 성채), 송림사(산서로 1374길 79, 대연), 수불사(신기로 101번길 120-26, 해송), 수월암(대청호수로 61번길 29-15, 해광), 신승사(마을회관길 35, 해산), 실상사(백룡로 6번길 54, 백송), 심광사(대전로 592-20, 영은), 약불사(계족로 184-52, 석철), 역사암(매봉로 10번길 16, 남류), 연화사(동대전로 284번길 96-1, 길상), 영복선원(대전로 246-7, 진성), 무위사(대전여고 1길 53, 해원), 원광사(판암동 229-10, 원광), 정수사(동대전로 144번길 79, 보광), 지장사(동대전로 110번길 126, 승산), 천의사(동대전로 106번길 11, 개명), 행운사(희남로 222-23, 현정), 현불사(구도동 151, 법우), 식장사(서대전로 316번길 221-35, 진문)

등 모두 47기의 사찰이 전개되어 있다. 이 사찰들이 다 그 나름의 체제를 갖추고 주지를 중심으로 신도들과 함께 정통불교를 지향하여 전통적 불교활동을 벌리고 있다. 따라서 이 사찰들은 다 같이 불교문화를 계승·발전시키고 창출하는 그 현장으로서 그 사명을 다하고 있는 터라 하겠다.

둘째, 중구의 사찰에 대해서다. 여기서는 보문산문에 기반을 두고 구내 전역에 걸쳐 많은 사찰이 위치하고 있다. 그 사찰명과 현주소, 주지명은 아래와 같다.

각황사(문화로 99번길 65-1, 현각), 개운사(대사동 206-4, 도명), 개천사(대종로 253번길 37, 진옥), 고촉사(보문산공원로 252-57, 원욱), 관음암(산서로 130-93, 서호), 광재사(유천로 48번길 5, 재륜), 귀암사(돌다리로 41-30, 서호), 금강사(동다리로 66-11, 현진), 금천암(보문산공원로 530번길 86, 현웅), 길상사(충무로 68번길 74, 진혜), 대각사(보문산로 122번안길 77, 월조), 대덕사(산성동 322-43, 진산), 대불사(사득로 75번길 36, 무상), 대성사(돌다리로 48번길 79, 지철), 대영사(보문산공원로 522, 금륜), 대흥사(계백로 1630번길 12, 원각), 덕수암(보문산공원로 497번길 42, 명은), 도솔사(천근로 9번길 10, 수월), 동인사(선화1동 413-4, 도림), 만보사(보문산공원로 530번길 30, 승원), 미륵사(선화서로 41, 현진), 백천사(사정공원로 212번길 27, 정일), 백화사(동서대로 1185, 연수), 범호사(충무로 107번길 41-17, 법공), 법륜사(학고개로 56번길 6, 길상), 법화사(문화로 94번길 19, 법화), 보광사(서득로 54번길 55-1, 성원), 보리암(대둔산로 386번길 121, 일연), 보문사(대사동 190-4, 현광), 보은사(보문살로 388번길 19, 법선), 복전암(석교동 산17-1, 상월), 불자사(동서대로 1352번길 27, 보현), 불광사(보문산공원로 497번길 72, 현광), 삼문사(보문로 115번길 29, 도언), 서태암(딤디로 124번길 40, 법지), 성불사(보문산공원로 514, 해조), 성화사(충무로 45번길 5, 성화), 소원사(돌다리로 48번길 72-8, 덕천), 송학사(보문산공원로 426-29, 명선), 안국사(충무로 14, 덕안), 약사사(유천1동 297-19, 치휴), 약수사(방아미로 66번안길 19-62, 여련), 약수암(사정동 173-4, 보성), 여경암(운남로 85번길, 종실), 연화사2(문창로 88-1,

성은), 용봉사(충무로 66번길 88, 보명), 용수사(동서대로 1191, 설문), 용해사(충무로 68번길 74, 덕류), 용화사(목동로 5-10, 청하), 원각사(보문산공원로 496-3, 지현), 은광사(보문산로 199번길 55-1, 정명), 자연암(과례로 22번길 120, 법류), 정수사(대흥동 111번길 17, 영보), 중암사(정생로 403, 성민), 지장사(테미로 16-12, 성오), 천상사(보문산공원로 507, 임각), 천수사(대둔산로 364번길 98, 법재), 천정사(대둔산로 386번길 14, 해월), 천룡사(보문산공원로 505-4, 법전), 청우사(산성동 277-5, 해월), 청운사(모암로 7번길 157, 무해), 청화사(보문로 179-12, 효경), 통운암(과례로 79-22, 혜광), 학림사(산서로 71번길 16, 우성), 해광사(대사동 151-2, 해광), 형통사(보문산공원로 497번길 81-10, 형진), 회전사(모암로 32번길 22, 성욱), 효심사(선화로 33, 덕산), 흥룡사(목동 59-2, 상명), 송암사(안영동 90, 성해), 태고사(대흥동 119-3, 남산)

등 모두 73기의 사찰이 분포되어 있다. 이 사찰들이 제대로의 체제를 갖추고 주지 및 승려들이 신도들과 더불어 정통불교를 이념으로 전통적 불교활동을 수행하고 있다. 그래서 이 사찰들은 이전의 불교문화를 계승·발전시키고 새롭게 조성해 나가는 그 현장으로서 그만한 역할을 다하고 있는 것이다.

셋째, 서구의 사찰에 대해서다. 여기서 보문산을 배경으로 구봉산의 지맥을 의지하여 구내 전역에 걸쳐 많은 사찰이 자리하고 있다. 그 사찰명과 현주소, 주지명은 다음과 같다.

감로사(변동서로 28번길 66, 묘정), 관음사 (복수동로 52번길 119,일화), 광원사(도림 6길 76, 서용), 구룡사(정림동 산7-1, 덕심), 구한사(사기접골길 101, 명도), 귀암사(돌다리로 41-30, 서호), 내원사(배재로 197번길 200, 법전), 대각사(괴정로 86-1, 경오), 대성사(두리봉길 37, 원명), 대안사(가장로 133, 일련), 대원사(도마 13길 42, 법성), 대통사(황골길 295, 해성), 대흥사(안터길 7-152, 성련), 백운암(제비네 10길 15, 인해), 백월사(계백로 1409-1, 법우), 보광사(도학 3길 7, 원명), 봉천사(흑석2동 산62, 지암), 불탑사(도솔로 357번길 17, 묘선), 삼보사(갈마로 219번길 43, 법산), 삼성암(길곡길 222-86, 정원), 서천사(정림동 산38, 정심), 석림사 계룡로 354번길 35, 성인), 석원사(아랫강변 11길 38, 법오), 성은사(들발 6길 54, 법성), 세등선원(탄방로 35, 능환), 소림사(정각길 200-73, 혜륜), 수안사(월평서로 6번길 49-15, 광덕), 약사사(영골길 76-51, 도광), 약사암(탄방동 514-385, 일각), 영명사(신갈마로 211번안길 122, 상문), 영선사(배재로 91번길 22-11, 현도), 영암사(비선말길 57-16, 도하), 용화사(가수원로 71-12, 영진), 운봉사(세편길 273, 기정), 자비사(연목재길 367-41, 무애), 정심사(괴정로 8번길 24, 승연), 지장사(계룡로 354번길 77, 성오), 청우사(계룡로 536번길 20, 재원), 충효사(남선로 14, 청담), 칠불사(배재로 223번길 105, 덕운), 현지사(동서대로 1070, 보행), 혜연사(변동로 17, 진상), 화개사(정림로 10번길 51, 서인), 화암사1(길마루길 117-79, 정암), 화암사2(변동서로 27번길 20-3, 혜광)

등 모두 45기의 사찰이 자리하여 있다. 이 사찰들이 올바로 체제를 구비하고 주지와 승려들이 신도 대중과 함께 전통불교를 지향하여 전통적 불교활동을 전개하고 있는 터다. 따라서 이 사찰들은 선행 불교문화를 계승·발전시키고 나아가 창출·주도하는 그 현장으로서 족히 사명을 다하고 있는 것이다.

넷째, 유성구의 사찰에 대해서다. 여기서는 보문산문의 연장선상에서 구봉산 거쳐 계룡산문의 지맥, 우산봉과 금병산 등에 의지하여 구내 전반에 위치하고 있는 터다. 그 사찰명과 현주소, 주지명은 아래와 같다.

광주사(학사서로 63번길 26, 영제), 구암사(북유성대로 487번길 130, 북천), 금강사(월드컵대로 49-24, 묘법), 금화사(반석로 142번안길 24, 일초), 노은사(노은동 산24-71, 은주), 백운사(둔곡길 228, 다성), 법성암(반석동 산7-31, 법성), 보선사(도안대로 549번안길 50, 덕산), 보현사(복용동 452-3, 홍경), 봉국사(문화원로 6번길 48, 현원), 봉덕사(성북로 154번길 436-72, 정범), 불암사(노은서로 53-118, 종호), 성현사(학산로 9-10, 만성), 신흥사(동서대로 735번길 24-9, 혜만), 여래사(현충원로 399-9, 각림), 일성사(와룡로 99-74, 영봉), 자광사(학하동로 63번길 50-8, 삼지), 자운사(추목동 567, 정우), 태전사(화암동 산43, 도일)

등 모두 19기의 사찰이 위치하고 있다. 이 사찰들이 제대로 체제를 정비하고 주지와 승려들이 사부대중과 함께 전통불교를 이념으로 전통적 불교활동을 벌리고 있는 게 사실이다. 그래서 이 사찰들은 전래 불교문화를 계승·발전시키고 또한 창출·선도하는 그 현장으로 그 역할을 다하고 있는 것이다.

다섯째, 대덕구의 사찰에 대해서다. 여기서는 계속산문을 중심으로 금병산의 일부에 기반을 두고 구내에 분포되어 있는 터다. 그 사찰명과 현주소, 주지명은 다음과 같다.

대광사(신탄진로 232번길 101-10, 병덕), 반야사(신탄진로 756번안길 52, 무유), 백양사(석봉동 57번길 16, 법운), 법성사(대전로 1397번길 36, 보공), 보현암(장동산 115-12, 정재), 봉선사(신탄진로 138번길 201, 해운), 불기사(장동로 278번길 35-40, 영봉), 비래사(비래골길 47-74, 혜문), 송원사(우암동로 7번길 16, 시연), 신흥사(대청로 100, 범용), 연화사1(신탄진로 36번길 223, 용문), 연화사2(계족로 741번길 34, 세류), 용화사(읍내동 산1, 인성), 제천사(신탄진로 240, 선정), 죽립정사(신탄진로 36번길 177, 광진), 흥덕사(우암동로 7번길 26, 지천)

등 모두 16기의 사찰이 자리 잡고 있다. 이 사찰들이 올바로 체제를 완비하고 주지 이하 승려들이 신도 대중과 더불어 전통불교의 이념에 따라 전통적 불교활동을 수행하고 있는 터다. 그러기에 이 사찰들은 선행 불교문화를 계승·발전시키고 나아가 새롭게 창출해 가고 있는 게 사실이다.

(3) 고금 사찰의 불교문화적 활동

이 지방의 고금 사찰에서는 그 승려들이 주축이 되어 신도·대중과 함께 전통적 불교활동을 통하여, 그대로 불교문화의 전통을 계승·발전시키고 나아가 이를 창출하여 왔다. 실제로 이 사찰들에서는 전체 불교계의 그것과 공통되면서도 그 사찰 자체의 여건·형편에 따라 불교활동에 최선을 다하고 있었다. 그 사찰들의 불교활동, 불교문화적 활동을 분야별로 살펴보겠다.

첫째, 사찰문물을 조성·보호하고 미화·숭신하는 일이다. 여기서는 그 사찰의 대지와 주위 환경을 청정·평안하게 조성하고, 그 건축·전각을 격식에 맞추어 건립하는 것이 우선이었다. 그리고 그 전각에 단청을 하고, 벽화를 그리며 후불탱화, 각종 불·보살상이나 신중상 등 다양한 불화를 제작하여 실내외를 장엄하였다. 나아가 의식용 대형 괘불화와 신앙용 대소 괘불화, 나한상이나 역대 조사의 진영, 여러 경전의 변상도까지 그려 놓았다.[142] 한편 그 전각 등에 해당되는 불·보살상이나 신중상·십왕상, 나한상·조사상 등을 조성하여 봉안하고, 경내 야외에 불·보살상을 제작·배치하며, 마애불을 조각하여 모셨다. 또한 대소 탑상이나 석등, 불교계 석상, 부도·비석·석수·석조 등을 조성하여 경내 적소에 배치하였다. 나아가 그 사찰 전각 내외의 목조장식이나 와당·치미, 풍경, 불단의 목조공예, 문벽의 장식, 소형불·보살상이나 탑상, 염주 등과 음성공양구로 법고와 범종·목어·운판, 소종·금고, 목탁·요령, 육법공양구로 향로나 촛대, 반기·다기 내지 각종 생활 용구, 특히 사리장치 등을 제작·활용하였다.[143] 그래서 이러한 제반 문물을 숭신·보호하고 수리·미화하는 데에 정성을 다했던 것이다.

둘째, 불교언어·문장을 활용하는 일이다. 우선 불교언어를 사용·유통시켰다.[144] 그 불경이나 불법에 대한 전문용어를 비롯하여, 불교 신행용어나 생활용어, 그 불교문물의 명칭이나 사용법, 승속의 명호, 인근 지역의 산명·촌명·심지어 사찰은어에 이르기까지 그 불교언어를 통하여 모든 신행활동을 원만하게 추진하였던 터다. 그리고 승·속 간에 사부대중은 불경이나 불서 등을 권장하여 많이 읽어 왔다. 또한 승려들의 저서나 작품들을 상당히 읽어 나갔던 터다. 한편 승려나 신도 문사들이 포교를 위하여 불법을 주제로 한 불교문학을 창작하여 유통시켰던 것이다.[145] 끝으로 이 사찰에서는 제반 여건을 갖추어 불교서적을 출판하

---

142 홍윤식,「한국사원 전래의 불화내용과 그 성격」,『한국불화의 연구』, 원광대학교 출판국, 1980, pp.13-15.
143 문명대,「불교미술의 종류」,『한국불교미술사』, 한·연, 1997, p.11.
144 박호식,『불교에서 유래한 상용어·지명사전』, 불광출판사, 2011 참조.
145 사재동,「불교문학·문학사의 연구과제」,『불교문학과 예술』, 태학사, 2016, pp.26-27.

여 왔다.¹⁴⁶ 그 불경이나 불서, 승려들의 저술 등을 간행하여 널리 보급시켜 홍법에 이바지했던 터다.

셋째, 각종 다양한 신행활동을 벌리는 일이다. 이 승려들과 신도 대중 사이에서 수많은 신행활동이 전개되었던 터다. 먼저 다양한 불교재의가 설행되었다. 그것은 수륙재나 예수재, 각종 천도재와 경찬회 등으로 설행·전래되었다. 다음 여기서는 불교윤리를 실천·궁행하였다. 기실 승려들의 계율과 신도들의 계행은 불교윤리의 기본이요 전형으로 실현·전개되었다. 그리고 승려와 신도 사이에서 신행윤리가 통용되고 생활화되었다. 그로부터 대중들의 생활윤리가 유통되어 전통을 이루었다. 이어 사찰 내외에서 포교활동을 다양·활발하게 벌리었다. 그 승려늘만의 상경법회나 잠선법회를 비롯하여 대중법회가 열리어 불교를 선양하고 신행을 교시·권장하는 게 관례 전통을 이루었다. 그중에서도 대중포교를 위하여 통속적으로 강설하는 관계가 있어 이른바 속강이나 땅설법으로 이어졌던 것이다.¹⁴⁷

넷째, 사찰에서 다양·다기한 불교연행을 베풀어 온 일이다. 여기서는 그 신행·교화를 위하여 다양한 불교연희를 다함께 실연하는 것이 당연한 관례가 되었다. 이러한 신행·재의상에서 불교음악이 필수되고¹⁴⁸ 작법무 중심의 불교무용이 펼쳐졌다.¹⁴⁹ 그래서 이러한 음악과 무용에다 연기를 보태어 연주적 공연까지 제의극으로 해냈던 것이다. 또

---

146 김두종, 『한국고인쇄기술사』, 담구당, 1974, pp.1-6.
147 사재동, 「땅설법의 전통과 실상, 그 위상」, 『땅설법학술발표논문집』, 한국불교민속학회, 2019, pp.44-47.
148 법현, 「불교의식음악의 종류와 범패 구성」, 『불교의식음악』, 운주사, 2012, pp.113-116.
149 법현, 「불교무용의 유형과 분류」, 『불교무용』, 원주사, 2002, pp.45-78 참조.

한 큰 재의나 법회, 불교행사가 끝나면, 그 뒤풀이로 승·속이 함께 즐기는 삼회향류의 연희가 실현되었던 터다.[150] 나아가 대작불사를 위하여 권선하는 자리에서, 연희승이나 광대들이 함께 불교적 잡희를 벌리는 관행까지 전승되었던 것이다.

다섯째, 사찰에서 사부대중들이 사중생활을 통하여 다양한 풍속을 이루어 온 일이다.[151] 먼저 이 사찰생활 중의 의복과 음식, 주거에 관한 풍속이 형성·전개되었다. 그 의복의 제작과정이나 착용방식, 관리방법 등에도 그만한 풍습·관례가 따랐다. 이 음식에서도 그 식재료의 생산·유통·조리과정, 식사방법·예의 등에 엄연한 풍습이 실천적으로 관례화되었다. 또한 그 주거에서도 승·속 간의 엄연한 구분, 그 공간의 등급 차이, 방사사용의 규율과 관습이 전래되었다. 이어 승·속 간의 건강을 위하여 특별한 운동법이나 건강비법을 개발하였고, 간요한 의술과 한방·묘약까지 발견·실용하는 일이 관습화되었다. 한편 속·속 간의 통과의례를 치르는 관습이 형성·전래되었다. 그 기자 축원부터 그 일생의 관문을 통과하는 굽이마다 의례를 치르고 축원을 하는 풍습이었다.[152] 또한 승속 간에 월령풍속을 지켜왔다.[153] 이 사찰에서는 불탄일이나 우란분재 등 불교명절이나 관음재일·지장재일과 같은 매월 재일 등을 지키고, 매달 초하루·보름을 챙기며 적어도 설날·보름날이나 칠석날·추석날·동짓날 등을 되새겨 제례·축원하는 게 성속되어 왔던 터다.[154]

---

150 김창숙, 「불교적 연희의 개척과 그 양상」, 『한국불교학』 88집, 한국불교학회, 2004, pp.173-175.
151 김용덕, 「한국민속의 연구방법」, 『한국불교문화의 현장론적 고찰』, 민속원, 2014, pp.28-29.
152 구미래, 「불교일생의례의 연구관점」, 『한국불교의 일생의례』, 운주사, 2018, pp.22-24.
153 오인, 『불교세시풍속』, 운주사, 2014, pp.13-15.
154 이상, 사재동, 「내포가야산 불교문화의 위상」, 『충청학과 충청문화』 26집, 충남역사문

이와 같이 고금 사찰의 불교활동, 불교문화적 활동은 다양하고 의미 깊게 전개되었다. 이에 그 많은 사찰들의 그 활동이 공통적으로 합류·집적되는 시대적으로 적층되니, 그 분야별로 하나의문화적 유형을 이루었다. 나아가 그것이 하나의 전통을 이룩하여 이른바 사찰문화로 전개되었던 것이다. 따라서 이것이 그대로 불교문화의 실상으로서 문화사적 위상을 유지하고 있는 터라 하겠다.

4) 대전지방 불교문화의 유형적 전개

이 대전지방의 사찰문화는 하나의 전통을 이루어 그대로 불교문화를 전개된 것이 사실이다. 이 불교문화는 그만한 가치를 지니고 전국적 보편성과 지방적 특수성을 겸유·조화시키고 있는 게 분명하다. 여기서는 그 보편적 실상에 중점을 두지로 한다. 따라서 그 문화적 유형에 주목하고자 한다. 그리하여 이 사찰문화·불교문화의 유형을 위에서 전제된 것에 따라, 유형문화와 유형문화로 대별하여 보려는 것이다. 그동안 이 불교문화를 유형문화에 중점을 두고, 무형문화를 소홀히 하거나 묵살하는 경우가 많았다. 기실 이 무형적 불교문화가 보다 중요하고 고귀할 때가 많은 터다. 그리하여 그 유형문화로서 불교미술과 불교문헌을 비롯하여, 무형문화로서 불교어문과 불교신행, 불교연행과 불교풍습 등을 중심으로 고찰하겠다. 다만 불교문헌은 그 내용에 역점을 두어 불교어문 쪽에서 취급할 것이다.

화연구원, 2019, pp.23-26 참조.

(1) 불교미술

이 지방의 사찰문물은 예술·문화적 관점에서 모두 찬연한 불교미술이라 하겠다. 그 불교의 보궁, 신성하고 거룩한 도량을 조성함에 있어, 가장 아름답고 장엄하게 최선을 다하였기 때문이다. 따라서 이 모든 사찰들은 정도의 차이는 있지만, 전체가 훌륭한 불교미술로 자리 한 것이 당연한 터다.

첫째, 이 불교건축에 대해서다. 먼저 모든 사찰은 산간이나 시중을 막론하고 명당에 자리 잡는 게 원칙이다. 특히, 산간 사찰에서는 그 주위 환경을 활용하여 터전을 평안히 잡되 일대 정원으로 조성하였다. 그런 기반 위에 전체 도량의 구조와 위치에 맞추어 적합한 전각을 세웠다. 그 사찰 입구로부터 일주문과 천왕문 내지 해탈문 그리고 누각·범종각, 그 정변 석탑을 사이하여, 금당·대웅전이 우뚝이 서고, 그 주변의 적소에 적광전이나 극락전·미륵전·약사전·관음전·지장전, 나한전과 조사전 등이 엄연히 자리하며, 특별히 강당과 함께 장경각 겸 간경각, 강원과 선원·율원 등이 즐비하였다. 그 한편에 종무소가 있고, 승사와 요사, 여타 부속 건물이 들어서고 필요에 따라 전각 간의 낭무와 담장이 설치되었던 것이다. 이러한 일체의 건물들은 전통 한옥, 전형적인 사찰건물로서 그 건축미를 보여 주고 있는 게 사실이다. 그러면 이 지방의 불교건축 예술의 진상과 건축사적 위상을 유지하고 있는 터다.

그런데도 이 사찰의 건축은 대부분 그 시대가 오래지 않아 문화재로 인정을 받지 못하고 있는 실정이다. 그동안 문화계의 대체적인 관례로는 그 건축 작품만 훌륭하면 50년을 넘기는 대로 문화재로 행세할 수가 있다는 것이다. 그렇다면 이 사찰들의 건축물이 상당수 이 문화재의 수준을 유지하고 있는 터라 하겠다. 다만, 지금으로서는 고산사의 대웅전 정도가 문화재로 지정되고 있을 뿐이다.

둘째, 이 불교회화에 대해서다. 이 사찰의 건축이 완성되면 이를 내외면으로 장식·장엄하는 불교회화가 그려지는 게 당연한 일이다. 여기서는 우선 그 건축에는 당청이 펼쳐졌다.[155] 그 본전을 위시한 각종 전각과 승사·요사에 이르기까지 그 첨하·석가래, 외부기둥·도리, 내면의 석가래·도리·들보·천장, 벽면의 일부에 그려진 단청이 휘황·찬란하였다. 그 형형색색의 바탕에 갖가지 도형에다 서조·서수와 소형 용상·불보살상·신중상, 나투·귀면까지 그려져 회화의 세계를 이루었다. 다음 그 벽화가 화려·찬연하게 그려졌던 터다. 그 본당과 모든 전각은 물론 문주·누각 내지 담장 등의 내외 벽면에 적절한 불교화가 펼쳐졌던 것이다. 그 각개 전각의 불교사상과 신앙적 성격에 따라, 그에 상응하는 불교계 시사화나 단독 불·보살상과 신중상, 그리고 나한상과 조사상, 사천왕상과 사자·코끼리상 같은 것이 아름답게 그려졌다. 또한 각개에 따라 봉안된 불·보상이나 신중상의 배면에 그 성상에 알맞은 불화, 이른바 후불탱화를 정교·미려하게 그려 붙였던 것이다. 한편 이 찰의 대작불사나 대규모 재의에 내거는 대형 괘불탱화가 장중하고 찬란하게 그려지니, 그 부처의 청정·장엄한 세계가 신묘하게 펼쳐졌다. 이와 관련하여 궤도형이나 병풍형 중소 불화가 이동식으로 묘사·장성되어 기도·재의·불사 등에 편리하게 사용되었다. 한편 나한상이나 역대 조사상을 그려 해당 전각에 모시고 숭앙하였다. 그리고 각종 경전의 변상도나 석가팔상도 등을 그려 책자형이나 소병풍식으로 장정하여 해당 의식 내지 불교연행에서 소중하게 활용되었던 터다. 이러한 일련의 불교회화가 사찰회화의 전형을 보이면서 그 회화사상의 위치를 제대로 지키고 있는 것이다.

---

155 곽동해,「단청의 기원과 역사」,『한국의 단청』, 학연문화사, 2002, pp.117-119.

그런데도 이 불교회화는 거의 다 시대가 오래지 않아서 문화재로 인정되지 못하였다. 그동안 사계의 관례라면, 작품이 훌륭할 때 50년을 넘기는 대로 문화재로 공인될 수 있다는 것이다. 그렇다면 이 사찰의 불교회화가 상당수 문화재의 자질을 갖추고 있는 게 사실이다. 다만 현재로서는 봉국사의 아미타회도와 고산사의 아미타불화가 문화재로 지정되었을 뿐이다.

셋째, 이 불교조각에 대해서다. 이 사찰에서 그만한 건축에 그처럼 회화로 장식이 되면, 그에 상응하는 석물들이 조각되어 안치되는 게 당연하다. 먼저 불·보살상이 조성되어 각기 해당 전각에 봉안되었다. 그 석가불상이 좌우 부처 보살과 함께 대웅전에 봉안되고, 비로자나불상이 노사나불상과 석가불상을 좌우로 하여 삼존불상으로서 대웅보전이나 적광전·비로전에, 아미타불상이 미타전이나 극락전에, 미륵불상이 미륵전이나 용화전에, 약사불사이 약사전에 모셔지며, 관음보살상이 관음전이나 원통전에, 지장 보살상이 십왕상을 거느리고 지장전이나 명부전에 봉안되었다. 또한 사천왕상이 사천왕문에 안치되고, 나한상이 나한전이나 응진전에, 조사상이 조사전에 배치·숭앙되었다. 한편 경내 노천에 불·보살상이나 신중상을 독립시키거나 사찰 주변 산중 암벽에 불·보살상이나 신중상을 조각하여 모시고 숭신하였다. 나아가 대소 석탑이나 석등을 경내 적소에 안치하고, 선승의 부도나 사리탑·타비, 고승비·사적비 내지 사자·코끼리 같은 석수, 생활상의 석조 등을 그 적소에 배치하였던 터다. 기실 이상의 모든 성상·성물들은 모두가 사찰조각의 전형·가치를 지니면서 그 조각사상의 위상을 지키고 있는 점이 중요하다.

이 불교조각은 대부분 시대가 오래되지 않아서 문화재로 인정받지 못한 터다. 그동안의 관례대로라면 그 작품이 훌륭할 때 50년을 넘기는 대로 문화재로 공인될 수 있는 것이다. 그렇다면 상당수의 불교조각이 문화재로 지정될 날이 멀지 않았다 본다. 다행히도 이 지방에 전래된 불교조각이 여러 점 보존되어 문화재로 지정되어 있는 게 사실이다. 위 비래사의 목조비로자나불좌상을 비롯하여, 고산사의 목조석가모니불좌상, 심광사의 목조석가모니불좌상, 복전암의 목조대세지보살좌상, 보현사의 목조여래좌상, 여진불교미술관의 석조석가모니불좌상, 봉소사지 석조보살입상, 용화사의 석불입상, 그리고 보문사지의 석조 등이 바로 그것이다. 이외에도 충남대학교의 석탑과 진잠초등학교의 석탑, 중암사의 부도 6기가 그 소재만 알려지고 있는 터다. 넷째, 이 불교공예에 대해서다 이 사찰에서는 그 전각 내외의 공예적 장식이나 신행활동 중의 각종 공예적 용구·용기 등이 다양하게 제작·활용되었다. 먼저 그 각개 전각의 외부 첨하 장식이나 문벽장식이 정교·찬연하였다. 그 내부의 천정이나 벽면에 아로새긴 목조장식은 정묘하고 아름다운 터에 그 불단을 향하여 조응하고 있었다. 그래서 주불 삼존을 봉안한 수미산 불단을 하나의 보궁으로 목조공예의 극치를 보여주었다.[156] 한편 각개 전각 지붕의 와당이나 치미, 바닥의 전석 등이 용도에 따라 형태를 달리하고 각종 문양과 연화문 등을 새기어 공예의 면모를 보이고 있었으니, 그 유물 진편이 적층되어 현전한다. 이에 따라 첨하를 장식하는 풍경이 상서로운 문양을 새기어 울리니 정교한 공예의 면모를 보였다. 한편 승·속 간의 호신용이나 가까이 모시는 소형 불보살상과 탑상, 각종 염주 등이 금동·옥석으로 제작·유통되었다. 그리고 각종 기도나 재의에서 상용되는 음성공양구가 법고나 범종·목어·운판, 소종·금고, 목탁·요령 등과 함께 삼현육각의 악기 등이 제작·활용되어 공예의 일면을 보이

---

156 심대섭 외, 『닷집』, 대한불교진흥원, 2010 참조.

고 있었다. 또한 육법공양구로 향로나 촛대·다기 등이 정교한 공예로 제작되어 자리하였다. 그 향로는 향공양구로서 금동을 써서, 불교적 상징성에 맞추어 가장 정교·미려하게 제작되었으니, 이른바 금동백제대향로와 호응하여[157] 금속공예의 절정을 이루었던 것이다. 이에 따르는 촛대도 금동제로서 부조된 문양이 치밀하고 아름다웠던 것이다. 그 반기는 주발로서 문양이 원만한 유기였다. 기실 이 다기는 다양한 모습으로 승려·신도들의 다기와 함께 당시 도기공예의 진면모를 보였다. 한편 이 사찰내의 각종 생활용구나 식사용기가 다양하게 적층되어 전래·활용되었고 이러한 용구·용기류는 대강 토기류의 도기·청자·분청사기·백자, 금속류의 청동제품·철제품, 옥석류의 석제품·옥제품·유리제품 등으로 시대적 양식에 따라 불교공예의 특징을 보이고 있었다.[158] 특히, 여기 사리장치는 불교공예의 전형과 극치를 보여주었다.[159] 대체로 그 금제나 유리제 사리병에 사리를 넣어 은제사리호에 담고, 그것을 다시 동제사리함에 앉히고 이 전체 사리장치를 석탑 사리공에 안치하였던 터다.

그런데도 이 사찰의 불교공예는 거의 전부가 시대가 오래지 않고 특성이 부족하여 문화재로 인정받지 못하고 있는 실정이다. 그러나 관례에 따라 그 작품만 좋으면 50년이 지나서 얼마든지 문화재로 인정받을 수 있는 터다. 지금으로서는 다만 여진미술관의 석조석가모니불좌상 복장품 일괄만이 문화재의 일부로 인정받았을 뿐이다.

---

157 사재동, 「백제금동대향로의 불교문화학적 고찰」, 『불교문화학의 새로운 과제』, 중앙인문사, 2010, pp.475-476.
158 사재동, 「백제권 사지문물의 문화적 실상과 위상」, 『한국사찰과 문화적 전통』, pp.197-198.
159 사재동, 「내포가야산 불교문화의 위상」, pp.33-36.

(2) 불교어문

이 사찰에서는 모든 불교활동이 실제로 언어와 문장, 문헌을 통하여 이루어졌다. 그래서 여기 불교언어 문장 내지 불교문헌은 평범하고 보편적이기에 별스럽지 않게 여기지만, 실은 그 불교활동의 필수적 대방편으로서 불교문화의 주축을 이루어 왔다. 따라서 불교어문에는 불교언어의 유통·전승과 불교문학의 제작·유전, 불교문헌의 편찬·출판 등의 분야가 그만큼 소중하고 값지다는 것이다.

첫째, 불교언어에 대해서다. 이 사찰에서는 오랜 전통을 가지고 그 불교언어를 활용하고 유통·전파시켜왔다. 우선 그 부력이나 불법에 대한 전문용어는 물론, 그 신행상에서 주고받는 불교언어가 중심을 이루었고, 그 사찰 내외의 생활에서 통용되는 불교언어가 활발히 유통·보급되었다. 거기에 주석하는 승려들의 법호나 불교적 언어와 신도들의 법명이나 신앙적 언어가 교류되면서 불교언어의 보급·영역은 점차 확대되었던 것이다. 적어도 사찰과 문물에 상응하여 그 명칭이나 사용법, 그 운영에 따르는 그 언어들이 다양하고 활발하게 형성·전파되었던 터다. 그리하여 불교 문화적 언어가 사찰 중심으로 형성·전개되어 신도 대중과 민중에까지 번지게 되었다. 그래서 그 사찰의 주변에서부터 점차 산명이나 지명·인명 등에 걸치는 문화어로 대중화되었던 터다. 그리하여 우리말의 문화어 중에서 이런 불교적 언어가 8할을 점유하는 데에 크게 기여해 왔다. 이러한 불교문화의 커다란 흐름을 유지하면서, 이 지방 언어문화에 영향을 끼쳤던 것이다.

둘째, 불교문학에 대해서다. 이 사찰에서는 오랜 전통에 따라, 그 불법을 홍포하고 신도·대중을 교화하기 위하여 가장 효율적인 방법으로 그 설법의 종합예술적 방편을 개발하여 왔다. 이것은 불타 이래 모든 불교국과 불교단체, 모든 사찰의 전형적이고 전통적인 과업이었다. 그래서 여기서는 우선 불교진리·사상을 문학적으로 표현·기술하여, 쉽게 재미있고 감명 깊게 풀어내렸던 것이다. 이것이 바야흐로 불교문학, 그 시가·수필·소설·희곡 등의 형태로 제작·유통되었던 터다. 그동안 이 사찰에서는 전통적으로 전래·유통되는 불교문학을 수용·수장하면서, 여기 학승·문승들이 새로운 작품을 제작해내고, 신불문사들을 통하여 불교적 작품을 지어내게 하였던 것이다. 기 이 불경은 삼장이 다 문학이라 하여, 시가와 수필·소설·희곡 심지어 평론의 성향을 띠고 전래·유통되었거니와, 이러한 불교문학의 전통과 흐름 속에서, 이 사찰의 불교문하기 조성·축적되고 보급·유통되어 신도·대중과 일반 민중에 상당한 영향을 끼쳤던 것이다. 이 사찰 내의 승려나 신불문사의 작품으로 선시·추모시·기행시 등 시가가 많았고, 그 사찰에 내린 당극·고지·공문, 승려들의 상소·논설, 고승들의 전기나 그 비문, 금석문, 그 애도문·제문, 그리고 기도·재의에 쓰이는 각종 기원문·소문, 승려 상호간이나 승·속 간에 주고받은 서간문, 명승지나 명찰의 기행문, 간요한 법담·교훈담 같은 담화 등이 다 수필문학으로 제작되어 행세하였다. 나아가 저명한 서사적 불경의 감명 깊은 이야기나 불교계 설화 등을 소재로 허구적 서사문학을 창출하니, 그게 바로 불교소설이요, 이를 각색·연출하니 그대로 불교희곡으로 전개·유통되었던 것이다. 이러한 불교문학의 제반 작품들이 사찰을 중심으로 형성·유전되었으니, 그 사찰문학의 실상과 불교문화사상의 위치가 중시되는 터다.

셋째, 불교문헌에 대해서다. 이 사찰에서는 전통적으로 많은 문헌을 소장·유통시켰던 것이다. 백제시대부터 시작하여 통일신라기에 간행·유통되던 불교문헌이나 외전, 유가서·도가서·문학서·백가서까지 다 갖추게 되었을 것이다. 그리고 고려시대에 이르면 그 사세의 진흥과 함께 강원이 설치·강화되면서 당대에 출간·유통되던 불경·불서나 외전 등을 거의 다 수장·유통시켰을 것이다. 적어도 나말·여초부터는 이 사찰 자체로서 불경·불서나 외전, 문학서 등을 개판·간행하였고, 고려대 인쇄술이 발달하면서 대장경을 비롯한 불교전적과 문사철 관계의 서적들이 간행·성행하는 데에 호응하여, 그 장서는 거의 불교도서관 같은 역할을 했을 것이었다. 이러한 문헌·서적들의 수장·유통은 고려 말기를 거쳐 조선 전기 세종·세조대까지도 점차 강화되었던 것이다. 그래서 세종 이래 국문 불경《월인천강지곡》이나《석보상절》내지《월인석보》등을 접수했을 것은 물론, 적어도《월인석보》나 불경언해 등을 당시 불교정책이나 권장에 호응하여 권차별로 증간하였을 터다. 그 여세를 몰아 16세기 말경까지 불교 실세의 내리막길에서도, 그 많은 불경·불서를 직접 개판·출간하였다. 그리하여 당시의 불교문헌 불경·불서, 승려들의 저서나 여타 서적들을 거의 다 수합·소장하여 승·속 간에 이용·유통시켰던 것이다. 이것이야말로 불교문화사의 핵심·주류를 이루게 되었다.[160] 그런데도 그 문헌들은 거의 다 전승되지 못하고, 근·현대의 문헌들은 문화적 가치를 갖추지 못한 것이 사실이다. 그래도 다행한 것은 지금 성현사 소장의《묘법연화삼매참법》을 비롯하여《선문염송》,《육경합부》그리고 신흥사 소장인《예념미타도량참법》등이 문화재로 지정되었다는 사실이다. 그것이 이 지방 불교문헌의 문화적 실상과 문화사적 위상을 실증하고 있기 때문이다.

(3) 신행활동

사찰의 불교활동에서 실제로 중요하고 값진 것은 그 신행활동이었다. 기실 이 신행활동은 구체적으로 조석 예불의식부터 각종 기도의례

---

160 이상 사재동, 「내포가야산 불교문화의 위상」, pp.37-38 참조.

나 대소 재의가 주류를 이루었다. 그리고 승·속, 사부대중이 사찰내의 활동에서나 가정·사회생활에서 지켜야 하는 계율·계행이나 신행상의 윤리 등이 실천적으로 중시되었다. 나아가 사찰 내외의 다양한 법회가 열려 그 포교·수행의 사명을 다하는 큰 역할을 다하며 불교문화를 계승·창출하였던 것이다.

첫째, 불교의례·재의에 대해서다. 이 사찰에서는 유구한 전통에 따라 불교신행에 필수되는 의례·재의를 상설하여 왔다. 기실 모든 신행활동은 반드시 그 의례·재의를 통하여 이루어졌던 것이다. 이 사찰 내의 조석 예불로부터 다양하게 벌어지는 기도와 불공이 모두 불교의례에 의해서 진행되는 게 사실이다. 그래서 이 각 전각에서는 여러 동기에 의한 평상적 의례가 종일 계속되는 형편이었다. 이어 여기서는 각개 전각에 걸쳐 대소 법회가 벌어져 왔거니와, 여기서도 일정한 의례가 따르게 되었다. 또한 여기서는 각종 불사를 추진할 때나 정기·수시의 불교행사를 벌일 때도 그 여법한 의례 절차를 밟았던 것이다. 그리고 불교의 명절, 불탄일·출가일·성도일 내지 우란분절에는 큰 재의를 벌렸다. 나아가 이 사찰에서는 수륙재나 생전예수재 등을 거행하고, 대소 추천재의 경찬재의까지도 설행했던 것이다. 실제로 이 의례·재의는 그 자체가 사찰문화·신행문화로서 소중한 것은 물론이지만, 그것이 불교계 연행예술의 성격과 기능을 겸유하고 있다는 점에서 보다 중시되었다. 그 재의의 진행과정에는 불교음악과 불교무용이 합세하여, 그 연기와 함께 공연예술·연극형태를 보여주고 있었기 때문이다.

둘째, 불교윤리에 대해서다. 이 사찰에서는 그 율원·계단을 중심으로 불교윤리가 엄연한 전통을 지켜 왔던 것이다. 그래서 이 사찰은 그 지방뿐만 아니라, 전국적인 불교윤리의 일환으로 그 권능을 발휘하였다. 우선 승려, 비구·비구니의 제반 계율이 엄수되었다. 흔히들 비구

250계, 비구니 500계라 하거니와, 그 계율이 그만큼 자세하고 분명하였으니, 그 실천이 그만큼 중요하고 성직자의 권위로서 신도·대중에게 큰 영향을 끼쳤던 것이다. 이어 신도·대중은 여기서 수계법회를 통하여 5계를 받고 때로 10계를 받아 성실히 실천하는 추세가 뚜렷하였다. 여기 승·속의 계율·계행이 조화롭게 실천·유통되는 가운데에 보편적인 윤리로 충성과 효행·절의가 강조되었다. 나아가 이 사찰의 윤리는 유교윤리나 세간윤리와 소통·조화를 이루어 널리 유통되니, 마침내 사회 윤리로 유전·통용되었던 것이다. 이러한 사찰의 윤리적 전통은 불교문화·문화사상에서 소중한 위치를 지켜왔던 터다.

셋째, 불교법회에 대해서다. 이 사찰에서는 장구한 역사 속에서 다양한 법회를 열어 여러 형태의 설법을 베풀어 왔다. 기실 석가불이 기원정사와 죽림청사 같은 사찰에서나 야외법단에서 법회를 열어 설법하는 데서부터, 이 불교는 형성·발전하고 유지·전파되었던 터다. 그러기에 백제 이래 적어도 조선 중기까지, 이 사찰에서는 그 주변의 유수한 사찰들과 더불어 어떻게든지 법회를 열어 설법에 매진하는 것이 당연한 사명이요 중심적 과업이었다. 그래서 이 사찰에서 벌어진 모든 불사나 승려들의 활동·노력은 이 법회·설법을 위하여 직·간접적으로 이바지하는 형국이었다. 여기서는 대대로 선원을 중심으로 선법문이 이루어지고 참선수행에 박차를 가하였다. 그리고 강원·강당을 중심으로 강경설법이 다양하게 개설되었다. 대강 그 소의경전에 입각하여 화엄경이나 법화경·금강경 등을 강설하면서, 이른바 화엄법회·법화법회·금강법회 등을 열었고, 그 규모가 그리하여 여기서는 총체적인 불법이 홍포·전승되고 법통·법맥이 이루어졌던 것이다. 나아가 이 사찰에서는 신도·대중을 교화·선도하기 위하여 대중법회와 야단법석을 수시로 열어서, 대중불교·생활불교를 알기 쉽고 재미있고 감명 깊게 설법하였던 터다.

그래서 이른바 대중설법은 수순중생의 이념으로 신도·대중의 근기와 성정·취향에 맞추어 대중적이고 통속적인 방향으로 진행되었다. 따라서 이런 설법에서는 대중들이 즐기는 통속적 종합예술을 유입·활용하게 되었다. 이러한 설법은 통속적 설법이라 하여 '속강(俗講)'이르며 상당한 호응을 받게 되었다. 기실 이러한 속강은 한·중, 동방 불교권에서 일찍부터 형성·전개되어 왔거니와, 이런 전통을 이어 이 사찰에서 대중설법, 속강을 계속해 온 것은 당연하고도 뜻 깊은 일이었다. 그러는 과정에서 이 대중설법, 속강 형태는 그 종합예술적 방편을 확충·보완하여, 불교공연예술·연극형태로 변모·발전하게 되었다. 이런 속강 형태가 조선 후기에 이르면서 이른바 '땅설법'의 이름으로 공연되었으니, 이런 대중적 설법이 연극적으로 공연되었을 터다. 이와 같은 사찰 법회, 불교설법의 전통은 찬연한 불교문화사의 중심·주류를 이루어 왔던 것이다.[161]

(4) 불교 연행

이 사찰에서 벌어지는 신행활동은 전체적인 면에서 종합예술적으로 전개되었다. 원래 이 사찰에서는 일상적인 예불부터 일반적인 기도·염불·독경, 특별한 재의와 대소 법회, 다양한 불사와 권선행사 등에 이르기까지 모든 언행이 실제 종합예술로 이루어지는 터다. 기실 여기서 벌어지는 일체 불교적 언행이 가장 정성스럽고, 아름답고 절실하고 감명 깊게 표현되어야 하기 때문이다. 그러기에 사찰내의 모든 일과는 불교음악으로 시작하여 불교음악으로 끝나는 게 현실이었다. 이러한 불교음악이라면 반드시 그게 상응하는 행동이 무용을 수반하는 게 원칙

---

161 이상, 사재동, 「내포 가야산 불교문화의 위상」, pp.39-41 참조.

이었다. 이러한 행동이 가장 성스럽고, 아름답고 절실하고 감명 깊은 표현이 바로 무용이기 때문이다. 기실 그 일상적인 예불이나 일반적 기도·염불·독경 등에서도 그 나름의 음에 호응하여 자발적인 춤사위가 따르거니와, 그 다양한 재의나 특별한 법회, 중요한 불사·권선 등에서 는 불교무용이 필수되었던 터다. 그러기에 이러한 불교음악과 불교무용 이 결합·조화되는 가운데 이미 연극적 연행이 성립되었던 것이다. 그러 면서 특별한 재의나 법회·불사에서는 그 연기가 가세·보완되어, 실제 적 불교연극으로 공연되었던 게 사실이다.

  첫째, 불교음악에 대해서다. 이 사찰에서는 그 긴 역사를 통하여 불 교음악이 끊이지 않았다. 이 불교음악은 그 불교의례와 함께하였고, 그 다양한 법회·설법 가운데 싯들어 왔기 때문이다. 이 불교음악은 성 악과 기악으로 나뉘며, 그 성악은 평상음악과 전문음악으로, 그 기악은 악기별로 갈라졌다. 먼저 그 성악을 중심으로 보면 다양하고 다층적이 었다. 그 평상적으로 올리는 조석 예불이나 각종 기도·불공의례에서, 승려나 신도가 올리는 염불·염송의 소리는 모두가 기본적인 불교음악 이었다. 그리고 개인·집단적 독경·주력의 초성 등은 역시 평상적 불교 음악이 아닐 수 없었다. 그리고 큰 불사나 재의 등에서 적절히 울려 퍼지는 범패는 우주 법계를 감응시키는 천상의 소리, 무궁무진한 불교 음악이었다. 나아가 그 재의의 중간에 그 주제에 맞추어, 알기 쉬운 우 리말 권선·교화적 가사를 감명 깊게 불러내는 화청이 또 전통적 불교 음악이었던 터다. 기실 이 범패는 그 재의의 전체를 통하여 신묘한 분 위기를 조성하며 불교무용과 합세·조화되어 연극적 형태를 연출하지 만, 그 화청은 그 분야에서만 연행되는 음악일 뿐이었다. 한편 이 기악 은 그 사찰의 음성공양구 소리와 삼현육각의 소리로 나누어 연행되었 다. 그 음성공양구는 사찰내의 평상의례에서 활용되었거니와, 그중에서 성사물, 법고·범종, 목어·운판은 각별한 성격과 기능을 갖추어 발휘하였다. 이 사물이 합주할 때를 전제하면, 마치 농악을 공연하는 것과 같은 것이었다. 그러니까 이 법고는 농악의 북, 법종은 농악의 징, 목어는 농악의 장고, 운판은 농악의 꽹과리로 대응되기 때문이다. 그러기에 이 성사물의 연주가 오래 전승되면서, 농악 사물로 민간화되었으리라 본다. 한편 삼현육각은 대체로 큰 사찰에서 으레 갖추고 대소 재의에서 활용되었으니, 이 사찰에서 그 삼현육각이 도입·연주된 것은 당연한 일이었다. 그것은 이 사찰, 불교음악, 기악의 중요한 위치를 점유하였다. 이와 같은 불교음악은 그 찬연 전통을 가지고 불교예술, 그 문화사의 일환이 되었던 것이다.

둘째, 불교무용에 대해서다. 이 사찰에서는 그 불교음악과 함께 불교무용이 적층적으로 전통을 이어 왔다. 전술한바 각종 재의나 설법과정, 나아가 불교연희를 통하여 자발적 춤사위와 전문적 불교무용으로 실연·전승되었던 터다. 이러한 재의나 설법·연희의 공연에서 가창 부분이나 신나는 강설 장면에서 법열에 겨워, 즉흥적으로 춤사위가 나와서, 자발적 무용으로 전개되었다. 그것은 그 재의승이나 속강적 법사, 연희승들이 자신의 신명에 따라서 임의 창출하였지만, 그 무용적 순수성과 예술성이 뚜렷하였다. 나아가 그 모든 재의에서 고비마다 나오는 이른바 작법무는 주로 범패와 어울리는 본격적 불교무용이었다. 잘 알려진 바리춤과 나비춤·법고춤·타주춤이 바로 그것이다. 이 백제권 불교계에 일찍이 등장했던 기악이 가면가무극이었다면, 이 불교무용도 상당한 전통을 가지고 이런 사찰에서 연행되어 온 것이 사실이었다. 나아가 이러한 불교무용이 민속화되어, 다시 이런 사찰내로 수용·연행되었던 터다. 이러한 과정에서 신앙적 법열을 음악적 절주에 맞추어 동작화한 불교무용이 대두·공연되었던 터다. 나아가 이 사찰내의 잡희나 승·속이 어울리는 땅설법, 불교행사·재의 내지 대법회 이후에 벌리는 이른바 삼회향 같은 공연에서는 민간 무용을 수용하여 불교화시키는 사례가 얼마든지 있었다. 그리하여 이 사찰의 불교무용은 그 음악과 함께 불교 예술사상에서 크게 기여하였던 것이다.

셋째, 불교연극에 대해서다. 이 사찰에서는 불교음악과 불교무용이 합세하여 각종 의례·재의와 불교행사, 여러 형태의 법회, 유관잡회를 통하여 다양한 공연예술이 연극형태로 형성·유통·전승되었다. 그 의례·재의에서 이른바 제의극이 종합예술적 형태로 그 장르 성향을 띠고 있었다. 그리고 여러 불교행사와 대중설법, 속강형태가 땅설법류의 복합적 연극형태로 정립·공연되어 왔다. 나아가 큰 불사·행사·법회 등이 원만 성취되면서, 그 뒤풀이로 승·속이 함께 뒤로 축하하며 즐기는 잡희·삼회향류의 복합적 연극형태가 조성·공연되었던 것이다. 게다가 이 사찰의 대작불사에 권선을 위하여 야단법석을 펼칠 때에는 민간연극 가면극이나 인형극·남사당패의 잡극, 해학극 심지어 만석승영희 등이 영입되어 사찰연극, 불교연극으로 행세·공연되었던 것이다. 이 사찰의 그 연극형태를 총체적으로 통관해보면, 그것이 하위 장르로 분화·전개되었으리라 보아진다. 이러한 현상은 이 사찰의 연극형태가 당시 연극 장르와 합류하여 전형성과 보편성을 확보하는 과정을 밟았기 때문이다. 적어도 이것은 한·중 연극의 하위 장르와 공통되고 있는 게 사실이다. 먼저 그 가창극 형태다. 그 연극·형태 중에서 가창부분을 중심으로 연극적으로 재편하면 바로 가창극이 되었다. 그 각개 전각이나 강당, 경내 광장을 무대로 가창승이나 신불 가객이 나와 가창 중심으로 연기를 더하여 공연하였다. 거기서는 출연자들이 독창을 하거나 대창도 하고 중창·합창도 하며, 감동적인 극정을 펴나갔던 것이다. 다음 그 가무극 형태다. 그 종합적 연극 형태 중에서 가무 장면을 중심으로 연극적으로 재조직하면 가무극이 되었다. 위 가창극의 무대보다 더 넓은 공간에서 가무승이나 신불 광대들이 나와 가무에다 연기를 더하여 가무극을 공연하였다. 그 연행자 1인이 가창하고 무용하는 것을 기본으로, 별도의 가창과 반주에 의하여 무용만을 연행하면서 조화를 이루었다. 나아가 2인 이상의 무용자가 나와 스스로 가창하면서 대무나 군무를 하는 형태가 있는가 하면, 별도의 가창과 반주에 의하여 무용만을 진행하는 양식이 적절히 어울려 극정을 높이게 되었다. 그리고 그 강창극 형태다. 이것은 전각·강당이나 야외 광장·법단, 공관·민간 할 것 없이 광범하고 자유스러운 무대에서 강창사·도창사나 신불 광대 단 한 사람의 연창자가 나와서, 그 대본·극본을 외워서, 유창하게 강설하고 감명 깊게 가창하면서, 만능연기를 더하여 입체적으로 공연하였다. 그것은 '1인 전역'의 강창극이었다. 대중설법적 틀을 가지고 만능연기를 펼치되, 그 장단을 치는 고수나 추임새를 하는 청중의 도움을 받았던 것이다. 한편 그 대화극 형태다. 이것은 그 복합적 연극 형태 속에서 대화 장면을 중심으로 재편된 본격적인 연극 장르였다. 그러기에 일정한 공간에 무대가 설치되고 출연자, 연희승이나 신불 광대가 그 작중인물로 분장하고 등장하여 대화와 연기로 극정을 청중에게 펼쳐 나갔다. 끝으로 그 잡합극 형태다. 그 종합 연극적 형태 가운데서 연극적 요건을 잡다하게 선택·편성하고 또 다른 공연 요건을 혼합시킴으로써 잡합극으로 공연되었다. 따라서 이것은 무대도 다양·잡다하고 연행자도 잡다한 연기를 가지고 협동적으로 공연하였다. 따라서 그것은 여러 형태의 연극을 총합한 전능극으로서 연극의 백화점 같이 연출·행세하였던 것이다. 그리하여 이 사찰의 연행 형태, 연극이 다양한 하위 장르로 공연·전승됨으로써, 불교연극사나 불교문화사에 지대한 영향을 끼쳐 왔던 것이다.[162]

(5) 불교 풍속

이 사찰에서는 승·속 사부대중이 사중생활을 하는 가운데, 세간의 생활습속과 연관되어 여러 가지 생활풍속이 형성·전개되었다. 그것이 바로 불교풍속으로 유형화되어 전통을 이루게 되었다. 여기에는 우선 그 사중의 의·식·주에 관한 풍습이 기본을 이루는 게 사실이다. 승·속 간 누구에게나 이것은 생활의 필수적 요건이기 때문이다. 그리고 승·속 대중의 개인적 생애에서 겪어야 하는 통과의례에 따른 풍습이 형성·전개되었다. 이것은 누구나가 그 생애에서 겪어야 하는 필연적 과정이기 때문이다. 나아가 사중이나 세간에서 평생을 살면서 매년 맞이하는 세시풍속이 형성·전승되었다. 이것은 흐르는 세월에 명일·절일의 마디를 만들어 세월과 삶의 의미를 되새기는 계기가 되었던 터다.

첫째, 불교의식주에 대해서다. 이 사찰에서는 대대로 많은 승려들이 집단을 이루어 계위별로 의복을 입고, 식사를 하며, 주거생활을 하여 왔다. 이것은 그들이 인간으로서, 승려로서 사찰생활, 불교활동을 하는 데에 기본요건이요 필수 과정이었다. 따라서 여기서는 장구한 세월에 걸쳐 그 질서와 규율, 실제적 방법 등에서 그 관례·관습이 형성·전개되었던 것이다. 먼저 의복생활의 관례·관습이 전승되었다. 그 의복에는 승려들의 가사·장삼은 물론 평상복·내복과 함께 그 관모나 목도리, 장식품·염주, 신발·소지품가지 포함되었다. 그 제작과정이나 방법, 그 격식·품격, 그 착용방식과 관념, 나아가 그 정리·보관, 보수·세탁에 이르기까지 모두에 그만한 관례·관습이 엄연하였다. 다음 식사생활의 관례·관습이 전래되었다. 이 식사에는 밥과 반찬을 중심으로 특식과 간식, 각종 음료, 나아가 약용·용변까지 연결되어 있었다. 여기에는 그 식재료

---

162 이상, 사재동, 「내포 가야산 불교문화의 위상」, pp.41-44 참조.

의 생산·수입과정과 보관방법, 조리과정과 그 조리법, 그 식사방법과 절차·관념, 그 용구 관리 내지 설거지까지, 그에 따르는 관례·관습이 계승되었다. 여기서 이른바 사찰음식의 전통이 생기고 바리공양이나 다도 같은 것이 정립되었다. 또한 주거생활의 관례 관습이 계승되었다. 이 주거에는 그 전각·승료·방사의 계층적 구분과 사용법, 그 공간의 장엄과 관리·청소까지 포함되었다. 그 본전으로부터 각개 전각이나 선원·강원·율원 등을 출입·활용할 때와 승사, 고승·은사의 방사를 방문·왕래할 때, 승려 개인이 독방을 쓰거나 도반과 함께 합숙할 때, 심지어 공양간이나 변소를 출입할 때까지도 거기에는 질서와 규율, 해동거지와 마음가짐까지 다 관례·관습이 있어 전통을 이어 왔던 것이다. 이와 같이 이 사찰의 의·식·주에 관한 풍습은 실질적인 사찰문화의 일부로서, 수행문화와 합류하여 불교문화의 소중한 줄기를 이루었던 것이다.

둘째, 불교통과의례에 대해서다. 이 사찰은 오랜 세월에 걸쳐 승·속 간 통과의례의 전통을 지켜 왔다. 불가에서는 생·노·병·사의 과정을 중시하거니와, 거기서 통과해야 하는 관문, 중요한 고비에서 이고득락하는 의례를 준행하여 왔던 것이다. 한 인간을 중심으로 기자·출생, 생일·성년·입학·졸업·취업, 발병·애사·경사·출세·결혼, 환갑·진갑·칠순·희수·팔순·미수·졸수·백수, 사망·장례·사십구재 등에 걸쳐 그 의미를 되새기며 적절한 불공과 의례를 통하여 성취·평안을 기원하여 왔다. 실제로 이 통과의례는 각개 각층의 형편에 따라 상당 수준의 재의, 경축재의나 추모재의·기복재의로 성립되어, 그 종합 예술적 융합과 활성화에 기여했던 것이다. 그만큼 광대한 재의라면, 거기에 다양한 설법과 함께 불교문학이 대본으로 주축을 이루고, 중요한 재의절차와 함께 불교음악과 불교무용이 합연되는 가운데 불교공연이 연극형태로 전개되었다. 그러면서 그것은 지극히 자연스럽고 필연적인 포교적 성과로 이어졌던 것이다. 그래서 이러한 통과의례는 사찰의 홍법·교화활동의 중요한 계기가 되었고, 신도대중의 호응·협조를 받아 사세를 유지하는 기반이 되었던 터다. 따라서 이 통과의례의 전통은 신도·대중의 그 민속과 직결되어, 신앙·교화의 전통을 지키며 중요한 불교문화와 합류·전승되었던 것이다.

셋째, 이 불교세시풍속에 대해서다. 이 사찰에서 1년 열두 달에 걸쳐 승·속의 명절·길일에 호응하여, 그 의미를 떠올리고 각양각색의 불공이나 의례·재의를 여법하게 베풀었던 것이다. 먼저 불교명절, 불탄일·출가일·성도일·열반일과 우란분절, 나아가 매월 다가오는 초하루·보름과 약사재일·미타재일·지장재일·관음재일 등은 이 사찰의 고정된 명일·실일이기에 그에 상응하는 불공·법회와 의례·재의가 성대히 배설되어 승려와 신도·대중이 모두 감응했던 것이다. 나아가 승·속이 맞이하는 정월의 설날과 보름날, 삼짇날·단옷날·유두날·칠석날·추석날·중굿날·동짓날·그믐날 등에 걸쳐 그에 상응하는 불공·법회와 당당한 의례·재의가 대중적으로 베풀어져서, 승·속이 함께 감동하고 즐겼던 터다. 이런 전형화된 법회·재의에서는 위 불교 통과의례 이상으로, 그만한 불교문학이 동원되고, 여법한 공연예술로 불교음악과 불교무용이 조화되며 연기로 확장되어, 연극의 세계를 연출하였던 것이다. 이와 같이 이 사찰의 세시 법회·재의에 따른 종합예술적 공연은 그 문화적 기능과 함께 포교·교화의 효율적 방편으로 작용하였다. 그래서 이 월령의 불교적 전통은 이 사찰, 이 지방의 불교문화에 지대한 영향을 끼치고 그 문화사를 이끌어 왔던 것이다.[163]

---

163 이상, 사재동, 「내포 가야산 불교문화의 위상」, pp.44-47 참조.

5) 결론

이상 대전지방의 불교문화를 문화사적 이론과 복원론적 방법에 따라 추적·탐구하여 보았다. 지금까지 논의해 온 것을 요약하여 결론으로 삼겠다.

① 이 대전지방 불교의 전통을 시대별로 개관하였다. 이 지방의 불교는 백제의 한성도읍기에 연원하여 웅진도읍기, 적어도 무령왕대에 나제 국경지대 계족산성이나 식장산성·보문산성의 배후 호국원찰의 개창으로부터 본격적으로 유입·신행되었고, 부여도읍기에 더욱 진전되었다. 이어 신라에서 백제를 병합하면서 불교적 평화정책으로 이 지방에 계족산문과 식장산문, 보문산문 등을 열어 신라식 불교로 변화·발전하게 되었다. 그리고 이 지방의 불교는 고려기의 숭불정책에 따라 위 산문을 중심으로 더욱 발전·난숙하였고, 조선시대에 이르러 숭유배불이나 불교중흥, 외유내불 등의 우여곡절을 겪으면서 그 전통을 면면하게 유지·계승하였다. 나아가 이 지방의 불교는 일제 강점기의 일본식 불교의 강압정책에도 불구하고 그 전통을 지켰으며, 광복 이래 여러 난관을 극복하고 오히려 현대적 중흥을 보게 되었다.

② 대전지방 불교문화의 현장을 확인하였다. 이 불교문화의 요람이요 원형이며 그 현장이 사찰이기에, 이 지방 역대 사찰의 실존 위치를 확정하였다. 먼저 역대 왕조의 고찰의 사지를 계족산문과 식장산문, 보문산문 등을 중심으로 20여 곳을 확인하고, 현존 전통사찰을 구역별로, 동구 47기, 중구 73기, 서구 45기, 유성구 19기, 대덕구 16기를 확정하였다. 나아가 이 고금 사찰이 전통적으로 전개시킨 불교문화적 활동을 추적하였다. 먼저 그 사찰문물을 조성·보호하고 미화·숭신하는 일이었고, 그 불교언어와 그 문장을 활용·전승시키는 일이었다. 그 신행활동으로 다양한 기도와 재의를 열고 다양한 불교윤리를 실행하며, 각종

법회를 열어 포교하는 한편, 그 불교음악과 무용에 연기를 가미하여 불교공연을 베풀었고, 또한 사중 생활의 풍속으로 의·식·주에 따른 습속, 승·속 간 평생의 통과의례, 매년의 생활에서 맞이하는 세시풍속을 지키며 수행하는 일이었다.

③ 대전지방 불교문화의 유형적 전개양상을 파악하였다. 이 지방의 사찰문화는 버젓한 전통을 이루어 그대로 불교문화로 전개되면서, 그만한 가치를 지니고 전국적 보편성과 지방적 특수성을 겸유·조화시키니, 그 보편성에 입각한 문화적 유형이 중시되었다. 먼저 그 유형적 불교문화로서 불교미술이 불교건축과 불교회화·불교조각·불교공예 등으로 찬연하고 아름답게 조성·전개되었다. 다음 그 무형적 불교문화가 다양하게 전개되었으니, 우선 불교언어·문장이 불교활동에서 통용되던 불교용어가 계통을 이루어 전승되었고, 포교와 법담을 위한 불교문학이 창작·활용되어 왔으며, 여기 불경을 중심으로 언어 문학의 저서 등을 책자형태로 편찬·간행한 불교문헌이 제작·유통되었다. 이어 그 신행활동이 분야별로 유형화되니, 불교의례·재의가 성행하여 전승되고, 불교윤리가 계율·계행으로 실천·계승되었으며, 다양한 법회가 열리러 전법·포교의 대방편으로 전개되었다. 또한 그 불교연행이 성행·전래되었으니, 모든 포교·교화의 방편으로 종합예술적 방법을 정립해 온 전통에 따라 그 불교음악과 불교무용이 합세하고 그 연기가 보완되어 연극적 공연으로 전개되었다. 그것은 보편적인 제의극으로서 그 하위 장르로 가창 중심의 가창극, 가무 위주의 가무극, 강설과 가창을 조화시킨 강창극, 그 대화 중심의 대화극 그 잡다한 형태의 잡합극 등으로 분화·연행되었다. 한편 그 사중생활상에서 불교풍속이 형성·전래되었으니, 사부대중의 의·식·주 생활상의 습속이 성속·전래되었고, 그들 평생의 통과의례가 실천·전승되었으며, 매년에 겪는 불교명일·재일·명절 등 세시

풍속이 그 전통을 이어 왔던 것이다.

위와 같은 대전지방의 불교문화는 유형문화와 무형문화로 상응하여 그 전통을 이루고 면면히 계승되었으니, 그것은 이 지방의 찬연하고 값진 불교문화사를 이룩하였다. 그리하여 이 지방의 불교문화사는 한국 불교문화사상에서 당당한 위상을 유지하여 온 게 사실이다. 또한 이 불교문화는 이 지방의 유교문화와 쌍벽을 이루어 외유내불의 문화사를 이끌어 왔던 것이다. 그러기에 이 불교문화는 이 지방 문화사의 중심· 주류를 이루며 지대한 영향을 끼쳐 왔다고 하겠다. 이런 점에서 이 지방 불교문화와 그 문화사적 위상에 대하여, 그 가치를 재평가하고 새롭게 인식·계승할 필요가 있다고 보인다.

5. 《부모은중경》의 불교문화적 실상

1) 서론

《부모은중경(父母恩重經)》은 오랜 역사를 통하여 중국·한국·일본 등에 유통되어 온 효행계 불경으로서, 그 불교문화적 실상과 문화사적 위상이 빼어난 보전이다. 이것은 원명《불설대보부모은중경(佛說大報父母恩重經)》인데, 그 원형이 중국 당초나 그 이전에 형성·유통되어 이른바 돈황본《부모은중경》이나《부모은중경강경문(父母恩重經講經文)》 등 수많은 이본을 남기고, 한국에도 일찍이 전래되어 신라통일기나 고려 초 이래로 널리 유통·전승되고 80종에 이르는 이본을 보이며, 일본에도 일찍부터 유전되어 상당한 성황을 보여 왔던 게 확실한 터이다. 이 경전은 그 주제·내용 자체가 보은에 바탕을 두고 효행으로 충만되어 있을 뿐만 아니라, 그 구조 구성과 표현이 그다지 절실·생동하고, 따라서 그 기능·역할이 그만큼 다대하였기 때문이다. 이것이 불교문화로써 존재하고, 불교문화로써 표현되며, 불교문화로써 작용하고 있다는 점에서, 그것은 불교문화학의 가장 소중한 원전 중의 하나가 되리라고 본다. 그렇다면 이 경전은 고금을 통관하는 생동적 불교문화로서, 그 연구의 필요성이 절실해지는 터다. 새로운 문화세기에 상응하여, 불교문화학이 각광을 받기 시작한 이래, 이 경전은 우선적으로 연구되어야 할 대상임에 틀림이 없기 때문이다. 기실 최근에 계룡산 갑사 장판《부모은중경》이 발굴·인출된 후에, 갑사 당국의 요청에 의하여 한국불교문화학회가 이를 학술적으로 조명하는 마당에, 그 전체를 불교문화학적으로 조감하는 작업은 실로 긴요한 일이라 하겠다.

그동안 이《부모은중경》에 대하여 목록·서지학 분야에서는 획기적인 성과를 올리고,[164] 미술사·판화 변상도 분야에서도 참신한 업적이 나왔으며,[165] 국어학 분야에서도 다각도로 검토한 바가 있었다.[166] 그리

---

[164] 박상국,『전국사찰소장판본집』, 문화재관리국, 1987, p.470; 조순향,「한국판 부모은중경 연구」, 동국대학교 석사논문, 1977; 윤진원,「조선시대 부모은중경의 개판에 관한 서지적 연구」, 성균관대학교 석사논문, 1997.
송일기,「한국본《부모은중경: 한문》의 판본에 관한 연구」,『서지학연구』19, 서지학회, 2000;「한국본《부모은중경: 언해·한글》의 판본 및 한글서체에 관한 연구」,『도서관』355, 국립중앙도서관, 2000;「《불설대보부모은중경: 언해》의 초역본에 관한 연구」,『서지학연구』22, 2001;「경주 기림사 소장의《불설부모은중경》에 관한 고찰」,『문헌정보학보』6, 중앙대학교, 2004.
[165] 박도화,「화암사 간 부모은중경 판화의 도상과 의의」,『불교미술』15, 동국대학교 1998;「불설대보부모은중경 변상도의 도상 형성 과정」,『미술사학보』23, 미술사학회, 2004.
[166] 최홍렬,「부모은중경언해의 국어학적 연구」, 강원대학교 석사논문, 1990; 황홍주,「불설대보부모은중경언해의 국어학적 연구」, 단국대학교 석사논문, 1990; 신중진,「율사본 불설대보부모은중경의 국어학적 고찰」,『관악어문연구』21, 서울대학교, 1996; 유일재,「화장사판 부모은중경 언해에 대하여」,『진단학보』84, 진단학회, 1997.

고 불교계 효행문학을 연구하는 일환으로, 이《부모은중경》과 저《효경》을 비교 연구한 논문이 나와 주목을 받았지만,[167] 여타 분야에서는 이렇다 할 두각을 드러내지 않았다. 그러기에 불교문화학이 지향하는 종합적이고 입체적인 연구는 지금껏 시도된 바가 없는 것 같다. 이 경전 정도의 원전이라면, 일찍부터 관심을 가지고 본격적으로 고찰하는 것이 당연한 일이니, 실로 늦은 감이 없지 않은 채로, 이를 전문적으로 연구·검토하는 게 긴요하다고 본다.

이에 본고에서는 불교문화학의 종합적 관점과 입체적 접근에 의하여, 이 경전의 실상과 위상을 전체적으로 검토·고찰하여 보겠다. 첫째 이 경전의 불교서지·문헌적 측면을 서지학 내지 문헌학적으로 검토하겠고, 둘째 그 불교언어·문학적 측면을 언어학·문예학적으로 고찰하겠으며, 셋째 그 불교미술·불교공연적 측면을 미술론과 공연학적으로 논의하겠고, 넷째 그 불교사상·윤리적 측면을 사상론·윤리학적으로 파악하겠다. 그리하여 이 경전이 불교문화사 상에서 차지하는 위상을 정립하는 데에 작으나마 도움이 되기를 바랄 따름이다. 여기서는 갑사 장판 국역《부모은중경》을 중심으로 그와 유사한 현전 국역본을 주요 원전으로 삼고, 다른 국문본·한문본 등을 참고로 활용할 것이다. 따라서 이 연구의 방법론은 전술한 대로, 불교문화학의 성향에 따라 종합과학적 접근법을 취할 수밖에 없다. 이것이 이 경전을 올바로 조명·파악하는 첩경이기 때문이다.

---

167 노태조, 「《은중경》과 효경의 대비 고찰」, 『불교계 효행문학 연구』, 중앙인문사, 2005.

2) 《부모은중경》의 불교서지·문헌학적 접근

(1) 《부모은중경》의 형성·유통

《부모은중경》은 전술한 대로 인도 범본의 전역이 아니라, 중국 당대 초기나 그 이전에 형성·유전되어, 적어도 당대 중기를 거치면서 현전하는 《대보부모은중경(大報父母恩重經)》의 모습으로 정립되었으리라 추정된다.[168] 그러기에 이 경전은 중국의 위경으로 형성된 것이 공인되고, 그 찬성 경위가 여러 각도에서 논의되었다. 위진대를 거치면서 불교계에는 효행계 불전이 형성·유통되었다. 그것은 인도의 불경이 상당히 전래·번역되면서, 중국의 윤리 덕목으로 실천되던 효도·효행에 맞추어 효행불경을 찬성·유전시킴으로써, 당시 시대적 요청이나 사회적 분위기에 적극 호응하려는 방편이었다. 여기에서 실제로 찬성·대두된 것이 《부모은난보경(父母恩難報經)》·《우란분경(盂蘭盆經)》·《보은봉분경(報恩奉盆經)》 그리고 《불설효자경(佛說孝子經)》 등이었다. 이러한 불경들이 당대에 이르러 널리 유통되면서, 국가적으로 《효경(孝經)》을 내세워 효행정책을 시행하던 현실적 상황과 호응·상승 작용을 일으키게 되었던 터다. 그리하여 일찍부터 모색되던 《부모은중경》이 당대 초기부터 구체적으로 대두되었던 것이다. 그것이 규봉종밀(圭峯宗密)의 《우란분경소(盂蘭盆經疏)》에 인용되었고, 이른바 돈황본 《부모은중경》으로[169] 현전하고 있는 터다. 이 경전은 원형성을 띠어 대중적 서사성이 부족하기에, 이를 복합적으로 보완할 여지가 있었다. 그리하여 당대에 부모의 추선법회를 위하여 위 《불설효자경》 등을 요약한바 〈부모십은덕찬(父母

---

168 小川貫一,「大報父母恩重經の變化と變相」,『佛敎文化史硏究』, 永田文昌堂, 1973, p.201.
169 《신수대장경》 제85책, 신문풍출판사, 1973, pp.1403-1404.

十恩德讚)〉이 찬성·유행한 것과 결부·합일되었던 터다. 나아가 이러한 결합에다 그 권수에 고골(枯骨)의 흑백설화가 첨가됨으로써, 바로《대보부모은중경》으로 정립되었으리라 추정되는 것이다.[170]

《대보부모은중경》은 전형화된 이래, 널리 유통·성행하여, 보편적으로 부모은중경을 대표하게 되었다. 이 경전은 모든 사찰과 불교계에서 대중포교를 위하여 여러 가지 불교문화적 방편을 타고 실로 광범하게 유전되었던 터다. 우선 이 경전은 강경문 형태의 변문으로 연행되었다. 먼저 이 경문의 원문 일부를 거창하고, 그 경문에 대하여 설명·강설한 다음, 그 내용에 대하여 7언 고시 형태의 중송을 가창하는 형식이다. 이런 식의 강창을 되풀이하여, 이 경문을 완전히 연창·연행하는 것이다. 이러한 강창은 하나의 강창 승려, 속강승이 혼자서 연행하는 이른바 '속강(俗講)'으로서, 1인 전역의 강창극 형태를 취하는 터다. 이러한 속강의 대본을 강경문 내지 변문이라 하고, 여기서 배경이 되고 강창의 보조 화면이 되는 것을 변상(도)이라 한다. 그러기에 이 경전은 속강승에 의하여 연창된《부모은중경강경문》이 그 이본과 함께[171] 돈황문서에서 발견되고 그 변상도와 함께 이른바 변문으로 행세하였던 것이다. 따라서 돈황의 벽화나 그와 유사한 불화에, 이《부모은중경》의 서사화가 있었던 게 사실이다.[172] 그리하여 후대의《부모은중경》이 문헌으로 유통될 때, 그 문장과 함께 삽화·판화가 필수되는 데에 하나의 전범이 되었

---

170 박도화는 위의「불설대보부모은중경 변상도의 도상 형성 과정」, p.130에서 '〈불설대보부모은중경〉은 8세기 강경의 과정에서 10은을 비롯한 여러 내용이 부가되면서 위 강경문(927) 이후인 송대에 대부분의 내용이 일단 정리된 것으로 보인다'고 하였다.
171 潘重規,「敦煌變文集新書」, 中國文化大學 敦煌學研究會, 1983, pp.411-448.
172 박도화, 위의 논문, p.131에서 '돈황에서 출토된 10세기에 그려진 탱화 2점, 막고굴 벽화 4점, 서하에서 간행한 〈불설부모은중경〉의 권수 판화 1점'을 거론하였다.

던 것이다. 여기서 주목되는 것은 이 경전이 부모의 추선 재의와 직결되어, 효도·효행의 윤리가 문학적으로 표현되고, 회화의 보조와 함께 음악·연극적으로 연행됨으로써, 불교문화의 입체적 면모를 잘 보여 주고 있다는 점이다. 이런 점에서 이미 알려진 〈목련구모경(目連救母經)〉이 당대 이래 중국의 위경으로 찬성되고, 목련변문이 그 변상과 함께 널리 유통·연행된 것은[173] 결코《부모은중경》의 경우와 무관하지 않다고 보아진다. 이로써《부모은중경》의 실체와 그 유통·연행의 실상이 더욱 확실하게 부각되기 때문이다.

《부모은중경》은 당대 이래 불교의 사회적 사명과 역할을 다하게 되었다. 그때의 불교가 국가 사회의 저변을 이루고 있는 서민대중에 불교의 효도 윤리를 상소·교육함으로써, 실로 다대한 영향을 끼쳤기 때문이다. 더구나 당대로부터《효경》이 부친 중심의 효양을 설파한 데에 반하여, 이《부모은중경》은 위 효행계 불전과 함께 모친 중시의 효도를 강조함으로써, 부녀 중심의 대중적 호응·감명이 그만큼 컸던 것이다. 그리하여 당대 이후에도 이《부모은중경》은 여전히 성행·존숭되어 상당한 흔적을 남기고 있는 실정이다.

첫째로, 선망부모를 추선하기 위하여 이 경전을 많이 필서하였다는 사실이다. 기실 그 사경공덕이 크다 하거니와, 이《부모은중경》을 필사하여, 그 공덕을 선망부모의 추선에 바치는 일이 허다하였다. 전게한바 돈황문서 중에서《부모은중경》 필사본이 60여 점이나 나온 것은[174] 바로 이 경전의 사경공덕을 실증하는 터다. 그들 사본 가운데는 구체적인

---

173 史在東,「韓·中目連故事의 流變關係」,『佛教系 敍事文學의 硏究』, 中央文化社, 1996, pp.295-297.
174 박도화, 앞의 논문, p.123.

필사기가 있어 '乾符二年(875)伍月 日', '丁卯年(907)十一月 二十七日', '開運三年(946) 丁未歲十二月 二十七日' 등의 연대와 그 취지·소망을 알려 주고, 한편 그 필사의 서예적 면모를 보여 주기도 한다.

둘째로, 이 경전을 중시하여 영구 기념하려고 석비 형태로 새겨 두었다는 사실이다. 이것이 바로 '부모은중경비(父母恩重經碑)'로 건립되었던 터다. 이 비는 '乾祐三年'(950)에 산동성 영양현에 맹지진 부처가 삼대 선망 부모의 명우를 빌기 위하여 세웠던 것이다.[175] 그리고 이《부모은중경》은 '경당(經幢)'의 형태인 '부모은중경당(父母恩重經幢)'으로 제작·유통되었으니, '武德元年'(618)에 산동성 능현에 설치된 것과 장소 미상인 태로 '開元二十伍年'(737), '太平興國二年'(977)에 대두된 것이 있어,[176] 그 성황을 짐작케 한다.

셋째로,《부모은중경》은 변상도로 그려져 탱화형태로 제작·유통되었다. 그것은 이 경전을 속강으로 강창할 때, 그 배경화 내지 설명화로 역할을 담당하였고, 나아가 불전에 봉헌하는 의식용으로도 활용되었을 터다. 이러한 사례가 2점이나 돈황문서에서 발견되었는데, 그것은 상·중·하 3단으로 나뉘어 이 경전의 내용을 충실히 반영하고 있다.[177] 여기서 이 경전의 내용이 돈황벽화로 4점이나 발견되어 구체적으로 거론된 것을[178] 주목하게 된다. 한편 이 경전의 변상도가 이제는 석각으로 제작·현시되기도 하였다. 남송 희종 '淳熙年間'(1174~1189), 사천성 대

---

175 小川貫一, 앞의 논문, p.199.
176 小川貫一, 위 논문, p.199.
177 大英博物館, 西域美術 2, 敦煌繪畵Ⅱ, 講談社, 父母恩重經變相圖(28도).
박도화, 앞의 논문, pp.132-136에서 '대영박물관소장 부모은중경변상도'와 '순화 2년명 불설보부모은중경변상도'를 들어 논의하였다.
178 박도화, 위의 논문, pp.136-137.

족현 보정산에 마애 석각된 '부모은중경변상'이 바로 그것이다. 이 마애 변상은 역시 돈황의 그것과 같이 상·중·하 3단으로 구성되어, 이 경전의 10종 대은송을 중심으로 사실적인 묘사를 가하고 있다. 더구나 그 장면마다 방제를 붙이고 5언시로 찬송함으로써, 완벽한 형태를 보여주고 있다. 그것은 이 경전의 변상도를 그대로 조각화한 것으로[179] 주목되는 바가 크다. 이에 따라 판화를 갖춘 판본이 간행·유통된 것은 당연한 일이었다(후술 참조). 이《부모은중경》이 중국에서 형성되어 위와 같이 성황리에 유통·전개된 것은 중국 불교문화사 상에서 중요한 의미를 가질 뿐만 아니라, 그것의 해외 유전이라는 관점에서, 더욱 소중한 의의를 가진다. 북방불교권 특히 한국불교문화사 상에서 상호 교류된 그 상관성이 중시되기 때문이다.

여기서 한·중 불교교류사를 새삼스럽게 강조할 필요는 없다. 일찍이 삼국시대부터 한·중 불교는 긴밀하고 예민한 교류를 통하여 불교문화사를 첨단적으로 이끌어 왔기 때문이다. 따라서 이《부모은중경》은 생각보다 일찍 한국에 전래되었을 가능성이 높다. 위와 같이 당대 이래 전개·성행한 이《부모은중경》은 적어도 통일신라에 이르러서 전래·유통되었으리라 추정된다. 이 신라에는 불교가 난숙되어 구법·유학승이 중국 불교계를 왕래하면서, 다양한 불경과 각종 불교문물을 교류·수용하는 마당에, 그쪽에서 그다지 성행하던 이《부모은중경》이 이쪽으로 전래·행세하였을 것은 지극히 자연스럽고 당연한 일이었기 때문이다. 더구나 신라불교의 전초 기지인 신라방 '적산(赤山) 법화원(法華院)'이 산동반도 동남 일우 등주 문등현에 설립·운영되었다는 사실이[180] 주목

---

179 박도화, 위의 논문, pp.137-143에서, '대족의 은중경변상석각'을 들어 자세히 논증하였다.

된다. 전술한 대로 이 '부모은중경비'가 950년 바로 산동성 영양현에 세워지고, '부모은중경당'이 618년 산동성 능현에 설치된 사실과 결코 무관하지 않았으리라 생각되기 때문이다. 이 신라의 법화원은 신라 불교의 문화를 저쪽에 전달하는 것 이상으로 중국불교의 문물을 유입하는 데에 민감하였으므로, 시대·공간적 접근성으로 하여 그《부모은중경》의 문화를 적극 수용하여 신라 본국으로 전래시켰을 가능성이 크다고 하겠다.[181]

한편 일본에서는 '이 부모은중경이 나라조(710~784)에 도래하여 필사되었다'는[182] 사실이 중시된다. 당시 신라와 나라의 문화 교류가 성행했을 뿐만 아니라, 중국문화·불교문화와의 관계도 활발했던 터에,[183] 나라조에《부모은중경》이 전래·유전되었다는 사실은 8세기 경 불교문물의 성황을 보이던 신라조에도 그런 경전이 족히 전래되었으리라는 점을 뒷받침하고 있기 때문이다. 더구나 모든 대륙문화·불교문화가 거의 중국·한국·일본의 통로를 따라서 유전되었다면, 이《부모은중경》도 중국으로부터 한국·신라를 거쳐 일본·나라로 유입되었을 가능성을 배제할 수 없는 터다.

실제로 이《부모은중경》이 신라에 유입·유통되었다는 직증은 없지만, 그 영향과 흔적을 보이는 자료는 있다.《삼국유사》'효선(孝善)'조에 실려 있는 효행담들이 바로 그것이다. 여기〈진정사효선쌍미(眞定師孝

---

180 圓仁,『入唐求法巡禮行記』卷2, 赤山法花院 新羅僧講經儀式, pp.207-208; 史在東, 「불교계 서사문학의 연구」,『佛敎系 敍事文學의 硏究』, 中央文化社, 1996, pp.93-94.
181 송일기,「한국본《부모은중경: 한문》의 판본에 관한 연구」, p.187; 조순향, 앞의 논문, p.15 등 참조.
182 小川貫一, 앞의 논문, p.202.
183 緖方惟精原(丁第譯),『日本漢文學史』, 正中書局, 1980, p.25.

善雙美)〉나 〈대성효이세부모(大城孝二世父母)〉·〈손순매아(孫順埋兒)〉·〈빈녀양모(貧女養母)〉 등은 실로 희생적인 효행사례로서[184] 마치《부모은중경》의 실천적 예화와 다르지 않다고 보아진다. 더구나 이러한 사례들이 예외 없이 모친에 대한 지극한 효행을 실현하고 있는 점은《부모은중경》과 부합된다고 하겠다. 위와 같은 공질성 내지 공통점은 결코 우연한 것이 아니고, 적어도 그 양자 간의 영향관계라고 간주할 수도 있지 않을까 한다.

이러한 불교문화적 전통을 평화리에 계승·발전시킨 고려시대의 많은 사찰과 불교계에 그《부모은중경》이 유입·행세하였으리라는 것은 추정하기에 어렵지 않다. 고려가 불교국가라는 점에서 모든 불경이 유통·성행과 함께《팔만내상경》으로 집성·간행된 사실을 전제한다면, 송·원대에 걸치는《부모은중경》의 유통·연행에 따라, 이쪽에서도 이 경전이 어떤 형태로든지 전래·유통되었을 것이기 때문이다. 실제로 고려시대에 와서 이 경전이 널리 유통되고 있다는 사실이 〈현화사비음기(玄化寺碑陰記)〉를 통하여 입증되고 있다. 현종 13년(1022)에 채충순이 지은 이 글에서 '可謂儒釋二門 皆宗於孝 孝之至矣'라고 시종 효를 강조하면서, 불교의 효에 대해서는 '於佛則亦說父母恩重經 具如卷中之旨也'라고 하였다.[185] 당대의 문장가가 이러한 비문에서 그《부모은중경》을 중시·언급한 것은 바로 이 책이 그만큼 보편적으로 유통되어 왔음을 입증하는 터다.[186] 더구나 일본 경도에서 독씨우상(禿氏祐祥)이

---

184 一然(최남선 편), 『三國遺事』, 서문문화사, 1988, pp.237-242.
185 허흥식, 『韓國金石全文 中世 上』, 아세아문화사, 1984, pp.447-448.
186 송일기,「한국본《부모은중경: 한문》의 판본에 관한 연구」, p.187에서 '따라서 이 책은 대략 9세기 초엽에 신라에 전래되어 나말여초 무렵에 상당히 유포되었음을 짐작케 한다'고 하였다.

밝혀낸 바 '고려감지금니사경(高麗紺紙金泥寫經)'의 《부모은중경》은 고려 고종 37년(1250)에 정사된 것으로서, 거기에는 당시 《부모은중경》의 이본 3종이 합록되어 있다는 것이다.[187] 또한 현재 경주 기림사에 소장되어 있는 고본 《불설부모은중경(佛說父母恩重經)》은 대덕 4년(1300)에 간행된 것으로 현존 최고본이라 하겠다. 이 판본은 본문의 내용이 상·중·하 3권으로 되어 있는 데다, 뒤에 통용되던 이본들과 상당한 차이를 보이고, 판화가 전무한 터에 자체가 당대 사경체의 필의를 방불케 하는 점 등으로 미루어, '당나라 사경본을 증감 없이 그대로 판각하였던 것이 아닌가 여겨진다.'[188] 그리고 고려 무오본의 존재가 주목된다. 우왕 4년(1378) 무오년에 간행된 판본이 후대에 복각 또는 번각된 판본을 통하여 복원·확인되었기 때문이다. 이 판본은 대덕본과 달리 권차의 구별도 없고 내용도 상당한 차이를 보이는데, 그 판화가 적절히 삽입되어 오히려 조선시대에 보편화된 《대보부모은중경》과 근접하여, 그 과도기적 성향을 보인다고 하겠다. 그렇다면 고려시대에 이미 여러 이본의 《부모은중경》이 상당한 세력으로 유통되어 왔음을 확인한 바가 되었다. 무엇보다도 고려시대의 이 경전을 그대로 계승한 조선시대 초기부터 이 경전이 어려운 여건 속에서도 속속 간행되었다는 점이 위 사실을 보증하고 있는 것이다.

잘 알려진 대로 조선시대에는 초기부터 효행을 강조하는 국가 시책과 사회 윤리에 기반으로 하여 《삼강행실도(三綱行實圖)》와 함께 《부모은중경》의 간행·유통이 성세를 보이게 되었다. 현전하는 이 경전은 태종 7년(1407)에 궁중에서 개판한 것을 비롯하여 한문본 42종, 국역본

---

[187] 송일기, 위의 논문, pp.187-188; 小川貫一, 앞의 논문, p.202.
[188] 송일기, 위의 논문, p.188.

32종, 국문 전용본 5종 등 모두 80종을 헤아리는데, 15세기에 14종, 16세기에 33종, 17세기에 16종, 18세기에 10종, 19세기에 4종, 20세기에 2종 등으로 분포되어 있는 실정이다. 이만 하면 실제로 이《부모은중경》이 유통되던 현황을 족히 짐작할 수가 있다. 숭유배불의 조선시대에 효행을 방편으로 성행을 보인 이《불설대보부모은중경》의 유통·홍통사가 새삼스럽게 돋보이는 터다.

이 경전의 위와 같은 유통과 성행은 그만한 역량과 기능으로써 독자층·사부대중에 지대한 영향을 주었던 것이다. 이 경전의 목각판은 춘추를 중심으로 필요에 따라 언제든지 인출할 수 있다는 게 중요하다. 사찰이나 신도들이 보시 차원에서 다량 인출하는 경우, 그것이 유통·전파되는 파급·교화력은 실로 헤아리기가 어렵다. 이처럼 다량의 경전이 개인이나 가정에 보급되고, 또한 인연 따라 가까운 데서부터 먼 데로, 구비나 문헌을 통하여 광포·전개되었기 때문이다. 위와 같이 한국에 현전하는 80종의 이본을 통하여 그 목판본의 인출이 복합적으로 진행·유포될 때, 그 구비·문헌적 유통망은 방대·중후하기가 이를 데 없었던 터다. 이러한 유통의 원리와 조직을 전제할 때, 위 이본들은 각기 단순한 개체가 아니고, 그 제망찰해와 같은 유통망의 핵심적 지표로서 중대한 성격과 기능을 함축하고 있는 것이라 하겠다. 이러한 경전의 유통망을 최소한 중국·일본의 그것과 연결시킨다면, 그 범위와 실질적 역량은 거의 무한대로 확산되리라고 본다.

(2) 《부모은중경》의 불교문헌적 실태와 전개

이 경전은 모두 목판본으로 판각·인출되어 왔다. 위 80종의 목판본과, 다행히 아직도 남아 있는 그 목각판이 이를 실증하고 있는 터다. 그 잔존 목각판은 지금도 얼마든지 인출할 수 있어,[189] 고금을 통한 목판본의 출판사·인경사 상의 위치를 알려 주고 있다.

여기 목각판본은 사계의 소중한 문화재로서 그 중요성과 가치가 공인되고 있으니, 갑사장판과 직결된 현존 국역본 목각판 중에서 몇 종만을 들어 보겠다.

嘉靖四十二年癸亥(1563) 淸洪道牙山地 東林山 神心寺 留板(국역)

隆慶元年丁卯(1567) 三月日 淸洪道恩津地 佛明山雙溪寺 留板·甲寺保藏(국역) 附 국문목판

順治十伍年戊戌(1658) 秋下澣日 江原道襄陽府 雪嶽山神興寺開板(국역)

康熙七年戊申(1668) 初春陽月 慶尙道開寧地 白馬山敲防寺始役開刊 則移于蔚山 圓寂山雲興寺持在(국역)

康熙二十六年丁卯(1687) 秋 天寶山佛巖寺開刊(국역)

乾隆二十伍年(1760) 高敞文殊寺南琵庵開板 留鎭于大寺(국역)

이러한 목각판들이 인출되어, 이미 그 목각판을 잃은 많은 이본들과 합세하여 그 문헌적 역할을 다하면서, 특징적인 하나의 흐름을 유지하고 있는 터다.

이제 위 이본들을 어문 중심으로 총괄해 보면, 대강 4가지 유형으로 나누어진다. 국역삽화본을 비롯하여 한문삽화본과 국음현토역주본, 그리고 국문전용본 등이 바로 그것이다. 여기서는 본고의 방향에 따라,

---

189 2005년 6월 29일, 계룡산 갑사 보장각에서《불설대보부모은중경》의 목각판을 통하여 이 경전을 인출하였다. 대전보건대학 노태조교수가 주관하여, 동 대학 박물관과 학생 2명을 동반·인출하게 되었다.

한문삽화에 관한 것은 전문가의 업적에 맡기고, 나머지 국어국문 관계 판본에 대해서만 논의하겠다. 본래 그 한문삽화본이 원형적인 면모를 갖추어 한해·상류층을 대상으로 찬성·유통됨으로써, 하나의 전형을 이루어 왔다. 이러한 한문본은 보다 대중적으로 홍통·연행된 나머지, 곧 부녀·대중층을 위한 국역본 내지 국문본을 거의 다 동반하고 있는 게 사실이다.

우선 국음현토역주본은 매우 자상하고 특이하다. 국음으로 '불셜대보부모은듕경'이라 내세우고, 곧바로 경문을 일부분씩 국음으로 적어 현토까지 하니, '여시아문 ᄒ니 일시불이 재샤위국왕샤셩지수급고독원 ᄒ야'식으로 하고, 이어 1단 나려 국역·주석까지 붙여 나간다. 이런 헝태로 시종하니, 삽화는 없고 1면 10행 12자(역주 11자) 주석 쌍행으로 전체 48장이다. 이것은 용주사 장본 한문본과 작반·간행된 터인데, 매우 희귀한 사례라 하겠다.

또한 국문전용본은 국역본이나 국음현토역주본보다 대중화된 형태로, 이 경문을 그대로 번역하여 국문전용 줄글로 내려 적은 모습을 보인다. 따라서 삽화나 본문 또는 주석을 일체 배제하고 마치 번역체 고전소설의 문체와 비슷한 현상을 보이고 있다. 이 문체의 일부를 임의로 들어보면

      대즁이 부녀의 니ᄅ시ᄂ 부모 은덕을 듣고 울며 셰존의 술오대 우리ᄂ 이제 죄인이라 엇데 ᄒ야사 부모의 은늘 갑ᄉ오리잇고[190]

이와 같은 실정이다. 이것은 선행 국역본에 기반을 두고 한층 대중

---

190 갑사장판 불셜대보부모은중경 제35장 전면.

화되었다는 점에서 주목할 만하다. 이 판본은 매면 14행 21자로 모두 36장을 유지하고 있는데, 국역본이 간행된 주변에 가끔 출간되었을 것이지만, 지금까지는 갑사 장판과 함께 5종이 알려지고 있는 터다.

이에 국역본은 여러 모로 중시된다. 그것은 정통적인 불경언해의 전형을 보이며, 서두의 전체적인 변상과 10종 대은 등의 삽화가 병치되어, 그 입체적 면모를 나타내고 있다. '佛說大報父母恩重經 부모의 은 갑는 경이라' 제목한 아래 한문경문을 일부 내세우고 1단 내려서 국역문을 주석 없이 내려 쓰는 식으로 한문과 국문을 조응·부합시켜 나간다. 이것은 그 내용의 요지를 묘사한 삽화와 어울리는 형태로, 정연하고 질서 있게 원문·역문이 조화를 이루며 나가 마무리된다. 이에 한 실례를 임의로 들어 보면, 세존이 아란·대중의 물음에 대답한 대목이다.

  佛告阿難 汝雖是吳上足弟子 出家深遠知事未廣 此一堆枯骨 或是我前世翁祖 累世爺孃 吳今禮拜
  부톄 아란드려 니르샤디 네 비록 나의 웃듬 뎨ᄌᆞ오 집 나건 디 오라도 이른 모ᄅᆞᆺ도다 이 쎼 젼싱의 나의 하나비어나 부뫼어나 훌시 졀ᄒᆞ노라.[191]

이와 같이 이 국역본은 세종 이래 불경언해의 실상을 대변하여, 중요한 의미를 갖추고 있다. 이것은 1면 10행 18자(국문 17자)로 전체 26장 내지 27장을 유지하고 있다. 여기에는 이른바 오응성간본(1545)을 비롯하여[192] 화장사장본(1553), 세심사장본(1563), 갑사장본(1567) 등 동일

---

191 갑사장판 국역 불설대보부모은중경 제2장 전면.
192 송일기, 「《불설대보부모은중경: 언해》의 초역본에 관한 연구」, pp.192-193.

계열의 국역본 30종 정도가 모두 포함되는 터다.[193]

여기서 중시되는 것은 이들 국역본들이 각기 시대성을 올바로 반영하여, 전체적으로 그것의 불교문화적 가치와 중요성을 확보하고 있다는 점이다. 이 국역본으로 현전하는 것은 위 오응성장본을 상한선으로 16세기를 넘어서지는 못하지만, 그 초간본이 훈민정음 실용 즉후 15세기에 간행되었을 가능성까지 배제할 수는 없다. 적어도《석보상절》·《월인석보》가 찬역되고 전형적인 대승경전이 상당수 번역되는 세종·세조대에, 이《부모은중경》처럼 간요하고 감동적인 경전이 국역될 수 있는 여건과 여지는 얼마든지 마련되어 있었기 때문이다. 게다가 위 국역본 중에 16세기에 간행된 오응성간본과 세심사장본, 갑사장본, 신흥사장본 등을 서로 비교해 볼 때, 상당한 공통점이 나타나는 게 주목된다. 이들의 판형·판광과 흑구·어미, 그 한문·국문의 자체, 그리고 삽화의 구상적 면모와 그 21도의 배치 등에서 상호 복각에 가까운 친연성이 발견되기 때문이다. 이러한 친연성은 17세기 내지 18세기 국역본들에까지 연결되어, 하나의 계통을 이루고 있는 게 심상치 않다. 여기에는 그 원본의 원형을 계승·보존한다는 복간 또는 중간의 정신이 면면히 흐르고 있는 게 분명하다.

그렇다면 위 16세기 판본들의 공통점을 어떻게 해석할 것인가. 적어도 이 이본들 사이에 선행한 것을 모본으로 하여 복각했다고 볼 수는 있겠다. 위 오응성간본을 모본으로 세심사장본이나 갑사장본을 간행할 수도 있기 때문이다. 그러나 역대 목판본의 복간·중간의 관례대로라면, 그 모본과 복간본·중간본 사이에는 최소한 100년 가까이 시대차가 요구되었던 터다. 그래서 위 16세기 판본끼리의 복각 관계는 현실적으로 성

---

193 송일기,「《부모은중경: 언해·한글》의 판본 및 한글 서체에 관한 연구」, pp.9-10.

립되기 어려운 터에, 이 판본들의 국문에는 16세기로서는 감당하기 어려운 15세기적 요소가 잔존하고 있다는 점이 문제가 된다. 여기에 방점의 흔적이 보이는 것은 분명 15세기적 요건이 된다. 16세기 국문문헌에 나타난 방점은 당시의 현실적 성음 요건이 아니라, 15세기적 성음의 복각적 보수 현상이기 때문이다. 더구나 이 국문에서는 그 음운·어휘·어법 등이 15세기의 잔영을 보이며 의고적 성향을 띠고 있는 게 사실이다.

그렇다면 이《부모은중경》의 국역본의 초간본은 15세기에 국문불서·불경언해와 함께 찬역·간행된 것이라 추정될 수가 있겠다. 그러던 초간본이 이미 1세기 정도를 지나면서 절판·소멸의 위기를 맞이하여, 복각·중간을 보게 되었던 것이 아닌가 한다. 기실 이른바 오응성의 초역본은 15세기적 원본의 중간본이라는 흔적을 제대로 감추지 못하고 있는 실정이다. 전술한 대로 그 판본이 15세기적 잔영을 보일 뿐만 아니라, 오응성 자신이 그 한문을 그러한 전형적 국문으로 번역해 낼 수 있는 전문가였다는 것을 증명하기 어렵다는 게 문제다. 이러한 번역문은 사계의 공인된 전문가가 아니고는 불가능하기 때문이다. 게다가 그의 국역본 발문에 보면, 그는 지극한 효자로서 망모의 시묘살이를 하면서 그의 증조가 이룬 은중경을 지니고 많이 읽어 그 내용을 숙지·감복하고, 이를 여래의 본의대로 남녀 민중에 널리 펴고자, '余故手傳本 經間以諺解 謀諸同志比丘 請工鋟梓 以通其覽焉' 운운하게 되었다.[194] 여기서 그는 오래된 수전본 은중경이 경문 사이사이 언해된 것이라 하고 동지 비구들과 도모해서 공인을 청하여 이 책을 중간함으로써, 널리 읽도록 유통시켰다는 사실을 표현했다. 그는 이어 '今我重刊'이라 하여, 그것이 중간임을 스스로 밝히며, 그 의의를 강조하였다. 그러기에

---

194 송일기, 「《불설대부모은중경: 언해》 초역본에 관한 연구」, p.191.

그는 오래된 수전본 언해은중경을 모본으로 중간본을 간행한 것이라 보는 편이 온당할 터이다.

그렇다면 이 모본이 된 '故手傳本 恩重經諺解'가 적어도 그 중간 이전 15세기 정도에 초간되거나 그 수준에 달하는 시대적 특성을 갖추었으리라 추정된다. 따라서 이러한 15세기적 원본들이 위 16세기 목판본으로 중간된 터라 하겠다. 그러기에 이 16세기 국역본들은 15세기의 잔영을 의고적으로 본받으면서, 당대의 어문 현상을 상당히 수용하는 복각본 성향의 중간본으로 성립·행세하게 되었던 것이라 본다. 이러한 16세기 간행본들을 전형·저본으로 하여, 17세기에 그 복각본계의 중간본이 정립·유통되면서, 18세기 이래의 그것에 전통을 이어 준 것이리 추정된다.

3) 《부모은중경》의 불교언어·문예학적 접근

(1) 《부모은중경》의 불교언어와 국어사

이 《부모은중경》의 국역본은 다른 국문불서나 불경언해와 함께 불교언어의 보고라 하겠다. 이 국역본은 15세기 초간본 이래, 거의 1세기 단위로 복각본 성향의 중간본으로 성립·행세하면서, 그 시대의 현실언어를 상당히 수용·보존함으로써, 더욱 다양·풍성한 불교언어를 보장하여 왔던 것이다. 나아가 이 국역본은 위 국음현토역주본이나 국문전용본과 함께 불교언어를 홍통·보급하는 데에 이바지한 바가 지대하였던 터다. 기실 이 경전의 한문본도 실제적 유통과정에서는 불교언어를 방편으로 하여 왔으므로, 그것이 민중언어 상의 역할은 국역본과 대동소이하였으리라 본다.

이와 같이 국역본을 중심으로 80종에 달하는 많은 이본들이 15세기 이래 오늘에 이르기까지, 전국 사찰과 불교계 내지 일반 민중에 유통·수용 되면서, 그 불교언어의 전파·보급에 이바지한 바는 이루 헤아릴 수가 없다. 그것은 이 경전의 이본들이 시대와 공간을 따라 전파·보급된 유통망을 기반으로 하여, 그 언어의 음운·어휘·어법·의미·문체 등 다양한 의미망을 형성·전개시켜 왔기 때문이다. 따라서 그 불교언어가 불법 홍포와 대중 사회에 끼친 영향은 실로 상상하기조차 어려운 것이다. 이러한 상황 아래서, 이 국역본 내지 국문전용본의 불교언어 전체를 국어학적으로 접근할 수가 있다.

첫째 성조론적 검토가 가능하다. 그 현존본의 국문에 남은 방점을 근거로 하여 15세기의 방점을 재구하고 이를 당시의 4성체계로 고찰할 수가 있기 때문이다. 이를 통하여 15세기 국문에 적용된 원칙적인 4성 방점의 성음을 복원하고, 그것의 변화 과정과 방점의 소실 시점을 합리적으로 파악하게 될 것이다. 따라서 16세기 국문문헌의 방점이 의미하는 허상과 실상도 자연 알 수가 있는 터다. 그리하여 이 방점이 15세기의 특징적 요건이 되면서 16세기적 복각, 그 의고적 성향까지 증언하는 바가 될 것이다.

둘째, 음운론적 고찰이 필요하다. 이 국역본 국문에 대한 음운론적 접근은 모음론과 자음론으로 나누어 볼 수 있다. 모음론에서야 'ㆍ'음을 중심으로 공시적이나 통시적으로 검토하는 데서 크게 벗어날 수가 없다. 그러나 자음론에서는 'ㅿ'·'ㅸ'·'ㆁ'·'ㆅ' 등에 걸쳐, 그 음가와 시대적 변화상을 고증할 수가 있다. 적어도 15세기로부터 19세기까지 연속되는 동일계 원전을 통하여, 그 음가론과 음운사의 문제가 제대로 해결될 수 있기 때문이다.

셋째, 어휘론적 고찰이 가능하다. 이 동일계의 원전에서 동일한 어휘가 그 시대에 따라 형태와 의미가 어떻게 변화·활용되어 왔는가를 족히 파악할 수가 있다. 그것은 국어학의 형태론에 해당되고, 따라서 품사론과도 직결된다. 어떤 어휘든지 그 형태론적 요소와 함께 품사론적 자질을 갖추고 있기 때문이다. 이런 점에서 여기서는 어휘사가 성립되어, 형태론 내지 품사론의 역사적 흐름을 뒷받침하는 터라 하겠다.

넷째, 어법론적 검토가 필요하다. 이 구어를 중심으로 하는 어법론은 문장을 원전으로 할 때에 문법론이라 할 수가 있다. 여기서는 위 품사론을 기반으로 통사론이 주축을 이룬다. 따라서 우선 체언론이나 용언론을 비롯하여, 활용론·화법론 내지 화용론 등이 전개되는 것이다. 이들 국역본과 같이 시대별로 일관성 있는 원전을 통하여, 어법사 또는 문법사가 체계화될 수도 있는 터다.

다섯째, 의미론적 고찰이 가능하다. 위 어휘본을 기반으로, 그 원전의 어휘들이 갖춘 의미를 입체적으로 파악하는 것이 우선된다. 한 어휘를 중심으로 그 자체가 시대별로 어떠한 변화를 가져오는가를 살피고, 그것이 언어·문장의 현장·문맥에서 어떤 의미를 확보하는가를 따져 봐야 한다. 그 구어나 문장 상에서 그 의미가 확산되거나 함축·생략되는 경우를 예리하게 검토하는 게 매우 중요하다. 그 확산된 의미를 원형적으로 수렴하거나 함축·생략된 의미를 재구·복원하는 것이 이 의미론의 중요한 과제이기 때문이다.

여섯째, 문체론적 검토가 필요하다. 이 문체론은 국어학의 마무리 단계로, 국문학의 문체론과 맞물리는 분야라 하겠다. 기실 국어학에서는 이 국역본의 문체로부터 출발·진입하여 음운·어휘·어법·의미 등을 과학적으로 분석·고구하고, 마지막 문체론에서 종합·귀결되며, 국문학에서는 이러한 과학적 문체론을 기반으로 하여, 문예적 문체론을 개척해 나가기 때문이다. 이 국역본의 문체는 번역체나 간결체, 대화체·담화체 등의 성향과 기능을 드러내고 있는 게 사실이다. 따라서 여기 문체론에서는 문학과의 공유분야를 엄밀하고 자세하게 분석·고찰하여, 국문학의 문체론에도 기여할 수가 있겠다. 이로써 이 국역본의 국어학적 접근은 15세기 이래 근세 조선에 통용된 국어·국문의 실상과 그 국어사 내지 국문사를 조명·파악하는 데에 상당히 기여하리라 본다. 이런 점에서 이 국역본《부모은중경》에 대하여 국어학적으로 연구한 성과들은[195] 크게 주목되어야 할 것이다.

(2) 《부모은중경》의 불교문학적 실상과 전개

잘 알려진 대로 모든 불경은 다 문학이라 한다. 거룩한 불교의 진리를 가장 효율적으로 아름답게 표현하였기 때문이다. 이러한 불경문학 불교문학 중에서도 이《부모은중경》은 가장 훌륭한 작품 가운데의 하나라 보아진다. 기실 이《불설대보부모은중경》은 중국과 한국에 걸친 부모은중경 중에서도 문학적으로 가장 발전하고 세련된 작품이라 하겠다. 그것은 이미 문학적으로 뛰어난 변문의 한 형태를 유지하고 있기 때문이다. 이에 이 경문의 구조를 개조식으로 들어 보면 다음과 같다.

① 6성취, 설법의 시기와 장소, 그 주체와 동참자, 그리고 청중이 나온다.
② 이 법문의 동기로 부처님이 마른 뼈에 예배하고 그 예배한 인연을 설한다.
③ 부처님이 그 마른 뼈의 흑백과 경중으로 남녀를 구분한다.
④ 부처님이 모친의 회임 10개월에 걸친 아기의 성장·출산 과정과

---

[195] 최홍렬,「부모은중경언해의 국어학적 연구」; 황홍주,「불설대보부모은중경언해의 국어학적 연구」; 신중진,「율사본 불설대보부모은중경의 국어학적 고찰」; 유필재,「화장사판 불설대보부모은중경언해에 대하여」등 참조.

그 고생을 설파한다.
⑤ 부처님이 모친의 10가지 은혜를 게송으로 노래하고 강설한다.
⑥ 자식이 성장하면서 저지르는 여러 가지 불효의 사례를 지적한다.
⑦ 부모의 막중한 은혜와 이를 보답하기 어려운 사실을 8가지 배유로 설파한다.
⑧ 자식이 참회하고 이 경전을 서사·독송하면 효순하는 것이고, 그렇지 않으면 무간지옥에 떨어져 수고하리라 경고한다.
⑨ 마지막 보은의 길은 이 경전을 많이 만들어 널리 펴는 일이라 설한다.
⑩ 아란 등이 부처님의 가르침을 반드시 지키겠다는 서원과 환희심을 표하고 이 경명을 따라, 수지봉행을 다짐한다.

　이를 문학론에 입각하여 보면, 몇 가지 장르적 성향이 나타나고 있다. 희곡과 소설, 수필과 시가 등의 문학 장르가 바로 그것이다.
　첫째, 《부모은중경》이 희곡적 형태를 유지하고 있다는 점이다. 우선 이 경문은 전체적으로 부처님과 아란존자가 벌리는 연극적 설법의 대본으로 되어 있다. 원래 부처님의 설법·연설은 연극적 형태를 유지하는 게 원칙이다. 따라서 이 대본은 보편화된 극본 희곡의 성격을 지니고, 그 역할을 하게 되었다. 이 극본은 전체가 지시문과 대사로 조성·조직되어 있다. 그 지시문은 배경·무대 지시, 등장인물의 역할과 분장·의상·소도구, 그리고 연기와 동작·표정·감정 표시 등을 제시한다. 그리고 그 대사는 문답체로 진행되는데, 그 대화의 내용을 통하여 사건·극정을 충분히 발휘한다. 이 사건·극정의 진행 과정은 위 구조와 직결되어 대강 10개의 장면으로 나누어진다.

제1장면: 법회의 시기와 장소를, 어느 날, 사위국 왕사성 기수급고독원을 잡아 무대로 설정하고, 등장인물들 주연으로 부처님, 상대역으로 아난을, 동참·옹위 대중으로 3만 8천 비구와 수많은 보살을 내세우고 각기 분장·의상·소도구를 갖춘 것으로 간주한다.

제2장면: 부처님이 대중을 거느리고 남방으로 나가다가 길가의 고골을 발견하고 정례하게 된다. 아란과 대중이 놀라서 그 정례의 연유를 묻고 부처님이 대답하여 대화가 성립된다.

제3장면: 부처님이 아란에게 그 고골의 남녀를 구별해 보라 하되, 아란이 몰라서 오히려 물으니, 부처가 그 백골의 흑백과 경중을 들어 남녀 구분을 설파한다.

제4장면: 아란 등이 모친의 출산 유혈과 생육 수유에 대한 말씀에 크게 울면서 그 은덕을 갚을 방도를 묻는다. 이에 부처님은 모친이 회임하여 10달 동안 아기의 성장과 함께 겪는 고통을 매달 순차대로 설한다.

제5장면: 부처님이 내쳐 아란 등에게 모친의 10가지 은혜를 들어 노래하고 다시 강설하여, 강창 형태를 보인다.

제6장면: 부처님은 이어서 아란 등에게, 자식이 성장하면 저지르는 온갖 불효의 사례를 구체적으로 들어 설파하여, 동참자가 감명과 참회, 보은의 서원을 세운다.

제7장면: 아란 등이 부처님께 절하고 몸부림쳐 피흘리며 부모님에게 보은 하는 방법을 물으니, 부처님은 8가지 비유적인 사례를 들어, 어떠한 방편으로도 부모의 무거운 은혜를 다 갚기 어렵다고 설파한다.

제8장면: 아란 등이 죄인이라 자처·참회하고 슬피 울면서 보은의 길을 간절히 물으니, 부처님이 이 경을 서사·낭독하고 부모를 위하여 삼보에 귀의·정진·보시하라고 당부한다. 그렇지 않으면 불효가 되어 무간지옥에 떨어진다며, 그 지옥의 참상을 설파한다.

제9장면: 아란 등이 이 말씀에 울면서 마지막 보은의 방법을 물으니, 부처님은 이 경전을 많이 만들어 널리 펴는 공덕으로 부모를 천상에 태어나게 한다고 설한다.

제10장면 : 아란 등이 부처님의 가르침을 맹세코 지키겠다는 서원을 비유로 들어서 아뢴다. 그리고 경명을 물어 부처님의 결정을 받고, 환희심을 품어 봉행을 다짐하면서 모두 퇴장한다.

이와 같이 이《부모은중경》이 10개 장면을 통하여, 그 무대와 등장인물, 그들의 성격·역할을 비롯하여, 분장·의상·소도구의 지참과 연기·동작·표정 등을 지시하면서, 주연과 대역의 대화를 충분히 활성화하여 극정·사건을 밀고 나갔던 것이다. 여기 임의로 부처님과 아란의 대화 한 대목을 들어 본다.

부톄 아란ᄃ려 니르샤ᄃᆡ
　네 이 쎠를 둘희 ᄂᆞ호라 남ᄌᆞ의 쎠는 희오 므겁고 녀이ᄂᆡ 쎠는 검고 가븨여우니라
　아ᄅᆞ니 ᄉᆞᆲ오ᄃᆡ
　세존하 남ᄌᆞᄂᆞᆫ 이싱의 이실제 난살 입고 씌 씌오 휘 신고 이실 식 남ᄌᆞ의 모민 줄 알오 녀이ᄂᆞᆫ 분 ᄇᆞᄅᆞ고 연지 딕고 사향 차고 단장ᄒᆞ여 이실 식 녀이ᄂᆡ 모민 줄 알어니와 이제ᄂᆞᆫ 주근 후의 쎠 ᄒᆞᆫ 가지어든 엇뎨 알리잇가
　부톄 아란 ᄃ려 니르샤ᄃᆡ
　남ᄌᆞᄂᆞᆫ 사라실 제 며리 가 경도 닐그며 부텨도 저소오며 넘블도 ᄒᆞᆯ식 쎠 희오 므겁고 녀이ᄂᆞᆫ ᄯᅳ디 하 젼되오 ᄆᆞᅀᆞ미 음탕ᄒᆞ니 ᄒᆞᆫ번 ᄌᆞ식 나호매 피 서말 서되 ᄒᆞ르고 아기도 ᄒᆡᆫ 져즐 여듧 셤 너 말 머그모로 쎠 검고 가븨여우니라
　아라니 ᄆᆞᅀᆞ매 설워 울며 ᄉᆞᆲ오ᄃᆡ

셰존하 어미 은과 덕과를 엇뎨ᄒᆞ야사 가프리잇고
부톄 아란ᄃᆞ려 니ᄅᆞ샤ᄃᆡ
내 너희 위ᄒᆞ야 닐오리라 어미 자식 빅여 열달 사이예 신괴 그지
업스니라[196]

이와 같이 이 경전은 실제로 연극적 설법, 돌이켜 설법적 연극을 뒷받침하고, 이를 이끌어 가는 극본 희곡의 자질을 갖추었다고 본다. 일반적으로 이러한 연극 특히 종교극의 대본은 그 극본으로서 희곡의 성격·기능을 발휘하는 게 원칙이기 때문이다.

둘째《부모은중경》이 소설적 형태를 취하고 있다는 점이다. 원래 동일한 서사구조를 바탕으로 소설과 희곡 장르가 전개되는 게 보편적 현상이다. 따라서 이《부모은중경》이 기본적인 서사구조를 완비하고 있는 것은 당연하다. 그러기에 이러한 기반 위에서 그 희곡적 장르가 전개되었기로, 그 동일 기반 위에서 그 소설적 장르가 전개되는 것은 자연스러운 일이다. 기실 이 경전의 소설적 서사문맥은 부처님과 이란 등의 대화, 그중에서도 부처님의 설법, 금구옥설을 통하여 면면히 흐르고 있는 터다. 실제로 이런 대화·대사를 통하여 구상화되는 소설적 구성과 사건진행은 생동감이 넘치게 마련이다. 그러기에 이 모친의 은덕과 그 자식의 보은에 대한 이야기는 입체적인 생명감이 돋보일 수밖에 없다. 이 소설적 서사체의 구성을 중심으로 소설론에 입각해 보면, 배경과 인물·사건 등이 부각된다. 이러한 구성이 완비되면, 그 문체가 소설적 예술단계를 마무리하는 터다.

먼저 이 작품의 배경에 대해서다. 이 배경은 부처님이 설법·연행하

---

[196] 〈갑사장판〉,《불설대보부모은중경》제2장 후면-제3장 후면.

Ⅱ. 불교문학과 인문학　453

는 무대와 겹치기도 한다. 그러면서 이 배경은 당시의 보편적이고 정상적인 가정으로부터 출발하여 이웃과 향리 내지 일반사회·기관 등으로 확대·전개된다. 한 모친이 자식을 낳아 기를 때는 그 배경이 한 가정에 머무는 것이 당연하지만, 그 아들이 장성하여 집을 떠나 생활하고 장가들어 각종 일을 벌릴 때는 그것이 무한대로 광범해지기 때문이다. 또한 그 딸이 성장하여 다른 지방, 다른 집안으로 출가하여 그 남편을 따라 생활하다 보면, 그 배경이 한정 없이 늘어나게도 되는 것이다. 이럴 경우에 이 배경은 실제적이고 구상적인 것이 아니고, 상상적으로 재구해 낼 수밖에 없다.

그리고 이 작품의 인물에 대해서다. 여기 인물은 전형적으로 대표성을 띨 수밖에 없다. 그늘은 구체적인 실제적 인물이 아니고, 추상적으로 보편화된 인간 유형으로 존재하는 것이다. 그것은 만인의 모친이요 만인의 자식임을 드러낸다. 그러나 그들이 조화롭게 사건을 추진할 때에는 적절하게 개성화되며 효율적으로 활성화된다. 그 부모·모친은 부처님의 경배를 받는 유골로 등장한다. 그 모친은 출산시의 유혈과 생육 시의 수유로 인하여 유골이 검고 가볍다. 그 모친은 다시 젊은 여인으로 부활하여 잉태 10개월 동안 갖은 신고를 참으며 자식을 출산하여 기르고 가르쳐 직업까지 마련해 준다. 그녀는 아들·딸의 불효를 겪으면서도 자식에 대한 사랑과 심려로 노쇠·병약해진다. 마침내 자식들의 참회·서원으로 남편과 함께 효도를 받고 돌아가는 인물 유형이다. 그로부터 태어난 그 자식은 아들과 딸로 나누어진다. 아들은 어려서는 귀엽고 착하였지만, 성장하고 결혼하고서는 점차 불효하다가 무간지옥에 떨어질 수도 있고, 참회·발원하여 갖은 효행을 다하고 그 경전을 만들어 널리 유통시켜 부모를 극락왕생케 하는 인물 유형이다. 또한 딸도 어려서 예쁘고 착하며, 성장하여 효행하다가도 시집가서는 남편과 시집에만 잘 하고, 친정 부모에게 불효하다가 참회·발원하여 아들과 같이 효행하는 인물 유형이다.

나아가 이 작품의 사건 진행에 대해서다. 그 부모의 능동적 사건은 그 결혼으로부터 시작된다. 이것을 전제로 그 사건을 재구 또는 요약하는 차원에서, 개조식으로 열거하여 보겠다.

① 부모는 결혼하여 모친이 회임한다. 태아의 결정과 10개월 간의 성장과정에 따라 그 모친의 고통은 점차로 증대된다. 마침내 천신만고를 겪어 출산한다.
② 모친은 10가지 은혜를 자식에게 베푼다. 자식을 잉태하여 지켜 주신 은혜, 출산에 고통을 받으신 은혜, 자식을 낳고 근심을 잊으신 은혜, 쓴 것은 삼키고 단 것은 뱉어 먹이신 은혜, 자식은 마른자리에 눕히고 자신은 젖은 자리에 누우시는 은혜, 젖을 먹여 키워 주신 은혜, 깨끗하지 않은 것을 씻어 주신 은혜, 자식이 먼 길을 떠났을 때 걱정하시는 은혜, 자식을 위하여 어려운 일까지 하시는 은혜, 끝없이 애처롭게 여기시는 은혜 등을 베풀고도 부모의 은혜로운 정은 끊이지 않는다.
③ 자식들은 이렇게 은혜를 입고도 어른이 된 뒤에, 아들은 온갖 잘못과 불효를 다 저지른다. 부모에게 불손하고 형제간에 우애 없으며, 나쁜 벗을 사귀고, 타향에서 장가들어 살면서 잘못된 일로 죄를 짓고 형벌을 받는 등 수많은 불효를 하면, 부모는 언제나 근심·걱정하며 울다가 눈이 멀고 죽게 되어 원혼이 되기도 한다. 딸도 시집가서 불효하니 부모님은 오장육부가 거꾸로 매달린 것처럼 되고, 딸을 그리워하기를 목마른 이가 물을 찾듯이 한다.
④ 자식들은 불효를 참회하고 효행을 서원하지만, 그 보은의 길이

얼마나 어려운지 무겁게 비유된다. 이 비유를 8가지로 나누어 구체적으로 체험한다.

⑤ 자식들이 참회·발원하고 이 경전을 서사·독송하여 효순하는 길을 택한다.
⑥ 그런데도 자식들이 불효해서 무간지옥에 떨어져 갖은 악형을 받는다.
⑦ 마지막으로 자식들은 최후의 보은으로 이 경전을 많이 만들어 널리 유통시키고, 부모는 자신의 공덕과 자식들의 효행으로 극락왕생한다.

이와 같이 그 배경 위에서 부모·모친과 아들·딸이 개성과 기능에 의하여 그 사건을 극적으로 추진하여 나갔다. 따라서 여기에 이 경전의 표현 문체가 사실적이고 간곡한 데가 있고, 부처님의 금구옥설과 절실한 대화체가 그 소설적 실감을 더해 주었다. 그 표현 문체를 임의로 들어 보면, 불효와 부모의 마음에 대한 부처님의 말씀 중 일부이다.

> ᄯᅩ ᄯᆞᆯ ᄌᆞ시기 미가ᄒᆞ여셔ᄂᆞᆫ 다 효도ᄒᆞ다가 혼인ᄒᆞᆫ 후의 브효ᄒᆞᄂᆞ니 부모ᄂᆞᆫ 잠싼 구지저도 노ᄒᆞ야 ᄒᆞ고 남지ᄂᆞᆫ 티고 구지저도 ᄎᆞᆷ고 감심히 너기ᄂᆞ니 싀권당으란 그지 업시 디졉ᄒᆞ고 졔녁 슐권당으란 소히 ᄒᆞᄂᆞ니 ᄯᅩ 남진 조차 다ᄅᆞᆫ 골희 가 부모ᄅᆞᆯ 여희여도 그리운 ᄆᆞ슴 업고 문안 사ᄅᆞᆷ 보ᄂᆡ디 아니ᄒᆞ니 어버ᅀᅵᄂᆞᆫ 애ᄃᆞ라 ᄒᆞ며 고리나 복쟈 ᄒᆞᄆᆞᆯ 몽 ᄆᆞᄅᆞᆫ 제 믈 ᄇᆞ라 듯ᄒᆞᄂᆞ니라 부모의 은과 덕기 ᄀᆞ시 업고 브효의 죄도 그지 업스니라.[197]

---

[197] 〈갑사장판〉, 《불설대보부모은중경》 제16장 후면-제17장 전면.

이런 정도의 표현 문체라면, 대화적 생동성과 함께 사실적이면서도 곡진하여 소설 문체로서 손색이 없다. 이로써 이 경전은 소설 장르의 자질과 수준을 족히 유지하고 있는 터라 하겠다.

셋째, 《부모은중경》이 수필적 형태를 취하고 있다는 점이다. 이제 위 희곡이나 소설의 형태를 자연스럽게 분화시키면, 그 중요한 부분들이 수필로서의 독자적 면모를 보이는 게 사실이다. 이 부처님의 설법 중에 '유골의 남녀 구분 원리'나 '회임 10개월의 고통',[198] '부모의 10종 대은의 강조',[199] '자식의 불효와 부모의 마음',[200] '불효 자식의 지옥고',[201] '경전 홍통의 공덕',[202] '제자의 서원'[203] 등은 그 독자적 체제와 감명 깊은 내용, 그리고 사실적이고 간곡한 표현 등으로 하여 훌륭한 수필이라고 해야 마땅할 터이다. 그중의 한 작품을 들어 보면, '불효 자식의 지옥고'이다.

부톄 아란드려 니르샤듸 브효 자시기 주그면 디옥의 쌔디느니 이 디옥ᄉ면닉 쇠로 셩 ᄉ고 그믈로 에웟고 블도 브트며 우레 티며 무숏 므리 죄 지슨 사르믹게 흐르며 쇠빈얌과 쇠가히 당셩 블쏘졀 토ᄒ야 죄이닉 모미 타디니 셜오미 그지 업고 쇠젹곳과 쇠마치와 한 도갈히 비오듯시 공듕오로 나려 버히며 디르며 ᄒᄂ니 이런 잉어를 만나ᄂ니라 쏘 다른 디오긔 다시 드러 머리예 블동히 이엿겨든 쇠술위로 오장을 믜여내니 썌와 슬히 티디어 흐터디ᄂ니라 ᄒᄅ ᄉ이예 일천

---

198 〈갑사장판〉, 위의 책, 제3장 후면-제6장 전면.
199 〈갑사장판〉, 위의 책, 제11장 후면-제12장 후면.
200 〈갑사장판〉, 위의 책, 제13장 전면-제17장 전면.
201 〈갑사장판〉, 위의 책, 제23장 후면-제24장 전면.
202 〈갑사장판〉, 위의 책, 제24장 후면.
203 〈갑사장판〉, 위의 책, 제26장 전면.

번 주그락 씌락 ᄒᆞᄂᆞ니라 젼싱의 다숫 가짓 브효ᄒᆞ던 죄로 이 디오긔 드ᄂᆞ니라

이만하면 참으로 절실한 작품이다. 부모의 은덕이 하늘·땅, 태산·대해보다 크다 하거니와, 그 은덕을 잊은 불효자식들의 죄과가 위 무간지옥의 형벌 참상보다 더 크고 무거운 것을 절감하게 된다. 그와 반대로 부모의 은덕을 보답하여 효행한 자식들이 부모를 모시고 태어날 극락세계가 상대적으로 연상·부각되는 터다. 더구나 이 작품이 부처님의 금구옥설로 설파되는 문맥 속에서 신빙성과 생동감을 자아내니, 그 실감이 배가 된다. 이 밖의 위 작품들이 모두 이와 같은 작품성과 수필적 성향을 보이고 있는 것이다.

넷째,《부모은중경》속에는 시가가 삽입되어 있다는 점이다. 잘 알려진 대로 이 시가 작품들은 〈부모은중십종송(父母恩重十種頌)〉으로서 부모의 10종 대은을 노래한 것으로 유명하다. 위에서 시사된 대로, 이 시가는 이미 당대에 〈부모십은덕찬〉의 형태를 갖추고 독자적으로 유통되어, 이《불설대보부모은중경》에 합세하기까지 오랜 역사를 이끌어 왔다. 그 후로부터 이 시가는 이 경전의 핵심부로서 주체적 역할을 해 온 것이 사실이다. 이것이 실제적으로《부모은중경》의 주제와 내용을 집약·아송하고 있기 때문이다. 이 시가들은 전체가 10수로 매편이 5언 8구를 이루니, 5언 율시의 형태를 보인다. 일면 이 작품들은 전체적으로 〈부모은중송〉이라는 1편의 5언 장시를 이루는 게 분명하지만, 이 경전 상에서 그 10종 은에 각각 제목을 붙여 읊었으므로, 5언 율시 10수로 간주하는 것이 자연스럽다고 하겠다. 우선 이 10종 은송의 제목만을 차례대로 들어 보면

(第一) 懷耽守護恩(頌)
(第二) 臨産受苦恩(頌)
(第三) 生子忘憂恩(頌)
(第四) 咽苦吐甘恩(頌)
(第伍) 廻乾就濕恩(頌)
(第六) 乳哺養育恩(頌)
(第七) 洗濯不淨恩(頌)
(第八) 遠行憶念恩(頌)
(第九) 爲造惡業恩(頌)
(第十) 究竟憐愍恩(頌)

이상과 같이 그 시제들만으로도 부모의 10종 대은을 읊은 시편이 되었다. 그것들이 실제로 부모10종 대은을 5언 10구, 고시체로 작품화하고 있기 때문이다. 위 10제의 작품들은 각기 한시로서도 아려하지만, 그 국어시가로서도 아름답고 간절하다. 우선 그 첫수를 들어 보면

여러 겁 인연이 듕ᄒᆞ니	累劫因緣重
이제 와 어믜 빗에 드도다	今來托母胎
ᄃᆞ리 나무니 오장이 니고	月逾生伍藏
닐굽 ᄃᆞ리 되니 여슷 가지 졍이 여ᄂᆞᆺ도다	七七六精開
모미 무거워 뫼히 ᄀᆞᆮ고	體重如山岳
됻니믜 바람믈 저허ᄒᆞᄂᆞᆺ도다	動止劫風災
깁 오ᄉᆞᆯ 닙디 아니ᄒᆞ니	羅衣都不掛
거우로예 듣그리 써 잇도다²⁰⁴	裝鏡惹塵埃

---
²⁰⁴ 〈갑사장판〉 위의 책, 제6장 후면.

이만 하면 모자의 구원한 인연과 지중한 잉태 과정을 진솔하게 묘사하고, 태아의 성장과 모체의 중요함을 절감하게 된다. 실로 이 몸을 잉태하여 지켜 주신 은혜를 깊이 느끼지 않을 수 없다. 이러한 수준과 간절한 표현으로 이하 8종을 읊은 다음, 마지막 절창이 나온다. 이로써 10종 대은송이 차원 높게 완성되기 때문이다.

부모의 은니 그리 듕ᄒ니	父母恩深重
어엿버 일흘 시 업도다	恩憐無失時
안ᄌ나 니나 ᄆᅀᆞ미 서로 조찻고	起座心相逐
머나 갓가오나 ᄠᅳ디 서로 조차 갓도다	遠近意相隨
어믜 나히 빅셰라도	母年一百歲
샹해 여든이 된 ᄌᆞ식글 시름ᄒᆞᄂ니	常憂八十兒
은니 그즈믈 알오져 ᄒᆞ던	欲知恩愛斷
명이 진ᄒᆞ여 여희ᄂᆞ니라²⁰⁵	命盡始分離

이만하면 부모은중 시가의 최고봉이라 하여 무방할 터이다. 이 1수로써 부모가 죽을 때까지, 아니 죽어서도 자식을 은애하고 걱정하는 실상과 내막을 그만큼 눈물겹게 묘파하고 있기 때문이다. 이들 시가 10편은 첫째 작품과 마지막 작품이 원만 성취되어 모두가 명품으로 승화되었다. 그러기에 이 시가는 한·중·일 등 여러 나라에서 그다지 오랜 세월 인구에 회자되며 지대한 영향을 끼쳐 왔던 것이다. 나아가 이 시가는 그에 이어지는 부처님의 효행 강조 강설과 함께 강창문체의 형태를 이루었다. 따라서 이른바 강창문학의 한 전형을 보이고, 그것이 강창극

---

205 〈갑사장판〉 위의 책, 제11장 전면.

형태의 대본으로서 극본 희곡의 역할을 해 온 사실을 증언하고 있는 터라 하겠다.

이로써 《부모은중경》의 불교문학적 실상이 대강 밝혀졌다. 그것이 문학론 장르론에 의하여, 전체적으로는 희곡과 소설의 장르로 행세·역할하고, 나아가 부분적으로는 수필과 시가로도 분화·전개되었다. 그렇다면 이 《부모은중경》은 불교문학적으로 4대 장르, 시가·수필·소설·희곡 등을 모두 포괄하고 있는 게 사실이다.

4) 《부모은중경》의 불교미술·공연학적 접근

(1) 《부모은중경》의 불교미술적 실상과 전개

위에서 이미 논의된 대로, 이 《부모은중경》은 일찍부터 그 주제·내용을 시각화한 도상을 동반하여 왔다. 이른바 《부모은중경》의 변상도라는 게 바로 그것이다. 이러한 도상의 역사는 한·중 간에 걸쳐 유구하지만, 따라서 이 《부모은중경》의 실제적 도상 역시 그 경문과 함께, 적어도 변문·변상도가 보편화되던 당대에까지 소급될 수 있겠다. 그로부터 이 경전의 변상도의 도상이 형성·전개된 과정에 대해서는 이미 해박하고 전문적인 논고가 있어,[206] 사계에 크게 기여하였다. 이에 따라 이 경전의 변상도가 중국에서는 당대로부터 송대를 거쳐 간단없이 계승되었고, 한국에서는 역시 그 변상의 전통을 이어 오면서, 적어도 여말·선초에는 서적의 삽화형태로 판각되기 시작하여, 조선조 전체에 걸쳐 그 전형을 유지해 왔던 것이다. 이 경전의 판화는 전체 21장면으로 전형화되어

---

206 박도화, 「불설대보부모은중경 변상도의 도상 형성 과정」 참조.

있는데, 그것이 다 본문 정종분의 내용을 도해하여 삽입되고 있다.[207] 이 경전의 도상들은 한·중의 작품을 통하여 형태적으로 몇 가지 유형을 드러낸다. 탱화형과 벽화형 그리고 판화형이 바로 그것이다.

첫째, 그 탱화형 변상도에 대해서다. 그것은 상당한 크기의 가동성 화폭에《부모은중경》의 내용을 요약하여 그리고, 한편 경문의 요지를 적어 보완함으로써 이른바 '방제(榜題)'를 이루고 있다. 이것은 그 화폭을 견직류로 하고 튼튼히 배접한 뒤에 괘도 장치를 이룩해서, 언제 어디에든지 걸어 놓고 활용할 수가 있다. 이러한 탱화형은 불화의 전형을 이루어 왔기에, 이 경전의 탱화도 한·중·일 간에 상당히 보편화되어 많이 제작·유통되었으리라 추정된다. 그러나 현전하는 작품은 매우 희귀한 게 사실이나. 그동안 알려진 대로 '대영박물관소장 부모은중경변상도'와 '순화2년명 불설보부모은중경변상도' 등이 바로 현저하게 남아 있을 뿐이다. 이 경전의 변상도는 한·중 전문학자들에 의하여 그 내용이 자세히 밝혀진 터에,[208] 이것이 경문의 대강을 한 폭의 그림·방제로써 가장 효율적으로 표출하였다는 점만 강조할 따름이다.

이 탱화형 변상도는 우선 그 자체로서 불교미술, 불화로서의 회화적 우수성과 미학적 가치를 갖추고 있다는 점에서, 지보적 위상을 유지하여 세계적 주목을 받아 온다. 나아가 이 경전의 변상도는 그 기능면에서 그 중요성이 부각되어, 중시될 수밖에 없다. 기실 언제 어디서나 이 경전의 변상도가 걸리면, 그 공간은 일단 부처님의 도량이 된다. 그리하여 예배·공양과 법회·설법 내지 유관 불사를 모두 수행할 수가 있다. 그리고 이 경전·강경문을 변문으로 하여, 속강승이 그 속강을 연행

---

207 박도화, 위의 논문, p.113.
208 박도화, 위의 논문, pp.132-136.

할 때는 그것의 배경이나 무대 장치가 될 뿐만 아니라, 그 공연의 효율적인 도구·방편이 되었다. 이런 현상은 당대 이래 속강 연행의 전형적 관례였기 때문이다. 따라서 그 변상도가 있는 곳에서는 반드시 그런 법회나 속강·연행이 있었고, 또한 그 반대의 경우도 가능했던 것이다. 따라서 한국에서도 신라 이래 고려대를 거치면서 각종 경전의 변상과 함께 변문 속강과 연행이 되풀이되었음을 전제하고, 이《부모은중경》의 변상도가 형성·유통되었으리라 추정된다. 그리하여 이러한 변상도를 전거로 하여, 그 강경 변문의 속강과 연행이 동반되었으리라고 보아진다.

둘째, 벽화형 변상도에 대해서다. 그것은 석굴사원의 암벽이나 지상 사찰의 외벽에 일정한 화폭으로《부모은중경》의 내용을 그리거나 조각한 불화형태이다. 그래서 그《부모은중경》의 유통과 성세에 따라 오랜 세월에 걸쳐 한·중·일 간에 여러 곳에 그 변상도가 그려졌을 가능성이 크다. 그런데 현전하는 작품은 매우 희귀하다. 이미 알려진 대로 돈황 막고굴의 은중경변상벽화가 4점이나 발견되어 유명하다. 그 막고굴의 제156굴 벽화와 제170굴 벽화, 제238굴 벽화, 제449굴 벽화 등이 바로 그것이다. 이 벽화의 실상에 대해서는 일찍이 전문가들의 해박한 고찰이 있었다. 이 작품들의 내용으로 보아 벽화의 구도와 배치는 대체로 대영박물관본이나 감숙성박물관본처럼 부처의 설법 장면을 화면 중심에 배치하고 상부에는 법회가 진행되는 기사굴산을 표현한 산수, 설법 장면의 좌우와 아래쪽에는 경문의 변상 즉 부모의 은덕을 표현한 장면이 배치된 것으로 파악된다. 제작시기 역시 위의 두 경화들과 유사하여, 이러한 도상은 10세기를 전후한 돈황 지방의 보편적인 부모은중경변상도의 도상이었음을 알 수 있다.[209] 한편 사천성 대족현 보정산 대불만 제15감에 새겨진 부모은중경변상석각이 저명하여 주목된다. 그 감의

넓이는 15m, 높이는 7m의 대형으로, 상단에는 7불, 중단에는 10은덕, 하단에는 지옥 장면이 조각되었다. 그 중단에는 모두 11장면이 새겨졌는데, 각 장면마다 방제가 붙어 있다. 중앙에서 부부가 향공양을 올리며 부처님께 자식 낳기를 기원하는 '투불기구사식(投佛祈求嗣息)' 장면으로 시작하여 부모 10종 대은을 양편에 새기니, 한국본《대보부모은중경》의 10종 대은의 내용과 동일하다. 이것은 '전체적으로 설화성이 강하고 한국본보다 표현이 적극적이고 구체적인 특징을 보인다. 그러나 10은덕의 제목이 서하본 및 한국본과 동일하게 정형화된 점으로 보아 《대보부모은중경》을 기본 경전으로 삼아 조각한 것으로 보인다.'[210]

이 벽화형변상도는 탱화형변상도와 같이, 그 가치와 기능면에서 주목될 수밖에 없다. 그것이 그만큼 희귀한 가운데 그 자체의 회화적 우수성과 미학적 가치를 갖추어, 세계적 미술유산으로 평가되는 것은 당연한 일이다. 그리고 이 벽화형변상도는 그 석굴을 하나의 도량으로 승화시켜, 모두가 이에 예배·공양하고, 법회와 속강 및 유관 불교행사를 족히 해 낼 수 있게 되었던 터다. 여타 부모은중경 관계 연행·공연 등도 이 벽화형변상도 앞에서, 이를 배경 내지 방편으로 삼아 효율적으로 진행될 수가 있었던 것이다. 따라서 이 벽화형변상도는 탱화형변상도와 그 가동성과 고정성 그리고 그 규모에 있어 차이가 있을 뿐, 그 가치와 기능면에서는 거의 동일하다고 보아진다.

셋째, 판화형변상도에 대해서다. 그것은 위 탱화형·벽화형변상도와 주제·내용을 같이하되, 그 규모를 축소하고 세분화하여 책자의 삽화에 적합하도록 재창출되었던 터다. 이러한 판화는 한·중 간에 대중적 불

---

[209] 박도화, 위의 논문, p.137.
[210] 박도화, 위의 논문, p.139, p.143.

서·교훈서 등에 보편화되어 널리 통용되고 있었다. 그것은《부모은중경》의 간행·유포에 있어서도, 거의 필수적인 요건이 되어 왔다. 실제로 이 판화형변상도는《부모은중경》의 유통·보급에서 가장 적극적인 역할을 다해 왔기 때문이다. 그리하여 중국에서는 일찍부터《부모은중경》의 간행에 있어 이 판화가 필수·성행하였지만, 현존하는 고본은 '서하판부모은중경판화' 뿐이라는 것이다. 이 판화는 그 권수에 자리하여, 화면이 3분되어 있다. 중앙구획에는 석가의 설법도가 그려져 있고, 화면의 오른쪽 구획은 4칸씩 2열로 모두 8칸의 작은 공간을 만들어, 그 8비유를 도상화하였다. 그리고 화면의 왼쪽 구획은 4칸으로 나누어 첫째 칸은 불길과 옥졸에게 쫓기는 고통을 그린 지옥도요, 2-4칸은 좌우로 나누어 6칸의 작은 공간을 만들고, 부모의 은혜를 갚기 위한 기도와 경전 불사의 6장면을 방제와 함께 그려 놓았다. 이와 같은 전체 도상은 종합적이고 간략하지만, 그 주제·내용은 한국본의 그것과 상통하는 바가 많다.[211]

이에 따라 한국본은 위 '대족부모은중경변상석각'이나 '서하판부모은중경판화' 등과 동일계의 연관성을 가지면서, 위와 같이 21장면으로 정형화된 것이었다. 이러한 정형화 과정은 아직도 불투명하지만, 여기서는 그 형태적인 검토가 필요하다. 이 판화는 그 주제에 따라, 부처가 고골에게 예경하는 장면을 그린 '여래정례도'와 모친의 10종 대은 내용을 그린 '10은변상도'(10장면), 보은의 어려움을 표현한 8가지 비유를 그린 '8비유도'(8장면), 부모의 은혜를 갚기 위하여 참회하고 삼보께 공양하는 장면을 그린 '삼보공양도', 불효자식이 떨어지는 아비지옥의 무서운 모습과, 보은하려고 경전을 만들면 부모가 상천하여 쾌락을 누

---

211 박도화, 위의 논문, p.145.

린다는 장면을 함께 그린 '아비지옥 상천도'로 분화·전개되었다.[212]

이 경전의 도상들은 한·중을 통하여 그 가치가 높고 기능이 다양하였다. 우선 그것은 판화 자체로서 회화적 우수성과 미학적 가치를 보유하고 있다는 점이다. 그리하여 당대의 판화예술의 실상과 그 회화사·미술사 상의 위상을 헤아리게도 되었다. 그리고 이 판화들은 그 경문의 주요 대목을 시각적으로 입체화하여, 그 감동적 실감과 역동적 생동감을 조장해 주었다. 이것은 삽입성 판화의 보편적 기능이지만, 이《부모은중경》의 경우는 그 기능이 특출하였던 터다. 이 판화가 변상도임에 틀림없는 터에 별도의 변상도로 확대·독립된 사례까지 나타나게 되었다.[213] 나아가 이 판화들은 경문의 강설이나 변문적 속강을 전제로 연행·공연될 때에, 그 연극적 실연의 예시적 대본이 될 수 있었고, 그것이 확대·복원되어 그 실연의 배경·무대나 연기상의 소도구적 방편이 될 수도 있었던 것이다. 이와 같이 이 판화형변상도는 그 가치와 역할이 입체적이어서, 위 탱화형변상도나 벽화형변상도와 나란히 미술·회화적 실상과 역사적 위상을 확보하여 왔던 것이다. 이런 점에서 현존 작품으로 미루어, 중국의 그것보다 성행한 한국의 판화형변상도가 돋보이는 것은 당연한 일이라 하겠다.

(2)《부모은중경》의 불교연극적 실상과 전개

전술한 대로 이《부모은중경》은 모든 불경과 같이 연극적 설법, 설법적 연극의 대본 즉 극본 희곡이었다. 따라서 이 경전은 연극적으로 공연되는 게 운명이요 당연한 일이었다. 기실 이 경전의 공연은 다양하

---

212 박도화, 위의 논문, pp.113-114.
213 「수원 용주사 판본 佛說大報父母恩重經의 서두 변상」 참조.

고 입체적일 수밖에 없다. 원래 불경의 공연이 그러하지만, 이《부모은중경》은 그 주제·내용과 극적 상황, 그리고 규모 상의 특징으로 하여, 그 극화·공연이 더욱 성행하였으리라 보아진다. 대강 그 낭독·가창·가무·강창·대화 등의 형태가 바로 그것이다.[214]

첫째, 낭독에 대해서다. 이것은 경전을 음악적으로 읽는 보편적인 형식이다. 승·속 간에 이 경전을 낭독할 때는, 그 낭독체의 음악이 활용되기 때문이다. 이것은 일반적인 독경에서도 들어나지만 법사의 강독·강설에서는 음악적 특성으로 더욱 강화되었던 터다. 그리하여 전체가 독경 음악에 의한 기본적 연행 단계로 진입하였던 터다.

둘째, 가창에 대해서다. 위 낭독의 기반 위에서, 이 경전의 특별한 부분이 전문적 음곡에 의하여 가창되는 경우가 생긴다. 이 경전에서는 그 10종 대은송을 특수한 악곡에 따라 가창되는 것이 대표적 사례다. 그 가창의 음곡은 현전하지 않지만, 그것이 오묘하고 감명 깊은 음악이었던 것만은 분명하다. 그만한 가사 내용은 그만한 악곡을 반드시 동반하는 법이기 때문이다. 나아가 이《부모은중경》이 위와 같이 강경문의 형태로 유통되었음을 전제할 때, 그 문체 속에 들어 있는 중송격의 시가 부분이 바로 가창의 가사가 되는 것이다. 여기서 이 경전 속의 송시 가창과 그 강경문 중의 시가 가창이 합세하여 가창 연행의 입체적 형태를 조성하는 게 당연하다. 여기서 그 경전이나 강경문 전체의 연극적 서사문맥이나 연극적 분위기가 그 가창 전체를 가창극 형태로 밀고 나가는 것이다. 여기서 이 경전의 가창극적 공연 형태가 도출되는 터다. 여기에 어떤 형태의 변상도가 가세하여, 시각적으로 가창극의 분위기를 입체화 내지 생동화하는 작용을 하게 되었던 것이다.

---

214 사재동, 「불교연극연구서설」, 『불교사상논총』, 하산출판사, 1991, pp.275-277.

셋째, 가무에 대해서다. 위아 같은 가창에는 자연 무용이 따르게 마련이다. 원래 가창과 무용은 둘이 아니기 때문이다. 따라서 이 경전의 가송 부분이 가창될 때에는, 그에 어울리는 무용이 수반되는 게 당연한 일이다. 이러한 무용은 가창하면서 자연적으로 따라 나오는 경우와 의도적으로 전문적 무용을 수용·결합시키는 경우가 있는 게 사실이다. 따라서 이 경전의 가창은 어떤 경우든지 적절하고 어울리는 무용과 함께 효율적인 공연 성과를 올리게 되었던 것이다. 특히 이 경전의 가창은 부모 10종 대은을 극적으로 표현하기에, 그 가무야말로 감동적인 공연 효과를 충분히 발휘하였던 것이다. 이와 같이 그 가창이 역동적인 무용과 함께 입체적인 생동감을 자아내고 공연예술적 기능을 창출하니, 이것은 전문적 연극 차원에서 가무극의 형태를 완비한 터라 하겠다. 한편 고금을 통하여, 이《부모은중경》의 내용 중 10종 대은을 중심으로 무용화하였을 때, 그 오묘하고 장엄한 광경을 족히 상상할 수가 있다. 이런 때는 그 내용과 부합되는 음곡·가창이 합세·조화되어야 그 소기의 공연 성과를 성취하게 되는 법이다. 현전하는바 이런 가무극의 공연 사실이나 무보·악보 따위의 근거는 아직 발견되지 않았지만, 이《부모은중경》의 가무극적 공연은 현실적으로 필연적 현상이었다고 본다. 여기서 그 여러 형태의 변상도가 입체적으로 작용하여, 그 가무극의 분위기와 실제적 공연 효과를 조성하였던 게 주목되는 터다.

넷째, 강창에 대해서다. 위에서 이 경전이 부모 10종 대은을 가송하고서 그에 대한 강설을 덧붙임으로써, 강창문체 내지 강창문학의 형태를 조성하였다는 사실을 밝혔다. 그리고 이 경전의 강경 변문이 경문을 강설하고 나아가 그 내용을 중송격으로 가창함으로써, 그것이 강창문체·강창문학의 실제를 보여주었다는 사실까지 지적하였다. 이와 같은 강창문체 즉 강창문학이 연행되어 강창의 공연 형태를 창출하는 것이다. 이러한 강창 형태는 실제로 속강으로부터 연원하였던 터다. 일찍이 사찰·불가에서는 효율적 설법이나 대중 포교를 위하여, 이 경전을 통속적으로 부연·개작하여, 속강승 1인이 그 대본·변문을 강설·가창하는 공연 형태를 연출하여 왔다. 이것이 속강이요 강창 연행이었다. 여기에는 그 대본 변문에 따르는 변상도를 배경 무대와 공연 방편으로 내세워 장엄함으로써, 입체적 공연 분위기가 조성되고, 나아가 속강승의 능소능대한 달변과 미묘한 가창 성음, 그리고 적절한 연기·몸짓·표정 등이 어우러져서 연극적 효과를 흡족히 창출하는 것이다. 이에 이러한 강창 형태의 공연을 강창극이라 하는 게 마땅할 터다.[215]

다섯째, 대화에 대해서다. 위에서 이 경문 전체가 부처님의 설법적 연극 또는 연극적 설법의 대본으로서 극본 희곡의 실상과 기능을 갖추었다고 지적되었다. 이에 그 극본 희곡에 의거하여 부처님이 그 제자들 온갖 동참자들과 함께, 그 부모은중의 법회를 통하여 대화 중심의 연극을 연출하는 것이다. 각종 변상으로 배경·무대를 삼고, 문답 형태의 대화로써 점입가경의 연극적 장면을 차례로 공연하여 선명한 사건의 극정을 강조·추진하는 터다. 부처님이 주역이요 아란이 대역인 데다, 나머지 동참자는 조역이고 관중이 되어, 생동하는 대화극을 감명 깊게 공연하여 왔던 것이다. 여기서 이 경전의 본격적이고 전문적인 연극화가 이룩되었던 터다. 이로써 이 경전의 대화극적 공연 형태가 하나의 전형을 이루어 후대의 설법 회상에서 연극적 설법 또는 설법적 연극의 전범이 되었으리라 본다. 원래 인생은 연극이라는 명제가 있거니와, 모든 설법은 연극이라는 명제와 실천이 엄연한 터라 하겠다. 어떠한 불경

---

215 史在東, 「불교계 강창문학의 형성·유통」, 『한국문학유통사의 연구』, 중앙인문사, 1999, pp.488-489.

이라도 부처님의 법문 회상에서 연극적 설법, 설법적 연극을 통하여 그 대본 즉 극본 희곡으로 성립되었고,[216] 불멸 이후 그 제자 내지 역대 조사·고승을 통하여, 다시 그것이 부처님의 연극적 설법을 전범으로 삼아서 되풀이 설법적 연극으로 연행·공연되었던 것이다. 따라서 이 《부모은중경》이 그다지 대화극 형태로 연행 공연된 것은 이러한 보편적 극화의 기반 위에서, 각별히 연출된 특수한 사례라고 보아진다. 이로써 이《부모은중경》이 연극적으로 연행·공연될 때, 여러 형태의 변상도에 의하여 시각적 효과를 겸유하고, 가창극·가무극·강창극·대화극의 장르로 전개되어 왔음을 알 수가 있겠다.

5) 《부모은중경》의 불교사상·윤리학적 접근

(1) 《부모은중경》의 불교사상적 실상과 전개

기실 이《부모은중경》에는 부처님의 위신력과 권능을 존숭·찬탄하는 차원에서, 불교사상의 전체가 포괄되었다고 본다. 우선 부처님은 연기·인과사상을 피력한다. 그리하여 길가의 한 유골이 그 전세의 선대 조상이나 부모의 그것이라 확신하고, 세존으로서 그 유골에 경배하였던 터다. 그러기에 현실적으로 부모와 자식의 관계를 인과사상에 의하여, 전세의 구원한 인연 소치로 풀어내는 것이다. 따라서 부모, 모친은 그 숙연에 의하여 자식을 낳아 기르는 데에 무량한 고통과 난행을 달게 겪으며 오직 사랑할 뿐이었다. 여기서 대승 보살의 대비사상이 부각되는 터다.

---

216 胡適,『白話文學史』(樂天出版社, 1970, pp.145-146)에서, 대승불경계의 서사적 경전을 모두 희곡·소설의 형태로 보았다.

이 보살도는 보살사상을 기반·원리로 하여 실천되는 것이다. 이러한 보살도 내지 보살행은 관세음보살이 중심을 이루는 게 사실이다. 흔히 말하는 관음사상과 자비사상이 바로 그것이다. 부처·불교의 기본·핵심이 자비사상이라면, 이 관음사상이 바로 이것을 대변·실천하고 있는 터다. 그러기에 한·중 간의 모든 관음보살상이 하나 같이 보관·미간에 불상을 모시게 되었다고 본다.

실제로 관음사상은 무연대비로 하여 모친의 그것과 직통하는 터다. 관음보살의 화신 중에 가장 소중하고 거룩한 것이 바로 모친이라 보아진다. 그러기에 관음신은 모신이요, 관음성은 모성이며, 관음심은 모심이고, 관음안은 모안이며, 관음력은 모력이요, 관음행은 모행으로서, 상응·일치되는 것이다. 따라서 이 《부모은중경》에서 모친은 숙명적으로 잉태한 자식을 10개월 간 기르면서, 갖가지 고통을 인욕으로 극복하고 환희심으로 수용하였다. 모친은 죽음을 무릅쓰고 자식을 낳아 기르면서, 나아가 건강하게 결혼하여 잘 살게 하려고 10가지 무거운 은혜를 베풀 뿐이다. 실로 부모는 목숨이 다할 때까지 모든 것을 베풀고 오직 사랑하고 기뻐할 뿐이니, 분명 관음의 화현이요, 살아 있는 관음보살 그 자체라 하겠다. 여기에는 6바라밀의 보시사상이 넘쳐 나고 있다. 이 자비사상과 보시사상은 결코 둘이 아니기 때문이다.

이러한 자비사상 내지 보시사상은 반드시 보은사상·응보사상을 불러일으키는 법이다. 그것이 인연법, 인과사상에 뿌리를 두고 있기 때문이다. 이러한 보은사상은 인과사상과 같이 광범하고 심오하면서, 한 치의 오차도 없다. 과학적 원리에 작용과 반작용이 있듯이, 모든 문물의 원리에서는 주고받음이 여일하기 때문이다. 이러한 보은사상은 《보은경》에 집대성되어 있거니와, 국은에 보답하고 사장은에 보답하는 길이 있고, 대소간 은혜를 입은 이에게 보답하는 것은 인간의 도리요 만법의 기본이다. 그중에서 가장 뚜렷하고 정대한 것이 바로 무거운 부모의 은혜에 보답하는 일이다. 그것은 이 경전의 핵심사상이요 근본원리로서, 그 경명을《불설대보부모은중경》이라고 명명한 근거가 바로 여기에 있었던 것이다. 이 보은사상을 윤리적으로 명분화한 것이 효도·효행으로 나타났던 것이다.

이 경전과 같이, 부모의 무거운 은혜를 보답하되, 그 보답을 다하기 어렵다는 일군의 부모은중경계의 경전이 있어 주목된다. 전게한바《불설부모은난보경(佛說父母恩難報經)》과《불설우란분경(佛說盂蘭盆經)》·《불설보은봉분경(佛說報恩奉盆經)》등이 바로 그것이다. 이 경전들은 부처님의 위신력과 권능에 의지하여 부모의 무거운 은혜에 보답하는 것이 핵심·수축을 이루고 있다. 여기서 관음사상을 중심으로 하는 자비사상을 전제로 보은사상을 절실하게 구체화하고 있는 점에서, 이《부모은중경》과 깊은 연관성을 가지고 있는 터라 하겠다. 이러한 인과법에 근거한 관음보살의 자비사상·보시사상이 모친의 희생적 자비와 은덕으로 구체화되고, 그에 대한 보답·응보로서 보은사상을 정립해 온 것은 상하 민중에 인과응보와 보은의 실천을 적극적으로 선양·교화하는 목표요 방편이 되었다. 그것은 인간이 금수와 달리 인간의 도리를 다하는 가장 감명 깊은 충격이었기 때문이다. 이처럼《부모은중경》의 불교사상은 민중에 지대한 영향을 끼쳤던 것이다.

(2)《부모은중경》의 불교윤리적 실상과 전개

전술한 대로 이 경전의 불교사상은 자비·보시사상에 대한 필연적인 보은사상으로 집약되었다. 이에 그 보은사상의 실천적 윤리로 효도가 각별히 강조되었던 것이다. 일반적으로 효도·효행은 백행의 근본이요 백복의 근원이라 하거니와, 그것은 자식이 부모에게 바치는 최고의 윤리요, 최상의 덕목이라 하겠다. 이《부모은중경》에서는 위와 같이 보은 사상의 필연적인 윤리 덕목으로서 효행을 가장 효율적으로 설파·직지하고 있다.

이 경전에서는 모친의 회임 10개월의 고통과 10종 대은을 가장 절실하게 설파하고는, 당연히 자식이 효행할 필연적 차제에, 역설적으로 불효의 사례를 다양하고도 실감나게 들어 세운다. 그리하여 누구나가 몸부림쳐 피 흘리며 참회하게 만든다. 그것은 바로 보은 효행에 대한 실천적 서원으로 전환되는 실정이다. 여기서 보은 효행의 실천적 방편을 모색하는데, 별의별 수단을 모두 동원해도 도저히 불가능하다는 비유적 표현이 8건이나 등장한다. 그런데 이 효행적 실천이 불가능하다는 비유는 역설적으로 그렇게 하면 마침내 효행을 해낼 수 있다는 가능성의 문을 열어 놓는 격이 된다. 그중의 한 사례를 들어 보면 이러하다.

가스 사ᄅ미 부모를 두 엇게예 가르 미오 슈미손늘 빅쳔번 도라 엇게 쎼 스무차도 부모의 은늘 갑디 몯ᄒ리라[217]

이와 같이 인간으로서는 도저히 불가능한 일을 해도 부모의 은덕을 갚을 수 없다는 비유는 그 정도라도 감내하고 정성을 드려야 겨우 효행이 되리라는 가상적 표현으로써, 오히려 자식의 효행을 간절히 맹세케 하는 것이라 본다. 이들 8비유에 따르는 실질적 효행이 절실한 중핵을 이루고 있는 것이다.

결과적으로 이 경전에서는 부모를 위하여 부처님께 기도·공양하고 이 경전을 서사·수지·독송하라는 것이다. 이것이 구체적인 효행의 실

---
[217] 〈갑사장판〉, 앞의 책, 제17장 전면.

천 방법이다. 그렇다면 이것이야말로 위 8비유에 비하면 얼마나 쉬운 일인가. 그렇지만 불법이나 효행이 말하기는 쉽지만 실천은 어렵다는 것을 강력하게 일깨워 준다. 이런 것마저 실천을 못하면 큰 불효자로서 무간아비지옥에 떨어져 온갖 무서운 형벌을 받고, 이를 실천하면 큰 효자로서 공덕을 쌓으며 부모를 극락세계에서 쾌락을 누리도록 만든다는 것이다. 이로써 불효의 불행을 충격적으로 경고하면서, 효행의 행복을 감동적으로 강조하는 것이다. 그리하여 이제 자식 된 도리로, 모친의 10개월 회임 신고, 그리고 10종 대은에 대하여 일일이 참회·효행하고, 그 8비유처럼 하나같이 참회·효도를 실현하기에 이르는 터다.

이와 같이 이《부모은중경》의 효행은 인과법에 의한 보은사상에 입각하여 심층적이고 입체적으로 설파·강조되었다. 그리하여 고금의 불효자들이 참회·서원하여 절실히 효행케 하고, 효자들은 더욱 감발하여 눈물겹게 효행토록 실로 감동적인 역량을 십분 발휘하였던 터다. 따라서 이 경전의 효행은 모친 중심의 효행을 문학적이고 예술적으로 구상화하여, 부친 중심의 효행을 평면적이고 교조적으로 역설한《효경》이나《삼강행실도》효자편 등과는 달리, 상당한 특성을 갖춘 것이라 본다.[218]

이런 점에서 이《부모은중경》의 효행은《삼국유사》효선편의 그것과 상당히 유사·근접하고 있는 게 사실이다. 말하자면 위 효선편의 〈진정사효선쌍미(眞定師孝善雙美)〉·〈대성효이세부모(大城孝二世父母)〉·〈손순매아(孫順埋兒)〉·〈빈녀양모(貧女養母)〉 등이 바로 그런 범주에 든다. 위 〈진정사효선쌍미〉에서는 진정이 편모를 지극히 효양하다가 모친의 강권으로 출가·정진하고, 그 사이 모친이 돌아가자 입정 추천한 뒤에,

---

218 노태조, 「《은중경》과《효경》의 대비 고찰」, pp.274-276.

의상대사의 회상에서 화엄경 산림에 매진함으로써 모친을 생천체하였다. 〈대성이세부모〉에서는 대성이 현세·전세 부모의 은덕에 보답하기 위하여, 불국사·석굴암을 지어 그 부모들의 극락을 성취케 되었다. 〈손순매아〉에서는 손순이 극빈한 가운데 모친을 효양하기 위하여, 그 음식을 뺏어먹는 자식을 희생시키려 땅을 파다가 석종을 얻고 그로 하여 왕의 찬탄·하사를 받아서, 풍족히 봉양하였으며, 나중에 사는 집을 절로 만들어 모친을 위하여 기도·정진하였다. 그리고 〈빈녀양모〉에서는 빈녀가 눈먼 모친을 걸식·효양하다가 몸을 판 쌀로 정성껏 봉양하였는데, 그 사실을 알게 된 모친과 빈녀가 통곡하던 중에 낭도에게 알려져 도움을 받고, 왕의 찬탄과 하사를 받아 족히 효행을 다한 다음, 사는 집을 절로 만들어 모친을 위하여 기도·정진하였다.

이와 같이 위 효선편은 주로 모친의 효행을 강조하되, 가위 희생적 효도를 다하는 데다, 그 자식이 출가·수행하거나 절을 창건하여 부모를 위하여 기도·정진하는 게 공통된 특징이다. 이 효선편은 위《부모은중경》의 주제·내용, 그리고 효행 사례를 수용하여, 역사적으로 효행을 실천한 모범적 사례라 보아진다. 이런 관점에서《부모은중경》이 신라 통일기에 전래·유통된 것을 전제로, 그 효선편과의 상관성을 짐작해 볼 수가 있다는 것이다.[219] 나아가 이《부모은중경》의 효행 윤리는 위《불설효자경》의 그것과[220] 많은 점에서 상통하고, 〈목련구모경〉의 그것과 직결되어 왔다고 추정된다.

---

[219] 이 점에 대한 구체적 논의는, 노태조, 「《부모은중경》과《삼국유사》효선편의 대비적 고찰」, 『국역부모은중경의 불교문화학적 접근』, 한국불교문화학회, 2005 참조.
[220] 《신수대장경》 32책 687, pp.780-781.

6) 결론

위에서《불설대보부모은중경》(국역)을 불교문화학적 방법론에 의하여 몇 가지 측면에서 입체적으로 고찰하여 보았다. 지금까지 논의해 온 것을 요약하면 다음과 같다.

① 이《부모은중경》의 불교서지·문헌학적 측면을 검토하였다. 이 경전은 중국에서 당대 초기나 그 이전에 효행계 위경으로 찬성되어, 점차 부연·개변되면서 많은 이본을 남기고, 강경문 강창 형태로 조성되어 변상도와 함께 연행·유통되면서 송대로 계승되는 가운데, 점차《불설대보부모은중경》의 체재와 내용을 갖추기에 이르렀다. 이러한《부모은중경》은 불교문화의 여러 방편을 타고 삼국시대를 기반으로 신라통일기에는 수입·유전되기 시작했으니, 나말·여초에는 그만한 근거가 나타났고, 고려 중기 내지 말기에는 그 한문 삽화판본이 간행·유통되었으며, 조선조에 들어오면서 이 경전의 간행은 한문 삽화판본 내지 국역 삽화본이나 국문 전용본 등을 통하여 성행을 보았다. 그리하여 이 경전은 현존하는 한문본이 42종, 국역본과 국문전용본이 37종 등 80종을 헤아리게 된다. 이 한문본의 대종을 이루는 한문 삽화판본은 고려 후기부터 전형을 이루어, 적어도 경오판본(1378)에서 그 실례를 보이고, 이를 전범으로 하여 시대별로 간단없이 간행·유통되었다. 한편 국역 삽화판본은 위 한문본을 바탕으로, 15세기 정음시대에 불경언해의 전통을 따라 초간이 되고, 이를 전범으로 후대적인 국역본이 성황리에 계속하여 출간·유전되었다. 현존하는 최고의 국역 삽화판본은 오응성의 개판본(1545)으로서, 그 이후의 이본들이 거의 동일한 26장본(삽화 21면)을 유지하며 중간을 거듭하였던 것이다.

② 이《부모은중경》의 불교언어·문학적 측면을 고찰하였다. 이 국역 삽화판본이 15세기로부터 19세기 이후까지 간단없이 중간·유통되면

서, 그 시대의 언어 사실을 고정적으로 반영·보유하고 있었기에, 여기서 국어학적 연구가 가능하였으니, 그 음운론으로부터 어휘·형태론, 어법론·통사론, 의미론·문체론 등에 걸쳐 과학적 고찰이 가능하여, 이 원전을 통한 국어의 실상과 국어사적 위상을 파악하게 되었다. 한편 이 국역 삽화본을 문학적으로 검토하여 그 문학적 실상과 장르적 전개 양상을 조망할 수 있었다. 이 경전이 부처님의 연극적 설법 또는 설법적 연극의 대본이라는 전거 아래서, 그 대본이 바로 대화의 문학, 극본 희곡이라 규정되었고, 이 경전·대본의 주류를 이루는 부처님의 설법·대담 속에 뚜렷이 자리한 극적인 서사문맥을 구성과 문체로 나누어 검토함으로써, 그것이 소설 형태라는 점을 논증하였다. 그리고 이 경전의 문맥을 분화적으로 보아, 부처님의 설법 내용을 여러 부분으로 독립시켜 수필론에 따라 여러 편의 불교수필을 탐색·정립시켰고, 이 경전 중의 10종 대은송을 뽑아내어 10편의 5언 율시와 국문시가로 논의·정착시켰던 것이다.

③ 이 《부모은중경》의 불교미술·공연적 측면을 고찰하였다. 이 경전에 관련된 한·중의 불교회화·조각을 통관하여 세 가지 유형으로 구분해 보니, 탱화형변상도와 벽화형변상도 그리고 판화형변상도로 나타났다. 이 탱화형은 일정한 크기의 가동적 변상도요, 벽화형은 석굴의 암벽, 사찰 외벽에 그린 고정적인 대소 변상도로서, 이 경전의 주제·내용을 그림과 방제로써 완결해 내었고, 그 자체로서 회화의 우수성과 미학적 가치를 갖추었을 뿐만 아니라, 이 경전과 유관한 기도·정진이나 법회, 속강·연행 등에 있어, 그 배경·무대나 연행의 도구·방편으로 활용되기도 하였다. 그리고 판화형변상도는 탱화형이나 벽화형의 변상도가 축소되면서 자세하게 분화·조정되어, 그 책자의 간행에서 삽화로 자리한 것이며, 그 기능은 서책 상의 역할에서 벗어나 확대·복원됨으로써 법

회·연행·공연에도 활용할 수 있었던 것이다. 한편 이 경전은 그 강경문과 함께 그 시가를 가창하여 가창극 형태를 보였고, 그 가창에 무용이 덧붙거나 그 주제적 무용이 가창을 흡수·동반하여 가무극 형태를 연출했으며, 그 경전의 산문을 강설하고 삽입시가를 가창하면서 다양한 연기·동작·표정 등을 곁들임으로써, 강창극 형태를 연행하게 되었고, 이 경전의 대사 중심의 대본이 극본 희곡으로 활용되어, 대화극 형태로 공연되었던 것이다.

④ 이《부모은중경》의 불교사상·윤리적 측면을 고구하였다. 이 경전의 불교사상은 전체적이고 포괄적인 기반 위에서, 인과법 응보사상을 내세워, 관음보살적 동체대비에 입각해서 자비사상과 보시사상을 내함하고, 따라서 보은사상을 본격적으로 역설하였다. 한편 이 경전은 위 보은 사상에 대한 실천적 윤리로 효행을 주창·직지하고 있으니, 먼저 10개월의 회임 고통과 10종 대은을 강조·찬탄하고, 오히려 불효의 사례를 들어, 참회와 효행의 서원을 자각케 하고, 이에 10개월 고통과 10종 대은에 대한 하나하나의 효행을 철저히 실천하였으며, 그 보은 효행을 실현하는 데에 8가지 어려운 비유를 들어 역설적으로 희생적 효도를 강조하였다. 그 효행하는 길이 부모를 위하여 이 경전을 서사·수지·독송하고 삼보께 기도·공양하는 것이라 전제하면서, 이를 실천하지 못하면 무간아비지옥에서 온갖 수고를 다 당하고, 이를 실현하면 부모님을 상천 쾌락케 하리라 간곡히 경계하였던 것이다.

이와 같은 측면 이외에도 이《부모은중경》을 불교문화학적으로 고찰할 여지는 얼마든지 있다. 가령 불교재의나 불교민속, 불교문화콘텐츠 등 여러 측면이 아직도 남아 있기 때문이다. 이러한 나머지 분야는 사계의 전문가에게 미루고, 여기서는 유보할 수밖에 없다. 나아가 이《부모은중경》이 위에 논의된 분야에서 각기 역사적으로 소중하고 값진 위치를 점유하여 왔음을 필히 유념해야 된다. 그 서지·문헌사나 언어·문학사, 미술·공연사나 사상·윤리사 등을 총괄하는 불교문화사 상의 위상이 그만큼 중대하기 때문이다.

III
공연문화학과 인문학

1. 불교문학의 문화 예술적 전개

1) 서론

　일찍부터 불교계 문학이나 불경까지도 불교문학으로 인정하려는 경향이 새로운 문화세기를 맞으면서, 점차 설득력을 얻어 가고 있다. 그렇다면 이 불교문학이야말로, 불교 전체를 함장하고 표현하며, 선양하는 일대 방편이라 하겠다. 그래서 역대 승·속 간의 많은 학자들이 불교문화의 실상과 가치, 그 성격과 기능에 대하여 수많은 논의를 거쳐 이 방면 논저를 산더미같이 내어 놓았던 것이다.
　그러나 이 불교문학에 대한 검토·연구는 그 불교문학 자체의 전통적 개념과 범위 내에서 철저하고 엄정하게 진행되어 왔을 뿐이다. 따라서 불교문학에 대한 폭넓은 인식이 확산되는 마당에, 불교문학의 영역과 위상을 적극적으로 확대하는 데까지는 미처 이르지 못하고 있는 터다. 지금 일반문학계에서는 문학을 그 자체만으로 연구하는 데서 벗어나, 문학을 유통론·연행론에 입각하여 그것이 예술로 유통·연행하는 과정을 예의 주시 검토하는 데까지 이르렀다. 이러한 조류 속에서, 불교문학은 가장 민감하게 각성하고, 그 자체의 실상을 튼튼한 기반으로 하여 예술적 문화적으로 전개되는 양상을 크게 주목하며 고찰할 단계에 이르렀다. 실제로 밀어닥친 문화세기에 대중사회의 종교적·문화적 행복을 추구·선도하기 위해서는 불교문학이 생동하며 예술적으로 연행·광포되는 게 필수적인 요건이기 때문이다.

원래 문학은 대중적으로 생동·기능하는 과정에서 예술화되는 게 필연적이고, 문학적으로 확산되는 게 당연한 현상이다. 그래서 불교문학이 그 자체의 미학적 승화나 대중포교를 위하여 예술적으로 전개되는 것은 필연적이고 당연하다는 점이 입증되었다. 따라서 이러한 불교예술이 최고수준의 예술적 실상과 권능을 갖추어 하화중생·대중교화에서, 그만큼 획기적인 성과를 내어 왔던 게 사실이다. 그 거창한 불교진리를 언어·문자로써 가장 멋지게 표현한 문학을 중심으로, 이를 시각적으로 아름답게 묘사한 미술, 이를 청각적으로 청아하게 표명한 음악, 이를 육신적으로 신명나게 표출한 무용, 이를 종합적으로 장엄하게 조화·연출한 연극 등이 바로 그것이다.

이와 같이 불교문학을 중심으로 불교미술·불교음악·불교무용·불교연극 등이 각기 독자적인 영역과 방법을 확보하고 그 기능을 발휘하면서, 유구하고 값진 역사를 이끌어 왔다. 그런데도 이러한 예술형태들이 서로 유기적 관계로 '불이(不二)'의 경지를 이루어, 그 불법을 종합적이고 입체적으로 부각·승화시키는 데서 그 진면목을 보여 준다. 이로써 그것은 그다지 지고·지순한 불교예술이 되고, 교화의 최대·최고의 대방편으로 군림하여 왔기 때문이다. 이런 점에서 대승불교·대중불교에서는 이 불교예술이 그대로 생동·활약하는 일대진리요, 그 진리가 그대로 불교예술로 엄연히 존재한다. 따라서 우리 신중이나 일반대중들은 알게 모르게 불교예술을 통하여 불법을 실천적이고 감동적으로 수용·체달하고, 나아가 이 거룩한 불교예술을 통하여 실천적이고 감동적으로 불법을 홍포하고 교화에 최선을 다하였던 것이다.

여기서 주목할 것은 이 불교예술의 커다란 흐름과 찬연한 권능에 휩싸여, 불교문학의 그 영역과 위상이 위축·은폐의 처지를 면치 못하고 있다는 점이다. 그리하여 위에서 이 불교예술이 각 장르에 걸쳐 불교문학을 중심으로 전개·활성화되어 왔음을 지적한 것처럼, 이 불교예술을 불교문학의 예술적 전개라고 제대로 파악함으로써, 그 계통과 체계를 올바로 잡아 보자는 것이다. 그것이 불교문학의 영역과 불교예술상의 위상을 확대·정립하는 첩경이오, 불교예술 전체를 유기적으로 통어·활용하는 정도이기 때문이다.

그리하여 본고에서는 첫째 불교문학 자체의 실상과 흐름을 개괄적으로 파악하고, 둘째 불교미술의 실상과 전개, 셋째 불교음악의 실상과 전개, 넷째 불교무용의 실상과 전개, 다섯째 불교연극의 실상과 전개 등을 개관하겠다. 따라서 불교문학이 불교예술의 핵심·주체로 자리하여, 그 영역을 확대시켜 왔음을 예증하게 될 것이다.

2) 불교문학의 실상과 흐름

전술한 대로 불교문학은 불교의 진리를 자장 잘 보전하고 표현하며 널리 유통시키는 위대한 언어예술이다. 따라서 불타의 금구옥설, 경·율·론이 모두 불교문학이요, 역대 조사 대덕들의 법문이나 각종 저술, 신불 문사들의 법화·문장 등이 다 불교문학이라 하겠다. 나아가 고금을 통한 일반 문사들이 불교적 소재·내용, 그 주제·사상 등을 작품화하였다면, 그 또한 불교문학이 아닐 수 없다.

이와 같이 가치 있고 광범한 불교문학은 불교의 진리를 다양·다기하게 작품화하되, 얼마나 성스럽고 거룩하게, 쉽고 재미있게, 아름답고 멋지게, 진솔하고 값지게, 그리고 감명 깊고 행복하게 표현·활용하느냐에 중점을 두며, 그러한 방향으로 효율적인 방법론을 거듭 개발하여 왔던 것이다. 그래서 불교문학은 불법을 표현·전달하기 위하여 온갖 방편을 다 쓰게 되었으니, 그 방편이 발달할수록 풍성하고 감동적인 소재·내용을 탐색하며, 참신하고 경이로운 표현수법을 개발했던 터다. 그러기에 불교문학은 당시의 일반문학을 선도·교류하면서 문학적 기예와 수사법 등을 개발·활용함으로써, 그 최상 수준을 지향하여 왔다. 기실 불교문학의 최고 집대성인 대장경 중에 나타난 중송·수기·무문자설·인연·비유·본사·본생·방등·미증유·논의 등 12분교를 비롯하여, 연설·비유·상징·대조·과장·미화·점층 등 각종 기예와 수사법이 바로 이 점을 실증해 준다.

그리하여 불교문학은 일반문학의 수준을 능가하면서 진리의 탐구·표현과 중생의 구제·교화하는 절대적 사명을 가지고, 불교특유의 장엄·신비와 청정·고아의 세계를 구축함으로써, 미증유의 작품을 산출하였다. 이러한 불교문학의 세계에서 그 절실한 사명과 능소능대한 방편에 따라, 불타 이래의 고승·대덕·거사·신중 등 훌륭한 인물들이 이에 적극적으로 동참하였기 때문이다. 그러기에 불교문학은 다양하고 풍성하며 가치가 비할 데 없다.

실제로 그 호한한 작품세계를 일일이 거론할 수는 없지만, 그 제작·저술의 주체에 기준하여 대강 그 갈피를 잡아볼 수가 있다. 우선 불타의 금구옥설이 구전되거나 후대적으로 결집·기록되면, 그것은 불경으로서 삼장 모두가 불후의 문학작품이다. 이른바 초기 경전으로부터 대승경전에 이르기까지 일체가 불교문학이 아닐 수 없다. 이 경전 전체가 불교의 진리를 가장 효과적으로 표출하고 있기 때문이다. 자고로 혹자는 일반문학을 통속시하는 편견에서, 불경은 성전일 뿐이며 결코 문학이 아니라고 하였다. 그러나 문학은 가장 효과적인 표현으로서 그 자체는 결코 통속적이거나 저급한 것이 아니다. 다만 그것이 어떠한 소재·내용을 담느냐가 문제일 따름이다. 그래서 통속·저급한 소재·내용을 담으면 통속문학이 되어 저급한 수준에 머물고, 성스럽고 거룩한 소재·내용을 담으면 종교문학이 되어 최고 수준으로 승화되는 것이다. 따라서 그것이 거룩하고 위대한 불교의 소재·내용을 실었으니, 불후의 불교문학으로서 최상의 경지를 견지하고 있다는 것이다.

다음 역대 조사·고승들이 불타를 본받아 불법을 강설하고, 각종 불경을 연구·논소하며, 나아가 불법에 관한 생각과 느낌을 기술한 문장·문집은 모두 불교문학이라는 것이다. 이런 논저·문집은 불경에 기반으로 하여 시가로나 산문으로 인식되고, 때로는 강창문학으로 유통됨으로써, 실제적으로 진솔한 불교문학으로 행세하였다. 현전하는 역대 고승의 많은 문집들이 이 점을 실증하고 있기 때문이다.

그리고 수행·정진하는 거사나 신불문사들이 남긴 법화 내지 모든 저술들은 불교문학으로 집성·유전되는 경우가 허다하다. 그들의 저술 중에서 불교와 관련된 작품들은 실로 그 수준이 높고 아름다운 것들이 많아서 불교문학에서 중요한 위치를 차지한다. 또한 이러한 불교문학이 신중·민간에 영향을 미치고 호응을 일으켜, 그들이 불교적인 담화나 기록으로 작품을 내어 전파시키면, 그대로 불교문학으로 공인·행세할 수가 있었던 것이다.

이처럼 각계각층의 불교문학들이 유구한 역사상에서, 인도로부터 중앙아시아 실크로드 지역·중국·한국·일본 등지에 걸쳐 얼마나 많이 형성·유전되었던가 상상하기조차 어렵다. 이러한 불교문학은 오래 널리 유통·연행되면서, 어느새 여러 갈래를 이루었다. 거기 불교의 진리를 응축시켜 표출한 시가와 이를 자세히 설명·해설한 수필, 이를 허구적인 이야기로 부연한 소설, 이를 대화와 행동의 극적인 사건으로 엮어 나간 희곡, 그리고 위 모든 장르를 비평한 평론 등이 바로 그것이다.

이러한 갈래의 불교문학은 각기 독자적으로 행세하거나 2개 이상 연합·기능하여 불교의 진리를 가장 능률적으로 표현하고, 역대 사부대중을 제도·교화하는 데에 지대한 영향을 끼쳐 왔던 것이다. 그런데 여기서 가장 소중한 현상에 주목할 필요가 있다. 이 불교문학은 그 자체로서 존립할 뿐만 아니라, 그것이 유통·연행되는 과정에서 다른 예술형태로 전환되고 그 역할·기능을 극대화한다는 사실이다. 전술한 대로 이 불교문학이 불교미술·불교음악·불교무용·불교연극 등으로 전개되었기 때문이다.

3) 불교미술의 실상과 전개

불교미술은 불교문학의 세계를 가장 사실적으로 묘사·조성한 시각예술이다. 따라서 불교문학의 온갖 소재·내용·주제 등을 선과 색·입체 등으로 표현해놓은 미술작품은 모두 불교미술이라 하겠다. 여기서 '시화일여(詩畵一如)'의 경지를 실감하면서, 문학이 미술화되는 과정을 실증하게 된다. 따라서 불교문학이 불교미술로 변환·생동하는 입체적이고 역동적인 면모가 확실하게 드러난다.

그러기에 불교미술은 불교문학의 전체를 얼마나 성스럽고 거룩하게, 아름답고 멋지게, 그리고 원만하고 감동 깊게 묘사·조성하느냐에 심혈을 기울이며, 그러한 방법론에 개발·진전시켜 왔다. 그리하여 불교미술은 점차 최고도의 예술적 수준을 유지하며 당시 일반미술의 전범으로서 크게 공헌하였던 것이다. 이러한 불교미술을 불교건축·불교회화·불교조각·불교공예 등의 갈래로 나누고 각기 불교문학과의 상관성을 살펴보겠다.

우선 불교건축의 문제다. 이 도량·수행처를 장엄하기 위하여, 그 기술을 개발하고 수많은 사찰 전각과 탑파를 조성한 것이 큰 성과로 나타났다. 이러한 사찰 전각은 그 도량 전체와 함께, 불타 이래 불보살의 상주처요, 역대 승려들의 수행처며, 모든 신도·대중들의 교화처로서 최대한의 장엄을 갖추게 되었다. 그러기에 이런 전각들은 일반 건축물과는 달리 그 각자의 성격·위상에 따라, 모두 해당 불경에 전거를 두고 근엄하게 조성된 것이다. 말하자면 대웅전은 《법화경》에 근거하고, 대웅보전은 《화엄경》에 등에, 극락전은 《아미타경》 등에, 약사전은 《약사경》에, 팔상전은 《팔상경》 등에, 관음전은 《관음경》에, 지장전은 《지장경》에 전거를 두고 창건되었다는 사실이다. 그러므로 사찰의 전형적인 전각들은 결코 단순한 건물이 아니고, 모두 저명한 불경, 불교문학의 내용을 시각적 입체적으로 집약·표출한 데에 큰 의미가 있다. 따라서 이러한 전각을 관망·존숭하고 그 안을 드나들 때에는, 그에 상응하는 불경을 되새기고, 그 거룩한 내용을 지성으로 신념해야 된다는 것이다.

다음 그 탑파는 불교건축의 핵심체로 그 의미가 심중하다. 그 탑파가 바로 부처님을 상징하고 있기 때문이다. 이 탑파는 불멸 이후 고금을 통하여 전석·목조·석물 등으로 정교하게 축조되어, 그 안에 사리나 법보, 여타 보물 등을 봉납하고 점안함으로써, 부처님과 똑같이 숭신·경앙되었다. 이러한 탑파의 조성에도, 그에 상응하는 불경을 전거로 하여 그 양식·미용을 특징적으로 나타내게 되었다. 따라서 이 탑파는 어떤 재료로 어떻게 제작·설치되었던 간에, 언제 어디서나 부처님으로 신념하고 경배하는 것이 당연하다.

그리고 불교회화의 문제다. 이 불교회화는 사찰의 모든 전각을 장엄하고 불보살의 위신력을 찬연히 드러내기 위하여 불경, 불교문학의 내용을 평면적으로 그려 낸 시각적 예술이다. 따라서 이 불교회화는 각개 전각이나 석굴 등의 단청과 다종·다양한 벽화, 불보살이나 신중의 성상, 괘불과 후불탱화, 그리고 불교에 관한 일체의 그림으로 나타났다. 그러기에 이 불교회화는 '삼보의 회화'라 하겠으며, 고금 불교국의 일반회화 인물화·풍경화·서사화 등의 전범으로서 지대한 영향을 끼친 터라 하겠다.

이어 불교조각의 문제다. 이 불교조각은 이른바 불교회화를 입체화한 것이라 하겠다. 각개 사찰의 전각 내외에, 금속·토석·초목 등을 재료로 하여 불보살이나 신중의 성상, 고승·거사의 존상, 불교 관계 석등·연지 등의 장엄물, 그리고 동·식물들의 형상을 입체적으로 조소해 놓은 것이 바로 불교조각이다. 이처럼 각양각색의 불교조각은 다 각기 상응하는 불경, 불교문학을 대본으로 하여 성립된 것이 자명해진다. 말하자면 비로자나불은 《화엄경》에, 석가모니불은 《법화경》에, 아미타불은 《아미타경》에 약사불은 《약사경》에 근거하여 조성되는 것 등이 엄연한 관례이기 때문이다. 따라서 이러한 불교조각은 단순한 일반조각이 아니고, 어디까지나 불보살의 등신, 신중의 현신, 불교 관계 사물의 생동하는 현상이라 실감하여, 정성스럽게 숭앙·경배하는 게 당연하다.

한편 불교공예의 문제다. 이 불교공예는 사찰 전각 내외의 섬세한 장엄물로부터 불보살이나 신중, 역대 조사 등에 기도하는 향로·다기, 목탁·요령, 공양구, 밖으로 범종·법고·운판·목어 등 사물과 승려의 장신구 등에 이르기까지 모두를 포괄한다. 이것들은 작으나마 그 용도에 따라 깊은 의미를 가지고 있다. 따라서 이것들 모두가 경전 내지 불교문학에 근거하여 조성된 것임에 틀림이 없다. 그러기에 사부대중들은 다 이 불교공예를 값진 성물로 보고 소중히 여겨야 마땅하다.

4) 불교음악의 실상과 전개

불교음악은 불교문학의 세계를 가장 장중·청아하게 표출한 청각예술이다. 그래서 불교문학의 온갖 소재·내용, 주제·사상 등을 음성·선율로써 묘파한 음악은 모두 불교음악이라 하겠다. 원래 불교의 모든 것은 음악으로 표현된다 하거니와, 불경 내지 불교문학의 일체는 음악으로 유통·연행되는 게 원칙이다. 그 불교문학에 기반을 둔 온갖 의례·재의, 찬탄·공양, 염불·기원 등이 음악에 맞추어 시행되는 것은 당연하기 때문이다.

이 불교음악은 크게 기악과 성악으로 나누어지는 게 사실이다. 먼저 이 기악은 불교계의 정악으로 작곡·편성된 악곡을 필요에 따라 연주하는 음악이다. 따라서 이 기악은 법석이나 행사에서 찬불·기원으로 연주되는 순연한 음성공양이라 하겠다. 그런데도 거기에는 그 음악이 함유·표출하고 있는 깊은 의미가 있다. 그 묵언의 의미가 보다 심원한 불교문학의 진수라고 본다. 그것은 이미 진지·절실한 불교문학의 세계를 상징적으로 진솔하게 표출하고 있기 때문이다. 이 경지야말로 불교문학의 음악적 전개에서 핵심을 이룬다고 하겠다.

다음 이 성악은 비교적 실제적이고 다양하게 전개된다. 그것이 불교문학의 갈래와 맞물려 풍성하게 펼쳐지기 때문이다. 우선 불교시가에 기반으로 하여 각종 게송·찬불·기원, 염불·주력 등의 음악이 전개되고, 여러 민중적 가창·민요 등의 민간 속악이 펼쳐진다. 그리고 불교산문에 입각하여 독경음악과 사설음악·강창음악 등이 활발하게 연출되었다. 이러한 평상음악은 승·속 간에 독경할 때나 기원문·발원문 등을 사설할 때에 사용되고, 설법에서 강설하고 가창할 때에 족히 활용되었던 것이다. 한편 이 불교음악은 전문음악, 범패의 차원에서 영산재 같은 작법무용과 함께 연창되기도 했다. 이 범패는 어떠한 어휘·가사 내지 다라니 등을 깨달음의 영묘한 경지, 자유자재한 성음으로 신묘하게 표출하여 작법무와 조화를 이룬다. 이 범패 역시 실질적으로 불교문학의 기반을 벗어나지 않았던 것이다.

이러한 불교음악은 당시나 후대의 궁중음악이나 민간음악과 교류하면서 지대한 영향을 끼쳤다. 기실 신불 궁중·왕가에서 의례·행사에서 불교음악을 초청 활용하기도 하고, 궁중 왕족 등이 사찰에 거동하여 불교음악을 향유한 게 사실이기 때문이다. 더구나 이 불교음악은 신도 대중을 통하여 민간화되고 또한 민간음악을 상당히 수용하여 왔던 것이다. 나아가 이 불교음악은 불교무용을 가능케 하고 활성화하는 필수·전제 조건으로 작용했던 게 확실하다.

5) 불교무용의 실상과 전개

불교무용은 불교문학의 세계를 가슴과 온몸의 율동으로 묘파해 낸 시청각 예술이다. 실제로 인간은 매우 즐거울 때나 극히 슬플 때에 춤을 추는 게 본능이라 하거니와, 사부대중이 불교문학의 세계에 노닐면서 절실히 깨닫고 법열에 넘칠 때, 이 경지를 공유하기 위하여 자유자재로 춤추거나 의식에 맞추어 춤추면, 그대로가 불교무용이 되는 것이다. 그리하여 불교무용은 자연스럽게 법열자유무와 의식잡법무, 그리고 민간민속무 등으로 나누어지는 터다.

우선 법열자유무는 실로 진솔한 심성을 자발적으로 표출하는 것이므로, 불교무용의 원형이요 출발이라 하겠다. 승·속 간에 불교문학 속에서 진리를 추구하다가 문득 깨달아 그 법열을 이기지 못하여 춤출 때, 그것이 불교무용의 진면목을 보여 주기 때문이다. 이것은 자유자재의 경지요, 해탈의 차원이다. 그래서 그 춤이야말로 도리어 그 깨달음의 법열을 다시

금 음미·확인시키는 터다. 이 춤은 무형식의 형식 속에서 몸·마음이 하나 되고, 너와 내가 하나 되는 진실미의 경지를 실감케 하는 것이다.

다음 의식작법무는 불교계의 오랜 전통 아래서 전문화되고 전형화된 바 여법한 불교무용이다. 사찰의 모든 의식·재의 가운데 가장 거창하고 본격적인 재의로써 영산대재가 설시될 때, 범패·가창에 의하여 실연되는 전형적 무용이기 때문이다. 이 작법무에는 나비춤과 바라춤, 그리고 법고춤이 있다. 이 춤들은 각기 상응하는 범패·가창에 의하여 시연되고, 정중동·동중정의 경지로 역동적인 절정에 이른다. 여기서 그 진리의 세계와 예능의 세계가 하나로 조화되어 극락의 연화를 피우는 터다.

그리고 민간민속무는 법열자유무와 의식작법무를 민간 차원에서 수용·변전한 형태와 같은 것이다. 그래서 이 민속무는 민속·무속적인 요소를 포함하여 민중이 마음껏 함께 누리는 평민적 세계를 열었다고 본다. 이른바 승무는 이 민속무를 대표하고, 무속적인 경향을 띠어 살풀이·도살풀이 등과 연결·교류하게도 된다. 이 민속무도 불교의 민간화, 민간적 불교문학의 세계 속에서 노닐 수밖에 없었던 것이다.

이러한 불교무용은 불교계를 풍미하면서 궁중무용과 교류하고 민속무용과 내통하였던 터다. 이 무용은 불교음악과 함께 궁중의 요청에 따라서 들어가기도 하고 왕족들의 자청에 의하여 사찰 내에서 공연되었다. 한편 이 무용은 신도대중에 의하여 민간에 퍼지고 민간무용에 영향을 주어, 공감대를 형성하게도 되었다. 그것은 고전무용 상에서나 무용사 상의 위치가 뚜렷하다고 하겠다.

6) 불교연극의 실상과 전개

불교연극은 불교문학의 세계를 가창·가무·강창·대화·잡합 등의 형태로 연행하는 종합예술이다. 원래 일반연극의 갈래에 따르면, 이 불교연극은 불교가창극·불교가무극·불교강창극·불교대화극·불교잡합극 등으로 분류되는 게 사실이다. 이 갈래에 따라 그 대강을 살펴보겠다.

먼저 불교가창극에 대해서다. 불교계 사부대중들이 불교시가를 불교음악에 따라 널리 가창하면서 연극적 분위기를 조성하고, 그중의 연기자들이 그 가창을 연극적 형태로 연출하면, 그것이 바로 불교가창극으로 형성·전개되는 터이다. 이러한 가창극은 독창이나 대창, 윤창이나 합창으로 밀고 가면서 연극적 요건을 강화하고 있는 터다. 여기서 불교문학, 불교시가가 이 연극의 대본으로 자리한 것을 확인하게 된다.

다음 불교가무극에 대해서다. 원래 가무극은 가창극에 무용이 결합되거나 무용극에 가창이 결부되어 조성되는 연극형태다. 따라서 불교가무극은 위 불교가창극에 불교무용이 결합·조화된 연극형태라 하겠다. 고금을 통하여 사찰에서는 수륙재·예수재·천도재·경찬회 등 큰 재의에서, 영산재의 작법을 범려 가창·무용으로 가무극을 조직·연출하여 왔다. 그리하여 전술한바 작법무로서 나비춤과 바라춤, 법고춤 등은 단순한 무용이 아니라, 가창을 동반·조화시키고 온갖 연극적 요건을 겸비함으로써, 완벽한 가무극으로 전개되었던 것이다. 여기서도 불교문학이 시가 중심으로 대본의 역할을 맡고 있는 터다.

그리고 불교강창극에 대해서다. 본래 강창극은 불교의 극적인 서사문맥을 강설하면서 적재적소에 가창을 삽입하여 입체성과 역동성을 강화해 가는 연극형태. 그것은 불교문학 중의 유명한 강창문학을 효율적으로 연창하는 연극양식이라 보아진다. 이 강창극은 판소리와 같이 유일한 연기자가 자유·자재한 무대에서 모든 청중을 향하여 연극의 모든 요건·극정을 전담 해결하는 특징을 갖추고 있다. 이 강창극은 강창문학을 대본으로 연행하되, 매우 효율적이고 경제적인 연극형태라고 공인되었다. 이 강창극은 단순한 연극이 아니라, 고금을 통하여 포교를 위한 속강 법문으로써 큰 성과를 거두고, 그 전통을 수립하여 왔다.

이어 불교대화극에 대해서다. 실제로 이 대화극은 본격적이고 전문적인 연극형태로서 입체성과 종합성을 갖추고 있다. 이 불교대화극은 위 불교가창극·불교가무극·불교강창극과 직결·보완되는 과정을 겪어서 완결되었다고 볼 수가 있다. 그래서 이 대화극은 사찰 건축·회화·조각 등을 무대·장치로 삼고, 그 공예 등을 소도구로 지참하며, 각개 배역을 맡겨 분장·의상한 다음, 그들의 대화와 행동을 섞어서 극적 사건을 밀고 나가는 형세다. 그러기에 불교문학, 극본희곡을 그대로 연출하면 그대로가 대화극이 되는 것은 당연하다. 근래에는 이 불교대화극의 근거가 희박하지만, 일찍부터 연극을 통하여 존재하고 득세하며, 포교해 온 대찰에서는 이 불교대화극이 매우 활성화되었던 게 사실이다.

끝으로 불교잡합극에 대해서다. 원래 이 잡합극은 복잡다단하다. 기실 현실세계가 복잡다단한 만큼, 이 잡합극은 현실을 잘 반영·집약한 연극형태라 하겠다. 이 불교잡합극은 위에 든 여러 연극형태의 일부씩을 인용·집합시켜 새로운 총합극을 조성하였기 때문이다. 실제로 사찰에서 벌리는 연극적 재의나 영산재, 법회·행사의 뒤풀이 등에서, 연행되는 연극형태는 대부분 잡합극이라 보아진다. 이 잡합극은 그 전체가 수미일관성을 유지하고 각개 분야가 그 원형적 특성을 보이면서 전체적으로 조화·조정되어 연극적 효과를 극대화하고 있는 실정이다. 이 불교잡합극은 백화점식 연극이라고 하겠지만, '다양한 통일'이라는 연극미학을 극명하게 실현하고 있기 때문이다. 여기에는 엄정한 계획과 조직적인 극본이 작용하여, 불교문학의 연극적 전개라는 현상을 알뜰히 입증하게 된다.

7) 결론

지금까지 불교문학이 유통·연행되어 예술형태로 변용·전개된 양상을 고찰하였다. 본래 불교문학은 호한하고 무제한 불교의 진리를 가장 효율적으로 표현함으로써, 광범한 실상과 유구한 전통을 유지하면서, 시가·수필·소설·희곡·평론 등의 갈래로 유통·연행되어 왔다. 이러한 불교문학의 갈래들은 필연적인 연행환경과 요건 등에 따라 불교미술·불교음악·불교무용·불교연극으로 분화·전개되었다. 여기서 여러 갈래의 예술형태들은 각기 하위 갈래로 분화·번성하여 독자적인 실상과 위상을 정립하였으되, 그 기저에는 불교문학이 엄연히 자리하여 있었다. 그리하여 불교문학의 예술적 전개라는 희망 있는 현상을 실증하게 되었다.

이로써 불교문학은 그 동안의 소외·은폐의 그늘에서 벗어나, 그 종교성과 예술성의 절묘한 조화와 거대한 포교역량을 새롭게 공인받게 되었다. 나아가 이 불교문학이 유통·연행의 원리와 실현에 의하여, 여러 예술형태로 전개·발전하였다는 사실이 증명됨으로써, 그 영역이 예술세계로까지 확대되고 나아가 문학세계로까지 확산되리라 전망된다. 지금 새로운 문화세기를 맞아서, 문학의 예술화 내지 문학의 문화화를 모색하며, '예술로서의 문학, 문화로서의 문학'을 선언·천명하고 나서는 현실에 직면하였다. 여기서 불교문학의 영역에 의한 그 위상이 올바로 새롭게 정립되리라 믿는다.

2. 《월인석보》의 연극적 유통과 희곡적 실상

1) 서론

주지하는 바와 같이, 《월인석보》는 국학연구의 보전(寶典)이다. 국학의 다른 분야와 함께 국문학계에서는 이《월인석보》에 대하여 새로운 관점에서 본격적으로 연구·검토할 단계에 이르렀다. 기실 그 동안의 연구 성과를 통하여《월인석보》에 대한 문학적 인식이 깊어지고 그 연구방법론이 진전되면서, 그것이 지니고 있는 문학적 가치와 문학사적 위상(位相)이 점점 돋보이기 때문이다.

일찍이《월인석보》는 불교문학의 바탕 위에서, 국문문학의 각종 장르를 모두 포괄하고 있는 종합작품집으로 거론된 바가 있었다.[1] 그 후로 학계에서는 적극적인 논의가 없었고, 필자 나름대로 그《월인석보》속에서 시가계(詩歌系)와 수필계(隨筆系) 내지 소설계(小說系)의 작품들을 뽑아내어 장르론에 입각한 개별적 고찰을 시도했던 것이다.[2] 그러한 가운데《월인석보》의 종합문학적 면모(面貌)와 결부시켜 그 희곡적(戲曲的) 성향(性向)을 주목하게 되었다.《월인석보》는 월인부(月印部)의 가창(歌唱)과 석보부(釋譜部)의 강설(講說)을 전제할 때, 그 자체가 전체적으로나 부분적으로 강창문학(講唱文學)의 형태를 취함으로써, 그것이 연극적 강창현장(講唱現場)의 대본이 되었기 때문이다.

여기서 무엇보다 긴요한 것은《월인석보》가 불교적 강창현장을 중심으로 상하민중에 유통·수용된 실태를 구체적으로 파악하는 일이다. 모든 기록문학이 그러하듯이,《월인석보》는 대중교화와 중생제도의 시대적 요청에 상응하는 현장에서 유통·수용되던 생동하는 문학형태의

---

1 史在東,「月印釋譜의 形態的 硏究」,『語文硏究』6輯, 語文硏究會, 1970, p.64;「月印釋譜의 文學的 硏究」,『人文科學論文集』Ⅱ-6, 忠南大學校 人文科學硏究所, 1975, p.1681 참조.
2 史在東,「鴛鴦西往歌의 硏究」,『韓國言語文學』4輯, 韓國言語文學會, 1966, p.90;「國文隨筆의 形成問題」,『陶南趙潤濟博士古稀紀念論叢』, 同刊行委員會, 1976, p.349;「佛敎系 國文小說의 形成經緯」,『百濟硏究』7輯, 忠南大學校 百濟硏究所, 1976, p.175.

기록·정착이 아닐 수 없다. 그렇다면 이《월인석보》가 강창현장에서 생동하던 그 원형을 실제로 복원·정립함으로써, 그것의 종합문학적 실상과 대중적 기능의 진면목을 본질적으로 검증해 볼 필요가 있다. 이처럼《월인석보》의 강창문학적 성격을 연극적 현장과 직결시켜 희곡적 측면에서 구명하는 일은 학계의 당면과제라 아니할 수 없다. 한국문학사의 완벽한 기술을 지향하는 바탕에, 그 기층적 주류를 이루고 있는 희곡문학사의 실체를 제대로 파악하는 것이 그만큼 긴요한 일이기 때문이다. 그 동안 학계에서는 우리 희곡사에 대하여 별다른 관심을 가져오지 않았고, 따라서 본격적인 논의가 없었던 것이 사실이다. 이런 실정에서, 이《월인석보》를 희곡론 내지 희곡사관에 입각하여 분석·고찰한 업적이 제대로 나오지 못한 것도 부인할 수 없다.

이에 본고에서는 첫째《월인석보》의 종합문학적 면모와 그것의 연극적 강창현장을 전제하고, 그것이 신찬불경(新撰佛經)의 창의성을 지니면서 강창단위를 바탕으로 분화·생동하던 실상을 밝히고, 둘째 이《월인석보》가 불전으로 행세하며 각종 재의와 포교·행사 등의 현장에서 연극적으로 유통·수용되던 실태를 추정·재구하겠으며, 셋째 이러한 연극적 여러 양식을 기반으로 하여《월인석보》의 강창구조를 희곡적 측면에서 분석하고 그 희곡적 운용현상을 고찰하겠다. 그리하여 이《월인석보》의 국문문학사 내지 희곡문학사 상의 위상을 새로운 관점에서 재조명해 보려고 한다.[3]

---

3 본고는 〈月印釋譜의 講唱文學的 性格〉(제4회 3개학회합동학술발표회, 1989. 10. 10, 서울대 국제세미나실)을 보완·확대한 것임.

2) 《월인석보》의 종합문학적 면모

(1) 《월인석보》의 신찬불전의 성격

이《월인석보》가 외견상《월인천강지곡(月印千江之曲)》과《석보상절(釋譜詳節)》의 합편임에는 틀림이 없다. 그러나 그것은 다만 불경의 발췌·번역이거나 단순한 합편이 아니다.[4] 따라서 이들 양대 작품이 새로운 불전으로 찬성되고, 나아가《월인석보》로 교합·재편되는 과정을 강창적 실연현장을 바탕으로 검토하여 보겠다.

우선《월인천강지곡》은 소헌왕후(昭憲王后)의 추선(追善)을 명분으로 하여 세종 28년 12월 이전에 신찬된 국어운문불경(國語韻文佛經)이라 하겠다 이 작품은 불타의 생애를 완벽하게 운문화(韻文化)하여 불경으로서 충분한 요건을 갖추었으므로, 그 착수 당시부터 군신 간에 불경으로 논란되었을 뿐만 아니라, 후대 불교계에서도 으레 불경(佛經)으로 간주하였던 것이 사실이다. 더구나 이 작품은 대장경의 추요부와 한·중의 불전문학(佛傳文學)을 집성·재편한 대석가전,《석가보(釋迦譜)》를 저본으로 응축·승화시킨 불경계 창작시가라고 하겠다. 이것은 인도의《불소행찬(佛所行讚)》과 같이, 불경이면서 한국 최초의 찬불서사시(讚佛敍事詩)로 간주된다.[5] 그렇다면 이 작품은 어떤 악곡에 올려 어떤 형태로든지 가창(歌唱)되었을 것은 물론이다. 이것이 소위《용비어천가(龍飛御天歌)》와 같은 악장체(樂章體)라 할 때, 당대에는 장중한 불교음악에 얹어 전문적으로 불리었을 것이고, 그 악곡이 부실해지면서 필요에 따라 적절한 음곡에 실려 가창되었을 것이라 추정된다. 세종대의 찬불가

---

4 閔泳珪,「月印釋譜 第九·十解題」, 延世大學校 東方學研究所, 1956, pp.1-2.
5 史在東,「月印千江之曲의 몇 가지 問題」,『語文研究』11輯, 어문연구학회, 1982, p.290.

(讚佛歌)가 관현에 올린 사례가 있고,[6] 《월인천강지곡》 자체가 세조대에 팔기(八妓)를 통하여 불린 사실이[7] 엄연하기 때문이다. 그러므로《월인천강지곡》은 언제든지 찬불·포교 관계의 재의(齋儀)·법석(法席)·행사 등에서 현장적으로 불리던 창사(唱詞)라는 것이 분명해진다.

그리고《석보상절》은 이《월인천강지곡》이 완성된 뒤에, 그 저본이었던《석가보》를 증수(增修)하여 국역한 것이라 보아진다.[8] 이 작품은 역시 왕후의 추천을 명분으로《월인천강지곡》과 직결되어 세종 29년에 찬역(撰譯)된 국어산문불경(國語散文佛經)이라 하겠다. 이 작품은 또한 불타의 일생을 장엄하게 산문화하여 불경으로서 갖가지 조건을 완비하였으므로, 그 당시의 조정에서나 불교계에서 불경으로 규정되었고, 후대에도 같은 차원에서 불전으로 취급되어 온 것이 분명하다. 게다가 이 작품은 위《석가보》를 증보·부연하고 창조적으로 국문화하였기로, 그대로가 한국 최초의 창작적 산문문학이라고 보아진다.[9] 이 작품은 전체적으로 보면 국문대석가전으로 파악되거니와, 각기 독립된 단위로 보면, 여러 편의 중·단편으로서 서사문학·소설의 형태를 유지하고 있다.[10]

그래서 이 작품은 모든 불경이 그러하듯이, 개개인이 단순한 묵독으로만 끝나는 것이 아니라, 역시 찬불·교화의 방편으로 불교 관계 재의

---

6 世宗實錄 31年 己巳 2月 丙子條에 '守溫製讚佛歌詩 以張其敎 當大設法 會于佛堂 選工人 以守溫所製歌詩 被之管絃調'라고 하였다.
7 世祖實錄 14年 5月 12日條에 '又命永順君溥 授八妓諺文歌詞 令唱之 卽世宗所製月印千江之曲'이라고 하였다.
8 世宗實錄 28年 12月 2日條에 '命副司直金守溫 增修釋迦譜'라 하였다.
  史在東,「月印千江之曲의 몇 가지 問題」, p.289 참조.
9 印權煥,「釋譜詳節의 文學的 考察」,『民族文化硏究』9輯, 高麗大學校 民族文化硏究所, 1975, pp.150-151.
10 史在東,「國文小說의 形成經緯」, p.200.

(齋儀)·법석(法席)·행사(行事) 등에서 실감 있게 연설·강담되었던 것이다. 이 작품은 그 자체가 감명 깊고 흥미로운 이야기로 구성되어 법사·거사들이 신불대중이나 일반민중들을 상대로 설법·담화하는 데에 가장 적합하였기 때문이다. 결국《석보상절》은 불교계의 설법·담화 현장에서, 그 화본(話本)으로 행세했던 것이라 하겠다. 한편 이《석보상절》은 그《석가보》를 공통저본으로 삼았다는 점에서,《월인천강지곡》과 전체적으로나 부분적으로 직결·부합되고 있었던 것이다. 그러기에《석보상절》은 문헌적 기록으로나 현장적 강설에서《월인천강지곡》과 결부되어 그 서사시적 함축성 내지 생략성을 해설·부연할 수 있는 여건을 필연적으로 구비하고 있는 실정이었다.

이상과 같은 양대 문학경전이 세조에 의하여 합편·조화됨으로써[11]《월인석보》가 국어운산문불경으로 신찬·완성된 것이다. 물론《월인천강지곡》은《월인석보》에 이르러서 산문으로 보완되어 진면목을 드러내고, 또한《석보상절》은 그에 이르러 시가를 전제하여 제구실을 다 하게 되었지만, 적어도《월인석보》는 이제 위 양대 작품으로 분리·복원될 수 없는 제삼자적 독자성을 완비하고 있는 것이 주목된다. 아무래도 석가전기는《월인석보》에 와서 경전으로나 문학으로서 입체화되고 완벽해졌기 때문이다. 이《월인석보》는 실제로 대장경 전체의 내용을 효율적으로 집약한 한국의 불경으로서 불교계의 사정과 상하민중의 수준에 맞도록 문학적으로 조성된 것이었다. 그 운문과 산문이 독립된 해당부분끼리 부합·순열됨으로써, 여러 장르의 시가와 산문문학으로 분화되어 나왔고, 따라서《월인석보》는 이들을 포괄하고 있는 종합문학적 면모를 갖추게 되었다.

---

11 世祖,《月印釋譜序》참조.

이러한《월인석보》는 불교계의 각종 재의·법석·행사 등의 현장에서 연극적으로 설창됨으로써, 전체적이든 부분적이든 일관하여 강창문학의 구조형태를 드러내게 되었다. 실제로 그 월인부는 가창되고 석보부는 강설될 수밖에 없었기 때문이다. 이로써《월인석보》는 강창문학의 큰 영역을 확보하고, 그 테두리 안에 온갖 문학장르를 포괄함으로써 방대한 종합작품집으로 행세하게 되었던 것이다. 따라서 이 작품들은 단순히 대장경을 집약·편역한 번역문학의 차원을 벗어나, 그것을 응축·승화시킨 창작문학의 수준에서 현장적으로 생동하여 왔음을 확인할 수 있다.

(2)《월인석보》의 장르적 분화

전술한 대로《월인석보》는 종합작품집으로서 각종 문학장르를 포용하는 데에 그치지 않고, 나아가 강창적 실연현장에서 장르별로 분화·통용되었던 것이 사실이다. 위 양대 운문과 산문이 교합·재편될 때에, 구조적으로 분화작용이 일어나게 되었다. 말하자면《월인천강지곡》의 독립된 한 부분(1曲 내지 數曲)이 먼저 제시되고, 그에 부합되는《석보상절》의 독립된 서사부분이 직결되어 그 가창부분을 해설·부연하는 식으로 순열되어 갔던 것이다. 이렇게 연접되는 배합의 과정에서, 상호 분절현상이 필연적으로 나타나게 되었고, 따라서 일정한 운문과 산문을 부합시킨 강창단위가 수많이 분리되어 나왔던 것이다. 실제로 월인부와 석보부의 해당부분을 순차적으로 결합시켜 나가면, 다음과 같은 현상이 나타난다.

월인1 + 석보1 : 월인2 + 석보2 : 월인3 + 석보3 : 월인4 + 석보4 : 월인5 + 석보5 ······

이처럼 월인과 석보의 배합단위는 바로 강창단위로 되어 그 자체가 얼마든지 독자적으로 행세할 수가 있었으리라 보아진다.

이러한 강창단위들은 현장적 실연과정을 통하여 분화·확산됨으로써, 각종 문학장르로 유통·전개되었던 것이 분명하다. 여기서 가창된 운문과 강설된 산문을 현실적으로 나열해 보면

  운문1·산문1·운문2·산문2·운문3·산문3·운문4·산문4·운문5·산문5 ……

이와 같이 월인부는 여러 편의 운문형태로, 석보부는 여러 편의 산문형태로 분리·독립한 결과를 내었다. 이들 운문형태는 월인부의 단형(1곡; 다곡), 중형(2곡-5곡), 장형(6곡 이상)으로 나타났고, 또한 석보부의 삽입가요가 드러나 나름대로 단형·중형·장형을 보인다. 기실 석보부의 본문은 장형·중형·단형으로 나뉘고, 또한 협주문(夾註文)에서도 단형과 장형을 드러내고 있다. 이를 도시하면 다음과 같다.

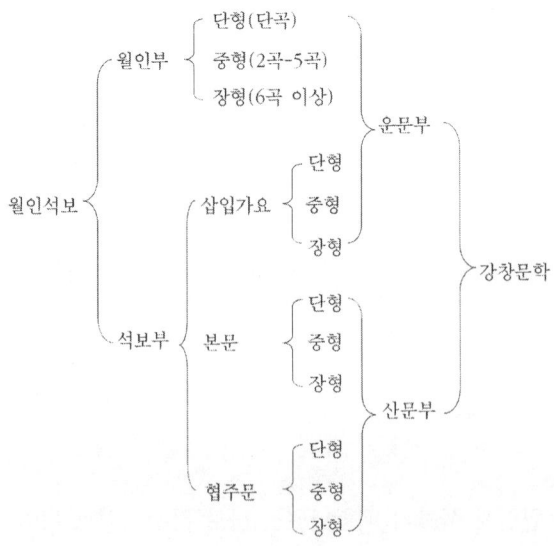

일찍이 필자는《월인석보》의 문학적 형태를 거론하였거니와,[12] 여기에 보이는 각종 유형들은 국문학 장르론에 의거하여 각기 장르적 성격을 드러내게 마련이었다. 요컨대 운문 시가에서 단가(시조)계로는 월인부의 단형과 산문 삽입가요의 단형 및 중형이 있고, 사설(사설시조)계에는 월인부 중형과 삽입가요 장형이 들어가며, 가사계에는 월인부의 장형만이 해당된다. 그리고 수필계에 속하는 것은 석보부 본문의 단형과 협주문의 장형에서 뽑을 수가 있고, 소설계에 해당되는 것은 석보부 본문의 중형과 장형에서 찾아낼 수 있다.[13]

그런데 여기서 문제되는 것은 희곡장르다. 위에서《월인석보》가 모두 강창단위로 분리·독립되어 있는 것으로 확인되었고, 전술한바 국문학의 각종 장르도 실연현장에서는 결국 강창단위로 환원될 수밖에 없다는 사실이 드러났다. 그렇다면 이 강창단위는 그 강창현장의 연극적 실태가 확인된다면, 그것이 독자적 극본으로서 모두 희곡장르에 속할 것은 당연한 일이다. 원래 이런 희곡양식은 상당한 종합성과 함께 분화적 성격을 두루 갖추고 있다. 이것은 그 연극형태와의 긴밀한 상관성에서 그 하위장르를 융통성 있게 조정하며, 나아가 다른 문학장르를 포괄하기도 하고 분할시키기도 하기 때문이다.

이런 희곡에 준하는 강창단위는 월인부의 중형 및 장형과 그에 부합되는 석보부의 중형 및 장형으로 조직된다. 이들 중형 내지 장형의 강창단위는 모두 극적인 서사문맥을 갖추고 있는 것이 중시된다.《월인석보》전25권 중에서 대략 100여 편의 강창단위를 추려 볼 수 있는데, 수준급 20여 편 가운데 전형적인 것은 대략 다음과 같다.

---

12 註記(1) 참조.
13 이상 史在東,「月印釋譜의 文學的 硏究」, pp.1673-1679 참조.

① 선혜선인담(월인석보 1, 8b-20b)
② 나운출가기(석보상절 6, 1a-10b)
③ 사리불항마기(동상, 11a-36a)
④ 난타출가기(월인석보 7, 7a-19a)
⑤ 안락국태자전(월인석보 8, 89b-103b)
⑥ 선숙비구담(월인석보 9, 35b-39b)
⑦ 정반왕열반기(월인석보 10, 3b-15a)
⑧ 녹모부인전(석보상절 10, 24a-36b)
⑨ 성녀구모담(월인석보 21, 19a-29b)
⑩ 광목구모담(동상, 52b-59b)
⑪ 인욕태자전(동상, 213b-223b)
⑫ 선우태자전(월인석보 22, 20b-72b)
⑬ 목련전(월인석보 23, 5b-15a)
⑭ 여래열반기(석보상절 23, 1a-59a)
⑮ 아육왕전(석보 24, 7a-53b)

3) 《월인석보》의 유통과 수용양상

(1) 《월인석보》의 불전적 유통

　전술한 대로《월인석보》가 정음으로 신찬된 종합불경으로 공인되고, 더구나 세조의 권려서문(勸勵序文)까지 붙였으니, 그 유통이 원활하고 왕성했을 것은 물론이다. 그 서문과 함께 선교(禪敎) 양종으로 통합·조정된 불교계의 현실을 감안하고《월인석보》의 체재·내용을 살펴보면, 그 것이 그 시대의 모든 불교활동을 바람직하게 조정·선도하면서 각종 재의·법석·행사 등에 널리 활용되는 전형적 불전으로서 찬성되었던 것이라고 추정된다. 기실《월인석보》는 조선시대에 통용되던 모든 불경·불서를 발췌식으로 망라하고 있으며, 다양하고 독립된 강창단위를 두루 갖춤으로써, 그 어떠한 경우에도 대처할 수가 있었기 때문이다. 이처럼 교화정책에 따른 국가적 의도가 뚜렷한데다가, 불교계에서는 지경(持經)·사경(寫經)·간경(刊經)·독경(讀經)·찬경(撰經)·전경(轉經) 등의 공덕을 크게 믿고, 이를 적극적으로 유포·활용했던 것이 사실이다.

그렇다면《월인석보》는 우선 불교의 각종 재의에서 흔히 활용되었을 것이다. 사원 내외의 일상 재의에서 그 종류와 성격·규모 등에 따라, 그와 관련되는 불전 대본을《월인석보》의 강창단위 가운데서 선택·사용하는 것이 상례였던 것이다. 그러기에 고금을 통하여 불탄재(佛誕齋)·성도재(成道齋)·수륙재(水陸齋) 등과 기자(祈子)·생일·결혼·출세·기복·치병·장송·기일(忌日) 등에 따른 불공이 진행될 때,[14] 그에 해당되는 불전 대본을《월인석보》의 강창단위에 의거하여 소용대로 뽑아 쓸 수가 있었다. 이런 재의의 핵심·절정을 이루는 것이 법사의 설법이거니와, 그때의 설법대본으로 위 강창단위가 적절히 활용되었던 것은 지극히 당연한 일이었기 때문이다.

그리고《월인석보》는 각종 포교법석(布敎法席)에서 널리 통용되었을 것이다. 당대 각처에서 벌이는 제반 법석에서는 그 종류와 성격·규모에 따라 소의경전(所依經典)이 필수되었거니와,[15] 그 경전을 바로《월인석보》의 강창단위 가운데서 선택·활용한다는 점이다. 말하자면 미타도장(彌陀道場)·관음도장(觀音道場)·법화도장(法華道場)·지장도장(地藏道場)·미륵도장(彌勒道場) 등 각종 법석에서, 법사는 그 살림도량에 적합한 불전을《월인석보》에 구비된 강창단위에서 골라 설법대본으로 삼았

---

14 洪潤植,「불교신앙의례」,『佛敎와 民俗』, 東國大學校, 1980, pp.25-30.
15 李智冠,『韓國佛敎所依衣典硏究』, 寶蓮閣, 1973 참조.

던 것이다. 이러한 대중적 설법에서는 적합한 경전을 강창하는 것이 전통적 방법이거니와,《월인석보》의 강창단위가 제격으로 마련되어, 그 수요를 충족시킬 수가 있었기 때문이다.

또한《월인석보》는 일반적으로 벌이는 불교행사의 연예적 설법에서 효율적으로 이용되었던 것이다.[16] 실제로 위에 든 재의의 뒤풀이 행사, 포교법석의 대중적 여흥 등을 포함하여, 왕실이나 신불고관(信佛高官)들의 경사, 사암·불상·탑파 등의 낙성(落成), 포시(布施)·권선을 위한 신중(信衆) 축제(祝祭) 등에 직결된 연예적 설법에서《월인석보》의 극적인 강창단위가 그 대본으로 활용되었을 가능성은 얼마든지 있다. 이런 경우에는 으레 연극적 강창현장이 조성·고조되는데, 그에 적합한 강창단위가 그 대본 내지 극본이 된 것은 당연한 일이었다고 보아진다.

(2)《월인석보》의 연극적 수용양상

위에서《월인석보》의 강창단위가 모든 재의·법석·행사 등에 걸친 연극적 강창현장에서 설법대본으로 활용되어 왔다는 사실이 밝혀졌다. 여기서 연극의 형성·전개가 제의·포교의 연극적 활동에서 기원하였다는 사실에 입각하여,[17] 이런 불교계의 강창현장을 연극적 관점에서 고찰할 수가 있겠다. 말하자면 강창적 실연현장을 연극적 형태로 유별·검토해 보자는 것이다.

첫째,《월인석보》의 강창단위는 가창극 내지 가무극으로 실연되었을 것이다. 그 연극현장의 형편과 처지에 따르고, 또한 이 자리를 마련

---

16 洪潤植,「民俗佛敎와 藝能」, 前揭書, pp.78-84 참조.
17 田中一成,「祭祀演劇發生의 原理」,『中國祭祀演劇硏究』, 東京大學 東洋文化硏究所, 1981, pp.3-6; 카를 만치우스(飯塚友一郎 역),「宗敎劇의 戱曲的 槪觀」,『世界演劇史』第三卷, 平凡社, 1931, pp.8-10 등 참조.

한 주체의 요망에 의하여 강설부분을 생략·유보하고 가창만으로써 연극을 이끌어 갈 때, 그 강창단위는 가창극으로 연출되는 것이다. 사원이나 궁전 등에 무대를 마련하고, 속강승(俗講僧)·가무승(歌舞僧)이나 설법거사·남녀 우인(優人) 등이 1사람 이상 나와서 가창만으로 극정(劇情)을 이루어 나가게 된다. 이 경우에 강설부분은 출연자와 함께 관중이 모두 익히 아는 내용이거나 전체 분위기에 어울리지 않으면 생략될 것은 물론이다. 시간·공간적 여건이 긴축을 요하고 악곡과 무용의 보조가 두드러질 때는 가창만으로 족하고 오히려 효과적일 수도 있었다. 한편으로 높고 근엄한 자리에서 가창만 하기도 송구한 터에 강설까지 늘어놓을 수가 없고, 과즉 가창 전후에 극정을 겸하여 해설격으로 간략히 설화했으리라는 것은 족히 예상할 수가 있겠다.

세조 14년 5월 12일에 사정전(思政殿)에서 종재제장(宗宰諸將)들에게 술을 내리게 하고,《월인천강지곡》의 언문가사를 팔기(八妓)에게 주어 가창케 한 것은 여러 모로 보아《월인석보》의 가창극적 실연상황을 나타낸 것이라 하겠다. 이 '팔기(八妓)'가 여우(女優)인 것은 물론, 군신 간에 익히 아는 강창단위라면 지존의 안전에서 강설부분이 생략되는 것은 너무도 당연하다. 그러면서 팔기가 단순한 합창으로 일관하기보다는 대창이나 입체창으로 하여 극정을 족히 유지하고, 더구나 악사의 역할이 강화되며 그 가창에 어울리는 불교계 무용이 가세함으로써, 가무극의 경지에까지 이르렀으리라 추측된다.[18] 이처럼 寺庵 내외의 각종 설법현장에서, 그 강창단위가 가창극 내지 가무극으로 연출되었으리라 보아진다.

둘째,《월인석보》의 강창단위는 그대로가 강창극으로 실연되었을

---

18 註記 5) 참조.

것이다. 이 강창극은 출연자 1인이 나와서 대본을 강설하고 가창함으로써 극정 전체를 밀고 나가는 연극형태다. 그렇다면 불교의 모든 설법에 알맞도록 마련된 그 강창단위가 강창극에 의하여 실연된다는 것은 너무도 당연한 현상이다. 이러한 강창극의 연원과 적통은 대중포교를 위한 속강(俗講)에 있다고 하겠다. 유능한 속강승이나 가무승 내지 설법거사 등 누구나 단 1사람이 나와서 설법대본을 강설하고 가창하는 데서 강창극은 완성되는 것이다.[19] 이 강창극은 설법·교화·오락에 이르기까지 가장 기본적이고 경제적인 연극형태로서 포용력과 융통성을 지니고 있는 것이 사실이다. 그리하여 강창극은 강설부분을 생략·유보함으로써 가창극으로 전환될 수가 있고, 또한 그것은 강설부분의 등장인물들을 1인 1역으로 배치·활성화함으로써 전문적인 대화극으로 진전될 수도 있기 때문이다. 그래서 이 강창단위는 강창극을 위하여 조성된 셈이며, 그것은 마치 강창극을 통하여 완성되는 극본과 같다고 하겠다. 기실 그 강창단위는 어느 누구든지 그대로 실연하면 바로 강창극이 되겠기 때문이다. 이 강창극은 연기자가 언제·어디서나 상하민중 가운데서 소신껏 연출하면, 그만큼 설득력이 생기므로 가장 자유롭고 대중적인 연극형태라고 보아진다.

셋째,《월인석보》의 강창단위는 결국 대화극으로 실연되었을 가능성이 짙은 것이다. 이 대화극은 강창극에서 진전되어 입체화·전문화된 연극형태이기 때문이다. 위와 같은 강창극에서 1인 1역으로 연기자를 배치·분장하고, 무대장치와 소도구를 갖추며 악사와 보조인물까지 동원함으로써, 본격적인 대화극이 성립되는 것이다. 그렇다면 그 강창단위가 여유 있는 뒷받침과 좋은 조건을 만나서 대화극으로 전환·실연될

19　向達,「唐代俗講考」,『敦煌變文論文錄』, 明文書局, 1985, p.48.

수 있는 것은 물론이다. 궁중이나 대찰의 법석에서 보다 적극적인 연예 활동이 요청되었을 때, 대화극이 편성되고 성행했으리라는 추정은 어렵지 않겠다.

적어도 대중포교와 정치교화, 민중오락 등을 위하여 불교계에서 벌이는 대화극은 실로 놀라운 설득력과 파급력을 발휘하여 유통되었을 것이다. 여기에는 시민들의 경제적 후원, 조정과 관아의 행정적 지원 그리고 사회 대중의 적극적 호응이 요청되었다. 이 대화극에 따르는 제반 사항을 불교계에서 책임 있게 응집시키고 운용해 나가는 과정에서, 《월인석보》의 강창단위는 대화극의 극본으로 변환·실연되었으리라 믿어진다. 그러면서 이 대화극은 모든 것이 여의치 않을 때 조속히 강창극으로 환원되고, 따라서 그 강창단위로 복귀되고 만다. 그래서 대화극은 별도의 극본을 요구하지 않고, 그 강창단위를 바탕으로 그 극본을 조정·확대시켜 활용했으리라 보아진다. 그러므로 이 강창단위 속에 대화극본이 그대로 반영되어 있다고 하겠다.

4) 《월인석보》의 희곡적 실상

(1) 강창단위의 희곡적 구조형태

이 강창단위가 강창극을 중심으로 가창극·가무극 내지 대화극 등으로 실연됨으로써, 그 극본의 역할을 감당해 온 것이 사실이다. 그렇다면 이 강창단위는 다양한 연극화의 중심적 극본으로서 희곡적 구조형태를 갖추고 있는 것이라 보아진다. 그리하여 기본적으로 우선 이 강창단위의 희곡적 실상을 분석·고찰하고, 이를 바탕으로 하여 그것이 각종 연극의 극본으로 변용·전개된 면모를 검토하는 것이 순리적이라 하겠다. 전술한 대로, 《월인석보》에는 100편이 넘는 상당한 강창단위가 들어 있거니와, 그 가운데서도 전게한 15편을 중심으로 그 전반적 추세를 개관할 수밖에 없다.

첫째, 이 강창단위들은 극적인 서사구조를 갖추고 있다. 그것은 희곡의 기본골격으로서 의도적으로 허구된 이야기에 해당된다. 말하자면 그것은 희곡에서 말하는 구성구조를 제대로 구비했다고 보아진다. 이런 강창단위는 일단 소설과 공통되는 서사문맥을 유지하고 있으며, 이런 바탕 위에서 희곡적 특성을 드러내고 있는 것이 사실이다. 개성 있는 인물들이 적극적인 동작으로 서로의 착잡한 관계를 극적으로 밀고 나가기 때문이다. 이런 점에서, 이 강창단위들은 희곡의 구성요건을 다 갖추고 있거니와, 그중에서도 〈나운출가기(羅雲出家記)〉에 이어 〈사리불항마기(舍利弗降魔記)〉·〈안락국태자전(安樂國太子傳)〉·〈인욕태자전(忍辱太子傳)〉·〈목련전(目連傳)〉·〈선우태자전(善友太子傳)〉·〈아육왕전(阿育王傳)〉 등이 비교적 특출하다. 이 작품들은 대개 소설로서 그 구성의 실상이 밝혀졌지만, 희곡으로서도 뛰어난 구성을 보여 주고 있다.

이 작품들의 구성은 희곡의 단계적 진행과정을 그대로 밟고 있는 것이다. 특정한 무대 위에서 등장인물들이 엮어나가는 이야기는 흔히 말하듯이, 발단하여 유발적 사건을 매개로 상승적 동작으로 이어지고 드디어 절정에 올라 곧장 하강적 동작으로 굴러 내림으로써 종말에 도달하도록 꾸며졌다. 말하자면 이 이야기들은 해설로써 발단하여 사건 발생으로 복잡하게 얽히고, 그것이 극한 상황에서 드디어 전환점에 이르면, 이를 고비로 갈등이 해결되면서 결말을 보게 된다는 것이다.[20]

둘째, 이 작품들의 구성상에서 등장인물들이 탁월한 성격과 역동적 행위로써 극적인 사건을 일으켜 간다. 이것은 희곡에 있어서 가장 중심

---

20 韓路檀, 「戱曲의 構造」, 『戱曲論』, 正音社, 1973, pp.168-177 참조.

적 요건이 된다. 원래 이 강창단위들은 모두 초인적 인물들의 탁이한 행적을 주축으로 조성되었으므로, 그것이 '영웅의 일생'을 극화한 고전희곡의 특성을 갖추고 있는 터라 하겠다.

위에 든 작품들에서 나운태자·사리불존자·원앙부인·인욕태자·목련존자·선우태자·아육왕 등은 특출·신이한 언행으로써 부수인물들과 더불어 극중 인물의 역할을 충분히 해내고 있다. 이 등장인물들은 완벽한 권능으로 장엄하고 굴곡 있는 사건을 벌여, 극정을 더욱 고조시키고 있는 것이다.[21]

셋째, 이들 작품의 등장인물들은 대사만으로써 행동하고 있다. 실로 대사와 행동의 문학이 희곡이라면, 이 작품들은 그 대사로 하여 희곡의 조건을 강화하고 있는 것이 사실이다. 이런 점에서, 그 대사가 얼마나 잘 조직되고 극적 효과를 자아내느냐에 따라, 이 희곡의 성패가 가름된다고 하겠다.

위 작품들은 한결같이 대사가 발달되어 그 사건 장면마다에 극적 효과를 극대화하고 있다. 더구나 그것이 국문표현으로써 당시의 일상어를 그대로 구사하였기로, 대화문학의 실감을 배가시킨다고 하겠다. 여기서 위 작품들은 희곡으로서의 자질을 좀 더 보장받는 셈이라 보아진다.[22]

넷째로, 이 작품들은 서두에 가창운문과 때로 삽입가요를 대동하고 있다. 이런 창사는 그것만으로도 희곡일 수 있고, 이런 창사를 포용하는 것이 고전희곡의 특징적인 증거라고 하겠다. 기실 고전적 서사형태가 창사를 동반하고 있다면, 그것은 반드시 연극적으로 실연되었고, 따

---

21 김갑순, 「인물 및 성격묘사」, 『희곡론』, 이대출판부, 1986, pp.39-40.
22 김갑순, 「대사」, 위의 책, pp.41-42.

라서 그것이 희곡형태로 유통되었다고 보아야 한다.

그리하여 위 작품들은 창사를 포괄하여 그 대사를 조직하고 희곡으로서의 자질을 보완해 주고 있다. 더구나 이 창사가 감동적인 음악을 끌어들임으로써, 극정을 고조시키고 무용을 끌어들였을 가능성이 짙다. 그렇다면 창사를 갖춘 이 작품들이 희곡의 면모를 좀 더 완벽하게 차리는 것이라 하겠다. 이 작품들은 현존기록으로 보아 선창후강(先唱後講)한 것이 사실이나, 실제 극화·실연과정에서는 그 반대로 활용되었을 가능성도 배제할 수 없다. 먼저 해설을 붙이거나 서사적 연출을 마친 후에, 본격적인 가창이 나오는 것이 오히려 자연스럽기 때문이다.[23]

게다가 이 작품들은 장엄하고 독특한 무대를 제시하고 등장인물들의 동작·표정·소도구의 활용 등을 지시하는 지문까지 구비하고 있다. 그 지문은 간략하되 명료하여 현대희곡의 지시문을 방불케 한다. 실제로 위 작품들은 그 무대가 차안(此岸)·피안(彼岸), 저승·이승, 양계(陽界)·음계(陰界), 용궁(龍宮)·선계(仙界), 극락(極樂)·지옥(地獄) 등으로 대조·확대되어 있고, 그 위에서 벌이는 동작도 특징적으로 과장·확충되어 충격적인 효과를 자아낸다. 더구나 그 연극에 어울리는 변상도(變相圖)가 무대장치 겸 배경화면으로 그려짐으로써, 이 작품들은 원만한 연극대본, 희곡으로 확인되는 것이다.[24]

이상으로써 《월인석보》의 강창단위가 독립된 작품으로서 각기 연극대본 즉 희곡의 형태를 유지하고 행세하였음을 알 수 있겠다. 그렇다면 이 《월인석보》 속에 100여 편, 적어도 20여 편의 우수한 희곡작품을

---

23 徐傳霖 등, 「宋元明講唱文學: 講唱文學的 一般的 情形」, 『中國俗文學論文彙編』, 西南書局, 1983, pp.1-4 참조.
24 G. B. Tennyson(嗚仁哲 역), 「戲曲의 言語: 舞臺指示文」, 『戲曲原論』, 東亞學研社, 1987, pp.71-72 참조.

수록하고 있는 셈이다. 뿐만 아니라 이와 같은 유형의 다른 작품들도 역시 희곡작품으로 분석·고증할 수 있는 기준이 마련된 것이라 하겠다.

(2) 강창단위의 희곡적 운용현상

이 강창단위가 기본적으로 희곡작품이라고 규정된 이상, 그것이 실제로 각종 연극에서 어떻게 운용되었는가 살펴볼 필요가 있다. 이런 기본적 희곡형태가 연극에 따라 융통성 있게 활용됨으로써, 생동하는 희곡의 면모를 드러낼 수가 있었기 때문이다. 그리고 이런 희곡작품들은 시대적 요청과 연극수용의 방향을 좇아 적응함으로써, 새로운 모습으로 전개되고 많은 이본을 형성했으리라고 추측된다.

첫째, 희곡작품들은 가창극본 내지 가무극본으로 활용되었을 것이다. 이 작품들은 가창극으로 실연될 때, 가창부분만 강조되고 강설부분은 생략·유보될 수밖에 없었다. 전술한 대로 이 연극현장의 제반 형편에 따라 가창부분만을 중시·주목하고 강설부분을 약화시키거나 그 해설정도로 활용하였다면, 그 극본은 창사만으로 족했을 것이다. 이것은 삼국 속악(俗樂) 이래 고려시대의 가창극이 가요만으로나 과즉 그 전설을 곁들이는 정도로 유통·전래되는 것과 다를 바가 없겠다.[25] 그렇다면 여기 가창극본도 월인부나 삽입가요 등 창사 위주로 존재했을 것은 물론이다. 여기 가창극본과 전문적 무용이 결합되어 가무극본으로 조성·행세하였던 것은 당연한 일이다. 이럴 경우에는 창사가 그대로 극본·희곡이라 하여 마땅할 것이다. 현전하는 바로는 곡보와 무보가 공히 소실·부전하고 창사만이 뚜렷이 남아 있기 때문이다. 따라서 이런 희곡작품

---

25 呂增東,「雙花店考究: 歌劇要件」,『鄕歌麗謠硏究』, 二友出版社, 1985, pp.603-626 참조.

들은 실연현장을 떠나거나 그 시대를 벗어나면, 단순한 시가로만 취급되고 말 것이다.

둘째, 희곡작품들은 강창극본으로 이용되었을 것이다. 그것은 원래가 강창단위이기로, 강창극본으로는 가장 적합한 희곡형태라 하겠다. 기실 이 작품들은 강창극을 위해서 강창하려고 만들어진 것이라고도 보아지기 때문이다. 그런데 이 희곡작품들이 실연될 때, 원칙적으로는 가창부분이 우선하여 본래의 비중대로 강창되었겠지만, 연기자 1인이 모두 책임져야 하는 연출방법에 따라, 결국 그 균형은 깨지기 마련이었다. 그 강창극이 대중적으로 연창될 때, 악곡에 맞춘 창사가 난해하여 전달 장애를 받게 됨으로써, 이것을 매개·해설하는 강설부분이 더욱 강화될 수밖에 없었을 것이다. 더구나 이 강창극은 전체가 서사문맥을 주축으로 진행되었기에, 그 서사적 질량은 실제적으로 강설부분에서 우세를 보이게 되었다. 게다가 연기자와 시청자 사이에서 그 강설의 서사형태가 강력한 호응과 공감을 일으킴으로써, 그것은 점차 비대·성장을 거듭할 수밖에 없었다. 이러한 강설부분의 실제적 확대·발전에 따라, 가창부분이 생략·축소되거나 자연적으로 탈락되기도 했던 것이다. 결국 이 강창극본은 강설을 위주로 하고 가창부분을 부속·삽입시키는 방향으로 개변·전개되었던 터다.

그리하여 이 작품들은 무리하게나마 강창극본으로 정착·기록되기는 했지만, 오랜 세월 널리 실연·유통되는 과정에서 많은 이본을 남기었다. 거기서 그 가창부분을 가요형태로 분화·독립시키고, 나아가 그 자체는 가요를 삽입한 강창소설 내지 국문소설로 변모·행세하며, 또한 이 방면의 많은 국문·구비수필, 구비소설 내지 불교설화 등을 산출하게 되었던 것이다.

셋째, 희곡작품들은 드디어 대화극본으로 활용되었을 것이다. 이것은 강창극에서 보다 전문적이고 입체적으로 진전된 상태임에 틀림이 없다. 이 작품이 본격적인 희곡으로 조정·연출될 때, 거기에는 상당한 개변(改變)이 따를 수밖에 없었다. 그것은 강창단위의 기본구조를 고수하되, 우선 전체의 서사적 구성을 강화하고, 등장인물의 성격을 확대하며, 그들의 대사를 행동과 직결시켜 전적으로 부각시키고 그때의 가창부분을 약화시켜 대사처럼 각기 분창(分唱)하게 만들었을 것이다. 또한 그들의 활동무대를 연출의 효과에 따라서 집중적으로 조정하며, 그들의 개성적 동작을 보조하기 위하여 분장 의상과 소도구 등을 지시하는 지문이 간략하고 적확하게 조정되었을 터이다. 이런 점은 연출책임자와 연기자의 능력에 따라 달라지겠지만, 실제로 그것이 거의 완벽한 대화극본, 본격적인 희곡형태를 유지했으리라는 것은 족히 추정될 수가 있다.

그런데도 그것이 대화극의 현장을 떠나 정착·기록되는 마당에서는 결국 강창극본의 범주를 벗어날 수 없었을 터이다. 그 당시 대화극본의 희곡적 개념이 전문화되지 않은 데다, 희곡적 정착의 기재방법이 제대로 개발되지 않은 데에도 그 원인의 일부가 있었다고 보아진다. 그리고 이런 점을 떠나서도 대화극본의 사실적 기록은 그만큼 어렵고 너무 번다한 실정이므로, 강창극본 정도의 강창단위로 대행·정착시킨 것이라 하겠다. 이런 강창극본이라면 대화극의 실황을 비교적 요령 있게 고정시킨 결과로서, 그것은 곧장 대화극으로 환원·실연할 수 있는 편의가 보장되어 있었기 때문이다. 이처럼 강창극본에서 대화극의 실연으로 오래 널리 유통·수용되는 과정에서, 그것은 상당한 이본을 남기고, 여러 형태의 국문가요와 국문수필, 국문소설 내지 불교설화 등을 생산·유포시켰던 것이다.

5) 《월인석보》의 문학사적 위상

(1) 국문문학사상의 위치

순수하게 국문으로 표현된 것이 원칙적인 국문학이라고 할 때, 한국 문학사의 본질적인 출발은 훈민정음 반포 이후부터 가능했다고 보아도 무방할 것이다. 그렇다면《월인석보》의 문학사적 위상은 실로 주목할 만하다. 이에 선행한《월인천강지곡》이 최초의 국문서사시라 확인되고, 또한《석보상절》이 최초의 국문산문학이라 공인된 점을 우선 중시해야 한다. 이와 같은 운문과 산문이 조선 초기로부터 문학사상에 자리하여 훌륭한 문학작품으로 평가되고 있기 때문이다. 더구나 이러한 양대 문학의 정통을 계승·융합시킨《월인석보》가 종합문학 작품집으로 집대성되고, 나아가 그 자체의 발전원리와 시대적 요청에 따라 시가·수필·소설·희곡 등속의 문학장르로 분화·전개되니, 그 문학사 상의 위치는 참으로 중대한 것이라 아니할 수 없다.

그동안 학계에서는 조선 초·중기의 국문문학사를 상당히 허술하다고 취급해 온 것이 사실이다. 기실 국문시가만이 이 시기에 불투명한 대로 명맥을 유지하여 온 것으로 논의되었을 따름이며, 나머지 국문수필과 국문소설, 그리고 국문희곡 등은 이 기간, 적어도 15·16세기에 그들 작품과 문학사적 계맥이 공백상태인 것처럼 인식되어 왔기 때문이다. 그러나 한국문화·예술사의 전개과정이나 문학사의 발전단계로 보아 이 시기에는 각종 국문문학장르가 본격적으로 형성·전개되었다는 것이 점차 밝혀지고 있는 실정이다. 일찍부터 필자는 이 방면에 착안하여 그 당시의 국문문헌을 망라·검토하되, 문학장르론으로 분석·평가하여 그들 장르사의 공백기를 메우는 데에 주력하여 왔던 것이다. 여기에서 거론된 산문자료가 유·불계에 걸쳐《석보상절》·《월인석보》·《권념요록(勸念要錄)》·《석가여래십지수행기(釋迦如來十地修行記)》·《팔상록

(八相錄)》등과《국역삼강행실도(國譯三綱行實圖)》·《내훈(內訓)》등 허다했지만, 그중에서도 가장 방대하고 주축이 되었던 것은 물론《월인석보》라 하겠다.

이《월인석보》는 전술한 대로, 모든 문학장르의 다양한 작품을 포괄하고 있을 뿐만 아니라, 국문 표기의 대중문학으로 상하민중에 감화·설득력이 풍부했던 것이다. 게다가《월인석보》는 조정의 종교정책과 외유내불의 사상사적 필연성이 작용하고 궁중과 교계가 불교중흥을 이루겠다는 비장한 동기로써 찬성·간행되었으므로, 문화·문학계에 심각한 충격을 주게 되었다. 나아가 이《월인석보》는 신찬불경으로서 면목을 새롭게 하되, 세종의《훈민정음》이 어제 서문과 함께 국역되어 머리에 실리고, 더구나 수양대군 내지 세조의 국문서문이 거듭 자리잡아 왕서(王書)·국서(國書)처럼 엄중하게 보급·유통되었던 것이다. 그리하여 이 작품집은 교단조직과 행정계통을 타고 전국 방방곡곡에 침투되어 상류 지식층이나 신불대중 내지 일반 서민층에 이르기까지 신앙·문학생활에 획기적인 영향을 끼치게 되었다.

《월인석보》의 작품들이 분화·유통되는 실제적 방편으로 강독이나 강담이 동원되었을 것이지만, 아무래도 가장 효율적인 방법은 현장적 강창일 수밖에 없었던 것이다. 전술한 바와 같이, 이《월인석보》의 분화된 강창단위가 연극적으로 강창될 때에, 그것은 가장 자연스럽게 본래의 역동성과 생동성을 나타내어 그 기능을 제대로 발휘할 수가 있었기 때문이다. 이러한 연극적 강창은 이《월인석보》의 종합문학적 총체성을 발전적으로 해체하고, 그 속의 문학장르를 분화·전개시키는 데에 적극 기여하였던 것이다. 그로부터 분화·독립되어 나온 각종 장르의 문학작품들이 되풀이되는 강창적 현장을 통하여 유통·행세하고 변화·발전함으로써, 각기 해당 문학장르의 형성·전개에 직·간접으로 이바지하였으리라 보인다. 이로써 《월인석보》는 적어도 국문시가·국문수필·국문소설 내지 국문희곡 등 모든 장르를 전반적으로 육성·발전시킴으로써, 15세기부터 16세기에 걸치는 국문문학사를 거의 전담하여 왔다고 볼 수가 있겠다. 우선 시가사만 하더라도, 15·16세기의 국문시가사가 불투명한 것으로 논의되고 있다지만, 이 《월인석보》 운문부에서 분화·유통된 단가계의 〈출가성취가(出家成就歌)〉·〈사미인가(思美人歌)〉·〈정각상봉가(正覺相逢歌)〉[26] 등과 사설계(辭說系)의 〈난타출가곡(難陀出家曲)〉·〈원왕생곡(願往生曲)〉 등, 가사계의 〈원앙서왕가(鴛鴦西往歌)〉[27]·〈목련구모가(目連救母歌)〉·〈선우구주가(善友求珠歌)〉 등 수많은 국문시가들이 이에 가세·보완함으로써, 그 역사적 계맥을 보다 확실하게 정립하고 있다.

실제로 중요한 것은 조선 초·중기의 산문문학사를 보완하는 일이었다. 위에서 논의한 대로, 그 동안에 국문수필사에서도 15·16세기를 공백상태인 것으로 취급해 온 것이 사실이다. 그러나 이 《월인석보》 산문부에서 분립·행세해 온 서발계(序跋系)의 〈훈민정음서〉·〈석보상절서〉·〈월인석보서〉 등과 전상계(傳狀系)의 〈대애도출가기〉·〈왕원비구수난기〉 등 많은 불제자들의 행적기, 그리고 논설계로 제반 불교사상에 관한 해설·논석 등이 엄연히 실존함으로써, 이 시기의 국문수필사는 거의 완벽하게 계통을 유지해 온 것이 확실해진다.[28] 따라서 이런 수필의 전통은 그대로 후대 국문수필의 발전에 직접적으로 계승된 것으로 보인다.

---

26 史在東, 「正覺相逢歌에 대하여」, 『韓國言語文學』 8·9輯, 1971, p.157.
27 史在東, 「鴛鴦西往歌의 硏究」, pp.113-114.
28 史在東, 「國文隨筆의 形成問題」, pp.375-378.

주지하는 대로 국문소설사는 15·16세기에 완전한 공백상태를 보이고 있는 것으로 알려졌다. 아직도 학계 일부와 교육계에서는 〈홍길동전〉을 최초의 국문소설로 시인하고 있는 실정이다. 그러나 이《월인석보》산문부에서 독립되어 나온 국문소설로, 이미 알려진 〈안락국태자전〉, 〈인욕태자전〉, 〈목련전〉, 〈선우태자전〉, 〈아육왕전〉 등이 어엿한 소설작품으로 규정되고 이 시기에 뚜렷이 뿌리박음으로써, 국문소설사는 그 공백기를 제대로 보완할 수 있었던 것이다.[29] 이와 같이 국문소설이 15세기에 형성되고 16세기에 발전적으로 계승됨으로써, 17세기에는 그 난숙기를 맞이하고 〈홍길동전〉 내지 〈구운몽〉, 〈사씨남정기〉와 같은 전형적인 작품들이 생산되었으리라 추정된다.

여기서 가장 긴요한 것은 국문희곡사가 공백상태라는 점을 합리적으로 논의하고 실증적으로 보정하는 일이다. 이것은 15·16세기 국문희곡사뿐만 아니라, 한국희곡사 전체를 새롭게 발굴·정리하는 기초 작업으로서 본보기가 될 것이기 때문이다. 이 논의는《월인석보》의 강창문학적 구조형태와 직결되기에 별도로 구체화할 필요가 있다.

(2) 희곡문학사상의 위상

주지하는 바와 같이 희곡장르는 그 종합문학적 성격과 연극을 통하여 상하민중과 직접관계를 가진다는 점에서, 문학사의 저변·주류를 이루어 온 것이 사실이다. 흔히 말하는 민족문학사 내지 민중문학사 상에서 연극적으로 생동하고 언제나 충격적인 영향을 미치며 면면히 계승된 것이 희곡문학사이기 때문이다. 이러한 중요성에도 불구하고, 적어도 근대 이전의 고전희곡 내지 희곡사에 대한 관심은 거의 없었고, 따

---

29 史在東, 『佛敎系 國文小說의 形成過程硏究』, 亞細亞文化社, 1977, pp.144-145.

라서 그 방면의 연구업적으로 뚜렷한 것이 나오지 않았다. 그 동안에 한국연극사를 체계화하면서 희곡사의 가능성을 시사한 바도 있고,[30] 고대희곡에 대한 개별적 논급에[31] 이어 근대·현대의 희곡사를 확실하게 논술한 업적도 나왔다.[32] 그런데도 고대로부터 중세를 거쳐 근세에 이르는 희곡사를 발굴·정리하지 못하고 있는 것은 실로 안타까운 일이다. 더구나 정음 이래 국문문학의 본격화와 더불어 15·16세기에 국문희곡이 형성·전개될 수밖에 없는 제반 여건과 근거를 갖추고 있음에도 불구하고, 이 시기를 희곡의 공백기로 간주해 버린 것은 놀라운 일이다. 이런 현상은 연극과 희곡을 혼동하는 애매한 문학관과 함께, 지나치게 전문화된 서구식 희곡개념을 기반으로 하여 그 시대의 희곡자료를 버리거나 잘못 보는 데서 기인한 것이라 하겠다.

이제 그 당시의 희곡자료 중에서《월인석보》를 들어 기본적으로 그 강창문학적 구조형태만을 분석·검토한다 치더라도, 그것의 희곡사적 위상이 제대로 파악될 터이다. 전술한 대로,《월인석보》에 수록되어 있는 100여 편의 강창단위가 모두 국문희곡으로 규정된 것을 상기할 필요가 있다. 그중에서도〈나운출가연(羅雲出家緣)〉·〈사리불항마연(舍利佛降魔緣)〉·〈원앙서왕연(鴛鴦西往緣)〉·〈인욕지효연(忍辱至孝緣)〉·〈목련구모연(目連救母緣)〉·〈선우구주연(善友求珠緣)〉·〈아육공덕연(阿育功德緣)〉 등 20여 편이 우수한 희곡작품으로 평가되고 있는 터인데,

---

30 그 동안 金在喆, 李杜鉉, 張漢基 등의 韓國演劇史와 金東旭, 趙東一 등의 韓國文學史 演劇部分에서 演劇史에 곁들여 戱曲의 言及을 하였다.
31 黃仁德,「〈薛氏女〉傳의 劇本的 性格試考」,『韓國民俗學』22, 韓國民俗學會, 1989 참조.
32 徐淵昊,『韓國近代戱曲史硏究』, 高麗大學校 民族文化硏究所, 1984; 유민영,『한국현대희곡사』, 기린원, 1988.

이만한 작품들이 뿌리박고 있는 15세기는 국문희곡이 형성된 시기라고 간주하여도 무방할 것이다. 나아가 이 작품들이 비록 활발하게 극화되지는 못했다 하더라도,《월인석보》라는 거대한 방편을 타고 실질적으로 성행하던 16세기는 국문희곡의 발전적 전개기라고 취급하여도 무리가 없을 터이다.

이와 같이 국문희곡이 다른 문학장르와 함께 15·16시기에 형성·전개된 계맥이 밝혀졌다면, 그 시대를 전후한 문학사 상에 희곡사의 계통이 엄연하게 자리하고 있으리라는 것은 자명한 일이다. 일찍이 필자는 〈한국희곡사 연구서설〉에서, 우리 희곡사의 전체적인 맥락을 개관한 바가 있거니와,[33] 그 계맥이 족히 밝혀지고 합리적으로 체계화될 수 있는 근거와 자료가 확보되고 있는 것이 사실이다. 일단 강창문학을 바탕으로 강창극와 그 극본을 주축으로 한다면, 그 연원은 〈공무도하(公無渡河)〉를 비롯하여,[34] 〈황조가〉·〈구지가〉와 함께 삼국 속악에 속하는 〈내원성(來遠城)〉·〈연양(延陽)〉·〈명주(溟州)〉·〈선운산(禪雲山)〉·〈정읍(井邑)〉·〈지리산(智異山)〉 그리고 〈동경(東京)〉·〈목주(木州)〉·〈이견대(利見臺)〉 등의 여러 전승을 거쳐 소위 향가·여요 등의 모든 전승에 이르기까지 구비 및 향찰가요(鄕札歌謠) 중심의 강창문학적 구조형태가[35] 강창극본의 한 계보를 세워놓고 있다고 보아진다. 한편 위로 강경변문(講經變文)과 같이 불전적 서사형태를 강설과 가창으로 연첩시키는

---

33 史在東,「韓國戲曲史研究序說」,『語文研究』, 18·19집, 語文研究會, 1988·1989.
34 史在東,「〈公無渡河〉說話의 文學的 考察: 그 戲曲的 實相을 中心으로」,『韓·中文化交流의 再照明』, 忠南大學校文科大學, 1988.
35 역대가요와 거기에 얽힌 소위 歌謠傳說은 講唱文學的 側面에서 고찰할 수 있는 여지가 있다. 史在東,「佛敎系 敍事文學의 硏究」,『語文研究』12輯, 1983, pp.177-180 참조.

〈안락국태자경〉·〈금우태자경〉·〈실달태자경〉 등의 강창문학적 전통을 이어,[36] 불타나 국조의 신적(神跡)을 장편서사시로 찬송하고 나아가 해당 시문에 설화적 해설을 붙임으로써《석가여래행적송》이나 〈동명왕편〉과 같은 강창문학적 구조형태가 한문으로 유지되고,[37] 그것이 또한 강창극본의 계보를 이루어 놓은 터라 하겠다.

이러한 계보를 수용하면서 획기적인 강창문학, 일대 강창극본으로 완성된 것이 바로《월인석보》이며, 이것은 강설사화를 대동하는《용비어천가》와 동궤라 하여 마땅할 것이다. 이처럼 거대한 강창극본의 희곡사적 맥락이 올바로 파악되었다면, 이를 주축으로 형성·전개되는 가창극본·가무극본과 대화극본 등의 희곡사적 系脈까지도 필연적으로 구명되리라 보아진다. 이들 극본들이 녹자석으로 희곡석 년보를 가시고 계승되어 온 것이 실증될 뿐만 아니라, 위 강창극본이 연극현장의 처지와 형편, 연극적 상황의 변화에 따라, 가창·가무극본이나 대화극본으로까지 변환·운용되던 사례가 얼마든지 있었기 때문이다.

이제《월인석보》의 극본·희곡적 성격과 희곡사적 계통이 제대로 구명된 이상, 그것이《용비어천가》의 그것과 함께 후대 극본·희곡의 형성·전개에 미친 영향은 지대했으리라 추정된다. 이들 양자가 서로 대립·경쟁하면서 유통·보급되는 가운데, 먼저 강창극본의 희곡적 맥락이 판소리에 이르기까지[38] 정립되었을 것은 짐작된다. 그리고 그것이 주동이 되어, 단가나 사설 중심의 가창극본, 〈학련화태처용무합설(鶴蓮華台處容舞合設)〉과 같은 가무극본, 나아가 가면극·인형극 계통의 특

---

36 景一男, 「高麗朝講唱文學研究」, 忠南大學校 大學院, 1989, pp.41-46 참조.
37 李鍾燦, 「敍事詩《釋迦如來行蹟頌》考察」, 『韓國의 禪詩』, 二友出版社, 1985, pp.257-261.
38 全信宰, 「판소리辭說의 장르」, 『翰林大學論文集』 第4輯, 1986, pp.21-22.

수한 대화극본, 그리고 소위 조희(調戲)를 거쳐 소학지희(笑謔之戲)로 이어지는 본격적인 대화극본 등이[39] 희곡적 맥락을 유기적으로 지키며, 희곡사의 큰 흐름을 이룩해 온 것이라 파악된다.

이로써《월인석보》의 강창문학적 구조형태를 핵심·주축으로 하여 국문희곡사 내지 한국희곡사의 전체적인 계통과 맥락을 어림해 보았다. 여기서 분명해진 것은 한국희곡사의 실체는 한국문학사 상에서 확고하게 자리 잡고 있다는 사실이다.[40] 따라서 이 사실을 확증할 수 있는《월인석보》의 희곡사적 위상이 더욱 분명해지고 중시되는 것이라 하겠다.

6) 결론

위와 같이,《월인석보》가 국학·국문학의 보고임을 전제하고 그 강창문학적 실상과 그 문학사 상의 운용·위상을 검토해 보았다. 지금까지 논의해 온 것을 요약하면 다음과 같다.

①《월인석보》는《월인천강지곡》과《석보상절》등 양대 경전문학이 유기적으로 합편·조화되어, 국어운산문불경으로 신찬된 것이다. 이것은 대장경 전체의 내용을 효율적으로 집약하여 석가전기를 경전·문학으로 완벽하게 입체화되었기에 한국의 독자적인 불전문학으로서 운문과 산문이 해당부분끼리 부합·순열되어 여러 장르의 문학작품을 분화·독립시키고, 그 자체가 이를 포괄하는 종합문학적 면모를 갖추게 되었다. 이《월인석보》는 불교계의 각종 재의·법석·행사 등의 현장에서 연극적으로 설창되어 기본적으로 강창문학적 구조형태를 드러내고, 월인부와

---

39 李杜鉉,『韓國演劇史』, 民衆書館, 1973, pp.63-66, pp.75-77.
40 이상 韓國戱曲史에 관한 개괄적인 언급은 拙稿〈韓國戱曲史研究序說〉을 참조할 것.

석보부의 상호분절작용에 의하여 창작 수준의 강창단위를 100여 편이나 산출하게 되었다.

② 그리하여 이《월인석보》는 새로운 강창단위의 불경으로서 국왕의 교화정책과 교계 승속의 호응·공감 아래, 각종 재의 법문, 포교 법석, 행사 여흥 등의 현장에서 필요에 따라 강창·실연의 대본으로 유통되었다. 그리고 이 강창단위는 포교·교화·오락을 위한 불교계의 연극으로서 형편에 따라 강창극을 바탕으로 가창극·가무극과 대화극을 통하여 입체적으로 연출·수용되었다.

③ 그러기에 이 강창단위들은 각종 연극 양식의 대본으로서의 희곡의 기본적 구조형태와 온갖 요건을 갖추었고, 그것은 강창극본을 주축으로 연극의 종류에 따라 가창·가무극본 내지 대화극본으로 변용되어 융통성 있는 희곡으로 활용·전개되었다. 그러면서 이 희곡작품들은 정착·기록될 때에는 가장 경제적이고 보편적인 강창극본 즉 강창단위로 집약·정리되어 있다가, 연극의 종류에 따라 오래 널리 연출·유포됨으로써 상당한 이본을 형성시키고, 나아가 국문문학 각개 장르를 분화·생산시키는 계기를 마련했던 것이다.

④ 이로써《월인석보》의 문학사적 위상이 크게 부상되었다. 이것이 새롭고 획기적인 국문불전으로서, 불교계를 중심으로 상하민중에 광포·유전되면서 15·16세기 국문문학 각개 장르의 형성·발전에 핵심·주류로 동참한 것은 물론 후대문학에 끼친 영향도 지대하였다.

이와 같은 장르의 작품들은 그 동안 불투명하거나 공백기로 묵인되었던 국문시가사와 국문수필사, 그리고 국문소설사를 거의 완벽하게 보완하고 육성하여 왔던 것이다. 그 중에서도 이 강창단위는 연극적 실연을 통하여 여러 장르의 극본·희곡으로 운용됨으로써 15·16세기 국문희곡의 계맥을 완결했을 뿐만 아니라, 그 동안 방치되었던 한국희곡사 전체를 합리적으로 발굴·체계화할 수 있는 확고한 지표가 될 것이다. 이제《월인석보》야말로 세종대 이후의 순수하고 본격적인 국문문학사를 거의 전담하여 온 국보적 종합작품집으로서 국문학사 그 자체라고 평가되어야 마땅하고, 나아가 보다 적극적으로 논구되어야 하리라고 믿는다.

3. 중고제 판소리의 문화적 재조명

1) 서론

지금 판소리는 한국의 전통적 공연예술로서 세계적 각광을 받으며, 그 실연의 강화와 함께 학술적 조명이 심화되고 있다. 이에 판소리의 전통과 실상, 그 위상이 올바로 밝혀지면서, 그 윤곽을 드러낸 것이 바로 '중고제 판소리'다. 기실 이 중고제는 판소리의 형성·발전과정에서 그 강창예술의 계맥을 잇고, 그 고제를 이어받아 판소리의 고형, 중심적 원형으로 형성되었다. 그리고 이 중고제는 기호·충청지역을 중심으로 중고적 문학예술과 함께 발전하면서 호남·전라지역의 예술적 풍토 위에 이른바 동편제와 서편제를 성립시켰던 터다. 이 중고제를 중심·주축으로 하여 동편제와 서편제가 특색 있게 성립·발전하였기 때문이다. 나아가 이 중고제는 그 사설부터가 유식하고 조줄한 데다 그 가창이나 강설·연기 등이 어떤 기교에 치우치지 않고 중도적 고형을 유지하면서 동편제·서편제와 상응·유전되었다. 여기서 이 중고제는 명실 공히 판소리의 형성·발전상에서 그 중심·중도적 위상이 뚜렷해지는 터다. 따라서 이 중고제의 형성·전개 과정과 그 공연예술적 실상, 그 판소리사상의 위상 등을 올바로 고구하는 것이 긴요한 일이라 하겠다.

그런데 가장 큰 문제는 이 중고제가 그 고형·중도적 성격과 함께 대중적 인기에 영합하지 않는 보수적 성향으로 하여, 동편제와 서편제가 날로 성행하는 분위기나 조류 속에서 실세·위축되고, 그 단절의 위기에서 겨우 음성적 전승을 이어 오고 있다는 점이다. 그러기에 이 중고제 판소리의 재조명이 절실히 요망되는 터다. 그래야만 이 판소리의 전통과 실상·위상 등이 합리적이고 정당하게 파악될 수 있기 때문이다.

그동안 학계 일우에서는 정노식이 『조선창극사』에서

> 대가닥에는 동편제·서편제·중고제·호걸제가 있으나 대체로 동서로 나누어 그 중고 호걸은 극소하다. (중략) 중고제는 비동 비서의 그 중간인데 비교적 동에 근한 것이다. (중략) 중고제는 연계달 김성옥의 법제를 많이 계승하여 경기 충청 간에서 대부분 유행한다.[41]

라 하고, 충청 출신으로 당시 판소리계의 대표적 인물을 들면서 '광대의 효시는 하한담과 결성의 최선달이다'라고[42] 하여 충청지역을 판소리의 시발지로 규정한 이래, 김동욱은 이를 바탕으로 중고제와 충남의 판소리를 동일시하면서, 충남지방을 판소리의 발상지로 거론·강조한 바가 있다.[43] 필자 역시 충남의 연극사, 판소리의 전통을 논의하는 가운데 충남의 판소리가 한국 판소리 시원을 이루고 그 전통을 그대로 계승하여 한국 판소리의 중추적 위치를 조선 말기까지도 유지하고 있었다고 언급하였던 터다.[44] 그 후 1990년대 초부터 서종문·김석배가 중고제의 구체

41　정노식, 『조선창극사』, 조선일보사, 1940, pp.10-11.
42　정노식, 위의 책, pp.17-18.
43　김동욱, 「판소리 연구」, 『한국가요의 연구』, 을유문화사, 1961, pp.324-326.
44　사재동, 「판소리의 전통」, 『백제권 충남지방의 민속과 문학』, 중앙인문사, 2006,

적인 특징을 거론하기 시작하고[45] 배연형이 고음반을 통하여 중고제 명창들의 연창 실황을 재구하며, 그 대본인 소리책을 연구하여[46] 중고제의 실상을 밝혀내게 되었다.[47] 그리고 백대웅이 중고제의 음악을 거론한 이래,[48] 음악어법을 통하여 중고제의 일면을 검토하고[49], 신은주가 2000년대 그 학위논문을 중심으로 중고제의 실상과 위상을 밝히는 데에 본격적인 성과를 많이 내었다.[50] 그리고 명현이나 김혜정 등이 음악을 중심으로 중고제의 연구를 심화시키고[51], 또한 최혜진은 중고제의 존재와 정체성을 규명하려 노력하면서 충청지역 판소리지형도와 문화유적 등을 점검하는 데까지 나아갔다.[52]

이로써 중고제 판소리의 연구가 어느 정도 심화되어 본궤도에 오른 것이라 간주할 수도 있다. 그러나 이것은 중고제의 전통과 실상, 그 범

---

pp.458-465. (충남도지 하, 충남도청, 1979 재수록)
45 서종문·김석배,「중고제 판소리의 역사적 이해」,『국어교육연구』24집, 경북대 국어교육연구회, 1992.
46 배연형,『판소리 소리책 연구』, 동국대 출판부, 2008.
47 배연형,「판소리 중고제론」,『판소리연구』5집, 판소리학회, 1994.
48 백대웅,「판소리 생성의 시대성과 당위성」,『다시보는 판소리』, 어울림, 1996, pp.124-125.
49 김성경,「중고제 명창 김창룡의 판소리음악어법」, 중앙대 대학원 석사논문, 1977.
50 신은주는「판소리 중고제 연구」(서울대 대학원 석사논문, 2002)와「판소리 중고제 심정순 바디 연구」(서울대 대학원 박사논문, 2007),「충청지역 판소리문화의 역사와 전승양상」(『한국음악사학보』40집, 한국음악사학회, 2008) 등 10여 편의 논문을 발표하였다.
51 명현,「음반에 담긴 중고제 판소리 명창들의 음악어법」,『민속음악자료집』4집, 국립민속국악원, 2006; 김혜정,「중고제의 음악적 특성과 전승방안」, 중고제 학술세미나〈중고제 맥잇기〉, 충남문화재단, 2017.
52 최혜진,「중고제의 전승과 판소리사」,『판소리 유파의 전승 연구』, 민속원, 2012; 최혜진,「충청지역 판소리지형도와 문화유적」,『중고제 학술세미나〈중고제 맥잇기〉』, 충남문화재단, 2017 참조.

위와 위상의 중요성에 비하면 그 연구의 밑그림에 불과할 뿐이며, 그 동편제·서편제의 연구 성과에 비하면 그 기초 작업, 윤곽을 잡은 정도에 그칠 따름이다. 이제 판소리 중고제를 본격적으로 올바로 연구하기 위하여 학계는 과학적이고 입체적인 방법으로 그 전체를 재조명해야 된다. 이런 점에서 그동안 각개 약진하던 연구 역량과 그 성과를 총결집하여 중고제 판소리, 그 이론과 실연의 진흥을 다짐·실천하는 것이 급선무라 하겠다.

이에 본고에서는 그동안의 연구성과를 바탕으로 중고제 판소리의 전통과 실상, 그 위상을 종횡으로 재조명하고자 그 연구의 영역과 방향·방법을 개괄적으로 고찰하겠다. 첫째, 중고제의 개념과 범위를 전제로, 그 형성·전개의 전통을 추적하고 둘째, 중고제의 실연 대본의 원전을 발굴·정리하며 셋째, 역대 중고제 명창들의 행적과 공연 공적을 답사·집성하고 넷째, 중고제를 전형적인 판소리로 간주하고 실제 작품을 분석·평가하는 방법론을 모색하겠으며, 끝으로 중고제의 판소리사·공연예술사상의 위상을 파악하고자 한다.

2) 중고제 판소리의 개념과 전통

(1) 개념과 영역

원래 판소리 한 유파인 중고제이지만, 이 유파를 중심으로 강조하는 점에서는 동편제나 서편제와 상응하여 '중고제 판소리'로 부르는 게 무난할 것이다. 그렇다면 이 중고제란 어떤 것인가, 그동안 이 방면 여러 학자들의 연구·논의에 의하여 그 중고제의 개념이 여러 측면에서 밝혀지고 그 윤곽이 들어난 것은 사실이다.[53] 그런데도 이 중고제가 그 형성·전개과정이나 공연예술적 실상 등에 있어 복합적이고 중요한 의미를 함유하였기에, 명쾌하고 확연하게 부각되지 않는 형편이다. 이런 점에서 최근에 최혜진이 한 논문에서[54] 그동안 학계의 논의를 바탕으로 이 중고제가 판소리의 유파 개념으로 파악되어야 한다고 제언하였다. 이것은 동편제 내지 서편제와 상응하는 개념이기에 너무도 당연한 귀결이다. 그러면서 이 중고제가 그 음악과 사설·창법 등에서 특유한 유파로 존립할 수 있다고 보증하였다. 다음 이 중고제가 역사적 개념으로 검토되어야 한다고 내세웠다. 그러면서 판소리 생성기의 모습이 단순, 고졸·소박했으리라 전제하고, 이 중고제가 고조와 신조의 중간쯤에 위치한 19-20세기 초의 판소리를 담고 있다고 뒷받침하였다. 그리고 이 중고제가 지역적 개념으로 해석되어야 한다고 주장하였다. 그러면서 경기·충청에 전해오던 판소리의 특징을 중고제가 고스란히 담고 있는 점을 지적하였다. 이만하면 이 중고제의 개념이 그만큼 선명해진 것은 사실이다. 그런데도 여기서 만족할 수는 없다. 이 중고제의 전통과 실상·위상을 심도 있게 연구·개발하면서 그 실제적 개념이 점차 확연해지겠기 때문이다.

이런 점에서 이 중고제의 형성시기를 좀 더 소급해야 될 것이다. 적어도 이 중고제는 이른바 고제의 적통을 이어 판소리의 연원을 이루고 있는 터다. 따라서 이 판소리 중고제의 연원이 오랜 전통의 강창예술과 접맥·성립되는 시점이 아무래도 1세기 이상 상회할 것이라 본다. 그래서 17세기 이래 전통문학·고전소설의 성행과 공연예술·연극의 발전 과정을 결부시키고, 청나라 공연예술·고사류와의 교류·상응 상황까지

---

53 서종문·김석배, 「판소리 중고제의 역사적 이해」; 배연형, 「판소리 중고제론」; 신은주, 「판소리 중고제 연구」; 이보형, 「유화개념의 중고제와 악조개념의 중고제」, 『판소리 연구』 23집, 판소리학회, 2007 참조.
54 최혜진, 「충청지역 판소리지형도와 문화유적」, p.18.

도 비교 검토할 필요가 있다. 그리고 이 중고제의 공연예술적 실상을 통하여 그 개념을 유추할 수도 있겠다. 우선 그 공연 대본의 문학성과 지식수준이 중간적이고 중도적 경향을 띠어, 그 중고적 성향을 드러낸다고 본다. 실제로 이 중고제 대본의 주제·내용이 상류의 그것을 이어받아 하류로 넘어가는 중간·중고에 위치하고 있기 때문이다. 이어 중고제의 음악·창법이나 행동·연기까지도 전통적 고형을 수용하여 신형으로 이어 주는 중간·중도적 수준과 위치를 유지하였던 터다. 나아가 중고제의 지역, 경기와 충청의 청중들이 그 사상·윤리 의식이나 문학·예술적 취향 등에서 대체로 중간·중도적 수준을 유지하여 왔다는 점도 고려되어야 한다. 기실 이 청중들의 환경·분위기와 취향·중론이 실제로 중고제를 형성·유지시키는 기반·저력이 되었기 때문이다.

이 중고제의 영역은 여러 측면에서 살펴볼 수 있다. 먼저 이 중고제 자체로서, 그 전신으로 직결된 고제가 여기에 포함되어야 한다. 이 중고제가 고제를 그대로 계승·발전시켰기 때문이다. 그리고 그간에 가창의 기교로서 출현했던 호걸제나 석화제·강산제·경드름 내지 자웅성·추천목·세살성·덜미소리 등도[55] 모두 중고제에 포괄되는 게 마땅하다. 이 모두가 중고제 안에서 이루어진 가창적 특징·기교라고 볼 수 있기 때문이다. 나아가 중고제가 동편제에 가깝다든지 악조 중심의 중요한 부분에서 양자를 구별하기 어렵다고 하는 공통 대목은 중고제에 포함시켜도 좋을 것이다. 실제로 중고제에서 동편제로 분화·발전되었기에,[56] 그것은 중고제의 연장선상에 자리하기 때문이다.

다음 이 중고제의 지역적 영역으로서 기호지방, 경기 일원과 충청

---

55 배연형, 「판소리 중고제론」, p.160.
56 배연형, 위의 논문, p.167; 최혜진, 「중고제의 전승과 판소리사」, pp.40-41.

전역, 그리고 전북 북부까지 포함하고 있는 것은 당연한 일이다. 그래서 그 금강유역까지 주목하게 되는 것이다.[57] 그 연창자들의 분포로 보아 이 지역이 중고제의 본거지임에 틀림이 없기 때문이다. 게다가 그 연창자의 분포 비율에 따라, 충남 지역을 중심으로 잡고 그 구체적 도시명까지 밝혀 놓은 것은 무방하다.[58] 그런데도 이 중고제의 지역적 개념이 기계적으로 적용·인식되어서는 안 될 것이다. 이 지역 연창자의 판소리는 무조건 중고제이고 타 지역 연창자의 판소리는 무조건 중고제가 아니라는 편견에 빠질 우려가 있기 때문이다. 기실 이 연창자들은 원근 간에 타 지역을 넘나들면서, 자신의 소질·취향에 따라 그 유파를 선택·실연할 수가 있다. 따라서 이 지역 연창자라도 중고제를 안 부를 경우에 대비하고, 타 지역 연창자라도 중고제를 부를 때는 중고제의 영역에 넣어야 한다는 것이다.

또한 중고제의 유통적 영역으로서 그 공연적 공간이 보다 광범하다는 점이다. 이 중고제의 연창들이 그 본거지를 중심으로, 서울을 비롯하여 호남지역이나 영남지역 등 전국적인 요청에 따라 공연한 사실은 잘 알려진 사실이다.[59] 이런데서 그 많은 중고제 명창들이 탄생하였기 때문이다. 이러한 유통적 영역은 고제시절부터 은퇴의 시대까지 전통을 이루어 왔으니, 이는 중고제 유통사의 중요한 분야일 수밖에 없다.

---

57 조영규, 「금강유역의 중고제 판소리」, 연세대 대학원 석사논문, 1999 참조.
58 최혜진, 「충청지역 판소리지형도와 문화 유적」, p.19·p.21.
59 신은주, 「김창룡 병창론」, 『판소리연구』 15집, 판소리학회, 2003, p.203에서 '김창룡의 이러한 활발한 활동은 서울에서만 이루어진 것이 아니었고 전국적으로 이루어졌는데 (중략) 지방공연을 활발히 하였다'고 하여, 중고제의 명창들이 공연한 영역을 밝혔다.

(2) 형성·전개의 전통

중고제의 형성은 그 선행 고제로 직결된다. 중고제가 바로 고제를 그대로 계승·발전시켰기 때문이다. 그래서 이 고제는 언제·어떻게 형성되었을까 주목하지 않을 수 없다. 이것이 바로 판소리의 형성이기 때문이다. 그동안 학계에서는 이 판소리의 형성에 대하여 상당한 논의를 거쳐 그 윤곽이 잡힌 게 사실이다.[60] 그런데도 몇 가지 측면에서 보완할 점이 있다고 보아진다. 먼저 한국 공연예술사의 흐름에 입각하여 그 발단의 시기를 적어도 17세기 후반에서 18세기 전반 무렵으로 잡아야 하겠다.[61] 그 시기에는 병자호란 이래로 청나라와의 문화교류, 공연예술의 유통과 함께 국내의 공연예술이 문학을 바탕으로 악무·연극 등에 걸쳐 새롭게 변모하여 대중적으로 발전하게 되었다. 기실 문학계에서 시가와 함께 국문소설이 난숙·대중화되어 성생하였고,[62] 나아가 국문희곡 극본들이 당시 연극계의 수요에 상응하고 있었다. 따라서 그 악무는 대중적 공연을 위하여 변모·발전하였고, 따라서 공연예술, 연극 형태가 대중적 공연을 지향하여 통속적으로 전환할 수밖에 없었다.[63]

그 가운데서 오랜 전통의 강창예술, 강창극이 획기적인 변화를 모색하게 되었다. 그 불교적 주제·내용과 구조 형태를 탈피하여 대중적으로 변모하여 새로운 연극형태로 형성된 것이다. 그 대본은 당시 대중적으

60　김익두, 「판소리 양식의 탄생」, 『한국희곡/연극 이론 연구』, 지식산업사, 2008, pp.165-166; 백대웅, 「18세기 말의 판소리 등장」, 『전통음악사의 재인식』, 보고사, 2007, pp.119-120.
61　정출헌, 「판소리 담당층의 변화에 따른 19세기 판소리사와 중고제의 소멸」, 『민족문화연구』 31집, 고려대 민족문화연구소, 1998, pp.258-259.
62　서종문, 「조선후기의 소설의 수용」, 『한국서사문학사의 연구』, 중앙문화사, 1995 참조.
63　송방송, 「근현대 공연예술의 전승양상」, 『한국전통음악의 전승양상』, 한국예술종합학교 전통예술원, 2008 참조.

로 유통되는 국문소설류를 각색하고 그 가창연기는 전통음악을 수용·변형시키며, 그 강설연기나 행동연기는 일반연기를 수용·변모시켰던 터다. 그리하여 광대 1인이 모든 역할·연기를 전담하여 장단·반주와 함께 공연하는 새로운 강창극이 형성된 것이다. 이러한 강창극이 형성되는 과정에서는 청나라의 강창예술이 고사류로 변모 형성되어 공연되던 시기와 맞물려 결코 상호 무관하지 않았던 것이다.[64]

기실 이 새로운 강창극은 '판소리'라는 이름만 붙이지 않았을 뿐, 그대로가 이 판소리의 원형·고형, 그 고제라고 보아 무방할 것이다.[65] 이러한 고제가 서울과 연결되고 청대 문화·예술과 교류되는 기호지방의 문예·공연예술적 풍토 위에서, 형성·유통되며 발전을 거듭했던 게 사실이다. 이 문화지역의 청중들이 호응하고 그 재인·광대들이 이에 부응하여 그 대본을 대중화하고, 그 연기를 통속적으로 발전시켰기 때문이다. 이런 과정에서 18세기 후반에 이르면, 이 강창극이 상당한 전형을 갖추고 당당한 공연예술·연극으로 공연·행세하였던 터다.[66] 이러한 강창극은 아직도 '판소리'란 이름이 붙지 않았지만, 완전한 판소리시대를 열게 되었다. 이 시기의 판소리는 '중고제'라는 이름을 붙일 수가 없었다. 그것이 그때 그 판소리의 전체였기 때문이다.

이러한 강창극·판소리가 좀 더 발전적으로 경기·충청 내지 서울 등지에서 공연·유통된 이래, 기라성 같은 광대들이 출현하여 그 공연·연기를 발전적으로 경연하는 가운데, 이 원형적 고제, 전형적 중고제를 계승·혁신하여 동편제라는 유파를 형성하게 되었다. 이러한 관계로 보

---

64 사재동, 「판소리의 전통과 실상·위상」, 『제84차 학술대회논문집』, 2017, pp.65-66.
65 배연형, 「판소리 중고제론」, p.163.
66 백대웅, 「18세기말의 판소리 등장」 참조.

아 동편제야말로 '신중고제'라고 해도 과언이 아니다. 그래서 양자 사이가 그만큼 가깝다는 점이 들어 나고 작품상에서 구별하기 어려운 공통점이 확인되는 것은 당연한 일이다. 더구나 동편제를 주도한 광대들이 중고제 출신이거나 중고제 명창들과 혈연·학연·지연 등으로 직결되어 있는 게 사실이다.[67] 실제로 이동백 같은 명창들의 소리에 부분적으로 동편제적 특징이 가미되어 있으니, 그게 바로 중고제가 동편제로 계승·전개되는 증좌라 하겠다.[68] 그러면서 동편제가 어느새 그 전형을 이루어 명실 공히 성행하게 되었다. 따라서 이 원형적·전형적 판소리가 자연 '중고제'라는 이름을 얻게 된 것이라 본다. 이어 그 동편제에 상응하여 서편제가 성립되면서 그것이 명실 공히 중고제로 불리고, 그 3개 유파가 정립되었던 터다.[69] 그것이 19세기말 20세기 초의 일이었다.

이와 같이 중고제는 고제를 이어 판소리의 전체로 형성되고 전형을 이루어 널리 발전·흥성하다가, 동편제로 그 주류를 물려주었다. 그래서 동편제의 발전·성세에 상응하여 서편제가 성립·행세하게 되었다. 따라서 이 중고제는 동·서 사이에 끼어 '비동비서(非東非西)'의 처지로 위축·실세하고, 청중의 호응을 얻지 못한 채 은퇴의 형국을 맞았던 것이다. 그러나 결코 소멸된 것은 아니었다.[70]

---

67 최혜진, 「중고제의 전승과 판소리사」, 『판소리 유파의 전승 연구』, 민속원, 2012, pp.40-41.
68 배연형, 「판소리 중고제론」, 『판소리연구』 5집, 판소리학회, 1994, p.186.
69 이보형, 「판소리제(派)에 관한 연구」, 『한국음악논문집』, 정신문화연구원, 1982 참조.
70 정출헌, 「판소리 담당층의 변화에 따른 19세기 판소리사와 중고제의 소멸」, 『민족문화연구』 31집, 고려대 민족문화연구소, 1998 참조.

3) 중고제 판소리의 원전

(1) 중고제의 대본

이 대본은 중고제의 기반이요 기본이다. 이 대본이 중고제의 형성과 실상, 그 위상을 실증하고 있기 때문이다. 그것은 일반 연극에서 그 극본·희곡과 동일한 역할을 다하여 왔기 때문이다. 원래 이 대본은 그 공연의 실제적 극본으로 성립되었던 것이다. 그것이 바로 이 대본의 원본이라 하겠다. 그런데 이 원본은 그리 소중한 만큼 그 원형이 보존·전래되기가 어렵다. 그 대본이 연행·유통과정에서 유실될 뿐만 아니라, 변모·발전하여 상당한 이본을 산출하기 때문이다. 여기서 이 대본이 당시 유전되던 소설이나 설화 등을 바탕으로 각색된 것일 때에, 그것은 공연의 범위를 벗어나 다시 소설 유형을 지향하는 게 사실이다. 더구나 이 대본의 각색과정에 그 소설적 구조·구성에 시가나 수필 등을 수용·사용했다면, 그 공연과정을 통하여 다시 원래 모습으로 분화·전개될 수도 있다는 것이다. 이런 점에서 크게 보아 이 대본이 소설화 과정을 겪어 이른바 판소리계 소설류로 정립·유전되었던 터다.[71] 그리고 이 대본·공연을 통하여 중요한 대목이 독립형태로 분화되기도 하고, 그 가창부분이 장가나 가사형태로 분립·행세하였던 것이다.

그래서 배연형이 이러한 문헌적 유전의 와중에서 그 이본들을 일일이 검토·검증하여, 그 중고제 대본을 탐색·재구해 온 성과는 매우 소중한 업적이라고 본다.[72] 나아가 배연형이 주도하는 고음반학회를 중심

---

71 정병헌, 「판소리계 소설의 형성과 전개」, 『판국서사문학사의 연구 V』, 중앙문화사, 1995.
72 배연형, 『판소리 소리책 연구』, 동국대 출판부, 2008; 배연형, 『춘향가 심청가 소리책』, 동국대 출판부, 2008.

으로 그 중고제 명창들이 남긴 판소리 음반에서 그 사설을 대본으로 읽어 복원해 내는 일은 그만큼 중시되는 터다. 그리하여 그 명창들의 더늠으로 유명하게 전승되는 단편적 대목도 찾아서 정리·재구하고, 또한 그 경기 잡가로 행세하는 그 시가 형태까지도 중고제 대본의 토막으로 연결·재구해야 된다.[73]

한편 이러한 대본의 전형과 재구의 방법론으로써 그 판소리계 소설들을 분석·검토하여 그 대본으로 복원·재구하는 일이 얼마든지 가능한 터다. 전술한 대로 소설이 대본화되고 그 대분이 소설화되는 통로와 과정을 기준하면, 판소리계 소설에서 그 대본 형태를 족히 재구·복원할 수가 있기 때문이다. 적어도 〈춘향전〉이나 〈심청전〉의 수많은 이본, 판소리계 소설류에서 그 대본류를 탐색해 내는 데까지 나아가야 할 것이다.[74]

(2) 중고제의 악조

이 판소리 악조는 그 대본과 함께 그 중심축의 하나요, 연창의 실체라 하겠다. 따라서 이 악조는 중고제 성립의 기본 요건이요 그 연창의 중심적 연기라고 본다. 그러기에 이 중고제 유파는 바로 중고제 악조로써 성립·결정되고 이를 대표하는 터라 할 만하다. 따라서 이 중고제 악조의 음원, 원전을 탐색·확보하는 게 가장 긴요한 일이다. 이미 역사화된 중고제 악조는 그만큼 희귀하고, 현존하는 중고제 악조는 상당히 애매하고 유동적이기 때문이다.

---

73 서한범, 「잡가」(『국악통론』, 태림출판사, 1992, p.142)에서 경기 12잡가로 〈유산가〉·〈적벽가〉·〈제비가〉·〈집장가〉·〈소춘향가〉·〈선유가〉·〈형장가〉·〈평양가〉·〈달거리〉·〈십장가〉·〈방물가〉 등을 소개하였다.
74 배연형, 「판소리 소리책 연구」, pp.32-34.

그래서 배연형 중심의 한국고음학회나 선영악회 등에서 중고제 명창들이 남긴 음원, 음반을 통하여 그 중고제 악조를 재생·복원하고 채보까지 해내고 있는 것은 값진 일이라 하겠다.[75] 이러한 작업이 더욱 강화되어 그 음반을 발굴하고 중고제 악조, 그 원전을 집성하는 일이 당면 과제라 하겠다.

또한 중고제 계열의 명창으로 최근까지 생존했거나 현존하는 연창자들의 공연을 통하여 그 중고제 악조를 채록하는 일이 긴요하다. 전술한 대로 그 중고제 악조가 애매하고 유동적이라 하였거니와, 이를 중고제 악조의 전형에 비추어 검증한 다음에 이를 정식으로 채록하는 게 중요하다. 기실 이들 현대 연창자들의 공연실황은 대개 어떤 형태로든지 채록되었겠지만, 적어도 공식적인 공연, 그 완창을 중심으로 완벽한 녹화가 가장 중요하다.

한편 이 중고제 악조의 원전은 중고제를 계승·발전시킨 동편제 내지 서편제에서도 찾아낼 수가 있겠다. 이 중고제 악조의 전형은 보수성이 강하여 그것이 적어도 동편제로 전승되면서 그 원형을 유지할 수가 있었기 때문이다. 그러기에 그동안 학계에서 이 악조상에서 중고제와 동편제가 서로 근접하다거나 양자의 구분이 어렵다는 점을 밝혀왔던 것인가 한다. 최근에 이보형이 「유파 개념 중고제와 악조 개념 중고제」에서, 중고제의 유파 개념을 재확인하고 그 악조의 전형을 갈무리한 다음,[76] 동편제에 중고제 악조가 섞여 있다면서[77] 정광수의 『전통문화오

---

75 김성경, 「중고제 명창 김창룡의 음악어법」, 중앙대학교 대학원 석사논문, 1997; 명현, 「음반에 담긴 중고제 판소리 명창들의 음악어법」 등 참조.
76 이보형, 「유파 개념 중고제와 악조개념 중고제」, 『판소리연구』 23집, 판소리학회, 2007, pp.349-350.
77 이보형, 위의 논문, pp.353-354.

가사전집』에서 지목되는 중고제 악조를 대목별로 열거·논의하였다.[78] 그리고 여기 중고제 악조를 음악적으로 분석하여, 중고제 유파의 악조, 설렁제, 평조, 경드름과 추천목, 우조와 평계면·엄성계면 등으로 규정하였다.[79] 그렇다면 이 중고제의 전통적 악조가 최소한 동편제에 계승되어 생동하여 온 그 악조를 찾아내야 할 것이다.[80]

(3) 중고제의 연행, 그 증언

이 중고제의 원전에서 그 대본과 악조 이외의 매우 중요한 것이 바로 연기다. 이 판소리가 공연예술, 연극인 바에는 그 공연의 연기가 주축을 이루기 때문이다. 원래 이 강창극, 판소리는 강설연기와 가창연기, 행동연기로 조화·성립된다. 따라서 그 대본에 의한 강설과 그 악조에 의한 가창을 조화시켜 극정을 강화하는 행동에 의한 연기가 그만큼 중시될 수밖에 없다. 그러기에 신재효가 너름새를 강조하였고,[81] 정노식도 '형용동작을 등한히 하면 아니 된다'고[82] 하였다. 따라서 행동연기의 원전을 찾아내는 게 중시된다. 그러나 그것은 중고제 당시에는 그대로 채록할 방법이 없었고, 단순한 그림이나 단편적인 사진 정도로 남겨졌을 뿐이다. 그래도 다행한 것은 당시에 이 중고제 판소리의 공연 광경을 글로 쓰거나 그 증언을 기록한 자료가 남아 있다는 사실이다. 잘 알려진 신위의 〈관극절구 12수(觀劇絶句十二首)〉나 송만재의 〈관우희(觀優戲)

---

78 그 중고제 악조는 〈수궁가〉 9대목, 〈춘향가〉 5대목, 심청가 9대목, 홍보가 4대목, 적벽가 14대목이라 하였다. 이보형, 위의 논문, pp.357-359.
79 이보형, 위의 논문, pp.359-365 참조.
80 서종문·김석배, 「판소리 중고제의 역사적 이해」, p.62.
81 신재효, 광대가에서 '너름새라 하는 것이 귀성지고 맵시있고 운운'하였다. 홍순일, 『판소리 단가의 종합적 고찰과 집성』, 민속원, 2016, p.327.
82 정노식, 『조선창극사』, 조선일보사, 1940, pp.63-64.

50수(伍十首)〉, 이유원의 〈관극팔령(觀劇八令)〉 등이 바로 그것이다. 그리고 정노식의 《조선창극사》와 같이 당시 광대들의 실연을 면담·채록하거나 그 관극의 증언을 채취하는 것이 고작이었다. 기실 이러한 증언 기록은 여러 문헌을 통하여 상당히 유전되었다고 본다. 지금껏 알려진 것은 그중의 일부라고 간주되는 터다. 그러기에 이 중고제 시대의 각종 문헌잡록 등에서 그 연행적 원전을 발굴해 내야 할 것이다.

4) 중고제 판소리의 연창자

이 연창자들은 재인·광대·소리꾼 등의 이름으로 중고제 판소리의 주체요 주인공이었다. 그들이 1인 전역으로 연창한 연해예술, 강창극이 바로 판소리 중고제이기 때문이다. 그들은 이 판소리의 생산자요, 실연자요, 담당자요, 감독자요 그 역사적 주체라고 하겠다. 그들은 이 중고제 판소리의 형성·전개의 전통이나 공연의 실상, 역사적 위상을 파악하는 데 있어, 유일하고 필수적인 거점이 되어 왔던 것이다. 그러기에 문학·예술사상에서 빛나는 그 작가들의 역할과 위상 그 이상의 것이라고 할 수가 있겠다. 여기서 문학·예술계의 작가론처럼, 이 판소리 연창자의 연구, '광대론'이나 '명창론'이 대두되는 터다. 그것은 기본 단위의 판소리 연구에서 기반이요 중심부요 완결단계이기 때문이다. 그래서 이 명창론류가 체계적으로 연결되면 바로 관대 중심의 판소리 실상과 역사가 올바로 파악되면서, 그 연구사가 이룩되는 것이다.

이런 점에서 최혜진이 충청도 명창들의 분포도를 그리고 자리매김 한 것은 그 명창론의 거시적 설계도라고 보아 주목된다. 그리고 그 명창들 가운데서 홍성의 최선달과 김창룡 일가, 한성준, 홍성의 정춘풍과 유공열, 서산의 심정순 일가와 고수관, 방만춘 일가와 김봉문, 서천의 이동백과 김정근/김창룡, 공주의 박동진과 황호동, 그리고 황해진/김석창/박상도 등을 들어, 열전 격으로 그 생애와 연창·행적을 약술하였다.[83] 이것은 명창론의 기본이요 개략이라 관심이 간다. 나아가 신은주가 본격적인 명창론을 개척한 것이 중시된다. 그의 〈김창룡 명창론〉이 바로 그것이다. 여기서는 머리말에 이어, 김창룡의 생애와 가계, 음악활동; 음반녹음·공연활동·방송활동·단체활동·제자육성, 소리대목 구성의 특징, 음악적 특징; 악조와 선율진행·장단 및 부침새·성음 등으로 체계화되어 있다.[84] 이만 하면 한 명창의 연구로서 거의 완벽하다고 보아진다. 이런 명창론은 그 생애에 이어 그 명창으로서의 공연활동이 중심을 이루어야 하기 때문이다. 여기에 조금 보완할 점이 있다면, 먼저 그 생애와 가계에 이어 명창이 되기까지의 수학·수련 과정을 밝혀 놓으면 좋겠고, 다음 그 음악적 특징에 이어, 그 연창의 가치 평가와 판소리·중고제상의 위상을 파악해 넣었으면 금상첨화라 하겠다.

또한 이 명창론의 복합적 형태가 모색될 수가 있다. 먼저 판소리로 일가를 이루었을 경우, 그 가족 단위로 명창론을 펴는 게 당연하기 때문이다. 실제로 중고제의 김창룡 일가나 심정순 일가의 경우가 그에 합당한 터다. 잘 알려진 김성옥·김정근·김세준·김차돈으로 이어지는 혈연과 소리맥은 이 복합적 명창론의 적합한 대상이 될 것이다. 이런 때에는 그 각개의 명창들을 단독적 명창론으로 탐구하여, 그 전후·좌우의 유기적 관계로 체계화하는 방법이 가능한 터다. 그래서 심정순 일가, 심팔록·심정순·심재덕·심매향·심상건·심화영으로 이어지는 중고제 명가에 대하여 복합적 명창론으로 접근할 수 있는 점은 주목할 만하다.[85]

---

83 최혜진, 「충청지역 판소리지형도와 문화유적」, pp.19-23.
84 신은주, 「김창룡 명창론」, 『판소리연구』 15집, 판소리학회, 2003.

다음 중고제 명창들의 긴밀한 사승관계에 따라 그 양대 내지 3대의 범위 안에서 그 복합적 명창론을 펼 수가 있을 것이다. 이러한 명창론은 후대의 전수 교육상에서 하나의 전범이 되리라 본다.

이런 점에서 중고제 명창들에 대한 작가론적 '명창론'은 개척 단계라고 보아진다. 여기 저명하고 업적이 다대한 여러 명창들이 대부분 명창론적 조명을 받지 못하고 있기 때문이다. 이러한 명창론은 중고제 판소리를 재조명하는 데 있어 매우 긴요한 과제라 하겠다. 여기서 유념할 것은 유명한 연창자들에 대하여 관심을 집중하는 것은 좋으나, 그 유명의 그늘 아래 묻혀 있는 무명의 연창자를 발굴·재조명하는 것이 중요하다는 점이다. 그리고 현존 연창자에 대해서도 그 원로·명창으로 공인된 차원에서 명창론을 펴야 한다. 그동안에는 생존 연창자에 대하여 작가론적 조명이 은연 중 금기시 되었거니와, 이제는 그런 부담에서 벗어나야 한다. 기실 그 연창자의 공연을 직접 관청하고 그 행적을 관찰하며 그와 직접 면담까지 하면서 그 명창론을 엮는 것이 효율적이고 현실적이기 때문이다. 이것이 앞질러 중고제를 복원·정립하는 첩경이라 하겠다.

한편 현재 중고제 판소리 연창자의 공연을 전문적으로 평가·논의하는 평론이 필요하다고 본다. 그동안 중고제를 계승한 연창자나 그 복원 작품의 연창자가 속출하여 공연하는 사례가 적지 않다. 그렇다면 그 개인적 공연을 평론하여 중고제적 방향을 잡아 주고 격려하는 것이 중요하기 때문이다. 그것은 문단에 작품이 나오면 사계 대가들이 평가·논의하여 공론화하는 것과 똑같은 일이라 하겠다.

---

85 신은주, 「판소리 중고제 심정순 바디 연구」, 서울대 대학원 박사논문, 2007.

5) 중고제 판소리의 실상

(1) 판소리 공연의 주제·이념

판소리는 원래부터 그 주제·이념이 확고하고 높은 것이었다. 기실 이것은 강창극으로 형성될 때부터 불교적 주제·이념으로 상구보리·하화중생을 위한 교화·설법의 방편이었기 때문이다. 이어 그것이 발전·전개 과정에 여타 종교적 주제나 유교적 이념이 가세·융화되다가 그 변환·성행 단계에서 상당한 전환의 계기를 맞이하게 되었다. 여기서는 불교적 주제·이념이 축소·음성화되고 유교적 이념이 더 강조되며[86] 나아가 역사적 교훈 등이 가세하게 되었던 터다. 그것은 판소리로 접어들면서 저조·침체의 일면을 보였던 게 사실이다. 그래서 판소리의 성행 단계에서는 그 주제·이념이 보편적인 '권선징악'의 경향을 보이면서 그 대중·통속적 성향이 강조·부각되기도 했던 터다.[87] 그런데도 이 주제·이념은 오랜 전통을 이어 당시 문학예술과 함께 약세·음성적으로나마 유지·잠재되어 왔던 것이다. 그러면서 이 판소리가 계속 유지되는 명분·가치로 그 교화적 저력·잠재력을 발휘했던 것이다.[88]

그리하여 이러한 주제·이념은 상·하 청중이 공감·주지하고 있었던 게 사실이다. 그래서 역대 판소리 담당층에서도 이를 확인·강조하였고, 청중 모두에게 보편화·상식화되기에 이르렀다. 그래서 〈춘향가〉의 정절이요, 〈심청가〉의 효행이며, 〈흥보가〉의 우애요, 〈수궁가〉의 충성이

---

86 이정재, 「유가적 이상과 현실」, 『중국구비연행의 전통과 변화: 고사계 강창 연구』, 일조각, 2014, pp.158-159.
87 김진영, 「판소리의 주제 구연 방식」, 『판소리의 세계(판소리학회)』, 문학과지성사, 2000, pp.153-155.
88 한옥근, 「판소리의 종합예술성」, 『한국고전극연구』, 국학자료원, 1996, p.267.

며 〈적벽가〉의 신의 등이 청중에게 식상하고 백안시하는 지경이라고 판단하게 되었다. 그리하여 이런 주제·이념을 배제한 채 통속·오락적 사조에 편승하여 새롭고 인기 있는 판소리를 창출하게 되었다. 그것들이 잠시는 인기리에 연행되었지만 점차 쇠락하여 실전을 거듭하게 되었다. 이른바 실전 판소리 7마당이라는 게 여러 가지 원인이 있었지만,[89] 그중에서도 위와 같은 종교·윤리적 주제·이념의 권선징악적 교화 역량이 부재하였던 데에 기인하는 바가 없지 않다는 점이다. 기실 그 〈변강쇠가〉나 〈배비장전〉·〈이춘풍전〉·〈장끼전〉·〈무숙이타령〉 등이 거의 모두 위와 같은 주제·이념을 배제하고 지나치게 통속성·오락성을 지향하였다는 게[90] 결코 우연한 일이 아니었다고 본다.

한편 이 판소리의 단가에서 그 주제·이념이 요약·강조되어 그 본 공연의 그것을 차원 높게 결부시키고 있는 터다. 이 단가와 본 판소리는 독자적이면서 긴밀히 연계되어, 그 단가의 주제·이념이 그 판소리 전체의 그것을 선언적으로 앞세우고 있기 때문이다. 기실 중국 강창의 형성기 모체라 할 불교계 속강의 대본·변문에는 거의 다 서두에 '압좌문(押座文)'을 갖추었고,[91] 위 '고사(鼓詞)'에서도 서시를 읊어 공연내용을 요약 소개하는 사례가[92] 있었다. 이러한 서두·서시가 그 주제·내용면에서 본 작품과 상통·결부되어 있는 게 사실이다. 그렇다면 본래 이 단가와 본 판소리가 그 주제·내용면에서 긴밀하게 연결·공통되었으리라 본다.

---

89 인권환, 「판소리 실전 원인에 대한 고찰」, 『판소리 창자와 실전 사설 연구』, 집문당, 2004, pp.182-187.
90 김종철, 『판소리의 정서와 미학』, 역사비평사, 1996, pp.287-289.
91 潘重規, 敦煌變文集新書 卷一에 〈八相押座文〉·〈三身押座文〉·〈維摩經押座文〉 등이 있어 본 작품과 연결·연행되었다.(pp.1-12)
92 이정재, 앞의 책, p.211.

이런 점에서 그 단가의 주제·이념이 인생철학과 함께 종교·윤리적 교화 기능으로 일관되어 있다는 것은[93] 시사하는 바가 작지 않다.[94]

그리하여 이 판소리의 실상에서 그 주제·이념을 본질적으로 탐색하는 것이 필요하다. 이에 명분 있게 들어난 유교적 윤리 덕목조차도 그 전통적 위상과 작품상의 기능 등에 걸쳐 올바로 파악하는 것이 중요하다. 그리고 응축·음성화되어 온 종교, 특히 불교적 주제·이념은 이 강창극의 형성, 그 원형적 실상과 연결시켜 복원적으로 탐구할 수가 있겠다. 기실 〈심청가〉나 〈흥보가〉는 물론 〈춘향가〉와 〈수궁가〉까지도 그 불교적 주제·이념이 내재·작용하고 있는 게 사실이기 때문이다.[95]

(2) 판소리 대본의 희곡적 성격

이 판소리가 연극이라면 그 대본은 바로 극본·희곡이다. 이 대본은 그 희곡론이 보증하는 희곡문학적 요건을 완비하고 있기 때문이다. 그 모든 대본들이 한결같이 무대 설정과 인물 성격, 사건 구조·구성, 그 표현·문체의 대화·해설 등을 두루 갖추고 있는 게 사실이다. 이제 그 다섯 마당을 중심으로 그 희곡적 요건을 개관하여 보겠다.

첫째, 무대 설정에 대해서다. 이 작품들은 모두 그 서사적 진행에 적합한 무대를 설정하고 있다. 그 전체적으로 연결된 무대도 그렇거니와, 그 장면마다에 강조된 무대가 마치 소설의 무대처럼 자유자재하고

---

93 홍순일, 「판소리 단가의 주제사상」, 『판소리 단가의 종합적 고찰과 집성』, 민속원, 2016, pp.92-93.
94 이선유, 「머리말」, 『이선유의 오가전집』, 민속원, 2017, p.9.
95 정병욱, 「판소리와 불교」, 『한국의 판소리』, 집문당, 1981, pp.108-109; 김동욱, 「열두마당의 근원설화 및 성립과정」, 『한국가요의 연구』, 을유문화사, 1961에서 《심청전》(pp.379-380)과 《흥부전》(p.404), 〈토끼타령〉(p.409) 등이 모두 불전·불서에 근원을 두었다고 밝혔다.

화려·절실하게 설명·묘사되어 있는 터다. 그것은 실제로 공연현장에 조성·설치되는 게 아니라, 말과 동작으로 그려내면 되기 때문이다. 그 무대의 설명·묘사는 그 기본만을 제시할 뿐, 공연 현장에서는 얼마든지 멋지고 절실하게 부연·확장될 수도 있는 터다. 그리하여 이 무대는 연행자의 언동과 청중의 환상을 통하여 최상의 실태를 시청각적으로 현시하는 것이다. 이러한 무대가 그 작품들의 무대 설정으로 실증되기 때문이다. 그러기에 작품에 따라서는 그 무대의 환경·장치·시설 등을 망라·강조하여 그 자체가 멋진 대목으로 연행·공인되는 경우가 얼마든지 있는 터다. 이런 점에서 이 무대는 고전소설의 그것보다 입체적으로 부각되어 있는 게 사실이다.

둘째, 등장인물의 성격에 대해서다. 이 작품들은 모두 그 등장인물의 외양 풍모로부터 인품·성격, 언동·행실까지 완벽하게 설명·묘사하고 있다. 기실 그 주인공은 충신·효자·열녀·선인 등의 유형에 따라 복합적이고 중첩된 설명·묘사로써 빈틈없는 인물로 등장한다. 그러기에 그들은 팔방미인 격으로 부족함이 없고 못 하는 게 없는 이상적 인물로 모작된 면모를 보인다. 따라서 그들은 개성적으로 생동하는 구체적 인물이 아니다. 그것은 공연의 현장에서 실제로 등장·활동하지 않고, 그 연행자의 언동을 통하여 관념·환상적으로 대두·활약할 것이기 때문이다. 이어 그 주인공의 상대인물도 전형적인 선인형·악인형 등으로 나뉘어, 그 성향에 따라 완벽한 인물로 설명·묘사되어 등장하는 게 사실이다. 한편 그 부수적 등장인물들은 그만큼 중시·미화되지 않고 선역·악역 간에 그 역할에 따라 소박하게 그려져 있는 터다. 그러기에 오히려 개성적이고 생동감 있는 인물로 등장하는 것이다. 실로 이 인물들은 고전소설의 그것보다 입체적으로 부각되어 있다고 보아진다. 이와 같이 그 등장인물들은 그만한 유형과 개성을 가지고 그 극본 희곡의 요건을 충족시키면서 그 연행을 통하여 현장에서 능소능대하게 활동하도록 예약된 터라 하겠다.

셋째, 사건의 구조·구성에 대해서다. 이 대본들은 본래 전통적 서사 구조로 일관되어 있다. 잘 알려진 다섯 마당은 모두 저명한 서사문학으로 설화나 고전소설의 그것과 공통되고 있다. 기실 동일한 서사구조 위에서 산문체 서술 중심으로 소설 기법을 통하여 고전소설이 성립·전개된 것이라면, 바로 그 바탕 위에서 서사적 장면화에 따라 무대·인물의 입체화, 그 가창·대화와 제반 기능의 지문으로 엮어 나간 게 이 극본 희곡이기 때문이다. 그러니까 이 양자는 공통적 서사분모의 각색관계라고 보아지는 터다.[96] 우선 이 대본들의 서사문맥은 모두 전체석으로 희곡석 사건 신행, 그 농선과 일지하고 있는 터나. 그것은 나섯 작품 모두가 '발단하여 예건의 설명, 유발적 사건, 상승적 동작, 절정, 하강적 동작·대단원'으로 일관하고 있기 때문이다. 기실 이러한 희곡적 진행은 고전소설의 그것과 많이 상통하면서 그 자체의 독특한 과정으로 전형화되었다. 그리고 이 전체적 서사의 구조·구성이 장면화되어 그 희곡적 특성으로 나타난다. 실로 이것은 이른바 '장면의 극대화'나 '부분의 독자성'이라는 그 구성원리와 상통하는 점이다.[97] 실제로 이 장면화는 그 설화나 고전소설과 이 대본을 장르상으로 구별하는 요건이기 때문이다. 이러한 대본의 장면은 일반 희곡의 막과 장의 개념을 바탕으로 판소리의 토막과 상통하며 수많은 대목으로 전개되었다.[98] 이

---

96 따라서 그 동안에 논의를 거듭해 왔던바 고전소설과 판소리 대본의 선후관계는 일률적으로 규정하기도 어렵거니와, 의미 있는 성과도 기대할 수가 없다고 본다.
97 김현주, 「판소리의 장르 교섭 양상」, 『판소리의 세계』, pp.169-170.
98 춘향가는 115대목, 심청가는 104대목, 흥보가는 82대목, 수궁가 63대목, 적벽가는 75대목, 최혜진, 『동초제 고향임 창본 춘향가』, 인문과 교양, 2016 참조.

것은 저 '고사'의 장면이 수많은 장면으로 나뉘어 연행되는 경우나[99] 장편 희곡 '전기'가 수십 척으로 장면화되는 사례와[100] 공통되는 터라 하겠다. 기실 이 대본의 장면화는 그 희곡성을 강화하는 특성으로 자리하게 되었다. 실제로 그 장면 자체가 독자적 대본성을 지향·조직하게 되었기 때문이다. 우선 그 진행이 작으나마 희곡적 사건 동선을 지향하면서 그 서사적 강설성을 강화하기 위하여 저명한 사건담·고사 등을 마구 끌어들이고, 그 서정적 가창성을 고조시키기 위하여 저명한 시가류를 수용·가미하였다. 그리하여 이 대목 장면이 특출하게 정립되어, 전체적 흐름에서 돌출하는 사례가 허다했던 터다.[101] 이러한 장면화 현상은 그 흐름과 균형을 초월하여 이 희곡적 구성을 강화하는 결과를 내었던 것이다.

넷째, 표현·문체의 대화와 지시문에 대해서다. 이 대본의 문체가 가창제와 강설체로 교직되어 강창문체를 이루고 있는 것은 물론이다. 기실 이것은 한·중 고금의 강창문학·강창극본의 공통되는 문체라는 게 자명하다. 그래서 그 가창체는 시가요, 강설체는 산문이라는 점도 당연한 귀결이다. 그래서 이 희곡의 문체상에서 보면, 이 대본의 문체가 대사와 지문으로 조성되어 있는 게 분명하다. 기실 이 대사는 그 표현 문체의 주축·주류를 이루고 있다. 실제로 그 다섯 작품에서는 모두 가창부와 강설부가 이 대사 중심으로 점철·연결되어 있는 실정이다. 그 장면마다 다양하게 등장·활동하는 인물들의 빈번한 대화는 물론, 심지어 생물·무생물들에 대한 독백격의 대사까지 극적으로 교직·연결되고

---

99 이정재, 앞의 책, pp.333-335.
100 김학주 등, 『중국공연예술』, p.93.
101 이러한 정면화 현상은 이른바 '더늠'으로 정립·연행되었다고 본다. 유신, 「역대 명창들의 더늠」, 『판소리 예술론』, 삼호출판사, 1990, pp.189-191.

있기 때문이다. 이러한 대사·대화의 중심적 성황은 이런 극본 희곡의 구조적이고 필수적인 요건이다. 실로 이 극본 희곡은 대화와 행동의 문학임으로써다. 그리고 이 지시문은 대사와 직결되어 모든 연극적 요건을 함축·표출하고 있다. 먼저 이 극본의 사건 진행을 알리고 이어 그 작품 무대를 설명·묘사하며 그 등장인물의 외모·분장·의상, 장식·지참물, 나아가 그 세부적 언행과 심경, 다양한 연기, 연기에 필수되는 가창음악과 무용, 게다가 이 작품 연행에 대한 해석과 평가까지도 모두 기술하고 있는 것이다. 기실 이다지 복합적이고 실제적인 지시문은 일반 희곡의 그것에 부합되면서 진일보한 특장을 가지고 있는 터다. 이것이야말로 그 대사와 함께 판소리 대본의 희곡성을 확립하는 양대 주축이라고 하겠다. 그리하여 이 표현 문체의 대사와 지시문의 교식이 바로 이 판소리 대본의 희곡적 성격을 결정하게 되었던 터다.

여기 판소리의 대본, 그 극본·희곡은 장르상에서 강창극본에 속하는 게 당연하다. 그런데 이 대본은 열린 구조로써 여러 극본적 요건들을 자유자재로 흡수하여 복합적·입체적 실태를 보이게 되었다. 따라서 그 극본적 장르론에 입각하여 보면, 그 가운데에 몇 가지 극본적 요건·형태가 부각되는 터다. 그리하여 먼저 그 가창형태를 중심으로 분석·종합해 보면, 바로 가창극본이 부각·성립되는 터다. 이어서 그 가무형태를 주축으로 연결·조정하면, 바로 가무극본이 유추·정립되는 것이다. 그리고 그 대화 형태를 연결 부각시키면, 바로 대화극본이 성립·조성되는 것이다. 이런 점에서 이 판소리의 대본은 모두 크게는 강창극본이거니와, 각기 장르적으로 분화·구성되면, 바로 가창극본과 가무극본·대화극본·잡합극본 등으로 독립·전개될 수가 있었던 것이다.

한편 이 대본들의 후대적 이본이 성행하는 가운데, 전체적으로 오락성·통속성을 갖추게 된 것은 후대의 광대들이 그 공연의 인기를 높이기 위하여 즉흥적으로 부연한 데서 이룩된 것이라 본다. 따라서 이 대본들은 본래 유식하고 고상한 주제·내용 등이 후대적으로 서민적 통속성을 갖추게 되는 대세를 면치 못했던 것이다. 이런 점에서 그 대본의 이런 성향은 고전소설의 그것과 상통하는 터다.[102]

(3) 판소리 대본의 문학 장르적 전개

전술한 대로 이 대본은 희곡으로서 강창극본으로 규정되고, 그 복합적·입체적 형태 속에 가창극본이나 가무극본·대화극본·잡합극본의 성향을 포괄하고 있었다. 그래서 이러한 종합 문학적 형태는 그 장르론에 따라 분화·부각시킬 수가 있겠다. 기실 이 대본에는 가창연기를 강화하기 위하여 선택·수용한 시가 형태가 다양하게 퍼져 있다. 잘 알려진 대로 그 다섯 마당의 대본에만도 시조나 사설시조·가사·무가·잡가·민요 등이 많이 삽입되어 있기 때문이다.[103] 그리고 이 대본에서 그 장단에 의하여 분화·가창된 사설이 시가적 율조와 응축성을 지향하여 가요적 성향을 보이는 게 상당수에 이른다. 게다가 이 판소리와 결부된 이른바 단가까지 가요형에 속하는 게 분명하다. 그렇다면 이 가요·한시 등이 모두 이 시가 장르에 소속되어 상당한 시가 세계를 이루게 되었다. 이렇게 시가들은 기존의 시가 장르에서 흡수·인용된 것이 대부분이지만, 그것이 연행과정을 통하여 변용·승화되고 시가의 각개 장르로 분화·전개되었던 터다.

---

102 이상택,「고전소설의 세속화 과정」,『한국고전소설의 이론Ⅰ』, 새문사, 2003, p.76.
103 김동욱,「판소리 삽입가요 연구」,『한국가요의 연구』, 을유문화사, 1961, pp.443-444. 당시에 가창·녹음된 시가형태로〈심청공축가〉·〈소상팔경〉·〈부친이별가〉·〈이·춘상봉가〉·〈사랑가〉·〈제비가〉·〈토끼타령〉·〈공명가〉등이 많다. 배연형,「판소리 중고제론」, pp.172-184.

한편 이들 대본에는 그 서사적 극정을 강화하기 위하여 수필계의 작품들이 적잖이 조성되거나 기존 장르에서 인용되어 있었다. 여기에는 먼저 군왕의 교령이나 신민의 상소·주문, 그리고 강론적 사설, 등장인물의 전기·행장적 소개, 강설고사 중의 인물평이나 사담, 그리고 사건 진행 중의 그 제문이나 기도문, 편지나 비망기·유언, 그 환경·무대의 설명·묘사에 의한 기행·잡문 등이 실로 수필적 장르 성향을 보이는 게 사실이다. 여기에 수필의 하위 장르를 비추어 보면, 위로부터 교령이나 주의, 논설·전장·애제·서간·기행·담화·잡기 등에 해당되는 게 당연하다.[104] 이러한 수필작품들이 기존의 장르에서 인용한 것도 있고, 자체 형성된 것도 있거니와, 그것들은 연행·유통과정을 통하여 독자적으로 세련되고 문화·행세할 수도 있었던 터다.

이어 이 대본들은 서사장르와 교섭하면서 설화나 고전소설로 전개되는 것이 분명하다.[105] 먼저 그 설화와의 관계는 상호 교류로 맺어져 왔다. 이른바 이 다섯 작품의 근원설화는 그 형성 연원으로 수용되었다고 하거니와[106] 어떤 경우에는 이 작품들이 연행되는 가운데, 그런 설화로 전개된 사례도 없지 않은 터다. 다만 그것이 서사문학으로 유전·행세하면서 오히려 그 근원설화로 오인되는 사례가 나타났을 뿐이다. 한편 이 작품들이 고전소설로 전개된 경우에는 그 관계가 심상치 않다. 기실 이 대본들이 고전소설로부터 각색·성립된 사실을 부인할 수는 없다.[107] 그런 사례가 실제로 있기 때문이다. 그러나 이런 고전소설선행

---

104 사재동, 『국문수필의 형성·전개, 한국문학의 방법론과 장르론』, 중앙인문사, 2006, p.589.
105 김현주, 「판소리의 장르 교섭 양상」, 『판소리의 세계』, pp.164-166.
106 김동욱, 「열두마당의 근원설화 및 성립과정」, 『한국가요의 연구』, pp.415-417.
107 김진영, 「판소리 소설의 희곡적 전개」, 『고전희곡의 새로운 탐구』, 중앙인문사, 2000,

설이 모든 대본에 일률적으로 적용되는 것은 아니다. 기실 이 대본이 성립·연행되는 가운데 그 고전소설로 전개된 사례도 없지 않기 때문이다. 따라서 양자의 관계는 상호교류·발전의 양상을 보여 온 게 사실이다. 실제로 그 근원설화로써 성립된 대본도 연행과정에 발전적으로 부연·보완되어 진일보한 판소리계 소설로 전개되었고, 고전소설로부터 각색·성립된 대본도 역시 공연과정에서 발전적으로 부연·보첨되어 판소리계 소설로 전개되었던 것이다.[108] 그런데도 분명해지는 것은 이 대본들이 희곡·강창극본이고, 판소리계 소설이 고전소설로서, 장르상 엄연히 구별된다는 점이라 하겠다.[109]

(4) 판소리 공연의 연극적 실상
가. 판소리의 연극적 무대

판소리의 연행무대는 광협의 이중적 양상을 보인다. 그 연행 현장의 무대와 그 극중 사건의 무대가 바로 그것이다. 먼저 연행 현장의 무대는 원래부터 제한 규정이 없이 자유로운 열린 공간이었다. 기실 어디서나 청중이 자리하고 혼자서 공연할 수 있는 공간이면 족히 무대가 되었기 때문이다. 따라서 이 무대는 자고로 사원·궁중·관가나 민간, 노천 광장, 자연 야단 등에 이르기까지 형편에 따라 자유로이 선택될 수 있었다. 나아가 이 판소리가 공연예술로 전문화되면서 그 무대가 희장·극장에까지 전개되는 것도 임의의 지정이었던 것이다. 따라서 이 무대에는 기존의 설비·장식 등 외에 이 공연을 위한 어떤 시설이나 장치 등을 설치할

---

pp.329-330.
108 김진영,「판소리와 판소리계 소설의 관계」,『판소리의 세계』, pp.199-200; 최혜진,『판소리계 소설의 미학』, 역락, 2000, pp.9-14.
109 한효,『조선연극사개요』, pp.112-113.

필요가 없었다. 이런 것은 얼핏 판소리 연행의 미비점이라 할지도 모르지만, 실은 그것이 열린 공연, 대중적 공연으로서 매우 편리하고 경제적인 여건이었던 터다. 이러한 무대는 당연시하고 관례화되어 그 공연에 아무런 부담을 주지 않았고, 따라서 그 대본 어디에도 언급·표시하지도 않았던 것이다. 다만 여기서 그런 무대의 시대적 계층적 추이를 본다면, 그 청중의 추세와 함께 그 경향을 대장 어림할 수는 있겠다. 대체로 그 무대는 초창기 상류층으로부터 점차 하향하여 중류층을 거쳐 하류층으로 전개되었던 것이라 보아진다. 기실 이러한 무대의 형편·성향은 이 강창극 판소리의 형성·전개 과정과 흐름을 같이하는 것이고, 그 역대 청중의 계층적 추이와도 맥락을 함께하는 것인가 한다.[110]

이어 그 극중 사건의 무대는 특수하고 다양하게 설치·운용되는 게 사실이다. 그 사건 진행에 따라 그에 상응하는 무대가 그 연행을 효율적으로 보조해야 되었기 때문이다. 그리하여 연창자가 그 대본의 무대 설정에 의하여 구연으로 공연 무대 위에 이를 사실적으로 설치하였던 터다. 그 다섯 작품 모두는 그 다양·다기하고 특출·화려한 무대가 그 연행 구변을 통하여 그 공연 현장, 청중 앞에 환상적으로 묘사·설치되어 무한대의 실감을 자아내었던 것이다. 그것은 실제로 설치된 무대보다 훨씬 빼어난 모습으로 형상화되는 게 사실이다. 따라서 이 구연된 무대는 그 대본상의 무대를 크게 넘어설 수 있었던 터다. 이 광대가 대본상의 무대를 언술로써 상상이 미치는 한 능력껏 묘사·설정하기 때문이다. 그리하여 이 구연상의 무대는 광대의 표현 능력에 따라 합리성과 사실성을 넘어서 환상성·신화성을 지향하여 최상의 무대로 창출될 수 있었다.

---

110 그동안 대부분의 논자들의 판소리의 형성·전개나 그 청중의 계층적 이동이 아래로부터 위로 올라갔다고 주장하고 있는 터다. 판소리 논저목록 참조.

따라서 이 연행상의 구연적 무대는 그만큼 화려·찬탄하고 감동적이어서, 그 자체로서 장면화되어 극적 효과를 제대로 강화하였던 것이다. 실제로 〈춘향가〉 중의 〈광한루경개가〉나 〈춘향방그림가〉, 〈심청가〉 중의 〈소상팔경〉 등이 그런 사례라 하겠다.

나. 판소리 광대의 연기

모든 연극은 배우의 연기로 성립된다. 그러기에 판소리의 연극적 실상이 그 광대의 연기로써 이룩되는 게 당연하다. 따라서 이 중고제의 연극적 실상이 그 광대의 연기로써 표출되는 게 사실이다. 여기서는 이 중고제가 유파적 분화 이전의 원형·전형을 유지하였다는 전제 아래, 판소리 일반의 보편적 실상을 광대의 전형적 연기로써 분석·논의할 것이다. 원래 이 광대는 일인 전역으로 만능의 광대한 연기를 펼친다. 이런 연기는 유형별로 구분되면서 전체적으로 조화를 이루는 게 사실이다. 그래서 사계의 보편적 기준에 의하여[111] 대강 그 대본의 이해·기억력을 바탕으로, 가창연기와 무용연기, 그리고 강설연기와 행동연기 등으로 나누어 볼 수가 있다. 이러한 연기적 기준에 따라, 이 판소리의 연극적 실상을 개관하여 보겠다.

첫째, 이 대본을 이해·기억하는 기능이다. 이것이 연기 자체는 아니라고 하겠지만, 모든 연기의 기본이요 출발점인 것만은 분명하다. 따지고 보면 이 대본을 암기하여 연행의 현장에서 자유자재로 구사하는 능력·기능은 기초적이고 기본적인 연기라고 해야 마땅하다. 이러한 기

---

111 신재효,「광대가의 법례」,『정양의 판소리 단가』, 민속원, 2003, p.50;「중국강창예술」,『고사의 평가 기준」; 김학주 외,「설창의 연기예술」,『중국공연예술』, 한국방송대출판부, 2002, pp.301-302.

능·연기가 없으면 모든 연기가 성립될 수 없기 때문이다. 그래서 이 대본에 대한 능력과 기능이 중시하게 된다. 기실 이것은 광대들의 지성 내지 자질과 직결된다. 기실 이 광대는 그 유식하고 고급스러운 문학·문장으로 이루어진 대본을 이해·독파하고 능소·능대하게 활용하니, 그만한 수준의 지식인으로서 고양과 인품을 갖추었던 것이다. 이런 점에서 중고제 광대들은 모두가 이러한 자질과 인격을 갖추고 적어도 중류층 이상의 수준을 유지하였던 터다. 이 광대들이 그만한 대본을 이해·암기·활용하니, 그 외모와 함께 이른바 〈광대가〉의 '인물치레'를 족히 하였다고 보아진다.[112]

둘째, 이 가창연기다. 그동안 판소리 음악, 음조·악조 등은 모두 그 공연상의 가창연기로 보아야 한다. 이 판소리가 공연예술, 연극일신대, 그 음악은 어떤 형태로든지 가창연기, 그 기교로서 작용하고 있기 때문이다. 이 가창연기는 판소리 공연의 양대 축의 하나로, 광대의 연기 중에서 그만큼 중요한 기능을 발휘하고 그처럼 뚜렷한 위치를 차지한다. 신재효의 〈광대가〉에서 '득음'으로 이를 중시하였던 것이다.[113] 실제로 이 가창연기는 주어진 내용·어문을 가장 효율적으로 가창하여 그 감동·극정을 극대화하는 성악적 기교이기 때문이다. 그래서 이 광대는 천부적 능력에다 그 가창을 능소능대하고 자유자재로 하기 위하여 득음 과정을 거쳐야 했다. 그것은 스승·선배의 본을 받아서 득공으로 뚫어내야 하니, 그 수련과정이 피를 토할 만큼 혹독한 것이었다. 이 광대는 민족적 전통음악을 각종 공연예술에 걸쳐 구전심수로 익히고,[114] 이 가

---

112 신재효의 〈광대가〉에서 '제일은 인물치레'라면서 '인물은 천생이라 변동할 수 없거니와 원원한 이 속판이 소리하는 법례로다'라고 하였다. 홍순일, 『판소리 단가의 종합적 고찰과 집성』, 민속원, 2016, pp.327-328.
113 신재효, 〈광대가〉-득음, 홍순일, 위의 책, pp.327-328.

창연기에 따르는 독특한 소리 기교를 전수·개발하였던 터다.[115] 여기서 고법·반주의 도움을 받는 장단은 물론,[116] 각종 음조에 익숙하고,[117] 주어진 내용을 이면에 맞게 절실히 그려 내야[118] 했다. 나아가 그들은 한 대목의 극적 감동을 자아내기 위하여, 당대의 공연음악을 이것저것 응용하거나 자가류의 창조성까지 더 넣어서[119] 극정을 극대화했던 것이다. 겸하여 그들은 적절한 서사대문을 이른바 '도습' 창조로 기교롭게 읊어 가창연기의 효능을 강화하였던 터다.[120] 또한 그 단가의 가창연기는 본격 가창연기와 독립되면서 그 서두를 장식하고 있는 터다. 기실 이 단가의 그것은 음악 자체도 '영산'계로서 독특한 데다,[121] 그 가창연기도 대개 중머리에 우조 중심으로 우아·장중하게 풀어내어 청중을 안정시키면서 본격적 가창연기를 예고하고 기대감을 일깨워 주는 것이었다.

사실 이러한 가창연기에서는 그 기법에 대한 체계적 정리에 앞서, 사계에 구전되는 비결·법례가 그 실질적 핵심이 되었던 터다.[122] 실제로

---

114 백대웅, 「판소리 생성의 시대성과 당위성」, 『다시 보는 판소리』, 어울림, 1996, pp.124-125.
115 이러한 가창기교를 저 '鼓詞'에서는 '唱功'이라 한다. 김학주 등, 「설창의 연기예술」, 『중국공연예술』, pp.265-267.
116 백대웅, 「장단구조로 본 우리 노래의 역사」, 『다시 보는 판소리』, pp.110-112.
117 박헌봉, 「창악의 음조와 발성」, 『판소리의 이해』(조동일·김흥규), 창작과비평사, pp.131-132; 백대웅, 「판소리에 있어서의 우조·평조·계면조」, 『판소리의 바탕과 아름다움』, pp.222-224.
118 박관수, 「판소리 텍스트의 '이면'의 구현양상 연구」, 『판소리연구』 14, 판소리학회, 2002, pp.137-138.
119 최동현, 「판소리 명창의 더늠」, 『판소리의 세계』, pp.122-123.
120 조순자, 「판소리 '창조'의 음악적 특성과 기능 고찰」, 『한국음악사학보』 52, 한국음악사학회, 2014, pp.272-273.
121 백대웅, 「단가의 음악적 성격과 역사적 의의」, 『다시 보는 판소리』, pp.106-109.
122 신재효, 「광대가·법례」, 『판소리 단가』(정양 등), p.51.

저 '고사'의 경우와 같이 우선 그 글자에 따라 알맞은 곡조로 부른다는 지침이 있다. 그것은 이 광대가 해당 음악의 특색을 살려서 그 가사의 내용을 절실하게 표현하고, 동시에 그 가창기교를 능숙하게 운용하여 청중의 감동을 최대화하는 기법이다. 한편 글자는 바르게, 곡조는 원만하게 하라는 기준이 있다. 그것은 이 광대가 그 가사 각 글자의 발음을 정확하게 하면서 가창을 원만하고 분명하게, 그 극정을 감정이입으로 극대화하는 기법으로서 저 '고사'에서는 '창공(唱功)'이라 하였다.[123] 이 밖에도 그 가창의 연극적 감동을 일으키기 위한 기교가 광대의 창의력에 따라 얼마든지 창출되었던 것이다. 이런 기교는 기존의 기법·지침을 벗어난 가창 연기로서 큰 호응을 받았던 것이다.[124] 한편 그 고수의 장단은 광대의 가창연기에서 그 장단에 맞추어 타악기로 반수하는 필수석 음악기법이라 하겠다. 그리고 이 추임새라는 것도 그 장단에 맞추어 가창연기를 청중과 함께 추켜 주는 외마디 감탄사로서 매우 중요한 터다.[125] 그런데도 그 장단 반주나 추임새는 광대의 가창연기에 호응·격려하는 보조적 기법이라는 것이다.

이런 점에서 이 중고제 명창들은 그 중고제 악조에 기본을 두고[126] 각기 특성 있는 악조를 창출해 나갔던 것이다. 그래서 중고제의 악조적 주류가 대세적 전형을 이루지 못하고 애매한 경향을 띤다는 것이다. 그러나 각개의 특성 있는 악조, 가창기교를 긍정적으로 보면, 그 자체가 넓은 의미에서 중고제 악조의 성향이라고 규정될 수 있겠다. 실제로

---

123 김학주 등, 「설창의 연기예술 - 창공」, 『중국공연예술』, pp.265-266.
124 이규호, 「판소리 붙임새 용어 연구」, 『판소리 음악의 연구』(전통예술원), 민속원, 2000, pp.415-417.
125 정병욱, 「판소리의 장단 - 고수의 구실」, 『한국의 판소리』, pp.81-84.
126 이보형, 「유파개념 중고제와 악조개념 중고제」, pp.359-365 참조.

염계달의 경드름·추천목, 모흥갑의 강산제·덜미소리, 방만춘의 세상성·아귀상성, 고수관의 추천목, 김성옥의 진양조, 김제철의 석화제, 송수철의 호걸제, 김정근의 상궁접(시조음율) 등은[127] 전체적으로 중고제의 특징적인 악조, 가창연기·기교에 포함될 수 있기 때문이다.

셋째, 이 무용연기에 대해서다. 이 무용연기는 사소한 것처럼 간과되기가 쉽지만, 광대의 연기로서는 상당히 중요한 요건이 되는 게 사실이다. 기실 이 무용은 위 가창연기를 역동적으로 입체화하는 필수적 요건이다. 그 가창이 절실해질 때 광대의 자발적 무용이 미약하게 결부되지만, 그 극적 효과는 작지 않은 것이다. 이른바 그것은 '발림'의 모습으로 나타나지만,[128] 실로 그 광대의 가무연기가 응축·절제된 기능을 발휘한 결과라 하겠다.[129] 그리하려 그것이 어울려 가무의 극정을 창출하였던 것이다. 그리고 이 대본들에서 등장인물이 가무를 하거나 그 행운의 결말부에서 흔히 가무가 나오는데, 그것은 광대의 가무연기로 이어지는 것이다. 이러한 가무연기는 바로 그 가무극 형태로 직결·전개되어 그만큼 소중한 역할을 다했던 것이다.

이런 점에서 이 중고제의 광대들은 정도의 차이는 있지만, 그 가창연기나 강설연기에 어울리는 춤사위는 다 익히고 있었으리라 보아진다. 이 무용은 당시 광대들의 연기상에서 필수되는 보조적 연기로서 누구나 갖출 수밖에 없었던 터다. 다만 그것이 전문적인 무용연기로

---

127 배연형, 「판소리 중고제론」, pp.160-161.
128 서종문, 「판소리 '사체'의 역사적 성격」, 『판소리의 역사적 이해』, 태학사, 2006, pp.139-141.
129 정병욱, 「판소리의 종합성」, 『한국의 판소리』, p.22에서 '따라서 발림은 무용이 그 바탕을 이루어야 함은 필수적인 요건이다. 그러기 때문에 격에 맞는 발림을 하기 위하여 판소리 창자는 무용의 수련을 쌓아야 한다'고 하였다.

특출하지 않았을 뿐이다. 그러기에 한성준 같은 명고는 판소리를 가장 잘 아는 예인으로서 무용에서 전문적 기예를 보여 주었던 것이다. 이러한 분위기 속에서 그 광대들의 무용 수준을 짐작할 수가 있겠다.

넷째, 이 강설연기에 대해서다. 기실 이 강설연기는 판소리 공연의 양대 축의 하나로 가장 중요한 위치를 차지한다. 그 신재효의 〈광대가〉에서도 '사설치레'의 '아니리'로 중시하고[130] 저 '고사'에서도 '설공(說功)'이라 이르고, '설위군(說爲君) 창위신(唱爲臣)'이라 하여 가창연기보다 높은 비중을 인정하여 왔다.[131] 실제로 판소리에서도 그 강설연기의 높은 비중을 공인하고 있는 터다. 그러기에 이 강설연기는 매우 다양하게 전개되었다. 대개 저 '고사'에서는 7종의 연기를 거론하거니와, 이 판소리도 그런 정도의 강설연기가 펼쳐지고 있었던 것이다.

먼저 이 설명연기에 대해서다. 기실 이것은 모든 언설의 정확하고 유창한 발음으로서 강설연기의 기본적 기법이다. 따라서 이 정확한 발음기법은 그 광대의 생명이라고 하겠다. 그리하여 글자마다의 음운·음절, 나아가 단어·문장에 대한 발음의 파악·연마를 통하여 광대 자신이 생기가 넘치고 호흡을 조절하며, 그 이야기의 내용에 알맞게 언설의 경중과 속도를 안배하여 유창하게 말하는 기법이다. 특히 그 발음을 묵직하고 청아하게 하여 멀리까지 들리게 함으로써, 청중이 명확하게 들어야만 편안하고 즐거워지는 것이다. 일견 이 설명연기는 너무도 당연하기에 소홀히 취급되는 경향이 있지만, 실은 이것이 강설공연의 성패를 좌우하는 기본적 연기임에 주목해야 된다. 따라서 뜻있는 광대는

---

130 신재효, 「광대가·사설」, 『판소리 단가』(정양 등), p.50.
131 김학주 등, 「설창의 연기예술·설공」, 『중국공연예술』, p.267에서 '설은 임금이요 창은 신하다'라든가, '칠할은 설백이고 삼할은 창이다'(七分說白 三分唱)라 하였다.

이 기본적 설명연기를 연마·수련하는 데에 힘써 왔던 것이다.

다음 이 묘사연기에 대해서다. 기실 이 묘사연기는 그 대본에서 모든 사물과 그 현장을 사실적으로 그려내는 언설기법이다. 그 연행 장면마다 대두되는 자연현상·환경과 무대·설치, 등장하는 인물들의 외모·성격·행동, 부수되는 동물이나 지참물 등에 걸쳐, 이 모두를 청중의 눈앞에 사실적으로 그려내는 기법이다. 이러한 언설적 묘사가 바로 그 연행의 성패를 가름하는 기반을 이루는 것이었다. 여기서 광대의 연기에 우열이 생기게 되었던 터다. 나아가 이 묘사연기는 그대로 그 연행의 감동적 분위기를 조성하고 그 극적 감흥을 일으키는 기반으로 작용하게 되었다.

이어 이 속술연기에 대해서다. 기실 이 속술연기는 그 강설 중에서 어떤 사물을 거듭 빨리 열거해 나가는 기법이다. 이것은 실제의 공연과정에서 평상의 서술 능력을 초월하여 해당 사물·사실 등을 중첩시켜 열거·서술하되, 가장 빨리, 가장 정확하게 가장 유창하게 구연하여 극정을 극대화하는 데에 특장이 있다. 실제로 이 연기는 평상·천부적으로 구비되는 게 아니고 거듭된 연습을 통하여 족히 습득하게 되었던 터다.

그리고 이 음향연기에 대해서다. 기실 이 음향연기는 실연과정에서 각종 소리를 모방·모사하여 실감·극정을 강화·고조시키는 기법이다. 실제로 천둥소리니 바람소리·빗소리 등 자연성, 천장·신성이나 귀성 등 신이성, 벌레소리·새소리·짐승소리·가축소리 등 동물성, 분노·호곡·호령·쾌재·절규·폭소 등 인간성, 방포·총성이나 망치·떡매성, 각종 기구의 충돌·파괴성, 각종 악기의 연주성 등 물건성 등을 절실하고 핍진하게 흉내 내어 그 극정을 효율적으로 북돋우는 게 특장이다.

또한 이 감정연기에 대해서다. 기실 이 감정연기는 그 연행과정의 언설에서 위 설명이나 묘사를 비롯하여 그 분위기 조성, 작중 인물들의 언행 등을 모방·표현할 때, 그 다양한 감정을 절실 핍진하게 이입하여 실감·극정을 주도하는 기법이다. 이 기법·연기는 그 연행을 감명 깊게, 성공적으로 이끄는 핵심적 연기라 하겠다. 실로 이런 판소리는 연행과정의 그 감정연기가 희로애락의 극정을 이끌어 절정에 이르고 청중을 십분 감동시키는 게 특장이다. 현존 판소리가 유명하고 그 광대가 명창으로 알려진 것이 바로 이 감정연기로 하여 이룩된 게 사실이다. 그중에서도 희비연기가 독특하게 개발되었다. 이 희비연기는 이른바 청중을 '웃게 허고 울게 허는' 탁이한 기법이다.[132] 이러한 기법은 오랜 연기 경험과 타고난 재질에 기반으로 하여 촌철살인의 기지와 기미로 웃기고 울리며, 웃다가 울고 울다가 웃는 데까지 나아가는 능숙한 기법이다. 실은 해학미와 비장미가 여기서 나오기 때문이다.

한편 이 대화연기에 대해서다. 이 대화연기는 강설연기의 핵심을 이루는 역동적이고 생동하는 기법이다. 기실 이 대화연기는 그 지시적 강설과 상대·조응하여 극정을 주도하는 기능을 발휘한다. 크게 보아 희곡이 지시와 대화로 구성되고 연극이 대화와 행동으로 조화·연행되는 추세이기 때문이다. 그리하여 이 대화연기는 작중 인물들의 성격·사건진행의 추이에 다라 그 의사·감정의 표현이 가장 적절하고 핍진하여, 그 실감·역량으로 감동을 일으켜야 했던 것이다. 따라서 이것은 그 억양·어세 내지 방언까지 결부시켜 최선의 사실성과 극정을 창출·주도했던 것이다. 사실상 이 대화연기만으로도 그 공연은 족히 성립·성공할 수 있기 때문이다.

끝으로 이 평설연기에 대해서다. 기실 이 광대가 연출가적 차원에서

---

[132] 신재효의 광대가 가운데에 '좌상의 앉인 손님 웃게 허고 울게 허기 어찌 아니 어려우며'(정양 등, 「판소리 단가」, p.50)라고 하였다.

그 작중인물이나 사건진행, 그 강설 가운데의 전고나 역사적 사건 등에 대하여 해설하는 기법이다. 흔히들 이 부분을 연기 중에서 관심 밖으로 돌리지만, 이것이야말로 연출적 연기로 주목해야 되는 기법이다. 기실 이 평설이 유창하고 능숙하게 진행될 때, 모든 연기를 보완·강조하면서 청중의 감상 안목을 새롭게 일깨워 주는 것이기 때문이다.[133]

이런 점에서 이 중고제의 광대들은 모두 그 강설연기에 숙달·능통했으리라고 본다. 당시의 기라성 같은 명창들과 그 일행이 그만큼 청중의 호응을 얻고 호평을 받은 것은 바로 그 강설연기가 자연스럽고 능숙하였음을 입증하기 때문이다. 대체로 이 강설연기는 청중의 성정에 맞추어 중도적으로 고졸한 성향을 띠게 되었을 것이다. 원래 이 강설연기는 가창연기와 맞물려 그 음조·악조를 바탕으로 풀어가는 게 당연하기 때문이다. 그러기에 이 강설연기는 평범하고 고졸한 기조 위에 각기 특성을 발휘하게 되었던 터다. 따라서 그것은 당시 명창들의 연기적 특장으로 전개되어 인기 있는 더늠으로 형성·행세하였던 것이라 본다.[134] 기실 이 명창들의 더늠은 중고제의 바탕 위에 그 특출한 가창연기와 탁이한 강설연기가 조화롭게 합작한 아름다운 열매였던 것이다.

다섯째, 이 행동연기에 대해서다. 그동안 이 행동연기만을 판소리의 연기로 간주·논의하여 왔다. 저 '고사' 쪽에서는 '주공(做功)'이라 하고[135] 판소리계에서는 일찍부터 '너름새'라고 하였다. 기실 위 가창여기와 강설연기를 인정하는 관점에서 이 행동연기는 그 연기로 보는 게 당연한 터다. 그래서 이를 '그 지고의 신체 전략'이라고 하였거니와,[136]

---

133 김학주 등, 「설창의 연기예술」, 『중국공연예술』, pp.267-270.
134 최혜진, 「충청지역 판소리지형도와 문화유적」, p.29.
135 김학주 등, 앞의 책, pp.270-273.

그것은 실로 다양하고 광범한 연기로 작용하고 있는 게 사실이다. 위 판소리의 무대설정이나 가창연기, 강설연기 등에 걸친 다양하고 광범한 연행에 적절하고 효율적인 행동연기가 모두 필수적인 것이었다. 기실 그 무대설정의 구연에 어울리는 행동연기는 물론 가창연기에서 다양한 기법에 적합한 발림외의 동작연기, 그 강설연기의 설명·묘사·속술·음향·감정·희비·대화·평설 등의 연기마다 그에 상응하는 행동연기가 필수적으로 따랐던 것이다. 이 행동연기야말로 본격적인 연기로 그 판소리의 연기를 역동적으로 입체화·예술화하는 불가결의 지고한 신체전략이기 때문이다. 실제로 이 행동연기는 눈빛과 얼굴표정, 머리와 몸짓·손짓·발짓·걸음걸이 등 최선의 동작을 통하여 지고의 연기전략을 수행했던 것이다.

이런 점에서 그 중고제 광대들의 행동연기는 그 자체로서 원만하게 발휘되었던 것이다. 위 가창연기와 강설연기를 동작으로 입체화하고 극정을 강화하는 기예이기 때문이다. 따라서 이 행동연기는 그 가창연기 내지 강설연기에 상응하여 중도적 평조로 나가다가 상승·하강하는 주조를 유지하여 나갔으리라 본다.[137] 그래서 이 행동연기는 평지풍파처럼 특출한 가창이나 탁이한 강설과 만나 독특한 극정을 창출하고 특유의 더늠을 형성·주도하였던 터다.

다. 판소리의 고수와 청중

잘 알려진 대로 고수는 판소리 공연에 있어 광대의 연기와 하나가

---

136 김익두,「판소리 공연의 너름새에 대한 동작학적 시론」,『판소리, 그 지고의 신체 전략』, 평민사, 2003, pp.83-84.
137 배연형,「판소리 중고제론」, p.158.

되고, 그 감상에 있어 청중과 하나가 된다. 그러기에 그 공연의 완성을 위하여 광대의 연기와 청중의 감상을 하나로 융합·촉매하는 중간적 역할을 다하는 것이 바로 고수의 기능이라 하겠다. 실제로 광대의 연행은 고수의 장단·추임새가 아니면 완성될 수가 없고, 그 청중의 감상은 고수의 대표적 선도가 아니면 완결될 수가 없기 때문이다. 그러기에 고수는 이 판소리의 연행을 완성 성취시키는 통합·중심적 역할·기능을 구비·발휘하는 게 사실이다. 따라서 이 고수는 이름하여 광대는 아니로되 광대와 하나 되는 필수적 예능이요, 단순한 청중은 아니로되 청중을 운집하여 하나 되는 불가결의 역할이라고 본다. 그러기에 이 고수는 그 공연과 그 감상의 성패를 좌우하는 중간·중심적 권능과 위치를 차지하여 이른바 '일고수'의 명칭을 유지하게 되었던 터다.[138]

기실 이 고수는 그 판소리 공연의 전반에 대하여 가장 잘 알고 있는 전문가라 하겠다. 그 이중적 무대로부터 그 문학적 대본, 광대와 그 연기, 연극적 공연, 그 안의 음악·무용 그리고 청중의 수준·심성 등에 걸쳐 모르는 게 없고, 그 장단에서는 수많은 경험까지 쌓았기 때문이다. 이런 점에서는 고수가 때로 연기에만 전문·집중하는 광대보다도 앞서는 면이 없지 않았던 것이다. 그리하여 이 고수는 광대와 대등하게 그 역할을 다하게 되었던 터다.[139]

첫째, 반주가로서의 역할에 대해서다. 기실 고수는 기본적으로 그

---

138 이 고수의 역할이 분화·독립되어 그 기능을 발휘하게 된 것은 저 '고사'에서 연행자가 북·박판을 직접 차면서 다른 악기의 반주까지 받는 것보다 진일보한 점이라 하겠다. 김학주 등, 「설창의 반주」, 『중국공연예술』, p.273.
139 역대 대표적인 명고들이 거의 다 그러했거니와 현재의 명고 박근영(대전·61세)은 판소리에 대한 전문가로서 '고법을 제대로 하기 위하여 판소리를 배우고 익혔다'고 증언하였다.(2017년 3월 7일, 대전시 대덕구 송촌동, 대전무형문화전수관 대담)

가창의 장단에 맞추어 반주한다. 그 진양조로부터 휘몰이까지 원박을 조화롭게 칠 뿐만 아니라, 그 연행의 흐름에 따라 '밀고 달고 푸는' 생사맥을 살려서 쳐 나가야 한다. 그리고 '등배'를 가려서 음양에 맞게 쳐야 하고, 때로 가창연기에 맞추어 '각'을 생략하거나 '반각치기'를 하면서 묘한 '붙임새'를 알아서 칠 뿐만 아니라, 특이한 음조가 나오면 '딸아치기'도 제대로 해야 된다. 기실 이 고수는 그 원박으로부터 그 공연의 흐름과 분위기에 맞추어 효과적인 변주와 창의적인 장단을 쳐 나가야 되었던 것이다.

둘째, 상대역의 역할에 대해서다. 기실 이 판소리는 1인 광대의 독연이기에 상대가 청중이다. 그런데 고수가 청중을 대표하여 앞장에 앉았으니 제일 근섭한 우선석 상대역이 뇌는 게 낭연하나. 그리하여 광내의 강창연기에서 상대역이 필요할 때는 고수가 상대역을 해낼 수밖에 없다. 그러니까 다양한 가상의 상대역이 되어 광대의 연기에 적절한 호응·응답을 한다는 것이다. 다만 그 호응·응답은 어떤 양식의 대사·연기가 아니라, 적절한 북소리 단박과 '아먼'·'그렇지' 등의 외마디 감탄사로 추임새를 할 뿐이다. 이 고수의 연행적 한계요 특성이라 하겠다.

셋째, 지휘자로서의 역할이다. 기실 이 고수는 그 광대와 연행에 대하여 잘 알고 있기에, 그 공연의 흐름을 제대로 이끌기 위하여 지휘자 같은 역할을 다하게 되었다. 흔히 광대의 가창이 처지고 힘들 때는 그 변주와 추임새를 통하여 기세를 올려 주고, 때로 그 가창이 과도하게 세차고 빨라지면 그 한 배를 늘리고 안정시켜 적절하게 조정하는 일이 필요한 터다. 그리하여 그 연행의 전체적 극정과 분위기를 살리고 조절하는 역할이 지휘자처럼 돋보일 수밖에 없다.[140]

---

140 정병욱, 「판소리의 장단: 고수의 구실」, 『한국의 판소리』, pp.81-83.

이런 점에서 지금까지 알려진 중고제의 고수들을 점검해 볼 필요가 있다. 먼저 한성준 고수를 들어 본다. 그는 일찍이 대단한 명고로 알려져 있었다. 그는 적어도 김창룡의 공연에서 북으로 4번, 장고로 28번, 북이나 장고로 6번이나 장단을 치고 이동백의 공연에서 북으로 3번이나 장단을 맞춘 일이 있었다. 이는 현전 음판에 나타나는 빈도수이거니와, 실제로는 더 많은 공연에 동참했을 것이다. 그리고 심정순이 광대·명창으로서 장단에 능하여 이동백의 공연에서 10번이나 북을 잡았다. 그리고 자신의 독창에서도 북이나 장고로 그 장단·반주를 해결한 것 같다. 그리고 이흥원이 이동백의 공연에서 2번이나 장고를 쳤고, 지동근이 이동백의 공연에서 북으로 4번, 장고로 13번이나 장단을 친 것이 주목된다. 이러한 고수들의 고법이 매우 발달하여 그 공연을 보좌·선도하는 데 크게 기여했던 것이다. 이러한 중고제의 고법·장단에서 새로운 악조로 '진양조' 같은 것이 개발되기도 했던 터다.

여기서 주목되는 것은 그 고법·장단에 사용된 악기들이다. 위에서 보인 것만 하더라도 장고와 북이 섞여 나오고 심지어 관현의 반주까지도 곁들이고 있는 실정이다. 여기서 그 빈도수를 보면 적어도 장고가 53번으로 주류를 이루고, 북이 11번으로 획기적 차이로 그 뒤를 따른다. 여기에 특별하게 관현의 반주까지 곁들이면, 이것이 중고제의 악기 사용상에서 하나의 특징이 될 수도 있겠다. 그렇다면 이 중고제의 가창 악조가 전통음악·정악류에서 연원·수용되는 과정에서 그 장고·관현 등까지 받아들인 것이 아닌가 추정된다.[141]

한편 이 청중의 역할·위치에 대해서다. 기실 이 청중은 모든 연극처

---

141 사은영, 「신재효 〈광대가〉를 통해 본 방진관 〈적벽가〉의 연극성」, 『판소리연구』 45집, 판소리학회, 2018, pp.132-134.

럼 판소리 공연의 필수적 요건이다. 이 청중이 있기에 그 공연이 성립되고, 그 반응에 의하여 그게 완결되기 때문이다. 게다가 이 판소리의 청중은 원래 동일한 평면 위에서 고수를 내세워 광대와 호흡지간에 근접하거나 그 주위에 앉고 서있는 실정이다. 그래서 이 청중은 광대와의 관계가 고수를 매개로 가장 친근한 게 사실이다. 그러기에 이 청중은 광대와 일체감을 가지고 그 연행에 대하여 실제적이고 절실한 반응을 일으키는 게 당연한 터다.

기실 이 청중은 자고로 그 판소리에 대한 이해와 관심이 상당한 수준에 있었던 터다. 그게 아니라면 자유로운 선택에서 판소리 공연의 청중이 될 수도 없고 그럴 필요도 없기 때문이다. 그러기에 이 청중은 그 판소리 공연에 농잠하여 대부분 그 문학석 대본에 대하여 얼마만큼 알고 그 극정의 흐름이나 가창의 음악·장단에 상당한 감응을 보이며 상당수 귀명창의 수준까지도 오를 수 있었던 터다. 따라서 이 청중은 적극적으로 호응하여 직접 연기적 반응을 일으켰던 것이다. 그리하여 이 청중들은 무릎장단을 치며 추임새를 하게 되었다.

자고로 이런 청중들은 원래 그 계층에 관계없이 개방되어 왔지만, 실제로는 자연 계층적인 성향을 보여 온 게 사실이다. 실제로 이 강창극·판소리가 형성·전개되는 과정에서 원래 종교·윤리성향의 내용·연행으로부터 점차 대중화·통속화되는 경향·추세에 따라 점차 그 청중의 계층이 생겨 자연스러운 이동·확산이 이루어졌으리라는 것이다. 그러기에 이 청중은 상류층으로부터 중류층을 거쳐 하류층으로 하향·확장되면서, 그 나름의 역할을 다하여 왔으리라 추정되는 터다.

이런 점에서, 중고제 지역의 청중들은 여러 부류와 계층을 망라하고 있는 터다. 우선 서울을 중심으로 기호지방 경기·충청에 산재해 있는 상류층의 상당수가 이 판소리에 호응하고 그중의 일부는 이를 직접 후원·장려하기에 이르렀다. 그리고 이 지역 중류층 양반이나 지식인들이 이에 적극 호응하고 대거 동참하게 되었다. 기실 광대의 대부분이 이 중류층의 출신인 데다, 그 양반·지식인들이 이 판소리의 문학·예술 세계를 제대로 이해·수용할 수 있었던 터다. 나아가 그들은 이 판소리에 대한 비평적 안목으로 그 대본이나 공연 등의 발전에 상당한 기여를 하고 직·간접의 영향을 끼쳤던 것이다. 그래서 이 중류층 청중들이 중고제의 기반이 되고 토양이 되었다고 본다. 그러면서 이 판소리의 공연이 대중성을 더해 가면서 그 청중은 하류·서민층으로까지 퍼져 나가게 되었다. 기실 그들의 호응과 후원은 이 판소리의 공연에 상당한 영향을 끼쳤던 것이다. 실제로 그들은 중고제 판소리의 보수적이고 중도적인 공연에 대하여 대중적인 변환을 은연중에 갈망·요청하고 있었다. 그리하여 중고제는 그 보수적 전통성을 갈무리하여 동편제적인 변화의 흐름을 타게 되었으리라 보아진다.

라. 판소리 공연의 장르적 전개

이 판소리는 총합적 전능극의 형태와 기능을 갖추고 있는 게 사실이다. 이 중고제가 널리 연행·유통되면서 몇 갈래의 연극 유형·형태로 분화·전개될 수밖에 없었다. 그것은 판소리 공연 자체의 생리요 운명이다. 그런데다 당시 청중의 예술 취향과 요청에 상응하고, 그 공연의 여건·형편에 따라서, 그것은 필연적으로 장르적 분화를 겪을 수밖에 없었다. 이는 당시 명창들이 남긴 중고제 연창의 실태가 실증하고 있는 터다. 그 장르적 분화는 한·중의 전통적 연극 장르에 따라 대강 가창극과 가무극, 강창극과 대화극, 그리고 잡합극 등으로 유별된다. 이러한 연극 장르는 위 중고제 대본의 희곡적 실상과 장르적 분화에서 보인 가창극본과 가무극본, 강창극본·대화극본 그리고 잡합극본 등이 직증하고 있는 터다. 그 극본들이 실연되면 바로 이 연극 장르로 성립되기 때문이다.

첫째, 가창극 형태에 대해서다. 기실 이 가창극은 그 시가형태를 연극적 맥락으로 노래 부르는 공연이다. 따라서 고금의 모든 시가는 그 대본으로서 연극적 맥락으로 가창·공연하면 다 가창극으로 전개되는 것이다. 한·중 고래의 가창극이 이를 실증하고 있는 터다. 그리하여 이 판소리 대본, 극본·희곡의 가창극본이 그 광대의 가창연기로 연행되면 바로 이 가창극 형태가 조성·부각되는 것이다. 실제로 이 판소리 각개 마당의 가창부분을 주축으로 일관되게 엮어 나가면 실로 상당한 가창극으로 전개되는 게 당연한 터다. 여기서는 일단 1인 전역의 가창극이 성립되는 터다. 그런데 이 가창극 형태에 부대를 설성하고 등장인물 도입·출연시키면 완벽한 가창극으로 전개될 수가 있는 것이다.

이런 점에서, 중고제의 공연 유형이 가창극 형태로 분화·전개된 게 사실이다. 그 공연의 가창부분이 더늠식으로 발전하여 인기 있게 연행되면, 그 자체로서 가창 중심의 가창극으로 정립되었기 때문이다. 실제로 그 당시에 그 다양한 단가는 물론,[142] 〈심청가〉의 〈곽씨부인 고공가〉나 〈심봉사 탄식가〉·〈심청 공축가〉·〈심청 걸식가〉·〈심청 해중가〉·〈심청 소상팔경가〉·〈심봉사 심청찾아〉·〈심봉사 승려상봉가〉·〈심청 수정궁 가는데〉·〈심청 탄식가〉, 〈춘향가〉의 〈이·춘상봉가〉·〈이·춘상봉 정담가〉·〈춘향방그림가〉·〈천자 뒤풀이〉·〈춘향이별가〉·〈춘향옥중가〉, 〈흥보가〉의 〈박타령〉과 〈박거가〉·〈놀부 제비가〉, 〈적벽가〉의 〈자

---

[142] 이 단가 〈대장부가〉·〈대장부한〉·〈성주풀이〉·〈천황지황가〉·〈백발가〉·〈새타령〉·〈강산경계가〉·〈세월가〉·〈천리강산〉 등을 중심으로 가창극형태가 성립·공연될 수가 있었다. 배연형, 「판소리 중고제론」, 『판소리연구』 5집, 판소리학회, 1994, pp.170-189 참조.

룡상봉〉과 〈새타령〉·〈공명가〉·〈군사서름가〉 등이 가창극 형태로 공연되었던 것이다.[143] 이 가창극 형태는 그 판소리 전체의 눈대목이라거나 더늠으로 연결된 게 사실이지만, 그 가창 형태를 주축으로 앞·뒤를 갖춘 가창극으로 연행·행세하였던 게 분명하다. 그것은 당시 판소리계의 연창자와 청중 사이에서 어느새 가창극으로 인식·공인되었기 때문이다.

둘째, 가무극 형태에 대해서다. 기실 이 가무극 형태는 위 가창극에 무용이 결부된 공연 형태다. 이것은 무용을 주축으로 가창이 수용된 형태가 아니기 때문이다. 한·중 고래의 가무극은 그 비중을 초월하여 간명하고 역동적인 연극 형태로 가장 보편화되어 온 것이 사실이다.[144] 그래서 이 판소리 대본, 극본 희곡의 가무극본을 떠올리고, 그 광대의 무용연기, 실제적 가무연기를 주축으로 부각·강화하면 바로 가무극적 공연이 성립되는 터다. 따라서 판소리 각개 마당의 가무부분을 중심으로 계속 엮어 나가면 웬만한 가무극으로 성립될 수가 있다. 그래서 여기서는 일단 1인 전역의 가무극이 성립된다는 점이다. 그런데 이 가무극 형태가 그 무대와 등장인물을 도입하여 입체화되면 상당한 가무극으로 살아나게 된다는 것이다.

이런 점에서 이 중고제의 공연 유형이 가무극 형태로 분화·행세한 것이 주목된다. 기실 그 가창부분이 가창극으로 전개되면서 무용과 결합되어 한층 입체화된 것이 바로 가무극 형태다. 원래 그 가창에는 그에 어울리는 춤사위로 발림이 따르거니와, 그보다는 전문적인 무용이 의도적으로 가세하여 전형적인 가무극을 형성·정립시켰던 것이다. 실제로

---

143 여기에 든 원전은 배연형, 위의 논문, pp.170-189에서 인용하였다. 이하 원전도 같다.
144 김학주, 『한·중 두 나라의 가무와 잡희』, 서울대 출판부, 1994 참조.

중고제 당시에 이미 〈심청가〉의 〈부녀상봉가〉나 〈춘향가〉의 〈추천가〉·〈사랑가〉나 〈이·춘재봉가〉, 〈흥보가〉의 〈박타령〉이나 〈돈타령〉 등이 가무극 형태로 공연되었을 터다. 그것은 판소리 전체의 눈대목이나 더늠을 기반으로 가무가 주축으로 어울려, 보다 입체적인 극정을 창출하였던 것이다. 그러기에 가무극 장르는 당시의 연창자와 청중, 판소리 담당층의 공인을 받는 게 당연한 일이었다.

셋째, 강창극 형태에 대해서다. 원래 이 판소리가 강창극이라 하니, 그 5마당 내지 12마당은 각 편 전체가 장편 강창극임에 틀림이 없다. 그 작품들이 이른바 완창으로 공연될 때, 그것이 일대 강창극으로 장관을 이루기 때문이다. 그런데 이 장편 강창극의 완창적 공연은 특별한 경우에 한정되면서, 보편적 공연 현장에서는 실제적으로 부담스럽고 비효율적인 면이 상당하였다. 따라서 당시 판소리계에서는 그 공연 현장에 입각하여 청중의 취향·호응에 맞도록 그 강창극적 판을 효율적으로 다시 짜게 되었다. 실제로 그 전체의 수많은 강창 대목을 뽑아 새롭게 짜서 그 공연의 효과를 극대화하는 것이 상책이었기 때문이다. 여기서는 우선 그 작품의 눈대목이나 더늠을 주축으로 단편적 형태를 조직하여 공연하는 사례가 허다하였다. 그리고 그 공연의 현실과 여건에 따라 청중의 호응·요청을 감안하여 2개 이상의 대목을 유기적으로 조합하여 중편적 형태로 만들어 공연의 효과를 강화하는 사례가 흔히 나타났던 것이다.

이런 점에서 중고제의 공연상에서 그 중편과 단편의 강창극 형태가 대두되어, 그 당시의 판소리 공연을 주도하고 있었다. 그래서 이 단편과 중편의 강창극은 그 장단에 구애되지 않고 각자의 규모·내용과 연기·인기 등에서 각기 특성과 장점을 갖추고 있었던 터다. 실제로 당시의 명창들이 남긴 공연에서는 단편 강창극이 주류를 이루었던 것 같다.

아무래도 이 단편 강창극이 중편에 비하여 부담이 없고 손쉽게 호응하여 즐길 수 있었기 때문이다. 적어도 중편 강창극이라면, 그 판을 벌리는 여건과 형편이 튼실해야 되고 공연 요건이 보다 좋아야 했던 것이다. 그래서 현전하는 그 원전이 단편 강창극 쪽에 더 많은 것은 당연한 일이라 하겠다. 당시의 이런 강창극으로는 〈심청가〉의 〈판소리 심청전〉(상·하), 〈곽씨부인 별세시유언가〉(상·중·하), 〈심청이 떠나갈 때〉와 〈망망창해 중에〉·〈심봉사 맹인연에〉, 〈춘향가〉의 〈판소리 춘향전〉(상·하), 〈긴 사랑가〉와 〈자진사랑가〉, 〈흥보가〉의 〈박타령〉(상·하), 〈옥토전〉의 〈토끼타령〉(상·하), 〈적벽가〉의 〈공명가〉(상·하) 등이 강창극 형태로 공연되었던 것이다. 실제로 이 단형·중형의 강창극은 그 전체의 장편 강창극을 기반으로 하여 독자적이고 특징적인 강창극으로 재조성되어 당시 청중들의 호응과 환영을 받았던 것이라 하겠다.

셋째, 대화극 형태에 대해서다. 기실 이 대화극 형태는 본격적이고 전형적인 연극 형태를 지향하고 있는 터다. 원래 연극은 대화와 행동으로 엮어지는 공연예술인데 실은 판소리 연행이 등장인물의 대화를 중심으로 전개되고 있는 터다. 기실 한·중 고래의 대화극은 연극계의 중심·주축을 이루어 온 게 분명한 터다. 그리하여 이 판소리 대본, 극본·희곡의 대화극본을 내세우고 그 광대의 대화연기를 부각시켜 엮어 나가면 그대로가 대화극적 공연으로 성립되는 것이다. 따라서 여기는 일단 1인 전역의 대화극이 정립된다는 것이다. 그런데 이런 대화극 형태가 무대·장치와 등장인물을 도입하여 입체화되면 그대로 완벽한 대화극으로 성립·공연되는 게 사실이다. 이른바 그 판소리계 창극이 이를 실증하고 있는 터다.[145]

---

145 백현미,「판소리와 창극」,『판소리의 세계』, pp.135-138.

이런 점에서 중고제의 공연상에서 이 대화극이 '창극'의 이름으로 본격적인 연행을 펼쳐 가고 있었다. 원래 이 대화극은 실제적 무대 장치 위에서 등장인물들이 배역에 따라 분장·의상하고 소도구까지 지참하여 대화·가창과 행동으로 사건을 밀고 나가는 공연 형태다. 그래서 당시 판소리계에서는 공연예술의 백미로서 그 효과를 최대한으로 고조시키기 위하여, 입체창을 전제로 대화극을 개발하였던 것이다. 기실 이 대화극 형태는 전통극 상에서도 이미 형성되어 왔거니와, 당시 현대적 연극의 전형을 취하여 본격적 수준의 극예술로 공연되었던 터다. 실제로 당대의 명창들이 이에 동참하여 창극, 대화극을 편성하고 그 공연에 앞장서게 되었다. 당대의 명창 김창룡이 도창하거나 그 배역으로 출연한 〈심청선〉(전집 23매)과 〈춘향전〉(전집 18매), 〈화용도〉(전집 18매)가 녹음으로 전하고 있다. 이러한 대화극 형태가 실제적 공연 현장에서는 완창처럼 끝까지 연행되지 않고, 그 공연 여건과 형편에 따라 적합한 형태로 분화·연출되었을 것이라 본다. 이들 작품의 장편 대화극은 수많은 장면으로 연결되어 있거니와, 그중에서 공연효과를 최대화하는 연출 방법으로써 한 장면의 단편, 두세 장면의 중편, 그 이상의 장편, 그리고 전체적 축약편 정도로 나누어 공연되었으리라 추정된다. 기실 당시의 명창들이나 그 연출자들은 그 장면의 선택·조합에 있어 기계적으로 조립하지 않고, 그 공연 현장과 청중의 호응·인기에 맞추어, 그 장면을 유기적으로 연결시키고 앞뒤를 새롭게 갖추어 공연 효과를 극대화하였을 것이라 본다.

넷째, 잡합극 형태에 대해서다. 기실 이 잡합극 형태는 여러 연극 형태 중에서 일부씩을 선택하여 재조직한 공연이라 하겠다. 이것이 실제적으로 한·중 간에 걸쳐 상당히 조성·행세한 것이 사실이다. 이 판소리 대본, 극본·희곡에서 잡합극본이 조성될 수 있다는 전제 아래,

그 광대의 다양한 연기를 부분 선택하여 그 잡합극 형태가 족히 효율적 공연으로 전개될 수 있었던 터다 실로 이것은 일단 1인 전역의 잡합극이 되겠거니와, 그 무대와 등장인물이 대입된 다면적인 공연으로 발전하게 되었을 터다. 그 열린 연극 형태가 상하 민중의 구미에 맞을 수 있었기 때문이다.

이런 점에서 이 중고제의 공연상에서 잡합극 형태가 조성·행세한 것은 사실이다. 이 판소리 공연이 대중화되면서 그 광대나 연출자는 판소리 자체 내의 장르들에서 그 효율적 부분을 선택·재편하여 잡합극을 만들 수가 있었다. 그리고 이 판소리의 개방적 성향·형태가 다른 민속적 공연과 합작하면서 잡합극 형태가 조성·공연되었을 것이고, 또 다른 민속의례·축제와 결합하여 잡합극으로 연행되었으리라 추정된다. 이처럼 잡합극은 유통적이고 가변적인 데다 이합·집산이 무상하여 극본·공연의 전형이 성립되기 어려운 것은 물론, 따라서 그 남겨진 흔적을 찾기가 어려운 터다.

이와 같이 판소리는 강창극으로서 총합적 전능극이로되, 그 안의 제반 연극형태가 장르적 성향을 띠고 그 연행·유통 과정을 통하여 분화·전개될 수 있었던 것은 획기적인 일이라 하겠다. 그리하여 이것이 적어도 가창극이나 가무극·강창극·대화극·잡합극 등으로 성립·행세하여 한국 연극 장르의 전체를 감당하게 되었던 터다. 그리하여 이른바 '연극의 백화점'이라는 광대한 공연예술로 그 최선의 역량을 발휘해 왔던 것이다. 따라서 이 중고제 판소리의 연극예술적 실상과 가치는 새롭게 평가되어야 마땅할 터다. 그러기에 이 중고제가 형성·전개되어 온 그 판소리·예술사적 위상이 올바로 밝혀져야 함은 당연한 일이다.

6) 중고제 판소리의 위상

(1) 판소리사상의 위치

위에서 이 중고제의 형성·전개 과정이 그 윤곽을 잡게 되었다. 그리고 이 중고제의 원전을 검토하고 그 연창자 광대·명창들을 점검하며, 그 공연의 실상을 고찰함으로써, 그 판소리사상의 위치가 대강 파악되었다. 그래서 이 중고제는 판소리의 형성 단계를 전담하고 그 발전 단계를 주도하며 그 성행 단계에 이르러 정리·은퇴하는 형국을 맞이한 사실이 어렴풋이 드러나게 되었다. 이제 이러한 단계를 통하여, 중고제의 판소리사상의 위치를 재확인할 필요가 있다.

첫째, 판소리의 형성 단계에 대해서다. 그동안 학계에서 판소리의 형성과정에 관하여 깊은 관심을 가지고 여러 측면에서 논의를 거듭하여 합리적인 정론에 이르고 있는 것 같다. 적어도 이 판소리가 공연예술-연극·강창극이라는 전제 아래, 그것은 경기·충청의 문화지역에서, 조선 후기 문학·예술인들이 전래의 강창극 형태를 이어받고, 당시에 성행하던 서사문학 고전소설류를 대본으로 각색하되, 전통음악·정악류의 악조, 가창연기를 수용·개신하고, 당시 연극의 강설연기·행동연기를 응용하면서, 청대 강창예술 고사류와 교류하는 가운데 신찬 강창극, 후칭 판소리를 형성시켰다는 것이다. 그러기에 이 판소리는 대본이 고아하고 가창연기나 강설·행동연기가 고졸·중도적 성향을 갖추게 되었다. 이것이 형성기·초창기 판소리로서 후칭 '고제'라는 것이었다. 바로 이 고제가 후칭 '중고제'로 직결되었으니, 그것은 그대로 중고제의 연원·원형으로 자리하였던 터다. 그러기에 이 고제는 중고제의 연원기·형성기 형태로 공연·행세하기 마련이었다. 따라서 이 판소리의 형성 단계는 이 중고제가 전담해 온 결과를 보였던 것이다.

둘째, 판소리의 발전 단계에 대해서다. 이 판소리가 대본과 공연 면에서 대중적으로 발전하여 난숙의 시대를 열게 되었다. 이 시대를 주도하던 것이 바로 중고제였던 터다. 적어도 18세기를 거쳐 19세기 말까지 그 문화 중심 지역을 바탕으로 공연예술의 발전·성행의 분위기 위에서, 수많은 광대·명창이 출현하여 중류층의 중도적 대본과 중심적 공연을 완성하여 굳건히 자리 잡고 상·중류층의 청중을 확보하였던 터다. 여기서 이 판소리의 대본은 중도적 정형을 이루었고, 그 공연은 중심적 전형을 보이게 되었다. 그래서 오늘날 사계 전문학자들이 파악·재구한 중고제의 모습 그대로였던 것이다. 그래서 이 판소리의 발전기는 바로 중고제가 주도하는 중고제의 시대라고 하여 무방할 터다. 그런데 이 중고제가 널리 공연·유통되면서 보다 대중적인 방향을 지향하고, 청중이 하류·서민층으로 확대되면서, 그들의 취향과 요망을 충족시키려는 분위기가 감돌기 시작하였다. 그래서 중고제 광대·명창들 사이에서는 그 시대에 상응하여 새로운 변화를 모색하는 경향이 나타나게 되었고 따라서 그대로 원형과 전통을 지켜 나가자는 경향이 보다 뚜렷해졌던 터다.

셋째, 이 판소리의 성행 단계에 대해서다. 이 판소리가 19세기말 20세기 초에 이르러서 성행을 거듭하면서 이 중고제는 심각한 변화의 물결을 탈 수밖에 없었다. 그러기에 중고제의 보수파는 점차 위축·고립되는 쇠퇴의 일로를 걷게 되었고, 그 개선파는 중고제를 중심으로 새로운 변모를 곁들이면서 그 명맥을 이어가게 되었다. 이 무렵에 금강유역으로 연접된 호남지역의 광대·명창들이 깊은 인연에 따라 중고제의 원형 내지 전형을 계승하여 새로운 대본·공연을 개척·창신하여 나가니, 이것이 후칭 동편제로 전개되었다. 그러니까 동편제는 중고제의 계승, 신중고제의 체제·형태로 정립·발전하여 인기 있는 강력한 판소리 유파로 행세하게 되었다. 그래서 그 초창기 판소리를 고제라 하고, 이 고제를 이어 발전기의 원형적 내지 전형적 판소리를 중고제라 부르게 된 것이라 본다. 그러기에 객관적으로 보면 우선 '중고제는 동편제에 가깝다'는 것이다. 이러한 관점은 '동편제가 중고제에 가깝다'는 식으로 바꿔야 한다. 중고제로부터 동편제가 발전적으로 형성되었기 때문이다. 어쨌든 중고제와 동편제가 그만큼 가깝다는 점은 중고제와 동편제의 친연성과 함께 양자의 선·후 관계를 입증하는 터라 하겠다. 적어도 중고제가 선행하여 동편제로 개신·전개되었다는 사실이 확증되기 때문이다. 다음 양자의 중심적 악조·공연상황이 구별되기 어려울 만큼 동질성을 갖추었다는 것이다. 이것은 동편제의 중요한 악조·공연 상황이 중고제와 동일하다는 이야기다. 그만큼 동편제가 중고제를 계승·발전시킨 것이기 때문이다. 또한 이 동편제의 악조와 그 대본 가운데에 중고제의 악조가 아식 보손되어 있다는 것이다.[146] 이것은 동편제가 중고제를 계승하여 왔다는 것을 확증하는 터라 하겠다. 이것은 동편제가 중고제의 단순한 연장이 아니라, 판소리의 전형·적통을 계승하여 창의적으로 발전한 정통 유파라는 점을 반증하는 터다. 이와 같이 중고제는 판소리 형성·발전기의 원형적·전형적 전통을 유지하다가 동편제로 물려줌으로써, 판소리사의 주류를 이루어 왔던 것이다.

그러면서 이 중고제는 동편제에 상응하여 서편제가 형성·전개되면서, 위 중고제의 보수파는 점차 위축·실세하여 은퇴하게 되었고, 한편 개신파는 일부 동편제적 악조·연기를 삽입·수용하면서 겨우 명맥을 현재까지 유지하여 왔다. 그러기에 근래에 여러 유파를 섭렵·통합하여 중고제를 지향한 명창 박동진이나 동류의 광대들, 그 판소리가 그만큼 소중한 것이라 하겠다.[147]

---

146 서종문·김석배, 「판소리 중고제의 역사적 이해」, p.62.
147 김석배, 「박동진 명창의 삶과 예술세계」, 『박동진명창기념 학술대회 논문집』, 2018,

(2) 문학사상의 위치

위에서 중고제 판소리의 대본이 실제적인 극본·희곡이라 하고, 그 희곡이 장르별로 가창극본·가무극본·강창극본·대화극본·잡합극본 등으로 분화·전개되었다고 보았다. 나아가 이 대본이 강창문학·종합문학으로서 그 연행 과정을 통하여, 희곡은 물론 소설과 수필·시가 등으로 분립·유통되었다고 밝혀졌다. 따라서 이러한 문학작품들이 조선 후기로부터 근·현대까지 그 자체의 변화·발전을 중심으로 당시의 문학 장르와 교류·전개된 계맥을 드러내게 되었다. 이러한 계맥과 그 위치를 장르별로 파악하여 보겠다.

첫째, 희곡사상의 위치에 대해서다. 이 대본이 완전한 희곡 형태로서 장르별로 분화·전개된 것은 당시 희곡계의 상황으로 보아 획기적인 사건이었다. 그 시대 다른 공연물의 대본은 그 나름의 관례·규범 같은 것이어서 거의 본격적인 희곡의 수준에 미치지 못하였다. 그런데도 이 중고제 대본은 당시의 저명한 국문소설이나 설화를 희곡으로 각색·창작하여 본격적인 작품으로서 공연에 활용되었다. 이 대본·희곡작품들은 판소리의 초창기부터 형성되고 발전기에 정형을 이루어 창본이나 소리책 등의 이름으로 유통되었던 터다. 이러한 대본, 희곡이 판소리 5마당을 중심으로 12마당에 걸쳐 다양하게 찬성·공연되면서, 그 시대 그 공연에 상응하여 많은 이본을 남기게 되었다. 적어도 〈춘향가〉나 〈심청가〉는 그 이본을 헤아리기 어렵고, 〈흥부가〉·〈토별가〉·〈적벽가〉 등도 상당수의 이본을 내기에 이르렀다. 그리하여 이 대본·희곡작품들은 그 시대의 판소리와 함께 다양하고 면면하게 계승·발전하여 커다란 계백, 그 역사를 이룩하였던 것이다. 그 과정에 이 희곡작품들은 장르

---

pp.35-50 참조.

별로 그 시대 다른 공연의 대본들과 교류하면서 다른 문학장르와도 소통·왕래하며 영향을 주었던 터다. 그리하여 이 대본, 희곡사는 그 시대 희곡사의 주류를 이루고, 그 문학사의 주축으로 자리하였던 것이다.

둘째, 소설사상의 위치에 대해서다. 이 중고제의 대본이 당시 저명한 국문소설을 각색·창출한 것이니, 그 관계가 긴밀한 것은 물론이다. 기실 이 대본·희곡과 소설의 관계는 동일한 서사문맥위에 피어난 두 꽃송이 같은 것이다. 그러기에 이 대본·희곡은 소설적 환경·여건을 만나면 바로 소설로 전환·창출되는 게 사실이다. 그 5마당 내지 12마당이 모두 소설 즉 희곡이요 희곡 즉 소설의 장르적 관계를 유지하면서, 그 시대에 상응하여 수많은 이본을 형성·유전시켜 왔던 것이다. 그러기에 이 소설은 그 극본에 수용되고 다시 소설로 재생·장줄되는 전통을 이어 왔던 터다. 이런 소설들은 이른바 판소리계 소설로 문장체 소설과 상응하여 장족의 발전과 왕성한 유통사를 이끌었던 것이다. 이러한 판소리계 소설들은 판소리를 통하여 희곡적으로 변모·발전하여 문장체 소설에 충격을 주고, 당시 소설사의 중심·주축을 이루었던 터다.

셋째, 수필사상의 위치에 대해서다. 이 대본에서 분화되어 나온 수필 형태는 그 형성·발전기 이래, 각 장르에 걸쳐 대중적으로 변환·유통되었다. 이 수필 형태는 당시의 혁신적 공연에 부응하여 다양한 작품을 양산하였을 뿐만 아니라, 상하 민중에 형성·유통되던 그 한문·국문 수필을 자유롭게 선택·활용하였던 것이다. 이러한 현황에서 이 대본계의 수필들은 실로 다양하고 풍성했으니, 그 교령이나 주의·논설·전장·애제·기행·담화·잡기 등을 중심으로 각종 주설·치성·독경·염불·고사· 그리고 애사·자탄사·유람기·소화·잠언 등 서민적 수필 작품을 다 포괄하게 되었다.[148] 기실 조선 후기로부터 개화기를 거치면서 국문 수필을 중심으로 다양한 작품들이 제작되고 성행하였거니와, 이 대본계 수필작품들이 그 공연의 방편을 타고 당시 수필계에 충격을 주고 교류하면서 그 유통사를 주도해 왔던 것이다.

넷째, 시가사상의 위치에 대해서다. 이 대본에서 형성·전개된 시가들은 그 형성·발전기 이래로, 당시 일반 시가와 적극적으로 교류·성장하여 나갔다. 그 과정에서 이 판소리 대본은 그 자체로 시가를 생산할 뿐만 아니라, 당시의 일반 시가를 자유로이 선택·수용함으로써 이른바 삽입시가의 성황을 이루었다.[149] 그러면서 이 시가들은 공연을 통하여 더욱 세련되어 일반 시가류에 합류·가세하였던 것이다. 그리하여 그 조선 후기에서 개화기를 거치면서 국문시가, 시조·정가·가사·잡가 등이 발전·성행하는 가운데서, 이 대본계의 시가류가 그 유통사를 주도해 온 것이 사실이다.

(3) 연극사상의 위치

이 중고제는 형성·발전하면서 그 복합적인 강창극 형태를 유하면서 나아가 가창극이나 가무극, 강창극과 대화극, 잡합극 등으로 분화·전개되었다. 적어도 이러한 연극 형태가 조선 말기에서 개화기를 거치면서, 교류·상응하며 상호 발전을 이루었던 것이다. 이 중고제 공연은 당시의 다른 연극 형태로부터 그 대본이나 연기 등을 선택·수용하였지만, 일단 그 장르별 연극 형태가 전형을 이루어 성행하면서, 그 다른 연극 장르에 상당한 영향을 끼쳐 왔으리라 본다. 그리하여 중고제의 연극 형태가 그 시대 연극의 공연·발전사를 주도하여 왔으리라고 본다.

첫째, 가창극사상의 위치에 대해서다. 이 중고제의 가창극은 삽입가

---

148 김동욱, 「판소리 삽입가요의 연구」, 『한국 가요의 연구』, 을유문화사, 1961, p.550.
149 김동욱, 위의 논문, pp.549-550.

요 중의 저명한 작품이나 인기 있는 단가 등을 중심으로 앞뒤를 맞추어 가창·연기를 시종 전담하면서 고수의 장단을 받는 것이 원칙적인 기본 단위가 되었다. 이러한 가창극의 기본 단위가 공연을 거듭하면서, 입체창 형태로 2인 이상 대창하거나 합창하는 데까지 발전하고 전형을 보이게 되었다. 그리하여 이 가창극 형태의 전통 계백이 뚜렷이 성립되었던 것이다. 이러한 가창극 형태의 전형이 당시 일반 연극 중의 가창극과 교류·합세하여 상호 발전을 이루어 나갔던 터다. 기실 당시 연극계에 가창극 형태가 유통된 것은 사실이다. 그러나 그 형태가 애매하고 혼잡한 면모를 보여 온 터에, 중고제 가창극의 전형적 형태가 그에 상당한 영향을 끼쳤던 것이다. 이로써 이 중고제 가창극이 그 자체의 발전 과정을 통하여 그 가창극 전체의 공연·유통사를 주도해 왔다고 보아진다.

둘째, 가무극사상의 위치에 대해서다. 이 중고제의 가무극 형태는 위 가창극 형태에 무용이 합세하여 보다 입체화되고 극정이 높아진 공연 유형으로 정립되었다. 이러한 가무극이 그 시대에 상응하여 공연을 거듭하면서, 점차 발전하여 그 전형을 이루고 계맥을 이끌어왔다. 당시 연극계에는 전통적인 가무극 형태가 시대상의 변화와 청중의 요청으로 변모의 일로를 걷게 되었다. 이에 상응하여 중고제 가무극이 그 일반 가무극 형태에 상당한 영향을 끼쳤으리라 본다. 이런 연극 장르는 그 변화·개신 과정에서 당시 앞서가는 공연·연기의 요건을 민감하게 수용하였기 때문이다. 이런 점에서 이 중고제의 가무극은 그 가무극의 공연·유통사를 주도하여 왔다고 보아지는 터다.

셋째, 강창극 사상의 위치에 대해서다. 이 중고제의 강창극 형태는 기본적이고 경제적인 공연 유형으로서, 그 시대의 연극사에 독특한 전통·계맥을 이루어 왔던 게 사실이다. 그런데 이 전편의 장편 강창극을 바탕으로, 그 장면의 극대화를 통하여 더늠이나 눈대목에다 보다 효율적인 연기를 가미·조화시킴으로써, 중편·단편 규모의 독창적 강창극이 조성되었던 것이다. 이러한 강창극이 당시의 연극계와 교류·상응하면서, 공연 실정과 청중의 호응에 맞추어 점차 발전하여 그 공연·유통사를 이끌어 왔던 것이다. 이로써 이런 강창극의 전범과 전통은 전체 연극사상에서 중심·주축이 되어 왔다고 보아진다.

넷째, 대화극사상의 위치에 대해서다. 이 중고제의 대화극 형태는 바로 창극으로 나타났다. 이 강창극 형태가 그 무대를 입체적으로 설정·설비하고, 그 배역을 분장시켜 등장시키기고 그 대화와 행동으로써 그 사건을 연행하는 본격적이고 본격정인 공연 형태다. 이런 대화극 형태는 중고제의 발전 단계로부터 입체창을 바탕으로 공연 효과를 극대화하기 위하여 한·중, 동·서에 공통되는 전형적 공연 유형을 성취한 것이었다. 이 대화극 형태는 전체적 장편을 바탕으로, 보다 효율적인 공연을 위하여 역시 장면의 극대화를 이루어, 그 중편·단편의 규모로 최상의 맞춤형 연극 단위로 창출되었던 것이다. 기실 이러한 대화극 형태는 시대와 청중에 상응하여 널리 유통되면서 그 전형을 완비하고 그 전통·계맥을 이어 왔던 것이다. 그리하여 당시 일반 연극계의 대화극 형태와 교류하면서 상호 발전의 관계를 이어 왔던 것이다. 그리하여 이 대화극 형태는 자체의 전통·계맥을 확고히 이끌고, 다른 대화극의 발전·유전에 지대한 영향을 주면서, 근·현대 대화극으로 연결되었던 터다. 그래서 이 대화극 형태는 그 시대의 연극 공연사의 주축이 되어 왔다고 보아진다.

다섯째, 잡합극사상의 위치에 대해서다. 이 중고제의 잡합극 형태는 위 여러 장르에서 그 공연 요건을 선택·취합하여 자유롭게 연행되는 유형이다. 이 잡합극 형태는 그 시대의 명절·행사에서 종합예술적 축제류에 맞추어, 동참자의 대중적 취향·호응을 위하여 아주 적합한 공연 유형이다. 기실 이 연극 형태는 개방적이고 유동적이라 오히려 자유자재하고 능소능대한 공연 효과를 발휘하여 왔다. 기실 이 잡합극 형태는 그 자체로써 민중적 호응을 얻고 유구한 전통을 지키며 광범한 공연사를 이끌어 왔다. 그러면서 당시의 다른 잡합극 형태와 교류하면서, 그 공연 유형의 중심적 역할을 다하여 왔다고 본다.

7) 결론

이상 중고제 판소리의 전통과 실상, 그 위상을 재조명하고자 몇 가지 측면에서 그 영역과 방향·방법을 개관하여 보았다. 이제까지 논의한 것을 요약하면 다음과 같다.

① 중고제 판소리의 개념과 영역을 전제로 그 형성·전개의 전통을 추적하였다. 이 중고제는 판소리의 중심적 유파로서 그 고형을 발전시킨 중간적 전형을 유지하고, 경기·충청의 중도적 문화 풍토를 기반으로 그 대본이나 연창에서도 중간·중심적 형태를 갖추었다. 그래서 중고제는 그 중심적 위치에서 그 가창의 기교로 출현하였던 호걸제나 석화제·강산제·경드름 내지 자웅성·추천목·세살성 등을 포괄하고, 동편제나 서편제에 전승되는 중고제 바디·악조까지 포함시켜야 하며, 지역적으로는 경기·충청을 중심으로 금강 유역 전북 북부까지 넓히되, 그 공연 영역으로는 서울 내지 전국적으로 확대시켜야 된다고 하였다. 그래서 이 중고제는 17세기 후반 18세기 전반 판소리의 발단·형성기, 고제를 직접 계승하여 18세기 후반에서 19세기 후반까지 판소리의 발전기를 주도하며 그 정형을 이루어 공연·유통되다가, 19세기 말 20세기 초 판소리의 성행기에 그 적통을 동편제에 물려주고 보수적으로 은퇴하며, 일부 개신적 성향으로 겨우 음성적 명맥을 유지해 왔던 것이다.

② 중고제 판소리의 원전을 발굴·정리하는 일에 대하여 논의하였다. 먼저 이 중고제의 대본, 소리책을 발굴·정리하거나 당시 명창들의 음반을 통하여 그 대본 일부를 채록·복원한 성과에 주목하고, 계속 판소리계 소설의 많은 이본 가운데서 그 대본을 탐색·재구해야 된다고 제의하였다. 이어 중고제의 악조를 역시 음반에 의하여 채보·재구한 일을 중시하면서, 현재까지 동편제 내지 서편제에 전승되는 중고제 악조를 확인·탐색해 내야 된다고 제안하였다. 한편 중고제의 연행에 대한 증언·기록 등을 현전 문헌에서 탐색해 내야 된다고 제시하였다.

③ 중고제의 연창자, 광대·명창들에 대한 작가론적 명창론을 개괄적으로 제시하였다. 적어도 이 명창론은 그 행적과 가계에 이어 사승관계·수련과정, 음악활동, 음반녹음·공연활동·방송활동·단체활동·제자 육성, 소리대목 구성의 특징, 음악적 특성 그 평가와 판소리 사상의 위치 정도로 구체적이고 전문적으로 작성되어야 한다는 것이다. 그리고 중고제 가문이나 2·3대 사승관계를 복합적인 명창론으로 탐구할 수가 있다고 제시하였다.

④ 중고제가 판소리의 중심적 전형이라 전제하고 그 실상을 몇 가지 측면에서 고찰하였다. 우선 그 공연의 주제·이념이 그 전통을 이어 불교적 사상이 음성화되고 유교적 이념이 부각되어 정절과 효행·우애·신의 등이 강조되다가 시대와 청중의 요청에 의하여 변화의 흐름을 타게 되었으니, 보수적 공연은 점차 외면당하고, 지나친 통속화는 자멸하는 형국이었기에 그 중도적 주제·이념이 유지·계승되었던 것이다. 다음 이 중고제 대본은 희곡적 성향과 요건을 갖추었으니, 다섯 마당 모두가 무대 설정이나 등장인물의 성격, 사건 구조·구성, 그 표현·문체 등에 걸쳐 희곡작품이라고 실증·규정되었고, 그 하위장르, 가창극본·가무극본·강창극본·대화극본·잡합극본 등으로 분화·전개되었다. 나아가 이 극

본·희곡들은 종합문학적 형태로서 공연과정을 통하여 문학장르, 시가와 수필·소설 등으로 분립·유전되었던 것이다. 한편 이 중고제의 공연은 전체가 연극 형태로서 그 무대가 실제적 공연무대와 극중에 전개되는 무대로 복합·설치되고, 그 1인 전역의 연기가 가창연기와 가무연기, 강설연기·행동연기로써 충족되어 있으며 그 고수와 청중이 보조적으로 완비되었다. 따라서 이 중고제 판소리, 종합적 연극 형태는 그 공연 과정을 통하여 하위 장르, 가창극과 가무극·강창극·대화극·잡합극 등으로 분화·유통되었던 것이다.

⑤ 중고제 판소리의 공연예술사상의 위상을 파악하였다. 우선 이 중고제는 판소리 발단·형성 단계의 고제를 그대로 계승하여, 판소리의 발전 단계를 수도하고 그 전형을 이루며, 널리 공연·유통되다가 그 성행 단계에서 변모의 대세에 따라 동편제에 그 적통을 넘겨주고 은퇴하면서, 그 음성적 명맥을 겨우 유지해 왔다. 그리고 그 대본은 장르별로 분화·전승되어, 그 시가 형태는 그 시대 시가사의 일환으로서 주류를 이루었고, 그 수필 형태는 그 시대 수필사의 일부로서 주동적 역할을 다하였다. 이어 그 소설 형태는 그 시대 소설사의 중심에 자리하여 중추적 기능을 발휘하였고, 그 희곡 형태는 그 시대 희곡사의 핵심·주류를 이루어 뚜렷한 위치를 지켜 왔던 것이다. 한편 이 중고제 연극의 하위 장르는 각기 그 시대의 연극 장르사에 합류·발전하였으니, 그 가창극은 그 가창극사상에서, 그 가무극은 그 가무극사상에서, 그 강창극은 그 강창극사상에서, 그 대화극은 그 대화극사상에서, 잡합극은 그 잡합극사상에서 모두 핵심·주류를 이루며 한국연극사를 주도하였던 것이다.

이로써 중고제 판소리는 그동안의 연구 성과와 함께 그 개념·영역과 형성·전개의 전통, 그 원전의 실태, 그 연창자의 행적과 연창 공적, 그 공연의 실상, 그 공연예술사상의 위상까지 개관하였다. 이것은 그간의 연구성과를 기반으로 중고제 판소리의 연구 방향·방법을 강구하여 그 진흥을 모색하는 데에 의미가 있다. 실로 이것은 어설픈 시론에 불과하니, 본격적이고 전문적인 연구는 이제부터라 하겠다.

4. 〈안락국태자경〉의 연행 전통과 〈땅설법〉의 전개

1) 서론

지금 불교계의 전통문학이 실제로 연행·공연되어 온 사실이 재조명되고, 현전 불교공연예술의 전통성과 원형성을 추구·재구하려는 논의가 벌어지고 있다.[150] 이제 새로 발굴된 〈땅설법〉의 전통과 원형성에 대한 학술적 재조명을 위하여[151] 그 일환인 〈안락국태자경〉의 전승계보와 문학적 실상, 그 연행 양상과 전통을 밝히고 그 변용 과정에서 〈땅설법〉이 형성·전개되었다는 점을 논의하는 것은 매우 중요한 일이다. 금후 이러한 과제에 대한 학문적 추세에 비추어, 이를 새로운 각도에서 합리적으로 논구하는 것이 그만큼 필요한 터다.

그동안 학계에서는 이 〈안락국태자경〉을 이른바 〈안락국태자전〉이나 〈안락국전〉과 연결 지으며, 그 찬성경위와 이본 계열, 그 문학적 실상과 갈래, 그 문학사상의 위상을 검토한 바가 있다.[152] 여기서는 그 작품의

---

150 사재동, 『불교문학과 공연예술』, 태학사, 2016 참조.
151 사재동, 「〈땅설법〉의 공연방식과 불교문화적 전통」, 『한국의 사찰과 불교문화의 전통』, 민속원, 2020 참조.
152 사재동, 「〈안락국태자경〉의 연구」, 『한국고전소설의 실상과 전개』, 중앙인문사, 2006; 사재동, 「〈안락국태자전〉의 연구」, 『한국문학유통사의 연구Ⅱ』, 중앙인문사, 2006; 사재동, 「〈안락국전〉의 연구」, 『한국고전소설의 실상과 전개』 등 참조.

소설적 성향과 극본·희곡적 실상을 규명하여 그 연행의 가능성을 보여주었을 뿐, 그 연행양상을 검토하지는 않겠다. 일찍이 〈땅설법〉이 발굴되어 학술적으로 조명하는 데서도 그 연원·전통을 추구하는 가운데, 그 불교계 서사문학 내지 강창문학과의 관계를 포괄적으로 거론했을 뿐[153] 그 〈안락국태자경〉과 직접 결부시켜 논의한 바는 없었다.

이에 본고에서는 그 〈안락국태자경〉의 연행 양상을 공연예술론으로 검토하고, 그 전통의 연장선상에서 땅설법의 전개실태를 탐색하여 보겠다. 첫째, 이 〈안락국태자경〉의 전승 계보를 후대적 이본 〈안락국태자전〉과 〈안락국전〉에 연결시켜 개관하겠다. 둘째로 이 〈안락국태자전〉을 전거로 그 문학적 실상을 주제·내영과 구성, 표현 문체에 걸쳐 검토하고, 그 갈래를 소설 내지 희곡 형태를 위주로 규정하겠다. 셋째, 이 안락국전승의 연행 양상을 그 천도재의와 우란분재, 미타재일에 걸쳐, 그 연행의 현장과 동기, 연행의 유형과 실태, 연행의 연극적 갈래로 나누어 고찰하겠다. 넷째, 이 안락국전승의 강창 연행적 변모에 따라, 그 〈땅설법〉이 형성·전개되는 과정을 파악하고, 그 공연의 실제를 직접 점검하여 볼 것이다. 그리하여 이 작품류의 문학적 실상과 갈래적 전개, 그 연극적 연행 전통이 불교문학사 내지 공연예술사상에서 차지하는 위상을 추적하는 계기를 마련하겠다. 여기서는 기림고적계 한문본과[154] 《월인석보》 내의 국문본 등과 현전 〈땅설법〉 채록본을 원전으로 하고[155] 그동안 이 작품에 대한 연구 성과를 많이 참고할 것이다.

---

153 사재동, 「〈땅설법〉의 연행방식과 불교문화적 유통」, pp.798-800.
154 〈강전섭본〉, 《석가여래십지수행기》, 덕주사판, 1660.
155 《월인석보》 제7·8(영인), 연세대학교 출판부, 1957.

2) 〈안락국태자경〉의 전승 계보

(1) 〈안락국태자경〉의 찬성·유전
가. 작품의 찬성 경위

이 작품은 아미타삼존 아미타불과 관세음보살·대세지보살 그리고 석가세존의 전생담이다. 그러기에 정식불경의 체재를 갖추지 않고, 따라서 어떤 경보에도 들어 있지 않은 게 사실이다. 게다가 이 작품은 주로 미타삼존의 전생을 가족관계로 설화하여 서사문학성을 갖추고 있기에, 대체로 이른바 위찬경이나 중국의 변문과 동류의 것이라 하겠다. 그래서 이 작품의 찬성경위를 추적해 볼 필요가 있다.

첫째, 그 형성의 연원이다. 이 작품이 미타삼존의 전생담이니, 그것이 바로 정토삼부경, 〈관무량수경〉 같은 데에 연원하고 있다고 보아진다. 여기에서 아미타불과 좌보처 세음보살, 우보처 대세지보살이 엄연히 그 권능을 보이고 있기 때문이다. 또한 그 정토계의 〈비화경〉 같은 데서는 이 삼존불 내지 석가불을 가족관계로 설정·설화한 사례가 있다. 과거세에 무정념이라는 선왕이 왕자 천명을 거느리고 살았는데 보해 법지의 권유에 따라 수행·정진하여 극락정토에 나아가게 되었다. 그때의 무정념왕이 아미타불이요 그 제1왕자가 관세음보살, 제2왕자가 대세지보살이고, 보해 범지가 석가불이라는 것이다.[156] 그리하여 이 작품이 그러한 정토계 불경에 사상적 기반과 사존불의 상관성을 본받은 것은 사실이다. 그렇지만 이 작품이 그런 불전들을 직접적인 원전으로 하여 전개된 것은 아니다. 적어도 이 작품은 서사문학적 구조·형태로서 저 불경에 비하여 획기적인 변화·발전을 보이고 있기 때문이다. 말하자면 이 작품은 그

---
156 望月信亭,《淨土敎之硏究》, 金尾文淵堂, 1944, p.111.

외부형태나 구조·구성, 표현·문체상에서 저 중국의 의찬경이나 변문 등과 그 유형을 같이하고 있는 터다.[157] 그리하여 이 작품의 연원을 저 중국의 그것에서 찾아보는 게 순리라 하겠다. 그런데 이 작품의 연원이나 조형이 될 만한 의찬경이나 변문 등이 지금껏 발견되지 않는다. 따라서 일단 이 작품이 자국 불교계의 소산이라 전제하고 그 찬성 경위를 검토하게 되었다.

둘째, 그 찬성의 주체와 동기다. 먼저 그 찬성의 주체는 당시 불교계의 승려·신도들 중의 누구라 하겠다. 여기 구체적인 실체 찬자를 모르는 마당, 집단적 유형별로 그 찬성자를 탐색할 수밖에 없다. 적어도 불교국으로서 그 성행을 보던 시대·환경 속에서 그 학승·문승, 신불문사 등이 이런 작품을 얼마든지 찬성해 낼 수 있었기 때문이다. 적어도 이 작품이 유통·활용되던 조선 초기·세종대 그 이전의 불교왕국 통일신라나 고려기에 입각하여 당시의 학승·문승, 신불문사들은 저 당대·송대의 그들이 해냈던 것처럼, 그쪽과 긴밀히 교류하면서 많은 위찬경을 수용하고 상당한 불전계 변문, 불타전생담을 찬성해 냈던 것이다.

그때 이 찬성의 주체들은 당시 절실한 사명감을 가지고 필연적인 동기와 계기에 맞추어 이런 작품을 찬성해 냈던 것이다. 먼저 그들은 그 정토삼부경〈관무량수경〉을 강설하고 수지·독송하는 신앙의 마당에서, 그 세계를 보다 쉽고 재미있고 감명 깊은 서사적 작품을 제작할 필요가 절실하였다. 당대·송대의 불교계에서도 그 불경의 강설에서 정격 강경 외에 대중의 근기에 맞는 대중적 통속 강설을 내세웠던 것이니, 그 속강의 대본으로 위찬경이나 변문을 제작하는 것이 당연시되었다. 이에 호응·수용하여 자국의 학승·문승, 신불문사 등이 그 소강의 대본으로 이

---

157 王重民,「敦煌變文硏究」,『敦煌變文論文錄』, 明文書局, 1985, pp.274-278.

런 작품을 찬성하였던 것이다. 다음 그들은 정토신앙을 크게 멀리 선양하기 위하여 쉽고 재미나고 감격적인 경전처럼, 이런 작품을 제작했던 터다. 그 정토삼부경 중심의 일정한 규범적인 설법에서 벗어나 보다 대중적이고 통속적인 법문을 펴기 위해서는 그에 적합한 대본이 절실하게 요구되었다. 따라서 그 정토사상에 기반으로 한 서사문학적 불전 전생담으로서 이런 작품을 제작해 내는 것은 필연적인 일이었다. 또한 그 불교신앙의 불교재의에서 천도재를 위하여 그 극락왕생을 실증하는 대방편으로 이런 작품을 찬성하는 것이 필수적이었다. 여기서는 동참 대중이 모두 흥미롭고 감명 깊은 서사문학적 대본, 그 설법이 가장 큰 역량을 발휘하기 때문이다. 그리고 당시 사찰 중에서 미타도량, 미타신앙을 중심으로, 그 사세를 확장하고 그 신앙생활을 강화하기 위하여 이와 같이 대중적이고 감명 깊은 설법 대본이 절실하게 요망되었다. 그처럼 절실한 요망에 따라 이만한 작품이 찬성되는 것은 당연한 일이었다.

셋째, 그 찬성의 실제와 시기다. 이 작품은 한·중 간의 선행 원전이 없다는 전제 아래, 일단 자국의 학승·문승, 신불 문사들의 창작적 찬성이라고 보았다. 그런데도 그 찬성의 실제에 있어서는 그만한 주제·사상, 소재·내용, 구조·구성, 표현·문체 등에 걸쳐 당시에 전승·유통되던 선행 작품들의 모든 것을 참고·전범으로 했을 것은 당연한 일이다. 그러기에 당시 한·중 간의 불교 문원에서 형성·유통되던 많은 위찬경과 대장경 본연부의 다양한 불타 전생담, 그《석가여래십지수행기》에 수록된 9편의 불타 전생담 등에 큰 영향을 받아 찬성된 것이 사실이다. 그리하여 마침내 그 작품이 한문 불전문학으로 찬성되어 〈안락국태자경〉으로 행세하였던 것이다.

그러면 이 작품의 찬성 시기를 대강이나마 어림해 볼 필요가 있겠다. 그 찬성자가 유형별로 추정되고 보니, 그 찬성 연대가 상대적으로 유추될 수밖에 없다. 먼저 이 작품이 문헌적으로 유통되던 시기를 확인할 수 있다. 조선 초기 세종 28년 이전에《월인천강지곡》을 찬성하기 위하여 그 저본으로《석가보》를 편성하는 데에 이〈안락국태자경〉이 편입되었다는 데에 이《월인천강지곡》기220에서 기250에 걸쳐〈원앙서왕가〉(가칭)의 형태로, 그 작품이 그대로 요약·승화되어 있는 터다. 그리고 위《석가보》를 증수·보완하고 국문화하여《석보상절》을 찬성할 때에도 이 작품이 그〈안락국태자전〉(가칭)의 형태로 엄연히 자리하고 있었다. 이어 세조 4년에《월인석보》를 찬성할 때에도 이 작품이 그〈원앙서왕가〉와 부합되어〈안락국태자전〉으로 그 제8권에 수록되었던 것이다. 그렇다면 이〈안락국태자경〉은 적어도 그《석가보》를 편성할 당시에 관계자늘이 제작하여 넣었으리라는 추정이 가능해진다. 따라서 이 작품이 세종 28년을 기준하여 그 이전에 제작되었다고 하겠다. 그런데 이《석가보》의 편찬 방향이나 그 방법으로 미루어 보면, 기존의 원전을 그대로 수용하거나 발췌·조정하여 편입시킨 경향이 뚜렷하다. 그래서 이〈안락국태자경〉도 그 이전에 찬성·유통되다가 여기에 수록되었을 가능성이 농후하다. 더구나 당시 불교계의 사정이나 그 학승·문승, 신불문하들의 분위기로 미루어 그만한 작품을 직접 찬성하여 넣기는 그리 쉽지 않았으리라 본다. 그리하여 이 작품이 적어도 그《석가보》이전에 찬성되었으리라고 추정되면서, 여기가 이 작품이 찬성·행세한 하한선임을 확인하게 된다. 그러면서 이 작품이 적어도 조선 초기를 벗어나 고려 말기를 상회하는 시기에 찬성되었으리라는 여지를 보여 주는 터다.

그래서 이런 작품들의 형성·계보를 통하여 보면, 이〈안락국태자경〉의 찬성 시기가 상당히 소급되리라 본다. 기실 한·중 간의 그 위찬경이나 변문 등 서사문학 작품들은 저 당·송대와 상응하여 통일신라와 고려기에 불교계의 문운·형세에 따라 상당히 찬성·유통되었기 때문이다. 그래서 이 〈안락국태자경〉의 상한 연대를 고려시대 내지 통일신라기까지 소급할 수 있다는 가정은 성립된다. 그렇지만 이 작품을 그 시대의 현전 작품들과 비교·유추해 볼 때, 실제로 그 찬성 연대는 고려기를 넘어서기가 어렵다. 그러기에 이 작품은 고려말기를 밑바탕으로 하여 고려기 불교문화의 전성기라 할 문종대까지는 족히 올라가리라 추정된다. 따라서 이 작품의 시대 배경은 그만큼 융통성이 있는데, 이것은 이 작품의 유구한 전통성을 대변한다고 보아진다.

결국 이 작품은 그와 동계 내지 동류의 작품들이 형성·유통된 시기를 통하여 그 찬성·유전의 상대 연대를 추정할 수밖에 없다. 기실 이 작품과 계열·유형을 함께하는 현전 원전으로 대표적인 것은 〈목련구모경〉과 전게한 《석가여래십지수행기》 중의 9편이다. 우선 이 〈목련구모경〉은 고료 예종 1년에 장령전에서 숙종의 명복을 빌기 위하여 명승에 의하여 강설된 것이 확실하다. 따라서 그 작품이 예종대 이전에 형성·전개되었는 게 분명해졌다. 그러니까 이 〈안락국태자경〉도 이와 같은 시기에 찬성되었을 가능성이 있다고 보아진다. 또한 그 《석가여래수행기》는 그 제10지의 말미에 실린 발문에 의하여 그것이 고려 충숙왕 15년에 간행되었다는 게 확인되었다. 따라서 거기에 수록된 9편의 불타전생담들은 그 이전에 찬성·유통되었던 것이라 추정된다. 그래서 이 〈안락국태자경〉이 그들 작품들과 거의 동시에 찬성된 것이라 하겠다. 그리하여 이 작품은 조선 초기 세종대와 고려 말기 충숙왕대를 하한선으로 하여 예종대를 거쳐 문종대까지 소급될 수 있는 상대 연대를 갖추었다고 하겠다. 그러기에 이 작품은 그만한 전통 속에 깊이 뿌리내려 왔다고 보아진다.[158]

---

[158] 사재동,「〈안락국태자경〉의 연구」,『한국고전소설의 실상과 전개』, 중앙인문사, 2006,

나. 작품의 성격

전술한 대로 이 작품은 위찬경으로서 불전계 변문 유형이고, 서사문학 형태이며 연행적 성향을 갖추고 있다. 첫째, 이 작품의 위찬경적 성격이다. 이 작품은 한·중 어느 경보에도 들어 있지 않다. 그리고 이 작품은 불경으로서 필수적인 이른바 6성취를 갖추지 않았다. 기실 이 위찬경이란 파리어·범어의 원경이 없는 데다 어떤 정식 경보에도 등재되지 않았다. 그리고 위찬경은 정식 불경의 형식이나 요건을 본뜨면서도, 획기적인 내용을 서사문학적으로 허구하여 홍미와 감동을 자아내는 불교계 작품이다. 그래서 한·중의 불교계에 〈불설관세음삼매경〉이나 〈불설대보부모은중경〉·〈고왕관세음경〉 등이 유통·행세하였던 터다.[159] 그에 비하면 이 〈안락국태자경〉은 그 이름만 경이라 했을 뿐, 그 위찬경의 격식조차도 미비된 터라 하겠다. 그런대로 경전으로 행세하였으니, 이것은 위찬경의 성격을 갖추었다고 보아진다.

둘째, 이 작품의 변문성이다. 이 작품은 아미타삼존 내지 석가불의 전생담으로서 가족적 서사문맥을 통하여 고행·수난을 극복하고 극락세계에 이르는 과정을 서술하고 있다. 이것은 불경이나 불타 행적에 바탕을 두고 그만큼 홍미롭고 감격적인 이야기를 가창과 곁들어 펼쳐 나감으로써 일대 서사문학, 강창문학으로 전개되었다. 이것은 당대 이래 불교계의 대중적 설법으로, 재미있고 감동어린 이야기를 강설하고 때로 긴요한 시가를 가창해 나가는 유명한 속강의 대본, 이른바 변문과 동류의 것이라 하겠다. 저 당대 이래 송대에 걸치는 불교에의 속강 변문, 〈태자성도경〉이나 〈실달태자수도인연〉, 〈태자성도변문〉과 동일하

---

pp.222-241 참조.
[159] 牧田諦亮, 『疑經研究』, 京都大學人文科學研究所, 1971 참조.

다는 것이다.[160] 그러기에 이 〈안락국태자경〉은 통일신라기·고려대에 걸치는 한국의 변문, 그중의 수작이라고 하겠다.

셋째, 이 작품의 서사문학성이다. 이 작품은 위 변문의 성격에 완벽한 서사문학성을 갖추고 있다. 그 주제·사상을 내세우고 그 서사적 구조와 구성을 꾸미고 이를 사실적 산문과 요약된 시가를 엮어 나감으로써 이른바 강창문학의 전형을 이루고 있다. 그리하여 일단은 그 속강의 대본으로 적합한 형태를 취하고 있는 게 사실이다. 따라서 이 작품은 종합문학적 면모를 보인다. 그러기에 이 작품은 그 유통·연행을 전제로 그 문학갈래의 성향을 보이기도 한다. 적어도 여기에는 시가·수필을 포함하여 소설과 극본·희곡 갈래를 유추해 낼 수가 있기 때문이다.

넷째, 이 작품의 연행성이다. 이 작품은 실제로 연행하기 위한 대본이라 하겠다. 그것은 위 변문적 성격이나 서사문학성, 강창문학적 성격·기능으로 하여 당연히 연행될 수밖에 없기 때문이다. 그러기에 이 작품은 불교의 대중적 설법과정에서 일단은 강독되고, 강담되는 것을 기반으로, 마침내 강창되는 것이 필수적이었다. 일정한 실내 법식이나 야단법석에서 법사·속강승에 의하여 재미있게 강설되고 유창하게 가창하여 연극적으로 연행되었던 것이다. 그리하여 그 연행이 전문적으로 세련되어 이른바 강창극, 일인전역의 강창극으로 연행·전개될 수 있었다. 나아가 이 강창극적 연행이 발전 분화되어, 그 가창 중심의 가창극, 가무 중심의 가무극, 대화 중심의 대화극 등으로 전개되기도 하였다.

다. 작품의 유통 양상

이 작품은 찬성된 이래, 활발하게 유통되었던 터다. 당대의 사찰을

---

160 潘重規, 『敦煌變文集新書上』, 中國文化大學 中文研究所, 1983 참조.

중심으로 승려·신도 사이에서, 그것은 필수적으로 활용되었기 때문이다. 이 작품은 개인적으로 낭독되는 것은 물론, 사찰 내의 법회에서 속강 형태로 강창되었고, 각종 제의·천도재에서 연설되었으며 제반 불사에서 연행되는 것이 당연한 일이었다. 이러한 유통상의 방편은 대체로 세 가지 방편이 있으니, 구비와 연행 내지 문헌이 바로 그것이다.

첫째, 구비적 방편이다. 이 작품은 승려나 신도 사이에서 우선 낭독되었던 터다. 이것은 그 유통의 기본이다. 그리고 각종 법회에서 법자·강사 등이 대중 설법으로 강설·강담하는 과정이 중요하다. 이것은 그 유통의 중심적 기능이다.

둘째, 연행적 방편이다. 이 작품의 연행적 성격에 따라 속강승이나 연예승에 의하여 연극석으로 연행되었던 터다. 일단 법석이 마련되고 청중이 자리하면 한 사람의 연행자가 등장하여 이 작품을 대본으로 강설하고 가창하여 춤사위와 함께 경기까지 더하여 공연하는 것이다. 이 연행은 전문화되어 이른바 강창극으로 전개되었던 터다. 그런데 이 연행적 방편은 위 구비적 방편과 함께 무형적 유통이다. 그 전거를 남기지 않을 따름이다.

셋째, 문헌적 방편이다. 이 작품은 위 구비나 연행의 과정에서도 그 대본으로서 문헌화되는 것이 원칙이었다. 나아가 이 작품의 문헌화는 가장 완전하고 안전하며 연구한 방편이다. 그러면서 이 작품이 널리 유통되고 활용되는 최선의 길이었다. 그러기에 이 문헌적 유통이 가장 보편화되고 성행하였던 것은 물론, 지금까지도 몇 군데 그 전거를 보이고 있는 터다. 전게한《석가보》에 편입된 그 한문본을 비롯하여, 위《석가여래십지수행기》(강전섭 소장)의 부록에 〈기림고적〉으로 실려 있고, 경주 기림사의 창건사적에 〈기림사적〉으로 자리하여 있으며, 안진호의《석가여래십지행록》(현토본)의 부록에 〈안락국태자경〉으로 전해지는

게 사실이다.[161]

(2) 〈안락국태자전〉의 국문 유통
가. 작품의 국문화 과정

이 작품 〈안락국태자전〉은 위 한문본 〈안락국태자경〉을 국문화한 것을 가칭한 것이다. 이 작품이 국문화됨으로써, 한문본과는 모든 면에서 그 차원을 달리한다. 그 작품의 주제와 내용, 구조와 구성 등이야 발전적으로 계승되지만, 그 표현 문체가 국문화되어, 획기적인 변화·승화가 이루어졌기 때문이다. 그것은 마치 번데기가 나비로 태어나듯이, 그 가치와 갈래, 그 기능이 그만큼 높아지는 것이다. 따라서 이 작품의 국문화 과정을 별도로 추적해야 된다.

첫째, 그 국문화의 요건이다. 우선 그 저본 원전이 선택·구비되어야 한다. 전술한 대로 이 작품의 한문본은 불타의 팔상적 일대기를 운문으로 제작하여 국문운문불경《월인천강지곡》을 이룩하려고 그 저본으로 《석가보》를 편찬하였다. 여기에 이 한문본이 편입되어 있었다.[162] 그리고 국문산문불경《석보상절》을 만들고 그 역할에 충실했던《석가보》를 증수했을 때도 이 한문본이 거기에 자리하였다. 그리고 이 국문화의 대방편 국자, 훈민정음이 창제되어 그 활용을 고대하고 있었다. 성군 세종이 백성을 가르치는 문자, 요익중생의 불교를 중흥시키기 위하여 불교계 문자전문가의 도움으로 자국 문자를 만들었던 것이다.[163] 그러

---

161 안진호,『석가여래십지행록』, 법륜사, 1972.
162 사재동,「월인천강지곡의 찬성 경위」,『월인석보의 불교문화적 연구』, 중앙인문사, 2001, pp.128-135.
163 사재동,「조선초기 불교왕국과 훈민정음 창제의 실제」,『훈민정음의 창제와 실용』, 역락, 2014, pp.217-224.

기에 그 국문화 작업은 착수가 바로 성취인 셈이었다.

둘째, 그 국문화의 주체와 동기다. 여기에는 당시 숭불 성군 세종이 주도하여 숭불 세자격의 수양대군을 총강사로 당대의 저명한 학승·문승, 신불 문사들이 동참하고 있었다. 그들은 모두 불타의 팔상행적을 중심으로 불경 전반에 대하여 정통할 뿐만 아니라, 그 훈민정음 국자·국문에 능통한 인재들이었다. 이미 알려진 대로 세종과 수양대군 이외에 여기에 합세한 10승 1속이 있으니, 혜각존자 신미와 판교종사 설준, 연경사 주지 홍준, 전회암사 주지 효운, 전대자암주지 지해, 전소요사 주지 해초, 대선사 사지, 학열과 학조, 가정대부 동지중추원사 김수온 등이다.[164]

이제 그들은 태종 이래의 억불성책을 극복하고 불교중흥을 서원·실천하기 위하여, 훈민정음을 창제하고 그 국문불경을 찬성하여 널리 펴자는 것이다. 그 절체절명의 홍원을 성취하기 위하여 광원한 사명감을 가지고 그 불사에 헌신하였던 터다. 그리하여 이 국문불경을 통하여 그 사부대중이 이를 봉독하고 나아가 각종 법회에서 강설·강담하여 그 법문을 홍통시키려 했던 것이다. 나아가 이 국문불경을 제반 재의나 불사에서 해당 부분을 연행하여 그 대중 포교의 효과를 극대화하려고 발원했던 터다. 그러기에 이 〈안락국태자전〉은 그 국문불경의 일환으로 연결되어 그만큼 절실한 동기에서 이룩되었던 게 사실이다.

셋째, 그 국문화의 실제와 시기다. 먼저 그 〈안락국태자경〉은 《석가보》의 일환으로 국문운문불경, 《월인천강지곡》의 일부로 응축·승화되었다. 기실 이 《월인천강지곡》은 그 《석가보》를 저본으로 시가화한 일

---

164 사재동, 「월인석보의 문학적 실상과 위상」, 『월인석보의 불교문화적 연구』, pp.88-89.

대 장편서사시다. 이것은 저 인도의《불소행찬경》과 같이 값진 불경일 뿐만 아니라, 그 시가사상의 최고 최상의 명품이었던 터다. 실제로 위 찬성의 주체, 그 전문가들은 그 장편의《석가보》를 권차별로 분담하여 세종의 이름 아래 이를 시가로 창작하여 바치고, 이를 총합·보완하며 그《월인천강지곡》으로 완성하여 올리게 되었다. 그리하여 천하의 명품, 세종 어제의 일대 서사시, 국문운문불경〈월인천강지곡〉전3권이 탄생하였다. 그래서 이 작품〈안락국태자경〉은 그 전체의 제220곡으로부터 제250곡에 걸쳐〈원앙서왕가〉(가칭)으로 자리하였던 것이다. 그렇게 완성·간행된 것이 세종 28년의 일이었다.

한편〈안락국태자경〉은《석가보》의 일환으로 증수되어 국문산문불경《석보상절》의 일부로 국문·미화되었다. 기실 이《석보상절》은 증수된《석가보》를 원전으로 국문화된 일대 서사문학이다. 이것은 유례가 없는 값진 불경일 뿐만 아니라, 그 산문문학·서사문학의 최고·최대의 명품이었던 터다. 실제로 위 국문화의 주체, 그 전문가들은 세종의 어명으로 수양대군의 주관 아래, 그 장편의《석가보》를 권차별로 분담하여 그 국문화에 정성을 다하였다. 그 국문화야말로 최초·최고의 산문문장이었다. 이에 각 분야의 국문산문을 취합·윤문하여 그《석보상절》로 완성하여 바치게 되었다.[165] 그리하여 천하의 명품, 수양대군 주재·서문의 일대 서사문학, 국문산문불경《석보상절》전24권이 찬간되었다. 그리하여 이〈안락국태자전〉은 그 전체의 일부(권차 미상)로 자리하게 되었다. 그것이 바로 세종 29년의 일이었다.

이어〈안락국태자전〉은 국문운산문불경,《월인석보》에 그〈원앙서왕가〉와 짝지어 편입되었다.[166] 기실 이《월인석보》는 세조의 어명·주관

---

165 수양대군,〈석보상절서〉,《월인석보 제1·2》(영인), 세종대왕기념사업회, pp.23-25.

에 따라 위 국문화의 주체가 그《월인천강지곡》과《석보상절》을 정수· 유합하여 제3의 최대 총체적 국문불경으로 집대성한 것이다. 여기서는 그 두 국문불경의 결합 과정이 절묘·신통하다. 그 동일한 원전·저본 《석가보》의 내용 부분 그 순차에 따라, 월인부를 먼저 내세우고, 그에 부합되는 상절부를 짝지어 나가는 형식이었다. 말하자면 '월인1+상절1, 월인2+상절2, 월인3+상절3…'식의 조합·전개였다. 그러기에 '시가1+ 산문1, 시가2+산문2, 시가3+산문3…'형의 구조·형태였다. 따라서 '가 창1+강설1, 가창2+강설2, 가창3+강설3…'식으로 강창 형태로 연행되 기에 적합하였다.[167] 나아가 그것은 전체적 맥락에서 이 '창강단위'로 독립·행세할 수가 있었던 것이다. 그리하여 불교사상에서 유례가 없는 최대·총합의 국문내상경, 운문·산문의 금사탑, 세조 주판·서문의《월 인석보》전25권이 완성·출간되었다. 그 가운데 이 〈안락국태자전〉은 제8권에 엄연히 자리 잡았던 터다. 그것이 바로 세조8년의 일이었다.

나. 작품의 성격

〈안락국태자전〉은 국문화됨으로써 그 한문본의 위찬경 내지 변문 형태를 벗어나게 되었다. 그리하여 이 작품은 한국 국문불경의 일환으 로서 국문문학으로 꽃피었던 터다. 기실 모든 불경은 다 문학이라 하거 니와, 위 국문불경,《월인천강지곡》과《월인석보》그리고《석보상절》 등이 모두 성스럽고 아름답고 감동적인 최대·최고의 국문문학임에 틀 림이 없다.

---

166 사재동,「〈원앙서왕가〉의 실상과 위상」,『월인석보의 불교문화적 연구』, pp.274-276.
167 사재동,「월인석보의 편찬체재와 구조형태」, 위의 책, pp.41-96.

첫째, 이 작품은 국문문학의 자질·형태를 완비하였다. 실제로 진정한 한국문학은 국어국문으로 표현된 것이라 하거니와, 이 작품은 이른바 국문산문과 국문시가로 조직·표현되어 그 가치를 갖추고 있다. 그러기에 이 작품이야말로 그 국문불경과 함께 훌륭한 국문문학의 진가를 발휘하게 되었다.

둘째, 이 작품은 그 갈래 성향이 분명해졌다. 이 작품은 국문서사문학으로서 성스럽고 아름답고 감동 깊은 세계를 창출하고 있다. 그런 가운데 이 작품은 전체적으로 국문소설의 성향을 보이고 있다. 그 주제·내용은 물론 그 서사구조가 전가적 유형, 그 '영웅의 일생'을 갖추었고, 그 구성에서 무대와 인물, 사건진행과 표현 문체가 국문소설의 그것과 같기 때문이다. 한편 이 작품은 그만큼 극적인 주제·내용에다 그 구조·구성에서 소설의 그것과 동일하다. 나아가 그 사건 진행을 장면화하고 그 무대와 등장인물·극정·연기를 입체적으로 부각시키면서, 그 대화(가창포함)을 중심으로 지시문을 곁들이는 표현을 이루니, 그것이 극본·희곡의 성향을 보인다. 따라서 이 작품은 국문극본·희곡으로 규정되고 행세할 수가 있었다.

셋째, 이 작품은 그 연행성을 완비하고 있다. 기실 이런 국문불경이나 서사문학은 모두가 연행·공연을 대본이라 하거니와, 이 작품은 그 소설적 성향이나 극본·희곡 형태가 분명하여, 그것이 연행·공연되는 게 당연한 일이다. 실제로 승려·신중 사회에서 낭독되고, 강설·강설되는 것을 바탕으로, 여러 법회에서 강창되고, 나아가 각종 재의나 불사에 연극적으로 연행·공연되었던 것이다.

다. 작품의 유용 양상

〈안락국태자전〉은 그 저본〈안락국태자경〉보다도 더욱 쉽게, 보다

힘차게, 좀 더 널리 유통되었던 터다. 그것은 국문작품이기에 불교계 사부대중과 민간에 쉽고 친근하게 맞물려 유통·역량을 발휘하였기 때문이다. 더구나 이 작품은 그 국문불경의 거국적 홍포·교화를 위한 계획적이고 조직적인 유통망에 편승하여 실로 광범하게 유전되었던 터다. 기실 여기서도 그 유통의 방편은 구비와 연행, 그리고 문헌일 수밖에 없었다.

첫째, 구비적 유통이다. 이 작품은 구비적 유통에서, 그 한문 원전보다 보다 쉽고 활발하게 나갔을 것이다. 그것이 바로 국문본이기 때문이다. 더구나 이 국문본은 그 동기에 따라 유통의 계기와 기회가 입체적으로 확장되었던 터다. 우선 승려나 신도들 사이에서 적극적으로 이를 낭독·수용하는 한편, 다양한 법회에서 더욱 능란하게 상설·상창되었던 게 사실이다. 나아가 이 작품은 각종 재의, 특히 천도재의 극락왕생을 축원하는 과정에서 성황리에 연행되었던 터다.

둘째, 연행적 유통이다. 이 작품은 그 연행적 성격이 강화되어 당대의 강사나 속강승, 연예승 등에 의하여 보다 전문적으로 연행·공연되었던 터다. 이런 작품이 불경적 대본으로 승격되니, 이에 상응하는 공연이 그만큼 예술적으로 발전하였기 때문이다. 어떤 형태로든지 법석이 마련되고 사부대중과 일반 민중이 운집하면, 한 사람의 연행자가 등장하여 이 작품을 대본으로 능숙하게 강설하고 유창하게 가창하며, 어울리는 춤사위와 함께 적절한 연기까지 연결하여 연극적으로 공연하였던 터다. 이러한 공연은 그대로 판소리 같은 강창극으로 전개되는 것이었다. 이러한 강창극적 공연은 발전적으로 분화되어 가창극이나 가무극 내지 대화극 등으로 발전될 가능성을 보였던 것이다.

셋째, 문헌적 유통이다. 이 작품은 구비적 유통과정에서 교본이 소용되었던 게 사실이다. 따라서 여기에는 이 작품의 필사본이나 인쇄본이 유통될 수밖에 없었다. 더구나 이 작품의 대본으로 연행되는 과정에서 그 문서본이 필수되었던 것이다. 이러한 마당에서 이 작품의 필사본이나 인판본이 성황리에 유통되었던 게 사실이다. 그리하여 현전하는 전거가 있으니, 그《월인천강지곡》전3권 중에 〈원앙서왕가〉로 실리어 널리 유통되었고, 그《석보상절》전24권 중에 〈안락국태자전〉으로 수록되어 널리 유전되었으며, 그《월인석보》전25권 중에 역시 〈안락국태자전〉으로 〈원앙서왕가〉와 짝지어 자리함으로써, 널리·오래 보급되었던 터다. 이어서 이 작품은 안진호의《석가여래십지행록》부록에 〈안락국태자경〉으로 국문화되어 널리 유통되었던 것이다.[168]

(3) 〈안락국전〉의 변용·전개
가. 작품의 변용 과정

이 작품은 〈안락국태자경〉내지 〈안락국태자전〉을 계승하여 변용·발전시킨 성과물이다. 따라서 이 작품은 안락국태자전승의 변용·발전 양상을 실증하는 중요한 의미·위상을 갖추고 있다. 그것이 문학작품으로나 그 대본으로서 어떻게 연행·공연되어 왔는지를 증언하고 있기 때문이다. 따라서 이 작품의 변용 과정을 추적하는 것은 그 예술사적 위상을 파악하는 일이라 하겠다.

첫째, 작품의 연원·모본이다. 이 작품은 위 한문본 〈안락국태자경〉이나 국문본 〈안락국태자전〉을 연원·모본으로 하여 전개된 것은 당연한 일이다. 먼저 그 한문본을 연원으로 하여 이를 번역·수용하였을 가능성은 열려 있는 게 사실이다. 기실 훈민정음 이후 그 초창기 국문작

---
[168] 안진호,『석가여래십지행록』, 법륜사, 1955.

품들은 대부분 그 한문원전을 번역·번안한 것이기 때문이다. 그런데 이 한문본은 찬성된 이래, 그 유통이 매우 희귀하고 제한적이었던 터다. 당시 그것은 미처 주목받지 못하여 특수한 인연에 따라 필사본으로 유전되었기 때문이다. 그래서 여기 그 국문본을 모본으로 주목하게 된다. 우선 그 국문본끼리의 호응도가 절실했던 것이다. 기실 이 국문작품을 보완 발전시키려는 데에 그 국문모본을 받드는 것은 너무도 당연하기 때문이다. 게다가 이 국문모본은 위《석보상절》이나《월인석보》에 실려 다양하게 인출되고 계획적·조직적으로 광포되었던 터다. 나아가 그것은 당시 사부대중 사이에서 필사본으로 이 〈안락국전〉은 그 국문본을 연원·모본으로 삼았을 가능성이 보다 높은 편이라 하겠다.

눌째, 변용·발전의 주체와 동기나. 이 작품이 변용·발선에 기여한 주체들은 구체적 인물로 파악할 수 없으니, 집단적으로 유형화해 볼 수밖에 없다. 여기서는 우선 그 대승적 법사·강사나 속강승·연예승, 일반 문사·연예인 등이 중요한 역할을 했을 것이다. 그들은 이 작품을 통하여 사부대중, 일반 대중들에게 좀 더 흥미롭고 감동적인 설법·연행을 베푸는 데에 최선을 다하였다. 따라서 그들은 이 작품, 그 대본을 청중들의 근기와 성정에 맞추어 점차 대중적이고 통속적으로 개변시키는 데에 주동이 되었던 터다. 게다가 당시의 신불 문사나 일반 연예인들이 여기에 합세하여 이 작품을 보다 흥미롭고 감동적인 대본으로 만드는 데에 간여하게 되었을 터다. 그 모두는 이런 작품을 대중적·통속적으로 개변하여 청중들의 인기·감화를 충족시키는 것이 그 책무요 살길이었기 때문이다.

따라서 그들이 이 작품을 대중적·통속적으로 개변시키는 동기는 자명해진다. 그들은 당시 이 작품의 유통에 있어, 그 수용층, 청중에게 호응을 얻고 인기리에 감동을 줄 수 있는 방법을 추구하게 되었다. 이것은 문학·예술계와 공연문화계의 필연적이고 바람직한 추세였던 것이다. 그리하여 그들은 이런 작품을 소설적으로나 대본식으로 증보·개작해 나갈 때, 그 청중·대중의 취향과 정서에 맞추어, 대중적이고 통속적으로 조정할 수밖에 없었다. 따라서 그들은 이 작품의 성스럽고 거룩한 차원과 분위기를 점차 보편적이고 대중적인 방향으로 바꾸고, 통속성을 가미·조화시키는 방법으로 나갔던 게 사실이다. 그래서 그들은 평상적 유통·연행 과정을 통하여 이 작품을 통속적이고 흥미로운 대중소설 내지 대본으로 발전시켰던 것이다.

셋째, 변용·발전의 실제와 시기다. 이 작품은 그 모본·원전으로부터 이만큼 변용·발전하는 데는 다양한 면모를 보이지만, 그 몇 가지 뚜렷한 경향을 나타내고 있다. 우선 그 주체·내용면에서 불교적 성향이 퇴색되고 상대적으로 유교와 도교 내지 무속 등의 제반 요소가 보완·융합되었다는 사실이다. 이것은 당시 예술계의 사상 경향과 대중사회의 시대사조를 반영하는 중대한 변화라 하겠다. 그리고 이 작품은 구성 면에서 많은 변화를 겪은 게 사실이다. 우선 그 무대가 적잖이 변모되었다. 그 시간적 무대는 더욱 구체화되고 공간적 무대는 좀 더 확대되면 그 장소의 명칭까지 하향·변모되었다. 그리고 그 등장인물의 변화가 뚜렷하게 드러난다. 그 인물들의 위상·역할이 하향·속화의 경향을 보이고, 그 명칭도 바뀌어 있다. 게다가 사소하지만 새로운 인물이 등장하는 형편이다. 나아가 이 사건 내용의 변화가 확실히 나타난다. 여기서는 그 사건의 삽화가 대중적으로 변화되었을 뿐만 아니라, 필요에 따라 통속적인 삽화가 추가·보첨되었다. 그것은 이 작품이 구성에서 상당한 변모를 겪어, 대중적으로 많이 발전하였음을 보여 주는 터다.

한편 이 작품은 그 표현·문체에서 상당한 변화·발전을 이루고 있다. 이것은 모본의 그것을 축약시키는가 하면, 사실적으로 부연하고 있다. 그것은 국문소설의 보편적 문체처럼 묘사·서술로 발전하고 있는 게 사실이다. 이와 같이 〈안락국전〉은 상당 기간에 걸쳐 그 모본으로부터 그만큼 변모되어 통속적으로 발전하고 있는 것이다.[169]

이런 점에서 이 작품이 변모·발전하여 온 시대적 배경은 상대 연대로 추정할 수밖에 없다. 이것은 동일 계통의 작품들이 변화·발전된 시간적 궤적과 당시 국문소설의 발전·난숙하던 시대적 배경과 결부시켜 그 추정이 가능해진다. 기실《월인석보》소전의 〈목련구모전〉(제23권)이 〈목련전〉으로, 〈선우태자전〉(제22권)이 〈적성의전〉으로《석가여래수행기》소전의 〈금우태자경〉이 〈금송아지전〉으로 변모·발전한 상대 연대가 대강 16세기 국문소설의 발전기를 거쳐 그 17세기 난숙기에 이르러 그 완선한 소설석 변모를 갖추었다고 추성뇌는 터다. 그렇다면 이 〈안락국전〉도 그 16세기를 거쳐 17세기에 이르러 소설적 면모를 갖추었고, 적어도 18세기에는 현전하는 그 작품으로 완성되었으리라 추정되는 터다. 이 사실은 그 후대적 이본 상당수가 대체로 19세기에 필사·정착됨으로써, 방증하고 있기 때문이다.

나. 작품의 성격

이 작품은 이미 문학적 성격을 확실하게 드러내었다. 적어도 국문산문문학으로서의 자질과 형태를 완비하고 있기 때문이다. 따라서 이 작품은 갈래 성향이 뚜렷하게 나타나는 터다. 그러기에 이 작품은 국문소설 형태를 보이고, 나아가 그 장면화를 전제하여 국문극본·희곡 형태를 유지하고 있으며, 그 연행성을 족히 확보하고 있는 것이다.

첫째, 국문소설의 형태다. 이 작품은 그와 동류의 〈적성의전〉이나

---

169 사재동, 「〈안락국전〉의 연구」, 『한국소설의 실상과 전개』, pp.592-594.

〈금송아지전〉 내지 〈구운몽〉·〈사씨남정기〉 등과 대등하게 그 소설적 자질과 구조·형태를 완비하고 있기 때문이다. 적어도 그 주제와 배경사상은 물론, 그 구조 형태가 전기적 유형에 '영웅의 일생'을 갖추고 있다. 그리고 그 구성에서 무대와 등장인물의 성격·기능을 발휘하고, 그 사건 진행이 '발단·예건의 설명·유발적 사건·상승적 동작·절정·하강적 동작·대단원'의 전형적 동선을 그대로 밟고 있다. 그리고 그 표현 문체가 위 전형적 국문소설의 그것과 동일한 터다. 그리하여 이 작품은 국문소설의 한 작품으로 규정되는 것이라 하겠다.

둘째, 국문희곡 형태다. 이 작품은 소설 형태로서 극본·희곡 갈래를 지향하고 있다. 이 작품은 주제와 사상은 그대로 유지하고 그 구성에서 무대를 입체화하고 그 등장인물을 생동화하며 그 사건 진행은 소설의 그것을 장면화하면 된다. 그리고 그 문체는 강창체를 중심으로 가창체·가무체·대화체로 복원·전환시키면 그만이다. 그리하여 이 작품은 그대로 희곡·극본으로 각색·재작될 수가 있었던 것이다.

셋째, 연행성이다. 이 작품은 그 모본과 같이 연행을 위하여 제작된 것이다. 그러기에 이 작품이 그 연행성을 계승하여 극본으로 연행되는 것은 필수적이었던 터다. 따라서 이 작품은 극본성향, 그 문체에 입각하여 사찰 내외의 승려나 신도들 사이에서 낭독되고, 강당·강설하는 것을 바탕으로, 속강승·연예승에 의하여 강창극적 연행, 나아가 가창극이나 가무극, 대화극 등으로 공연하게 되었던 것이다. 그리하여 이 작품이 그다지 대중화·통속화되었던 만큼, 그 연행·공연이 그만큼 대중화·통속화되었으리라 추정된다.

다. 작품의 유통 양상

이 작품은 그만큼 대중성과 통속성을 강화하고 대중문학으로 발전하였기에 그 유통 범위가 넓어졌던 터다. 그 모본이 사찰·불교계를 중심으로 유통되었다면, 이 작품은 불교계에서도 성행하였을 뿐 아니라, 일반 민중에도 족히 유통될 수 있었기 때문이다. 따라서 이 작품은 역시 구비적 방편이나 연행적 방편, 그리고 문헌적 방편을 타고 보다 널리 활발하게 유통되었을 것이다.

첫째, 구비적 유통이다. 이 작품은 이제 그 국문소설의 보편적 유통망을 타고 성황을 보였던 터다. 그 승려나 신도뿐만 아니라 민간 대중들까지 이 작품을 낭독하고, 그 사회에서 집단적으로 강독되고 강담되었던 것이다. 적어도 이 작품의 그 시대에는 전문적인 강독사가 있어, 민간의 내방이나 사랑방에서 여러 청중을 위하여 이를 능숙하게 강독하는 사례가 얼마든지 있었다. 그리고 선분석인 상남사가 나타나 시상이나 민간의 일정한 장소, 운집한 청중에게 능숙한 입담으로 이를 감당하여 인기를 끄는 사례도 얼마든지 있었다. 이러한 이야기꾼이 그 강담의 과정에서 더 흥미로운 이야기를 연출하여 그 소설을 변모·발전시키는 데에 이바지하게도 되었다.

둘째, 연행적 유통이다. 이 작품은 구비적 유통에서 발전적으로 연행되어 상당한 성과를 올리게 되었다. 여기에는 사원·불교계 중심의 속강승이나 연예승이 점차 통속화된 그 대본을 가지고 대중을 상대로 속강, 통속적 강창극을 연행하였던 터다. 여기서 이러한 통속적 강창설법은 저 부처나 고승의 고차원의 하늘 설법에 상응하여, 땅의 설법, 즉 '땅설법'의 성향을 갖추게 되었다. 한편 그 연예승들은 이런 작품을 변형시켜 가창이나 가무, 대화 등을 중심으로 연극적 공연을 해냈던 것이다. 한편, 민간의 연예인이나 광대들이 이 작품을 극화·각색하여 연극형태로 공연하는 사례로 나타났으리라 추정된다.

셋째, 문헌적 유통이다. 이 작품은 개별적인 낭독이나 집단적 강독

내지 강담 등에서도 그 대본이 필사되어 유통된 게 사실이다. 또한 그것은 극본으로 강창되거나 공연될 때에도 역시 그 필사본이 작성·활용된 것이 분명하다. 이러한 과정에 이 작품의 문헌적 유통은 성행하였지만, 그것은 대부분 필사본이었던 터다. 당시의 유통 상에서 이 작품은 인판본으로 대량 생산할 만큼 수요가 크지 않았던 것인가 추단된다. 그래서인지 지금껏 유전되는 그 후대적 이본들 모두 필사본뿐이다. 대체로 현전하는 이본 〈안락국전〉은 마곡사장본(연대 미상)과 국립도서관장본(1851), 박영돈장본(1851), 연세대도서관장본1(연대 미상), 조동필장본(1886), 정신문화연구원장본(연대 미상), 정명기장본(189), 연세대도서관장본2(1884) 등이 있어 주목되는 터다.[170]

3) 〈안락국태자전〉의 문학적 실상

(1) 〈안락국태자전〉의 내용·주제

① 옛날 범마라국 임정사에서 광유성인이 오백 제자를 다리고 교화하실 때, 서천국에 사라수대왕이 400소국을 거느리고 정법으로 다스리며, 일체 보배로운 것을 탐치 않고 오직 선한 근원을 닦아 무상도를 구한다.
② 광유성인이 사라수대왕의 선심을 듣고 그 제자 승열파라문비구를 왕에게 보내어 찻물 길을 채녀를 구하니, 왕과 제일부인 원앙부인이 그 비구를 극진히 공경함은 물론, 부인 408인 중에서 가장 젊고 아름다운 부인 8명을 채녀로 뽑아 보낸다.

---

170 사재동, 「〈안락국전〉의 연구」, pp.590-591.

③ 광유성인이 8채녀를 즐겨 맞아 우물물을 긷게 하니, 삼 년이 되어 선한 근원을 닦고 무상도를 이룸이 머지않게 된다.
④ 광유성인은 사라수대왕의 선심이 지극함을 확인하고, 다시 승열비구를 보내어 이제는 직접 왕의 몸을 청하여 찻물 긷는 유나로 삼으려 하니, 왕이 듣고 깃거하며 그 청에 즉응하게 된다.
⑤ 그러나 왕은 한편으로 전세인연을 따라 동거하던 많은 부인들을 버리고 갈 생각에 눈물을 비 오듯이 흘린다. 이때에 원앙부인은 그 실정을 알고는 자신의 지극한 신심을 따라, 왕과 함께 무상도를 구하여 광유성인께로 나아갈 것을 결심하고 왕의 쾌락을 얻는다.
⑥ 왕이 나라를 아우에게 맡기고 원앙부인과 함께 비구를 따라 출가하게 되니, 백관과 만민은 이를 안타깝게만 여길 뿐이다. 서천국을 떠나 죽림국에 이르러 광야를 만나 무한히 걷다가 해가 저물매 들판 풀섶에서 밤을 새운다.
⑦ 그 이튿날 길을 떠나고자 할 때, 원앙부인 다리가 붓고 발이 아파 더 갈 수가 없게 되므로, 일행은 진퇴유곡에 빠지게 된다. 그제야 원앙부인은 묘안을 내되, 그 근처의 장자집을 찾아서 자신을 종의 명목으로 팔아다가 그 값을 자기 이름 아래 광유성인께 바치기를 애원한다.
⑧ 왕과 비구가 이 말을 듣고 슬픔을 이기지 못하나, 어쩔 수 없이 그 원앙부인을 자현장자의 집으로 데려고 가서, 종의 값에 사주기를 청한다. 장자가 나와서 원앙부인의 양자 고음을 보고 이에 응하니, 원앙부인이 자기 몸(태아 포함)의 값을 금 사천 근으로 정하여 팔리게 된다.
⑨ 그 몸값을 받은 왕과 비구가 그 장자집에서 자고 이튿날 떠나갈 때, 원앙부인은 꿈에서나 서로 만나 볼 것을 기약하면서, 만사여의와 왕생극락을 기원하는 왕생게를 지어 왕에게 바친다. 그

왕생게를 듣고 환희심에 차 있는 왕에게 원앙부인은 태아의 이름을 지어 주기를 간청하니, 왕은 이 말에 눈물을 흘리며, 아비 없는 자식이 옳은 것을 배우지 못하여 어버이 이름을 더럽힌다 하여, 낳는 대로 땅에 묻어 버리라고 한다. 이에 부인은 참뜻을 알기는 하였으나, 어머니의 본성에 끌려 낳아 기를 뜻을 밝히고, 그 자식의 명명을 다시금 간청한다. 왕이 부인의 뜻을 어기지 못하여, 아들을 낳거든 '안락국'이라 하고, 딸을 낳거든 '효양'이라고 하라는 말을 남긴 채 작별하고 만다.

⑩ 왕이 비구를 따라 임정사 광유성인께 뵈오니, 성인의 위광에 환희심으로 가득 차게 된다. 이어 금관자 두 개를 받아 찻물을 길으며 왕생게를 손에서 놓지 않고 8채녀와 함께 수행을 계속하게 된다.

⑪ 한편 원앙부인은 아들을 하나 낳아 '안락국'이라 이름하매 양자가 단정하더니, 장자가 상을 보고, 안락국이 7·8세가 되면 자기 집에 머물지 않을 것이라고 예언을 한다.

⑫ 안락국이 점점 자라, 7세 되어 장자가 제 아버지 아님을 알고 아버지 내력을 물으니, 원앙부인은 처음엔 그 장자가 제 아비임을 거짓으로 말해 준다. 이를 믿지 않고 파고드는 아들 안락국에게 원앙부인은 지금껏 쌓아 온 슬픔과 함께 모든 것을 실토한다.

⑬ 안락국이 이 사실을 알고 아버지를 찾아뵙겠다는 뜻으로 간청하니, 원앙부인은 장자의 예언과 경계를 생각하고 만류하다가, 안락국의 지성에 못 이겨 허락을 하고 만다. 아버지를 찾아 몰래 길을 떠나던 안락국이 장자의 종에게 붙들려 장자한테 나아가 갖은 혹형을 다 받고는, 다시 도망하면 모자가 살아남지 못하리라는 엄명을 받는다.

⑭ 이런 가운데에서도, 안락국이 뜻을 굽히지 않고 아버지를 찾아

떠나려 하매, 어머니 원앙부인도 죽음을 각오하고 이를 허락한다. 장자가 방심한 틈을 타서 탈출에 성공한 안락국이 힘을 다해 가고 또 가다가 뜻밖에 큰 강을 만나게 된다. 뒤에 추적자가 쫓으리라는 것을 의식한 안락국이 건너지 못하는 강가를 오르내리며 울부짖다가 강가에 버려진 짚동을 안고 물속으로 뛰어든다. 그리고는 하늘을 우러러 기원하고 왕생게를 염하니 순풍이 불어 기적적으로 강을 건너게 된다.

⑮ 강을 건넌 안락국이 곧 범마라국 임정사 근처에 다다라 왕생게를 외우는 8채녀를 만나게 된다. 그 왕생게로 인하여 8채녀가 누구임을 알고, 그 8채녀로부터 아버지 사라수대왕의 소식을 자세히 듣는다.

⑯ 드디어 안락국이 아버지를 만나 그 다리를 움켜 안고 흐느끼니, 그 아버지가 누구인지를 몰라 어리둥절한다. 안락국이 그 이름을 대고 찾아온 내력을 말하면서 왕생게를 외우니, 그제야 그게 아들임을 확인하고는 얼싸 안고 울음을 터뜨린다. 그러나 안락국은 만단 심회를 풀기도 전에, 아버지의 지시를 따라 그 어머니에게로 되돌아가야만 되니, 작별의 안타까움으로 발걸음을 옮기지 못한다. 그래서 그 아버지가 눈물로 노래를 지어 부르며 안락국을 달래어 보낸다.

⑰ 한편 원앙부인은 안락국이 떠나간 후로, 대로한 장자에게 이끌려 보리수 밑에 엎어진다. 남편과 아들을 그리는 노래를 지어 부르고는, 장자의 칼에 맞아 세 동강으로 죽음을 당한다.

⑱ 원앙부인의 원통한 죽음은 소치는 아이들에까지 알려져 이를 노래로 부르게 되니, 이때에 강을 건너 어머니를 찾아오던 안락국이 이 노래를 듣고 어머니의 참상을 알아낸다.

⑲ 안락국이 즉시로 어머니의 사지를 찾아가 분열된 시체를 차례로 모아 놓고 하늘을 우러러 울부짖으며, 서천을 향하여 원왕생

의 게를 지어 부른다.
⑳ 이 안락국의 지극한 뜻이 서천에 상달되어, 극락세계로부터 보살들이 사십팔룡선을 타고 나려 와서, 안락국에게 그 부모가 벌써 서방에 가서 부처로 되었음을 전한다. 이 사실을 알고 안락국은 마음에 극락을 누리게 된다.
㉑ 이어 안락국은 보살들의 지시를 따라, 사십팔룡선의 사자좌에 올라, 허공을 타고 서방 극락세계로 간다.
㉒ 마지막으로 부언하기를,
광유성인은 현세의 석가모니불이고, 사라수대왕은 아미타불이며, 원앙부인은 관세음보살이고, 안락국은 대세지보살이며, 승렬파라문은 문수보살이고, 8채녀는 8대보살이며, 500제자는 500나한이라 하고, 자현장자는 무간지옥에 떨어졌다고 한다.

대강 이러한 수준이라면, 감동을 자아낼 만큼 풍부하고도 다양한 내용이라고 아니할 수 없다. 장엄한 부처의 권능을 배경으로 하여 사라수대왕이 선심과 구도심, 원앙부인의 자비심과 왕생극락에의 비원, 이런 것들이 마주치는 곳에 안락국은 잉태된다. 자현장자의 무도·극악이 파고들어 와 거기에서 불안·공포·비애·갈등·고통이 일어나고, 이러한 진통 속에서 안락국은 진흙속의 연화처럼 태어나서 자란다. 삶의 비극이 죽음으로 절정을 이룰 때에, 안락국의 지극한 도심과 효심에 의하여, 이 비극의 선역들은 모두 왕생극락을 누리게 된다. 요컨대 부운 같은 부귀영화를 버리고 오직 선심과 자비로 몸·마음을 다 바쳐 무상도를 구하면, 생사고해를 밟고 넘어서 극락정토 안락국에 이르게 된다는 종교-불교적 인생역정을 그리고 있는 것이다. 이와 같은 주제·내용은 결국 선행 구도자는 극락·행복을 누리고 악행·무도자는 지옥고에 떨어진다는 권선징악으로 일관되어 있는 것임을 알겠다.

(2) 〈안락국태자전〉의 구성
가. 무대

이 작품의 배경·무대에 대하여 자세히 살펴보아야겠다. 시대적 배경은 그저 '녜'(옛날)라고 하여 너무도 막연하게 언급된 것 같기도 하다. 그러나 '녜'에 이어 광유성인이 범마라국 임정사에서 500제자를 거느리고 교화하시던 시기라는 것을 명시함으로써, 사실상 시대 배경은 구체적으로 설정된 결과가 되었다. 지리적 배경은 인도땅·범마라국·죽림국 등으로 설정되어 불교적인 허구세계를 빈틈없이 조성하고 있는 것이다. 한편 이 작품에 시종일관되는 불교적 분위기는 실로 장엄·심중하여 그 속에서 전개되는 허구적인 사건을 절실하고도 자연스럽게 뒷받침하고 있으니, 이것이 또한 무시 못 할 배경으로 어울리게 된다.

이 작품의 주연급 인물들이 활동한 무대는 비교적 다양하고, 사건 전개에 적합한 것이다. 그들이 부귀영화를 누리는 대목에서, 그 무대는 400소국을 거느린 서천국의 화려한 궁전으로 전개되며, 그들의 출가·고행이 시작되는 대목에서는, 그 무대가 죽림국의 광야로 펼쳐진다. 이어 그들이 극도의 고난 속에 헤매게 되었을 때, 그 무대는 극악·무도한 자현장자의 음울한 저택으로 전환되는 것이다. 그래서 그들이 갖은 고초를 겪고, 이 고난의 지대에서 저 구도의 광명천지를 찾으려 할 때, 그 중간에는 건너기 어려운 대하가 가로 놓이게 된다. 그들이 이 강을 건너면 도피안하여 광명세를 얻게 되니, 그 무대가 바로 범마라국 임정사 광유성인의 도량인 것이다. 드디어 그들이 무상의 행복을 누리게 되니, 그곳이 다름 아닌 서방 극락세계 안락국인 것이다.

나. 등장인물

이 작품에 등장하는 인물들은 그 성격을 비교적 뚜렷하게 드러내고 있다. 그 인물들에 대한 성격 묘사가 그런대로 필연성을 띠고 구체적으로 이루어졌기 때문이다.

광유성인은 이 작품의 인물들 중에서 가장 존엄한 자리에 처하여, 사건 진행상 절대적인 영향력을 발휘하고 있는 인물이다. 여기 주연급 인물들이 그의 지시에 의하여 그 행동의 방향을 잡고 있는 실정인 것이다. 이 광유성인은 현세의 석가모니불이라고 규정됨으로써, 그 성격의 윤곽을 잘 들어내고 있다.

사라수대왕은 400소국을 다스리며 408부인에게 둘러싸여 지극한 부귀영화를 누릴 수 있는 자리에 처하고 있다. 그런데도 그는 그러한 자리에 억매이지 않고 오로지 선근을 닦고 무상도를 구하는 전형적인 구도 선인으로 공인되고 있다. 그는 또한 정법으로 백성을 다스리는 성왕이요, 처자를 위하여 뜨거운 눈물을 흘릴 수 있는 온후한 가장이기도 하다. 이러한 인물형은 고전소설 전반에 으레 등장하고 있음을 보게 된다. 어떤 소설이든지 그 주인공의 아버지는 명문거족의 한 사람으로서 학덕이 거룩하여 명망이 조야에 가득 찬 도덕군자, 구도 선인으로 되어 있는 것이다. 그 주인공의 아버지는 으레 역경에 처하여 고행 난행을 겪은 후에야 주인공의 성공으로 광명세를 보게 된다. 여기 사라수대왕이 그러한 인물형과 본질적으로 상통하고 있다는 사실을 감지하게 된다. 사라수대왕은 아미타불의 전신이라 했거니와, 그가 실재의 역사적 인물이 될 수 없음은 전게 광유성인의 경우보다도 더욱 분명한 것이다. 한편 그는 사라수라는 나무가 표상하는 불교적 관념이나《아미타경》에 나오는 사라수왕불의 인격 등을[171] 기반으로 하여 창정된 허구적 인물이라고 보는 편이 온당할 것이다.

원앙부인은 이 작품에서 사실상의 주인공이다. 그녀는 사라수대왕의 제일부인으로서 부녀의 숙덕을 완비하였다. 남편을 위하여 만삭의 몸을 이끌고 고행 길을 따라 나서는 애정이 있고, 무상도를 구함에 자신을 종의 몸으로 팔아 그 값을 광유성인께 바치는 지극한 비원이 있으며, 자식을 사랑함에 그를 대신하여 죽음을 달게 받는 희생적 자정이 있다. 뿐만 아니라, 자신의 원수를 원망은커녕 오히려 너그러이 보살피는 하해 같은 관용이 있는 것이다. 이리하여 자타를 구제하고 왕생극락을 이룩한 그녀는 인간이 소망하는 무상의 여인상이다. 때문에 그녀는 실재의 인물일 수 없는 자리에서 현세의 관세음보살이라고 불릴 수밖에 없었던 것이다.

안락국태자는 이 작품의 주인공격으로 등장하였다. 그 명칭은 정토신앙의 최고 이상경인 극락정토 안락국을 상징한 것이라고 보아진다. 그는 아미타불의 전신인 사라수대왕과 관세음보살의 전신인 원앙부인의 사이에서 그 정채를 빼내 한 몸에 지니었으니, 가위 완전무결한 인간형이라 하겠다. 그는 주인공으로 활동하기에는 나이가 어렸지마는, 극락세계의 제불보살을 감동시킬 만큼 순수하고 절실한 신심과 효심으로써 평상인이 도저히 해내지 못할 일을 수행해 나갈 수가 있었다. 그는 그처럼 깨끗하고 높은 마음을 가지고 하늘을 우러러 호소함으로써, 그 부모의 극락 승천을 보게 되었고, 자신도 안락국에 이르게 되었다. 정토신앙의 정수를 한 몸에 지닌 그는 나이 어린 보살이라 하겠으니, 이르기를 대세지보살의 전신이라 하였다. 그 주인공(남아)이 완전무결한 인간형으로 서술되고 있는 것은 고전소설 전반에 걸쳐 공통된 현상

---

171 《佛說阿彌陀經》에 '舍利弗 上方世界 有梵音佛 宿王佛 香上佛 香光佛 大燄肩佛 雜色寶華嚴佛 沙羅樹王佛 云云'이라 하였다.

이거니와, 고전소설 일반의 주인공들이 충효와 문무·도술까지를 겸비한 과장적인 인간형임에 대하여, 여기 안락국은 순연하고도 참된 인간상을 지녔다는 데에 그 특성이 있다고 하겠다.

자현장자는 전형적인 악인으로 등장하였다. 선역 원앙부인과 안락국태자를 상대로 하는 이 작품 유일의 악역이다. 승렬비구는 광유성인의 명령과 교시를 전하는 사자 역을 맡았다. 전범적인 승려로서 자기 사명을 다하는 것 뿐 별다른 개성을 발휘하지는 않고 있다. 그리고 기타 인물, 사라수왕의 408부인 중 8채녀, 광유성인의 500제자, 죽림국의 목동, 자현장자의 비복 등이 등장한다. 이들은 다 같이 사건 전개상의 보조·배경인물이다.

다. 사건진행

이 작품의 사건은 일반 불경의 기본구조를 변화성 있게 계승하고 있을 뿐만 아니라, 고전소설 내지 희곡의 사건형식과도 궤를 같이하고 있는 것으로 간파된다. 이에 이 작품의 사건 진행을 검토하기 위하여, 소설·희곡의 구성을 논의할 때 흔히 쓰는 방법을 적용하려고 한다.[172]

1 예건의 설명(①-③)

이 작품의 서두부는

네 범마라국 림졍ᄉ애 광유셩인이 오ᄇᆡ 뎨ᄌ 다려 겨샤 대승 쇼승 법을 니ᄅᆞ샤 듕ᄉᆡᆼ을 교화ᄒᆞ더시니 그수ㅣ 몯내 혜리러라 그ᄢᅴ 셔텬국 사라슈대왕이 ᄉᆞᄇᆡᆨ 쇼국 거느려 겨샤 졍ᄒᆞᆫ 법으로 다ᄉᆞ라더시니 왕

---

172 사재동, 「〈목련전〉 연구」, 『월인석보의 불교문화학적 연구』, pp.350-353.

위를 맛드디 아니 ᄒᆞ샤 쳐권이며 ᄌᆞ식이며 보비를 탐티 아니시고 샹녜 됴ᄒᆞᆫ 근원을 닷ᄀᆞ샤 무샹도를 구ᄒᆞ더시니[173]

라고 펼쳐 놓았다. 이것은 일반 불경의 육성취를 변형·보완한 것으로 보이는데, 더 나아가 고전소설 일반에서,

화셜 ○○나라 ○○시졀애 ○○싸의 일위 명환이 잇스니 셩은 ○요 일홈은 ○○라 대대 명문 거족으로 소년 등과ᄒᆞ야 벼슬이 ○○에 이르믹 물망이 조야의 읏듬이요 츙효 겸비ᄒᆞ기로 일홈이 일국의 진동ᄒᆞ더라

고 그 공식적인 서두를 내세우는 것과 동질적인 것이라 하겠다. 이어 광유성인이 승렬비구를 시켜 사라수대왕에게 채녀를 청했을 때, 왕과 원앙부인은 그 비구를 극진히 공경하고 환희심으로 8채녀를 뽑아 보내게 된다. 이것은 왕과 원앙부인이 출가할 수 있는 필연성을 시사한 복선이라 하겠다. 여기서 중요 등장인물들은 그 성격의 방향을 잡게 되고, 앞으로 전개될 사건은 합리적인 기반을 마련하게 된다. 이 점은 마치 고전소설에 있어서의 발단단계와 같다고 보아진다.

② 유발적 사건(④-⑧)

드디어 광유성인이 왕 자신의 출가를 요구하게 되자, 왕은 기꺼이 응낙을 한다. 그러나 왕은 눈물을 흘리게 마련되어 있다. 그 눈물은 왕이 풍부한 인정미를 강조하고 있을 뿐만 아니라, 원앙부인이 왕과 함께

---

173 편의상 동국정운식 한자음표기에 따르지 아니하였다. 이하 예문도 같다.

출가하지 않을 수 없는 필연성을 암시하고 있는 것이다. 마침내 왕과 원앙부인으로 하여금 승렬비구를 따라 저 광유성인의 임정사를 향하여 부귀영화의 꿈이 서린 궁전을 떠나게 한다. 이렇게 함으로써, 왕과 원앙부인의 구도심은 금강심으로 각광을 받게 되고, 부귀와 영화는 부운처럼 실감되는 것이다. 이로부터 비원의 고행은 시작된다. 어려서부터 손수 걸어본 적이 없는 왕과 원앙부인, 더구나 부인은 만삭에 가까운 임부로 길을 걷게 하고 그 앞에 넓디넓은 광야를 무자비하게 펼쳐 놓음으로써, 그들의 고난을 최대한으로 고조시키고 있다. 나아가 그들로 하여금 광야의 한 풀숲에서 노숙하게 만듦으로써, 궁중의 아름다운 잠자리와 대조를 이루어 측은함을 금치 못하게 한다. 이렇게 하여 원앙부인을 더는 걸을 수 없는, 막다른 골목으로 자연스럽게 몰아넣는다. 잡초만이 우거진 허허 벌판에 스스로는 한 걸음도 움직일 수 없는 원앙부인, 그녀 앞에는 자신도 끌고 가기 어려운 왕과 자신만을 겨우 움직일 수 있는 승렬비구만이 있을 뿐이다. 그들은 결코 되돌아 갈 수가 없다. 그리고 갈 길은 멀다. 그들에게는 원앙부인과 함께 앉아서 죽음을 기다리던가, 원앙부인을 팽개치고 둘이서만 걸어가든가 하는 두 가지 길만을 터놓은 것이다. 이런 때를 대비하여, 그 근처에 자현장자의 집을 미리 마련해 놓았다. 여기서 원앙부인으로 하여금 현명한 판단을 내리게 한다. 그리하여 객사의 운명에 놓인 그 자신을 종으로 팔아서 그 몸값을 광유성인에게 바치게 함으로써, 그녀의 무상도를 향한 강열한 희생심과 지극한 비원을 실증하고 있다. 이러한 수법은 매신불공의 한 전형을 잘 보여 주는 것이라 하겠거니와, 자현장자로 하여금 금 사천 근의 고가를 치르고 원앙부인을 사게 함으로써, 그의 악역으로서의 음흉한 속셈을 은근히 들어내도록 계획한 것도 흥미를 끈다. 어쨌든 이 단계에서 주인공은 피치 못할 비운으로 들어갔는데, 이는 고전소설 일반의 비운

과정과 유사한 것임을 알겠다.

3 상승적 동작(⑨-⑬)

몸을 팔아 원앙부인은 내일의 이별을 앞두고 하룻밤을 왕과 함께 지내게 된다. 이것은 팔리면서 즉시로 작별하기보다 더 알찬 이별의 안타까움을 자아내게 할 준비기간이라고도 하겠다. 날이 밝으면 영원히 이별하게 되는 긴박한 상황 속에 마지막으로 주어진 간절한 시간, 이것은 부부간의 애정을 더욱 밀착시키는 것이며, 결국은 내일의 이별을 더욱 아프게만 하는 것이 아닐 수 없다. 드디어 작별의 장면이 벌어진다. 꿈이 아니면 다시는 만날 길이 없겠다는 대화로 시작되는 이 장면은 무심히 보아 넘기기가 어렵게 되어 있다. 원앙부인이 〈왕생게〉를 지어 왕에게 주며 위안의 말을 하게 함으로써 서글픔을 좀 누그리는가 싶더니, 뱃속에 든 아기의 작명을 두고 뼈아픈 이야기를 주고받도록 함으로써, 그 슬픔을 배가시켜 놓았다. 이어 왕은 광유성인 밑에서 열심히 수도를 하고, 원앙부인은 장잣집에서 안락국을 낳아 기르게 함으로써, 좀 잔잔한 분위기를 조성한다. 그러더니 안락국이 부왕의 거처를 물어, 찾아갈 결심을 하게 되면서 모자의 심정을 슬픔과 불안으로 몰아넣고야 만다. 부왕을 찾아가려는 안락국의 주변에 자현장자의 악독한 눈초리와 예비된 감시망을 쳐 놓고는, 이것도 모르는 안락국으로 하여금 죽음의 탈출을 감행하게 함으로써, 안타까운 분위기를 만들고 있다. 드디어 안락국이 자현장자의 종에게 붙들려 와서 장자에게 혹독한 벌을 당하게 함으로써, 불안과 안타까움으로 긴장된 분위기는 비통의 도가니로 급변하는 것이다. 여기서 안락국의 효심과 원앙부인의 자애와 자현장자의 악성이 훨씬 두드러지게 표출되고 있음을 보게 된다. 여기서는 주인공이 비극 직전의 역경에 처하고 있음을 분명히 하였는데, 이러한 단계는 고전소설 일반의 구성에서도 보이는 역경단계와 상통하는 것이다.

4 정점(⑭-⑰)

안락국에게 혹독한 벌을 준 자현장자는 안락국이 다시는 그런 뜻을 두지 않으리라고 믿고 방심하게 된다. 이때를 타서 안락국으로 하여금 제이차의 탈출을 감행하게 함으로써, 그의 일편단심은 제대로 강조되고 있다. 이 안락국이 무난하게 탈출하다가 목적지에 이르기 전에 큰 강을 만나니, 그 강은 넓고 배는 없도록 마련되어 있다. 뒤에는 안락국의 탈출을 알고 그를 잡으려 쫓아올 것임에 틀림없으며, 붙들리면 살아남지 못할 것은 뻔한 일이다. 이처럼 급박한 사세 하에서 어린 안락국을 활동시킴으로써, 손에 땀을 쥐게 한다. 안락국이 방황하다가 강가에 놓인 짚동 몇 개를 한데 묶어 안고 물에 뛰어 들어가 하늘을 우러러 읍소하고는 원앙부인의 〈왕생게〉를 외우니, 이에 기적적으로 바람이 일어나 조화롭게 그 강을 건너게 된다. 이와 같이 가장 참되고 숫된 비원이 구원을 얻어 그 어려운 강(고해)을 족히 건널 수 있다는 것을 보임으로써, 참 믿음과 구원의 진리를 실천적으로 강조하고 있다. 여기 원앙부인의 〈왕생게〉는 안락국이 그 아버지 사라수대왕을 찾는 데에 안내역을 하도록 계획되어 있는 것이다. 안락국이 강을 건너자 곧 원앙부인의 〈왕생게〉를 부르는 예의 8채녀를 만나, 그녀들에게 〈왕생게〉의 연유를 알게 되고 결국은 사라수대왕을 만나게 된다. 뱃속에 든 자식의 이름만을 지어 주고 이별해 온 그 아버지 사라수대왕과, 아버지 얼굴은 보지도 못한 채 천륜과 출천적 효심으로 죽음을 무릅쓰고 아버지를 만나러 온 아들 안락국이 얼싸안고 흐느끼는 장면, 이는 자애와 사랑의 절정이다. 그곳은 광유성인의 장엄한 도량, 많은 수도자에 둘러싸인 그 자리에서 피맺힌 사정을 풀기도 전에, 작별의 시간은 다가오고야 만다. 너무도 근엄한 무대, 할 말은 너무도 많은데 시간은 너무도 짧은 것이다. 어찌 그뿐이랴, 두고 온 어머니가 지금쯤 어떤 일을 당할까 하고 애태우는 효자 안락국의 효성·심성과, 아들을 띠워 보낸 아내가 지금쯤은 어떻게 되었을까 하고 안타까워하는 남편 사라수대왕의 내심은 불안과 초조로 긴장되어 있는 것이다. 이런 가운데, 부자의 이별은 감행된다. 그래서 여기 한 몸을 둘로 가르는 비장과 아픔을 한꺼번에 들어내고 있는 것이다. 눈물이 앞을 가려 걸어가지도 못하는 아들을 위하여 불러준 아버지의 애절한 노래는 아들의 발걸음을 가볍게 하는 듯하다. 그러나 그러는 순간에 그들의 어려운 이별을 불가피하게 했던 원앙부인은 무자비한 자현장자의 칼끝에서 남편과 자식을 목메어 부르는 피의 노래를 우려내고는 그대로 세 동상이 나고 만다. 이것은 무상도를 위하여 몸을 판 결과요 남편을 위하여 자식의 소원을 들어준 대가요, 자현장자에게 절개를 지킨 나머지다. 이 알뜰하고 거룩한 자비와 희생에 합장하기에 앞서, 저 이별에 이 죽음을 합한 그 감정 상태를 가슴에 새기지 않을 수 없는 것이다. 이런 상황을 비극이라고 한다면, 우리의 고전소설에서는 보기 어려운, 저 '셰익스피어'의 비극에서나 볼 수 있는 바로 그런 것이라고나 할까? 그처럼 극한의 환경을 설정하고 이처럼 고조된 인간 감정에 잘 맞춰 점화함으로써, 이 비극의 절정은 참으로 성공을 거둔 것이다. 지금껏 전개된 사건들이 이 한 점에 모이도록 통일 조직함으로써, 이 작품의 절정단계는 고전소설의 그것처럼 완결된 것이다.

5 하강적 동작(⑱-⑲)

안락국이 아버지를 이별하고, 다시 어려운 강을 건너 어머니 원앙부인을 찾아올 때, 목동들이 나타나 그 어머니의 피살사건을 노래로써 암시한다. 목동들의 입을 통하여 원앙부인의 참변을 실토함으로써, 어머니가 생존하리라는 희망에 연연하던 안락국으로 하여금 최후의 비통에 몸부림치도록 만든다. 안락국은 보리수 밑에 세 동강이 난 어머니의 시신을 차례로 모아 놓고, 땅에 엎드려 하늘에 사무치도록 지효의 통곡을 하게 된다. 이 울음이 한 고비를 넘어서면, 과열된 감정들은 좀 식어가고 부풀은 사건들은 차분히 가라앉게 마련되어 있다. 이쯤 되면 전반적으로 정리단계에 내려온 느낌을 준다. 여기서 안락국으로 하여금 서방을 향하여 그 어머니의 왕생극락을 비원하고 자신도 명종시에 그 뒤를 따를 것을 애원하게 함으로써, 참되고 순화된 최상의 구도자를 그려내고 있는 것이다. 비운과 역경에서 고행하는 어버이를 구제하고 가운을 바로 잡으려고 몸부림치는 주인공의 모습은 고전소설 전반에서 흔히 볼 수 있는 것이지만, 여기 안락국의 경우처럼 어리고 참한 것은 보기 힘든 바라고 하겠다. 어쨌든 이 단계는 고전소설에서의 회운 과정과 상통하는 것이다.

6 대단원(⑳-㉒)
안락국이 참된 읍소에 장엄하고도 불가사의한 불력은 권능을 나타내게 된다. 그리하여

> 즉자히 극락세계로셔 ᄉ십팔룡션이 진여애히애 태즛 알픠 오니 그 룡션 가온딋 굴근 보살들히 태ᄌᄃ려 닐오듸 네 부모ᄂ 발쎠 서방애 가샤 부톄 ᄃ외얫거시늘 네 일 몰라 이실씨 길 자ᄇ라 오라 ᄒ야시늘 태ᄌ 그 말 듣고 깃기 사ᄌ좌애 올아 허공을 타 극락세계로 가니라

라고 끝을 맺는다. 이것은 이때까지의 사건전개가 자연스럽게 가져오는 '극락의 결말'이다. 이것은 바로 고전소설의 사건 상에서 하나의 공

식적 특성에서 지목되는바 소위 '행복한 종말'과 꼭 같은 것이라 하겠다. 이렇게 이 작품의 종결단계는 정립된 것이다. 끝으로 문제되는 것이 여기 결미에 붙은 부언이다. 이것은 바로 저 불전 중의 불보살인연설화의 말미와 상통하는 것으로서, 고전소설의 결미부에 흔히 보이는

착한 사람은 福을 받고 악한 사람은 禍를 받나니라

하는 식의 권선징악적 부언과 동류의 것이라 하겠다.

이상에서 본 바와 같이, 이 작품의 구성은 허구적인 것이면서, 필연성에 의하여 자연스럽게 진전되어 갔다. 환경의 변화에 따른 인간심리의 미묘한 변화를 고려하면서 사건을 박력 있게 이끌어 나갔다. 경이적인 면과 신기한 면, 감격적인 면과 흥미로운 면 등을 연달아 낯설게 보여주면서, 작품의 주제를 알뜰하게 부각시키고 있는 것이라 하겠다. 그리고 이 작품의 구성상에서, 이야기의 진행 중에 가요를 알맞게 끼워 넣어 좋은 효과를 내고 있다는 점을 들 수 있다. 기술한바, 원앙부인의 〈왕생게〉, 사라수대왕의 〈정각상봉가〉 목동들의 〈시름요〉, 원앙부인의 〈비애가〉, 안락국의 〈왕생게〉 등이 적소에 박히어 시문학적 구실을 다하고 있는 것은 주목할 만한 일이다.[174] 물론 이러한 삽입가요의 수법을 사용한 경우는 고전소설 전반에서도 어렵잖게 찾아볼 수가 있다. 대체적으로 보아 이 구성은 성공을 거두었다고 하겠으며, 이런 점에서 현대소설·희곡의 수준을 육박하고 있다고 하겠다. 어쨌든 이 사건 진행은 '행운의 발단→비운→역경→절정→회운→행복한 결말'이라는 일

---

[174] 사재동, 「월인석보에 대한 형태적 고찰」, 『청원 제십집』, 1966, pp.30-32; 「〈정각상봉가〉에 대하여」, 『한국언어문학회 제5회 연구발표』, 1967.

련의 과정으로 요약될 수 있는 것으로서, 고전소설 일반의 사건전형과[175] 일치를 보이고 있다는 것만은 틀림이 없다.

(3) 〈안락국태자전〉의 문체

이 작품의 문체는 《석보상절》 문체의 일반성을 그대로 지니고 있을 수밖에 없다. 주지하는 바와 같이, '석보상절의 문체는 유려함이 과연 문학작품으로도 훌륭한 것'이라고 학계 전반의 공인을 받고 있는 실정이다.[176] 따라서 〈안락국태자전〉의 문체도 문학작품의 문체로서 충분한 조건을 갖추어, '번역한 것이 아닌 일종의 창작품'이라[177] 할 만큼 아려한 것은 당연한 일이다. 산문체의 대표격인 고전소설의 문체와 대조하여 볼 때, 여기서 주목할 만한 사실이 발견되는 것이다. 이 작품에서 임의로 한 대문을 뽑아 보이면,

> 왕이 드르시고 깃그샤 가려 ᄒ싫 저긔 부인이 왕끠 다시 ᄉᆲ오샤ᄃᆡ 비욘 아기 아ᄃᆞᆯ옷 나거든 일후믈 무스기라 ᄒᆞ고. ᄯᆞᆯ옷 나거든 일후믈 무스기라 ᄒᆞ리잇고 어버ᅀᅵ ᄀᆞ자 이신 저긔 일후믈 일뎡ᄒᆞ사이다 왕이 드르시고 눖므를 흘리며 니ᄅᆞ샤ᄃᆡ 나ᄂᆞᆫ 드ᄅᆞ니 어버ᅀᅵ 몯 ᄀᆞᄌᆞᆫ ᄌᆞ식은 어딘 이를 비호ᄃᆡ 몯 ᄒᆞᆯ 씨 어버ᅀᅵ의 일후믈 더러비ᄂᆞ다 ᄒᆞᄂᆞ니 나거든 싸해 무더 ᄇᆞ료ᄃᆡ ᄒᆞ리이다. 부인이 ᄉᆲ오ᄃᆡ 대왕ㅅ 말ᄊᆞ미 ᅀᅡ 올커신마ᄅᆞᆫ 내 ᄠᅳ데 몯마재이다 아드리어든 일후믈 효지라 ᄒᆞ고 ᄯᆞ리어든 효양이라 호ᄃᆡ 엇더ᄒᆞ니잇고. 왕이 부인ㅅ ᄠᅳ들 어엿비 너

---

175 정주동, 『홍길동전연구』, 신아사, 1961, p.160 참조.
176 최현배, 『한글날』, 정음사, pp.78-79; 허웅·이강로, 『주해월인천강지곡』, 정음사, 1962, p.3 참조.
177 이병기·백철, 『국문학전사』, 신구문화사, 1959, pp.117-119 참조.

기샤 니라샤디 아드리 나거든 안락국이라 ᄒ고 ᄯᆡᆯ옷 나거든 효양이
　　라 ᄒ소셔 말 다 ᄒ시고 슬하디어 우러여희시니

이러하다. 이제 위 두 부분을 비교해 보면 상호 대등한 위치에 있을
뿐만 아니라, 이 〈안락국태자전〉의 문체가 저 〈사씨남정기〉의 문체보
다 간결·수려함을 인정하지 않을 수 없다. 이와 같이 이 작품의 문체가
아려한 산문체로서 시인되었거니와, 좀 더 구체적으로 살펴보면 몇 가
지 특장을 찾아낼 수가 있다.

　첫째로, 여기 사용된 어사들이 대부분 순 우리말이라는 점이 주목을
끈다. 부득이한 경우에는 한자어에 음을 달기도 하였지만, 그 외에는
우리말을 잘 골라 쓰고 있음을 본다. 고전소실의 문장들이 내부분 한사
어·한문숙어 등을 주로 사용하고 있다는 것은 주지의 사실이거니와,
이 점에 비한다면 우리말 중심의 한글 전용은 하나의 장처가 아닐 수
없겠다.

　둘째로, 이 작품의 문체는 삽입가요를 효율적으로 활용하고 있다.
기술한대로 이 작품에서는 삽입가요가 발달하여, 전체적으로 산문과
운문이 교용되는 강창문체의 성향을 보이고 있는 것이 사실이다. 그런
데 이 가요는 표현·문체상에서 보다 중요한 역할을 하고 있으므로, 여
기에 역점을 두어 검토할 필요가 있다. 이 가요는 11번이나 나오는데,
그 자체의 성격과 문체상의 기능으로 하여 매우 돋보이는 것이 확실하
다. 본래 이 가요들은 그 자체의 정서성, 음율성, 응축성으로 하여 보다
크고 많은 것을 함유함으로써 다양하고 새로운 의미와 마력 내지 신비
력을 스스로 발휘하고 있는 터다. 그래서 이 가요들이 얼마든지 독자적
으로 행세할 수 있으면서도, 이 작품의 전체 또는 일부분을 집약·표출
하는 식으로 문체조직에 적극 참여하고 있는 것이다.

그리하여 이 작품의 문체는 산문과 운문의 교직된 경이로운 신선미와 입체적인 의미망을 고루 갖추고 있는 실정이다. 그것은 마치 비단 위에 맺어놓은 연화·진주나 용의 조각에 새겨 넣은 두 눈과 같은 것이라 하겠다. 전게한바 부인이 왕과 이별할 때, 〈왕생게〉를 불러 준 것도 그렇거니와, 안락국이 부왕을 이별할 때 노래를 듣고, 다시 대화를 건너 목동들에게 노래를 듣는 과정에서도 절실하게 나타난다.

　　부인이 왕의 슬ᄫ듸 대왕하 왕싱게를 닛디 마라 외와 돈나쇼셔 이 게를 외오시면 골픈 빅도 브르며 헌옷도 암글리이다 ᄒ고 왕싱게를 슬ᄫ듸
　　원ᄒ노니 가나가지이다
　　원ᄒ노니 가나가지이다
　　원ᄒ노니 미타회 듕좌애 이셔
　　소내 향화 자바 샹며 공양ᄒᅀᆞ바시이다
　　원ᄒ노니 가나가지이다
　　원ᄒ노니 가나가지이다
　　원ᄒ노니 극락애 나 미타를 보ᅀᆞ바
　　머리 만지샤믈 닙ᅀᆞ바
　　기별 슈ᄒᅀᆞ바지이다
　　원ᄒ노니 가나가지이다
　　원ᄒ노니 가나가지이다
　　극락애 가나 련화애 나아
　　나아 놈괘 일시에 불도를 일워지이다

라고 읊은 게를 비롯하여, 왕이 안락국을 보내며 부른 노래, 안락국이 아버지를 떠나 돌아왔을 때 목동들이 노래한 것이 연결되어

> 왕과 틱ᄌ왜 슬픈 ᄠ들 몯 이긔샤 오래 겨시다가 여희ᅀᆞᆲ 저긔 왕이 놀애를 브르샤ᄃᆡ
> 아라 녀리 그츤 이런 이본 길헤
> 눌 보리라 하야 우러곰 온다
> 아가 대자비 우리ᄂᆞᆫ 원앙됴와
> 공덕 수힝ᄒᆞᄂᆞᆫ 이ᄂᆡ 몸과
> 셩등졍각 나래ᅀᅡ 반ᄃᆞ기 마조 보리어다
> 그저긔 틱지 울며 저ᅀᅩᆸ고 여희ᅀᆞᆸ고 도로 ᄀᆞᄅᆞᆷ ᄀᆞ애 와 ᄃᆡᄇᆡ 타고 왕싱게를 브르니 바ᄅᆞ미 부러 듁림국으로 지블여늘 무틔 올아 오ᄂᆞᆫ ᄆᆞᄃᆡ예 쇼칠 아ᄒᆡ 놀애를 브로ᄃᆡ
> 안락국이ᄂᆞᆫ 아비를 보라 가니
> 어내도 몯 보아 시르미 더욱 깊거다

라고 한 것이라든지, 안락국이 모부인의 동강난 시신을 모아 놓고 피눈물로 비원을 드리는 장면에서도

> 안락국이 셧녁 향ᄒᆞ야 합장ᄒᆞ야 눖믈 쓰리고 하ᄂᆞᆯ 브르며 게를 지서 부로ᄃᆡ
> 원혼ᄃᆞᆫ 내 ᄒᆞ미 명죵 시졀에
> 일쳬 ᄀᆞ린 거슬 다 더러 ᄇᆞ리고
> 뎌 아미타불을 보ᅀᆞ바
> 즉자히 안락찰애 가나가지이다.

라고 그 산문과 조화를 이루고 있는 터다.

이로써 볼 때, 이 가요들이 적재적소에 삽입·활용됨으로 말미암아 이 작품의 문체는 그만큼 마력적인 생동감과 입체적인 설득력을 드러냄이 실증되는 터라 하겠다. 더구나 이 문체를 성음으로 연창한다고

전제할 때, 그 이야기와 노래의 조화가 매우 유창하고 아름다우리라는 것은 의심할 여지가 없다. 이로 하여, 이 작품의 문체는 그처럼 간결하면서도 그만한 서사내용을 족히 감싸나갈 수 있었던 것이다.

위에서 이미 그 기미를 보였듯이, 이 삽입가요는 결코 우연하게 끼어든 것이 아니라, 꼭 필요할 때 바로 그 지점에 자리하였다는 사실이 주목된다. 이 점을 더욱 분명히 밝히기 위하여 이 작품의 이야기 순서에 따라 가요의 삽입위치를 들어보면 다음과 같다.

1) 부인이 왕과 이별할 때: 왕생게(33면)
2) 왕이 수행 정진할 때: 왕생게(34면)
3) 안락국이 대하를 건너갈 때: 왕생게(36면)
4) 안락국이 임정사를 찾아갈 때: 염불송(36면)
5) 안락국이 8채녀를 만날 때: 왕생게(36면)
6) 안락국이 부왕을 만날 때: 왕생게(37면)
7) 왕이 안락국을 부인에게 보낼 때: 정각상봉가(38면)
8) 안락국이 다시 대하를 건너올 때: 왕생게(38면)
9) 안락국이 목동을 만났을 때: 결연요(38면)
10) 부인이 장자에게 죽음을 당할 때: 대비가(39면)
11) 안락국이 모부인의 시신을 모아놓고 왕생을 비원할 때: 임종게(39면)

이와 같이, 이 가요들은 제 위치에서 사건진행에 절대적이고 결정적인 기능을 발휘하고 있다. 이 가요의 기능에 의해서 사건의 방향이 잡히는 데다 착잡하고 불가능한 문제가 모두 해결되어 나갔기 때문이다. 이들 가요의 성격과 기능이 당연하게 시인되는 차원에서, 신이에 가득 찬 이 작품의 허구적 사건은 비로소 필연성과 사실성을 갖추게 되었다고 보아진다. 실은 이 삽입가요들이 사건의 끈으로 튼튼하게 연결됨으로써, 마치 보주의 꾸러미처럼 완벽한 구성체계를 유지하고 있기 때문이다. 이로써 삽입가요를 남용하고 너무 확대시켜 서사가요의 인상을 주는 중국작품의 경우보다 이 문체는 훨씬 경제적이고 알찬 특성을 지녔다고 보아진다.

위와 같이, 삽입가요의 비중과 위치가 부각됨으로써, 이 작품의 문체는 강창대본으로서의 성향을 뚜렷이 드러내고 있다. 전술한 대로 이 작품의 표현은 한마디로 산문과 운문, 곧 이야기와 노래로 이루어져 있으므로, 그 자체가 벌써 강창문체인 것이 틀림없다. 전술한바, 이 작품의 찬성경위와 내질·성격 등을 감안할 때, 이것이 낭송 내지 실연되는 마당에서 이야기하고 노래하는 강창형태를 자연 드러낼 수밖에 없었기 때문이다. 물론 이 문체가 고전소설의 그것으로 정립·공인되고 있는 것은 사실이다. 여기서는 그 설창성이 효과적으로 부상됨에 따라 그 강창대본으로서의 자질을 점검해 본 것이다. 앞으로 이것이 이 작품의 장르적 성향이나 문학사 상의 역할을 검토하는 데에 중요한 기준이 되기 때문이다.

셋째로, 대화형식이 보다 발달하여 훌륭한 담화체를 이루고 있다는 점이다. 다음에 한 대문을 인용하면, 아버지를 찾아가려는 안락국과 그 어머니의 대화 장면이다.

  그 아기 어마닚긔 술ᄫ오ᄃᆡ
   내 어마닚 빅예 이싫 저긔 아바니미 어듸 가시니잇고
  부인이 닐오ᄃᆡ
   댱쟈ㅣ 네 아비라
  그 아기 닐오ᄃᆡ

    댜쟈ㅣ 내 아비 아니니 아바니미 어듸 가시니잇고
   부인이 무디듯 울며 모글 메여 닐오듸
   네 아바니미 바라몬 즁님과 ᄒᆞ샤 범마라국 림졍수애 광유셩인 겨
신 듸 가샤 됴ᄒᆞᆫ 일 닷ᄀᆞ시ᄂᆞ니라
   그 저긔 안락국이 어마넚긔 슬ᄫᅡ듸
   나를 이제 노ᄒᆞ쇼셔 아바니를 보ᅀᆞᄫᆞ지이다
   부인이 닐오듸
   네 처섬 나거늘 댜쟈ㅣ 닐오듸 나히 닐굽 여듧만 ᄒᆞ면 재 지븨 아니
이실 아히라 ᄒᆞ더니 이제 너를 노하 보내면 내 모미 댜쟈ㅣ 노를
맛나니라
   안락국이 닐오듸
   ᄀᆞ마니 도망ᄒᆞ야 셜이 녀러 오리이다

 이와 같다. 이쯤 되면 희곡의 대화법과도 유사한 바가 있는 것이다. 그리고 그 대화 자체가 부드러운 구어로서, 당시의 현실적 회화와 별다를 거리가 없으리라는 점에서, 주목되는 바가 있다. 고전소설에도 이런 대화형이 없는 것은 아니로되, 대화보다는 지문이 큰 비중을 차지하고 있으며, 또 그 대화 자체도 당시의 실제 회화와 거리가 있다는 점에서, 격이 좀 떨어지는 것이라 하겠다. 여기서 우리는 이 작품의 문체가 언문일치에 보다 가깝다는 사실을 눈치 채게 된다.
 셋째로, 비교적 구상적인 표현을 함으로써 상당한 실감을 자아내고 있다는 점이다. 다음에 한 부분을 예로 들면 아버지와 상봉하는 장면이다.

   안락국이 그 말 듣고 깁 우흘 향ᄒᆞ야 가다가 아바니를 맛나ᅀᆞᄫᅡ
두 허튀를 안고 우더니 왕이 무르샤듸 이 아기 엇더니완듸 늘그늬

허튀 안고 이리ᄃ록 우ᄂ다 안락국이 온 ᄠᅳᆮ 숣고 왕싱게를 외온대 왕이 그제사 태진고ᄃᆞᆯ 아ᄅ시고 깊ᄀ애 아나 안즈샤 오시 ᄌᄆ기 우ᄅ시고 니ᄅ샤디 네 어마니미 날 여희오 시르므로 사니다가 이제 ᄯᅩ 너를 여희오 더욱 우니ᄂ니 어셔 도라니거라 왕과 태ᄌᆞ왜 슬픈 ᄠᅳᄃᆞᆯ 몯 이긔샤 오래 겨시다가 여희ᅀᆞᆲ 저긔 왕이 놀애를 브르샤ᄃᆡ

이러한 정도다. 이쯤 되면 그 장면을 눈에 보는 듯 절실한 바가 있는 것이다. 이런 점에서 고사나 숙어 등을 인용·나열하여 번지르르하게 틀에 박힌 문장을 쓰는 고전소설 일반의 경우보다는 좀 색다른 면이 있다고 보아진다.

넷쌔로, 시나친 수식사를 삼감으로써, 간결체 문장을 이루고 있다는 점이다. 위에든 예문에 나타난 바와 같이, 화려한 수식사가 거의 사용되지 않았다. 지나치리만큼 간결하여 어찌 보면 무미건조하다고 할지도 모르겠으나, 이 점이 오히려 진솔성과 함축미를 나타내고 있으며, 또한 전아한 멋을 들어내고 있는 것이라 하겠다. 이는 지나친 과장으로 화려체 문장을 조성해 냄으로써, 읽고 듣기에는 미끈하나 실속이 없는 고전소설 일반의 경우와 좋은 대조를 이루는 것이다.

다섯째로, 여기서는 어떤 대상 장면을 묘사 제시함으로써, 문학적인 멋을 머금고 있다는 점이다. 예컨대 사라수대왕의 신심과 원앙부인의 희생·비원, 안락국의 순연한 효심을 그리는 데 있어서나 자현장자의 악행을 표현함에 있어서도 작자는 앞장서서 설명한 일이 없는 것이다. 왕과 원앙부인의 이별의 장면, 안락국이 강을 건너는 장면, 안락국이 부왕을 만나는 장면, 자현장자가 원앙부인을 칼로 베는 장면, 안락국의 극락왕생하는 장면 등을 표출함에 있어서도 설명을 삼가하고 그 장면을 대체로 묘사 제시하고 있는 것이다. 그러기에 등장인물이 지닌 성격이나 장면 장면에 들어박힌 감정 상태는 더욱 알차게 실감되는 것이라고 하겠다. 이 점은 고전소설 일반에서, 천편일률적인 문장수법으로 유창한 설명을 가하여, 문학적인 참맛을 흐려버리는 경우와 차이를 보이는 것이다.

끝으로 이 문체의 기교면에 대하여 일언하겠다. 여기 문장이 유장한 멋을 드러내고 있는 점은 고전소설 일반의 경우와 같다고 보아진다. 한편 단순한 형용사나 동사 그리고 부사 등으로 수식사를 삼음이 드물고, 대개는 구나 절을 수식사로 사용함으로써, 입체적인 묘사를 하고 있는 점은 주목할 만한 바라고 하겠다. 그리고 상게한 '유발적 사건'조를 중심으로 대조법을 자연스럽게 적용하고 있는 점, '상승적 동작'조를 중심으로 점층법을 유효하게 사용하고 있는 점이라든지, '정점'조에서 '대단원'에 이르기까지를 중심으로 강세법·비유법을 경제적으로 이용하고 있는 점 등등은 실로 현대의 문장 수법을 방불케 하는 바가 있는 것이다. 이상으로 문체에 대한 고찰을 마치거니와, 이와 같은 수준의 문체라고 한다면 소설작품의 문체로서 거의 완벽을 기하고 있는 것이 아닌가 하며, 고전소설 일반의 문체로서는 따르기 어려울 만큼 수려한 면을 지니고 있다고 하겠다.

(4) 〈안락국태자전〉의 갈래적 성향

종래의 견해를 그대로 따른다면, 이 〈안락국태자전〉은 문학적인 불전으로 취급되고 말 것이다. 그러나 이러한 견해는 그다지 타당한 것이라고 보기가 어렵다. 기술한 바와 같이,《월인석보》제23권 상절부의 〈목련전〉을 고전소설의 한 작품이라고 규정한 바가 있거니와, 이제 우리는 일체의 선입관을 버리고, 이 작품에 대하여 실제적으로 장르를 규정해 줘야만 될 단계에 이르렀다.

우리는 위에서, 이 작품을 주로 고전소설 일반과 비교하며 분석·고찰하였거니와, 그 결과 이 작품의 수록된 상태·내용·주제·배경·인물·사건·문체 등의 제반 조건이 고전소설의 그것과 동일한 수준의 것임을 확인하였다. 이에 필자는 이 〈안락국태자전〉을 국문소설 즉 고전소설의 하나라고 규정하려는 것이다. 물론 여기에는 몇 가지 논의될 문제가 가로놓여 있다. 그러나 어떤 작품이 어떠한 전적에 속해 있건, 어떠한 것을 그 주제·내용으로 했건 그것이 문학작품으로서의 완전한 자격을 구비하기만 했다면, 그 형태에 따라 장르 규정을 받아야만 타당하다는 것은 하나의 상식이다. 그렇다면 여기 〈안락국태자전〉이 비록 《월인석보》 상절부에 수록되어 있고, 또 불교적인 것을 그 주제·내용으로 하였다 하더라도, 그것이 고전소설로서의 충분한 조건을 갖추고 있는 이상, 그것을 고전소설 장르 속에 넣는다는 것은 당연한 일이다.[178]

그리고 여기서 보면 보다 중요한 것은 이 작품이 연행·공연을 위한 국문극본·희곡으로 조성·전개될 수 있다는 사실이다. 이 작품은 위 전승 계보에서도 그 저본 〈안락국태자경〉이 그 법문성과 함께 서사문학성을 갖추어 소설 형태를 보이고 나아가 그 극본·희곡 형태로 조정됨으로써 그 연행성까지 나타내었다. 이어 이 작품 자체가 국문화의 탈바꿈으로 국문문학 그 서사문학, 그 소설형태와 함께 극본·희곡 형태로 전개되어 연행성을 갖추었던 것이다. 나아가 이 작품의 후대 전본 〈안락국전〉마저도 그 국문소설로 변모·발전하면서, 그 극본·희곡으로 조정 각색되고 그 연행성을 강화하였던 터다.

여기 이 작품이 고전소설·국문소설로 규정되는 마당에, 역시 그 극

---

[178] 사재동, 「〈안락국태자전〉의 연구」, 『한국문학유통사의 연구 Ⅱ』, 중앙인문사, 2006, pp.147-166.

본·희곡으로 규정되는 것은 당연한 일이다. 이 작품은 그 주제·내용은 물론 그 서사구조와 구성에서 소설 형태와 극본·희곡 형태로 공유하였다. 그래서 무대를 입체화하고 그 등장인물의 성격·기능을 생동화하며 그 사건 진행을 그 동선, '발단-예건의 설명-유발적 사건-상승적 동작-절정-하강적 동작-대단원'으로 장면화하면 극본·희곡의 그것이 된다. 여기에 표현 문체가 시가의 삽입으로 강창체로 조직되고 대화체로 강화되어 희곡적 특성을 보이고 있다. 이러한 제반 요건을 총합·조정하면, 이 작품이 극본·희곡으로 규정·행세하는 것은 필연적인 일이다. 이런 점에서 이 작품은 희곡 형태 가운데도 속강계의 강창극본으로 전개된 것이 당연하다. 전술한 대로 이 작품은 위《월인석보》에서 그〈원앙서왕가〉와 짝지어 강창단위로 재편성된 것이 그대로 강창대본 즉 강창극본이었기 때문이다. 이 강창적 극본·희곡이 대화 중심으로 발전하여 그 대화극본으로 분화·전개되는 것은 얼마든지 가능한 일이었다. 나아가 이를 시가·가창 중심으로 조정하여 가창극본으로 정화될 수가 있고, 여기에 무용이 부합되어 가무극본으로 입체화될 수도 있었던 것이다.

4) 안락국전승의 연행 양상

(1) 연행의 현장과 동기
가. 천도재의에서

이 사찰에서는 온갖 재의가 성행하였다. 모든 신행 활동이나 포교·불사 등이 다 이런 재의를 통하여 이루어졌기 때문이다.[179] 그중에서도

---

[179] 사재동,「사찰재의의 연행과 희곡양상」,『한국의 재의와 희곡문학』, 소명출판, 2018, pp.249-252.

이 천도재의는 가장 중요하고 절실한 의례로서 제일 빈번하였다. 기실 모든 망자·영가에 대한 비통과 추모·존경하는 정성으로 그 명복을 빌고 왕생극락을 간절히 기원하는 제례였기 때문이다. 그 영가의 빈례로부장례, 그 49재 매년의 기제에 걸쳐, 천도재가 벌어졌던 게 사실이다. 이 천도재는 크게는 국행수륙재가 있고 작게는 가정 제사가 있지만, 역시 사찰 재의가 가장 중요하여 그 중심을 이루었다. 이 천도재의는 그 영가의 생전 위치나, 유족들의 형편에 따라, 그 규모와 시설·절차가 차이를 보이지만, 그런대로 정성을 다한 최선의 제례였다. 어떻게든지 그 영가를 극락세계로 천도하는 것이 필연적 소망이기 때문이다.

실제로 이 천도재는 그 절차, 진행 과정이 실로 종합예술적 면모를 보이는 터나.[180]

그래서 이 천도재는 그 유족이 재자였고, 그 재의를 주재하는 각개 임무의 승려들이었다. 이 도량 배경은 바로 그 사찰·전각이었고, 거기에는 재단으로 시련소·대령소·관욕소와 불단·신중단·영단·고사단·소대 등이 완비되었다. 나아가 그 각단에는 필요에 따라 온갖 장엄과 공양구가 정연하게 구비되어 있었다.

또한 각단에 자리하는 불·보살상과 신중상이나 망매의 영가와 동류 그리고 고사단의 사령 등이 회화나 명호·위패로 등장하고 그 재주의 가족과 친지들, 그 재의의 주재·주관자와 증명법사·법주·어장·의식승·삭발승·관현악사 등이 출연하여 재의를 진행하게 되었다. 나아가 그 경내의 많은 유관 승려와 신도 대중이 운집하여 그 재의에 적극 동참하여 성황을 이루었던 것이다.

그리하여 이 재의는 그 문학적 대본에 따라 종합예술적인 연행을

---

180 김법현, 『영산재 연구』, 운주사, 2001 참조.

통하여 연극적 공연으로 전개되는 터였다. 그 연행과정은 여러 단계를 거치면서 전형적으로 진행되니 대략 아래와 같다.

① 괘불작단: 석가불이나 아미타불 중심의 괘불을 불단에 걸어 장엄한다.
② 시련작법: 시련소에서 불보살·신중·영가 등을 연이나 가마에 태워 각 단에 모신다.
③ 대령작법: 그 영가 및 동류를 영단에 모시기 전에 대령소에 대기시키며 약간의 공양을 올린다.
④ 관욕작법: 대기 중인 영가 등을 목욕시키고 옷을 갈아 입혀서 영단에 좌정시키며 불단·신중단에 예경케 한다.
⑤ 신중작법: 호법 신중에게 도량·재단을 청정히 옹호하고 그 영가들을 보우하라고 간청·기원하며 공양을 올린다.
⑥ 권공작법: 불보살게 그 위신력으로 법문하여 그 영가들을 감화·구제하고 동참 대중을 제도하시라고 기원하며 공양을 올린다.
⑦ 화청작법: 불보살 내지 신중을 봉청·찬탄하고 그 망매와 동류의 영가들을 감화시켜 극락세계로 왕생케 하라고 기원한다.
⑧ 법문설창: 부처님을 대신하여 법사가 영가 등에게 인연설법을 하며 왕생극락을 기원한다.
⑨ 시식작법: 그 영가들에게 온갖 공양을 다하여 만족케 한다.
⑩ 수계작법: 그 영가에게 삼귀의·오계를 받게 한다.
⑪ 회향작법: 이 추천재의가 원만히 회향하고 그 영가 등을 극락정토로 왕생케 하고 모든 공양물·지전 등을 태워 보내는데, 그 영험으로 바람에 지전이 날려 서방으로 사라진다.
⑫ 식당작법: 모든 동참 대중이 이 재의를 마치고 함께 공양을 하고 불교계의 연예를 공연한다.

이상과 같이 그 추천재의가 각 단계마다 신앙·정성을 다한 종합예술적 연행, 연극적 공연에 최선을 다함으로써 드디어 불·보살, 아미타불과 관음·세지보살의 감응을 입고 영가 등을 감화·정화시켜 모두가 극락세계로 왕생하였던 것이다.[181]

그러기에 이 안락국전승은 이 재의에서 필수적인 대본으로서 연행되는 게 당연한 일이었다. 이 천도재는 그 영가들을 모두 극락세계·서방정토에 왕생시키는 것이 염원·목적이었기 때문이다. 실제로 이 안락국전승은 아미타삼존불의 전생담으로서 그 가족관계의 인연과 비극적 수행을 통하여 서방정토에 왕생하는 것을 실증해 보이는 터다. 그리하여 이 재의를 소망대로 완결하기 위해서는 이 안락국전승을 반드시 수용하여 연행하는 것이 필수적인 일이었다. 그래서 이 전승은 위 ⑧ 법문설창과 직결되어 연행됨으로써, 그 천도재의 서원을 원만성취하고 회향케 하였던 것이다.

나. 우란분재에서

이 우란분재는 그 다양한 재의 가운데 매우 저명한 재례의 하나다. 적어도 석가불의 탄생재일과 출가재일, 성도재일, 열반재일과 함께 불교 5대명절 중에 들어가기 때문이다. 이 재의는 선망 부모의 영가를 불공과 승재를 통하여 극락세계로 왕생시키는 데에 목적을 둔다. 따라서 그 유족·자손들이 효성을 다하여 지옥에 떨어진 부모의 영가를 부처님의 위신력과 스님들의 법력으로 극락정토에 태어나게 하는 기원 재례의 절차·형식을 취하였다.

---

[181] 사재동,「〈월명사 도솔가〉의 연행과 희곡적 양상」,『삼국유사의 문예양상과 문학의 장르, 그 연행 양상』, 민속원, 2021, pp.482-484.

그리하여 이 재의는 크게 보아 위 천도재와 같은 의식 절차를 밟는 것이 원칙이다. 그런데 어느새 그 유명한 목련존자가 지옥에서 수고하는 그 모친 영가를 불타의 권능과 자신의 신통력으로 구제하여 극락왕생시키는 구체적인 재의로 전형화되었던 터다. 따라서 이 재의는 점차 발전·연행되면서 자연 그 대본으로 〈우란분경〉과 연결된 〈목련구모경〉을 정립하게 되었다. 그래서 이 재의는 으레 〈목련구모경〉에 기준하여 풍성하고도 엄숙하게 진행되어 왔다. 여기서 그 법회를 중심으로 진행 절차를 보면 대략 이러하다.

① 개식의례: 스님이 개회를 불·보살님께 고유한다.
② 헌화: 부처님께 꽃 공양을 올린다.
③ 삼귀의: 동참자 모두가 부전 스님의 인도로 삼귀의례를 올린다.
④ 찬불·독경: 부전 스님이 찬불송에 이어 모두가 반야심경을 독송한다.
⑤ 축사: 주관 스님이 이 법회의 취지와 법사에 대한 예경, 설법 내용을 소개한다.
⑥ 청법: 시자 스님이 청법게를 염송하고 청법·예경하면 모두가 절한다.
⑦ 설법: 법사가 등단하여 설법한다. 선택된 대본 〈목련구모경〉 등을 강설·가청한다.
⑧ 정근: 청법 대중이 나무아미타불·관세음보살을 염하며 정진한다.
⑨ 권공: 상단의 불·보살, 중단의 신중들에게 공양을 올리며 예경한다.
⑩ 축원: 주재 스님이 이 법회의 취지와 서원을 들어, 원만한 성취·회향을 기원한다.
⑪ 시식: 이 아미타불 관세음보살의 위신력을 빌어, 그 영가들에 법식

을 베푼다.
⑫ 사홍서원: 부전 스님의 인도로 사홍서원을 염송하고 실천을 다짐한다.

이와 같이 그 절차에 따라 그 설법에서는 대강 〈목련구모경〉을 강설·가창하고 그 연행에까지 나아갔던 것이다. 그런데 그때의 설법 대본은 그 당시의 주재승이 재의의 주안점에 따라 협의·선정할 수가 있었다.[182]

그러기에 여기 우란분재의 설법에서 이 안락국전승이 강설·가창될 수가 있었다. 기실 크게 보아 이 우란분재가 선망부모의 영가와 유관 영가를 극락세계 서방정토를 천도재례이기에 여기 설법에서 이 안락국전승을 대본으로 삼는 것은 오히려 당연한 일이었다. 따라서 이 안정사의 경우와 같이 이 안락국전승을 채택·설법·연행한 사실이 허다하였던 것이다. 이 전승이 그 극락교주와 그 좌우 보처 관세음보살과 대세지보살을 가족관계로 설화한 전생담으로서 그 고행·난행의 수행을 통하여 그 극락왕생을 실증해 주고 있기 때문이다. 그리하여 이 재의 현장에서 그 원만 성취를 증언하여 주었던 것이다.[183]

다. 미타재일 설법에서

모든 사찰에서 매월 여러 불보살의 재일을 맞이하여 왔다. 그중에서 매월 15일 미타재일이 중시되어 온 게 사실이다. 그 만월이 휘영청 밝은 날, 무량광·무량수의 아미타불과 좌우 보처 관세음보살과 대세지보

---

182 안진호, 『석문의법』, 법륜사, 1982, pp.880-881.
183 사재동, 「우란분재와 목련전승의 예술적 양상」, 『한국의 제의와 희곡문학』, 소명출판, 2018, pp.350-352.

살을 존숭하여 참회 감사하고 찬탄·공양하며 서원 성취를 기원하는 경건한 재례다. 여기서는 선망 선대 부모 중의 영가를 극락세계로 왕생하기를 기원하는 것이 중심이었다. 그리고 이러한 공덕으로 지금 우리도 무량광·무량수의 가피로 안락을 누리게 하시라고 서원하는 것이었다. 여기 이 법회에서는 엄연한 의례·절차가 따르고 그 설법에서는 으레 정토삼부경, 〈관무량수경〉 같은 불경이 연설되는가 하면, 또한 안락국전승이 강설·가창으로 연행되기도 했던 것이다. 우선 이 법회의 진행 절차를 들어 보면 이러하다.

① 준비절차: 도량 법당을 정결히 하고 청법 대중이 의식에 따라 정좌하여 보리심을 발한다.
② 시봉절차: 보좌승이 법사를 모시고 청법대중이 염불하는 가운데 법사를 한다.
③ 청법절차: 청법대중이 법사에게 예경하고 법사의 법력을 찬탄·소개하면 동참자 전체가 청법가송을 합창한다.
④ 강경설법: 법사가 어떤 경전을 여법한 절차에 따라 강설하되, 흥미로운 한 게송을 엮어 나간다.
⑤ 속강설법: 법사가 속강승이 되어 흥미로운 법화를 대화 중심으로 가창을 섞어 연기까지 곁들여 연행한다.
⑥ 예능설법: 법사가 재의승이나 작법·연예승 악사들을 데리고 어떤 불교사상을 연설하되, 종합예술적 방편으로 진행한다.
⑦ 회향절차: 설법이 끝나면 청법대중이 그 법사·법력을 찬탄하고 영험을 실증하는 가송을 하며 대화를 나눈다.
⑧ 공양절차: 법회에 동참한 승속·대중이 함께 공양을 하고 불은을 찬양하며 불교계의 예능을 공연한다.

이와 같이 이른바 강경을 하게 되면 그 관무량수경류를 강설·게송하였고, 그 속강식 설법에서는 당연히 안락국전승이 강담·가창으로 연행되었던 터다.[184] 실제로 이런 법회는 그 최고 이상과 서원이 그 영가들의 극락왕생과 당생의 안락한 삶이었다. 따라서 이 법회 설법에서 그 안락국전승이 빈번하게 강창·연행되는 게 당연한 일이었다. 적어도 이 전승은 아미타삼존의 전생담으로서 고행·수행을 통하여 극락세계 안락국에 왕생한 것을 실증하고 있기 때문이다. 그러면서 그 강설·연행의 효능을 극대화하기 위하여 종합예술적 연행, 즉 연극적 공연을 지향했으리라 보아진다.

(2) 연행의 유형과 전개
가. 연행의 요건

이 안락국전승은 위와 같은 재의 현장과 그만한 동기에 따라, 그 연행 요건을 갖추고 있었다. 이른바 그 연행의 우대와 그 연행자, 그 대본과 청중이 확보되었기 때문이다.

첫째, 무대가 장엄하고 광범하게 확보되어 있었다. 먼저 그 천도재의 현장은 사찰 전각에 따른 재단이 사단과 중단, 하단에 이어 대령소·목욕소 등으로 장엄·화려한 무대를 이루었다. 거기에 갖가지 장치·장식까지 부가되니, 그 다양한 공양물의 배치와 함께 훌륭한 무대로 꾸며졌던 것이다. 따라서 여기에는 청정·숭엄하고 자비 충만한 분위기가 감돌고 있었다. 이만 하면 그 무대가 그만큼 완비된 것이라 보아진다. 다음 그 우란분재의 현장이 연행의 무대로 면모를 갖추고 있었다. 그

---

184 사재동, 「〈월명사 도솔가〉의 연행과 희곡적 양상」, 앞의 책, pp.235-236.

전각을 배경으로 재단이 조성되니, 그 상단·중단·하단 등이 바로 무대를 이루었던 것이다. 여기에는 온갖 장엄·장식과 다양한 장치가, 각종 공양물들의 진설과 함께 화려·찬란한 무대를 꾸미고 있었다. 역시 여기에도 청정·숭엄하고 자비·구제하는 분위기가 충만해 있었다. 그리고 그 미타재일법회에서도 그 무대는 엄연한 면모를 갖추고 있었다. 여기서는 주로 극락전을 무대로 삼아 왔다. 그 전각의 찬연한 웅자, 그 내부의 극락세계가 그대로 무대를 이었던 터다. 여기서는 그대로 이 극락세계를 조각과 회화, 공예를 통하여 재현하고 실로 무량광·무량수의 이상향을 조성하였던 터다. 그 미타삼존이 정좌한 앞에 법단이 설치되고 헌화·헌향하여 그 청정·숭엄한 법열의 분위기가 가득 차 있었다. 실로 완전·원만한 무대였던 터다. 나아가 그 연행이 대중화되면서 그 무대는 상하 민중의 내방이나 사랑방, 시정의 광장 등으로 하향되면서 광범하게 열렸던 것이다.

둘째, 연행자가 엄연하고 당당하게 활동하였다. 위 천도재나 우란분재, 미타재일의 재의 현장에는 언제나 그 연행을 담당하는 전문가들이 등장·활약하였다. 먼저 여기에는 법사·강사류가 자리하였다. 그들은 경전이나 교리에 능통하고 재주를 갖추어 그 설법대본을 능수·능란하게 연설하였다. 그 흥미롭고 감명 깊은 서사문맥을 실감있게 담설하고 그 가운데의 시가를 유창하게 가창하는 능력을 갖추고 있었다. 이어 설법거사류까지 있었다. 그들은 신불하여 사찰을 드나들면서 위 법사·강사를 본받아 대중적 설법을 하는데, 아주 능숙하게 연설하였다. 이어 그 전승이 통속화하는 과정에서는 상하 민중의 내방이나 사랑방·시중 등을 무대로 이른바 강독사·강담사류가 활동하였다. 그들은 이 대본을 암기하여 낭독하거나 이야기하는 데에 능숙하였던 터다. 다음 여기에는 속강승·강창사류가 대두·군림하였다. 그 속강승은 그 대본을 감동적인 언동으로 입체화·연행하고 그중의 시가를 유창하게 노래하여, 그 강창적 연행을 전문화하였다. 이와 함께 강창사가 있어, 거사로서 속강승처럼 그 대본을 능설·능창하는 강창적 연행을 감당하였던 터다. 한편 여기에는 재의승·연희승류가 있어 행세하였다. 그들은 이런 재의를 주관·인도하면서 연행을 주도하였다. 따라서 그들은 그 재의의 연행을 연기적으로 연출하며 연극적 효능을 발휘하게 되었다. 이와 함께 거사배·연희패가 등장하여 그 제의 연행과 관련되어, 홍법·권선하는 설법·연행을 보조하였던 것이다.

셋째, 대본이 적절하게 제공되었다. 이 대본은 기본적으로 동일하지만, 그 제의의 성격에 따라 특성 있게 조정되었던 터다. 먼저 그 천도재에서 연행될 계는 그 대본이 현장에 맞도록 조정되어 활용되었다. 기실 그 연행자가 그 대본을 보고 읽어가는 것이 아니고, 기억하여 연행하기에, 그만큼 성향과 디테일, 내지 분위기가 달라지기 마련이었다. 더구나 그 연행 과정에서 그 대본의 세부적 표현이 첨삭·부연·축약될 수도 있었던 것이다. 다음 그 우란분재의 연행에서도 그 현장에 맞추어 이 대본이 적절하게 조정·개선될 수밖에 없었다. 여기서도 그 연행자가 대본을 보며 낭독하는 것이 아니고 기억하여 구연하기에, 그 대본은 그만큼 효율적이고 즉흥적인 변화를 가져올 수밖에 없었다. 또한 미타재일의 법회에서도 그 현장에 상응하여 그 대본이 적절히 조정·개선되는 것은 위의 경우와 상통하는 것이다. 나아가 그 대중화 과정의 연행에서는 이 대본이 그 현장의 분위기에 따라 상당히 개변될 수밖에 없었다. 그 연행자, 통속적 강독사나 강담사가 연행의 성향과 분위기에 따라 자유롭게 개신·보완하는 것이 상례이기 때문이다.

넷째, 청중이 언제든지 확보되어 있었다. 그 천도재에서는 특정 영가들의 자손·유족과 친지들을 중심으로 사부대중이 동참했던 것이 사실이다. 이어 그 우란분재에는 그 영가들이 각자의 선망부모를 중심으로 모든 유주·무주의 영혼들에 걸쳐 광범하기에, 그 사찰의 신도 대중과 일반 민중도 동참하여 사부대중의 청중을 이루었던 것이다. 그리고 미타재일의 법회에서는 그 사찰의 신도를 중심으로 인연에 따른 민중이 동참하여 역시 만장한 청중을 확보했던 터다. 이와 같이 그 재의·법회의 현장에는 무대와 연행자, 그 대본 내지 청중 등이 요건인 완비되어 연행을 기다리고 있었다.

나. 기본적 연행

이 안락국전승은 그 구비적 연행의 바탕 위에서, 실제적으로 강독되고 강담되며 나아가 강독·강담의 조화로 구연되었다. 그것이 이 전승의 연행 과정에서 기본적 단계라 하겠다. 이로부터 그 연행의 연극적 공연이 시작되기 때문이다.

첫째, 강독 연행이다. 여기서는 그 무대가 다양하고 광범하다. 위 천도재나 우란분재, 미타재일법회를 비롯하여 사찰·궁중·관가, 상하 민중의 내방이나 사랑방, 기중 광장 등에 걸쳐 어디든지 청중만 있으면 무대가 되는 터다. 여기에 그 연행자, 강독사가 평상복이나 예복을 입고 염주나 부채 등 소도구를 지참하고 등장한다. 이어 의례적 인사, 절차를 밟은 후에 강독사가 그 대본을 낭독해 나간다. 그때에는 그가 대본을 보고 읽는 모양을 취하지만, 실제로는 그것을 암기하여 낭독하면서 그 지참물을 대본인양 활용하는 것이다. 그리하여 그 낭독이 실감나고 유창하니, 청중이 흥미롭고 감동하는 것이다. 실로 멋지게 낭독을 하다가 그 절정에 이르러 우뚝 멈추면 청중이 안달하고 채근하여 인기가 더 높아졌던 것이다. 여기서 그 강독은 청중으로부터 어떤 보상을 받고 다시 그 강독을 이어 갔던 터다.

둘째, 강담 전승이다. 여기 무대는 강독의 경우와 같다. 여기에 연기자 강담사가 역시 평상복이나 예복을 입고 맨손으로 나와 인사·절차를 마치고 그 대본에 따라 강담한다. 그저 고담을 풀이하듯이 재미있고 감명 깊게 이야기하는 것이다. 그는 이 대본을 외워서 얼굴 표정과 손짓·발짓만으로 청산유수처럼 능란하게, 그 전승 대본의 내용·사건을 그 이상으로 확장·강조하여 흥미·감동·감격을 일으키는 터다. 그는 이 강담의 절정에서 딱 중지하고 청중의 반응을 기다린다. 역시 청중의 성화와 갈망이 치솟고, 그 대가를 치르면 그제야 강담을 계속하여 그 인기를 극대화하였던 것이다.[185]

셋째, 강독·강담의 조화로운 전승이다. 위와 가히 이 전승의 강독 연행과 강담 연행이 발전·대중화되면서, 그 강녹사가 강담을 겸하고 그 강담사가 강독사를 아우르게 되었다. 그리하여 그 강독 연행과 강담 연행이 조화롭게 어우러지면서 연행적 효과를 높이게 되었다. 이 제3의 연행 형태는 본격적이고 전문적인 강창 연행을 지향하는 교량적 역할을 했으리라 보아진다.

다. 전문적 연행

이 안락국전승이 그 연행의 전통상에서 본격적이고 전문적인 연행은 바로 강창 형태라 하겠다. 이것은 위 강독이나 강담의 차원에서 승격·발전되어, 연극적 공연을 지향하는 총합적 연행 형태라 하겠다.

첫째, 무대에 대해서다. 이 무대는 자유롭고 광범하다. 위 강독·강담의 무대와 같으면서 그 연장선상에서 더 확충된 수준이라 하겠다. 전게

---

[185] 사재동,「강창문학의 희곡사적 전개」,『한국의 고전과 공연예술』, 소명출판, 2018, pp.403-404.

한 천도재나 우란분재, 미타재일법회의 현장을 비롯하여 사찰의 각개 전각·강당, 궁중의 전각·별당, 관청의 강단, 상하 민간의 내방·사랑방까지 무대로 활용될 수 있었다. 그 무대는 있는 그대로의 장엄·장식 외에 그 연행내용의 일부를 그린 변상도를 배치하는 정도다. 그 연행의 효과를 보조하기 위해서다. 그런데도 분위기가 각별하다. 그 신앙적 경건함이나 경직된 조심성을 벗어나 흥미롭고 감동적인 공연을 갈망하는 환희심과 기대감으로 가득하였던 터다. 그것은 넓게 보아 후대의 판소리나 〈땅설법〉, 서사무가의 그것과 상통하는 점을 보였던 것이다.

둘째, 연행자와 연행에 대해서다. 이 연행자는 위 강독사나 강담사에서 전문적으로 승격된 이른바 속강승이나 강창사였다. 그들은 충분한 학식과 함께 구변이 능란하고 가창이 빼어나고 무용에도 뛰어나며 그 연기까지 갖추고 있었다. 그들은 평상복이나 특별한 예복을 입고 염주나 부채 등을 지참하고 등장한다. 그래서 그들은 만능연예인이 되어 혼자 나와서 모든 역할을 하게 된다. 이른바 '일인전역(一人全役)'이다. 그래서 그들은 후대의 판소리 광대나 〈땅설법〉의 도창승, 서사무가의 큰무당과 상통하는 점이 있다.

그 속강승·강창사는 혼자서 그 대본을 완전히 암기하고 만능의 연행을 시작한다. 그 서두를 설명하고 그 장면과 단계를 따라 사건 진행을 쫓아서, 그 작중의 무대를 해설한다. 그리고 그 등장인물들의 언동을 실감나게 연기한다. 그들의 행동과 대화를 그 성격·감정에 맞추어 그대로 실연한다. 일인 다역으로 그 사건을 모두 연출하는 것이다. 여기서 극적 갈등과 감동을 창출하는 터다. 여기에 나오는 개인별 시가나 해설격 시가를 유창하게 가창하여 적절한 춤사위까지 곁들여서 강창 연행의 극치를 이루는 것이다. 여기서는 보조자의 장단이나 청중의 호응·추임새가 함께할 뿐이었다. 이 연행·연기는 후대의 판소리 연창이나 〈땅설법〉의 연출·서사무가의 실연과 그 유형을 같이하는 터다.

셋째, 청중에 대해서다. 이 청중은 승려나 신도, 사부대중을 중심으로 일반 민중까지 동참한다. 그들은 연행자와 같은 마당, 한 자리에서 마주하여 그 연행에 반응하고 호응한다. 그 중간에 보조자를 내세워 장단을 하고, 그 극정에 울고 웃으며, 추임새도 하면서 격려한다. 때러 연행자가 말을 걸면 합창하듯이 응답하고, 분위기에 따라 연행자에게 말을 걸어 흔쾌한 답변을 듣고는 함께 감격하고 즐긴다. 이렇게 청중은 연행자와 공연하는 것이었다.[186] 이런 점에서도 그 판소리나 〈땅설법〉, 서사무가의 그것과 동질적이라 하겠다.

(3) 연행의 변형적 전개
가. 연극적 전개

이 안락국전승의 강창 연행은 발전적으로 변형되어 연극적 공연으로 전개되었다. 그것은 마침내 연극 갈래로 분화·발전하였으니, 가창극과 가무극·강창극·대화극·잡합극 등이 바로 그것이다.

첫째, 가무극으로 전개되었다. 이 전승의 가창을 중심으로 그 서사문맥을 축약·정화하여 가창극 형태가 공연될 수 있었다. 이 전승에 나오는 시가나 게송 등을 성악이나 기악에 의하여 감명 깊게 연행하는 것이 가장 효율적이었다. 기실 이 가창극적 공연은 그 전체적 연행의 핵심을 이루었기 때문이다. 일정한 무대 위, 청중 앞에 연행자가 등장하여 기악의 반주·장단에 맞추어 독창하거나 대창하고, 합창하면서, 적절한 연기를 더하여 조화로운 극정을 아름답게 창출하였다. 이에 청

---

[186] 사재동,「강창문학의 희곡사적 전개」, 앞의 책, pp.404-407.

중은 객석에서 시청하고 감동·호응하여 즐기고 격려하였던 것이다.

둘째, 가무극으로 전개되었다. 이 전승의 가창과 적절한 무용이 합세하여 가무극 형태로 공연될 수 있었다. 원래 가창극은 공연 과정에서 자연스러운 춤사위를 갖추게 되거니와, 본격적 유관무용이 창작·결부되어 가무극 형태로 완성·공연되었던 터다. 그 가창보다 화려하고 넓은 무대 위, 청중 앞에서 그 연행자 1인이 분장하고 등장하여 독창·독무하는 것이 기본이지만, 그 2인 이상이 나와서 대무·군무하며 대창·합창하는 입체적 공연이 주류를 이루었다. 이것은 가무극보다 입체적이고 역동적이다. 청중은 더욱 감동하고 큰 반응을 보이며 찬탄·격려하였던 것이다.

셋째, 그 강창극으로 전개되었다. 이 전승의 강창 형태가 정화·승격되어 강창극으로 공연될 수 있었다. 그 대본부터 개신하고 무대도 정갈하게 조성된 데다 그 연행자가 전문적인 연기를 갖추게 되었다. 그 무대와 같은 자리에 앉은 청중 앞에서 그 연행자가 단독으로 등장하여, 판소리 광대와 같이 해설·담화·대화·가창·연기로 만능의 입체적 공연을 밀고 나간다. 이게 바로 강창극이라, 청중은 가까운 거리에서 대표적으로 장단을 치고, 모두가 하나 되어 그 공연에 동참하는 형세를 이루면서 감동·공감하는 것이었다.

넷째, 대화극으로 전개되었다. 이 전승이 대화와 행동으로 입체화되고 그 사건 진행이 장면화되면서 대화극으로 공연되었다. 우선 일정한 무대가 조성되고 적합한 장치와 필요한 설치가 필수되었다. 그 공연의 진행에 따라 소도구가 배치되었던 터다. 그 청중이 객석에 앉아 있는 가운데, 그 등장인물들이 각기 그 성격·역할에 따라 분장하고 소도구를 지참하고 등장·활동한다. 그 발단과 예건의 설명·유발적 사건·상승적 동작-절정-하강적 동작-대단원에 걸치는 동선에 따라, 그 대화와 행동, 그 연기로써, 최선을 극정을 일으켜 나간다. 여기서 그 연행은 전문적인 연극적 공연으로 완성되니, 청중은 그만큼 감동하고 감화되어, 즐기고 찬탄하였던 것이다.

내담자, 잡합극으로 전개되었다. 이 전승은 위 갈래가 발전·대중화되면서, 그 가창과 가무, 강창과 대화의 요소들 일부씩 뽑아내어 결합·조성하여 종합적 연극, 바로 잡합극으로 공연되었다. 그것은 전통적 가무백희식으로, 중국의 전능극처럼 연극의 백화점으로 행세하였다. 따라서 그 무대도 다양·광대하고, 연기자와 연기가 다채로우며 청중도 각계·각층으로 성황을 이루고 그 감동·감화도 그만한 대세를 이루었던 것이다.[187]

이와 같이 이 전승은 다양한 연극 갈래로 공연되어 불교연극의 성세를 이루었다. 그러면서 이것은 점아 불교적 영역을 벗어나 통속화되고 대중적으로 공연되면서 당시 일반 연극과 교류·합세하였다. 한편 이 연극적 공연은 불교적 영역을 고수하면서 쇠퇴하는 과정에 흔히 말하는 〈삼회향〉 같은 공연 형태로 전승되었던 것이다.[188]

나. 판소리적 전개

이 전승은 그 강창 연행을 바탕으로 당시 자국 공연예술의 새로운 조류와 중국 강창극의 혁신적 영향에 의하여 창신적 강창극, 이른바 판소리로 공연되었다. 우선 그 대본이 통속적으로 개신되고, 그 무대가 대중화되어 그 연행자가 광대로 전문화되고, 그 강설·가창의 화술 음

---

187 사재동,「사찰재의의 연행과 희곡 양상」, 앞의 책, pp.249-251.
188 최정여,「사원잡희 '삼회향'」,『도남조윤제박사 고희기념논총』, 동간행회, 1976, pp.131-139.

악, 무용 연기 등이 획기적으로 세련·승격되었으며, 그 청중도 새로운 관심과 적극적인 동참·반응을 보였던 터다.[189]

첫째, 대본에 대해서다. 이 전승은 여기서 통속적으로 개신되었다. 그 전승 중의 후대적 〈안락국전〉이 그 원본 〈안락국태자전〉으로부터 대중적 통속화된 것처럼 이 대본은 변화·개신되어 그 새로운 공연에 적극 이바지하였다. 그 주제·내용이 불교적 성향을 벗어나 유교나 도교와 습합하여 대중화되었다. 그리고 그 구성이 무대의 통속화, 등장인물의 대중적 개성화, 그 사건 진행의 통속적 흥미 위주로 조정·개신되었다. 그리고 그 표현·문체가 실제적으로 생동화된 것이 사실이다. 그리하여 이 대본은 마치 그 판소리창본과 같이 창출되었던 것이다.

둘째, 무대에 대해서다. 이 전승의 연행무대는 공연무대로서 정비·정화되었다. 그 기반은 강창 연행의 무대처럼 자유롭고 광범한 게 사실이다. 그래서 사찰을 중심으로 궁중이나 관가·민간·시중에 걸쳐 그 무대가 설정되었지만, 여기서는 그것이 공연장으로서의 기본적 시설과 분위기를 강화하고 있었다. 이 판소리가 참신한 공연예술로 전문화되니, 자연 그 무대가 그만큼 뒷받침이 되어야 했기 때문이다. 그래서 실제로는 어떤 형태의 희장이나 극장 같은 것을 선호·지향하게 되었다. 나아가 청중의 기대나 공연 예감 같은 분위기가 그 무대의 현장감을 조성하게 되었다.

셋째, 공연자와 연기에 대해서다. 여기서는 그 공연자가 당대의 전문적 연예인, 이른바 광대로서 연기가 뛰어났다. 단 한 사람의 광대가 특수한 차림으로 부채를 들고 나와 그 대본 대로 만능의 연기로 공연을 전담하였다. 이 광대한 연기는 최고로 세련되었다. 먼저 그 대본을 이해·

---

[189] 사재동, 「강창문학의 판소리적 전개」, pp.481-485.

암기하는 능력이 뛰어났다. 이것은 제일의 기본 연기다. 이로부터 모든 연기가 출발하기 때문이다. 이어 그 가창의 능력이 빼어났다. 당시의 궁중음악·정악 등을 계승하고 민간·민속음악을 수용한 개신음악을 통하여 최고로 가창했던 터다. 여기에는 진양조와 중머리·중중머리·단중머리·엇머리·자진머리·휘몰이 등의 장단이 따랐던 것이다.

그리고 그 강설연기에 능통하였다. 이 강설연기는 위 가창연기에 비하여 더욱 큰 비중을 차지하면서 다양하게 전개되는 터다. 우선 설명연기니, 모든 언설을 정확하고 유창하게 나가는 기법이다. 다음 묘사연기니, 모든 사물과 사건·장면을 사실적으로 그려내는 기법이다. 그리고 속술연기니, 그 사물·사실·상황 등을 빨리 구술하는 기법이다. 또한 음향연기니, 실연과정에 나오는 온갖 음향·동물의 소리나 사물의 소리, 자연의 소리 등을 그대로 흉내 내는 기법이다. 이어 감정연기니, 인간의 온갖 감정·정서를 진술하게 나타내는 기법이다. 한편 대화연기다. 작중 인물들이 주고받는 대화를 실감 나고 생동하게 표현하는 기법이다. 끝으로 평설기법이니, 그 광대가 연출자의 입장에서 등장인물의 언동이나 사건진행 등에 걸쳐 해설·평가하는 기법이다. 이처럼 다양한 기법을 수시로 섞어 가면서 능란하게 강설하고 매순간마다 그 기세를 살리려 임기응변으로 보험·창출하여 원만한 강설 공연을 밀고 나갔던 것이다.

한편 그 무용연기에 익숙하였다. 기실 이 무용연기는 가창연기와 결부되어 입체적이고 역동적인 역량을 발휘하였다. 그 가창에 따라 자연스럽게 일어나는 춤사위뿐만 아니라 그 사건에 필수되는 전문적 무용까지도 해 낼 수 있었던 터다. 이어 행동연기도 능숙하였다. 그 가창연기와 강설연기가 어울려 연행될 때에, 그 극중 인물들의 행동을 그대로 연기하여 극정을 역동적으로 이끌어 나갔던 것이다.

넷째, 고수와 청중에 대해서다. 먼저 그 고수는 판소리 공연에 있어 광대의 연기와 하나가 되고, 감상에 있어서는 청중과 하나가 된다. 따라서 고수는 그 공연의 완성을 위하여 광대의 연기와 청중의 감상을 하나로 융합하는 중간적 역할을 다하는 터다. 그래서 고수는 그 공연의 전반에 대하여 가장 잘 알고 있는 전문가라 하겠다. 따라서 그 연창의 반주자, 장단을 치는 역할이 중시된다. 그 가창이나 연행의 진행 속도가 이 장단에 의하여 좌우되기 때문이다. 그리고 이 고수는 그 공연의 지휘자와 같은 역할을 한다. 기실 고수는 그 연창의 흐름을 잘 파악하고 강약과 지속을 중도적으로 조절하기 때문이다. 그리고 고수는 광대와 마주하여, 그 혼자서 모든 역할을 다할 때, 때로 그 상대로 역할까지 대행하였던 것이다.

한편 그 청중의 역할·위치도 중요하다. 기실 청중은 판소리 공연의 필수적 요건이다. 이 청중이 있기에 그 공연이 성립되고 그 반응에 의하여 완결되기 때문이다. 이 청중들은 이 판소리 전반에 대하여 잘 알고 관심과 기대를 가지고 감상에 임하는 게 사실이다. 그러기에 그 연창에 따라 무릎장단을 치며 흥취하고 추임새로 격려까지 아끼지 않았다. 여기서 광대와 대화로 하고 동참자로 자임하며 적극적인 반응을 보여서 그 공연의 개선에 방향을 암시하였던 터다.[190]

이와 같이 판소리는 그 강창 연행의 기반과 전통을 계승하여 발전적인 혁신을 통하여 독자적인 공연예술로 형성·전개하였다. 그것은 강창예술계의 정화로 당대 민족 고유의 공연예술과 합류하여 공연예술사를 이끌어 가게 되었던 터다.

---

190 사재동, 「판소리의 공연예술적 위상」, 『한국의 고전과 공연예술』, pp.532-545.

다. 서사무가적 전개

 이 전승은 그 강창 연행을 통하여 서사문가로 민속화되었다. 그 제주도 서사무가, 〈이공본풀이〉가 바로 그것이다. 이것은 불전설화들이 서사무가로 변성·연행된 전형적인 사례가 되며 이 전승의 후대적 유통, 그 영향을 실증하고 있는 터다. 그 당시 불교와 무속 이교류·습합된 배경 아래서 이 전승이 그 〈이공본풀이〉로 변모·연행된 양상을 그 대본과 연행 실태를 통하여 살펴보겠다.

 첫째, 대본이 통속화·무속화되었다. 이 〈이공본풀이〉는 이 전승 가운데 후대적인 〈안락국전〉을 모본으로 수용했던 것이라 보아진다. 우선 이 무가에서는 그 주제·사상이 불교로부터 유교·도교까지 수용하면서 무속의 기복신앙으로 전변하였다. 그리고 이 무가에서는 그 구성상에서 통속적으로 크게 변환되었다. 그 작중 무대가 규모·정황에서 바뀌고 그 명칭조차도 세속적으로 바뀌었다. 이어 그 등장인물의 성격·행동이 세속적 무속식으로 상당히 변모되었다. 그 안락국 → 할락궁, 사라수대왕 → 사라도령, 원앙부인 → 원강댁이, 광유성인 → 옥황 등으로 나타나는 터다. 그러면서 그 이름을 따라 그 성격·행동이 그만큼 세속화·무속화되어 갔던 것이다. 그리고 그 사건 진행에서 그 원본의 삽화들이 세속적으로 변형되었을 뿐만 아니라, 흥미로운 삽화들이 많이 첨가·배치되었다. 따라서 그 원형적 사건은 골격만 유지되고 거의 세속적인 서사로 일관되었던 터다.

 한편 이 대본에서는 그 표현의 세속적 무속식으로 바뀌었다. 그 어휘·용어, 문장의 표현이 그러하고, 그 짜여진 문체가 그러한 것이다.[191]

---

191 서대석, 「〈이공본풀이〉와 〈안락국태자경〉」, 『무가문학의 세계』, 집문당, 2011, pp.261-268.

다만 중시되는 것은 그 사건 진행에 상응하여, 산문적 서술과 운문적 가창이 조화되어 강창문체를 이루고 있다는 점이다. 이것만이 그 원본의 문체를 그대로 계승·유지하고 있기 때문이다.

둘째, 연행 무대가 무속화되었다. 그 전승에서는 연행 무대가 사찰 중심으로 궁중·관아 민간에까지 확대되어 갔는데, 이 무가에서는 세속적으로 굿당·굿판으로 한정·특수화되었다. 이 굿판, 무대는 기본적으로 신기·화려하게 장엄·장식되어 무속 분위기가 충만하였다. 또한 이 무대는 그 무의의 성격·목적에 따라 그 장치나 무신 배치 등에서 특성을 보였던 터다. 따라서 그 무대가 그 무의 실연, 그 서사무가의 연행에 적합하도록 조성된 것은 사실이다.

셋째, 연행자가 무당이요, 연행이 무속 제의였다. 그 연행자, 무당이 무복으로 성장하고 무구를 들고 혼자서 위풍당당하게 등장한다. 그는 큰무당으로 불리며 무의에 능통한다. 그리고 이 무가 대본을 기억하고 구변이 좋은 데다 가창에 능하고 무용에도 통하였다. 게다가 행동 연기까지 갖추고 신기·신명마저 겸하였으니, 그 예능 면에서는 판소리광대와 상통하였다.

이제 그 무당 혼자서 만능의 연기로 그 대본 대로 연행을 시작한다. 그 서두와 작중 무대를 설명·묘사하고, 등장인물들을 소개하며, 그 대화와 행동을 그대로 연출한다. 그 사건 진행에 따라 그들의 언동에서 일어나는 감정·정서를 그대로 실감나게 표출한다. 가다가 필요한 가창을 연주·장단에 맞추어 유창하게 부르고 경건하게 흥청거리거나 신나게 뛰고 날며 영무를 아우른다. 입신지경에 이르러 그 연기가 어우러져 마침내 울음판이 벌어진다. 그때 동창 청중이 휩싸이는 것이다. 이만하면 예술적 공연으로서도 상당한 수준에 이른 터라 하겠다.

넷째, 무속악사가 그 연주·장단을 치고, 청중은 신자 중심으로 반응하였다. 먼저 이 무가의 연행에서 그 무속악사가 반주·장단을 치는 것은 매우 중요한 협연이 있다. 그 악사는 연행의 가창·무용부분에서 연주·장단을 맞추어 입체적 효과를 올리었고, 대화의 장면에서 그 상대역을 대행하였다. 그러면서 악사는 청중과 함께 추임새를 넣어 격려하고 전체 연행, 특히 가무의 지휘자로 역할을 담당하였다.

한편 그 청중은 이 무의·무굿을 요청한 가족·친지와 무속 신자가 중심을 이루고, 구경삼아 참예한 사람도 있었다. 그들은 무속신앙, 그 무굿, 서사무가의 연행에 몰입하여 함께 울고 웃고 감동하여 그 황홀한 경지를 누렸다. 그들은 그 반응을 통하여 그 연행에 직접 동참하고, 마침내 이 연행의 연극적 공연을 완결하였던 것이다.

5) 〈땅설법〉의 형성·전개

(1) 형성의 주체와 동기

가. 형성의 주체

이 〈땅설법〉은 불교계 설법의 대통에 기반으로 하여 그 설법의 전통적 방편, 강창 연행의 전통을 계승하였다. 그러면서 이것은 당시 교세의 침체와 대중 사회의 현실을 직시하고, 살아남기 위하여, 획기적인 전법·교화를 위하여, 권선 불자를 위하여, 자체가 대중적·통속적 변신을 통하여 사부대중·세간 민중을 맞이하자는 추세를 따를 수밖에 없었다. 그러기에 하늘같은 부처님의 금구 옥설이나 고승들의 성전 설법에서 벗어나, 그것은 땅바닥 신중·민중의 근기·정서에 맞추어, 땅 위의 대중적 설법을 위한 통속적 공연예술로 행세하며 '땅설법'을 자처하였다. 여기에는 그만한 불교계의 주체들이 그처럼 절실한 동기에 따라 이를 형성·전개시킨 내막이 있었던 터다. 이 〈땅설법〉을 성립시킨 주체들은 당시 대승적 승려들이었다. 실제로 조선 후기 불교의 저조한 형세 속에서 불교를 유지하고 살리기 위하여 포교·전법의 사명감을 가진 승려들, 그중에서도 속강, 대중적 설법에 능통한 속강승이나 강창사 이에 호응하는 속강거사, 신불 문사 등이었다. 여기에서 세간의 예능사나 그 후원자로서의 신불 대중이 그에 동참하였던 터다. 그들은 성직자나 신도로서 불교 사상·신앙에 투철할 뿐만 아니라, 포교·설법의 사명감·서원이 뚜렷하였다. 그러면서 이 경전이나 설법 대본에 대한 이해, 그 암기에 능통하고 능란한 변재·화술에 뛰어났다. 나아가 음악에 대한 조예와 가창에 빼어나고 때로 무용 실기에도 익숙하고 일정 연기에도 능숙했던 것이다. 그들은 마치 판소리 광대와 같은 자질과 기능·열정을 갖추었던 것이다.

나. 성립의 동기

그 성립의 주체들은 우선 당시의 저조·실세한 불교를 유지하고 살리려는 사명감, 그 서원을 열정적으로 실현하였다. 그러기에 그들은 이 포교·설법에 전념·헌신하는 것이 당연한 일이었다. 그런데 문제는 그 설법의 방편·방법이었다. 종래의 고승·법사의 성전내외 강경·설법은 구태의연하고 권위를 잃고 힘이 없어 현실적으로 통하지 않았던 터다. 그리하여 그동안의 대중설법, 강창 연행의 전통을 이어, 일대 변환·혁신을 거쳐 대중 중심의 통속적 설법 공연을 모색·창출하였다. 그 고승·법사들의 교시·군림하는 설법에서 벗어나, 대중을 찾아가 그들과 함께 실연하는 설법 연행을 하자는 것이었다. 그것은 이 설법 주체가 민중적 광대로 신분 자세를 낮추고 오직 가장 현실적이고 효율적인 최선의 설법 연행만을 추구하는 서원·성취였던 터다.

한편 당시의 사세를 유지하고 대소 불사를 이루기 위하여 권선 설법을 잘하는 게 중시되었다. 그 설법 공연이 즐겁고 감명 깊어서 신중·청중의 신심을 격발시키고 그래서 스스로 보시·희사를 많이 하게 되었기 때문이다. 그러기에 이 권선 설법, 그 공연은 대중적 종합예술, 연극형태로 그들을 감동·감화시키는 것이 상책이었다. 따라서 이 땅 대중 설법의 통속적 연행, 그 최고의 공연이 이 〈땅설법〉을 지향하게 되었다.

다. 실연의 계기

이 〈땅설법〉은 사찰을 중심으로 불교계 전반에서 실연될 기회와 필요성이 다양하고 광범하였다. 전술한 대로 사찰 내외의 각종 재의에서 일연 따라 그 공이 벌어졌다. 그 제반 천도재에서 이 안락국전승의 〈땅설법〉이 필수적으로 공연되었고, 또한 우란분재 같은 불교명절 제일에서도 가끔 공연의 기회를 가졌던 터다. 그리고 매월의 15일 미타재일에서도 그것이 실연될 가능성은 얼마든지 있었다. 나아가 왕실이 대가의 기제일에 그 영가를 추모·천도하기 위하여 이 〈땅설법〉을 실연할 수도 있었고, 민간 명인·장자 등의 제일에서도 그럴 수가 있었던 것이다.

한편 사찰·불교계의 불사를 위하여 모연을 하는 데에서 사중이나 시중 내지 야단에 그 설법 연행을 베풀 수도 있었던 터다. 이처럼 이 〈땅설법〉은 그만큼 긴요하게 다양한 계기를 타고 정립·유통되었다. 그것은 이 〈땅설법〉의 성립·공연에 실질적인 동력으로 작용하였던 것이다.

(2) 성립 과정과 실태

가. 대본의 정리

〈땅설법〉의 대본은 위 〈안락국태자전〉을 원본으로 변모·전개되었다. 그러기에 이 대본은 기본적으로 불교계 서사문학으로서 소설 형태 내지 극본·희곡 형태를 갖추었던 터다. 따라서 여기서는 이 대본이 그 원본을 얼마만큼 변모·개신시켰느냐가 주목된다. 그것은 전통적 강창·연행이 〈땅설법〉으로 변모·전환되는 과정을 확실히 보여 주기 때문이다.

첫째, 주제 사상에 대해서다. 그 원본에서는 정토삼부경에 따르는 미타사상·정토신앙을 바탕으로 극락왕생을 주제로 하였다. 여기서는 원본의 주제·사상을 그대로 이어받되, 유교적 윤리관을 수용하고 도교적 분위기, 심지어 무속의 일면까지도 아우르고 있는 터다. 그것은 당시 사회사조나 대중적 사상·윤리관을 그대로 반영한 결과라 하겠다. 이것부터가 당시 대중들과 소통·접근하려는 통속화 경향이었다. 그래서 흔히 말하는 권선징악적 주제의식을 내세우는 터다.

둘째, 작중 무대에 대해서다. 여기서는 그 원본의 무대를 그대로 가져오되, 이를 과장·미화하여 실감나게 설명한다. 궁궐·사원이나 산천가경이 나오면 시가로 지어 가창한다. 이와 유사한 사시풍경과 같은 세간의 시가를 인용·가창하기도 한다. 나아가 그 장면의 분위기까지 묘사·설명한다.

셋째, 작중 인물들에 관해서다. 여기서는 그 원본의 등장인물들을 그대로 수용하되, 그들의 성격·인품·언행에 대하여 명쾌하게 설명한다. 악인 악행을 경계하며 선인선행을 찬탄하는 노래까지 지어 부른다. 여기서 선행에 대한 설법까지 한다. 그래서 그 인물 평전과 같은 면모를 보이는 터다.

넷째, 사건 진행에 대해서다. 여기서는 그 원본의 사건 진행을 기본적으로 수용하여 그 동선마저 그대로 따른다. 그런데 실제적인 사건 진행은 상당히 변모·부연되는 게 사실이다. 우선 이 사건 진행을 순차대로 장면화한다. 이것은 극본의 필수 요건이다. 그 장면에서는 등장인물이 그 배경에서 상호 언동으로 사건을 밀고 나간다. 이것이 기본이다. 여기서는 이 사건을 요약·가창하는가 하면, 다시 부연·설명한다. 그것이 오히려 실감나는 사건이 된다. 이와 유사한 세속의 일화를 필요한 대로 차입·연설한다. 여기서 그 사건 진행의 혁신적 개변·보완이 일어난다. 그리고 이 극정이 절정을 이루면 이를 시가로 요약하여 가창한다. 여기에 춤사위가 따른다. 때로 등장인물들의 언동에 대한 윤리적 평가도 내리고, 불교적 언동이 나오면 그에 연관된 별도의 설법을 벌린다. 그 장면에 필요한 노래나 무용이 삽입될 때 직접 신도 중에 연기자가 등장하여 실연한다. 여기서 대중과 소통하고 대중과 함께하는 그 면모를 발휘하는 터다.

  다섯째, 표현·문체에 대해서다. 이 대본은 그 원본의 표현·문체를 전형적으로 계승한 것은 사실이다. 그 산문 문어체에 시가와 대화 등이 삽입·조화된 그 강창문체를 받아들였으되, 여기서는 상당한 변화·발전을 거듭하여 풍성하고 종합적인 문체를 산출하였다. 우선 이 문체는 전체적으로 구어체를 이루고 있다. 그 연행 당시 사용되는 대중 언어와 상통하는 것이다. 당시 도창승이 시종 구연하는 어문일치의 문체이기 때문이다. 다음 여기에 가창 문체가 첨가된다. 그 시가와 산문시체가 바로 그것이다. 이것이 그 구어체 산문에 삽입·교직되어 크게 강창 문체를 이룩하였다. 그 가운데는 어떤 사실을 해설하는 설명체와 어떤 사물·광경을 그려내는 묘사체, 사건을 이야기하는 담화체 등장인물들의 언행에 주고받는 대화체 등이 종합적으로 입체화되어 있는 것이다. 그리하여 이 대본의 문체는 그 연행자의 구연을 통하여 현실적으로 생동하는 융통성과 활용성을 발휘하였던 터다. 그러기에 이 문체는 공연의 현장에서 사건 진행, 그 극정이나 분위기에 상응하여 실제적 문체가 변환될 수도 있고, 임기응변식으로 창출될 수도 있었던 것이다.

나. 무대의 설정

이 땅설법의 무대는 비교적 광범하고 다양한 터다. 그 공연의 형편에 따라 얼마든지 조정할 수 있기 때문이다. 기실 이 전형적인 무대는 그 공연의 효과를 극대화하는 기반·환경을 조성한다. 그러기에 우선 사찰 내외에 자리를 잡는 게 원칙이다. 그 광활한 전각, 누각이나 강당 내지 경내의 광장 등이 적지라 하겠다. 여기에다 그 공연의 주제·내용에 상응하는 보편적 무대를 설치하는 것이다. 우선 전각 내에 설치할 경우, 언제나 주존불의 불단 정면을 벗어나서 당번·기치를 세우거나 유관 변상도를 내 걸고 공연에 필요한 소도구 등을 배치하는 게 보통이다. 이 전각내의 불단 외에 사면의 벽화나 천정의 장식 등이 그 무대·분위기를 보조하는 게 이점이라 하겠다. 그리고 경내 광장에 설치할 경우 먼저 차일을 치고 주변에 당번을 세우며 휘장을 두른 다음, 화엄경 변상도나 법화경 변상도 등을 그려 세우기도 하고 오려 붙이기도 한다. 그래서 그 무대의 장엄과 찬연함은 공연의 형편에 따라 차이가 날 수 밖에 없고, 공연에 필수되는 소품이 따르는 것은 물론이다.

이렇게 완성된 무대에 배치되는 소품·소도구는 그 공연에 따르는 실물로서 매우 다양하다. 실제로 화엄경 7처 9회 설법탑이나 12연기탑·연등탑·인형·그림자극상자 등이 배치된다. 그런 중에도 해당 대본의 석가모니·목련존자·선재동자 등의 행적을 그런 변상도가 소형 병풍식으로 제작된 이른바 《법계원류》 같은 것은 매우 중요한 의미를 갖는다. 그것은 이 도창승이 강창 과정에 적절히 활용하여 시각적인 실감을 자아내면서, 강창극 땅설법의 원형적 면모를 보여주기 때문이다.[192]

---

192 조명화, 「변문과 변상의 관계」, 『불교와 돈황의 강창문학』, 이회, 2003, pp.236-237 에서 '모두 이 화권을 說唱師가 설창을 하면서 보여주는 화권으로 의심 없이 받아들였

이러한 땅설법의 무대는 도창승이 서서 돌아다니며 연창하는 자리요, 바로 그 앞에서 청중이 둘러하여 앉아서 관청하는 바로 그 자리이다. 그 자리는 동일한 땅, 똑같은 평면으로 서로 마주 보는 공간이다. 그러기에 연창자와 청중이 간격 없이 상응하는 그 자리가 바로 땅설법의 참된 무대라는 것이다.

다. 도창승과 연기

이 땅설법의 도창승은 유일·전능한 연기자다.[193] 단독으로 등장하여 땅설법의 연행을 전담하기 때문이다. 이 연기자는 선대 속강승·강창사의 후신이요 후대 강창극 광대의 전신이라 하겠다. 그래서 이 연기자는 속강승의 자질과 광대한 연기를 갖춘 만능 법사라고 해야 마땅한 터다. 기실 그는 불교사상·신행에 달통하고 사회·윤리·문화·민속 등에 관한 식견이 탁월한 데다, 문학이나 문화에 대한 조예가 깊으며, 무엇보다 언변이 능숙하고 음악·무용·연기 등에 능통한 재능까지 두루 갖추어야 한다. 그래야만 이 강창극 땅설법을 원만하게 공연할 수 있기 때문이다.

한편 이 연기자의 연창에서 장단을 치는 고수나 반주자가 간혹 연기자로 인식되는 경향이 있지만, 그들은 다만 그 연행상의 보조자일 뿐이다. 또한 이 전체적 연창 중에 차용·삽입되는 연행 형태에서, 등장·연기하는 인물들이 혹 연기자로 간주되기 쉽지만, 그들은 이 도창승이 해설·연출한 그 연희 형태 중의 등장자일 뿐이다. 그러기에 이 땅설법의 연기자는 1인 전역의 만능 광대 도창승이 있을 뿐이다.

다.'라고 하였다.
[193] 손태도, 「광대의 소리 갈래들: 판소리의 성립」, 『광대의 가창문화』, 집문당, 2003, pp.253-257.

이런 점에서 이 땅설법의 연극적 공연은 도창승의 연기로써 성립되는 게 사실이다. 그는 먼저 도창승으로 분장을 한다. 그 법사로서의 법복 대신에 청색 장삼을 걸치고 청홀치로 엮은 벙거지를 쓰며, 삼피로 삼은 미투리를 신는다.[194] 그리고 문종이로 만든 갈색 부체 하나를 지참하는 게 원칙이다. 나아가 그 연행의 필요에 따라 장고나 변상의 소병풍 등을 다양하게 활용할 수가 있는 것이다[195]. 그의 전능한 연창은 대본을 능히 기억해 내고 즉흥적으로 구술하는 재능과 강설 연기, 가창 연기, 무용 연기, 행동 연기 등으로 전개된다.
　첫째, 대본을 기억·구술하는 재능이다. 이것 자체가 연기는 아니지만, 바로 그 연기의 기본적 출발점이 된다. 그래서 이 대본에 대한 확실한 이해와 그 구술의 능력이 그만큼 중시되는 터다. 그러기에 이 도창승은 그 공연에 임하여 방대한 문학적 대본을 완전히 독파·기억하여 언제·어디서나 능숙하게 구술하는 재질·능력을 갖추고 있었다. 그러면서 이 재능을 유려하게 발휘하기 위하여 부단히 준비하고 연습하였던 것이다. 이런 점에서 이 대본에 대한 그런 재능은 기본적 연기라고 해도 무방하리라 본다.
　둘째, 강설 연기다. 기실 이 강설 연기는 땅설법의 공연에서 가창 연기와 함께 양대 축을 이루며 가장 중요한 위치를 차지한다. 한·중의 선행 강창극에서도 '강설은 임금이요 가창은 신하'라[196] 하여 그 높은

---

194 그 연창의 진행이 점차 통속화되고 청중·일반의 연행 형태가 차용·삽입될 때는 중이·적삼을 입고 맥고모를 쓰기도 한다.
195 한·중 역대의 강창극에서도 그 대본이 변문으로 지칭되고, 그 무대에 해당 변상도를 만들어 활용하였다. 이수웅, 「돈황회화: 경변화」, 『돈황예술과 문학』, 건국대학교 출판부, 1990, p.279.
196 김학주 외 편, 「설창의 연기 예술·說功」, 『중국공연예술』, 한국방송대출판부, 2002, p.267.

비중을 공인하였고, 후대의 강창극 판소리에서도 '사설치레'라[197]하여 그만큼 중시하였던 터다. 실제로 강설 연기가 그 공연의 주류·대세를 이루기 때문이다. 그러기에 이 강설 연기는 입체적으로 다양하게 전개되었다.

먼저 이 설명 연기다. 이 연기는 모든 언설의 정확하고 유창한 발성으로서 강설 연기의 기본적 수법이다. 그래서 이 발성기법은 그 강설 연기의 성패를 좌우하는 소중한 역할을 다한다. 그러기에 여기서는 글자마다의 음운·음절, 나아가 단어·문장의 정확·명료한 발음을 통하여 연창자의 호흡에 맞추어 생기가 넘쳐야 한다. 나아가 그 이야기의 내용과 정서에 맞추어 언설의 경중·속도를 안배하여 유창하게 말해야 된다. 특히 그 발성을 묵직하고 청아하게 하여 멀리까지 명확하게 잘 들려야 청중이 편안하고 즐거워하기 때문이다. 한편 이 실명 연기는 너무도 당연하기에, 소홀히 취급되는 경향이 있지만, 현명한 연창자는 이를 연마·수련하는 데에 힘써 왔던 것이다.

다음 묘사 연기다. 이 연기는 그 대본에 나오는 모든 인물과 사물, 그 현장을 사실적으로 그려내는 언설 기법이다. 그 연행 장면마다 대두되는 자연 현상이나 환경과 무대 설치, 등장인물들의 외모·성격·언동, 부수되는 동물이나 지참물 등에 걸쳐, 그 모두를 청중의 눈앞에 선명하게 보여주는 수법이다. 이러한 언설적 묘사 연기가 그 연행의 수준을 가름하는 기준이 되고, 연창자의 우열을 가리게 되었던 터다. 나아가 이 묘사 연기는 그 연행의 감동적 분위기를 조성하고 청중의 감흥을 일으키는 기반으로 작용하였던 것이다.

이어서 속술 연기다. 이 연기는 그 강설 중에서 어떤 사물이나 사실

---

[197] 정양 외 편, 「신재효 광대가·사설치레」, 『판소리 단가』, 민속원, 2003, p.50.

을 거듭 빨리 열거해 나가는 기법이다. 이것은 그 공연 과정에서 평상적 서술 속도를 초월하여 가장 빨리 열거하되 가장 정확하게, 가장 유창하게 구술하는 것이 특장이다. 따라서 정상인으로서는 따를 수 없고 청중으로서는 생각도 못 하는 속술로써 모두의 감탄을 자아내었던 것이다. 이 속술 연기는 타고난 재능만이 아니고 무단한 연습에 의하여 습득 가능한 것이었다.

그리고 음향 연기다. 이 연기는 실연 과정에서 각종 인물·사물의 소리를 모방·묘사하여 극정을 강화·고조시키는 기법이다. 실제로 인간이 내는 분노나 호곡·호령·쾌재·절규·폭소 등을 비롯하여, 자연에서 나는 천둥소리·바람소리·빗소리·바닷소리 등, 허공에서 울리는 천창·신성·귀성 등, 동물이 내는 벌레소리·새소리·짐승소리 등, 전장의 방포·총성이나 각종 기구의 충돌·파괴성, 각종 악기의 연주성 등을 절실하고 핍진하게 소리하여, 그 극정을 더욱 북돋우는 것이 특장이라 하겠다.

또한 감정 연기다. 이 연기는 그 연행 과정의 모든 언설에서 위 설명이나 묘사로부터 그 분위기 조성, 작중 인물들의 언동에 이르기까지, 그 다양한 감정을 절실·핍진하게 표출하여 극정을 주도·좌우하는 기법이다. 기실 이 기법은 그 연행을 감명 깊게 성취시키는 중심적 연기라 하겠다. 실제로 이런 강창극 땅설법에서는 그 공연 과정의 감정 연기가 희·로·애·락의 극정을 강화하여 절정에 이르고 그래서 청중을 십분 감동시키기 때문이다. 그중에서도 희·비 연기가 독특하게 개발·활용되었다. 이것이 이른바 그 공연 현장에서 청중을 '웃게 하고 울게 하는' 탁이한 기법이라 하겠다. 기실 이 기법은 타고난 재질과 함께 오랜 경험과 연습을 통하여 세련된 연기로서, 촌철살인의 기지와 해학으로써 청중의 웃음과 울음을 자유자재로 연출하니 그만큼 가치 있는 연기라 하겠다. 그 공연의 해학미와 비장미가 여기서 나오기 때문이다.

한편 대화 연기다. 이 연기는 강설의 핵심을 이루며 입체적으로 생동하는 기법이다. 기실 이 대화 연기는 그 지문적 설명과 조응하여 극정을 역동적으로 일으키는 소중한 기능을 발휘한다. 실제로 희곡이 지시문과 대화로 조직되고, 연극이 대화와 행동으로 조화·연행되기 때문이다. 그리하여 이 대화 연기는 작품 인물들의 성격과 사건 진행의 추이에 따라, 그 의사·감정의 표현이 가장 실감나고 생동하여 청중의 감동을 십이분 자아냈던 것이다. 실제로 그것은 그 억양·어세는 물론, 비속어·방언까지 동원하여, 최선의 사실성과 생동감으로 극정을 창출·주도했던 터다. 사실상 이 대화 연기만으로도 그 공연은 족히 성립되고 성공할 수가 있었기 때문이다.

끝으로 평설 연기다. 기실 이 연창자가 연출가적 입장에서, 자가 강설과 함께 차용·삽입 연행에 대하여, 그 등장인물이나 사건 진행, 그리고 특수사항에 관하여 해설·평가하는 기법이다. 흔히들 이 기법을 연기 중에서 제쳐 놓지만, 이것이야말로 연출적 연기로 중시해야 된다. 실제로 이 평설이 권위 있고 단호하게, 그리고 능숙하고 유창하게 진행될 때, 모든 연기를 보완·강조하면서 청중의 감상 안목을 새롭게 일깨우고 그 감동을 촉진하기 때문이다.

셋째, 가창 연기다. 이 가창 연기는 땅설법 공연에서 강설 연기와 함께 양대 축의 하나로 그 연창자의 연기 중에서 중요한 역할을 한다.[198] 그 연창자의 득음 즉 음악적 능력이 우선적으로 중시되었던 터다.[199]

---

198 이러한 가창연기를 중국 고사의 공연에서 '唱功'이라 하였다. 김학주 외 편, 앞의 책, pp.265-267.
199 정양 외 편, 「광대가·득음」, 앞의 책, p.50.

여기서는 주어진 가사 내용을 가장 예술적으로 소리하여 그 극정, 감동의 극대화가 이루어져야 하기 때문이다. 따라서 이 연창자는 천부적 재능을 바탕으로 그 기능을 특출하게 갖추기 위하여 피나는 수련 과정을 겪어야만 되었다. 그리고 그는 가창 연기를 다양하고 감명 깊게 하기 위하여 전통 음악이나 당대 음악 중에 인기 있는 기교를 수용·부연하여 능란하게 활용하였던 것이다.

이러한 가창 연기에서는 사계에 구전되는 비결·법례가 실질적인 준칙이 되어 왔다. 우선 그 가사의 글자에 따라 알맞은 곡조로 부른다는 지침이다. 그것은 이 연창자가 해당 음악의 특색을 살려서 그 가사의 내용을 절실하게 표현하고, 그 가창 기교를 능숙하게 운용하여 청중의 감동을 최대화하는 기법이다. 또한 그 가창에서 가사의 글자는 바르게 하고 곡조는 원만하게 하라는 기준이 있다. 그러기에 이 연창자는 그 가사 각 글자의 발음을 정확하게 하여 오감을 살림으로써, 그 극정을 극대하였던 터다. 나아가 그 가창의 연극적 감동을 강화하기 위해서라면, 이 연창자의 재능과 열정으로 기존의 법례나 준칙을 벗어나 새로운 기법을 창출할 수도 있었던 터다.

우선 여기 가창 연기는 그 장단에 있어 전통적인 기법을 활용하고 있었다. 이미 보편화되어, 후대적 강창극, 판소리 같은 데서도 통용되고 있는 장단 기법이 바로 그것이다. 잘 알려진 그 가창의 장단 곡조는 유장한 진양조로부터 세마치·중머리·단중머리·중중머리·엇머리·자진머리, 가장 빠른 휘몰이까지 다 이 땅설법의 가창에서 실연되었던 터다. 다만 이 공연 현장에서는 그 장단 기법이 확연하게 드러나지 않았던 게 사실이다. 그 장단을 치는 이른바 고수가 관례에 따라 전문가가 아니었기 때문이다[200]. 따라서 여기서는 연창자와 고수의 묵계·전심으로 중머리나 중중머리·자진머리 정도가 주류를 이루었던 것이다.

그리고 여기 가창 연기의 악조는 매우 다양하게 실연되었다. 원래 여기 악조는 그 자체의 독자적 기법이 창제·고정되지 않고, 선행·당시의 공연 음악 중에서 필요한 것을 임의로 차용·수입하여 변용·활용하였기 때문이다. 그러기에 여기에는 불교계의 평념불·독경성·예불성이나 범패·화청 등의 곡조가 유입·변용되어 불리었던 게 당연하다. 그리고 궁중음악, 정재의 곡조가 차용·변형되어 가창되는 것도 사실이다. 또한 정악으로 시조나 가곡·가사 등의 창법이 인용·변조되어 실연된 것은 물론이다. 그리고 여기서는 다양한 민속음악으로 각 지방 민요·잡가 등의 곡조가 인용·변모되어 불리었다. 나아가 그 무속 음악으로 앉은 굿 곡조나 무의·서사무가의 곡조가 수입·변용되고 있는 게 확인된다.

기실 여기서 확인·중시되는 것은 그 다양한 곡조가 거의 다 차용·수입된 것이기는 하지만, 반드시 이를 변용시켜 범박한 땅설법조로 가창된다는 사실이다. 실제로 여기 악조에 대하여 전문가들이야 그 연원·원형을 알지만, 일반 청중들은 그게 땅설법의 악조라고 받아들이기 때문이다. 나아가 여기서는 연창자가 가창에 몰입하여 새로운 악조를 즉흥적으로 창출할 수도 있다는 사실이다. 이것이야말로 전형·전통을 벗어난 창작이거니와, 실로 생동하는 땅설법의 악조가 아닐 수 없다. 한편 여기에는 독특한 가창이 개입되어 있으니, 그것은 장단이나 악조에도 들지 않으면서 산문적 사설을 청승맞고 절실하게 읊조리는 창조라 하겠다. 이렇게 특수한 악조는 후대적 강창극에서도 '도섭'이나 '창조'라 하여

---

200 이번 땅설법의 공연에서는 도창승 이외는 전문 연기자가 출연하지 않는 게 관례이므로, 이 장단의 고법에서도 신도중의 비전문가가 담당하게 되었다. 그렇지만 그 장단 곡조가 다양하게 완비·실현되는 게 원칙이다. 다여 스님 증언. 2018년 10월 27일, 강원도 삼척시 신기면 안의리 안정사.

중시되거니와[201] 이 땅설법의 강창·기법에서는 매우 소중히 역할을 담당한다. 적어도 그 장단과 악조 사이에 끼어 이 가창 연기를 더욱 활성화하기 때문이다. 게다가 이 창조야말로 연창자의 환상과 음악적 창의력에 의하여 자유자재로 창출하는 최선의 미학이었던 것이다.

넷째, 무용 연기다. 이 무용 연기는 사소한 것으로 취급되기 쉽지만, 그 연기상에서 상당히 중요한 요건이 되는 게 사실이다. 기실 이 무용은 위 가창 연기를 역동적으로 입체화하는 필수적 연기이기 때문이다. 그 가창이 절실해질 때, 그에 상응하는 사소한 춤사위조차도 극적 효과는 상당한 것이다. 더구나 그 사건 진행의 중요한 장면이 벌어질 때, 그 감격을 언설·가창만으로 표현하기 어려울 때, 거기에는 무용이 필수되었던 터다. 그래서 연창의 장면에서 입체적 공연을 위하여 전문적인 무용이 다양하게 삽입·연행되는 것은 당연한 일이었다. 그리고 그 연행의 사건 진행상에서 작중 인물이 춤을 춘다면, 그것이 무용 연기로 표현될 수밖에 없었다. 한편 도창승의 연출로 청중들의 연행 형태가 삽입·공연될 때 무용 연기가 수입되는 것도 불가피한 일이었다.

실제로 여기 무용 연기는 크게 두 부류가 있으니 연창자 자신의 무용과 이에 차용·삽입된 무용이 바로 그것이다. 전자는 상술한 대로 연창자 자신이 가창의 절실한 대목에서 자연 발로된 춤사위를 비롯하여, 감동의 장면에서 스스로 춤추는 연기에다 또한 작중 인물의 무용을 모방하여 춤추는 기법을 말한다. 그리고 이 차용·삽입된 연행 형태의 무용은 일상적 춤과 함께 전문적 춤사위가 다양하여 독무와 대무 내지 군무 등으로 전개되었던 것이다.

---

201 조순자, 「판소리 '창조'의 음악적 특성과 기능 고찰」, 『한국음악사학보』 52, 한국음악사학회, 2014, pp.272-273.

그러기에 이 땅설법을 통관하면, 개인적인 잡무를 바탕으로 선행·당시의 무용 연기가 거의 다 동원되었다고 보아진다. 먼저 불교무용이 의식·행사에 연행되는 바라춤과 나비춤·법고무 등으로 나오는 것은 물론이다.[202] 그리고 궁중의 정재무로 춘앵무 같은 것이 다양하게 연행될 수 있었다. 또한 민속 무용이 살풀이 등으로 다양하게 등장하면서, 그 무굿의 춤사위까지 연행되었던 터다. 나아가 신도 대중의 집단적 잡무가 필요에 따라 동원될 수 있었던 것이다.

다섯째, 행동 연기다. 이 연기는 땅설법의 공연에서 사소한 듯이 실질적으로 중요한 역할을 하였다. 기실 위 강설 연기나 가창연기·무용연기 등과 직결되어, 그 극정을 입체적·역동적으로 확충·강화하고 있기 때문이다. 이에 선행 강창극에서 '주공(做功)'이라 하여 중시하고[203] 후대 강창극 판소리 같은 데서도 '너름새'라고 주목했던[204] 게 사실이다.

원래 행동 연기의 기본적 요건이야 눈짓·입짓·표정, 고갯짓·어깻짓·팔짓·손짓, 다릿짓·발짓, 그리고 몸짓 등에서 일어나지만, 그것이 위와 같은 다양한 연기와 결부되어 적절하게 조직되면 놀라운 극정을 창출하는 것이다. 이런 점에서 이 행동 연기는 위 강설 연기·가창 연기·무용 연기 등의 연장선상에서, 매우 중요한 기능을 발휘하고 있는 터다. 그러기에 이 연기를 일러 '그 지고의 신체 전략'이라고[205] 하였던 것이다. 실제로 이 행동 연기는 위 강설 연기에서, 설명·묘사·속술·음향·감정·대화·평설 등의 연기마다 적절한 연기로 보완·확장하여

---

202 법현, 「불교무용의 유형과 분류」, 『불교무용』, 운주사, 2002, p.45.
203 김학주 외 편, 「설창의 연기 예술」, 앞의 책, pp.270-273.
204 정양 외 편, 「광대가·너름새」, 앞의 책, p.50.
205 김익두, 『판소리, 그 지고의 신체 전략』, 평민사, 2003 참조.

그 극정을 극대화하였던 터다. 그리고 가창 연기나 무용 연기에서도, 이 행동 연기가 결부되어 극정을 최대화하였던 게 사실이다.

이와 같이 도창승의 연기는 다양하고 그래서 완벽한 연극을 이룩하는 중심·주축이 되었던 것이다. 따라서 도강승은 높은 지성과 원만한 인품에다 순연한 예술관을 갖춘 광대한 연기자라 하겠다. 그 전능·다양한 연기가 기본적 연극을 이루는 것이니, 이 땅설법이 전형적 연극 형태를 지향하고 있는 점이 족히 실증되는 터다. 여기에 그 고수와 청중이 합세하면 완전한 연극이 성립되기 때문이다.

라. 땅설법의 고수와 청중

땅설법의 공연에서 가창에 따른 장단은 필수적 연기 요건이다. 따라서 여기서 장단을 북이나 장고로 치는 이른바 고수가 중시되는 것은 사실이다. 그런데 여기 고수는 전문적 기능인이 아니고, 신도·청중 가운데서 선정·훈련된 아마추어다. 따라서 여기 고수는 그 판소리의 고수와 같이 청중으로부터 분리·독립되는 기능인은 아니다. 그러기에 이 고수는 청중에 앞장서 그 가창의 장단에 맞추어 북치고 추임새하는 대표적 청중이라 하겠다. 따라서 그 전문고수와 같이 반주자로서의 역할이 분명치 않고, 연창자의 상대역을 하기가 어렵고, 지휘자의 역할은 할 수가 없었던 터다.

실제로 땅설법의 연창에서 청중의 역할이 필수적 요건이다. 여기 청중이 있기에 그 공연이 성립되고, 그 반응에 의하여 그 연극이 완결되기 때문이다. 기실 이 땅설법의 청중은 원래 동일한 지면 위에서 그 고수를 앞세워 연창자와 근접하여 그 주위에 자리한다. 따라서 이 청중은 연창자와 친근한 관계로 일체감을 가지고 그 공연에 대하여 실제적이고 절실한 반응과 함께 추임새를 하며 격려하였던 터다.

기실 여기 청중은 대부분 그 신도이거나 인연 있는 대중으로서, 이 공연에 대하여 상당한 이해와 깊은 관심을 가지고 적극적인 반응·공감을 나타냈던 터다. 그들은 이 공연에 무릎장단을 치면서 추임새도 하며 춤사위까지 보이게 되고, 실제로 그 연행에 동참할 수가 있었던 것이다. 이 도창승의 공연 계획에 따라, 대중적 놀이나 어떤 연행 행태를 요청할 때, 그 청중 가운데의 선정·훈련된 인원이 족히 출연하였던 것이다. 전국 각 지방의 민요를 가창하거나 민간 잡무를 추는가 하면, 상여 소리와 혼인 의례, 비나리나 앉은굿 대잡기 등 다양한 연행이 바로 그것이다. 이런 점에서 이 땅설법의 청중은 그 공연에 적극 동참하는 소중한 역할을 다했던 것이다.

  이와 같이 이 땅설법의 공연은 그대로 완벽한 연극, 강창극의 형태로 정립·행세하였던 것이다. 그러면서 이 연극 형태는 그만한 특장이 있었던 터다. 전술한 대로 이 땅설법의 공연은 종합적 강창극으로서 전능극의 복합적 형태와 기능을 포괄하고 있다. 그래서 그 공연이 거듭된 유통·전승을 통하여, 여러 연극 장르로 분화·전개될 필연성을 갖추고 있었다. 이 땅설법이 광대하고 개방적인 구조·형태 속에 여러 연극 형태를 수용·재편하고 있었기 때문이다. 전술한 땅설법의 대본, 극본·희곡이 그 방대하고 복합적인 형태로서 공연 과정을 통하여 여러 하위 장르, 가창극본·가무극본·강창극본·대화극본·잡합극본 등으로 분화·전개되었다는 사실은 여기 연극적 공연이 그 하위 장르, 가창극·가무극·강창극·대화극·잡합극 등으로 분화·전개된 것을 실증하고 있는 터다. 바로 그 극본들이 이 연극 장르로 공연된 것은 너무도 당연하기 때문이다. 그리하여 이 연극 형태는 이른바 '연극의 백화점'이라는 광대한 공연예술로서[206] 그 최선의 역량을 발휘해 왔던 것이다.[207]

(3) 안락국전승 땅설법의 실제

이 안락국전승 땅설법의 실연 양상을 상술한 〈땅설법〉의 요건과 전형적 공연 연기에 비추어 검증·평가하는 것이 중요 과제다. 여기에는 전게한 대로 그 대본이 마련되었다. 그것은 필사본으로 정립되어 있고, 한편 구전본으로 그 땅설법 보유자, 도창승 다여 스님에게 전승되어 있는 터다. 그 무대가 강원도 삼척시 신기면 안의리 안정사 별전에 설치되어, 그만한 장엄과 장치가 그 분위기와 함께 실감을 자아냈다. 그 연행자 다여 스님은 도창승으로 만능 연기를 갖추고 보조 출연자들을 거느리고 있는 터다. 그리고 이 청중은 당시 안정사의 신도, 사부대중으로 만좌하였다. 2020년 음력 7월 15일 우란분재일을 기하여 3시간 가량에 걸쳐 공연한 실황이었다. 이를 촬영하여 서정매가 그 영상을 보내 주어 이 원전으로 삼았다.

가. 무대 설정

이 무대는 안정사의 설법전에 설치되었다. 여기에는 기본적인 장엄·장식, 설상 외에 특별히 아미타삼존불의 화상과 궤불 당번을 내걸었다. 그리고 그 안락국전승 땅설법의 공연에 따르는 불화와 장식을 배치하였다. 그 위에 이 공연 중에 필요한 장치와 소도구가 자리하였다. 먼저 그 〈안락국태자경〉의 사건 진행상 중요한 장면을 변상도를 그려 10편이나 연결시킨 윤장대와 설법 시에 그 내용을 요약·도시하여 연결시킨 윤장대가 나란히 자리 잡았다. 이어 부모은중경 십종대

---

206 사재동, 「한국희곡사 연구의 방법론적 전망」, 『한국의 고전과 공연예술』, pp.125-127.
207 사재동, 「〈땅설법〉의 공연방식과 불교문화적 유통」, 『한국사찰과 불교문화의 전통』, 민속원, 2020, pp.775-785.

은을 요약·도시한 10폭 소병풍과 천정에서 내린 5색 천의 갈래 그 한 가운데 9층 연화탑이 자리하게 마련되었다. 그리고 이 반주·장단을 위한 사물, 북·장고·징 등이 그 한편에 가지런히 놓이고 기타 보조물이 곁들여 있다. 그 맞은편 정면에 청중이 정좌하여 그 청정·경건한 신앙적 분위기와 공연에 대한 기대감·환희심에 충만해 있었다.

나. 연행자와 연기

이 연행자는 도강승 다여 스님뿐이다. 다여는 그 안정사 주지로서 이 〈땅설법〉을 전수받아 오랜 기간, 그 연행을 전담하여 왔다. 이 다여는 1967년 10월 모일 강원도 삼척시 신기면 신기리 묘골 안정암 절 집안에서 태어났다. 어려서부터 총혜·영민하고 신심이 깊어·사암 내의 신행생활, 의례·풍습을 배우기 시작하였다. 당시 승단의 중진으로 땅설법을 전수·보유한 무명과 그 도반 운성이 종단 정화에 몰려 안정암에서 주석하였다. 이에 어린 다여는 무명으로부터 그 의식집과 불경을 읽기 위하여 한문을 배우고 불교교리를 익히게 되었다. 다여는 10여 세가 되면서 그 방면의 여러 분야에서 천재적인 성과를 보이게 되었다. 그래서 무명이 다여의 대성에 기대를 걸고 땅설법의 도창과 간창 등의 기예를 가르치기 시작하였다. 이때 다여는 일취월장 그 기예를 능숙하게 습득·실연하면서, 당시 불교음악으로 알려진 운성으로부터 그 소리를 배우고 익혔다. 다여가 17·8세에 이르러 그 신행이 더욱 싶어지면서 불교 교리나 불경의 세계를 체달하고 나아가 하화중생, 대중 포교에 서원을 세우고 일대 사명감을 가지게 되었다. 다여가 19세 되던 해에 그 안정암이 국도 지역으로 수용되어 인근 지역 신기면 안의리로 이전 안정사를 창건·안주하면서 수행·정진하였다. 그리하여 다여는 19세가 되어 모든 자격을 갖추고 무명을 은사로 출가·득도하였다. 그 후로 다여는 본격적으로 땅설법의 도강·간강·연희 등을 전수·실연하여 무명의 인정을 받는 한편, 당시 불교무용으로 이름난 대법으로부터 그 무용을 배워 익히게 되었다. 다여는 그만한 서원과 사명감을 불태워 3년간을 진력하여 크게 성취하니, 마침내 그가 지세되던 7월 17일 무명에게 땅설법 5종 전법패를 전수받았던 것이다.

그로부터 다여는 독자적으로 이 땅설법을 실연·운영하게 되었다. 매년 안정사의 큰 재의나 불사 등을 기하여 이 땅설법을 베풀어 그 대중 설법의 성과를 올렸던 터다. 그러는 중에 화엄·법화 등 불교사상과 그 신행에 화통하고 불교문화·종교문화·인문학에 관한 식견까지 갖추게 되었으니, 29세 되던 5월 20일 고승 일초에게 비구계를 받았던 것이다. 그 이후로 다여는 그 처음의 서원·사명감을 되새겨 대중 설법에 매진하면서 적절한 계기에 그 땅설법을 실현하여 왔으니, 그러기를 30여 년이나 계속하였다. 그러면서 다여는 법연을 따라 안정사를 벗어나 다른 절에서도 이 땅설법을 공연하게 되었다. 최근에 다여가 경기도 성남시 위례동 대원사에서 그 공연을 했으니, 그것이 불교문화·연희분야의 전문학자 효탄(김창숙)에게 발굴되어 세간·학계에 공개되었던 터다.

이러한 다여가 도강승으로 강설연기와 가창연기, 무용연기·행동연기 등 만능 연기를 갖추어, 청색 장삼에 청홀치 모자를 쓰고, 삼으로 삼은 미투리를 신고는 부채와 불자 같은 지휘봉을 든 채, 그 무대에 등장한다. 그리고 선비 차림의 거사들이 치는 연주 장단의 도움을 받고, 그 삽입 연행에 동창하는 평복 남녀 신도, 나비춤 차림의 여신도 등을 지휘한다.

다. 연행의 실제

제1장면: 초두, 범마라국 임정사의 광유성인, 서천국 사라수대왕의

이야기

　도강승이 그 광유성인과 사라수대왕의 이야기를 요약하여 가창한다. 가창연기가 좋아 유창하고 간절하게 흐른다. 그 장단과 함께 느긋한 감명을 준다. 그리고 그 이야기를 변상도 윤장대의 그림에 따라 무연 강설한다. 옛날 범마라국 임정사에서 광유성인이 500제자를 데리고 교화할 때 서천국에 사라수대왕이 400소국에 408부인을 거느리고 정법으로 다스리며 선한 근원을 닦아 무상도를 구한다. 그 설명연기와 묘사연기가 능란하여 흥미와 기대감을 일으킨다.

　제2장면: 광유성인이 승렬바라문을 시켜 사라수대왕의 채녀 8명을 시주 받아 오는 이야기

　도강승이 그 이야기를 요약하여 가창한다. 이야기식 노래가 청랑하고 명쾌하다. 장단이 어울린다. 가창 연기가 능란하여 감흥이 절로 난다. 그리고 도창승이 그 이야기를 부연·설명한다. 그 궁중 문전에 승렬바라문이 와서 보시를 요청하니 원앙부인이 직접 재미를 바친다. 그런 곡식이 아니고 광유성인의 찻물 기를 채녀 8명을 시주하란다. 왕이 친히 나가 승렬바라문을 모셔다 용상에 앉히고 예경하고, 아름다운 채녀 8명을 골라 기꺼이 보낸다. 그 채녀들이 승렬바라문을 따라 임정사 광유성인을 모시고 찻물을 기르며 수행한다. 이런 이야기를 도강승이 설명 연기와 감정연기, 대화연기, 행동연기로 감명 깊게 연행하니 그 사라수왕과 원앙부인의 신심과 보리심이 실증되어 모두가 감동한다.

　여기 도강승이 위 찻물, 차공양과 연결시켜, 오분향례와 육법공양, 팔정도까지 설법한다. 그 불법도시 윤장대를 활용하면서 설명연기와 평설연기를 통하여 유창하게 연설하여 모두가 경건하게 경청한다. 여기서 도강승이 팔정도를 중심으로 정진가를 유창하게 선창한다. 장단

과 함께 '수행정진 필경성불' 후렴을 신도·청중들이 합창하여 법열을 일으킨다.

제3장면: 광유성인이 승렬바라문을 통하여 사라수대왕과 원앙부인을 출가시키는 이야기

도강승이 그 이야기를 부연하여 실감나게 강설한다. 그 승렬바라문이 다시 와서 광유성인의 이름으로 사라수대왕이 출가하기를 요청한다. 그 왕이 크게 기뻐하고 왕위를 아우에게 맡기고 출가하면서 대성통곡한다. 그 왕비와 헤어짐을 슬퍼함이라, 만삭이 된 그 왕비가 함께 출가한다. 이런 이야기를 설명연기와 감정연기·대화연기·행동연기로 실감나게 연행하니 그 출가의 비장함과 숭엄한 서원이 불꽃처럼 일어난다. 이어 도창승이 그 이야기를 요약하여 가창하고, 나라에 왕위 세속을 떠나는 심정을 노래한다. 그 가락은 장단에 맞추어 처량하고 구슬프게 파고든다. 그 노래에 감응하여 청중이 후렴처럼 '떠나간다'를 합창하여 감동의 기운에 휩싸인다.

이어 도강승이 위 왕의 출가와 관련지어, 팔관회에 강설한다. 설명연기와 평설 연기로 명쾌하게 연설하고, 팔관회 기원가를 가창한다. 그 장단에 맞추어 춤사위까지 곁들이니 법흥이 절로 난다. 청중이 호응하여 '여래께서 오시는 길 육법공양 올리리다' 후렴을 합창하니 더욱 청아·명쾌한 기운이 돈다. 여기에 감흥에 겨운 명복 여신도와 선비차림 거사 여러 명이 나와 춤을 추니, 그 분위기가 더욱 고조된다.

제4장면: 사라수대왕과 부인이 출가길에 고행하는 이야기

도강승이 그 이야기를 부연하여 감명 깊게 강설한다. 사라수대왕과 부인이 승렬바라문을 따라 출가하는 길에 난관에 부딪힌다. 그 원앙부

인이 만삭에 발병이 나서 진퇴양란이 되니 죽림국 자현장자에게 그 몸을 종으로 팔아 이 돈을 광유성인께 바치게 한다. 이런 이야기를 설명연기와 묘사연기, 감정연기와 대화연기, 행동연기로 능숙하게 연행하니, 그 부인의 피나는 서원과 사라수대왕의 비통 감개함이 불꽃같이 타오른다. 이에 도강승이 그 이야기를 요약하니 비탄가조로 가창하니 장단에 맞추어 청량하고 비창한 물결을 일으킨다. 이에 청중이 감동·비감하여 눈물짓는다.

제5장면: 사라수대왕이 원앙부인과 이별하는 이야기

도강승이 그 이야기를 부연·첨가하여 감명 깊게 연설한다. 사라수대왕이 그 부인을 자연장자 집에 종으로 남겨 두고 그 줄가의 길을 떠나자니 그 심정이 어떠하겠는가. 이런 이야기를 설명연기와 묘사연기, 감정연기와 대화연기, 행동연기로 능숙하게 연행하니 부부인연 깊은 정이 끊어지고 애간장이 녹는 비장함이 물결친다. 이에 그 이야기를 요약하여 가창하니 비창의 절정에 올라 청중들은 비감하여 눈물을 삼킨다.

그리고 별도로 이별가를 가창한다. 그것은 장단에 맞추어 처창하게 심금을 울린다. 이어서 신도 청중 중에서 평복 차림의 여신도와 나비춤 복장의 여신도를 등장시켜 강원도 아리랑조의 이별가를 부른다. 도강승이 지휘하여 장단에 맞추어 춤사위까지 곁들이나 모두가 자신이 부르는 감흥에 젖는다.

도강승이 이제 원앙부인이 되어 이별가를 부르니 북장단에 맞추어 만인의 가슴에 비창의 물결을 이룬다. 그리도 울음을 머금어 참아야 한다.

제6장면: 그 이별의 마당에 태아의 이름을 짓고 원앙부인이 왕생게를 지어 왕에게 바치는 이야기

도강승이 그 이야기를 부연하여 절절하게 강설한다. 원앙부인이 왕에게 이제 이별하면 꿈속에서나 저승에서 만나자며 복중의 아이 이름을 지어 달라고 요청한다. 이에 왕은 아비 없는 자식, 낳는 대로 죽이라 하니, 부인이 울며 재삼 간청한다. 그래서 남자이거든 안락국이라 하고 여자이거든 효양이라 하라고 정해준다. 그리고 원앙부인이 만사여의한 왕생게를 지어 왕에게 바치며 언제나 어려울 때면 꼭 부르라고 당부한다. 이런 이야기를 설명연기와 묘사연기, 감정연기와 대화연기, 행동연기로 능란하게 연행하니 그 애절함과 심중한 의미를 뚜렷이 부각시킨다. 이어서 그 왕생게를 가창한다. 그 청아하고 숭엄한 곡조는 유장하게도 하늘의 선학처럼 너울져 나간다. 그 장단에 맞추어 유장함에서 자진머리로 휘몰아 가니 모두 정토세계로 날아가는 듯하다.

그리고 도강승이 왕생게의 의미와 권능에 대하여 설법한다. 아미타 사상과 정토신앙, 왕생극락의 요체라면서 설명연기와 평설연기로 능변하니 모두가 깊은 감명을 받는다. 이어서 도창승이 별도의 왕생가를 가창하니 모두가 극락왕생을 실감하면서 '원왕생 원왕생' 그 후렴을 합창한다. 거기에 장단이 어우러져 극락왕생의 법운이 감돈다.

이어 도강승이 세속의 이별타령을 가창한다. '떠나간다'의 월령식 이별가는 장단에 맞추어 대중적 가락으로 이별의 정감을 확대·확산시킨다. 청중이 호응하여 따라 부르듯이 감동한다.

제7장면: 사라수대왕이 승렬바라문을 따라 임정사로 가서 광유성인 앞에서 수행하는 이야기

도강승이 그 이야기를 부연하여 사실적으로 강설한다. 사라수대왕

이 승렬바라문을 따라 어려운 출가 길을 걸어서 마침내 임정사에 이르러 광유성인의 제자가 되어 그 8처녀와 다시 만나고 유나로서 함께 찻물을 기르며 수행한다. 그리고 그녀들과 원앙부인을 그리며 그 왕생게를 가르쳐 주고 같이 부른다. 이런 이야기를 설명연기와 묘사연기, 감정연기와 대화연기, 행동연기로 능숙하게 연행하니 사라수대왕의 비애와 신심을 간곡히 드러낸다. 나아가 그 출가 노정을 요약·가창하여 장단과 어울려 출가의 의미를 각인시킨다. 나아가 도강승은 사라수대왕이 그 부인을 그리는 상사를 가창한다. 그 장단과 함께 그 구슬프고 간절한 곡조가 족히 만인의 심금을 울린다.

이어 도강승이 평상복 차림의 여신도들을 등장시켜 세속의 상사별곡을 함께 부르며 춤사위까지 곁들인다. 이에 청중 모두가 호응·합세하니, 그 장단에 고무되어 상사의 애틋한 정감이 증대·확장된다.

제8장면: 원앙부인이 종으로 고행을 감내하며 안락국을 낳는 이야기

도강승이 그 이야기를 부연하여 처절하게 강설한다. 원앙부인이 장자집에서 종의 일을 하는데, 자현장자가 몸을 바치라 억압한다. 그 청정은 생명보다 소중한 것이라 만삭을 경계로 겨우 모면한다. 마침내 그 부인이 아들을 낳아 안락국이라 이름하니, 이 장자가 다시 그 압박을 하고 가혹한 매질까지 한다. 그래도 이 부인은 굴하지 않고 사라수대왕과 광유성인을 향하며 기도하고 청정을 지킨다. 이런 이야기를 설명연기와 묘사연기·감정연기와 대화연기, 행동연기로 비참·처절하게 연행하니, 그 부인의 청정 단심과 그 장자의 극악무도가 대조적으로 솟구친다. 그리하여 만인의 권선징악심을 격발시킨다.

이어 도강승이 그 광정을 요약하고 원앙부인의 심경, 그 왕을 그리는 사랑가를 부른다. 그 곡조는 한풀이와 그리움으로 강물을 이루어,

모두는 눈물을 머금어 그 후렴 '사랑이야 사랑이야'를 합창한다.

그 가운데서도 잘 생긴 안락국이 자라니 그 부인은 남편 생각이 간절해지며 그 아들을 사랑하는 마음이 샘솟는다. 이에 도강승이 그 이야기를 실감나게 연행하며 그 자장가를 부른다. 그 곡저는 절절하여 장단과 함께 모두에게 희망과 자비심을 일으킨다. 그리하여 청중은 감동하여 그 후렴 '어허둥둥 내 아들아'를 합창한다. 여기서 도창이 그 '안락국'과 관련하여 그것이 안락정토·극락세계의 상징이라는 설법을 한다.

제9장면: 안락국이 성장하여 부왕을 찾아가려고 노력하는 이야기

도강승이 그 이야기를 부연하여 여실하게 강설한다. 안락국이 성장하여 왕생게를 배우고 신심을 높여 가는데, 어머니에게 아버지가 누구며 어데 계시냐며 아버지가 보고 싶다고 한다. 그 어머니는 그동안 숨기고 참아 오다가 마침내 그 아버지가 서천국왕으로 출가하여 임정사에서 수행한다고 실토한다. 이에 안락국이 어머니의 만류에도 장자 몰래 아버지를 찾아 나선다. 그러다가 이틀 미리 알고 지키던 장자의 종들에게 붙잡혀 모자가 갖은 형벌을 받는다. 이런 이야기를 설명연기와 묘사연기, 감정연기와 대화연기로 실감나게 연행하니 장자의 악행 속에서 안락국의 효심과 구도심이 연꽃처럼 솟아난다. 더구나 부자 상봉의 세속 이야기까지 인용·첨가하여 그 감동의 여파가 넘실댄다. 더구나 그 안락국의 효행과 구도행을 요약·가창하니 그 간절한 곡조는 인심에 피고 들며 하늘에 미친다.

제10장면: 안락국이 도망하여 천신만고로 부왕을 상봉하는 이야기

도강승이 그 이야기를 부연하여 감명 깊게 강설한다. 안락국이 그 장자의 방심을 틈타서 어머니를 작별하고 밤새워 그 험로를 달려가는데,

큰 강이 가로 놓인다. 뒤에서는 그 장자의 종들이 쫓아올 텐데, 강에는 배가 없어 건널 수 없다. 황급하여 그 강가의 짚동을 모아 얽어매어 그 위에 타고 왕생게를 염하니 그대로 저 언덕에 이른다.

여기서 도강승이 그 뱃노래를 부른다. 장단에 맞추어 시원하고 간드러지게 퍼져 나간다. 이어서 평상복 여신도들을 등장시켜 세속의 뱃노래를 함께 부르니 청중들이 호응하여 '어기여차 뱃놀이 가잔다' 후렴을 합창하며 즐거워한다.

이어 안락국이 걸음을 재촉하여 임정사에 도착하여 왕생게를 부르는 8채녀를 만나 부왕의 소식을 듣는다. 마침 물지게를 지고 왕생게를 염송하는 부왕을 만나 왕생게로써 부자간임을 확인하고 얼싸 안고 대성통곡한다. 그동안의 사연을 다 말하지 못한 채, 부왕이 정각상봉가를 불러 서방정토에서 만나자며 안락국을 그 어머니에게로 보낸다. 이런 이야기를 설명연기와 묘사연기, 감정연와 대화연기, 행동연기로 능란하게 연행하니, 그 부자간의 지중한 정리와 극락왕생의 비원이 입체적으로 발현하여 만인의 마음에 피고 든다.

여기서 도강승이 강창을 등장시켜 안락국전승 땅설법에 대한 내용과 연행의 실상과 그 가치와 중요성을 강설한다. 도강승이 다 지켜 본 다음에 그 강설내용을 찬탄하고 청중에게 박수를 치라한다.

그리고 도창승이 사부대중의 대표를 내세워, 이번 땅설법의 연행과 그 가치를 들어 찬탄과 축하를 정중하게 표시한다. 역시 도창승이 그에 화답·감사하고 청중에게 박수를 치라 한다.

제11장면: 원앙부인이 청정을 지켜 장자의 미움을 사고 안락국을 보낸 죄로 극형을 당하는 이야기

도강승이 그 이야기를 부연하여 사실적으로 강설한다. 원앙부인이

장자의 온갖 강압에도 죽음으로써 청정을 지키니 그의 증오심은 극에 달한다. 여기에다 안락국을 그 왕에게 보내니, 장자가 격분하여 그 부인을 극형에 처하려 결심한다. 보리수 옆에 꿇어앉은 원앙부인은 시퍼런 칼날 앞에서 그 왕과 안락국을 그리며 무사하여 극락정토에서 다시 만나기를 피맺히게 노래한다. 이에 대노한 장자가 그 칼로 부인을 내리쳐 세 동강을 내어 보리수 아래에 버린다. 이런 이야기를 설명연기와 묘사연기, 감정연기와 대화연기, 행동연기를 실감나게 연하니, 그 장자의 악행과 원앙부인의 대자비에 청정한 구도심이 불꽃으로 치솟는다. 이에 모든 청중이 눈물 속에 비장한 각오, 그 서원을 세운다.

제12장면: 안락국이 돌아와 목동들의 노래를 듣고 어머니 시체를 찾아 통곡하는 이야기

도강승이 그 이야기를 부연하여 감명 깊게 강설한다. 안락국이 아버지를 이별하고 어머니를 위하여 다시 그 강을 건너 돌아와 자현장자 집을 찾아간다. 그 근처의 목동들이 안락국을 보고 민요를 부르되, 안락국은 아비를 보러가 어미를 잃으니 시름이 깊겠다고 한다. 이에 안락국이 목동들에게 물어 어버이의 비극적 죽음과 그 시체 있는 곳을 확인한다. 그 세 갈래의 시신을 모아 놓고 대성통곡하고 임종게를 염송하여 극락왕생을 비원한다. 이런 이야기를 설명연기와 묘사연기, 감정연기와 대화연기, 행동연기로 연행하니, 안락국의 비통과 비원이 치성하여 인심을 울리고 하늘, 그 정토세계까지 미친다. 다시 이 이야기를 축약하여 가창하니, 그 곡성은 장단에 맞추어 모두의 심정에 강물로 흐른다.

이어 도강승이 세속의 엄마노래를 절실하게 부른다. 모두가 감동하여 장단과 함께 그 후렴 '엄마야·엄마야'를 합창한다.

또한 도강승이 어머니의 천도재를 베푸는데, 부모십종대은을 기록

한 소병풍을 탁자위에 올려놓고 먼저 왕생기원가를 가창한다. 그 청원한 곡성은 심원한 회식곡조를 장단을 타고 만인의 가슴에 파고들며 극락세계사까지 이른다. 이어 부모은중경을 능변으로 강설하고 그 십종대은을 장단에 맞추어 가창한다. 그 처량·절실한 가성은 모두의 심중에 스며들고, 청중은 감동하여 울면서 그 후렴 '명심불망 부모은혜'를 합창한다.

제13장면: 안락국이 기원하여 8대보살의 반야용선을 타고 극락세계에서 부모와 상봉하는 이야기

도강승이 그 이야기를 부연하여 장엄·절실하게 강설한다. 안락국이 지극정승으로 비통의 기원을 드리고 있는데 이에 감응한 8대 보살이 반야용전을 타고 와서 안락국을 일으키며 그 부모가 이미 극락세계에 계시니, 거기로 함께 가자고 한다. 이에 감격한 안락국이 그 반야용선을 타고 극락세계로 가서 부모님을 만나 안락을 누린다. 이런 이야기를 설명연기와 묘사연기, 감정연기와 대화연기, 행동연기로 연행하니, 그 감동과 법열의 경지가 현실적으로 전개된다. 더구나 이를 요약·가창하니 그 청랑·유쾌한 곡조는 장단을 타고 모두에게 극락왕생을 실감케 한다. 모두는 감화되어 법열을 절감하며 그 후렴 '원왕생 원왕생'을 합창한다.

제14장면: 여기에 나오는 인물들의 수행공덕과 그 과보의 이야기

도강승이 경건하게 선언한다. 그때의 광유성인은 석가모니요. 사라수대왕은 미타불이며, 원앙부인은 관세음보살이요 안락국은 대세지보살이며, 승렬바라문은 문수보살이요. 8채녀는 8대 보살이며 500제자는 500나한이요, 자현장자는 무간지옥에 든다. 이에 모두는 환호하여

감격의 박수를 친다.

　이에 도강승이 안락국전승이 아미타삼존과 석가불의 전생담이라 설
파한다. 그리고 정토삼부경·관무량수경을 중심으로 서방정토 극락세계
와 아미타불·관세음보살·대세지보살의 권능·공덕을 찬탄·설법한다.
간단명료하고 청산유수다. 이것도 설명연기와 평설연기에 의한 능란한
연행으로 나타나니, 그만큼 명쾌하게 감동하고 감화될 수밖에 없다.

　제15장면: 이 땅설법의 마무리다. 관음보살 정진과 아미타불 기도, 그
법회가 축제처럼 벌어진다. 그 무대에 새로운 장치로 9층 연화탑이 천정
에서 느려진 여러 갈래 오색 천으로 쌓여 있다. 그 무대에 북·장구·
징 등이 배치된다. 그 작법무, 관음무, 등이 대기한다. 신도·청중이 상
당수 동참한다.

　먼저 도강승이 관음사상과 신앙·기도의 중요한 의미와 영험·가피에
관하여 설법을 하고 기도를 시작한다. 등장 신도들이 장단도 치고 그
변상 윤장대와 설법 윤장대를 돌리는 가운데, 그 오색 천 끈을 갈라
쥐고 도는 가운데, 관음정근을 선언한다. 도창이 관음찬가를 가창한다.
벌써 나비춤과 관음무가 너울거린다. 신도들은 '관세음보살'을 반복·합
창한다. 이어서 장단에 맞추고 춤사위에 알맞게 관음정진에 들어간다.
도강승이 선창하면 신도들이 후렴으로 '관세음보살'을 열창하면서 춤
사위를 곁들인다. 그때에 그 연화탑에 마련된 보시함에 보시를 한다.
시간이 오래 걸린다.

　이때에 도강승이 아미타불 정진을 선언한다. 그리고 아미타찬가를
가창하니 그 청아하고 유려함이 감미롭게 흐른다. 모두가 감동하여 춤
추며 그 후렴 '나무아미타불'을 합장한다. 이어서 도강승이 아미타불
48대원을 선창하고 신도들이 '나무아미타불'을 합창·연창하면서 춤사

위까지 곁들여 염불삼매에 들어간다. 그것은 미타신앙·대중설법, 염불 정전의 종합예술이다. 이 안락국전승 땅설법의 결실이요 마무리다.

도강승이 합장하고 이 땅설법의 취지 목적, 실연과정 등을 긍정적으로 요약·평설하고 불보살님께 예견하여 사부대중께 감사한다. '성불하십시오' 모두 환희심으로 합장한다.

이상과 같이 이 안락국구전승 땅설법은 그만큼 장구한 전통을 계승하여 그 대중설법의 예술적 방편을 그대로 따랐다. 그리고 그 강창 연행의 전형을 본받고 그 시대상황에 상응하여 변화·개신되어 그 전형의 현대화를 이룩하였다. 이번 다여 스님 보유의 그 땅설법의 공연은 그 전통과 전형을 계승한 시대적 완성품이었다. 그 도강승으로서 그 만능연기를 십이분 발휘하여 그 공연은 실로 성공적인 것이었다. 여기서 우리는 불교계의 대중적 설법, 그 강창적 공연 예술을 확인·확보한 것이다.

6) 결론

이상 〈안락국태자경〉의 전승계보와 그 문학적 실상, 그 영행양상과 전통, 이를 계승하여 〈땅설법〉이 형성·전개된 과정과 연행의 실제를 검토·고찰하였다. 지금까지 논의해 온 것을 요약하여 결론하겠다.

① 이 작품의 전승계보를 개관하였다. 이 작품은 먼저 한문본 〈안락국태자경〉으로 출발하였다. 이 작품은 전토삼부경·관무량수경 등 정토계 불전을 연원으로 당시 불교계의 학승·문승, 신불문사 등이 아미타사상, 정토신앙을 홍포하기 위하여 제작하였다. 이 작품은 아미타삼존불과 석가불의 전생담으로서 한·중의 정토계 위찬경이나 변문 등 서사적 불전을 전범으로 하여 문학적으로 창작되었으니, 세종 28년 《월인천강지곡》의

저본《석가보》에 실린 것을 하한선으로 하여, 고려말기를 상회하여 고려 불교의 전성기 문종대까지 올라가리라 추정된다. 이 작품은 위찬경으로서 변문적 성격을 갖춘 서사문학이며 연행성을 갖추었고, 구비적 유통과 연행적 유통과 함께 문헌적 유통으로 상당한 이본이 현전한다. 다음 이 작품은 국문본 〈안락국태자경〉으로 계승되었다. 이 작품은 위 한문본의 국문화로서, 국문산불불경《석보상절》에 삽입되었다가 국문운산문《월인석보》제8권에 자리하였으니, 세종과 수양대군의 주로 아래, 신미 등 당대의 학승·문승, 김수온 등 신불문사들이 국문에 능통한 데다 불교중흥과 불교 홍전을 위하여 이를 역찬하였으니 세종 28년 이래 세조 4년의 일이었다. 이 작품은 위찬경이나 변문 형태를 벗어나 국문문학의 자질·형태를 갖추고 국문소설 나아가 국문희곡·극본의 갈래로 전개되었고 따라서 그 연행성이 분명하였다. 이 작품 역시 그 구비적 유통과 연행적 유통, 문헌적 유통을 거쳐 상당한 이본이 현전하고 있다. 그리고 이 작품은 국문소설 〈안락국전〉으로 변성·전개되었다. 이 작품은 〈안락국대자경〉이나 〈안락국태자전〉을 연원·모본으로 하여 당시 대승적 법사·강사나 속강승, 연예승, 일반문사, 연예인 등이 대중적 교화 내지 민간 유통을 위하여 흥미와 감동적 통속적 국문소설로 변형·개신하였으니, 국문소설이 발전되던 16세기를 거쳐 그 난숙기인 17세기의 일이었다. 또한 이 작품은 이미 국문소설로서 그 희곡·극본의 형태를 지향하여 족히 연행력을 갖추었다. 그것 역시 구비유통을 기반으로 연행유통과 함께 문헌유통을 거쳐 상당한 이본을 확보하였던 것이다.

② 이 작품의 문학적 실상을 분석하여 그 갈래를 규정하였다. 이 작품은 아미타삼존불을 가족관계로 풀어나간 전생으로서 비극적이고 감명 깊은 서사구조를 갖추고 있다. 그 주제는 부운 같은 부귀영화를 버리고 선심과 자비로 심신을 다 바쳐 무상도를 구하면 생사고해를 넘어

서 극락정토, 안락국에 이른다는 불교적 이상경이다. 이러한 주제는 선행·구도자는 극락·행복을 누리고 악행·무도자는 지옥고에 떨어진다는 권선징악으로 일관되었다. 이러한 주제를 담은 그만한 서사구조는 전형적인 전기적 구조와 '영웅의 일생'을 갖추어 그만큼 적절한 구성으로 전개되었다. 그 무대가 범마라국 임정사 광유성인이 500제자를 교화하는 신성·청정한 도량, 그리고 서천국 400소국, 사라수대왕이 408부인을 거느리고 선정을 베푸는 화려·찬란한 왕궁, 그 사이에 가로놓인 험로와 음산한 죽림국 자연장자의 고루 거택이 유기적으로 자리하였다. 이어 그 등장인물은 광유성인이 법력이 무상·원만하고 그 제자 승렬바라문이 도력·지혜가 뛰어난다. 여기 사라수대왕은 부귀영화를 떠나서 오직 선근을 닦고 무상도를 구하는 수행자요 원앙부인은 자비심과 구도심으로 원만한 보살인데, 안락국은 그 부부가 추구하는 안락정토와 같은 청정무구한 성품을 타고 냈다. 한편 자현장자는 재산과 여색만 탐하는 극악무도한 악한이요 그의 하인들은 그 아류 추종자다. 그만큼 개성과 기능을 가진 인물들이 그 파란만장한 사건을 주동적으로 밀고 나가니, 그 발단에 이어 예건의 설명-유발적 사건-상승적 동작-절정-하강적 동작-대단원으로 이어지는 사건 진행의 전형적 동선을 지켜, 소설·희곡의 그것과 상통하였다. 한편 이 문체 표현은 전형적 산문체에 시가가 삽입·교직되어 강창문체를 이루면서, 설명체와 묘사체, 감정표현과 대화체 등이 발달하여 소설문체 내지 희곡문체와 일치하였다. 그리하여 이 작품은 그 서사성과 성향에 따라 우선 국문소설이라 전제하고 나아가 국문희곡, 극본이라고 규정되었다.

③ 이 안락국전승의 연행 양상을 고찰하였다. 이 작품은 주제·사상에 따라 사찰의 천도재의나 우란분재, 매월 미타 재일법회 등을 중심으로 정토신앙의 법석에서 그 사상·신앙을 강조·선양하기 위하여 자주 연행

되었다. 그 장엄하고 다양한 무대에서, 연행자 강독사나 강담사, 속강승이나 강창사 등이 청중 앞에 홀로 등장하여 그 문학적 대본을 외워서 연행하였다. 그 연행은 기본적으로 강독사가 청중에게 그 대본을 외워 강독조로 연행하여 나가는데, 염주나 부채 등을 지참하고 마치 그 책인 것처럼 연기하여 흥미롭고 신기하다. 그리고 강담사가 등장하여 옛날이야기 하듯이 담화하는데 그 작중인물의 성격·행동, 대화 등을 실감나게 설파하고 그 시가 부분을 직접 가창하여 실감을 자아냈다. 이때에 그 염주나 주체를 활용하여 자연스러운 연기를 곁들이니 연행의 분위가 살아났다. 그러면서 그 강독과 강담이 어우러지는 연행이 나타났던 것이다. 나아가 전문적인 연행으로 강창공연이 전개되었다. 그 무대는 청중과 함께 공연의 분위기가 강화되고 그 변상도가 배치되는 정도였다. 그 연행자는 속강승이나 강창사로 전문화되어 연행적 복장으로 부채 정도를 들고 그 문학적 대본을 암기한 채 홀로 등장하여 본격적으로 연행하였다. 그 연기자는 일인전역으로 그 장단의 도움을 받고 청중의 호응에 힘입어, 강설연기와 가창연기, 무용연기와 행동연기가 능숙·배합되어 이른바 강창극과 같은 공연을 해냈던 터다. 한편 이 강창 연합은 더욱 발전·난숙해지면 그로부터 변화·혁신되어 나가는 공연 형태가 나타나기 시작하였다. 그 강창행으로부터 연극 형태가 전개되어, 가창극이나 가무극, 강창극, 대화극, 잡합극 등이 분화·전개되고 후대적으로 〈삼회향〉 같은 불교연극으로 흘러갔다. 그리고 이 강창 연행으로부터 보다 세련되고 당대의 공연예술, 강창극과 교류하여 새로운 강창극, 판소리가 형성·전개되었다. 그만한 무대에 평상복·예복 차림의 광대가 나와서 홀로 그 통속화된 대본을 외워서 강설연기, 가창연기, 무용연기, 행동연기로 더욱 세련되고 감명 깊게 공연하였다. 여기에 고수가 장단을 치고 청중이 동참·호응하여 강창예술, 강창극의 멋진 경지를 보여 주었던 것이다. 한편 이 강창 연행으로부터 서사무가 연행이 민속화되어 나왔다. 그 무당이 굿당·굿판에서 그 무속화된 대본을 기억하고 홀로 나와 강창 연행을 본떠서 〈이공본풀이〉로 연행하여 신자들의 호응을 받았던 것이다.

④ 그 〈땅설법〉의 형성·전개과정을 파악하고 그 공연의 실제를 검증하였다.

이 〈땅설법〉은 불교계 설법의 대통에 기반으로 하여 그 설법의 전형적 방편, 강창연행의 전통을 계승하였다. 그러면서 당시 교세의 침체와 대중 사회의 현실을 직시하고, 살아남기 위하여, 대중 교화를 위하여, 사찰의 권선 불사를 위하여 그만한 포교·설법의 사명감을 가진 승려들, 그 속강에 능통한 속강승이나 강장사, 이에 호응하는 속강거사, 신불문사 등이 합세·결단하여 그 하늘같은 부처의 금구 옥설이나 고승 대덕의 고아한 성전 설법에서 벗어나 이 땅바닥 신증·민중의 근기·정서에 맞추어, 땅위의 대중적 설법을 위한 통속적 공연예술을 집성·연행하면서 '땅설법'을 자처하였다. 그들은 사찰의 천도재나 불가의 5대 명절, 우란분재 미타재일법회를 중심으로 제반재의와 권선법회 등을 통하여 그 공연을 게을리하지 않았다. 그들은 이 대본을 그 주제·사상이나 그 무대 설정·등장인물의 성격·기능, 사건 진행 내지 표현·문체에서 통속적으로 개변·혁신하였다. 그리고 연행 무대를 땅바닥 평면 위에 설정하고 그 출연자 도강승의 연기를 보다 능숙하게 발휘하였다. 그 대본을 암기하는 능력은 물론, 그 강설연기, 설명연기·묘사연기·속술연기·감정연기·대화연기·평설연기에 능통하고 가창연기와 무용연기·행동연기 등에 통달, 만능연기를 발휘하였다. 이에 장단·연주자의 역할도 원만하고 청중의 동참·호응이 그 연행에 큰 도움을 주었다. 이러한 〈땅설법〉의 연행을 기준하여 이번 안락국전승 땅설법의 공연을 보니, 전체적으로 원만·우량한 것이었다. 우선 그 대본이 15개 장면에 걸쳐 장면마다 사건을 부연·첨가하고 강설과 가창을 삽입·조화시켜 강창 공연에 적합하였다. 그리고 공연무대가 장엄하게 설치되고 연행에 필요한 설치가 적절하고 효율적이었다. 무엇보다 도강승의 강설연기와 가창연기, 무용연기·행동연기 등이 투철하고 능란하여 언제나 감동을 자아내고 감명을 일으켰다. 그 장단·반주자와 청중도 동참 공연과 함께 호응·격려하여 그 역할에 충실하여 마침내 성공을 거두었다.

그리하여 이 안락국전승은 신라통일기를 연원으로 고려 후기에 걸쳐 형성·전개되어, 불교계 서사문학, 한문소설·한문희곡으로서 당시 문학사에 합세하였거니와 그 연행을 통하여 불교계 연행예술로서 당대 공연예술사에 기여하였다. 그리고 이 전승은 훈민정음 이래 국문서사문학, 국문소설 내지 국문희곡으로서 당시 국문문학사를 계도·발전시켰다. 이어 이 전승은 변모·개신되어 대중적 소설이나 통속적 희곡·극본으로 행세하며, 그 강창적 공연을 통하여 불교연극과 판소리, 서사무가를 개발하는 한편, 그 적통을 〈땅설법〉으로 이어 주어, 현대적으로 부활하였던 것이다.

사재동(史在東, Jae Dong, Sha)

세종시 금남면 장재리에서 1935년에 태어났다. 충남대를 졸업하고 같은 대학원에서 문학박사 학위를 받았다. 충남대 인문대 교수로 재직하면서 인문과학연구소장, 교육대학원장, 인문대학장 등을 역임하였다. 어문연구학회, 한국언어문학회, 한국고소설학회, 한국공연문화학회, 한국불교문화학회의 회장을 지냈다. 지금은 충남대 명예교수로서 불교문학과 불교예술, 불교문화 등을 중심으로 집필 활동을 계속하고 있다. 저서로는 『불교문학과 공연예술』(태학사, 2016), 『한국의 사찰과 불교문화의 전통』(민속원, 2020), 『훈민정음의 창제와 실용』(역락, 2023) 등 19종 20책의 단독 저서와 『한국서사문학사의 연구』 1~5(중앙문화사, 1995)와 『한국희곡문학사의 연구』 1~6(중앙인문사, 2000) 등 10여 종 20책의 편저서, 그리고 『학문생활의 도정』(중앙인문사, 2006)과 『심정황후』 1~3(중앙인문사, 2010) 등 수필 및 소설작품 7종 10여 책이 있다.

한국문학의 외연과 인문학적 탐구

2025년 9월 26일 초판 1쇄 펴냄

지은이 사재동
펴낸이 김흥국
펴낸곳 보고사

책임편집 이찬형
표지디자인 김규범

등록 1990년 12월 13일 제6-0429호
주소 경기도 파주시 회동길 337-15 보고사
전화 031-955-9797(대표)
팩스 02-922-6990
메일 bogosabooks@naver.com
http://www.bogosabooks.co.kr

ISBN 979-11-6587-919-8 93810
ⓒ 사재동, 2025

정가 38,000원
사전 동의 없는 무단 전재 및 복제를 금합니다.
잘못 만들어진 책은 바꾸어 드립니다.